四川省农业科学院“天府农科”智库蓝皮书（2024）

四川牛羊草产业发展报告

主　编　牟锦毅

中国农业科学技术出版社

图书在版编目(CIP)数据

四川牛羊草产业发展报告 / 牟锦毅主编 . -- 北京：中国农业科学技术出版社，2025. 6. --ISBN 978-7-5116-7207-0

Ⅰ. F326. 33

中国国家版本馆 CIP 数据核字第 2024S0S053 号

责任编辑 穆玉红
责任校对 马广洋
责任印制 姜义伟 王思文

出 版 者 中国农业科学技术出版社
北京市中关村南大街 12 号 邮编：100081
电 话 (010) 82106626 (编辑室) (010) 82106624 (发行部)
(010) 82109709 (读者服务部)
网 址 https://castp.caas.cn
经 销 者 各地新华书店
印 刷 者 北京建宏印刷有限公司
开 本 185 mm×260 mm 1/16
印 张 35. 25
字 数 600 千字
版 次 2025 年 6 月第 1 版 2025 年 6 月第 1 次印刷
定 价 128. 00 元

《四川省农业科学院“天府农科”智库蓝皮书(2024)》
编　委　会

《四川牛羊草产业发展报告》
编　委　会

李卓昭	李　春	李思辰	李　俊	李洪泉
李　倩	李悦波	杨世忠	杨平贵	杨发龙
杨全德	杨春桃	杨晓燕	杨盛新	杨琪缘
杨舒慧	杨　漾	肖龙泉	肖鉴鑫	肖　璐
吴长凤	邱时秀	邱孟璐	余长寿	余　行
余易展	余树民	闵星星	汪　鑫	沈留红
张　军	张红平	张国俊	张建波	张　勇
张晓晖	张　靓	张翔飞	张　毅	阿西伍牛
阿果约达	陈天宝	陈玉慧	陈仕毅	陈弟诗
陈明华	陈炼红	陈　勇	陈　莹	陈晓云
陈　益	陈　敏	陈　斌	陈朝喜	林亚秋
易　军	易治鑫	罗永灵	罗　林	罗荣艳
罗晓林	季　杨	季晓菲	金泽明	周立新
周明亮	庞　倩	官久强	孟群英	赵益元
郝力力	胡远彬	胡　瑞	侯绍云	侯　巍
姜　菲	洪　宁	贺　芳	袁　蓉	聂　刚
贾先波	徐　岚	徐娅玲	卿　静	高慧纯
郭红瑞	郭春华	郭家中	唐川江	唐玮琦
唐显秀	黄文明	黄艳玲	黄　涛	黄琳凯
曹　伟	常　丹	敏　伟	康润敏	梁小玉
梁璐琪	彭全辉	彭　燕	葛桂华	蒋　康
程　杰	程明军	程碧真	舒　刚	曾　洁
温如莲	游明鸿	谢　跃	蒲启建	赖松家
赖靖雯	雷晓琴	雷　雄	廖志敏	谭玉祥
缪　凯	颜其贵	薛　佳	魏　勇	

序　言

“菜篮子”产品关乎国计民生，是保障人民群众基本生活需求的重要基石。作为畜牧业核心组成部分，牛羊草产业在保障城乡居民肉类供应、践行“大食物观”方面发挥着重要作用。推动牛羊草产业高质量发展，不仅有助于提升农产品供给保障能力、促进草畜协调发展，更是推动农业持续增效、农民快速增收和促进乡村全面振兴的重要抓手，对于维护经济社会稳定发展具有重要战略意义。四川是我国重要的畜产品生产基地，也是全国五大牧区之一，牛羊产业规模稳居全国前列，在保障区域乃至国家肉食品供给安全格局中具有不可替代的战略地位。近年来，四川省委、省政府以“畜牧强省”建设为目标，持续加强政策供给，纵深推进供给侧结构性改革，创新实施“稳猪禽、兴牛羊”发展战略，为牛羊草产业高质量发展注入强劲动能。通过扎实推进肉牛肉羊增量提质行动、粮改饲等重点工程，着力打造现代牛羊产业集群，构建起“粮饲统筹、农牧互促、生态循环”的现代种养体系，推动优质牛羊肉供给能力稳步增强、饲草种植规模质量双提升，全省草牧业发展迈上新台阶。

随着城乡居民消费升级催生肉品需求多元化发展，特色化、高端化牛羊肉消费趋势日益凸显，加快推进牛羊草产业提质升级正当其时。四川省农业科学院是全省农业科技进步的排头兵、农业科技创新的主力军、“三农”工作的重要智库、农业发展的重要人才基地。坚持服务国家战略与推动全省农业农村发展，是省委、省政府赋予我院的重大职责使命。为了更好地服务四川农业农村发展，“天府农科”智库立足四川“1+1+8”千亿级优势特色农业产业链建圈强链要求，践行“大农业观”发展理念，依托国家现代农业产业技术体系四川创新团队和四川省“十四五”农作物及畜禽育种攻关项目支持，聚焦四川省牛羊草产业高质量发展，系统开展种业创新、标准化生产、精深加工、疫病防控、资源化利用等关键环节研究。通过深入剖析产业发展瓶颈，提出针对性解决方案，最终形成《四川牛羊草产业发展报告》，旨在为政府部门制定产业政策和优化生产布局提供决策参考。该书是我院“天府农科”智库（蓝皮书）系列成果之一，是2024年的一项重大任务和成果，是围绕省委省政府中心工作开展决策研究的具体体现，充分彰显了四川省农业科学院人的政治担当与责任担当。

2025年是“十四五”规划收官与“十五五”规划谋篇的关键交汇期。四川省农业科学院将坚持以习近平新时代中国特色社会主义思想为指导，深入贯彻落实党的二十大精神和习近平总书记对四川工作重要指示精神，紧扣省委、省政府决策部署，以建设“国内一流、国际知名”农业科研强院为目标，深入实施新时期强院建设“十个以”发展战略，着力培育农业新质生产力，加快实现高水平农业科技自立自强，为打造新时代更高水平的“天府粮仓”、推进农业强省建设和农业农村现代化做出新的更大贡献。

四川省农业科学院党委书记、院长，正高级农艺师

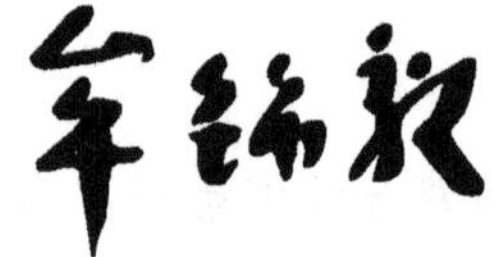

2024年12月

目录

第一部分　总报告

四川牛产业发展报告 …………………… 付茂忠　易　军　王　巍等（3）

四川羊产业发展报告 …………………… 李　强　王莉娟　张红平等（22）

四川饲草产业发展报告 ………………… 李达旭　张建波　常　丹等（39）

第二部分　牛产业专题报告

四川地方牛资源保护利用与种业发展报告 ………………………………………… 易　军　方东辉　王　巍等（59）

四川省牦牛产业发展报告……………… 罗晓林　官久强　黄艳玲等（76）

四川奶牛产业发展报告 ………………… 曹　伟　洪　宁　张　勇等（96）

四川省肉牛营养与饲料加工产业发展报告 ………………………………………… 王立志　彭全辉　胡　瑞等（108）

四川牛高效养殖科技创新发展报告 … 王　巍　贾先波　易　军等（120）

四川牛病防控技术发展报告 …………… 马晓平　叶勇刚　左之才等（130）

四川省牛屠宰与精深加工产业发展报告 ………… 程　杰　王　卫（145）

四川牛粪污资源化利用报告 …………… 付　敏　王万霞　赖靖雯等（155）

牛产业经济与市场竞争力分析报告 …… 赖靖雯　付　敏　刘　文等 (166)

第三部分　羊产业专题报告

四川羊种业发展报告 ………………………… 张红平　李　利　郭家中等 (185)
四川地方羊遗传资源保护与利用发展报告
………………………………………………… 杨舒慧　王小强　郭家中等 (197)
四川省凉山肉羊产业发展报告………… 杨世忠　王同军　吉力阿妹等 (214)
川西北牧区肉羊产业发展报告…………… 杨平贵　周明亮　庞　倩等 (229)
四川羊饲料资源开发利用和营养调控技术发展报告
………………………………………………… 史海涛　郭春华　王　永等 (241)
四川肉羊疫病防控技术研究报告 ……… 魏　勇　叶勇刚　杨发龙等 (253)
四川肉羊加工产业发展报告 ……………………………… 刘达玉　肖龙泉 (274)
四川羊场环境控制与粪污资源化研究报告
………………………………………………… 邱时秀　许祯莹　卿　静等 (293)

第四部分　饲草产业专题报告

四川饲草资源保护与利用发展报告 …… 黄琳凯　彭　燕　刘　伟等 (313)
四川草种业发展报告 ………………………… 游明鸿　闫利军　李达旭 (337)
四川农区饲草生产技术报告 ……………… 朱永群　刘秋旭　程碧真等 (349)
四川牧区饲草生产技术报告 ……………… 张建波　李达旭　常　丹等 (361)
四川草山草坡开发利用技术报告 ……… 程明军　王建文　李洪泉等 (378)

饲草及农作物秸秆加工利用技术报告
…………………………………………………… 季 杨 田浩琦 梁小玉等 (392)

第五部分 经验交流

蜀宣花牛的选育模式
——四川省畜牧科学研究院蜀宣花牛新品种培育经验交流
…………………………………………………… 王 巍 易 军 甘 佳等 (407)
高位打造肉牛强市 强力推进乡村振兴
——巴中市肉牛产业发展经验交流
…………………………………………………… 李林祥 陈玉慧 易治鑫等 (411)
“山繁川育·藏牛于户”，助推筠连肉牛产业发展
——筠连县肉牛养殖模式经验交流
…………………………………………………… 王 成 李 俊 王殿均等 (415)
“联农带农，户繁企育”，肉牛养殖谱新篇
——四川雅拉德荣农牧科技集团有限公司肉牛产业发展经验交流
………………………………………………………………… 罗 林 蒲启建 (420)
牦牛高效养殖模式探索
——青藏高原牦牛高效养殖模式经验交流 ……… 黄艳玲 罗晓林 (427)
传统牛肉制品加工智能化绿色化的成功探索
——四川张飞牛肉有限公司牛肉精深加工产业发展经验
交流 ……………………………………………… 程 杰 文 平 王 卫 (430)
牛粪变成资源助力产业发展降本增效
——渠县清山汉子家庭农场肉牛养殖经验交流
…………………………………………………… 缪 凯 甘 伟 任小春等 (435)

育好领头羊　共筑振兴路
——南江县南江黄羊产业发展经验交流 ………… 张国俊　蒋　康（440）
厚植品牌优势 做强山羊产业
——简州大耳羊产业发展经验交流 … 王定国　薛　佳　周立新等（448）
强化种业体系建设，创新产业发展模式
——川中黑山羊产业发展经验交流 … 王小强　杨舒慧　袁　蓉等（457）
饲草料均衡供给，助力红原草原畜牧业转型升级 …………… 游明鸿（472）
乡土草种育繁推一体化发展，打造高原草种业芯片
…………………………………………… 雷　雄　敏　伟　马永翔（474）
创新发展“草畜+”模式，助力洪雅县奶业振兴
…………………………………………… 朱永群　刘秋旭　徐娅玲等（479）
构建果草畜绿色立体发展模式，提升果园综合效益
…………………………………………… 朱永群　程碧真　刘秋旭（483）
发挥秸秆饲料优势，助力草牧业绿色发展
——绵阳市九森农业科技有限公司 ……………… 张晓晖　黄文明（491）
优质饲草料本地化保供　助力草牧业降本增效 ……………… 黄　涛（495）

第六部分　科技成果及重要文件

“十二五”以来四川牛羊饲草产业科技成果 …………………………（499）
“十二五”以来四川牛羊饲草产业审定的品种和鉴定的遗传
资源 ……………………………………………………………（505）
“十二五”以来四川牛羊饲草产业主推品种和技术 ………………（511）

"十二五"以来四川牛羊饲草产业重要文件 …… (514)
四川省"十四五"牛羊禽兔蜂饲草饲料业发展推进方案 …… (518)
关于推进奶业振兴保障乳品质量安全的实施意见 …… (538)
四川省农业农村厅关于加快畜牧业机械化发展的实施意见 …… (543)

第一部分

总报告

四川牛产业发展报告

付茂忠　易　军　王　巍　阿果约达
（四川省畜牧科学研究院，四川成都 610066）

摘　要：在世界粮食紧缺的背景下，节粮型养牛业在国民经济中的重要地位进一步凸显。四川省委、省政府高度重视牛产业发展，出台了支持肉牛、奶牛产业发展的意见，谋划布局实施了肉牛牦牛产业集群建设、产业园区建设、肉牛养殖基地县建设、奶业整县推进等一批重大产业项目，为深化牛产业转型升级和高质量发展发挥了重要作用。但四川牛产业也面临种业发展滞后、生产效率不高、草料和土地资源约束、从业人员短缺、环保压力、市场行情波动、养殖收益保障难等多重挑战。为此，本报告在认真总结四川牛产业发展成效的基础上，客观分析了牛产业发展存在的短板弱项，借鉴国内外牛产业发展态势，提出了四川牛产业发展 10 条对策建议，供政府、行业部门和从业者决策参考。

关键词：四川省；牛产业；高质量发展；对策建议

牛产业是现代畜牧业的重要组成部分，牛肉、牛奶也已经成为消费者青睐的畜产品。2023 年全国牛肉消费量已达到 1 027 万 t，较 10 年前几乎翻了一番，牛肉人均消费量接近世界平均水平，牛奶消费量逐年增加。可见，牛产业是我国当前及今后国民经济中不可或缺的产业，理应作为乡村振兴战略中的重要产业予以高度重视，抓实发展。四川牛品种资源丰富多样，牛饲养量位居全国前列，是全国养牛大省。但总体看，四川不是牛产业强省，肉牛产业发展还较为滞后，奶牛产业发展不足，存在的短板也比较多。为推进四川牛产业高质量发展，在产业调研和分析的基础上，提出了四川牛产业发展的意见建议，以期对四川区域性推进牛产业发展具有参考和借鉴作用。

一、四川牛产业发展现状与成效

（一）牛种资源丰富多样

四川是畜禽遗传资源大省，其资源数量及品种数量位居全国第 2 位，其中牛种资源数量位居全国首位。四川有普通牛、水牛和牦牛 3 个牛种，根据《四川畜禽遗传资源志》（2009 年）载明和近年国家畜禽遗传资源委员会鉴定的牛种资源，四川共有 17 个地方牛种遗传资源，其中普通牛地方遗传资源有巴山牛（宣汉类群）、峨边花牛、三江牛、川南山地牛、凉山牛、平武牛、甘孜藏牛、空山牛和斜卡黄牛 9 个，水牛地方遗传资源有德昌水牛和宜宾水牛 2 个，牦牛地方遗传资源有九龙牦牛、麦洼牦牛、木里牦牛、昌台牦牛、金川牦牛和亚丁牦牛 6 个。还有培育程度较高的优良品种，包括四川自主育成的乳肉兼用型蜀宣花牛培育新品种，荷斯坦牛、娟姗牛等性能优良的乳用型引进品种，西门塔尔等性能优良的乳肉兼用型引进品种，海福特、安格斯等性能优良的肉用型引进品种，以及西杂牛、犏牛等大量杂交群体。丰富多样的牛种资源为四川牛产业区域性差异化发展奠定了良好的资源与品种基础。

（二）牛产业稳定发展

四川牛存栏数一直保持在全国前列（第一位或第二位），存栏数至今仍保持在 800 万头以上（图 1），存栏数最高年份是 2005 年，达 1 150 万头，从近 20 年存栏数变化情况看，总体呈下降趋势。2023 年四川牛存栏数为 849 万头，占全国牛存栏总数的 8.1%，2017—2023 年占比平均值为 8.9%（表 1）。

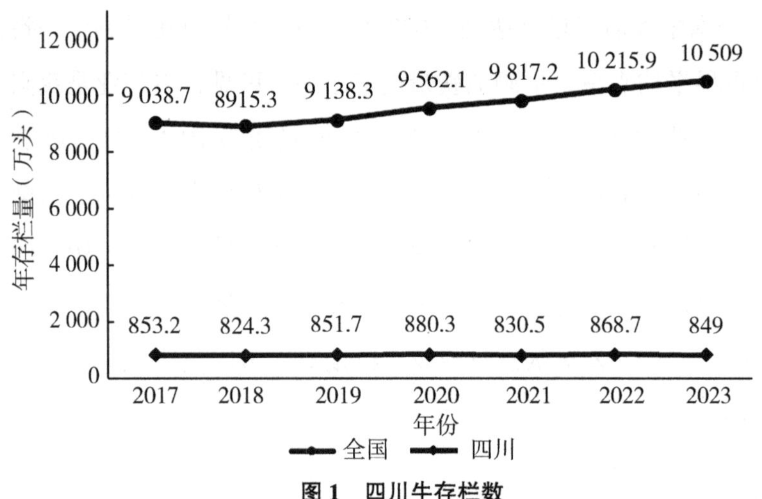

图 1　四川牛存栏数

数据来源：《中国畜牧兽医年鉴》。

表 1　2017—2023 年四川牛产业主要生产指标占全国的比重

项目	2017 年	2018 年	2019 年	2020 年	2021 年	2022 年	2023 年	平均值
牛存栏数占比（%）	9.4	9.2	9.3	9.2	8.5	8.5	8.1	8.9
牛出栏数占比（%）	6.2	6.3	6.4	6.5	6.2	6.3	6.3	6.3
牛肉产量占比（%）	5.2	5.4	5.5	5.5	5.3	5.4	5.2	5.3
牛奶产量占比（%）	2.1	2.1	2.1	2.0	1.9	1.8	1.7	1.9

注：基础数据源于《中国畜牧兽医年鉴》。

尽管四川牛存栏数有所下降，但牛的出栏数却保持增长态势，年平均增幅 2.6%。2023 年牛出栏数达到 316 万头（图 2），占全国牛出栏总数的 6.3%，2017—2023 年占比平均值也为 6.3%（表 1）。

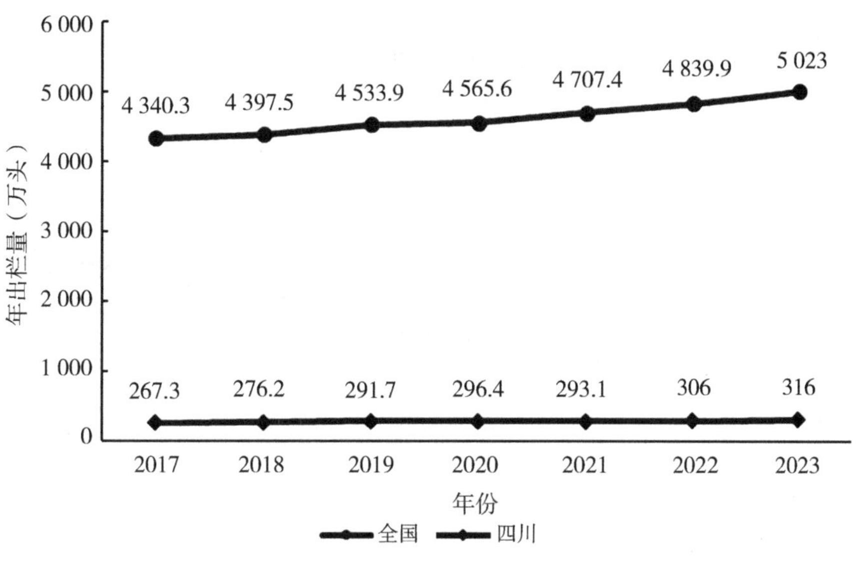

图 2　四川牛出栏数

四川牛肉产量也保持增长态势，年平均增幅 2.5%。2023 年四川牛肉产量达到 39.1 万 t（图 3），占全国牛肉总产量的 5.2%，2017—2023 年占比平均值为 5.3%（表 1）。

2022 年四川省包括挤奶牦牛在内的奶牛存栏数为 84.3 万头，其中荷斯坦牛存栏为 4.9 万头，生鲜牛乳总产量 70.8 万 t。四川生鲜牛乳产量也保持逐年增长，年平均增幅 1.7%。2023 年四川生鲜牛乳产量达到 72.0 万 t（图 4），占全国生鲜牛乳总产量的 1.7%，2017—2023 年占比平均值为 1.9%（表 1）。

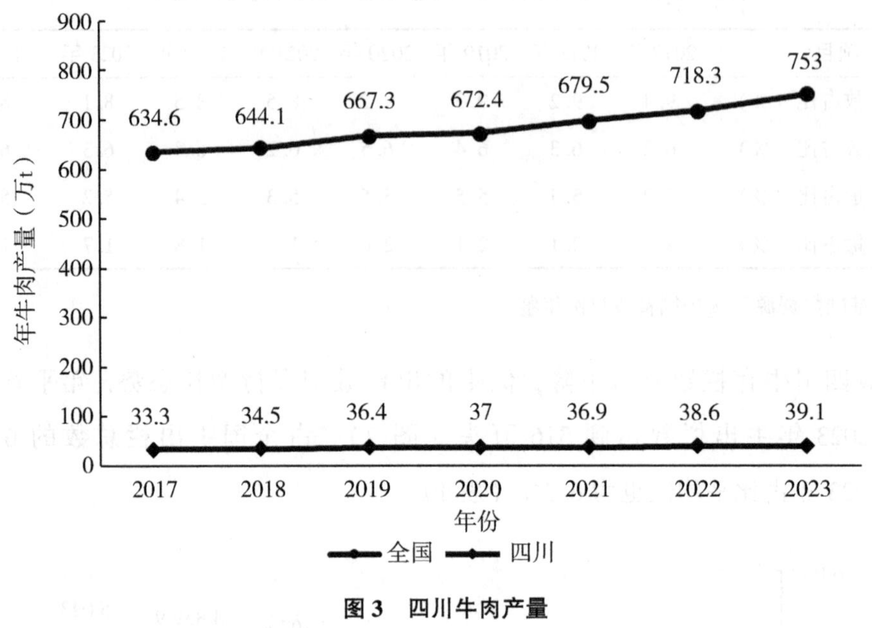

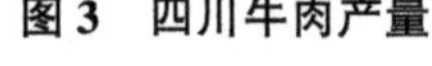

图 3　四川牛肉产量

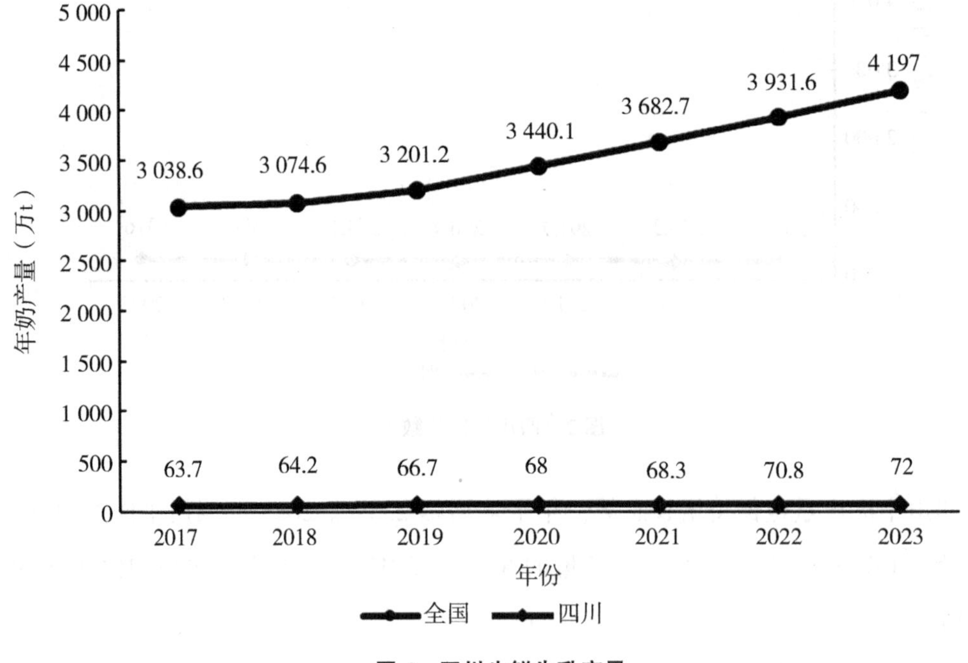

图 4　四川生鲜牛乳产量

（三）牛产业全国地位明显

四川十分重视牛产业，为高质量推进牛产业发展，四川省出台了《推动川牛羊产业高质量发展 11 条措施》《川牛羊（畜禽饲草）产业振兴工作推进方案》《关于推进奶业振兴保障乳品质量安全的实施意见》等发展意见，牛产业已发展成为四川畜牧业的重要组成部分，发展成效明显，在全国位居前列（表 2）。2022 年四川牛存栏数为 868. 7 万头，位居全国第 2 位；牛出栏数为 306. 0 万头，位居全国第 5 位；牛肉产量 38. 6 万 t，位居全国第 8 位；牛奶产量 70. 8 万 t，位居全国第 12 位。

表 2　2022 年牛业主要生产指标全国前 12 位省区

序号	牛存栏数（万头）		牛出栏数（万头）		牛肉产量（万 t）		牛奶产量（万 t）	
	地区	数量	地区	数量	地区	数量	地区	数量
1	云南	878. 9	内蒙古	428. 8	内蒙古	71. 9	内蒙古	733. 8
2	四川	868. 7	云南	360. 1	山东	60. 4	河北	546. 7
3	内蒙古	820. 4	河北	353. 2	河北	58. 1	黑龙江	501. 2
4	新疆	690. 9	黑龙江	311. 4	黑龙江	52. 7	宁夏	342. 5
5	西藏	663. 0	四川	306. 0	新疆	49. 4	山东	304. 4
6	青海	645. 5	新疆	292. 6	吉林	44. 3	新疆	222. 6
7	甘肃	531. 8	山东	275. 6	云南	43. 6	河南	213. 2
8	黑龙江	525. 8	吉林	262. 3	四川	38. 6	山西	142. 8
9	贵州	492. 2	甘肃	247. 8	河南	36. 7	辽宁	134. 7
10	湖南	441. 8	河南	243. 5	辽宁	32. 3	陕西	107. 9
11	河南	400. 7	青海	205. 7	甘肃	27. 2	甘肃	91. 8
12	河北	397. 5	辽宁	203. 5	贵州	22. 8	四川	70. 8

数据来源：《中国畜牧兽医年鉴》（2023）。

（四）种牛保障持续巩固

四川省积极采取综合措施，保护牛种资源，发展种牛产业，种源保障不断巩固，供种能力不断提升。一是地方牛种资源保护成效明显。四川地方牛种资源是当前四川牛产业发展主要的种源支撑，各级政府高度重视牛种资源保护，构建了保种场与保护区相结合、活体保护与遗传材料保存相结合、政府与社会主体多方参与的牛种资源保护体系，全省建成了九龙牦牛遗传资源国家级保种场 1 个，麦洼牦牛遗传资源省级保种场 1 个，平武牛、峨边花牛、巴山牛（宣汉牛类群）、三江牛和德昌水牛遗传资源省级保护区 5 个；建成四川省畜禽遗传资源基因库 1 个，保存牛遗传物质 65 000 余份，其中冻精 64 000 余份，体细胞 1 200 份。二是种质创新取得实效。利用宣汉牛地方牛种资源作为母本，引进的荷斯坦牛和西门塔尔牛作为父本，按照既定的育种方案，历经杂交、导血和级进杂交选育、横交与世代选育三个阶段，历时30多年选育，培育出中国南方第一个具有自主知识产权的乳肉兼用型牛新品种“蜀宣花牛”，2012年获得国家畜禽新品种证书［证书编号：（农02）新品种证字第6号］；蜀宣花牛耐湿热耐粗饲，乳肉性能优良，生产效率明显优于地方牛种，该品种已纳入国家牛良种补贴范畴。还参与育成了中国西门塔尔牛新品种，并在四川洪雅县建成西门塔尔牛国家级种牛场。新品种成功培育为四川牛产业发展提供了优良种源。三是制种平台不断加强。截至2022年，四川建成种牛场26个（表3），总存栏规模达到81 238头，其中，种奶牛场5个，种肉牛场9个，种牦牛场12个；建成四川省阳平种牛场和四川省龙日种畜场国家级肉牛核心育种场2个，培育四川（洪雅）现代肉牛种业产业园和四川（乐至）现代畜禽种业科技园省星级园区2个。四是改良体系趋于完善。制订出台了四川省畜禽遗传改良计划及配套实施管理办法，建成川渝唯一的国家级种公牛站（成都汇丰动物育种有限公司）1家，形成了省市县乡镇（配种站点）四级较为完善的杂交改良体系。

表3　四川省种牛场（站）建设及生产情况

项目	种牛场总数	种奶牛场	种肉牛场	种牦牛场	种公牛站
种牛场数量（个）	26	5	9	12	1
年末存栏数（头）	81 238	11 366	4 065	65 807	35
能繁母牛存栏（头）	38 728	5 683	2 240	30 625	—
当年出售数（头）	12 836	402	898	11 536	—

数据来源：《中国畜牧兽医年鉴》（2023）。

（五）生产方式持续转变

目前肉牛产业仍然是以“小规模、大群体”为主的养殖模式。为推进四川牛业生产方式转变，积极谋划发展新业态，实施了肉牛养殖基地县建设、标准化养殖示范场建设、产业园区建设、集群化建设、奶业生产能力提升整县推进等产业化项目。在国家和省级财政资金支持下，截至2023年末，在巴中和达州市实施了国家级山地肉牛产业集群，在甘孜州实施了国家级牦牛产业集群，在泸州和宜宾市实施了省级肉牛产业集群，在阿坝州实施了省级牦牛产业集群。这些项目的实施，显著提升了牛规模化养殖程度和标准化养殖水平，助推了牛产业高质量发展。建成省星级肉牛产业园区 5 个，全省布局发展了 43 个肉牛基地县、27 个牦牛基地县和 15 个奶牛基地县，创建国家级、省级和市级肉牛奶牛标准化养殖示范场 32 个。根据《中国畜牧兽医年鉴》（2023）数据载明，2022 年四川出栏肉牛 50 头以上的养殖场达到 4 557 家，出栏肉牛 100 头以上的养殖场达到 1 571 家；根据四川省行业部门统计，2023 年肉牛规模化养殖比重达到 35.5%。2024 年 8 月全省登记奶牛场（户）375 个，其中 100 头以上奶牛规模养殖场 72 个，规模化养殖比重为 60.7%。

（六）全产业链发展已现雏形

全省着力培育牛产业龙头企业，引导发展农民专业合作组织，大力推行以龙头企业为带动引领的产业化发展业态，探索建立了农区肉牛“山繁川育、藏牛于户”“联农带农、户繁企育”，以及牧区牦牛“三结合顺势养殖”“3362 养殖”“4218 养殖”等多种养殖模式，产业链上各环节主体趋于完善，产业链与科技链融合推进，初步构建了产业化运营机制，组织化产业化发展程度不断提高，区域性全产业链发展格局基本形成。调查显示，截至 2023 年，全省具有一定规模的草产品或粗饲料加工企业近 100 家，反刍动物精料补充料工业化加工企业 20 余家，肉牛屠宰企业 46 家，牛肉精深加工企业 200 多家，乳制品加工企业 31 家。

（七）科技创新成效显著

为解决制约产业发展的重大或重要技术问题，围绕产业发展的技术需求，四川省组织实施了畜禽育种攻关计划、创新团队建设、财政运行专项等省级重大科技计划，相继开展了新品种培育、种质资源挖掘与评价、饲草料资源开发、营养评定及日粮配制、养殖技术研发与集成、疫病防控、牧场智能化管理、牛肉牛奶加工技术研发、废弃物治理等系列专题研究和试验示范，筛选推广主推品种（蜀宣花牛等）和主推技术，各项科技成果的转化与应用，显著提高了牛业科技水平和综合效益，促进了牛业科技进步和高质量发展。据不完全统计，“十二五”以来，全省牛产业获部省级科技成果奖励 25 项，培育“蜀宣花牛”国家审定新品种 1 个，挖掘鉴定地方牛种资源 3 个，主推技术 7 项。

（八）绿色发展取得新进展

四川认真贯彻落实党中央、国务院重大决策部署，省政府专门召开了全省畜牧业转型升级绿色发展暨畜禽养殖废弃物资源化利用现场推进会，以产业高质量发展为总揽，以中央生态环境保护督察为契机，以项目实施为抓手，以科技创新为支撑，采取系列有力措施全面推进畜禽粪污资源化利用工作。在《国务院办公厅关于加快推进畜禽养殖废弃物资源化利用的意见》引领下，四川先后印发了《四川省人民政府办公厅关于推进畜牧业转型升级绿色发展的意见》《四川省人民政府办公厅关于加快推进畜禽养殖废弃物资源化利用的实施意见》《四川省农业厅关于加强畜禽养殖污染防治工作的指导意见》《关于加强畜禽粪污综合利用的指导意见》《四川省畜禽养殖污染防治技术指南（试行）》等实施或指导意见，贯彻落实畜禽规模养殖污染防治相关法律法规，推动全省畜禽养殖污染防治工作规范化管理。出台了《关于贯彻落实中央环保督察反馈意见加强畜禽养殖污染防治工作的通知》《关于进一步调整完善畜禽养殖禁养区划定工作的通知》《关于切实做好中央环保督察反馈意见畜禽养殖污染问题整改销号工作的通知》等系列文件，切实抓好中央环保督察反馈意见的整改落实。与市（州）政府签订了《四川省畜禽粪污资源化利用目标责任书（2018—2020年）》，制定《四川省畜禽养殖废弃物资源化利用工作考核办法（试行）》，把规模养殖场粪污处理、有机肥还田利用、沼气和生物天然气使用等重要指标纳入地方政府绩效评价考核，建立了制度，明确了责任，强化了保障。依托国家整县推进畜禽粪污资源化利用项目，争取中省资金近30亿元，在全省63个畜牧大县和22个非畜牧大县实施，共支持1.1万余个养殖场和近400个第三方机构建设或升级改造粪污处理设施装备；建成粪污集中处理中心（专合社）240个，其中有机肥厂87个，预计年生产有机肥500余万t；建设粪污贮存池260.2万m^3，沼气池86.1万m^3，沼液运输管网14 848.5 km，田间暂存池161.0万m^3，配套粪肥还田土地704.5万亩。项目的实施有力推进了全省畜禽粪污资源化利用，改善了农村居民生产生活环境，促进了农业可持续发展。

二、四川牛产业发展存在的主要问题和发展机遇

（一）牛产业存在的主要问题

1. 肉用种牛发展滞后

全省肉牛产业基础母牛以农户（牧户）饲养为主，牧区牦牛饲养量保持相对稳定，但在农区由于从业者年龄老化，基础母牛饲养农户不断退出，新型养殖主体跟进不足，导致基础母牛饲养量不足，并存在持续下降风险。养牛业主养种、选种、育种意识淡薄，具有一定规模的肉用母牛养殖场或大户很少，缺乏母牛核心群、繁

殖群种牛养殖场，现有的生产群种源种质质量不高。种公牛站存栏公牛与省内品种资源不匹配，存栏品种主要是作为杂交改良用的西门塔尔牛，品种繁育体系不健全，种业基础较为薄弱；良种牛冻精补贴项目运行地方操作不规范，冻精质量堪忧，牛源质量存在变数。当前，四川肉牛产业生产用种以选育程度很低的地方品种为主，自主培育品种、国外引进品种、新类群等优良品种或类群占比不高，母牛良种化程度低，良种依赖性存在。

2. 肉牛生产水平低

四川农区肉牛生产水平高于牧区，但整体看生产水平还比较低。2022 年四川出栏牛（含牦牛）单产水平为 126.1kg，存栏牛单产水平为 44.1kg，出栏率为 35.2%（表 4）。对比全国和世界平均水平，四川还存在较大差距。四川出栏牛单产比全国平均水平低 22.3kg，存栏牛单产比全国平均水平低 26.2kg，出栏率比全国平均水平低 12.2 个百分点。出栏牛单产比世界平均水平低 100kg，与世界肉牛业发达国家相比差距更大。屠宰牛个体平均胴体重在 300kg 以上水平的国家有 20 余个，其中日本位居世界首位，近年来一直保持在 450kg 左右。

表 4　2022 年肉牛生产水平对比分析

项目	全国	四川	四川分区		
			牧区县	半牧区县	农区县
出栏牛单产（kg/头）	148.4	126.1	125.3	124.2	127.4
存栏牛单产（kg/头）	70.3	44.1	33.3	35.9	61.2
出栏率（%）	47.4	35.2	26.6	28.9	48.0

注：基础数据源于《中国畜牧兽医年鉴》（2023）。

3. 奶牛养殖发展不足

根据行业统计，2023 年四川荷斯坦牛、娟珊牛等专门化奶牛存栏数约 5 万头，加上牦牛乳产量，全省全年鲜乳产量为 72.03 万 t。省内 30 多家乳制品加工企业，安装有各类生产线 500 余条，日加工能力达到 1.1 万 t，鲜乳生产量远低于乳制品企业加工能力。就实际加工规模看，70%的加工鲜乳原料来自于省外，自身鲜乳原料供应量严重不足。外来鲜乳主要来源于周边的甘肃、宁夏、陕西、云南等外省牧场，正常运输需要 20h 左右，如遇运输不畅运输时间不可预测，鲜乳原料质量控制会增加变数。

4. 产业特色不明显

四川地方牛种资源丰富，但资源优势发挥不足，丰富多样的地方特色牛种资源没有发展形成地方特色产业，牛种资源的多元化利用、区域差异化发展格局尚未形成。地方牛种资源特色开发利用不足，较大程度上影响了资源保护，多数地方牛种资源数量呈现断崖式下降态势，个别地方牛种资源存栏数已降至2 000头左右，资源保护面临严峻挑战。农区育肥牛主要为西杂牛，多数购于省外，以酒糟、秸秆饲喂为主，生产的牛肉主要是普通牛肉，优质高档牛肉、特色牛肉严重缺乏。分布于青藏高原牧区的牦牛特色资源，特色产品开发不足，资源优势并未充分发挥，特有物种的特有价值尚未体现。牛肉产品优质化程度不高，品牌意识不强，品种品牌、企业品牌、产品品牌、品质品牌等创建不足，市场竞争力弱。

5. 组织化产业化程度低

肉牛规模化养殖程度不高，养殖业主各自分散生产经营，缺乏具有带动能力、影响能力的龙头组织，组织化程度很低。牛产业链条上各环节主体联系不紧密，各环节功能和作用发挥不足，所涉各方地位、话语权、主动权不平衡，养殖业主始终处于被动地位，应有的权益不能得到保障，严重挫伤养殖业主的积极性。牛奶牛肉加工等龙头企业与养殖主体之间纯属买卖关系，尚未形成利益共享、风险共担的合作伙伴关系或利益共同体，尚未形成环节间利益攸关的全产业链生产发展体系。这种状况不利于养殖业主稳定，不利于产业持续健康发展。

6. 牛产业地位不凸显

四川牛肉在肉类总量中的占比、牛业产值占畜牧业总产值的比重、四川人均牛肉牛奶占有量都比较低（表5），牛产业在四川畜牧业中的地位不明显。2023年四川牛肉占肉类总量的比重为5.8%，全国为7.8%，比全国低2个百分点，与世界平均20%的占比差距很大。四川牛业产值占畜牧业总产值的比重为7.7%（2017—2019年3年平均值），全国为16.4%（2017—2019年3年平均值），比全国低8.7个百分点，与农业现代化国家30%~40%的占比差距明显。2023年四川人均牛肉年占有量为4.7kg，全国为5.3kg，世界年人均占有量约8.0kg，四川人均牛肉年占有量与全国、全世界平均水平差距存在。2023年四川人均牛奶年占有量仅8.6kg，全国为29.8kg，世界年人均占有量约100kg，四川人均牛奶年占有量与全国、全世界平均水平差距明显。

表 5　四川与全国牛产业经济指标对比

生产指标	区域	2017 年	2018 年	2019 年	2020 年	2021 年	2022 年	2023 年
牛肉占肉类总产量比重（%）	全国	7.3	7.5	8.6	8.7	7.8	7.7	7.8
	四川	5.1	5.2	6.5	6.2	5.6	5.6	5.8
牛业产值占牧业产值比重（%）	全国	15.3	16.8	17.1	—	—	—	—
	四川	7.4	7.9	7.8	—	—	—	—
牛肉年人均占有量（kg）	全国	4.6	4.6	4.8	4.8	4.9	5.1	5.3
	四川	4.0	4.1	4.3	4.4	4.4	4.6	4.7
牛奶年人均占有量（kg）	全国	21.9	22.0	22.9	24.4	26.1	27.8	29.8
	四川	7.7	7.7	8.0	8.1	8.2	8.5	8.6

注：基础数据源与《中国畜牧兽医年鉴》，“—”表示当年缺基础数据未作分析。

7. 产业保障体系不健全

牛产业保障体系包括生产保障体系（良种、优质饲草供给）、安全保障体系（生物安全、草料质量安全、牛肉或加工产品安全等）、科技支撑与技术服务保障体系、财政金融与保险支撑体系、社会化服务保障体系等多个方面，这些体系都不够健全，保障力度也比较弱。

（二）牛产业发展前景与机遇

1. 党政重视，政策环境优越

为优化畜牧业生产结构，促进各畜禽产业协调发展，各级党委政府十分重视牛产业发展，把发展牛产业纳入党政工作重要议程，相继出台了支持牛产业发展的指导意见和扶持政策，为牛产业发展提供了意见引领和良好的政策环境。国家层面出台有《关于推进奶业振兴保障乳品质量安全的意见》《国务院关于促进乡村振兴的指导意见》《关于促进畜牧业高质量发展的意见》《推进肉牛肉羊生产发展五年行动方案》《“十四五”全国饲草产业发展规划》《“十四五”全国畜牧兽医行业发展规划》等，四川省级层面出台有《四川省关于推进奶业振兴保障乳品质量安全的意见》《关于加快建设现代农业“10+3”产业体系推进农业大省向农业强省跨越的意见》《川牛羊（畜禽饲草）产业振兴工作推进方案》《推动川牛羊产业高质量发展11 条措施》《四川省农业农村厅〈关于加大工作力度稳定牛羊家禽生产〉的通知》《肉牛稳产提质激励实施细则》《四川省农业农村厅等 6 部门关于印发〈促进牦牛产业高质量发展政策措施〉的通知》等，并积极争取和设立秸秆养畜、良种补贴、产业强镇、产业园区、产业集群、整县推进等项目，予以落实。部分地市州及一些县区，也将牛产业纳入乡村振兴战略予以规划落实，出台了发展意见，力所能及地给予了财政支持和金融保障。

2. 牛产业发展不足，存在发展空间

2023年四川牛肉占肉类总产量的比重仅为5.8%，与世界20%的牛肉占比水平相比，四川牛肉占比水平还很低。依据2022年猪肉、禽肉、牛肉和羊肉产量（表6），以羊肉产量为1作为基数，进一步对比分析发现，中国猪肉产量：禽肉产量：牛肉产量：羊肉产量之间的相对比例为10.6：4.7：1.4：1.0，四川省猪肉产量：禽肉产量：牛肉产量：羊肉产量之间的相对比例为17.4：4.3：1.4：1.0，而全球猪肉产量：禽肉产量：牛肉产量：羊肉产量之间的相对比例大致为7.7：7.2：4.5：1.0。上述分析结果表明，四川乃至全国畜牧业结构中各畜禽产业发展不协调、不平衡，牛产业包括羊产业发展不充分，肉牛肉羊产业仍有发展空间。反思非洲猪瘟导致的后果也告诉我们，协调的畜牧业结构更有利于畜产品稳产保供。

表6　2022年畜禽肉类结构

项目	全国			四川		
	产量（万t）	占比（%）	相对比例	产量（万t）	占比（%）	相对比例
猪肉	5 541.4	60.1	10.6	478.0	72.3	17.4
禽肉	2 442.6	26.5	4.7	117.1	17.7	4.3
牛肉	718.3	7.8	1.4	38.6	5.8	1.4
羊肉	524.5	5.6	1.0	27.4	4.2	1.0
合计	9 226.8	100.0		661.1	100.0	

数据来源：《中国畜牧兽医年鉴》（2023）。

3. 生产能力不足，发展潜力大

无论是肉牛产业，还是奶牛产业，整体上牛肉牛奶生产能力不足，自给率较低。从四川现在的牛业生产水平和牛肉牛奶产能看，发展潜力都较大。

2023年全国牛肉生产量753万t，进口量274万t，意味着牛肉消费量达到1 027万t，牛肉自给率73.4%，与国家要求达到85%的自给率还存在较大差距。根据国家统计局公布的2023年末全国人口14.09亿计算，2023年全国人均牛肉表观消费量为7.29kg；如果四川人均牛肉消费量达到全国平均水平，2023年四川牛肉消费量应为61.2万t，而四川牛肉产量仅为39.1万t，则有22.1万t牛肉来自四川境外，牛肉自给率仅为64.8%，比全国还低8.6个百分点，四川已成为牛肉输入大省，牛肉产能不能满足自身加工和消费需求。

2023年全国牛奶总供给量6 018万t，自产牛奶4 197万t，牛奶自给率约70%。2023年四川牛奶产量72万t，根据调查2023年四川乳制品消费量为450万t，可见四川牛奶生产量远不能满足加工和消费需求，自给率非常低。随着中国国民营养计划的深入实施，四川牛奶缺口更大。《中国学龄儿童膳食指南（2022）》和《学生餐营养指南》要求，6~17岁青少年每天食物种类及数量中应补充200~250g奶及奶制品，四川省2023年在校中小学生975万人，按每人每天250g乳制品测算，仅此青少年营养配餐一项每天消费就需要2 437.5t全乳制品，全年需要89万t全乳制品，可见四川牛奶供应缺口较大，发展潜力亦大。要实现国民每天喝上一斤奶的愿望，还需要努力奋斗多年。

4. 市场供不应求，消费呈刚性需求

正是由于生产能力不足，生产量低于消费量，生产量增幅明显低于消费量增幅，尚不能满足市场消费需求，供需矛盾突出，进口量显著增加。根据国家统计数据表明，近10年牛肉进口量以两位数字速度增长，2010年全国牛肉进口量仅为2.37万t，2012年才7.05万t，而2023年就达到273万t；牛乳制品进口也增长快速，2010年进口乳制品87.1万t，2023年进口乳制品达到282.4万t（折合成鲜乳约1 718万t）。国家肉牛牦牛产业技术体系研究预测，到2030年我国牛肉消费量将达到1 200万t以上；中国畜牧业协会牛业分会发布的报告显示，预计到2035年，中国牛肉消费量将达到1 400万t，缺口达300万t以上。尽管目前国内牛产业市场低迷，消费能力不足，但随着国民收入增加、对健康的不断追求、消费习惯和膳食结构改变，国内牛肉牛奶消费市场呈刚性需求增长态势。

三、牛产业发展趋势与对策建议

（一）四川省牛产业发展趋势研判

世界畜牧业发达国家都十分重视养牛业的发展，在世界粮食紧缺的背景下，节粮型养牛业在国民经济中的重要地位进一步凸显。随着经济的发展，牛业科技的不断进步，世界养牛业呈现品种大型化（良种化）、性能高产化、产品优质化、养殖规模化、作业机械化、管理智能化等发展态势。

依据四川牛业发展现状，遵循我国政府出台的牛业发展指导意见，对比世界牛业发展态势，四川牛产业发展的基本思路是：应按照《关于促进畜牧业高质量发展的意见》提出的“产出高效、产品安全、资源节约、环境友好、调控有效”畜牧业高质量发展总体要求，提质增量（通过提高良种化程度和单产水平，提高牛肉牛奶产量），走“质量效益型”发展道路，统筹推进区域性牛产业全产业链绿色低碳发展。走简单发展饲养量的路子不是明智之举，会受到用地紧张、草料资源缺乏、劳动力短缺、粪尿处理压力大等多方面因素的约束。

1. 四川肉牛产业发展趋势研判

四川地方牛种资源丰富，既要生产高效，又要保护生产效率较低的地方资源，那么实现四川肉牛产业“质量效益型”发展目标，其基本途径有两条，一是高效生产，就是加速品种良种化进程，在饲养总量不变或者降低的情况下，扩大良种肉牛饲养量，通过进一步提高单产水平，来增加牛肉产量。二是地方资源特色开发利用，利用地方牛种资源，实施差异化发展策略，开发生产附加值高的特色牛肉或者优质牛肉，提高地方牛种资源的经济价值，通过提高产品的经济价值弥补生产效率低下的不足。特色开发利用地方资源，既可丰富牛肉产品结构，满足市场多元化消费需求，又能有效促进地方牛种资源保护。

走“质量效益型”发展之路，四川肉牛产业发展优势明显。一是可以显著降低饲养数量，缓解用地困扰和环保压力。如果屠宰牛单产水平（胴体重）达到世界平均水平 220kg，四川只需要屠宰 178 万头育肥牛，就能实现 2023 年牛肉产量目标；如果屠宰牛单产水平再度提高，需要屠宰牛的数量还会进一步减少。二是四川有能力实现牛肉自给自足。按 2023 年四川常住人口计算，如果四川人均牛肉消费水平达到全国平均水平 7. 29kg/（人·年），则年需要牛肉 61. 2 万 t。不考虑高原牦牛产业生产增长贡献，维持其现有产肉能力，农区则需要达到 46. 2 万 t 的牛肉产能。以世界屠宰牛平均产肉水平 220kg 计算，只需要屠宰育肥牛 210 万头；如果屠宰牛单产水平达到 300kg，只需要屠宰育肥牛 154 万头。四川农区从产业基础、草料资源、技术储备、县域布局等要素看，都具备实现牛肉自给自足的生产条件和能力。如果牦牛产肉效率再度提高，四川牛肉的供给能力将进一步增强。

2. 四川奶牛产业发展趋势研判

发达国家奶牛产业发展都比较强劲，在畜牧业结构中占据重要地位，人均牛奶占有量和消费量都比较高。奶业是健康中国、强健民族不可或缺的产业，四川是牛奶消费大省，发展奶牛产业理应予以重视和落实。世界有多个性能优良的专门化奶牛品种，其中分布最广、数量最多、产奶量最高的是荷斯坦牛，也是支撑世界奶牛业发展的首要品种，在专门化奶牛品种饲养量中占据80%以上，中国奶牛产业也是如此，现在四川奶牛产业亦如此。

四川位于中国西南地区，地处长江上游，境内东部为四川盆地及盆缘山地（属于中亚热带湿润气候区），西部为川西高山高原（属于高寒气候区）及川西南山地（属于亚热带半湿润气候区）。鉴于四川气候复杂多样的特点，奶牛饲养量严重不足的情况下，可推行品种多元化、区域差异化发展策略，坚持以荷斯坦牛为主，积极发展娟姗牛、乳肉兼用型牛等其他奶畜品种，分区布局、谋划并发展奶牛产业，支持奶源基地建设，匹配增加奶牛养殖数量，不断提高单产水平，逐步提高生鲜乳及乳制品自给率。健全利益联结机制，提升奶牛产业化发展水平，做优做强四川奶牛产业。

（二）四川省牛产业发展的对策建议

1. 出台实施意见，有序推进产业发展

发展牛产业，需要较长时间，为有效指导和有序推进区域性牛产业高质量发展，应在国家和四川省出台的有关牛产业发展指导意见的引领下，各地区须根据区域内当前牛产业发展实际和资源禀赋，借鉴国内外牛产业发展的基本做法和成功经验，制定出台客观科学、可操作性强、具有区域特点的牛产业中长期发展实施意见，理清发展思路，确定发展蓝图，明确发展目标，优化区域布局，找准实现途径，彰显体现形式。坚持意见引领，强化工作落实，持续推进，久久为功。

2. 抓实基础母牛建设，提升良种化程度

四川牛存栏数大，但牛产业生产水平和综合效率却比较低，根本原因在于牛良种化程度低。所以，发展优良种牛是四川牛产业发展的根本，坚持抓种抓好种，抓实基础母牛良种化建设是实现四川牛产业高质量发展的重中之重。其主要途径与措施有：一是加大现有优良品种（培育品种、引进品种）应用推广和扩繁力度，不断增加良种母牛群体规模，夯实种牛翻身仗的群体基础。二是实施地方牛种资源计划改良，创制、选留、扩繁新类群，不断增加新类群养殖数量，实施特色开发利用。三是引导社会广泛参与四川种牛事业的发展，加强种牛场（核心育种场)、扩繁场和生产场建设，开展不同层级种牛场认证，支持和强化品种选育，建立健全品种良繁体系，提升制种供种能力和牛种质量。四是按照母牛良种化程度或个体等级实施差异化补助，激发业主饲养良种和选种育种的积极性，持续提高良种化水平，巩固和提升良种牛供给能力。五是支持具备条件的地区，利用新类群培育特色或突破性新品种。这是一项长期性、持续性工作，需要保持稳定的人员队伍和政策支持的长效机制。

3. 发展新型养殖主体，推进母牛适度规模养殖

小微散养农户仍是当前四川农区母牛养殖的主体，但这种养殖方式将随着时间的推移，大多数农户还会逐步退出，产业基础将进一步削弱。为此，当前在不放弃母牛农户散养方式的前提下，须引导和支持发展专业大户、家庭牧场、企业化牧场等多元化新型养殖主体，多种方式探索推进农区母牛适度规模或规模养殖，促进种牛养殖方式转变，确保产业发展的种业基础，缓解优质育肥牛源对外地的依赖。一是利用农区草山草坡，采取放牧或舍牧结合方式，发展母牛适度规模养殖，引导散养户变大户或适度规模养殖，逐步发展成为家庭牧场。二是引导肉牛育肥业主发展母牛养殖，推行适度规模自繁自养，业主自主解决买牛难、买牛贵和生物安全风险高等问题。三是探索企业全产业链生产经营模式，推行母牛养殖、肉牛育肥、屠宰加工、市场销售、餐饮开发、农旅结合等企业一体化全产业链发展，利用环节互补优势，降低养殖环节市场风险。四是坚持奶牛品种多元化、区域差异化发展策略，加强奶源基地建设，提升奶牛养殖规模和基础产能；支持乳制品加工企业建立自有奶源基地，支持奶农、家庭牧场、奶牛专业合作社适度扩大养殖规模和标准化改造，吸引社会力量参与奶牛养殖事业。五是研究集成和推广运用降本增效生产管理综合技术，优化提升养殖效益，稳定和发展养殖主体，促进产业持续、健康发展。

4. 特色开发地方牛种资源，以用促保

畜禽资源保护事关我国生物安全、事关强国建设、事关中华民族永续发展，是一项功在当代、利在千秋的崇高事业。四川丰富的地方牛种资源不能不用，不用就不能很好地得以保护，如何有效保护好地方牛种资源是摆在行业面前的最现实最紧迫问题。基本意见是坚持地方资源保护、本品种选育、特色开发利用相结合的基本原则，依据地方牛种资源特征特性，本着差异化发展策略，立足市场消费多元化格局，实施资源特色化产业开发。利用特色资源，发展特色产业，开发特色产品，打造特色品牌，把特色资源优势转化为产业优势、经济优势，按照“百年老店”做法，做优做强特色产业。做好地方牛种资源特色开发利用，既可有效保护好地方牛种资源，又发展了区域性特色产业，还能满足市场牛肉多元化消费需求。为此，建议资源所在地，以开发特色产品、提高产品附加值为基本出发点，改变西门塔尔牛改良主流模式，制定资源保护和特色开发利用个性化实施意见，坚持问题导向、目标导向，强力推进，持续发力，实现“以用促保”的目标。

5. 农牧互补，推进种养一体化生产

坚持农牧互补、种养循环基本原则，统筹协调种植业和畜牧业产业发展规划，围绕蔬菜、水果、粮食、牧草、花卉等生产基地、现代农业园区，配套规划落实养殖用地。坚持以草定畜、草畜平衡、以地定畜种养协调的基本原则，科学布局适度规模或规模养殖，全面推行种养一体化生产经营，就地就近解决青粗饲料短缺问题，就地就近消纳粪便和污水，促进牛产业绿色低碳发展，实现牛业经济高质量发展和生态环境高水平保护协调推进目标。把握好禁养、限养等政策要求，落实好粪便治理和利用措施，避免因生态环境保护等约束要素导致养殖场关停撤迁。

6. 构建利益联结机制，推进产业融合发展

农业产业发展探讨总结出多种产业模式，但在利益联结机制上始终没有完全理顺，没有建立起惠及各方的利益联结机制，这是影响农业产业化发展的重要因素。发展牛产业要积极探索建立利益联结机制，鼓励和引导龙头企业肩负起社会责任，厚爱养殖主体，采取保底、分红、利润二次返还等多种方式，构建惠及链条各方的利益联结机制，实现互利共赢，确保养殖主体稳定和产业健康发展。加强养殖合作社（联社）、行业协会等组织建设，有序推进肉牛奶牛组织化生产，强力发挥组织的作用和功能，增强养殖业主应对市场的能力，切实维护好养殖业主的权益。引导和支持有条件的企业或养殖业主，拓展新业态，构建养殖种植结合、产加销贯通、农文旅互补的一体化全产业链体系，实施产业融合发展，做优做强牛产业。

7. 支持产品开发，促进加工多元化发展

当前牛肉精深加工产品以休闲旅游类产品居多，烹饪方便、营养安全适合家庭及餐桌消费的产品较少，一定程度上影响了牛肉消费市场和消费潜力的拓展。鼓励和支持屠宰加工企业以餐桌消费、家庭消费为重点，研发生产便捷化、多样化的冷鲜牛肉产品，推行便捷购买方式，满足不同消费群体需求，拓展销售渠道，为企业获取更多的市场份额。优化屠宰布局，推行肉牛屠宰准入制，强化肉牛屠宰、牛肉加工行业监管，维护市场秩序和消费者权益。

8. 强化品牌创建，提升产业竞争力

品牌是一张名片，一个知名品牌可以为产品赋予更高的附加值。消费者在购买产品时，往往会优先选择知名品牌，因为品牌既代表了企业信任程度和产品质量保证，也可提升消费者的信任度和购买欲，还会吸引更多的潜在客户。培育业主品牌意识，鼓励和支持企业或业主创建各类品牌，强化品牌打造，提升品牌的社会影响力，增强产品的市场竞争力，提高产品附加值。

9. 强化业主学习教育，培育职业主体

干事创业，人是最重要的，内因起决定性作用，养好牛根本在于业主本身的综合素质和业务能力。当前养殖业主稳定性差，更换频繁，从业者文化程度不高，几乎都是非专业人士，缺乏专业知识、操作技能和管理经验。强化业主学习与培训，提升专业素养、职业技能和管理水平，是十分必要的，也是养殖是否成功的关键。遵循专业人干专业事的基本理念，通过业主主动学习与接受教育，让养殖业主真正成为有知识、懂技术、会管理、善经营的新型职业化从业者，逐步培养成为稳定的家庭牧场。

10. 强化要素保障，为产业发展保驾护航

发展牛产业，在农区谁来养、在哪里养、怎么养好是当前和今后一段时期内面临的重要课题，从业者还受到资金短缺、科学养牛技能不足、饲草供给紧张、市场行情波动、养殖收益保障难、生物安全风险高等多重因素的影响。须健全要素保障，构建起包括用地、良种与草料供给、生物安全、产品质量安全、科技支撑、财政金融、养殖保险、从业人员社保等在内的保障体系，配套出台支持措施，保持扶持政策稳定和长效化，强化保障力度和市场调控，为牛产业发展保驾护航。要进一步加强国外牛肉牛奶入境调控和管控，避免自己的产业受到挑战，切实维持养殖从业者正常收益，确保牛产业稳定健康发展。

参考文献

刁运华，2009. 四川畜禽遗传资源志［M］. 成都：四川科学技术出版社：19-56.

中国畜牧兽医年鉴编辑委员会，2024. 中国畜牧兽医年鉴 2018—2023［M］. 北京：中国农业出版社.

四川羊产业发展报告

李　强[1]　王莉娟[1]　张红平[2]　刘　园[1]　高慧纯[1]　刘政权[1]
(1. 四川省畜牧总站，四川成都 610041；2. 四川农业大学，四川成都 611130)

摘　要：四川是我国南方羊生产大省，2022 年其存栏量、出栏量和肉产量分别为1 529.9万只、1 792.7万只和27.4 万 t，在全国31 个省（自治区、直辖市）中分别排第 5、第 7 和第 7 位。四川羊遗传资源丰富，有 11 个山羊地方资源，5 个绵羊地方资源和 4 个培育品种。四川全域都有养羊的传统，但随着经济的发展和市场的选择，现逐渐向一些优势区域集中。四川肉羊养殖分为全放牧、放牧加舍饲和舍饲三种模式，养殖以山羊为主，占到了总养殖量的 88%以上，养殖主体多为 50~200 只存栏的家庭养殖户。四川在山羊生产上与南方省份比较，在羊资源数量和品质、饲草料资源、羊肉消费和地理区位等方面具有一定的比较优势，其产品大量销往两广和海南等南方省份，但与北方绵羊优势省份相比，在资源禀赋和羊肉产肉效率上，又存在着一定的差距和不足，致使北方绵羊肉对四川省羊肉市场有一定的冲击。发展四川省现代肉羊产业，要坚持以市场消费方向为引领，以国家和省内政策为依托，以思想、技术、模式等创新为驱动力，以科技为支撑，以高效生产为主导方向，以与环境和谐发展为保障，以扩大市场范围和为市场提供多元化的羊肉产品为最终目的。加快产业提档升级，提升产业整体生产水平，推动产业健康可持续发展。

关键词：四川；羊产业；发展

一、国内羊产业发展现状

中国是全球羊生产、羊肉消费、羊肉进口第一大国，2022 年我国存栏羊 3.26 亿只，占全球羊存栏总量 24.66 亿只的 13.22%，其中山羊存栏 1.32 亿只，占全球山羊存栏总量 11.45 亿只的 11.53%；绵羊存栏 1.94 亿只，占全球绵羊存栏总量

13.21亿只的14.68%；2022年我国共生产羊肉524.5万t，占全球总量1 663.98万t的31.52%；2022年我国共进口羊肉35.70万t，占全球交易量129.09万t的27.65%。

2022年我国羊存栏1 000万以上的省（自治区）有9个，分别是内蒙古、新疆、甘肃、河南、四川、山东、云南、青海和山西，其2022年末存栏分别为6 124.1万只、4 825.2万只、2 595.6万只、2 030.4万只、1 529.9万只、1 459.1万只、1 418.7万只、1 354万只和1 110.8万只，其中绵羊生产主要集中在内蒙古、新疆、甘肃，青海、河北、山东等北方省份，其2022年末绵羊存栏分别为4 611.9万只、4 348.8万只、2 232.2万只、1 310.0万只、1 069.9万只、940.9万只；山羊生产主要集中在内蒙古、河南、四川、云南、湖南、陕西等省份，其2022年末山羊存栏分别为1 512.1万只、1 680.2万只、1 358.0万只、1 276.1万只、801.4万只和721.7万只。

自改革开放以来，我国羊存栏、出栏总体数量逐年增加，山羊存栏数量最近10年处于平衡震荡状态，说明产能整体趋于稳定，市场供需趋于平衡；绵羊存栏数量还在逐年上升（图1）。2005—2022年，中国羊肉产量增长了98.59%（图2），羊肉占肉类总产量比重从4.4%上升至5.5%。

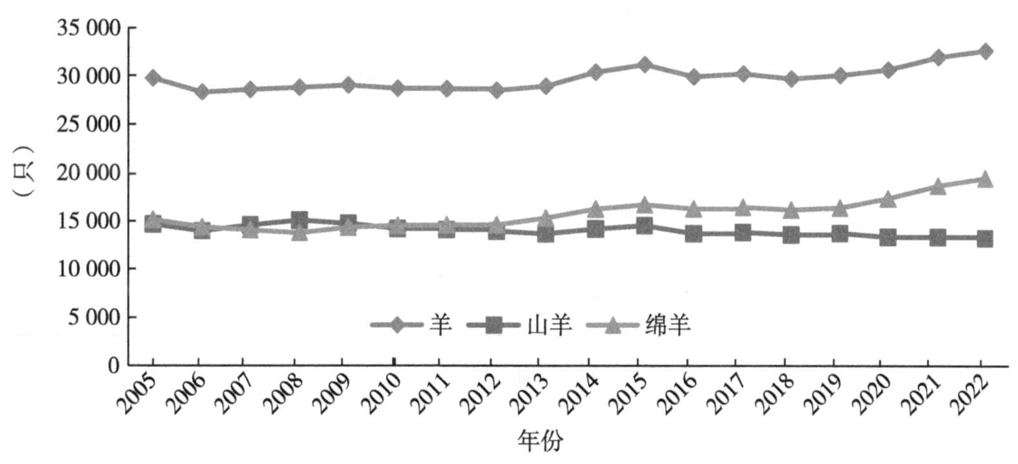

图1　我国2005—2022年羊存栏数量

注：数据来源为《中国统计年鉴2023》。

我国羊肉市场缺口较大，每年从国外进口肉羊40万t左右（表1），占世界总进口贸易量的30%左右。主要进口来源国为澳大利亚、新西兰、乌拉圭、智利和阿根廷等国家。

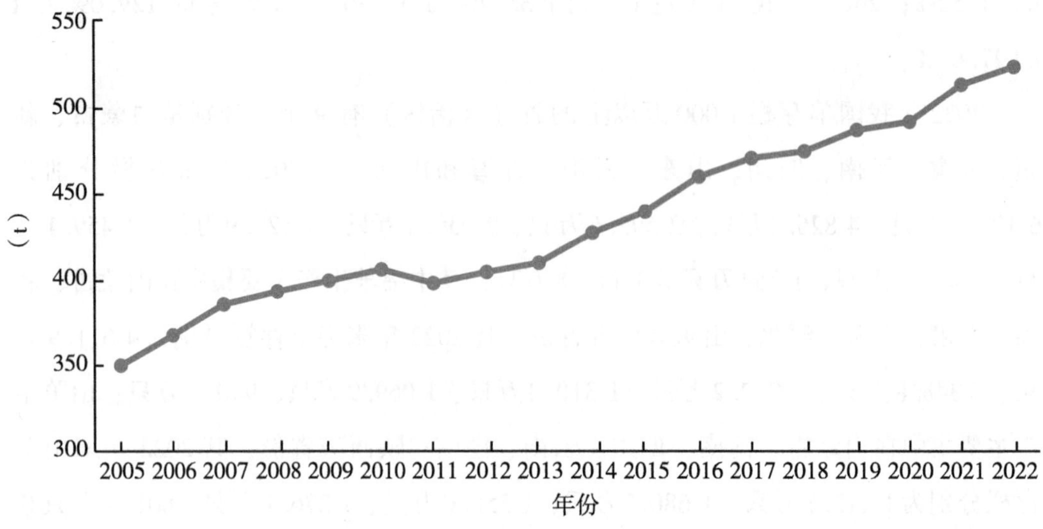

图2　我国2005—2022年羊肉产量

注：数据来源为《中国统计年鉴2023》。

表1　不同年份中国进口羊肉量

年份	总进口量（万t）	年份	总进口量（万t）
2000	1.59	2016	22.00
2005	4.14	2017	24.89
2010	5.70	2018	31.90
2011	8.27	2019	39.20
2012	12.39	2020	36.50
2013	25.87	2021	41.06
2014	28.29	2022	35.70
2015	22.30		

注：数据来源为中华人民共和国海关总署官网。

二、四川省羊产业发展现状

（一）基本情况

四川是南方肉羊生产大省，也是全国山羊生产大省，2022年末全省羊存栏1 529.9万只（图3），比去年同期增长1.2%，占全国存栏总量的4.7%；其中：山羊存栏1 358万只，占全省存栏总量的 88.7%；占全国山羊存栏总量的 10.26%。2022 年全省出栏羊1 792.7万只，同比增长 1.5%，占全国出栏总量的 5.3%，其中出栏山羊1 578万只，占全省出栏总量的 88.0%。2022 年全省生产羊肉 27.4 万 t（图 4），同比增长 1.3%，占全国生产羊肉总量的 5.2%。在全国 31 个省（自治区、直辖市）中，四川羊存栏、出栏数量和羊肉产量分别排第 5、第 7 和第 7 位。

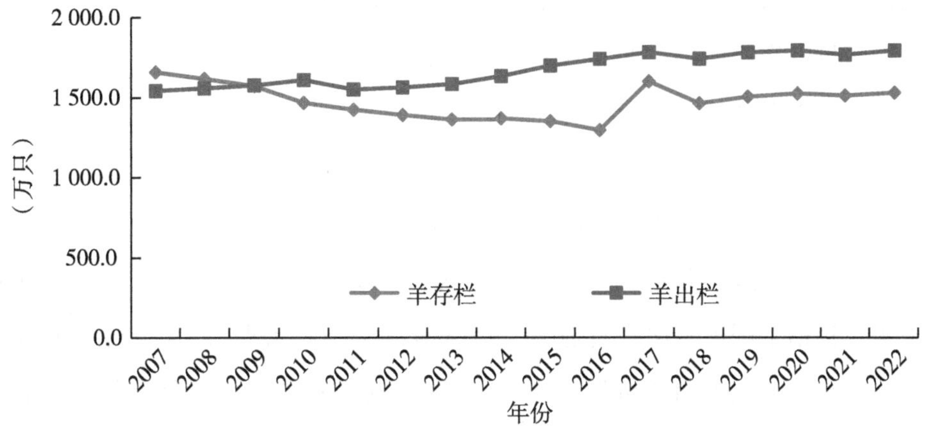

图 3　四川省 2007—2022 年羊存样出栏量

注：数据来源为《四川统计年鉴 2023》。

图 4　四川省 2007—2022 年羊肉产量

注：数据来源为《四川统计年鉴 2023》。

四川全省各地都有养羊的传统，四川农户多把养羊作为副业生产，贴补家用，21 世纪以来，随着经济的发展和人民生活水平的提高，养羊业逐渐向一些优势区域集中，根据2022年统计数据，存栏50万只以上的市州有9个，分别为凉山、南充、达州、巴中、阿坝、资阳、绵阳、广元和自贡，出栏50万只以上的市州12个，分别为凉山、南充、资阳、达州、自贡、绵羊、巴中、成都、广元、内江、泸州和攀枝花。四川农区以山羊养殖为主，绵羊养殖多分布在凉山、阿坝和甘孜三州及其周边地区。

改革开放以来，随着人们生活水平的提高，对羊肉的消费需求逐渐增大，四川省肉羊养殖量也逐年增加。2000年以后，羊存栏量逐步趋于稳定，羊出栏量和羊肉产量总体趋势缓慢增长。

（二）遗传资源

四川地域广阔，地跨青藏高原、横断山脉、云贵高原、秦巴山地、四川盆地等几大地貌单元，海拔落差达7 000m以上。复杂的地理环境和气候培育了丰富的羊遗传资源，根据全国第三次畜禽遗传资源普查结果，四川拥有20个传统地方羊遗传资源，其中传统地方山羊资源11个，分别为成都麻羊、川中黑山羊、川南黑山羊、建昌黑山羊、白玉黑山羊、美姑山羊、南充黑山羊、北川白山羊、古蔺马羊、板角山羊和西藏山羊；传统地方绵羊资源5个，西藏羊、欧拉羊、凉山黑绵羊、勒通绵羊、玛格绵羊。南充黑山羊为2021年新挖掘地方山羊遗传资源，凉山黑绵羊、玛格绵羊和勒通绵羊为2021年新挖掘的3个地方绵羊资源，凉山黑绵羊和玛格绵羊入选2022年全国新发现10大优异畜禽遗传资源，南充黑山羊和勒通绵羊入选四川省新发现优异种质资源。四川省现建有1个国家级山羊保种场——成都麻羊国家级保种场，8个羊遗传资源——川中黑山羊（乐至型）、川南黑山羊、美姑山羊、建昌黑山羊、北川白山羊、古蔺马羊、板角山羊、西藏山羊建有省级保种场或保护区，对白玉黑山羊开展了抢救性保护，建有省级畜禽遗传资源基因库1个——四川省畜禽遗传资源基因库，先后制作和保存了成都麻羊、川中黑山羊（金堂型、乐至型）、川南黑山羊（自贡型、江安型）、简州大耳羊、建昌黑山羊、北川白山羊、南充黑山羊、雅安奶山羊、美姑山羊和凉山黑绵羊的冻精、体细胞和胚胎共3万余份，全省初步形成以保种场和保护区原位活体保种为主，羊遗传资源基因库遗传材料异位保种为辅的多元化羊遗传资源保种体系。

（三）良种繁育体系

改革开放以来，四川省羊科技工作者利用四川省丰富的羊遗传资源和引入品种，经过多年的杂交筛选、横交固定和世代选育工作，先后培育出了雅安奶山羊、南江黄羊、凉山半细毛羊和简州大耳羊四个新品种。20 世纪 80 年代，四川农业大学培育出了雅安奶山羊奶用山羊品种；20 世纪 90 年代后期，南江县联合四川省畜牧科学研究院和四川省畜牧总站等单位利用本地山羊资源，经过多年杂交筛选、横交固定、世代选育等工作，培育出了中国第一个肉用山羊品种——南江黄羊；2009 年凉山彝族自治州联合四川农业大学和四川省畜牧科学研究院等单位，利用边区莱斯特和罗姆尼等半细毛羊与细毛羊杂交，经过数十年的选育工作，成功培育出了我国第一个半细毛羊品种——凉山半细毛羊，填补了我国 48~50 支半细毛羊品种的空白。2014 年简阳市联合西南民族大学等单位，利用引进的努比亚山羊和本地羊遗传资源，经过多年的选育，培育出了中国第二个肉用山羊品种简州大耳羊。由四川农业大学利用引进的波尔山羊和本地遗传资源培育的天府肉羊新品种已选育到第四世代，正在筹备向全国畜禽遗传资源委员会提交新品种鉴定申请。

四川省羊良繁体系建设相对完善，截至 2023 年底，省内有种畜禽生产经营许可证的羊场 40 家，其中原种场 13 家。四川省有 3 家种羊场入选国家肉羊核心育种场，2019 年成都蜀新黑山羊产业发展有限公司、四川南江黄羊原种场入选国家肉羊核心育种场，2023 年简阳天地羊生物育种有限公司入选国家肉羊核心育种场，四川省成为全国山羊种羊场入选国家肉羊核心育种场数量最多的省份。但四川的肉羊生产多以单品种或杂交羊进行商品羊生产，这种生产体系导致其他养殖户购买其种羊后也可自繁自养，其后代优秀个体也可以当种羊销售，而且不容易监管，会对种羊场形成一定冲击。

（四）养殖模式

四川肉羊养殖分为全放牧、放牧加舍饲和舍饲三种模式。

全放牧养殖模式主要分布在四川省凉山、甘孜和阿坝三个牧区州和其他市州山区和深丘区，以放牧为主的饲养模式可以完全依靠当地草山草坡饲草资源，养殖户春季把羊放到山上，冬季赶回，半个月左右补充一次盐水，或采用白天放牧，晚上赶回的饲养模式，基本不用精料补饲。放牧养殖，管理相对粗放，这种模式的好处是其对圈舍要求相对不高，不需要过多人力成本，也不需要购买大量饲草料，投资成本小，饲养主体多为老人或不宜出去打工者，这部分人从事养羊的机会成本低，相对应预期收益也较低，市价高时多挣，市价低时少挣。但这种模式的养殖规模受其放牧地饲草资源量的限制，管理比较粗放，肉羊获取的营养水平主要取决于放牧场所的牧草产量和质量，很难保证不同生长阶段母羊和育肥羊的生长需要，放牧的肉羊达到一定出栏体重的养殖周期较长。

以放牧加补饲为主的饲养模式，多分布在四川省农区有放牧条件的山区和丘区，白天把羊群赶出放牧，晚上回家补饲一定的精料，不仅可以利用当地丰富草山草坡资源，而且还能利用补饲来满足肉羊生长的营养需求。放牧加补饲饲养模式其群体规模一定程度上也依赖所能放牧的草山草坡面积和所能提供的饲草资源量，根据以放牧为主还是以舍饲为主其养殖数量会有不同，以放牧加补饲为主的饲养模式，肉羊获取营养水平取决于放牧场所的牧草产量和质量，以及补饲精料的营养水平，其羊群质量可以根据补饲水平加以调控，且能满足山羊的爱动、活泼的生物属性；可以根据其管理的精细化程度，做到按照配种计划进行科学的选种选配，能较好地杜绝近交，较好地维持群体质量。这种模式对圈舍修建要求相对较高，人力投入也相对较大，且这部分群体一般都具有一定的肉羊养殖经验和市场资源，其养羊的机会成本较高，对市场的依赖性也较大，会随着肉羊市场价格的变动而改变养殖品种、数量或暂时弃养来适应市场的变化。

全舍饲为主的饲养模式，多分布在四川省农区，以没有放牧条件的养殖户、规模较大的养殖场和种羊场为主体，以全舍饲为主的饲养模式一般靠自种部分青草，或全部购买青草、干草和饲料进行养殖。全舍饲饲养模式根据土地面积大小，规模可以差别很大，少则 200~300 只，多则几千只，其饲草料资源可以从其他地方运来，依靠外购可以突破周边草山草坡饲草资源的限制，单位面积土地上可饲养的山羊数量也比前两种模式要大得多，但也会受到市场行情的限制。这种模式一般管理精细，肉羊获取的营养主要取决于饲喂草和料的营养水平，完全可控，可采用科学的营养配方，精粗料搭配，完全能满足肉羊不同生长时期的营养需求，羊群整体质量较好。全舍饲饲养模式其综合防疫取决于圈舍条件、饲养密度以及科学精细的防疫管理。全舍饲饲养模式因其占用的土地面积较大、高质量的羊舍建筑、优质饲草料的购置、管理和饲养人员的工资等使其从事肉羊养殖的机会成本高，因此肉羊养殖的预期收益也远远高于另外两种模式，一般其肉羊养殖的收益高于其机会成本时才会进入行业，通常靠规模取胜。规模较大的羊场因其投入较大，一般也不会轻易退出，而且会尽量依靠先进技术和科学管理来压低养殖费用，以便在市场波动时立于不败之地。

三种山羊养殖模式各有其优缺点，以放牧为主的饲养模式投入小，机会成本低，市场风险小，不容易受市场影响；以放牧加补饲为主的饲养模式投入相对较大，机会成本居中，对市场依赖性较高但其进退相对容易；以全舍饲饲养模式为主的其投入大，机会成本高，潜在的养殖风险和预期收益都较大。任何养殖模式都是适应一定气候环境、一定的资源禀赋、一定的经济状况而产生的，模式之间没有高低之分，养殖户和业主具体选择哪种方式，和其所处地域的土地、草山草坡、水源等资源禀赋、交通条件、自身的经济条件和市场情况等都有直接的关系。

（五）养殖主体

20 世纪，四川省农区羊养殖大多以家庭、散养、放牧为主要饲养模式，各家饲养羊数量较少，其生产的主要目的更多是自用或进行小范围交易而调节家庭余缺；21 世纪以来，随着市场对羊肉的需求持续增长，逐渐出现了以专业化养羊为主要职业的养羊户，一般以养殖 50~200 只规模为主，这些养羊户都建有比较规范的羊舍，并根据当地资源禀赋进行放牧加舍饲或全舍饲养殖。近年来，随着市场大浪淘沙，优胜劣汰，退出养羊业的散养养殖户增多且退出步伐加快，但羊生产具有繁殖力较低、周期较长、市场价格波动相对不频繁等特点，又会吸引一些不愿承担很大市场风险的社会资本和家庭重新进入这个领域，开展适度规模养殖，形成一种稳定的生产力量。这些适度规模养殖户多以家庭为单位，能充分利用当地的饲草和农副产品资源来降低饲养成本，且一些养殖户能充分利用市场信息来调整生产，从而带动周边养殖户适应市场生产，成为四川省羊产业的养殖主体。一些养殖企业在市场的博弈中抓住了市场发展机遇，逐步发展壮大，成为四川省较为知名的养羊企业，如南江黄羊原种场、四川天地羊生物工程有限公司和成都蜀新黑山羊产业发展有限公司等企业。

（六）市场竞争力

四川羊产业以山羊生产为主，占到全省养殖总量的 88%以上，山羊养殖多以自繁自养为主，其主要商品一是断奶羔羊，二是育肥羊。从事专业育肥肉羊生产的养殖主体不多，多为肉羊市场经纪人或羊贩子，修建羊场一是把羊场也作为集散地，二是卖不掉的羊可以先养着育肥，边收羊、边育肥、边卖羊。专业育肥肉羊的养殖主体不多，原因一是专业育肥要从各地大量收购断奶羔羊，不同地方收来的羊聚到一起可能会引起疫病和生产应激，如果不能及时有效解决这些难题，会造成大量损失。二是专业育肥需要一定的规模才能更加经济，销售又需要大量的市场销售信息和丰富的市场买方资源；四川省主要以家庭养殖为主体，很多养殖户和业主暂时不具备这两方面的能力。这可能是四川省山羊羔羊被大量卖到江浙地区进行育肥的原因。而四川省山羊繁殖和商品肉用山羊生产的方式具有一定的比较优势，所以山羊被大量卖到两广和海南等南方地区。

总的来说，肉羊生产具有繁殖力较低、周期较长、市场价格波动相对不频繁等特点，自改革开放以来，羊市场价格一路上扬，只有在2014年底至2017年初有一波大的下挫，后又上涨收复失地且高位震荡运行，2023年开始活羊价格再一次下行，往年黑山羊价格都在20~24元/斤，现在一般15~20元/斤，羔羊价格也从过去的700~800元/只下降至500~600元/只。市场波动不频繁和大部分时间的高价会刺激一些资本进入养羊业，价格的走低也会对肉羊养殖产业形成暂时的、一定的冲击。

总的来说，由于资源禀赋和长期以来在山羊养殖上积累的技术优势，在山羊生产上，四川省相对于其他省份具有较大的比较优势，省内的山羊产品大量被销售到南方两广、福建和海南等省。但和北方绵羊生产省份相比，相对优势又显不足，北方绵羊其活羊运到四川的价格比本地山羊出栏价格还要低5~10元，秋冬两季省内菜市场和餐馆充斥着大量北方来的绵羊肉产品。

（七）政策支持

相较于生猪生产，四川省对羊生产的政策支持相对少。2020年四川省印发《川牛羊（畜禽饲草）产业振兴工作推进方案》，2022年四川省人民政府办公厅出台了关于印发推动四川省牛羊高质量发展11条措施的通知，从种业、养殖、饲草投入品、全产业链、疫病防控、粪肥综合利用、科技支撑、金融和用地保障等方面对羊产业提供了政策支持。肉羊养殖项目资金上的支持只有农业农村部的转移支付项目“肉牛肉羊增量提质行动”和中央、省级财政在四川省支持的少量肉羊产业园区项目。一些以肉羊养殖为主要畜牧生产的县也会拿出部分财政资金来支持本县肉羊产业发展，比如简阳、南江等县，凉山州部分脱贫县（如美姑、布拖等）也会拿出部分乡村振兴资金支持农户养殖肉羊和发展肉羊产业。

三、四川省羊产业发展优势与问题研判

任何产业的发展都会受到很多条件的制约，我们称这些条件为约束性条件或局限条件，这些约束性条件中有些主要的约束性条件会制约产业发展处于一定的状态，条件不变状态不会变，条件转变状态也会转变。四川羊以山羊养殖为主，占到肉羊养殖量的88%以上，从生产羊肉效率方面讲，四川肉羊生产与大部分以山羊肉生产为主的南方省份相比具有一定的比较优势，但绵羊肉是山羊肉最大的替代品和竞争品，四川肉羊生产与北方以绵羊肉生产为主的省份相比还有一定的差距。

（一）四川肉羊产业的发展比较优势分析

1. 品种资源方面

四川肉羊80%以上分布在农区，以山羊养殖为主，四川是全国的肉用山羊养殖大省，山羊存栏量全国排名第三。四川拥有16个传统地方羊遗传资源，其中11个山羊地方遗传资源，四川省羊育种工作者利用这些资源，先后培育出了我国第一个肉用山羊品种——南江黄羊和第二个肉用山羊品种——简州大耳羊，南江黄羊不仅肉用性能较好，且适合山区放牧饲养，适应性强。简州大耳羊成年公羊平均体重达到了70kg以上，是我国肉用生产性能非常优秀的山羊品种。四川省特有的川中黑山羊，在全国众多黑山羊资源中，体型最大，生长速度快，且繁殖力很高，具有明显的品种优势，这三个资源被四川省各地大量引进，改良本地山羊，开展杂交生产，全国很多省份也引进这三个品种开展纯种生产和改良本地山羊。四川拥有川中黑山羊、简州大耳羊黑色品系、川南黑山羊、建昌黑山羊、美姑山羊、南充黑山羊和白玉黑山羊7个地方黑山羊资源，且体型大小相差很大，能满足两广、福建和海南等喜消费黑山羊的省份的市场需求。

2. 饲草资源方面

四川号称天府之国，土地肥沃，物产丰富，年产粮食在700亿斤（1斤=500g）以上，是全国知名的产粮大省，农副产品也极为丰富，且四川农区气候湿润，草山草坡面积大，饲草种类繁多且生长茂盛，为山羊养殖提供了得天独厚的天然条件。四川养殖主体多为以家庭经营为主的，规模在50~200只的养殖户和羊场，这些山羊养殖户大多采用全舍饲或半舍饲的饲养方式，能充分利用当地的农副产品和饲草资源，来降低山羊养殖成本，这也是四川省山羊养殖具有市场竞争力优势的

主要原因之一。四川省山羊收购价格要远低于广东、福建和海南等南方省份，这些地方也是四川省山羊主要的输出地。

3. 市场消费方面

四川2023年户籍人口9 071.4万人，在以山羊肉为主要消费的南方省份，人口数量排在第一位。全省大部分地区老百姓都会在冬天消费羊肉产品，少数地方老百姓一年四季都消费羊肉，羊肉产品主要以羊肉汤为主，多在深秋和冬季消费，烤全羊、烤羊肉串和一些羊肉酱等产品一年四季都有消费，冬季一些地区还会消费羊肉香肠等产品。简阳羊肉汤是四川最知名，也是影响力最大的羊肉汤产品，眉山的碗碗羊肉，洪雅和会东、会理一带的羊肉汤也比较出名。四川省相对其他南方省份有较大的消费市场，且四川省山羊产品常年销往广东、福建和海南等南方省份，有成熟的职业经纪人队伍和市场渠道，这些都会给社会造成山羊养殖有盈利的市场空间和预期，激励养殖户常年从事山羊养殖，保证了四川省山羊养殖的优势地位和四川省山羊市场的出栏量和需求量。

4. 地理区位方面

四川地处南北交汇之地，面积48.6万km^2，山羊养殖又主要集中在四川省气候生态条件和交通条件相对比较好的农区。羊属反刍动物，其食物组成中必须有大量的粗纤维，南方气候多高湿高热，青草种类多，产量好，但不易生产青干草。肉羊养殖需要常年稳定的饲草供应，但青草收割后容易腐烂，不易保存，制作青贮和使用青贮都有一定的技术含量，若制作使用不当都容易腐烂，四川省每年都要从北方省份进口大量的花生秧、燕麦草等青干草来满足肉羊生产的需要，干草体量大、运输成本高，运输成本一般都在500元/t以上，成为制约南方地区肉羊养殖的最重要的约束性条件之一，四川省地理区位位于南北交汇之地，北方的干草到四川省距离较近，相对成本较低；同时四川省属南方省份，属全国主要山羊肉消费区，其山羊除部分本省消费外，大量山羊被运往广东、海南等地区销售，其销售半径又小于北方一些山羊主产省份。从饲料来源和市场销售来看，四川省都具有一定的地理区位优势。

这些比较优势造成四川省在品种培育，山羊养殖存栏量和出栏量、养殖规模、舍饲化程度、生产效率上都优于其他南方山羊生产省份，在全国肉用山羊生产方面具有比较优势，市场竞争力较强，且占有市场份额较大。

（二）四川肉羊产业发展的局限和问题分析

1. 繁育体系方面

肉羊繁殖效率低，一般两年三胎，且出栏时间长，生产效率相对于生猪、肉兔、肉鸡和蛋鸡等畜禽而言相对较低，肉羊生产的低效率造成生产单位重量羊肉或活体羊的费用较高，会形成市场较高的预期生产费用，从而降低市场的预期收益，致使市场供应减少，价格较高。四川省肉羊生产以山羊为主，山羊在舍饲条件下，对空间、草料品质的要求比绵羊高，生长速度普遍较绵羊慢，增加了养殖成本和管理成本。

现代肉羊生产以高效为基础，首先要使用产肉效率高的肉羊品种或配套系作为生产工具，但很难找到一个肉羊品种同时具有生得多、长得快、品质好等优点。所以现代肉羊生产一般采用生长速度快、产肉率高、胴体品质好的父系品种和繁殖力高、母性好的母系品种杂交进行商品化生产。虽然四川省羊遗传资源丰富，有 11 个山羊地方资源、5 个绵羊地方资源，3 个山羊培育品种，1 个绵羊培育品种。但这些资源群体数量都不是很大，基本上都是在不大的市场范围内进行单品种生产或是用与其他品种杂交的后代进行商品化生产，多样化的养殖品种很难将科技的合力集中，或者说单一品种或配套系的饲养更容易集中科技力量进行技术推动。四川省拥有 7 个黑山羊地方资源，黑山羊在南方市场也比较受欢迎，其活体收购价比其他羊高 1~2 元/斤，且黑山羊的繁殖力相对高，特别是川中黑山羊，很适合做母系品种进行杂交生产，但缺乏体型更大、生长速度更快、胴体品质更好的黑山羊父系品种，目前，只能用川中黑山羊作为父系品种去杂交改良其他较小型的黑山羊品种。

2. 可利用土地方面

四川大部分地区多山多丘，农村多为分散建房，加上国家的耕地保护政策和城乡建设用地统筹增减挂钩政策，造成肉羊养殖很难找到很大面积的土地修建羊舍，且高低不平的地势会增加规模羊场的建筑成本，这样就限制了羊场的生产规模，而规模是分摊很多费用的基础，小规模的羊场因其规模不足很难把成本分摊降下来，尤其是应用新技术进行工厂化生产所增加的成本，比如按性别、按年龄阶段，按生产目的分段饲养，而分工恰恰是提高生产效率的基础。肉羊从放牧养殖到舍饲养殖会增加很多成本，包括建筑成本、人工成本，养殖设备购置和饲草料购置成本等，如果舍饲增加的预期收益小于或略高于其增加的预期成本，社会资本是不愿意进入这个产业的。这也是四川省肉羊养殖规模场不多的主要原因之一。而北方绵羊省份大都地方较平，很容易找到较平的土地建设羊场，很多羊场规模都比较大，存栏上万只母羊场很多，占地都在上百亩以上。

3. 饲草料供应方面

羊是草食性动物，饲养肉羊需要大量和稳定的饲草供应，虽说四川省草山草坡资源丰富，但地势不平，造成饲草种植、收割的人工成本较高；且四川省高热高湿的气候，饲草不易加工成干草，青草又不易储存，大规模自制青贮如青贮窖、青贮槽等，管理不善很容易霉变；干草需从北方运入，运输成本较高。北方有较大平地，可以建筑大规模的羊场，北方土壤肥力和气候更适合种植玉米、饲草之类的作物，土地利用的机会成本不高，四川的农区土地生长力强，可以种植很多比较效益较高的经济作物，且人均耕地有限，市场博弈会让农户选择不会大面积种植适合做羊饲草的作物或饲草（比如玉米和饲草），饲草料来源的比较优势也是北方绵羊生产效率高于四川省山羊生产的主要原因之一。

4. 市场消费方面

肉羊生产的低效率，造成其市场周期与生猪、肉兔、肉鸡、蛋鸡等生产效率高的产业比相对不频繁，其实市场每一次大的波动都是一次优胜劣汰的选择过程。因为传统放牧生产的养殖户机会成本较低，预期收入不高，该过程很难淘汰掉完全靠天吃饭的传统放牧生产，甚至在市场价格低谷时传统的放牧生产还较容易应对。四川大部分地区羊肉消费仅限于冬季，季节性消费明显，且山羊肉的膻味和不宜加工使羊肉很难进入老百姓的一日三餐，主要限于餐馆消费，市场羊肉消费量不大。羊肉消费市场小，加上土地、饲草料、品种等方面的局限，造成肉羊规模养殖赚钱效应不强，大的社会资本不愿意进入这个产业，产业集聚程度不足，从事这个行业的各方面人才（包括管理人员、科技人员尤其是社会上以此为生的管理、科技、推广应用、销售人员）都较少，减缓了四川省肉羊的舍饲化、规模化、科技化、现代化的进程。

由于这些局限条件的制约，四川省肉羊生产与北方绵羊主产省份相比，还存在较大差距，具体表现为规模化羊场较少，存栏上千只的能繁母羊羊场不到 10 家，产业集聚程度不足，而北方存栏上万只母羊的绵羊养殖场比比皆是；季节性出栏明显，季节性消费导致羊场生产计划安排季节性出栏，集中在秋季以后集中出栏，一直延续到春节后。而很多北方肉羊生产大省都是四季消费羊肉，尤其是信奉伊斯兰教区域，肉类消费又以消费羊肉为主。规模化生产和产业集聚程度的不足，造成羊场设施、设备、羊场建设等方面技术都不是很成熟，市场投入品生产发展也相对滞后，羊肉加工产业发展也相对缓慢。

国内商品市场的自由贸易造成四川省肉羊生产与北方绵羊相比缺乏比较优势，北方很多羊生产大省四季都在消费羊肉，羊肉消费量较大，有较大的消费市场，更容易有社会资本进入进行大规模生产，大的羊场也容易吸引优秀的职业经理人等一线肉羊生产者加入，很多技术引进和技术创新需要直接管理人和一线生产者去探索和试错，较大的规模也会摊薄因为引入技术和设备所增加的成本，产业的规模和集聚也会吸引大量科研人员从事肉羊产业方面的研究，科技的集中使其在新技术应用，个别养殖环节技术难题和降低生产成本等方面突破较快，从而不断提高生产水平，降低养殖成本，从生产羊肉的角度看，其成本优势明显，从而对四川肉羊生产和销售产生一定的冲击。

四、四川省羊产业发展对策建议

四川是我国西南地区肉羊生产的优势省份，肉羊产业是四川省主要畜牧产业之一，是保障四川省多元化畜产品的重要支撑产业，同时肉羊产业也是推动四川省农户增收、巩固脱贫成果和推动乡村振兴工作的重要产业。发展四川省现代肉羊产业，要坚持以市场消费方向为引领，以国家和省内政策为依托，以思想、技术、模式等创新为驱动力，以科技为支撑，以高效生产为主导方向，以与环境和谐发展为保障，以扩大市场范围、为市场提供多元化的羊肉产品为最终目的。要以四川省多年肉羊产业发展经验为基础，坚持四川省肉羊养殖的一些传统优势做法，逐步引进和利用先进的现代养羊技术，提高四川省肉羊产业整体生产效率，增强四川省肉羊产业在南方地区乃至全国的市场竞争力。要坚持传统养殖与现代养殖并重，宜舍则舍、宜牧则牧，充分尊重业主自身的资源优势和养殖意愿，选择舍饲、半舍饲和放牧养殖方式和不同的养殖规模，鼓励和引导社会资本建设现代化和规模化种羊场，利用现代化育种理念和育种技术开展种羊选育，进一步提高四川省种羊质量。商品肉羊养殖则以存栏 50~200 只的养殖户为主，可充分利用四川省丰富的农副产品和饲草资源，降低养殖成本，增强市场竞争力。

（一）坚持以市场为导向，加快产业提档升级

四川省传统肉羊生产目的一般为家庭自用或调剂余缺的交换，市场范围较小，主要以家庭为单位进行，专业化程度较低。现代化肉羊生产需要以市场为导向，让市场来决定生产什么，由谁生产，如何生产等问题，要推动肉羊生产从传统的自用或调剂余缺向为他人、为市场、为交易、为盈利而生产的转变。

一是要创造更适合于社会资本进入的投融资环境，出台更有利于肉羊产业发展的一些激励法律法规和政策（比如四川省至今都没有牛羊屠宰管理条例，致使牛羊屠宰厂家拿不到屠宰许可证，应尽快组织有关力量制定相关法律法规），放松不必要的管制，鼓励社会资本进入肉羊行业。社会资本进入肉羊行业不会采用传统的分散放牧饲养模式，更多要进行舍饲规模化生产，通过他们的不断试错和创新，来解决南方山羊规模舍饲过程中的难题，降低舍饲各环节的成本，提高收益。

二是要引导培育一批懂生产、会经营、熟悉市场的新型职业主体队伍，特别是肉羊职业经济人队伍。四川省肉羊生产主体多为存栏 50~200 只的养殖户，多为中老年养殖户，这些养殖户缺乏养殖技术，接受新事物、新技术渠道较少，市场信息来源主要来自羊贩子，要通过科技下乡万里行、“三区人才”项目、头雁培养计划等多种模式，培养一批本地的肉羊养殖大户和养殖能手，带动周边养殖户，传递新的养殖理念和养殖技术。商品生产目的是为了销售，生产什么品种、利用什么模式、何种技术开展肉羊养殖、商品肉羊产品卖到什么地方，都需要市场信息来引领，现阶段的养殖主体很难获取这么多的信息来源，培养一批肉羊职业经纪人队伍，才能把多变有用的市场信息及时传递给养殖户，同时把商品肉羊以合适的价格及时销售出去，保证四川省肉羊产业能及时适应市场需求变化，不在激烈的市场竞争中落伍或掉队。

三是要充分利用四川省在山羊生产方面的领先地位和比较优势，以及南方省份对山羊肉产品的市场偏好，极力开拓南方肉羊市场，努力打开北方市场和国内国际伊斯兰教地区市场，扩大市场销售半径和范围。市场半径越大，生产就越容易积聚，容易上规模，容易进行专业化分工。

四是要鼓励专家和企业结合，开发市场喜爱的终端羊肉产品。我国很多地方都有自己独特的羊肉食品，比如简阳羊肉汤、西安羊肉泡馍、遵义羊肉米粉等，但缺乏适合全国市场、老少皆宜、方便美味的羊肉产品（尤其是山羊肉产品），包括能

进入家庭、餐馆以及超市的产品。四川省发展肉羊生产，就是要针对主要的肉类消费市场主体（中年以下人群），开发美味、便捷、多元的羊肉产品，提高市场的羊肉消费，带动上游养殖业的繁荣和提档升级。这需要四川省整个行业的配合和协作。

五是要加大对羊肉科学消费的宣传，鼓励社会了解养羊产业和羊肉产品，扩大羊肉消费，刺激上游养殖环节的繁荣，这也是今后整个行业需要努力的一个方向。

（二）坚持以高效为首要目标，提升产业整体生产水平

产品价格波动是市场的常态，虽然自改革开放以来，肉羊价格大部分时间都是上涨的，但2014年底至2017年秋天价格大幅波动和2023年以来本轮价格波动都给产业和养殖户带来了大的冲击。肉羊养殖以羊肉为主要产品，而羊肉多属于同质化产品，在市场上只能接受市场价格，生产者定价权较小，那么高效就显得更为重要。市场需求是多元化的，比如北方以绵羊肉为主要消费产品，南方以山羊肉消费为主，四川、广东、福建、海南等南方市场偏爱消费黑山羊肉，还有市场对不同品质羊肉产品的需求也不一样，所以在高效生产的基础上，一些大的养殖企业可以根据市场需求开发一些高品质的、差异化的羊肉产品来提高市场定价权，增加养殖利润。我们在提倡多元化发展产品的同时，也要坚持以高效生产为基础。今后的工作重点一是在繁育体系建设上，要进一步通过引进或本品种选育培养体型大、生长速度快，饲料转化率高的父系山羊品种，特别是体型大的黑山羊父系品种；同时加大对山羊特别是黑山羊高繁群体的选育，在现有的高繁群体选育的基础上加入现代分子育种技术，缩短世代间隔，加大选育力度；尽快培育出高繁殖力的母系品种，通过杂交生产来提高山羊（特别是黑山羊）的生产效率。二是肉羊生产科技支撑上，要加快构建羊遗传资源保护和高效育种技术体系、本地饲草及农副产品营养价值评价体系、肉羊高效养殖技术体系、肉羊养殖环境控制技术体系、羊主要疫病综合防控技术体系、羊肉产品加工技术体系等综合技术体系，为四川省肉羊养殖提供坚强的科技支撑。三是在流通环节上，要鼓励社会资本进入建立顺畅高效的流通体系，任何商品从生产到消费终端，流通环节成本占了总成本的绝大部分，流通环节的顺畅与否，直接决定了产品能否成为商品，生产主体能否盈利并持续再生产。四川省肉羊生产以分散养殖为主，这就更需要建立高效的流通体系，包括职业经纪人（羊贩子）队伍的培养和取消不必要市场审核和地方保护，确保肉羊产业能高效生产出来还能高效卖出去。四是正确对待和引导湖羊等生产效率较高的绵羊品种在四川省农区规模化养殖现象。近年来，湖羊以其高繁殖性能迅速占领全国大部分规模养殖场，南方江苏、安徽和湖北等省份湖羊规模化养殖已不存在技术问题，且四川省也有少部分农区养殖户在饲养湖羊，湖羊养殖在四川发展缓慢更多和市场及企业经营有关，而不是养殖技术问题。今后应在舆论和技术等环节上给予适当的引导。

（三）坚持与环境和谐共处，推动产业健康可持续发展

疫病是规模化养殖的天敌，肉羊规模化生产会面临很多疫病，包括口蹄疫、羊痘、小反刍兽疫等，有些还是人畜共患病，如布病等。疫病不仅打击养殖业，而且危害人类健康。规模化养殖会造成粪污等废弃物在局部区域增多，易对环境造成污染，影响人类的正常生活和健康。食品安全问题会给行业带来巨大的冲击，三聚氰胺事件、黄曲霉素事件、瘦肉精事件等，都给相关产业造成了巨大影响。一是要搞好疫病综合防治，特别是羊场密度和规模提高后的综合防疫程序制定和筛选工作。要加强科技人才和知识的储备，在肉羊流行病学跟踪、检测及防治等方面积累经验，在面对突发疫情时能迅速在全省范围内制定有效的防治措施和切实可行的技术方案，减少重大疫情对行业的破坏。要建立一支常态化的社会动物防疫队伍，搞好春秋防疫和平时重大疫情的监测监管，确保不发生重大的疫情危害产业。二是积极配合中央和地方环保政策，搞好羊场粪污等废弃物处理，采用种养循环或达标排放的方式，减少粪污等废弃物对环境的污染。三是鼓励和引导企业和养殖业主进行标准化生产，为社会提供更加优质安全的肉羊产品，刺激更多的市场消费需求。只有在这三方面不断努力，才能逐步做到肉羊生产与自然环境、人类生活和谐共处，才能推动产业健康可持续发展。

参考文献

国家统计局，2023. 中国统计年鉴［M］. 北京：中国统计出版社 .

四川省统计局，国家统计局四川调查总队，2023. 四川统计年鉴［M］. 北京：中国统计出版社.

四川饲草产业发展报告

李达旭 张建波 常 丹 游明鸿 闫利军 季晓菲 雷 雄

（四川省草原科学研究院，四川成都 611731）

摘 要：饲草产业是现代畜牧业发展、草原保护修复、农业种植结构调整、美丽乡村建设和乡村振兴的物质基础，与粮食作物、经济作物具有同等重要的地位。“十三五”以来，国家和四川省委省政府高度重视草产业发展，出台了系列政策，取得了较为显著的成绩，推动了四川饲草产业的快速发展。但四川省草产业非常脆弱，起步晚、起点低，认识不足，重视不够，投入机制不健全，发展速度较缓慢，科技创新能力与草产业系统性和整体性不足，远远不能够支撑草产业高质量发展。建议以实施草产业高质量发展为抓手，以拓面增量、提质增效为主攻方向，优布局、壮主体、育良种、强支撑，加快建立规模化种植、标准化生产、产业化经营及大数据信息平台的现代草产业体系，提高农牧民组织化程度，创新经营组织方式，建立健全利益连结经营机制，激发牧民自觉保护意识，实现草原生产与生态的双赢，为生态文明和美丽四川建设、保障国家粮食安全、推动乡村振兴作出更大贡献。

关键词：饲草资源；饲草产业；科技创新；高质量发展

饲草产业是一个多元化、相互关联且协同发展的产业体系，主要包括饲草种植、加工、销售以及相关技术研发与服务，它不仅是畜牧业稳健发展的基础，更是保障粮食安全和推动经济增长的关键力量。“十三五”以来，国家高度重视草产业发展，相继实施草原生态保护补助奖励、粮改饲、振兴奶业苜蓿发展行动等政策措施，特别是2019年以来，出台了《农业农村部“十四五”全国饲草产业发展规划》《国家林业和草原局关于促进林草产业高质量发展的指导意见》《四川省人民政府办公厅关于加强草原保护修复和草业发展的实施意见》等文件，为草产业发展提供了新机遇，四川省草食畜牧业集约化发展步伐加快，优质饲草需求快速增加，推动了现代饲草产业发展。但由于四川省饲草产业起步较晚，生产经营体系尚不完善，产业发展面临诸多困难与挑战。近十多年来，四川省居民对牛羊肉和奶类的需求持续快速增长，但国内生产发展相对滞后，造成这一局面的重要原因之一就是饲草特别是优质饲草供给不足。近几年，苜蓿、燕麦草等优质牧草的进口程度在加大，虽然国内苜蓿和燕麦草的产量在稳步增长，但相较于目前的牧草需求量仍存在很大的差距。初步测算，要确保牛羊肉和奶源自给率的目标，对优质饲草的需求总量将超过 1.2 亿 t，尚有近 5 000 万 t 的缺口。当前，四川省饲草产业发展面临种植基础条件较差、良种支撑能力不强、机械化程度偏低等制约，与发达国家及国内畜牧业发达省份相比还有不小差距。高质量发展饲草产业，不仅可以促进畜牧业发展，还可以优化农业结构实现可持续发展，从而进一步推动农业和农村经济的发展。因此，促进饲草产业高质量发展刻不容缓。基于四川省饲草生产现状以及饲草产业发展中存在的问题，需要全面加快规模化种植体系建设，持续实现饲草规范化、标准化生产，构建现代化加工流通体系，加快优良品种的培育，进而从整体上加快现代饲草产业的高质量发展。

一、四川饲草产业概况

（一）草原生产现状

1. 草原资源状况

根据第三次全国国土调查数据，四川省草原面积共计 1.45 亿亩（1 亩≈ 667m^2），占全省面积的 19.9%，其中，天然牧草地 14 152.29 万亩、人工牧草地 86.56 万亩、其他草地 292.91 万亩，分别占草原总面积的 97.39%、0.60%、2.01%。主要分布在甘孜、阿坝、凉山三个民族自治州，面积 14 303.08 万亩，占全省草原总面积的 98.43%，其中甘孜州天然草地面积 8 380.75 万亩，阿坝州 4 728.38 万亩，凉山州 1 193.96 万亩，盆周山区和盆地丘陵区 228.67 万亩。

四川草原在海拔 270~5 500 m 均有分布，地形地貌复杂，水热条件分布不均，跨越亚热带、温带和寒温带等多个气候带。草原类型主要有高寒草甸草地、山地草甸草地、低地草甸草地、暖性草丛草地、暖性灌草丛草地、热性草丛草地、热性灌草丛草地等。四川天然草原牧草构成以禾本科、豆科、莎草科和杂类草为主，其中禾本科植物 107 属 355 种，豆科植物 64 属 213 种。

2. 饲草料供应土地资源现状

四川省可用于增加饲草料供应的土地资源充足，优质饲草料增产潜力巨大。主要包括以下几类：一是草地，如果按照天然草地的10%来建设人工草地，每年可增收牧草干物质707.62万t，同时对四川省可利用天然草地实施草地改良措施，每亩可增产牧草干物质100kg以上，每年累计可增收牧草干物质603万t。二是耕地，四川省耕地面积522.72万hm^2，其中，一年一熟制耕地16.95万hm^2，利用其10%的冬闲田开展粮草轮作，种植优质牧草，每年可增收牧草干物质25.43万t；一年两熟制耕地面积505.77万hm^2，利用其中10%中低产田种植优质牧草，每年可增收干物质606.92万t。三是林地，四川省林地面积2 541.96万hm^2，其中可有效利用林地1 160万hm^2，利用其中5%疏林地种植优质牧草，每年可增收牧草干物质261万t。四是园地，四川省园地120.31万hm^2，其中，果园79.68万hm^2，利用其中10%开展果草套作，每年可增收牧草干物质59.76万t。

3. 草原植被生长状况

根据对气象条件、天然草原返青样地数据和同期遥感影像数据分析，当平均气温达15.7℃，平均降水超过106.3mm时，利于草原植被返青生长。2022年4月为天然草原返青期，大部分区域返青期较上年提前，2022年全省天然草原植被返青情况略好于上年。2022年7—8月，在牧草生长季，全省大部分草原地区气温偏高、雨水较少，水热条件匹配一般，属特殊干旱年，与上年相比，草原植被长势较差。受夏季高温少雨影响，从9月中旬开始，全省草原由高海拔地区向低海拔地区逐步枯黄，枯黄期较上年有所提前。

4. 草原质量概况

2022年四川全省天然草原鲜草总产量7 032.92万t，折合干草产量2 147.75万t。其中，甘孜州综合鲜草产量243.69亿kg，折合干草产量80.42亿kg；阿坝州综合鲜草产量187.29亿kg，折合干草产量61.99亿kg；凉山州综合鲜草产量43.89亿kg，折合干草产量16.92亿kg（表1）。

表1　草原面积和鲜草产量

地区/项目	草原面积（万亩）	鲜草平均产量（kg/亩）	综合鲜草产量（亿kg）	综合干草产量（亿kg）
甘孜州	8 380.75	194.92	243.69	80.42

（续表）

地区/项目	草原面积（万亩）	鲜草平均产量（kg/亩）	综合鲜草产量（亿 kg）	综合干草产量（亿 kg）
阿坝州	4 728.37	396.10	187.29	61.99
凉山州	1 193.96	367.58	43.89	16.92
全省	14 531.76	483.96	703.29	214.78

注：数据来源于 2022 年各县调查监测数据。

2022 年全省草原综合植被盖度达 82.57%，较 2021 年提高 0.27 个百分点。甘孜州、阿坝州、凉山州草原综合植被盖度分别为 85.79%、86.08%、86.16%，其余县（市）均位于 80%~90%（表 2）。

表 2　三州各县市草原综合植被盖度

（%）

甘孜州	植被盖度	凉山州	植被盖度	阿坝州	植被盖度
泸定县	96.84	木里县	87.35	小金县	88.81
康定市	92.78	喜德县	87.29	九寨沟县	88.11
炉霍县	89.37	宁南县	87.25	汶川县	87.81
新龙县	87.05	德昌县	87.13	马尔康市	86.90
乡城县	86.91	西昌市	86.86	金川县	86.15
稻城县	86.64	昭觉县	86.48	壤塘县	86.01
白玉县	86.35	金阳县	86.39	松潘县	85.70
雅江县	86.32	会东县	86.27	理县	85.65
九龙县	86.14	布拖县	86.15	黑水县	85.60
甘孜县	85.88	普格县	86.10	红原县	85.18
色达县	85.22	会理县	86.00	茂县	84.61
道孚县	85.10	冕宁县	85.98	若尔盖县	84.33
丹巴县	85.02	美姑县	85.93	阿坝县	84.20
德格县	84.32	越西县	85.72		
理塘县	83.03	雷波县	85.17		
石渠县	82.62	盐源县	84.78		
巴塘县	81.31	甘洛县	83.81		
得荣县	73.33				

注：数据来源于 2022 年各县调查监测数据。

2022 年全省天然草原综合植被高度为 17.91cm。甘孜州、阿坝州、凉山州草原综合植被高度分别为 16.42cm、17.06cm、14.54cm。其中，新龙县、红原县、德昌县综合植被高度位居前三甲，分别达 33.54cm、和 30.60cm 和 29.38cm（表 3）。

表 3　三州各县市草原综合植被高度

甘孜州	植被高度（cm）	凉山州	植被高度（cm）	阿坝州	植被高度（cm）
新龙县	33.54	德昌县	29.38	红原县	30.60
炉霍县	26.01	冕宁县	22.47	茂县	27.31
道孚县	22.51	西昌市	21.74	理县	25.83
甘孜县	21.35	甘洛县	21.23	马尔康市	22.28
康定市	19.18	会理县	19.86	汶川县	21.93
白玉县	18.82	盐源县	14.76	黑水县	14.81
雅江县	15.78	会东县	14.61	九寨沟县	13.42
稻城县	15.69	宁南县	14.38	壤塘县	13.09
泸定县	15.00	布托县	14.04	阿坝县	11.94
色达县	14.71	雷波县	13.69	松潘县	11.89
乡城县	13.81	金阳县	13.19	金川县	10.56
德格县	13.78	昭觉县	10.5	若尔盖县	9.75
九龙县	12.43	越西县	10.35	小金县	8.39
石渠县	11.33	普格县	7.41		
理塘县	11.09	喜德县	7.36		
丹巴县	10.96	美姑县	6.34		
巴塘县	10.47	木里县	5.86		
得荣县	9.02				

注：数据来源于 2022 年各县调查监测数据。

5. 草原生态系统健康状况

草原害鼠种类主要有高原鼠兔、高原鼢鼠、高山姬鼠、苛岚绒鼠、玉龙绒鼠、青海田鼠、喜马拉雅旱獭等，其中高原鼠兔、高原鼢鼠分布面积较大，对草原的破坏较为严重。2022 年全省草原鼠害面积 2 508.0 万亩，严重危害面积 1 179.9 万亩。从危害种类上看，高原鼠兔危害面积 2 011.7 万亩，占危害总面积的 80.2%，主要分布在石渠、色达、阿坝、若尔盖、木里等县，适生面积约 4 000 万亩；高原鼢鼠危害面积278万亩，占鼠害总面积的11.1%，主要分布在石渠、德格、若尔盖、红原、木里等县，适生面积约2 000万亩；青海田鼠及其他鼠类（根田鼠、高山姬鼠、苛岚绒鼠等）危害面积218.3万亩，占鼠害总面积的8.7%，零星分布在石渠、色达、若尔盖、盐源、木里等县，适生面积约600万亩。甘孜州、阿坝州、凉山州草原鼠害面积分别占全省草原鼠害面积的70.1%、22.6%和7.3%（图1）。

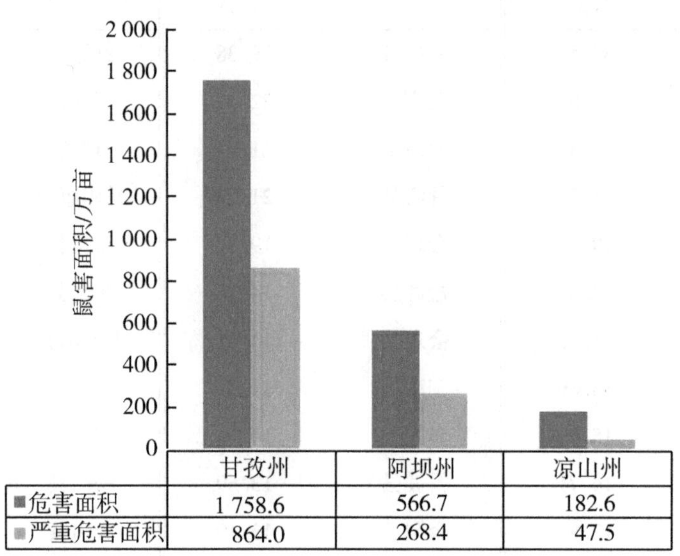

	甘孜州	阿坝州	凉山州
危害面积	1 758.6	566.7	182.6
严重危害面积	864.0	268.4	47.5

图1　三州草原鼠害面积

草原害虫种类主要有西藏飞蝗、土蝗、草原毛虫、黏虫、金龟子等。2022年三州草原虫害面积907.3万亩，严重危害面积184.6万亩。草原蝗虫危害面积379.3万亩，占草原虫害面积的41.8%，严重危害面积89.3万亩，主要分布在石渠、德格、若尔盖、红原、木里、盐源等县，适生面积约2 100万亩。其中，飞蝗危害面积63.1万亩，严重危害面积13.4万亩。土蝗危害面积316.1万亩，严重危害面积75.9万亩，主要有青海痂蝗、轮纹痂蝗、大垫尖翅蝗、宽须蚁蝗、小翅雏蝗等。草原毛虫、黏虫、金龟子等害虫危害面积528.0万亩，占草原虫害总面积的58.2%，严重危害面积95.3万亩。主要分布在石渠、德格、若尔盖、阿坝等县，适生面积约1 400万亩。甘孜州、阿坝州、凉山州草原虫害面积分别占全省草原虫害面积42.5%、34.3%和23.3%（图2）。

草原毒害草主要有紫茎泽兰、瑞香狼毒、黄帚橐吾、棘豆、马先蒿等，主要分

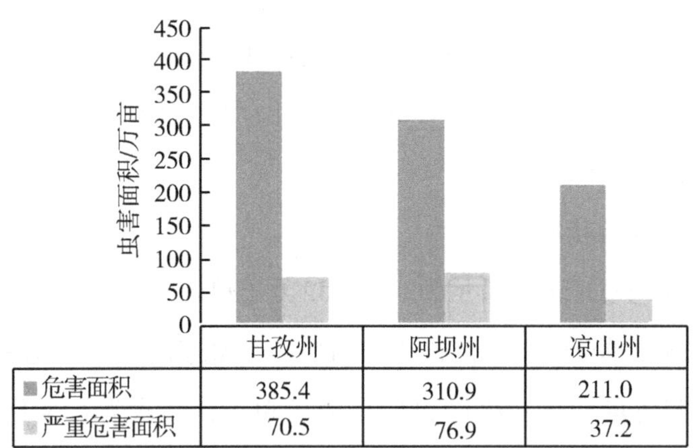

	甘孜州	阿坝州	凉山州
危害面积	385.4	310.9	211.0
严重危害面积	70.5	76.9	37.2

图 2　三州草原虫害面积

布在过度放牧、鼠虫危害严重的退化草地。据统计，2022 年三州草原毒害草危害面积 1 453. 7 万亩，严重危害面积 71. 6 万亩。其中，甘孜州、阿坝州和凉山州危害面积分别占全省草原毒害草危害面积的 60. 5%、31. 7%和 7. 8%（图 3）。

草原病害主要种类有锈病、褐斑病、白粉病、霜霉病、黑粉病等。2022 年三州草原病害 77. 9 万亩，其中甘孜州危害面积 45. 7 万亩，阿坝州危害面积 6. 9 万亩，凉山州危害面积 25. 3 万亩。

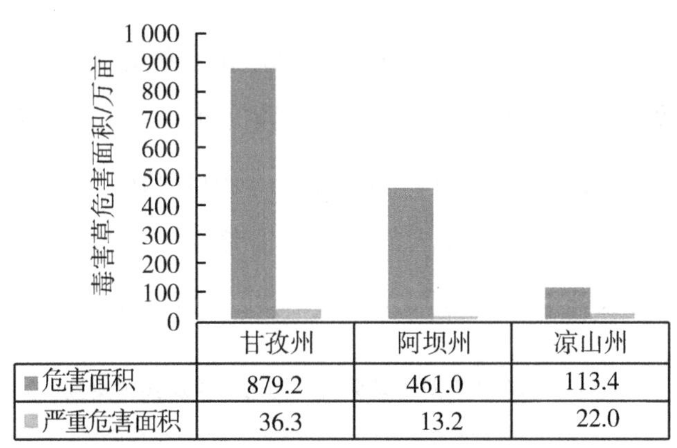

	甘孜州	阿坝州	凉山州
危害面积	879.2	461.0	113.4
严重危害面积	36.3	13.2	22.0

图 3　三州草原毒害草危害面积

2022 年，四川省草原有害生物成灾面积 1 435. 93 万亩，占草原有害生物危害面积的 29. 03%，成灾率为 9. 88%。从种类上看，草原鼠害成灾面积 1 179. 90 万亩，占全省的 82. 2%；草原虫害成灾面积 184. 41 万亩，占全省的 12. 8%；草原毒害草成灾面积 71.61 万亩，占全省的 5.0%。从区域上看，甘孜州草原有害生物成灾面积 970.82 万亩，占全省的 67.6%。成灾率为 11.58%；阿坝州成灾面积 358.57 万亩，占全省的 25.0%。成灾率为 7.58%；凉山州成灾面积 106.74 万亩，占全省的 7.4%。成灾率为 8.94%。

6. 草原保护利用状况

2022 年，四川省理论载畜量为1 062.53万羊单位，其中三州地区的草原理论载畜量为1 010.26万羊单位，占全省的 95.1%。三州理论载畜量见表 4，三州中，红原县草原理论载畜量最高，达到 111.04 万羊单位，其次为石渠县、阿坝县和若尔盖县。

表 4 全省理论载畜量

地区	理论载畜量（万羊单位）
阿坝州	462.36
甘孜州	438.98
凉山州	108.92
其余市	52.27
全省	1 062.53

根据四川省第三轮草原生态保护补助奖励政策实施方案，四川省开展草畜平衡的区域包括甘孜、阿坝、凉山三州 48 个县（市）、768 个乡镇、5 663 个村、1 050 635 户牧户，实施面积达到14 200万亩，其中甘孜州7 963万亩、阿坝州3 765万亩、凉山州2 472万亩；全省投入的草畜平衡奖励资金达35 500万元，其中阿坝州9 412.5万元，甘孜州19 907.5万元，凉山州6 180万元（表 5）。

表 5 2022 年四川省草畜平衡区面积及奖励资金

阿坝州	面积（万亩）	资金（万元）	甘孜州	面积（万亩）	资金（万元）	凉山州	面积（万亩）	资金（万元）
阿坝县	717.8	1 794.5	康定市	607	1 517.5	西昌市	100.054	250.135
若尔盖县	518.35	1 295.875	泸定县	60	150	会理市	223	557.5
红原县	643.15	1 607.875	丹巴县	258	645	木里县	266	665
壤塘县	314.75	786.875	九龙县	339	847.5	盐源县	273	682.5

（续表）

阿坝州	面积（万亩）	资金（万元）	甘孜州	面积（万亩）	资金（万元）	凉山州	面积（万亩）	资金（万元）
松潘县	288.65	721.625	雅江县	393	982.5	德昌县	73	182.5
九寨沟县	127.85	319.625	道孚县	422	1 055	会东县	264	660
黑水县	162.4	406	炉霍县	317	792.5	宁南县	129	322.5
金川县	219.5	548.75	甘孜县	464	1 160	普格县	105	262.5
小金县	218.15	545.375	新龙县	551	1 377.5	布拖县	88	220
马尔康市	290.4	726	德格县	356	890	金阳县	59	147.5
汶川县	84.9	212.25	白玉县	418	1 045	昭觉县	151.76	379.4
理县	80.5	201.25	石渠县	1 305	3 262.5	喜德县	89.186	222.965
茂县	98.6	246.5	色达县	603	1507.5	冕宁县	163	407.5
			理塘县	632	1 580	越西县	162	405
			巴塘县	333	832.5	甘洛县	65	162.5
			乡城县	186	465	美姑县	131	327.5
			稻城县	572	1 430	雷波县	130	325
			得荣县	147	367.5			
合计	3 765	9 412.5	合计	7 963	19 907.5	合计	2 472	6 180

（二）饲草种业现状

1. 草种质资源保存现状

四川省初步建立起草种质资源的收集、保存、评价的利用保存体系。开展了草种质资源搜集保存工作，并初步建立了草种质资源数据共享平台。截至目前，四川省已建立了 1 个国家牧草种质资源圃、1 个短期保存库，5 个省级饲草种质资源圃，覆盖 21 个市州的草种质资源保存利用评价体系。初步统计共保存 12 297 份草种质材料，涉及 54 个科、296 个属、1 000 多个种，为四川省草种质资源保护工作的科学化、规范化管理奠定了坚实基础。

2. 草品种选育登记现状

1987—2024 年，全国共审定登记 747 个新品种（包含国家林草局审定品种 59 个），其中四川省共有 99 个品种，占总体的 13.3%。包括育成品种 19 个，地方栽培品种 8 个，野生驯化品种 36 个，引进品种 36 个。2003 年至今，四川省参与全国草品种审定数量整体呈现逐年攀升趋势。2024 年共有 10 个品种被全国草品种审定委员会审定登记，以禾本科和豆科为主，达到历史新高。

3. 草种生产现状

2003 年以来，在国家的牧草良种繁育、成果转化等项目的支持下，在川西北的红原、阿坝、若尔盖等县建立了草种良种繁育基地 12.3 万亩。根据《中国草业统计（2022 年）》数据显示，四川省草种基地面积 3.42 万亩，主要生产老芒麦、多年生黑麦草、饲用燕麦、毛苕子（非绿肥）及其他一年生饲草，年生产草种 1 444 t。四川省草种需求6 000t/年以上，草种自主供给率仅24%，其余主要依赖青海、甘肃等地草种及国外进口草种。

狼尾草属饲草、饲用玉米、紫花苜蓿、饲用燕麦、垂穗披碱草、老芒麦等是四川牧区与农区饲草种子（种茎）生产的主要草种。据四川省草业技术研究推广中心 2023 年调查，35 家饲草种子（种茎）企业（合作社）及农户累计繁种 2.13 万亩，繁种面积最大的为狼尾草系列品种（品系）（0.77 万亩，占 36.2%），其次是饲用燕麦（0.72 万亩，占 33.9%），再次是垂穗披碱草（0.33 万亩，占 15.4%）。此外，老芒麦 1 500 亩（占 7.61%），光叶紫花苕 850 亩（占 4.0%）。狼尾草属饲草、饲用燕麦、垂穗披碱草 3 类种子（种茎）的生产面积占全省总量的 85.6%。

4. 品种推广现状

由于生产条件、繁种措施及气候条件的变化，很多主推草品种退化和混杂严重，抗性丧失快，产量、质量、适应性均有所下降，且前期品种选育主要以草产量为主要育种目标，高抗性草品种少，缺乏高产优质持续性强的当家品种，严重制约了生态建设和草地畜牧业发展步伐。基于此，四川拟启动乡土草种繁育体系，到 2025 年计划通过新建、续建方式建设草种繁育基地 12 万亩，以满足四川草原生态修复和发展草原生态景观带的草种需求。

（三）饲草生产现状

2023 年，全省人工种草面积 31.95 万 hm^2，全省人工饲草干草总产量 698.1 万 t，其中一年生 444.8 万 t，多年生 253.3 万 t。四川牧区主要栽种垂穗披碱草、老芒麦、燕麦、虉草等优质草种，农区主要栽种饲用玉米、高粱属饲草、狼尾草属饲草、黑麦草、燕麦和箭筈豌豆等优质饲草。

据四川省草业技术研究推广中心 2023 年调查统计，267 家种养企业（合作社）累计种植饲草 16.56 万亩。种植面积最大的为饲用玉米，种植面积 8.25 万亩，占 49.82%；其次是狼尾草属饲草，种植面积 2.54 万亩，占 15.34%；披碱草属饲草（垂穗披碱草和老芒麦）种植面积 1.93 万亩，占 11.62%；饲用燕麦种植面积 1.7 万亩，占 10.24%；黑麦草种植面积 1.08 万亩，占 6.51%；高粱属饲草种植面积 0.66 万亩，占 4%。饲用玉米、狼尾草属饲草、披碱草属饲草和饲用燕麦仍然是四川主要种植的人工饲草，与去年相比种植面积基本持平，4 类饲草种植面积共占调查面积的 87.03%。267 家种养企业（合作社）年收获饲草 12.5 万 t（以干草计，下同）。其中，草畜一体化种养企业（专业户、合作社、场）234 家，种植饲草面积 8.12 万亩，占饲草种植总量的 49.04%，生产饲草 7.13 万 t，占饲草生产总量的 57.02%。较大规模种养殖企业（专业户、合作社、场）更加重视优质饲草生产，种植面积较上年增加 13.6%，草畜一体化趋势明显。33 家饲草专业种植企业（专业户、合作社、场）共种植饲草 8.44 万亩，占种植总量的 50.96%，生产饲草 5.37 万 t，占饲草生产总量的 42.98%。

（四）饲草供需现状

2023 年，受新冠肺炎疫情等因素影响，肉牛肉羊养殖效益降低，一定程度影响了饲草种植积极性，全省优质饲草供需矛盾突出，饲草缺口特别是优质饲草缺口依然较大。从全省 21 个市州 234 家种养企业（合作社）的饲草利用情况来看，有 179 家为单一的肉牛场，8 家奶牛场。川西北高原牧区以牦牛养殖为主，主要采用“半舍饲+补饲”方式；内地以西门塔尔、夏洛莱、安格斯、蜀宣花牛及本地黄牛等为主，主要采用舍饲圈养方式。179 家肉牛场存栏肉牛 3.49 万头，出栏 2.13 万头；饲喂的主要饲草为饲用玉米、狼尾草属饲草、黑麦草、饲用燕麦等，肉牛场共种植饲草 6.61 万亩，全年收获各类饲草 6.5 万 t，外购饲草 6.8 万 t，外购饲草占比达 51.1%，与上年相比增加 2 个百分点。从 21 个市州 47 家肉羊场（企业）来看，川西北高原牧区以藏系绵羊、藏山羊为主，主要采用“半舍饲+补饲”养殖，内地以本地黑山羊、波尔山羊、湖羊、古蔺马羊等为主，主要为舍饲圈养方式。47 家肉羊场（企业）存栏肉羊 2.9 万头、出栏 2.3 万头；饲喂的主要饲草为黑麦草、饲用玉米、狼尾草属饲草、高丹草等，肉羊场共种植饲草 0.98 万亩，生产饲草约 0.88 万 t，外购饲草 1.48 万 t，外购饲草占比 62.7%，与上年相比减少 2.9 个百分点。

总体来看，调查的养殖场对饲用玉米、饲用燕麦、黑麦草、披碱草、狼尾草属饲草等优质饲草需求仍然旺盛，大部分养殖企业都不同规模种植饲草，不足饲草料主要靠外购解决，外购饲草占比 52.9%，与上年相比基本持平。外购饲草料主要为青干草、青贮包、麦秸、稻草、酒糟等，来源主要为省内市（州）和甘肃、青海、陕西、内蒙古、河南、安徽等外地内调。

（五）四川草山草坡开发利用

目前，四川草山草坡面积为1 136.4万亩。根据国家标准《土地利用现状分类》（GB/T 21010—2017），四川草山草坡主要类型有天然牧草地、人工牧草地和其他草地等 3 种，面积分别为 854.1 万亩、78.9 万亩和 203.4 万亩，大部分集中分布在攀西地区，其中凉山州（不含木里县）有 890.1 万亩，占全省草山草坡面积的 78.33%。天然牧草地开发利用方式主要为天然草地的放牧利用和刈割鲜饲，实际利用面积约 265 万亩，开发利用占比 31.02%。每亩生产干草 0.3t，合计产生干草 79.5 万 t，可供给 136.1 万羊单位草食牲畜。尚有约 589.1 万亩天然牧草地未开发。人工牧草地开发利用方式主要为刈割鲜饲、青贮加工和制备干草，人工牧草地面积 78.9 万亩，每亩生产干草 1.3t，合计产生干草 102.57 万 t，可供给 175.59 万羊单位草食牲畜。其他草地已开发利用约 20 万亩，开发利用占比 9.83%，主要用于发展草食畜牧业，开发利用方式主要为放牧利用和刈割鲜饲，每亩生产干草 0.3t，合计产生干草 6 万 t，可供给 10.27 万羊单位草食牲畜。

（六）四川农作物秸秆资源开发利用

秸秆资源在农业生产和生态保护中具有重要价值，农作物秸秆资源可转化为饲料、肥料、基质、土壤改良剂等，从而促进秸秆资源的循环利用和农业的可持续发展。四川作为农业大省，秸秆资源非常丰富，集中在成都平原、川东北和川南丘陵区域，攀西地区和川西高原区域秸秆资源较少，川西高原地区秸秆产量仅有 48.40 万 t，而秸秆饲料化利用水平为全省最高。其中，川西高原、川北地区以老芒麦、披碱草、紫花苜蓿等饲草秸秆资源为主，成都平原及川南地区以黑麦草、苜蓿、甜高粱和苏丹草等饲草秸秆资源为主，攀西地区以苏丹草、甜高粱等高产饲草种类为主。四川丘陵和盆地地区种植的饲草种类较为多样化，饲用玉米、黑麦草，燕麦、苜蓿、墨西哥玉米等秸秆资源丰富，多用于畜牧业青贮及饲草储备。2022 年四川省秸秆产量达 3 686.55 万 t，综合利用率达 93.7%，农作物秸秆产量以玉米（31.34%）、水稻（30.96%）、油菜（17.74%）、小麦（7.79%）为主，饲草等类别占总产量的1.81%。自2019年以来，年秸秆综合利用率已达到90%以上，其中秸秆肥料化利用达68.28%，秸秆饲料化利用占16.65%。

二、四川饲草产业发展存在的主要问题

饲草产业是推进四川省农业供给侧结构性调整、解决种业关键核心问题、打赢种业翻身仗、维护草原生态可持续发展、实现乡村振兴战略的重要载体，在改善生态环境、退耕还林还草、城乡绿化、发展集约化畜牧业生产以及种植业结构调整的过程中地位日益突显。加快饲草产业发展，是事关四川省生态建设全局的重大而紧迫的战略问题，四川省草产业起步晚、起点低，项目投入、科技创新能力与草产业系统性和整体性不足，无法完全支撑草原生态建设与草牧业高质量发展需要。

（一）草种质资源收集与评价有待加强，优异种质资源挖掘与利用效率亟待提高

四川省草种质资源十分丰富，仅种子植物就有11 000余种（包括变种和亚种）。然而，四川省各类种质资源库收集保存还不到30%，种质资源重要性状的精准鉴定尚处于起步阶段，已收集的种质资源利用率不到3%，远远无法满足饲草产业的发展与草原生态建设的需求，草类种质资源收集、精准评价及创新利用亟待进一步提升。

（二）草种业科技创新能力建设薄弱，国产良种转化率及良种覆盖率极低

四川省草业科技原始创新能力还较薄弱。四川省虽已收集保存草种质资源2万余份，但由于资源精准鉴定基地和规模化基因发掘平台等缺乏，资源评价不够系统、深入，有育种利用价值的新基因挖掘少；同时迄今育成的100余个牧草品种中，突破性重大新品种缺乏，目前应用转化的品种不足10个，国产良种普及率低；无法从根本上满足草地生产建设对草种多样化的需求。种业企业尚未成为良种科技投资和创新主体，没有健全的研发体系和商业化育种能力，再加之基础性、公益性育种研究比较薄弱且分散，产学研各方未形成有效合力，限制了优良品种的研发和产业化发展。

（三）草产业规模化、集约化、机械化程度低

良种繁育基地、人工饲草基地面积普遍较小，土地经营管理创新不够，种植牧草的土地流转经营成本高，制约了饲草产业的规模化、集约化发展。另外，四川省

多数草业生产经营主体还处于起步发展阶段，龙头企业、专业合作社数量少、实力弱、带动产业发展能力不足。据统计，全省具有草种经营许可证企业 45 家，有草种生产许可证企业 17 家，尚未形成规模的草业龙头企业，很难起到引领行业发展的作用。设施、设备投入不足，机械化程度低，不利于四川省草产业发展，不能满足高质量发展草牧业的需要。

（四）草产业供销体系不健全，草产品流通成本高

四川省还没有一个完善的草产品供销信息平台，饲草生产基地、饲草加工、物流企业、种养户与市场之间信息不畅通，造成“有草的卖不出去，需草的买不到草”的尴尬局面。在产品运输流通方面，多数企业的青干草生产基地均建在较为偏远的牧区或丘陵地带，草产品生产与消费在地域空间资源配置错位，远距离跨区运草在四川饲草产业中已成为常态。目前，草产品还没有纳入鲜活农产品运输绿色通道政策范畴，这进一步阻碍了草产品的流通，增加了畜牧业饲养成本，限制了草产业和畜牧业健康发展。

（五）政府投入不足，缺乏扶持优惠政策

与其他行业相比，四川省草产业发展扶持力度不够，资金投入偏少；所需的用地、资金、人才等生产要素缺口大，在设施、设备、产业支撑上投入不足。同时，缺乏发展草牧业的优惠政策、激励机制，导致难于吸引社会资本投入草产业，即使有少量投资，也主要集中于产后阶段和营销领域，草牧业全产业链发展难以有效推动。

三、案例研究

（一）集约化商品草生产模式

峨眉山市敬业种植贸易有限公司采用连片承包土地、进行宜机化土地改造、机械化播种和收获等手段标准化生产青贮玉米等优质饲草，并进行裹包青贮和订单式销售，探索出了产供销一体化发展的集约化商品草生产模式。该公司在峨眉山、西昌、云南大理等地，以 600 元/（亩・年）左右的价格流转承包土地近 2 万亩，主要种植燕麦、玉米和大豆等饲用作物，同时轮作、套种中药材、蔬菜等，并与新希望集团、伊利等多家国内养牛企业签订合同。公司年种植青贮玉米 5 000 亩，年销售额达 900 万元。同时带动周边农户发展青贮玉米种植近 5 000 亩，年销售额达 800

余万元。

（二）草畜一体化发展模式

泸州东牛牧场科技有限公司针对川南山区饲草短缺、肉牛育肥技术落后的难题，充分利用川南山地降水丰富、气候特征明显、自然资源丰富等优势，集成优质饲草种植、短期育肥、持续育肥、加工营销与餐饮体验等关键环节，构建川南山地肉牛“种—养—加”一体化发展的技术模式，形成从“牧场到餐桌”全产业链发展的新路径，公司拥有“雪山关”品牌牛肉商标，通过建设的体验店直接销售牛肉，并开办了多家东牛“雪山关”牛肉专卖店。公司年种植优质饲草3 000亩，存栏肉牛800余头，年实现销售收入3 000余万元。

（三）生态循环养殖发展模式

近年来，适度规模养殖的家庭牛场发展迅速，家庭牛场产生的粪尿较多，给生态环境造成了一定压力。渠县青山汉子家庭牛场将产生的粪尿干湿分离后，沼渣经发酵处理加工成有机肥，沼液还田还草，形成“草—畜—沼—草（田）”的绿色种养循环，有效减轻环保压力。该农场拥有自用饲用青贮玉米示范基1 400亩。建有田间沼液贮存池1 000 m^3，安装田间管网6 000 m，饲草地年消纳养殖场沼液5 000t。通过沼液还田可少用化肥100t，节约资金24万元。该农场存栏肉牛600头，年可生产有机肥3 000 t，有机肥年可获利69万元。

（四）果草套作模式

果草套种以武胜县达雅农业科技有限公司园区为代表，现已种植大雅柑、红美人、无核沃柑、金秋砂糖橘、明日见等8个柑橘优良品种。2020年首次与四川省草业技术研究中心进行科技合作，引进三叶草、蓝花子、箭筈豌豆、紫花苜蓿、鼠茅草等11个草种进行果园人工生草栽培对比试验，试验面积800余亩；通过前期比对初步筛选出6个适宜武胜县域本地果园的优势草种2021年秋季进行再次观测试验示范，试验面积1 200余亩；2022年将再次筛选出3~5个草种在武胜县域范围内晚熟柑橘业主基地进行生草栽培技术推广。晚熟柑橘生草栽培集成技术涵盖橘园果草套作技术、化肥农药减施技术、病虫害绿色防控技术，实施三大集成技术可提高土地肥力、改善土壤理化性状，减少化肥施用20%；增加天敌数量，降低主要病虫危害，减少农药施用30%以上；预期提高果园综合经济效益30%。目前已带动本地30余户群众就地务工增收，年人均增收1 200元以上。

四、四川饲草产业发展趋势与对策建议

（一）加快草种质资源收集与评价，完善草种良繁推体系建设

加大草种质资源的收集力度，建立省级草种质资源库，开展资源的综合评价，挖掘具有高蛋白、抗逆性强、抗病虫害、再生性强等优异育种材料，创新开展新品种选育。依托现代种业创新工程，加强优良的乡土草种原种及良种繁育基地建设，创新新品种良种育繁推体系，提高良种自给率。同时开展草种追溯认证体系建设试点，加强草种质量监管。

（二）加强饲草春耕备耕工作，保障全年饲草料均衡供给

四川省部分养殖场未配套饲草种植或饲草种植面积严重不足，饲草供给主要靠外购，养殖成本高、市场风险大。建议种养企业（场、合作社）要加大饲用玉米、黑麦草、饲用燕麦、披碱草、狼尾草等优质饲草的种植力度，在当前尤其要做好饲草的春耕备耕工作。2024 年优质饲草料供应将偏紧，种养企业（场、合作社）要抓紧与饲草料供应商衔接，签订采购合同，适当贮备饲草料，保障饲草料的全年均衡供给。

（三）加强统筹规划，因地制宜开发利用草山草坡资源

四川省内地草山草坡资源丰富，饲草种类多，饲草生产周期长，以山地草甸、暖性草丛、暖性灌草丛、热性草丛、热性灌草丛为主，大多可开发利用发展草牧业，潜力巨大。但目前草山草坡大多处于严重灌木化、退化荒芜状态，且地形地貌复杂、交通不便，优质饲草比例小，饲草品质差。建议根据草山草坡不同生态区域的自然资源优势和生产条件，加强机耕道等基础设施建设，实施草山草坡改良技术，建植豆禾混播四季常绿放牧场和优质高产人工饲草地，因地制宜推广种养结合、生态循环发展模式，积极探索产出高效、产品安全、资源节约、环境友好的南方现代化草牧业发展新路径。

（四）创新草牧业发展机制

一是加快草种基地和草产品生产、市场监测和草业地理信息共享服务平台体系建设，推动多领域合作，鼓励企业在重点区域建设科技示范园。二是大力培育发展种草大户、龙头企业、专业合作社等新型经营主体，建立完善新型经营机制，同时充分发挥草原文化，推进草牧业与旅游、扶贫、文化、康养等深度融合，促进一二

三产业融合发展。三是加强草产业政策支持，建立草产业专项资金，鼓励金融机构对从事草产业、专业合作组织及种草大户给予项目建设贷款支持，建立草牧业保险体系，增强经营主体风险防范能力。

（五）立草为业，构建现代草产业体系

一是大力发展人工种草，因地制宜利用严重退化草地、轮闲地、四边地、草山草坡、林果下空隙地等土地资源，建植高效优质的饲草料基地，加快草牧业规模化、标准化、集约化发展，构建省、市（州）、县、乡四级饲草供给体系，提高优质饲草供给能力，促进草牧业高质量发展。二是合理利用天然草场。三是提高物质装备水平，加大草产业农机具购置的补贴力度，推广丘陵山地饲草种植的中小型农机具，加快推广使用天然草原区改良复壮机械、人工草场生态种植及精密播种机械、高质饲料收获干燥及制备机械，提高饲草料生产能力和生产效率。四是加大对饲草丰产栽培、收贮加工、运输营销各个环节的扶持力度，延伸产业链，健全草产品生产加工销售体系。

（六）加强草产业核心技术研发，提升草业科技支撑服务能力

一是加强突破性草品种选育、良种繁育、饲草料种植与加工、全产业链监测等科技攻关核心技术研发与推广应用。二是建立各级草业科技研发推广机构，健全草业科技服务体系，加快培养草业科技领军人才和创新团队，提高科技服务能力。

（七）加强科技创新，提升草牧业竞争力

加大草牧产业科技攻关和良种推广应用力度，积极支持科研院校针对优质草畜品种选育、山地机械、丰产栽培、智慧草牧业等关键技术和装备研发创新，集中力量开展技术攻关。科研院校和各级技术支撑部门加强对种养企业（场、合作社）开展畜群结构优化、饲草种植、精准饲喂、草畜产品加工、疫病防控等技术指导工作，最大程度降低养殖成本，提高草畜转化效率，提升种养效益。

（八）出台产业扶持政策，积极促进联农带农增收致富

研究出台扶持草牧产业发展政策，加强财政和信贷支持。加强优质草畜品种研发、丰产栽培、草畜产品加工、经营主体培育环节的支持力度。重点支持饲草良种补贴、能繁母牛养殖补贴，扩大母牛群体。完善利益联结机制，注重将企业、基地、农民结成利益共同体，带动农民生产和就业增收，推动小农户与现代草牧业发展有机衔接，让农民分享乡村产业振兴发展红利，推动实现产业发展、企业增效、农民增收、财政增税的多赢目标。

参考文献

陈莉敏，李达旭，鄢家俊，等，2023. 四川草原粮库发展路径初探［J］. 草学（6）：68-73.

程苏蕊，2022. 饲草产业高质量发展路径探析［J］. 产业创新研究（23）：51-53.

邓榆川，王建文，陈艳宇，等，2024. 四川饲草产业发展的几点思考［J］. 四川畜牧兽医，51（1）：1-3.

刘金平，游明鸿，曾晓琳，等，2023. 四川草原粮库建设必要性及发展对策［J］. 草学（3）：81-83.

农业农村部畜牧兽医局，2022. 全国畜牧总站．中国草业统计（2022）．［M］. 北京：中国农业出版社．

唐川江，刘伟，杨春桃，等，2024. 四川省 2023 年饲草生产形势与产业发展报告［J］. 四川畜牧兽医，51（5）：1-3.

周俗，鲁岩，杨思维，等，2022. 四川长江上游草原生态保护对策研究［J］. 草学（2）：79-85.

第二部分

牛产业专题报告

四川地方牛资源保护利用与种业发展报告

易　军[1]　方东辉[1]　王　巍[1]　曹　伟[2]　贺　芳[3] 石　溢[1]
阿果约达[1]　马晓琴[1]　付茂忠[1]
（1. 四川省畜牧科学研究院，四川成都 610066；2. 四川省畜牧总站，
四川成都 610041；3. 四川省农业科学院，四川成都 610066）

摘　要：四川有17个牛种资源，是四川牛产业发展的重要种源支撑，为全国牛种资源大省，地方牛资源优势明显。本报告客观总结了四川地方牛资源保护利用与种业发展成效，分析了资源保护利用与种业发展存在的主要问题，提出了四川省地方牛资源保护利用与种业发展的对策建议。

关键词：牛；遗传资源；保护利用；种业发展

四川省是养牛大省，2023年牛存栏848.5万头，存栏数居全国前茅；亦是牛种资源大省，牛遗传资源17个，牛资源数排全国前列。牛遗传资源是关乎养牛业可持续发展的战略性资源，也是新品种培育不可缺少的特色素材，是实现种业安全的根本保证，是牛种业振兴的基础。

一、四川地方牛资源保护利用现状

（一）地方牛资源现状

据第三次全国畜禽遗传资源普查结果，四川省牛遗传资源由第二次调查的12个增加至17个。其中地方黄牛资源8个，包括三江牛、峨边花牛、川南山地牛、甘孜藏牛、凉山牛、巴山牛、平武牛、空山牛（2024年）；水牛2个，宜宾水牛、德昌水牛；牦牛6个，包括九龙牦牛、麦洼牦牛、木里牦牛、金川牦牛（2014年）、昌台牦牛（2016年）、亚丁牦牛（2022年）；培育品种1个，为具有自主知识产权的乳肉兼用型蜀宣花牛（2012年）。

1. 产地分布与数量变化

凉山牛、甘孜藏牛、三江牛、峨边花牛 4 个地方黄牛资源分布于三州或少数民族地区，其余 4 个在农区；水牛资源在农区和彝区各 1 个，且均为河谷地带；6 个牦牛资源分布于三州高原地区，培育品种主要分布于农区宣汉县。17 个地方牛资源产地分布见表 1。

表 1　四川地方牛资源产地分布

品种资源		中心产区及分布
地方黄牛	巴山牛	产区为达州市宣汉县；分布于达川区、万源市，南江县、平昌县，重庆市的开州区等
	凉山牛	中心产区为凉山彝族自治州的盐源县、冕宁县等；分布于全州 17 个县市及邻近的乐山市、攀枝花市等县区
	川南山地牛	中心产区位于宜宾市筠连县、兴文县，泸州市古蔺县，雅安市荥经县，重庆市黔江区；分布于宜宾市珙县，泸州市叙永县，雅安市汉源县，重庆市秀山区等
	甘孜藏牛	原产地为甘孜藏族自治州 18 个县
	平武牛	中心产区位于平武县大桥、锁江（原大印片区）、旧堡、土城等；分布于全县 20 个乡镇
	三江牛	中心产区位于阿坝藏族羌族自治州汶川县三江、水磨、漩口、映秀、卧龙、耿达、绵虒等乡镇；分布于汶川县的其他乡镇，在周边的茂县、理县以及都江堰市、崇州市、雅安市等零星分布
	峨边花牛	中心产区为峨边彝族自治县的大堡镇、勒乌乡、新林镇、黑竹沟镇和金岩乡等 11 个乡镇；金河口区、新疆生产建设兵团辖区有少量分布
	空山牛	中心产区为通江县空山镇、两河口镇、诺水河镇，主要分布于通江县火炬镇、杨柏镇等其他 26 个乡镇街道；平昌县、南江县、巴州区亦有分布
地方水牛	德昌水牛	中心产区位于凉山彝族自治州安宁河流域的德昌、冕宁、会东、会理等县市；攀枝花市仁和区、米易县、盐边县也有少量分布
	宜宾水牛	中心产区位于宜宾市叙州区观音、樟海、泥溪、柳嘉、合什等乡镇；分布于筠连、屏山、南溪、江安、长宁等区县
牦牛	九龙牦牛	中心产区位于甘孜藏族自治州九龙县；分布于甘孜州、雅安市、凉山州的石棉、康定，泸定，丹巴，道孚、盐源等县
	麦洼牦牛	中心产区为阿坝藏族羌族自治州红原县、若尔盖县；分布于红原县、若尔盖县、阿坝县、松潘县、九寨沟、壤塘县等地
	木里牦牛	中心产区位于凉山州木里县、盐源县
	金川牦牛	中心产区位于阿坝藏族羌族自治州金川县；分布于小金县、马尔康市、理县、汶川县、九寨沟县、壤塘县等县（市）
	昌台牦牛	原产地为甘孜藏族自治州白玉县、石渠县、德格县、甘孜县；巴塘县、稻城县、新龙县也有分布
	亚丁牦牛	中心产区位于甘孜藏族自治州稻城县赤土乡、木拉乡、吉呷镇、俄牙同乡

（续表）

品种资源		中心产区及分布
培育品种	蜀宣花牛	培育地及产地位于达州市宣汉县，已推广应用于省内各市州，以及全国吉林、重庆、云南等13个省份

8个地方黄牛、2个水牛、6个牦牛资源群体变化情况，分别见表2、表3、表4。

表2　四川黄牛群体变化趋势　（万头）

品种资源	巴山牛	凉山牛	川南山地牛	甘孜藏牛	平武牛	三江牛	峨边花牛	空山牛
第二次调查	17.01	84.30	27.70	43.00	4.00	0.26	0.60	3.80
第三次普查	3.30	26.32	2.80	21.55	0.17	0.41	0.40	0.64
变化（%）	-80.6	-68.8	-89.9	-49.9	-95.8	+57.7	-33.3	-83.2

数据来源：根据《中国畜禽遗传资源志牛志》（2011年版）、《四川畜禽遗传资源志》（2009年版）、第三次全国畜禽遗传资源普查数据整理。

表3　四川水牛群体变化趋势　（万头）

品种资源	德昌水牛	宜宾水牛
2005年调查	28.39	20.95
第三次普查	0.86	0.7
变化（%）	-96.97	-96.66

数据来源：根据《中国畜禽遗传资源志牛志》（2011年版）、第三次全国畜禽遗传资源普查数据整理。

表4　四川牦牛群体变化趋势　（万头）

品种资源	九龙牦牛	麦洼牦牛	木里牦牛	金川牦牛	昌台牦牛	亚丁牦牛
第二次调查	3.96	161.39	4.29	—	—	—
第三次普查	14.97	190.27	6.88	40.85	105.67	6.03
变化（%）	+278.03	+17.89	+60.37	—	—	—

数据来源：根据《中国畜禽遗传资源志牛志》（2011年版）、第三次全国畜禽遗传资源普查数据整理。

表2显示，平武牛、三江牛、峨边花牛、空山牛总存栏已不足1万头，2011—2021年，仅三江牛群体数量上升，其他7个地方牛品种或资源群体均显著下降；表

3 显示，2 个地方水牛数量均不足万头，2005—2021 年下降幅度均超过 95%；部分牦牛资源数量上升明显，草原减畜压力增大。培育品种蜀宣花牛第三次全国畜禽遗传资源普查存栏 7.4 万头，较 2011 年品种审定时增加了 4.3 万头。参照《家畜遗传资源濒危等级评定》（NY/T 2995），对四川省 17 个地方牛资源进行濒危等级评定，所有品种暂无濒危危险。但与猪、禽等繁殖能力强的动物不同，牛是单胎动物，繁殖效率低、世代间隔长，对现有存栏少或数量骤减的资源应及时开展种质资源评估及保护工作。

2. 生产性能

8 个黄牛资源种质特性各异，在肉质好、繁殖力高、适应性强、耐粗饲等方面具有优势，但肉用性能尚未系统开发，生产效率普遍较低；2 个水牛资源曾主要用于农耕生产，随着社会发展，其役用功能逐渐退出，逐渐转变为以产肉为主，但因缺乏系统选育，生产效率较低；6 个牦牛资源作为牧区主要畜禽生产生活资料，提供肉、奶、皮、毛、役力、燃料等生产和生活必需品，生产管理较为粗放；培育品种产奶和产肉性能优良，适应在南方高温高湿气候及粗放条件下饲养。17 个地方牛成年体重、体尺，见表 5。

表 5　四川地方牛成年体重、体尺

品种资源		性别	体重（kg）	鬐甲高（cm）	十字部高（cm）	体斜长（cm）	胸围（cm）	管围（cm）
地方黄牛	巴山牛	♂	369.3	141.1	119.9	162.9	183.1	17.3
		♀	317.0	112.2	111.5	124.6	165.6	13.9
	凉山牛	♂	293.9	116.9	113.4	137.7	165.0	17.8
		♀	242.8	111.8	111.9	130.5	150.9	16.2
	川南山地牛	♂	437.3	129.2	124.8	145.8	180.2	18.5
		♀	269.3	116.4	118.3	132.0	165.3	16.3
	甘孜藏牛	♂	151.9	141.4	138.8	113.7	129.9	14.7
		♀	144.9	101.0	98.1	114.1	135.2	12.4
	平武牛	♂	442.0	126.8	123.1	144.8	181.0	18.7
		♀	332.0	111.3.0	114.4	129.8	159.8	15.2
	三江牛	♂	252.2	120.3	116.9	125.9	163.9	17.3
		♀	221.1	111.7	112.9	123.8	154.4	15.4
	峨边花牛	♂	272.8	124.0	121.8	125.2	166.1	19.3
		♀	119.2	111.6	113.6	117.0	153.6	16.4
	空山牛	♂	430.9	131.6	130.4	152.8	186.6	19.5
		♀	319.2	116.0	115.9	134.2	169.3	16.4

（续表）

品种资源		性别	体重（kg）	鬐甲高（cm）	十字部高（cm）	体斜长（cm）	胸围（cm）	管围（cm）
地方水牛	德昌水牛	♂	550. 3	140. 3	139. 1	150. 1	201. 9	24. 2
		♀	506. 6	134. 1	132. 1	143. 2	199. 5	22. 3
	宜宾水牛	♂	487. 5	129. 5	132. 3	144. 6	201. 9	23. 9
		♀	474. 5	130. 5	130. 2	136. 1	198. 5	22. 9
牦牛	九龙牦牛	♂	385. 1	135. 2	—	153. 5	203. 2	19. 1
		♀	286. 4	117. 6	—	131. 9	169. 5	17. 1
	麦洼牦牛	♂	312. 8	120. 2	116. 7	134. 6	175. 0	17. 2
		♀	206. 8	108. 5	105. 1	126. 7	155. 0	15. 8
	木里牦牛	♂	312. 7	119. 0	—	131. 6	182. 0	18. 9
		♀	261. 0	111. 6	—	130. 2	173. 5	16. 8
	金川牦牛	♂	292. 2	117. 8	—	138. 0	168. 4	16. 6
		♀	273. 5	113. 5	—	134. 5	163. 8	15. 9
	昌台牦牛	♂	396. 3	133. 8	—	165. 1	196. 3	21. 5
		♀	245. 1	113. 6	—	134. 1	164. 7	17. 3
	亚丁牦牛	♂	380. 8	122. 1	—	145. 7	192. 9	—
		♀	255. 8	113. 4	—	130. 4	167. 1	—
培育品种	蜀宣花牛	♂	793. 4	150. 4	148. 7	183. 7	213. 6	23. 6
		♀	510. 5	129. 5	132. 5	158. 7	187. 9	20. 1

数据来源：第三次全国畜禽遗传资源普查数据整理。

17 个地方牛屠宰性能，见表 6。

表 6　四川地方牛屠宰性能

品种资源		性别	放牧/育肥	屠宰月龄	屠宰率（%）	净肉率（%）	肉骨比	眼肌面积（cm^2）
地方黄牛	巴山牛	♂	放牧	25	53. 10	42. 80	4. 2 : 1	75. 1
	凉山牛	♂	放牧	20	47. 6	35. 3	2. 9 : 1	65. 5
	川南山地牛	♂	育肥	42	51. 3	41. 80	5. 0 : 1	96. 9
	甘孜藏牛	♂	放牧	60	40. 7	30. 6	3. 3 : 1	33. 2
	平武牛	♂	放牧	27	49. 6	42. 1	5. 7 : 1	91. 2
	三江牛		—	38	63. 4	48. 8	5. 4 : 1	75. 4
	峨边花牛	♂	放牧	32	49. 8	38. 2	3. 5 : 1	62. 9
	空山牛	♂	育肥	24	51. 2	44. 0	6. 1 : 1	89. 7
地方水牛	德昌水牛	♂	放牧	24	42. 8	31. 2	2. 8 : 1	85. 1
	宜宾水牛	♂	放牧	30	48. 7	40. 8	5. 0 : 1	52. 5

（续表）

品种资源		性别	放牧/育肥	屠宰月龄	屠宰率（%）	净肉率（%）	肉骨比	眼肌面积（cm^2）
牦牛	九龙牦牛	♂	放牧	成年	59.2	42.2	4.0∶1	64.5
	麦洼牦牛	♂	—	79	48.9	38.8	3.9∶1	65.2
	木里牦牛	♂	—	90	49.4	40.1	4.3∶1	41.6
	金川牦牛	♂	放牧	—	52.9	43.8	—	65.4
	昌台牦牛	♂	放牧	78	51.2	40.5	3.7∶1	—
	亚丁牦牛	♂	—	—	50.4	43.6	6.4∶1	48.9
培育品种	蜀宣花牛	♂	育肥	22	58.5	48.0	4.7∶1	130.1

数据来源：第三次全国畜禽遗传资源普查数据整理。

部分地方牛肉品质，见表7。

表7 四川部分地方牛肉品质

品种资源		大理石等级	肉色（目测法）	脂肪色	剪切力（kg/cm^2）	pH值		滴水损失（%）
						pH_{0h}值	pH_{24h}值	
地方黄牛	凉山牛	1.3	2.9	2.9	7.1	7.4	6.1	2.1
	甘孜藏牛	—	—	—	8.0	6.2	5.4	—
	峨边花牛	1~2	7.3	6.1	7.0	6.9	6.2	2.7
	空山牛	1.4	—	2.8	7.0	5.8	5.7	1.5
地方水牛	德昌水牛	1.1	6.6	4.3	6.8	7.23	6.32	1.7
牦牛	九龙牦牛	1	6.6	7.9	9.8	6.3	6.1	—
	麦洼牦牛	1	8.0	7.8	6.1	6.1	5.5	2.6
	木里牦牛	—	8.0	8.0	—	—	—	—
	金川牦牛	—	—	7.8	7.4	6.2	5.4	1.8
	昌台牦牛	—	—	—	7.7	—	—	—
培育品种	蜀宣花牛	2.3	7.3	6.4	4.7	5.7	—	1.5

数据来源：第三次全国畜禽遗传资源普查数据整理。

部分地方牛泌乳性能与乳成分，见表8。

表 8 四川地方牛泌乳性能与乳成分

品种资源		胎次	产奶天数	总产奶量（kg）	高峰日产奶量（kg）	乳脂率（%）	乳蛋白率（%）	乳糖率（%）	干物质（%）
牦牛	九龙牦牛	初产	153	176.8	1.6	6.2	5.0	—	16.2
		经产	153	230.7	2.1	6.1	5.0	—	16.8
	麦洼牦牛	初产	153	121.7	1.2	4.7	4.7	—	—
		经产	153	227.3	2.3	5.9	4.7	—	—
	木里牦牛	初产	153	156.33	1.2	5.6	4.7	4.8	16.1
		经产	153	171.25	1.4	5.7	4.6	4.8	16.2
	金川牦牛	初产	153	118.9	1.1	7.0	4.0	5.4	—
		经产	153	163.8	1.4	6.9	4.0	5.4	—
	昌台牦牛	初产	153	368.2	1.5	8.4	3.7	5.5	17.8
		经产	153	368.2	1.4	8.4	3.7	5.5	16.8
	亚丁牦牛	初产	153	369.3	—	6.4	3.8	—	—
		经产	153	406.0	—	7.5	3.8	—	—
培育品种	蜀宣花牛	初产	270	2 852.3	13.0	4.0	3.4	—	—
		经产	305	4 742.9	19.7	4.2	3.2	—	—

数据来源：第三次全国畜禽遗传资源普查数据整理。

3. 资源评价

结合地方牛生产实际，开展资源评价，见表 9。

表 9 四川地方牛种整体评价

品种资源		资源评价
地方黄牛	巴山牛	属小型肉役兼用型黄牛地方品种，具有繁殖力高、适应性能强、性情温顺、肉质好等特点，适应高温高湿气候条件下，高山荒坡放牧及农区粗放条件圈养。缺点是生长速度慢，肉用性能较低
	凉山牛	属肉役兼用型黄牛地方品种，具有体型矮小、行动灵活、耐粗饲、抗病力和抗逆性强等优良特性，适宜山区饲养。缺点是生长速度慢，肉用性能较低
	川南山地牛	属小型肉役兼用型黄牛地方品种，适应山区放牧，善于爬坡和小块田地耕作，具有耐粗饲、适应性强、性情温顺等优点。缺点是个体小、肉用性能差等
	甘孜藏牛	属乳肉兼用型黄牛地方品种，具有抗逆性强、耐粗饲、高原适应性好的特点，可用于牦牛杂交改良
	平武牛	属小型肉役兼用型黄牛地方品种，具有抗逆性强、耐粗饲、适应于高山陡坡条件下的自然放牧等特点。母牛饲料消耗量低，有效繁殖寿命长，适合用于专门化母本培育。缺点是生长速度慢，成年个体较小

（续表）

品种资源		资源评价
地方黄牛	三江牛	属小型肉役兼用型黄牛地方品种，适宜高山草地及林下放牧养殖，繁殖性能良好，可为牦牛提供种公牛生产犏牛。其肉品质较好，可以结合选育和养殖技术，向中、高端牛肉方向发展
	峨边花牛	属肉役兼用型地方黄牛品种，适宜中高山草地放牧饲养，其抗逆性强，肌间脂肪含量较高，肉质风味较好，但生长速度慢，肉用性能一般
	空山牛	属肉役兼用型黄牛地方品种，其体格大、适应性强、耐粗饲、肉用性能较好、母牛难产率低
地方水牛	德昌水牛	属肉役兼用型水牛地方品种，体格较大、体质结实、生长发育快、适应性广、抗病力强、挽力强，是我国亚热带高海拔地区肉役兼用型水牛，曾是安宁河流域的主要畜力
	宜宾水牛	属肉役兼用型水牛地方品种，历史上主要以役用为主，具有性情温驯、耐粗饲、适应能力强等特点，具有培育成专门化肉用品种的潜力
牦牛	九龙牦牛	属肉乳兼用型牦牛地方品种，具有遗传性能稳定、适应性强，肉用性能良好等特点
	麦洼牦牛	属肉乳兼用型牦牛地方品种，具有耐粗饲、抗严寒、适应性强的特点。其肉质具有低脂肪、高蛋白的优良特性
	木里牦牛	属肉乳兼用型牦牛地方品种，具有抗寒、抗病力强、耐粗饲等优良特性。体成熟较晚，肉乳生产性能较低
	金川牦牛	属肉乳兼用型牦牛地方品种，具有产肉和产奶量高、繁殖性能好、抗逆性强、遗传稳定等特性，多椎变异个体在群体中比例较高
	昌台牦牛	属肉乳役兼用型牦牛地方品种，具有遗传性稳定，耐粗饲，抗病力强等特点
	亚丁牦牛	属乳肉兼用型牦牛地方资源，具有产奶性能高、繁殖性能好、产肉性能优良的特性
培育品种	蜀宣花牛	属乳肉兼用型培育品种，性情温顺，耐湿热，抗病性和抗逆性强，肉用和乳用性能优良。适应范围广，适合四川乃至我国南方地区高温高湿和农区粗放条件饲养

数据来源：根据《中国畜禽遗传资源志牛志》（2011 年版）、第三次全国畜禽遗传资源普查数据整理。

（二）牛资源保护及研究利用现状

1. 保种场保种区建设情况

全省建有国家级牛遗传资源保种场 1 个（九龙牦牛），省畜禽遗传资源基因库 1 个，省级牛遗传资源保种场 1 个（麦洼牦牛），省级牛遗传资源保护区 5 个（平武牛、峨边花牛、巴山牛、德昌水牛、三江牛），保存有牛遗传物质 65 000 余份，其中冻精 64 000 余份，体细胞 1 200 份。地方牛开展的资源保护情况（表 10）。

表 10 四川地方牛资源保护

品种资源		资源保护
地方黄牛	巴山牛	制定有资源保护计划和实施方案，设立有省级保护区，但中心产区有蜀宣花牛品种育成品种，而巴山牛养殖效率低，加大了资源保护难度
	凉山牛	尚未制定该品种保种和利用计划，未建立资源保护区、保护场
	川南山地牛	2017 年筠连县成立了川南山地牛纯种繁育工作协作组。2020 年建立了保种场，与四川农业大学、四川省畜牧科学研究院、西南大学等科研院校合作，开展种质资源保护与利用研究
	甘孜藏牛	尚未建立该品种资源保护区、保护场
	平武牛	2012 年被列入四川省遗传资源保护名录。2013 年平武县人民政府发布“关于设立平武黄牛遗传资源保护区的公告”，划定了保护区范围，制定了管理制度
	三江牛	2007 年被列入《四川省畜禽遗传资源保护名录》；2021 年列入《全国畜禽遗传资源保护名录》。20 世纪 80 年代初，由州农牧局批准成立三江牛选育区，开展其遗传资源保护和保种选育工作。近年来，组建有三江牛遗传资源保护研究项目，制定遗传资源保护方案，划定保护区，建设保种场
	峨边花牛	1980 年峨边彝族自治县畜牧局和西南大学畜牧兽医学院（原四川畜牧兽医学院）畜牧系提出《峨边花牛选育标准》建议。1999 年峨边彝族自治县畜牧局曾开展保种工作。2007 年列入四川省畜禽资源保护名录，将万坪乡内山村和外山村划定为保种区，2012 年重新划定新林镇麻柳村、大堡镇万坪村和新场乡星星村为省级保护区
	空山牛	2021 年通江县人民政府出台了《加快空山牛遗传资源保护及产业发展的实施意见》，划定了空山镇、两河口镇为空山牛核心保种区
地方水牛	德昌水牛	2022 年四川省印发了《四川省农业农村厅确定省级农业种质资源保护单位的通知》，确定了德昌县农业农村局为该品种保护区建设单位，划定德昌县巴洞镇、乐跃镇、麻栗镇和昌州街道为保护区
	宜宾水牛	2021 年被四川省农业农村厅列入抢救性保护计划，叙州区制定了宜宾水牛遗传资源保护方案，划定保护区，建设保种场，开展培训，建立遗传资源档案
牦牛	九龙牦牛	建有省级保护区和国家级保种场。2006 年将洪坝等七个乡划定为“九龙牦牛保种选育区”。2021 年，“四川省甘孜州九龙牦牛良种繁育场”认定为国家畜禽遗传资源九龙牦牛保种场
	麦洼牦牛	2012 年麦洼牦牛原种场认定为国家肉牛核心育种场。2018 年成立省级麦洼牦牛保种场（川 C320201），建设单位为四川省龙日种畜场麦洼牦牛原种场
	木里牦牛	未建立该品种资源保护区、保护场
	金川牦牛	未建立该品种资源保护区、保护场
	昌台牦牛	1952 年建立昌台种畜场，2023 年 7 月取得了昌台牦牛原种场《种畜禽生产经营许可证》，未建立该品种资源的保护区、保护场
	亚丁牦牛	未建立该资源保护区、保种场

数据来源：根据《中国畜禽遗传资源志牛志》（2011 年版）、第三次全国畜禽遗传资源普查数据整理。

2. 标准制定

经检索，8个地方黄牛资源中峨边花牛、巴山牛（宣汉黄牛）、川南山地牛、凉山牛制定有省级或以下地方标准；水牛资源仅德昌水牛制定有对应标准；6个牦牛资源中九龙牦牛、麦洼牦牛、金川牦牛、亚丁牦牛分别制定有国家行业标准、国家标准或地方标准，国家标准计划《畜禽品种（配套系）木里牦牛》已起草，仅昌台牦牛未有相关标准；培育品种上，蜀宣花牛制定有行业标准及省级地方标准。上述标准进一步规范了特定牛品种特征或生产技术，地方黄牛、水牛标准的制定相对滞后，见表11。

表11 四川地方牛标准

品种资源	涉及文件
地方黄牛	省级地方标准 DB51/T 785—2008《峨边花牛》、DB51/T 962—2009《宣汉黄牛》，DB51/T 3068—2023《川南山地牛生产技术规程》；宜宾市地方标准 DB5115/T 55—2020《地理标志产品 筠连黄牛养殖和生产加工技术规范》、凉山州地方标准 DB5134/T 26—2022《凉山牛》及 DB5134/T 27—2022《凉山牛育肥牛饲养技术规程》
地方水牛	省级地方标准 DB51/T 1107—2010《德昌水牛》
牦牛	国家行业标准 NY/T 3792—2020《九龙牦牛》、NY/T 3447—2019《金川牦牛》；国家标准 GB/T 24865—2010《麦洼牦牛》；甘孜州地方标准 DB 5133/T 72—2023《亚丁牦牛》
培育品种	国家行业标准 NY/T 2828—2015《蜀宣花牛》，省级地方标准 DB51/T 2704—2020《蜀宣花牛繁殖技术规程标准》

数据来源：全国标准信息公共服务平台。

3. 地理标识

经检索，地方黄牛中巴山牛（宣汉黄牛）、川南山地牛（筠连黄牛）、三江牛、峨边花牛认证有中国国家地理标志产品；牦牛上地理标志产品或证明商标有5个，仅新资源亚丁牦牛未认或注册；培育品种上，蜀宣花牛注册有工商地理标志证明商标。水牛上均未认证或注册有地理标志产品或证明商标，见表12。

表12 四川地方牛地理标志

品种资源	地理标志产品或证明商标
地方黄牛	宣汉牛肉、筠连黄牛、三江黄牛、峨边花牛
牦牛	九龙牦牛、麦洼牦牛、木里牦牛（证明商标）、金川多肋牦牛、昌台牦牛
培育品种	蜀宣花牛（证明商标）

数据来源：国家知识产权局地理标志。

4. 基础研究

近年来，高校及科研院所对地方牛资源开展了系列基础研究，详见表 13。

表 13　近年来四川地方牛的基础研究

品种资源		研究内容
地方资源	巴山牛	王斌等（2018）开展微卫星标记与巴山牛生长发育性状之间的关联效应分析
	凉山牛	甘佳等（2023）对凉山牛体尺性状的测定及分析表明凉山牛有较好的体型，体尺指标较为稳定。马浩然等（2023 年）利用高密度 SNP 芯片评估凉山牛和其他中国地方牛种基因组亲缘关系，评估结果稳定性较高
	川南山地牛	方东辉等（2024）分析南山地牛体重与体尺指标的相关关系，建立了体重与体尺指标的最优线性回归模型用于川南山地牛体重的估算。方东辉等（2022）研究川南山地牛生长发育性能
	甘孜藏牛	张佳琳等（2024）对甘孜藏牛 mtDNA 基因组遗传多样性与母系起源分析，结果显示甘孜藏牛具有较丰富的母系遗传多样性，为普通牛母系起源，但与牦牛有杂交
	平武牛	马浩然等（2023）利用高密度 SNP 芯片评估平武牛和其他中国地方牛种基因组亲缘关系，评估结果稳定性较高
	三江牛	李铸等（2021）对三江牛红牛肉与雪花牛肉营养成分分析，发现三江牛雪花牛肉和红牛肉均是营养价值较高的优质牛肉。陈美（2021）研究三江牛脑组织全基因组羟甲基化比较分析。吴锦波等（2020）提取了可综合代表三江牛屠宰重量综合情况和内脏发育情况的主成分，为三江牛选育工作提供资料
	峨边花牛	王巍等（2020）对峨边花牛繁育场群体近交程度分析与交配方案的进行了优化，有效防止峨边花牛核心群近交衰退。余敏洁等（2021）对峨边花牛成纤维细胞系的建立及细胞遗传特性分析，为遗传学研究提供材料
	空山牛	由四川省畜牧科学研究院牵头申报的空山牛新资源于 2023 年 6 月通过国家畜禽遗传资源委员会专家组现场核验，11 月通过全国畜禽遗传资源委员会牛专业委员会评审，2024 年 3 月中华人民共和国农业农村部公告第 762 号公告，正式成为国内第 56 个地方黄牛资源
地方水牛	德昌水牛	符俊等（2021）研究河流型水牛（摩拉水牛和尼里—拉菲水牛）与德昌水牛的杂交改良效果，结果显示杂种优势明显
	宜宾水牛	屠芸等（2024）研究水牛品种间遗传结构，发现宜宾水牛与与涪陵水牛、贵州水牛、贵州白水牛、盐津水牛间具有明显的遗传结构差异

（续表）

品种资源		研究内容
牦牛	九龙牦牛	鲍麒等（2022）研究肃南牦牛群体遗传结构、选择信号分析和 ROH 检测九龙牦牛是独立的类群
	麦洼牦牛	李铸等（2024）研究麦洼牦牛乳的氨基酸含量及评分对比，发现乳中的氨基酸含量均高于普通牛乳，组氨酸含量高于其他三种牦牛乳，必需氨基酸组成比例较好，是优质的牛乳产品。胡莲等（2024）对麦洼牦牛 MFSD4A 基因克隆及组织表达分析，结果表明，MFSD4A 基因编码 509 个氨基酸，各组织中差异表达，推测与牦牛睾丸的生长发育调控有关
	木里牦牛	王佟等（2023）研究全基因组重测序解析不同牦牛类群的系谱及遗传结构，发现，木里牦牛的基因型观测杂合度最小。何春等（2017）研究木里牦牛最佳出栏时间的研究，发现最佳出栏时间为 4.5 岁，母牛的最佳出栏时间为 3.5 岁
	金川牦牛	丁自强等（2023）牦牛肉质特性分析，发现金川牦牛肉与肃北牦牛、甘南牦牛肉和高山牦牛肉结果相近，高于 WHO 推荐值。李铸等（2022）对金川牦牛和麦洼牦牛肌肉水分、pH 值、色差及肌纤维特性分析，发现标准化育肥出栏的金川牦牛和麦洼牦牛肉酸度正常，肉色基本无差异，肌纤维直径小于其他肉牛品种，肉质细嫩
	昌台牦牛	赵洪文等（2017）研究昌台牦牛肉营养及品质分析，显示牛肉蛋白质含量高，脂肪含量低，属于健康、安全、环保的绿色食品
	亚丁牦牛	毛进彬等（2020）对亚丁牦牛肉品质分析，结果显示具有蛋白质含量高、脂肪含量低，氨基酸含量丰富、肌肉嫩度高等特点的安全健康、无污染食品
培育品种	蜀宣花牛	石溢等（2024）研究日粮中不同浓度维生素 E 对蜀宣花公牛生理指标及血清生化指标的影响。王巍等（2022）制定了蜀宣花牛体重与体尺的相关、通径分析和体重估计公式。王巍等（2022）对蜀宣花牛 9 分制体型线性评定方法分析发现后乳房宽度、乳房平衡性和乳头位置在群体中的均匀度较差，存在选育提升的空间。王巍等（2022）研究蜀宣花牛无角新类群胴体不同部位肌内脂肪酸组成成分分析及结构，发现外脊、眼肉和上脑 3 个肉块具有较好的口感

数据来源：中国知网文献整理。

5. 牛资源开发利用成效

（1）地方牛资源开发利用。各级政府在保护的基础上，积极开发或利用地方牛资源形成了对应特色产业。宣汉县加强了巴山牛本品种选育，培育有主题文化餐厅和研发了具有地方特色的冷鲜及休闲牛肉产品“宣汉牛肉”，也是国家地理标志产品；凉山州凉山牛的肉牛产业化生产格局初步形成，培育了思奇香、元龙、华祥、六和等一批牛肉加工龙头企业。川南山地牛引进了安格斯（红、黑）开展杂交组合研究提高了肉品质，“筠连黄牛”获国家地理标志保护产品，注册有地理标志证明商标，被农业农村部评为全国乡村特色产品；巴中市全力打造集种、育、繁、推、加、销于一体的空山牛全产业链，引进华牧公司、四川松合农牧公司等 6 家企业，开发有冷鲜牛肉、牛肉干等系列产品，建有屠宰企业 1 个、深加工食品厂 1 个，开设牛肉餐馆 40 余家。

省内牦牛产业不断发展。甘孜州创新建立青草期放牧+枯萎期补饲+干草期舍饲的“3362”养殖模式，实际经济效益较放牧模式下增长 2 000 元以上；挂牌成立有机服务中心，获批牦牛类有机产品认证证书 9 张、产品 10 个；引进培育牦牛养殖、产品加工、研发等企业 36 家，新建牦牛肉、酪蛋白、绒加工项目 11 个，新增肉、奶加工和副产物综合利用生产线 18 条，新增精深加工产量 13 240 t、牦牛屠宰加工能力达 10 万 t，截至 2023 年，全州牦牛存栏 214. 08 万头，占全国 12. 04%，全省 42. 98%；牦牛年出栏 49. 71 万头，牦牛肉、奶产量分别达 6. 7 万 t、11. 05 万 t，23 家龙头企业营业总收入超过 4 亿元，牦牛全产业链产值达 64. 42 亿元。阿坝州围绕“品种培优、品质提升、品牌打造和农业标准化生产”制定了“三品一标”行动引领农牧业高质量发展实施意见，2023 年牦牛集群建设区域带动域人工种草 5 万亩以上，实现年出栏牦牛 50. 82 万头，牦牛肉、奶产量分别达 6. 13 万 t 和 14. 35 万 t，牦牛肉、奶产品精深加工率提高 1. 10%，产业集群全产业链总产值达到 71. 03 亿元，增幅 16. 61%，显著提升了全州牦牛全产业链发展水平。

（2）培育品种应用。蜀宣花牛是四川省主推品种，已纳入国家良种补贴。在育种地四川省宣汉县培育了佳肴、巴人村、汉玺等省、市龙头加工企业 7 家，实现了产业化生产，已注册“蜀宣花牛”工商地理标志和“宣汉肉牛”地理产品标志。已推广应用到吉林、重庆、云南等全国 13 个省市，截至 2021 年，累计推广种牛 18. 76 万头，冻精 245. 5 万剂。

二、全省种业建设情况

全省建设市（县）级及以上种牛场 26 个（表 14），其中种奶牛场 5 个、种肉牛场 9 个、种牦牛场 12 个；全省良种繁育体系相对完善，配套完备的四级杂交改良体系，但与国内比较仍呈现着肉用种牛场少，规模有限，制种、供种能力相对较弱；自产冻精在数量、结构上尚不能满足本省需求等。

表 14　2022 年四川种牛场（站）生产情况统计

项目	种牛场总数		种奶牛场		种肉牛场		种水牛场		种牦牛场		种公牛站	
	全国	四川	全国	四川	全国	四川	全国	四川	全国	四川	全国	四川
种牛场个数	650	26	318	5	281	9	11	0	40	12	42	1
年末存栏头数	1 931 153	81 238	1 407 159	11 366	376 280	4 065	3 011	0	144 703	65 807	5 871	35
能母牛存头栏	1 111 293	38 728	836 996	5 683	202 396	2 240	1 723	0	70 718	30 625		
当年出售头数	151 256	12 836	89 155	402	40 043	898	304	0	21 754	11 536		
当年产胎枚数	72 175	487	48 830	487	20 016	0	0	0	3 317	0		

数据来源：中国畜牧兽医年鉴 2023。

三、存在主要问题

（一）地方品种规模萎缩，遗传多样性流失突出

四川省地方牛品种资源丰富，但遗传多样性流失问题日益突出。主要表现为农区地方黄牛、水牛资源种群规模萎缩，选择压力增加，广泛开展杂交改良等，引进品种的输入一定程度上提高了生产性能，但也稀释了本地品种的独特基因，本地品种被快速替代，纯种地方牛数量急剧减少；牧区牦牛放牧管理粗放，缺乏科学选育，牦牛近交现象普遍存在，畜群结构不合理，个体生产性能下降，品种退化明显。

（二）保种、选育体系不完善，人才队伍建设不足

1. 保种场（区）、种牛场建设滞后

应保非尽保，已列入《四川省畜禽遗传资源保护名录》的牛种资源，其保护效果也不佳。保种场（区）数量不足且基础设施薄弱，现有保种场数量远低于保护需求，覆盖面积有限，存在仪器设备陈旧、自动化及智能化程度不高，基础设施建设滞后等问题。保种技术体系不健全，保存方法落后，仍主要依赖活体和冷冻精液保存，缺乏胚胎和体细胞等现代生物技术保存手段。而省内种牛场存在着数量少，参考群规模小，选育标准匮乏，测定设施设备落后，选育方法传统等问题。

2. 保种资金投入、人才队伍建设不足

近年来，虽然畜禽遗传资源保护及种业发展的资金投入有所增加，但与实际需求相比仍有差距。专项资金不足，难以支撑长期、持续的保护或选育工作。投资渠道单一，社会资金参与度低，缺乏有效的市场化机制。高水平的遗传育种、分子生物学等领域专家人才数量不足；负责保种管理或生产专职人员少，基层技术人员流失严重。

（三）遗传资源挖掘与评价肤浅，特色产品开发不足

遗传资源挖掘与评价肤浅，群体内遗传结构和群体间遗传差异不明确，对地方牛的抗病基因挖掘、适应性状研究、肉质特性等特征认识不系统。近一半地方品种尚未实现产业化开发利用，已利用的也大多处于低水平状态，特色产品开发不足，主要以初级产品销售为主。品牌建设滞后，缺乏具有影响力的地理标志保护产品，市场竞争力不强。

（四）选育工作进展缓慢，种业发展滞后

相较于其他畜禽，在无论是地方品种选育，还是新品种培育，牛的育种选育工作进展相对缓慢，大多数地方牛种资源没有开展本品种选育，生产用种原始；测定基础工作薄弱，缺乏持续、系统的生产性能和适应性状记录等；良种化程度低，业主养种育种意识淡薄，牛肉自给率低，生产效率不高，四川省出栏肉牛产肉率仅为世界平均水平的57%；遗传评估体系不完善，分子标记辅助选择应用有限，缺乏四川普通牛的参考基因组和全基因组关联分析研究等。资源共享不足，系统间、系统内各相关部门（产业部门、科技部门、种业部门）间以及各保种场和育种单位之间的种质资源和数据共享不足，未能形成全省资源整合机制。

四、地方牛资源保护利用与种业发展对策

（一）构建资源信息动态监管体系，识别、评估和应对风险

构建全面的种质资源收集、评估和保存体系，核心要建立起常态化的资源信息收集和登记工作机制，建立定期信息更新机制，确保及时掌握资源分配、数量等关键指标的动态变化。开发利用资源信息数据库，为各级政府和行业主管部门实施地方牛种等畜禽遗传资源监管和指导保护提供基础性资料，为地方政府和行业主管部门提供科学、全面的决策依据。

（二）开展系统性资源评价，制订科学保种方案

运用现代分子生物学技术，全覆盖开展地方牛种资源系统评价和遗传评估，全面解析四川地方牛种资源的遗传背景和进化关系，深入研究现有遗传资源的表型和基因型特征，评估其经济、生态和文化价值。针对牛种资源状况，因地制宜采取保护区与保种场、活体保存与遗传材料保存相结合的保种方式；充分利用四川省种质资源中心库，建立四川普通牛种质资源库；制订和实施资源保护中长期指导意见，确定保护目标和具体措施；明确属地责任，落实实施主体，建立责任追究机制；开展本品种选育，提高资源种质质量，为资源特色开发利用提供优良种源。

（三）加强本品种选育，重构地方黄牛为基础的肉牛育种体系

坚持自主创新，充分利用省内主导品种的规模优势以及地方品种的独特资源优势，加强肉牛选育和高效利用，促进洋品种本土化。正确认识生长速度、肉质风味等地方品种的特性，科学设立育种方向，平衡生产。针对群体规模大、特色优势突出的地方品种或育成品种，持续开展品种选育，提高其生产性能。优化地方品种保护方案，在保种的同时逐步提高其优势性状的遗传水平和整体生产水平，充分挖掘地方优势资源品种的优质特色性状基因，融合传统育种与现代育种技术，计划性创制特色种质，培育新品种、新品系。

（四）实施差异化发展策略，推进计划性杂交改良

按照地方资源保护、本品种系统选育和开发利用有机结合基本思路，在保护区外，依据地方牛种资源特征特性，制订肉牛产业差异化发展策略。加强产学研深度联合，研究和应用特色资源产业化开发利用配套技术，用好特色资源，开发特色产品，打造特色品牌，发展特色产业，实现“以用促保”。秉持杂交改良与种质创新有机结合的原则，实施针对性的计划杂交改良，创制、选留和利用新类群。利用创制的新类群，培育特色新品种（新品系），丰富牛种种质资源。

（五）丰富现代选育技术，开展联合协作育种

建立四川地方牛基因资源库，收集和保存不同资源的精液、细胞，建立 DNA 信息数据库，为育种和基因编辑技术应用奠定基础。加强科研创新与技术应用，开展全基因组及功能基因研究，发展基因组选择等现代育种技术。建立以四川省畜牧总站、四川省畜牧科学研究院和四川农业大学作为技术优势单位，企业作为实施主体的联合协作组，充分利用省级畜牧推广单位、科研院所和高校的技术优势，以及

四川地方牛育种平台及省级核心育种基地，完善地方牛种资源性能测定与种牛遗传评估制度，推广和普及遗传资源保护新技术。

（六）强化良种利用，抓实基础母牛良种化建设

基础母牛良种化建设是实现四川牛产业高质量发展的重中之重。一是加强现有良种（自主培育品种、引进品种）推广利用，加大力度扩大群体规模，利用专门化大型肉用品种杂交利用。二是实施地方牛种资源计划改良，创制、选留、扩繁扩群与特色利用新类群。三是加强种牛场或扩繁场建设，强化品种选育，开展不同层级种牛场认证，完善良种繁育体系，提升牛种质量和制种供种能力。四是按母牛良种化程度给予差异化补助，激发业主饲养良种和选种育种的积极性。五是利用新类群，培育和利用特色新品种，需要保持稳定的人员队伍，持续发力，久久为功。

（七）加强监管，强化政策扶持

督促地方行政主管部门重视遗传资源保护与利用工作，将种质资源保护与开发利用等内容纳入政府年度绩效目标考核，落实地方政府对畜禽资源保护的监管工作，在保护过程中发现问题应及时处理，资金应及时划拨、做到专款专用。制定和出台地方牛遗传资源保护与利用及种业发展多渠道政策支持，包括用地、稳定资金投入等，将畜禽遗传资源保护纳入各级财政预算。支持家庭牧场、养殖大户从事地方牛种资源养殖，引导养殖业主发展母牛（肉用）适度规模养殖；发展育繁推一体化产业化企业，对从事资源保护与利用、育种工作实施主体给予必要的财政补助。

四川省牦牛产业发展报告

罗晓林[1] 官久强[1] 黄艳玲[2] 陈炼红[2] 陈朝喜[2] 张翔飞[1]
王海波[2] 姜 菲[2] 王嘉博[2]
(1. 四川省草原科学研究院，四川成都 611731；2. 西南民族大学，四川成都 610041)

摘 要：牦牛是四川省藏区农牧民的主要生产生活资料，是当地文化与习俗的传承载体。为全面阐述产业发展现状，本报告组织四川省草原科学研究院、西南民族大学等相关专家学者，收集行业统计报告和相关研究成果等，针对四川省牦牛产业发展中的品种、养殖模式与饲料开发利用、乳肉产品及质量控制、疾病防控、设施设备等现状、存在的问题等予以阐述和分析，提出相应的对策及建议以供行业内专家学者和企业参考。

关键词：牦牛；品种；营养与饲料；产品；设施设备

牦牛是藏区农牧民赖以生存的重要生产资料，四川省甘孜藏族自治州、阿坝藏族羌族自治州是牦牛养殖主产区。这些区域是我国青藏高原生态脆弱区，是长江、黄河的上游水塔，解决生产、生活、生态三者间的关系变得越来越重要。目前，牦牛产业养殖端，品种原始，挖掘利用不完全，饲草料均衡供给保障不足，标准化、适度规模化养殖水平低，养殖效益差，价格波动起伏较大，全球消费下行的趋势下如何提升养殖端收益变得越来越迫切。产品加工端，精深加工薄弱，无冷鲜精细分级分割体系；产品传统单一，文化创意附加值低，无拳头品牌产品；物流销售端，冷链体系不健全，销售渠道单一。产业化水平低，产业链条不健全，资源、要素聚集度弱，科技创新驱动支撑严重不足，制约了牦牛产业化发展进程。报告从牦牛各主产区产业发展情况入手，阐述了四川省牦牛产业发展特点和共性问题，提出了产业发展方向，为推动传统牦牛向适度规模化、标准化、绿色化转型发展和高质量发展提供参考。

一、四川省牦牛产业发展现状

（一）四川牦牛种业现状

1. 四川牦牛遗传资源分布、数量

截至2022年底，四川省牦牛存栏407.4万头，其中阿坝州218.3万头，甘孜州183.32万头，凉山州5.78万头，三州畜牧业产值为421.93亿元，占农林牧渔业总产值（1 099.02亿元）的38.39%，阿坝州和甘孜州牦牛是农牧民饲养的主要畜种，是牧民增收的主要产业。

四川独特的地理和气候特点为牦牛遗传资源的形成提供了天然优势。已发掘的有甘孜州九龙牦牛（国家级保护品种）、昌台牦牛、亚丁牦牛，阿坝州的麦洼牦牛（省级保护品种）、金川牦牛（产品地理标志），凉山州的木里牦牛。目前各资源的存栏量数据见表1。

表1　四川牦牛遗传资源数量变化情况

品种	品种（遗传资源）数量（万头）		
	1986年第一版牛品种志	2011年第二版牛品种志	2022年第三次畜禽资源普查统计
九龙牦牛	3.00	3.96	14.79
麦洼牦牛	60.00	161.39	190.27
木里牦牛	2.39	4.29	6.88
金川牦牛	无	无	40.85
昌台牦牛	无	无	105.67
亚丁牦牛	无	无	6.03

数据来源：《中国畜禽遗传资源志·牛志》和第三次全国畜禽遗传资源普查。

2. 牦牛遗传资源的持续利用

目前建有原种场、选育场的有麦洼牦牛选育场（四川省龙日种畜场）、九龙牦牛繁育场。金川牦牛和亚丁牦牛正在组建核心群。麦洼牦牛和九龙牦牛是四川省建立原种场最早的两个地方类群。麦洼牦牛良种繁育体系相对较完善，现建有四川省牦牛原种场，有选育核心群3个，基础母牦牛600余头，制定了“麦洼牦牛”国家标准（GB/T 24865—2010）。九龙牦牛建有保种场1个，存栏牦牛1 400余头，国家

畜禽遗传资源九龙牦牛保护与利用中心1个，制定了“九龙牦牛”（NY/T 3792—2020）行业标准。计划到2025年，建成九龙牦牛保种场2个，扩繁场4个。四川省草原科学研究院、西南民族大学、阿坝州畜牧科学研究所等科研院所作为技术支撑单位，开展了较为系统的牦牛本品种选育，制定了选育方案、技术规程等。

3. 育种新技术的创新及应用

四川省龙日种畜场麦洼牦牛育种工作开展了分子标记选择以及全基因组选择计划。针对麦洼牦牛体尺性状，主要包括十字部高、体斜长、体重等表型性状，进行5个世代牦牛个体的全基因测序扫描，根据参考群体中基因型与表型的关联建模，推测预测群体的相关表型育种值，对比基因组育种值和真实表型的相关性，获得了40%以上的稳定预测准确率。

针对麦洼牦牛、玉树牦牛以及环湖牦牛，西南民族大学开发了适应性广泛的牦牛育种芯片（青芯一号），该基因芯片涵盖了30万个分子靶标位点，其中120个位点基因已证实与牦牛生长、育肥以及繁殖等性状具有关联性。该芯片已经在青海、四川等地广泛应用。

西南民族大学近期开发了一款基于计算机视觉算法的牦牛体尺体重测量设备，通过双目相机采集牦牛图片数据，并利用关键点检测算法自动检测牦牛骨骼关键数据，通过获取的体尺数据建立牦牛体重估计模型，最终实现牦牛体尺、体重数据的智能估算。通过对比实际使用皮尺测量的结果，数据平均预测误差小于5cm，预测体重准确率达到94.1%。

（二）四川牦牛养殖模式及饲料开发利用现状

1. 四川牦牛主要养殖模式

牦牛饲养管理的水平和方法受牦牛分布地区生态环境条件、生产方式、生产者的科学文化水平、宗教信仰等综合因素的制约和影响，目前90%以上牦牛仍以纯天然放牧模式为主，这种模式使牦牛所需养分存在明显的季节不平衡性，无法及时得到补充，进而影响其生长，长期过度放牧会加重草畜矛盾。2023年5月至2024年5月，西南民族大学在甘孜州理塘县奔戈乡霍曲牧场对2~5岁公牦牛开展纯放牧模式下全年生长曲线数据测定（图1），发现牦牛暖季（6—10月）净增重为79~103kg/头，平均日增重为520~675g/（头·天），冷季（11月至翌年5月）掉膘为47.9~63.0kg/头，平均日掉膘为219~272g/（头·天）。此外，不同年龄放牧牦牛均在 7—8 月生长速度最快，最大日增重可达 1 074 g/（头·天），4 月掉膘速度最快，最大日掉膘可达 954g/（头·天）（表 2、表 3）。在纯放牧模式下，牦牛全年净增重为 27.7～40.6kg/（头·年），增重缓慢，导致出栏时间长，目前平均出栏周期为 5～7 岁，出栏体重约 300kg。

近年来，在国家、地方政府政策和资金支持下，各牦牛产区积极开展牦牛产业集群建设，推进牦牛养殖模式转变。一些新的牦牛高效养殖技术和模式在黄河流域生态保护与高质量发展的双重要求下应运而生，如“划区轮牧”“放牧+补饲”“季节性舍饲”“舍饲育肥”等技术，以及“妊娠、泌乳母牛补饲”“早期断奶”“犊牛越冬”“强度育肥”“肉质调控”等阶段化营养调控技术。

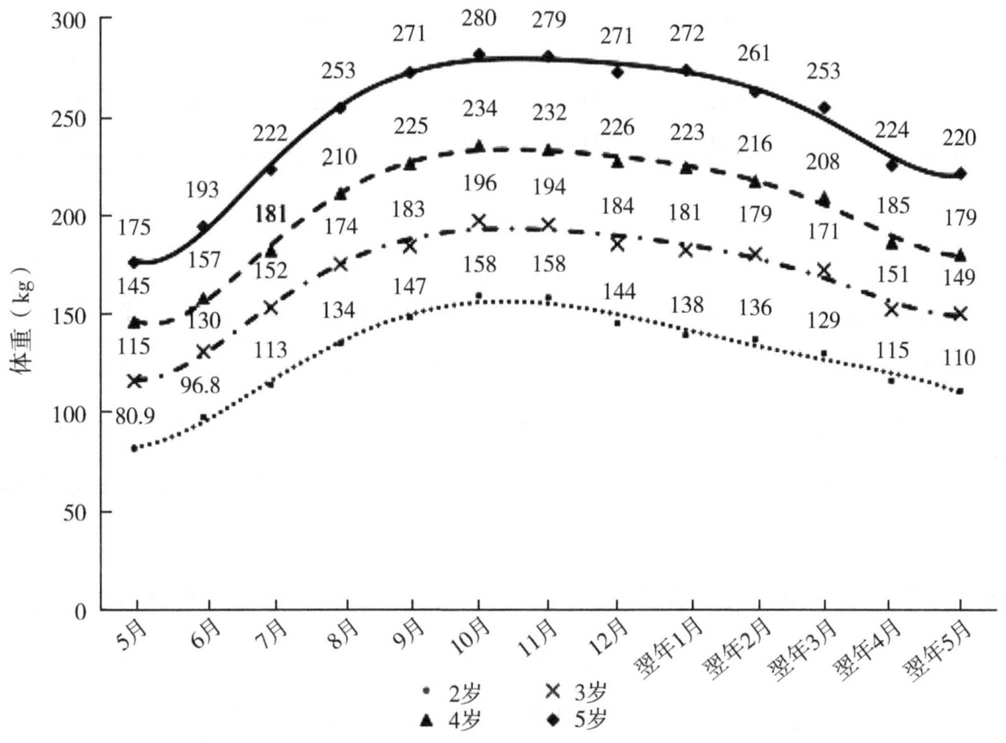

图 1　甘孜州理塘县 2~5 岁公牦牛全年生长曲线

表 2　甘孜州理塘县 2~5 岁公牦牛暖季每月平均日增重

单位：g/（头·天）

年龄	月份				
	6	7	8	9	10
2 岁	537	561	696	388	322

（续表）

年龄	月份				
	6	7	8	9	10
3 岁	595	733	772	357	340
4 岁	451	879	920	473	330
5 岁	485	968	1 074	533	330

表 3　甘孜州理塘县 2~5 岁公牦牛冷季平均每月平均日增重

单位：g/（头 · 天）

年龄	月份						
	11	12	1	2	3	4	5
2 岁	-64.1	-332	-108	-110	-222	-415	-158
3 岁	-72	-313	-115	-126	-276	-575	-189
4 岁	-67.5	-220	-116	-198	-268	-715	-208
5 岁	-18.2	-247	-112	-389	-249	-954	-228

西南民族大学近年来对不同季节下牦牛纯放牧、放牧加补饲以及全舍饲三种养殖模式进行了比较（表 4），发现暖季牦牛纯放牧饲养即可取得与舍饲养殖相近的经济效益，在纯放牧的基础上补饲一定量的精料（每头每天约 1kg）可进一步提高其经济效益；对于冷季而言，放牧加补饲能一定程度缓解牦牛的掉膘，但效果并不理想，而全舍饲模式相对纯放牧和放牧加补饲模式在有效缓解牦牛掉膘的基础上还能使牦牛有一定增重，是冷季牦牛较为理想的养殖模式。此外，研究还发现与冷季高海拔舍饲相比，低海拔舍饲的效果并不突出。具体的模式选择可结合当地牛肉价格、人工成本、饲料成本等因素综合考虑。另外，西南民族大学在牦牛养殖模式的研究的基础上，进一步开展了舍饲牦牛和放牧牦牛屠宰性能和肉品质的比较研究，结果发现，冷季舍饲牦牛的屠宰性能及肉品质均优于放牧牦牛（表 5）。

表 4　纯放牧、放牧加补饲及全舍饲养殖模式牦牛经济效益

项目	暖季				冷季			
	放牧组	补饲精料组	全舍饲组		放牧组	补饲精料组	全舍饲组	
			低海拔	高海拔			低海拔	高海拔
日增重［g/（头 · 天）］	490	740	—	1 080	-281	-73	579	510

（续表）

项目	暖季				冷季			
	放牧组	补饲精料组	全舍饲组		放牧组	补饲精料组	全舍饲组	
			低海拔	高海拔			低海拔	高海拔
补饲精料量［kg/（头·天）］	—	1	—	—	—	1	—	—
TMR 采食量［kg/（头·天），干物质］	—	—	—	6.10	—	—	6.09	4.85
精粗比	—	—	—	5∶5	—	—	5∶5	5∶5
TMR 中全株玉米青贮干物质占比	—	—	—	50%	—	—	25%	30%
TMR 中酒糟干物质占比	—	—	—	—	—	—	25%	—
TMR 中小麦秸秆干物质占比	—	—	—	—	—	—	—	20%
牦牛活重价格（元/kg）	30	30	—	30	30	30	30	30
精料价格（元/kg）	—	3.35	—	3.35	—	3.35	3.35	3.35
全株玉米青贮价格（元/t，干物质）	—	—	—	2 286	—	—	2 286	2 286
酒糟价格（元/t，干物质）	—	—	—	—	—	—	1 280	—
小麦秸秆价格（元/t，干物质）	—	—	—	—	—	—	—	1 000
经济效益［元/（头·天）］	14.7	18.85	—	15.21	-8.43	-5.54	1.74	2.88

注：牦牛活重、精料、酒糟、小麦秸秆及全株玉米青贮价格均按市场平均价计，TMR 指全混合日粮（Total mixed ration）。

表 5　冷季舍饲与放牧牦牛屠宰性能及营养品质比较

项目	舍饲牦牛	放牧牦牛
屠宰性能（%）		
屠宰率	52.17	47.91
净肉率	44.40	37.1
熟肉率	69.39	63.25
失水率	19.81	22.73
营养品质（%）		
水分	74.78	75.29
蛋白质	21.63	20.54
脂肪	2.9	2.05
钙	0.09	0.03
磷	0.20	0.13

2. 四川粗饲料（牧草和秸秆）供应及加工利用方式

在放牧养殖模式下，牦牛依托牧区草地资源作为主要的粗饲料来源，常年处于“夏饱、秋肥、冬瘦、春死”的恶性循环，且草畜矛盾突出，川西北牧区各地大力推进牧户卧圈种草、村社打贮草基地、高产人工饲草规模化专业化生产基地等多种形式的人工草地饲草料保障体系的建立，一定程度上弥补优质饲草资源缺口。四川省农区及其他省区的农副产物秸秆资源如稻草、麦秸、玉米秸秆以干草、揉丝秸秆、青贮等也为川西北牧区提供了一定的粗饲料供应。受设施设备和技术水平的限制，饲草产品的加工以青干草和少量青贮为主。

（三）牦牛乳肉产品及质量控制

2023年甘孜州牦牛存栏数182.72万头，牦牛肉产量6.12万t，其中商品量4.47万t，牦牛乳产量10.93万t（表6）；阿坝州牦牛存栏数218.3万头，牦牛乳产量15.53万t，牦牛肉产量7.11万t（表7）。2022年，甘孜州委州政府提出打造“有机之州”决策部署，以“全产业链开发，全价值链提升”为思路，以现代农业园区建设为抓手，深入推进牦牛产业体系建设，着力打造“亚克甘孜”品牌。阿坝州以净土阿坝农投公司为龙头，以园区产品为主体，全域推行农畜产品合格证制度，加大园区绿色食品、地标产品、有机标志产品申创认证力度，通过“净土阿坝+”构建阿坝特色的绿色标准体系和名优品牌体系，大力推动“净土阿坝”区域品牌建设。

表6　2023年甘孜州各县牦牛存栏数及牦牛乳肉产量

名称	存栏数（头）	牦牛乳产量（t）	牦牛肉产量（t）
康定市	112 900	4 884	3 163
泸定县	2 731	0	199
丹巴县	31 246	2 908	800
九龙县	63 091	3 365	1 694
雅江县	71 858	4 208	1 531
道孚县	72 427	6 478	2 943
炉霍县	133 897	5 899	4 523
甘孜县	75 647	6 917	4 463
新龙县	105 362	10 085	3 291
德格县	171 516	9 900	8 203
白玉县	110 278	7 304	3 297

（续表）

名称	存栏数（头）	牦牛乳产量（t）	牦牛肉产量（t）
石渠县	313 255	15 260	7 049
色达县	213 126	10 935	7 403
理塘县	191 470	10 798	6 475
巴塘县	63 143	4 041	2 451
乡城县	24 127	3 132	1 028
稻城县	61 300	1 944	1 790
得荣县	9 873	1 236	909
合计	1 827 247	109 294	61 217

数据来源：《2023 甘孜州畜牧业生产汇总表》。

表 7　2023 年阿坝州各县牦牛存栏数及牦牛乳肉产量

名称	存栏数（头）	牦牛乳产量（t）	牦牛肉产量（t）
马尔康市	141 277	10 257	4 600
汶川县	12 528	0	500
理县	42 133	127	1 200
茂县	30 164	0	700
松潘县	126 408	8 376	5 600
九寨沟县	55 574	1 139	2 200
金川县	100 731	5 075	1 700
小金县	114 321	1 516	2 300
壤塘县	132 484	12 019	1 500
若尔盖县	460 217	48 060	4 700
红原县	472 384	39 145	12 500
阿坝县	440 834	28 132	19 500
黑水县	53 945	1 424	14 100
合计	2 183 000	155 270	71 100

数据来源：《2023 阿坝统计年鉴》。

1. 牦牛肉加工现状

近年来，随着牦牛养殖产业的发展和下游产业链的日益完善，牦牛肉产品市场需求呈现出多样化趋势，牦牛屠宰量和牦牛肉产量均呈现出稳步增长的趋势。牦牛长年生活在远离污染的高寒地带，肉质纯净天然，牦牛肉不仅富含优质蛋白质与多种必需氨基酸，还含多种对人体有益的保健成分。川西地区传统的牦牛肉加工主要以自然风干牦牛肉、肉肠为主，通过腌制、自然风干等传统工艺制作，具有独特的风味特色。但家庭式传统产品加工条件不规范，卫生难以控制，不能有效保证产品的质量和安全，严重制约了传统牦牛肉制品加工的发展。现代食品加工新技术的迅猛发展推动了牦牛肉制品在品种、加工方式、包装形式等全方位创新，出现了手撕牦牛肉、牦牛肉脯、牦牛肉罐头、原切牦牛肉、调（料）理牦牛肉等系列新型牦牛肉制品。随着预制菜接受度提高，迎合现代年轻人的消费需求的风味特色牦牛肉预制菜应运而生。

牦牛肉加工企业，在四川省政府、地方政府的大力支持下，已在牦牛的养殖、屠宰、精深加工、销售等方面形成了较为完善的产业链。阿坝州新希望牦牛产业有限公司、红原牦牛肉食品有限责任公司、甘孜县康巴拉绿色食品有限公司、理塘县高城鹏飞牦牛肉食品开发有限责任公司等已建立标准化养殖基地、屠宰分割中心、牦牛肉精深加工中心、电商服务中心、仓储冷链物流中心等。通过引进现代化设备和技术，提高了生产效率和产品质量，通过线上线下相结合的方式拓宽销售渠道。中粮集团石渠县牦牛肉制品加工厂、康康高原食品开发有限公司等牦牛肉加工企业已开发出系列牦牛肉酱、牦牛肉香肠、干巴牦牛肉、牦牛肉软包装面臊等新型产品。

2. 牦牛乳加工现状

牦牛乳特殊的营养性和稀缺性，是开发高端乳制品良好的乳源。传统的牦牛曲拉、酸奶、酥油等产品是高原牧民生活必需品，其生产大多以家庭作坊为主，难以保证产品质量安全。近几年，通过政府支持和外地资本注入，新建乳品企业和老企业的技术创新与产业升级，对牦牛乳制品进行了深度开发，已生产出如 UHT（超高温瞬时灭菌）牦牛乳、巴氏牦牛乳、功能性牦牛乳粉、婴幼儿配方奶粉、牦牛酸奶等系列优质安全的牦牛乳产品，极大丰富了牦牛乳制品市场。在牦牛乳制品加工领域，省级龙头企业若尔盖高原之宝牦牛乳业有限责任公司覆盖 70 多万头牦牛资源，建成两大车间，开发出牦牛常温乳、低温乳系列、有机乳牛奶、益生菌牦牛奶酸奶等多款产品，满足消费者多元化需求。红原牦牛乳业有限责任公司拥有牦牛乳全产业链有机质量安全管理体系，在政府扶持下，强化牧区基地与奶源建设，构建了以红原为核心，覆盖周边200km的收奶体系，开发出系列功能性牦牛奶粉；甘孜州康定蓝逸高原食品有限公司在牦牛乳特色深加工及产品开发应用方面获授权发明专利70余项，开发牦牛奶冰淇淋、牦牛壮壮、牦牛奶酪酥等30多个产品；藏源曌美乳制品有限责任公司开发出功能性无水酥油；炉霍康巴圣德牦牛产业有限公司升级酪蛋白精深产品加工生产线在2024年底投入生产。

企业和高校深度合作，功能性油脂分提制备、牦牛酪蛋白系列产品加工、抗高原缺氧牦牛乳产品以及牦牛酸奶专用乳酸菌的筛选等前沿食品加工技术得以应用于新型牦牛乳产品，有效提升了产品附加值，进一步促进牦牛乳产业向高层次、精细化的方向转型升级。

3. 牦牛乳肉加工产品质量控制

为规范牦牛乳肉加工行业发展，各地区相关部门联合企业积极制定并出台多项标准，涉及产品质量、安全指标、标签标识等多个维度，以规范并促进牦牛乳制品及肉制品产业的健康发展。

中国乳制品工业协会发布了《生牦牛乳》（RHB 801—2012）《巴氏杀菌牦牛乳、灭菌牦牛乳和调制牦牛乳》（RHB 802—2012）等系列行业规范；青海、甘肃等地区发布了《食品安全地方标准 牦牛生乳》（DBS63/0001—2019）、《食品安全地方标准 固态牦牛乳制品》（DBS63/0001—2022）、《牦牛肉质量规格》（DB63/T 1782—2020）等地方标准，《牦牛曲拉生产技术规范》（T/QOAPA 002—2021）、《牦牛酥油生产技术规范》（T/QOAPA 001—2021）、《牦牛肉丸》（T/QAS 098—2023）等团体标准。四川发布有《牦牛原味酸奶加工技术规程》（DB5133/T 96—2023）、《地理标志产品 红原牦牛奶粉》（T/NENG 002—2022）、《地理标志产品 红原牦牛奶》（T/NENG 001—2022）、《牦牛肉松加工技术规程》（DB5133/T 86—2023）等地方标准以及团体标准。

（四）四川牦牛疾病现状

牦牛疾病种类繁多，常见疾病包括传染性和普通性疾病两大类，其中以细菌性、病毒性和寄生虫性疾病等最为常见。内科病、外科病、产科病如犊牛消化不良、犊牛脐炎、有毒牧草中毒、瘤胃积食、子宫脱垂、胎衣不下和创伤等也最为普遍。

牦牛常见传染病主要包括传染性胸膜肺炎、传染性鼻气管炎、黏膜病、轮状病毒病、棘球蚴病、布鲁氏菌病、结节病、大肠杆菌病、沙门氏菌病、球虫病、隐孢子虫病、钩端螺旋体病、结核病、弯曲菌病和肉毒梭菌中毒病等（部分传染病相关传染性疾病最新发病概况见表8）。近年来，受养殖模式多样化和青藏高原高寒草地退化等因素的影响，加上养殖规模不断扩大和养殖密度不断增加，牦牛疾病逐步趋于复杂化和多样化，其中以多病原混合感染性疾病对牦牛养殖业的危害最大，逐步呈现出不断攀升趋势和区域性暴发流行特点。多病原混合感染性疾病病原复杂多样，部分疾病传染性大，致死率高，严重危害生产性能提升的同时制约着牦牛产业链的健康、快速和可持续发展，其中人畜共患病也给农牧民的健康造成极大危害。值得注意的是，虫媒寄生虫病对牦牛养殖业的危害不容小觑，在掠夺、竞争寄主营养和削弱免疫力的同时传播病原微生物从而造成更大的危害。

目前，高原牧区针对病毒性传染性疾病主要采用春、秋季集中防疫，预防为主的策略；细菌性传染病和寄生虫性传染病采用对应的药物进行综合治疗。

表8　四川省牦牛疾病发病情况

病名	最新调查年份	发病地区	发病率（%）
传染性鼻气管炎	2023	红原县、若尔盖县、阿坝县	44.07
副流感（病毒3型）	2023	红原县、若尔盖县、阿坝县	30.51
病毒性腹泻/黏膜病	2018	道孚县	12.66
轮状病毒	2022	红原县、若尔盖县	16.0
冠状病毒	2022	甘孜县	7.03
棘球蚴病	2021	色达县	8.00
大肠杆菌病	2018	阿坝州	19.2
沙门氏菌病	2021	甘孜州、阿坝州	1.89
球虫病	2024	炉霍县	16.4
隐孢子虫病	2018	黑水县、松潘县	0.5
弯曲菌病	2010	甘孜州、阿坝州	2.17
嗜皮菌病	2014	红原县、甘孜县	—
牛皮蝇	2016	若尔盖、红原、白玉、金川、炉霍	11.1~100.0
牛疥螨	2016	汶川、理县、茂汶、若尔盖、红原、木理、金川、黑水、壤塘	5.0~11.76

数据来源：引自中国期刊网相关文献资料（仅代表发病地区情况）。

（五）牦牛设施设备

1. 牦牛养殖设施现状

长期以来受地理气候、文化、科学技术和社会经济发展的限制，牦牛养殖传统，养殖模式简单，设施设备落后。随着资金扶持和产业发展的需要，目前在设施建设中越来越注重圈舍的功能性和实用性，建设的牦牛圈舍从传统的简易暖棚，逐步过渡到分区明确的适度规模圈舍。适度规模圈舍主要以牦牛短期育肥为主，圈舍的大小一般以存栏200~300头为主，占地面积在3 000 m^2左右。根据海拔高度、饲草供应量、气候特点等，采取不同的建设模式，一般海拔越高、气温越低的地方以保温为主，海拔越低、气温越高的地方以通风降温为主。

四川省牦牛主产区养殖的舍饲圈舍建设越来越多。据阿坝藏族羌族自治州农业农村局报道，截至2024年8月，红原县建设暖棚3 040个、巷道圈477个、牧道2 300km，建成联牧规模经营区4个、专业合作社68个、新型家庭示范牧场535个、牦牛标准化养殖基地11个。

2. 牦牛养殖设备

牦牛养殖设备是指用于饲养和管理的各种工具和设施。包括围栏、巷道圈、饲料槽、饮水器、挤奶设备等，旨在为牦牛提供安全、便捷的养殖方式，提高养殖效率和质量。

针对规模牧场和标准化养殖企业，均采用规模化养殖场设计理念，以实现牦牛标准化养殖和良种高效繁育为目标，配套了现代化养殖设备，促进产业持续健康发展。通过“产—学—研”联合，开展新技术、新设备推广示范，在牦牛主产区推广了牦牛固定式防疫注射巷道圈、有机肥加工等新产品，实现了设施、设备的更新升级。近年依托数字技术的进步，农产品全程质量可追溯平台、智慧畜牧业管控平台、农畜产品电商平台、草原监测预警平台等逐步进入牦牛养殖产业，为现代草原畜牧业发展提供了科技支撑。

二、当前四川省牦牛产业发展存在的主要问题

（一）牦牛品种与利用

1. 遗传资源多，挖掘利用少，选育进展缓慢

四川牦牛地方遗传资源有6个（九龙牦牛、麦洼牦牛、金川牦牛、昌台牦牛、

木里牦牛、亚丁牦牛)。这些地方遗传资源为我们选育提供了较好的素材，但是利用方案不明确，其选育力度不足，选育标准不统一，选育进展缓慢。

2. 选育体系建设不完整，核心场、原种场建设不规范，生产能力和持续供种能力弱

省内无完善的牦牛选育体系，选育场、保种场等各自为政，不能实现牦牛的群选群育。大部分核心场和原种场建设规范化程度低，牦牛分散饲养，管理难度大，选育规模小，优质种源流失严重，导致核心产区优势种群性能降低，供种能力差。

3. 选育方向与市场需求不对等

牦牛繁育周期长，选育过程漫长，选育目标性状不能达到牦牛品种质量提升，单单以产量、大小、多少来作为选育方向与高端部位肉、深加工能力等市场需求不相符。

(二) 四川牦牛养殖及饲料开发利用方面

1. 草畜矛盾突出

川西北牧区牦牛存栏数量大，区域分布不均匀，存在放牧密度过大、时间过长，超载过牧等现象，导致草地可食牧草种类减少、生产力下降，部分地区草原退化严重。总体而言，草地资源是草地畜牧业发展的先决条件，目前川西北牧区主要采用围栏封育禁牧、划区轮牧、草地生态修复、建植人工饲草基地等方式来减轻草地载畜压力并取得一定成效。

2. 营养需要标准与精准营养调控技术缺乏

营养需要是合理利用饲料、设计日粮配方、提高生产性能、增加经济效益和实现科学化饲养的基础。近年来，针对牦牛幼龄、生长期、妊娠期、泌乳期、育肥期牦牛能量、蛋白质需要量的研究已形成一定基础，但距离科学系统的牦牛营养需要标准的建立与牦牛精准营养调控仍任重道远。

3. 粗饲料供应不足且加工方式单一

川西北牦牛放牧养殖面临季节性饲草料供应不平衡，虽然人工草地建植面积正逐年增加，但总体规模仍较小，本地饲草无法满足需求，粗饲料从甘肃、青海等地大量购入，成本过高，本地化轻简化饲草提质增效加工技术缺乏。

4. 标准化程度低

川西北重视牦牛标准化养殖，大力推进牦牛标准化养殖场、产业集群建设，但存在养殖技术水平偏低、效益不高等问题，养殖数量、规模及辐射带动能力较弱，绝大多数牧民还以“重数量，轻质量，低投入”等观念，小规模、分散经营的生产模式为主。

（三）加工产品与质量控制

1. 产奶、产肉量供应不足，养殖模式亟待转变

牦牛饲养周期较长，出栏率低，呈季节性不均衡；泌乳期短，日产奶量低，全年产奶有限。传统的牦牛养殖模式对自然资源的依赖程度高，养殖数量及规模受到限制。

2. 牦牛乳、肉制品差异化特征匮乏、深加工技术创新能力薄弱

牦牛乳、肉产品同质化竞争严重，未能凸显其高原生态、营养丰富的独特优势，难以吸引消费者目光；深加工技术创新能力薄弱，现有技术难以支撑产品多样化、高值化发展，限制了产品种类丰富性和市场竞争力提升。

3. 产品种类单一、市场定位不清

牦牛乳制品及肉制品虽具有独特营养与风味，但由于产品种类单一、品牌知名度低、定位不清等因素，难以精准对接消费需求，降低了消费者的购买意愿。

4. 牦牛乳、肉制品标准体系建设落后

四川牦牛乳与肉制品的标准体系建设滞后，标准数量稀缺且覆盖面窄，难以引领行业发展。现有体系未能及时吸纳行业新技术、新趋势，限制了牦牛乳肉加工技术的创新潜力，影响产业升级。

（四）四川牦牛疾病防控存在的主要问题

牦牛疾病防控存在问题有：①新发病和多发混合性感染性疾病呈现新的发展态势，加上草料短缺在一定程度上促使反复发作和迁延不愈。②镇、乡、村基层兽医防疫体系基础相对薄弱，缺乏较为完善办公设施和仪器设备。③疫苗、药物不合理应用现象普遍，超量使用最为严重。目前，批准牦牛使用的兽药种类和品种几乎空白，单纯从肉牛移植可能还存在一定的安全性隐患。④防疫规章制度重视不够，执行力差，形式化严重，难以落实到位。

（五）设施设备

1. 设施设备建设无序化和过度建设较严重

设施设备要根据当地产业发展实际需要规划建设，目前很多圈舍建设成本超

标、超规格的情况较为突出，养殖效益难以覆盖建设和运营成本。

2. 牦牛圈舍建设标准不统一、不规范的情况严重

针对高原牧区和半农半牧区养殖圈舍建设没有统一的标准和规范，圈舍建设不科学不合理的情况突出。

（六）科技支撑不足、人才队伍缺乏

畜牧行业投资周期长见效慢，待遇较差，对人才的吸引力不足，导致在育种、产品加工、疾病防控等环节专业人才队伍流失严重，专业素质参差不齐，对行业健康持续发展带来巨大的隐患。

此外，由于畜牧行业效益较低，科技研发较缓慢，产业发展需要的科技研发力量不足，科技创新与实用技术研发示范推广能力弱。

三、四川省牦牛产业发展趋势与对策建议

（一）牦牛品种与利用

1. 牦牛品种与利用发展趋势

围绕四川现有地方类群开展资源特性分析，针对性的开展挖掘与利用。亚丁牦牛具有产奶性能突出的特点，可以进一步挖掘其机理，开展高产奶群体选育等。针对牦牛选育体系不健全，建立健全良种繁育体系，开展系谱档案、种牛标准、种牛使用制度建设。良种繁育体系建设过程中，将种公牛选育作为突破口，建立以牦牛良种场为龙头，繁育户为主体，牦牛专业合作社为纽带的良种繁育体系。建立牦牛育种信息平台，规范选育标准。加强政策性资金和技术支持力度。

2. 育种与利用的对策建议

牦牛选种选育的核心依然是政策支撑，目前，国内没有公司开展牦牛的选种选育工作。现代分子生物学技术已经在其他畜种育种过程中广泛应用，需要加大相关技术的引进和应用，加快牦牛育种进程。牦牛产业化程度低，导致选育水平低，应加强牦牛产业化进程，促进牦牛产业转型升级，使生产标准化、规范化，促进牦牛种业健康发展。构建牦牛选育平台，由高等院校牵头，联合科研单位、育种、加工企业，深入调研育种方向与市场需求。

（二）四川牦牛养殖及饲料开发

1. 四川省牦牛养殖及饲料开发产业趋势发展研判

牦牛养殖发展重点在于养殖模式与技术的转型升级。随着近年来产业的发展

与科技的进步，牦牛的养殖区域逐步向半农半牧区、农区等区域延伸。牦牛养殖技术与模式的发展需要兼顾草原生态保护，推动牦牛产业从传统畜牧业向草畜平衡可持续发展转型。在营养需要标准建立的基础上，牦牛养殖需要逐步深入到营养素、营养源、营养水平的阶段性差异化精准营养技术研究与应用，充分挖掘发挥牦牛生长潜力。还需要不断探索更加科学高效的产业模式，构建以生态家庭牧场、种养结合、户繁企育、农牧耦合、“产+加+销”产业链等为核心的多元化产业模式。

2. 促进四川省牦牛养殖及饲料开发对策和建议

①结合各地资源禀赋与气候特点，因地制宜研发牦牛生态牧养体系。②加大标准化养殖应用推广力度，建立完善牦牛标准化养殖所需的技术、产品、设施设备等基础条件。③开展高原饲草料资源开发与高效利用研究与应用，如人工饲草以及青稞、青稞秸秆、青稞麸皮、芜菁、元根、玉米秸秆、酒糟等饲料资源。④加大牦牛产业科研资金投入，从放牧管理、生态牧养、营养需要、繁殖营养调控、母犊培育、高效育肥、肉质营养调控等领域开展牦牛高效养殖技术和产品研发。⑤强化养殖主体科技服务支撑，引导农牧民畜群结构优化、标准化养殖、转变养殖方式、提高养殖技术水平。

（三）加工产品与质量控制

1. 加工产品与质量控制发展趋势

四川省牦牛乳肉加工产业发展趋势具有广阔的发展前景和巨大的市场潜力。随着健康饮食观念的普及和消费水平的提升，牦牛乳及牦牛肉以其高营养价值受到市场青睐，其产量和商品化率将持续增长。甘孜州及阿坝州可依托当地丰富的牦牛资源，不断优化养殖结构，提升加工技术，促进牦牛乳肉产业向高端化、品牌化方向升级转型，推动“亚克甘孜”“净土阿坝”等区域品牌的进一步发展。

2. 促进加工产品与质量控制的对策建议

（1）促进牦牛产业与自然资源的协同发展。扩大牧区饲草料来源，合理开发草场资源，增加牧草产出，保障牦牛供应。缩短养殖周期，提高出栏率；转移牧区牦牛至半农半牧区，形成农牧结合、种养循环的绿色发展模式。优化资源配置与管理，提升经济效益，实现生态保护与资源可持续利用。

（2）重视企业品牌建设，加强深加工技术创新能力。牦牛乳肉加工企业应明确自身的品牌定位，强调牦牛乳和牦牛肉的天然、无污染、高营养价值等特性突出产品的独特性和差异化。加大深加工方面的研发投入，引进和培养专业人才，建立研发团队；与高校、科研院所等建立产学研合作关系，开展技术研发和成果转化；关注国际先进技术和趋势，积极引进和消化吸收再创新。

（3）牦牛产业智能化、牦牛产品特色化。完善销售网络，与大型企业和餐饮企业合作，拓宽销售渠道，并利用电商平台扩大市场覆盖。加大研发投入，开发地方特色和创新产品，提升附加值。强化品牌建设，提高消费者对牦牛肉的认可度和忠诚度，从而提升产品价格。

（4）健全牦牛乳、肉制品标准体系及可追溯体系。牦牛乳、肉产品标准制定是产业规范化的基石，统一原料、生产、成品检测流程，确保产品质量稳定与安全；建立产品可追溯体系，保证产品可有效追踪。

（四）牦牛疾病防控的发展

（1）树立“养防结合，防重于治”的科学理念。全面做好圈舍管理和合理放牧，采取放牧与舍饲相结合提供丰富的营养，饲养环境优化，保证圈舍内外环境，确保光照、通风条件满足生长需求，粪便及时处理；定期对圈舍内外器具、用品消毒灭菌，减少和控制牦牛疾病的发生和流行。

（2）建立健全风险评估机制。构建牦牛疫病监测预警体系和实时监测体系，制订科学有效的防疫计划，做到重大疫病早发现、早预防，确保防疫工作有效落实。坚持“自繁自养”，引进外区域的牦牛到本地时做好疫病的检测工作，确定无病后方可混群饲养。针对乡、村两级基层防疫体系基础薄弱和疫病预防不到位的问题，应加强防控力度。

（3）加强饲养管理完善免疫程序。在规模化养殖中提高饲养管理水平，建立定期消毒制度，切断传播途径，科学预防接种，提高牦牛群体的抗病能力。发生疾病时，做好隔离措施，通过临床观察、病理剖检变化并结合实验室诊断对病因、病情进行全面、准确的分析和判断。

（4）针对批准用于牦牛的药物相对匮乏的实际情况。为避免药物残留、生态环境风险和耐药性的产生，在明晰牦牛体内的代谢和残留规律的基础上选择常用药物。

（5）依托民族兽医药资源优势。充分挖掘和开发藏兽医资源，研制牦牛专用的绿色、生态、环保的新型植物药物。

（五）设施设备发展

牦牛产业发展滞后，川西北产地设施设备的使用主要在冬季，冬季要解决保暖和供水问题。牦牛在夏季以放牧为主，设施设备以挤奶和运输为主，牦牛放牧过程中的犊牛保护性电围栏也是重要建设内容。在半农半牧区建设适度规模牦牛育肥圈舍，配套相应设备，利用农区和半农半牧区的饲草料资源和工业副产物促进牦牛提前出栏。

牦牛圈舍的设施设备建设应该以实际需求为基础，加强建设前专家审核把关，建设中专业人员监理，引入经营主体参与设施设备建设过程，完善设计与功能实现的无缝对接。牦牛舍饲圈舍建设越来越多，但是目前针对高原牧区和半农半牧区的牦牛养殖圈舍建设还没有统一的标准和规范，需加快标准的制定。

（六）科技支撑与人才队伍建设

藏区自然条件恶劣，人才流失严重，从业人员文化程度低，严重制约牦牛种业发展，要加大本土人才培养力度；同时，引入科研院所和高校的科研人才，参与到牦牛育种、产品加工、疾病防控中来。重视人才队伍建设，加强政策和资金支撑力度。

四、牦牛高效养殖模式

牦牛在自然放牧状态下，处于“夏壮、秋肥、冬瘦、春死”的恶性循环。每年10月牦牛活重达到当年的峰值，在漫长的冷季（10月至翌年4月），由于气候寒冷和牧草缺乏，放牧牦牛生长停滞，掉膘率达到26%以上，年体重增重仅为35kg左右。牦牛“锯齿型”生长，一般要6~8岁才能达到出栏体重，其间要经过6个严寒的冬天，总掉膘体重远大于牦牛出栏时的体重，其消耗的草料是直线生长的2~3倍。牦牛养殖仍然是以传统放牧养殖方式为主，牲畜超载严重，草原保护压力大，草地饲草资源利用效率低，牦牛产业生产效益差。随着草原生态保护、畜牧业转型升级，促进牧区可持续发展，牦牛集约化养殖规模不断扩大，牦牛短期育肥和全舍饲养殖模式相继出现，“放牧+补饲”理念被牧民广泛接受。为指导牦牛生产，目前总结出的牦牛特色和标准化养殖和高效肥育模式有“3362”养殖模式、“三结合顺势”养殖模式以及“4218”肥育模式（表9）。

"3362"模式是在充分利用天然牧草资源的情况下，提出的牦牛全阶段高效养殖模式，即为6—8月的3个月牧草青草期牦牛放牧，9—11月的3个月牧草枯萎期牦牛放牧+补饲精料，12月至翌年5月的6个月牧草干草期牦牛舍饲养殖，使2~5岁牦牛12个月后均可到达增重200kg以上的养殖模式（青草期放牧+枯萎期补饲+干草期舍饲）。

三结合顺势养殖模式是指顺应牦牛放牧的生活习性、草原饲草生长特性和牦牛的生长潜力，将放牧、圈养、补饲相结合的一种养殖模式。采用三结合顺势养殖法可使放牧牦牛提前到3.5~4.0岁出栏，出栏体重明显高于传统放牧养殖方式。

"4218"模式是将青藏高原牧区放牧生长到4岁左右、体重达200kg的牦牛，转移到半农半牧区育肥100d、增重80kg后出栏。牧区和农区生产互动，相互促进，经济协调发展。牧区为农区提供育肥牛源，农区利用农作物秸秆和农副产品作为饲料，通过短期育肥，快速出栏，提高牦牛肉品质和安全性，缩短牦牛生长期，全年均衡出栏，减少牧区载畜量，增加牦牛附加值，保护生态环境。

表9　牦牛高效养殖模式比较

模式	类型	适用范围	适用季节	饲养模式	饲喂效果	存在问题	展望
3362	养殖模式	各年龄放牧牦牛，指导牧民或合作社生产	全年	青草期（6—8月）放牧+枯萎期（9—11月）补饲+干草期（12月至翌年5月）舍饲	2~5岁任意年龄的牦牛12个月后均可增重200kg以上	干草期（12月至翌年5月）集中舍饲存在困难	12月至翌年5月的牦牛冷季饲养是关键，关键点在于牦牛的保暖和营养供给。保暖圈舍修建，合作社统一饲养管理，可能是未来可考虑的一种模式
三结合顺势	养殖模式	各年龄放牧牦牛指导牧民或合作社生产	全年	放牧+圈养+补饲	放牧牦牛提前到3.5~4.0岁出栏	饲喂步骤复杂，牧民实际操作困难	简化操作步骤，提高牧民可操作性

（续表）

模式	类型	适用范围	适用季节	饲养模式	饲喂效果	存在问题	展望
4218	短期肥育模式	4岁以上放牧架子牛，指导牦牛肥育企业生产	9—11月	舍饲	利用放牧牦牛的补偿生长，育肥100d、增重80kg	肥育牛年龄偏大，需从农区转移到半农半牧区，对养殖管理水平的要求较高	目前肥育牦牛年龄偏大，肉品质差，今后可考虑利用小年龄牦牛生长快，肉质好的特点，进行1~2岁小年龄牦牛肥育（1~2岁牦牛生长速度快，冷季12月将1~2岁牦牛进行低营养浓度舍饲保膘养殖至翌年5月，6—12月进行较高营养浓度肥育，可使牦牛在2~3岁体重达到350~400kg，达到出栏体重，同时获得较好的肉品质）

参考文献

DONG S，LONG R，KANG M，et al.，2003. Effect of urea multinutritional molasses block supplementation on liveweight change of yak calves and productive and reproductive performances of yak cows [J]. Canadian Journal of Animal science，83：141-145.

LONG R J，APORI S O，CASTRO F B，et al.，1999. Feed value of native forages of the Tibetan Plateau of China [J]. Animal Feed Science and Technology，80：101-113.

戴东文，王书祥，周振明，等，2022. 不同精粗比饲粮对育肥前期牦牛生长性能血清生化指标及瘤胃发酵参数的影响 [J]. 动物营养学报，34（5）：10.

宋和键，王晨曦，姜菲，等，2023. 暖季补饲精料对牦牛生长性能、血清生化指标和经济效益的影响 [J]. 黑龙江畜牧兽医（4）：117-120.

姜菲，2023. 饲粮添加混合异位酸对牦牛生长性能、瘤胃发酵、微生物多样性及代谢组的影响 [D]. 成都：西南民族大学 .000175.

黎凌铄，2021. 不同蛋白水平日粮中添加过瘤胃蛋氨酸对牦牛生长性能、血清指标、瘤胃发酵和菌群组成的影响 [D]. 成都：西南民族大学 .000153.

陈朝喜，汤承，岳华，2016. 藏兽医医药知识选编 [M]. 北京：中国农业出版社 .

张斌，汤承，2021. 牦牛常见疾病防控 [M]. 北京：中国农业出版社 .

四川奶牛产业发展报告

曹 伟[1] 洪 宁[1] 张 勇[1] 杨盛新[2]

(1. 四川省畜牧总站，四川成都 610041；2. 四川省奶业协会，四川成都 610041)

摘 要：奶业是四川省的传统产业之一，长期以来，四川省奶牛存栏量和生鲜乳产量一直居全国中等水平，先后孕育出新希望、菊乐、雪宝乳业等乳品企业，同时为蒙牛、伊利等企业提供奶源，通过产业链的延伸，为四川创造了大量就业机会，经济效益和社会效益显著。2022 年四川省奶牛存栏 84.3 万头（含牦牛），生鲜乳产量 70.8 万 t，各类乳制品加工企业 31 家，年产量 91.8 万 t，生鲜乳抽检合格率达 100%。然而近几年奶牛养殖业普遍亏损，中小养殖场大量退出，本土乳品企业和乳品品牌市场影响力不强等问题，阻碍四川省奶业振兴。基于此，本报告对四川省奶牛养殖、乳制品加工及进出口等方面进行梳理，并在此基础上，分析四川省奶业发展中存在的问题及原因，提出促进四川省奶业发展的建议，为四川省奶业发展政策的制定提供参考。

关键词：四川；奶业；发展

四川饮用牛奶的历史悠久，西部牧民就有利用牦牛挤奶、食用乳制品的习惯，但长期以来，除了以放牧为生的少数民族地区外，大多数城市和农村居民均缺乏消费乳制品的习惯。新中国成立以后，随着国民经济的发展、人们生活水平的提高、消费理念的转变和奶牛养殖技术的进步，20 世纪 80 年代奶牛养殖成为一项新的产业在四川各地逐渐发展起来。

一、四川奶牛产业发展概况

（一）奶牛养殖基本情况

1. 奶牛存栏量及总产奶量变化

从奶牛存栏和牛奶产量（图 1）来看，四川奶牛养殖业的发展可大体分为 4 个

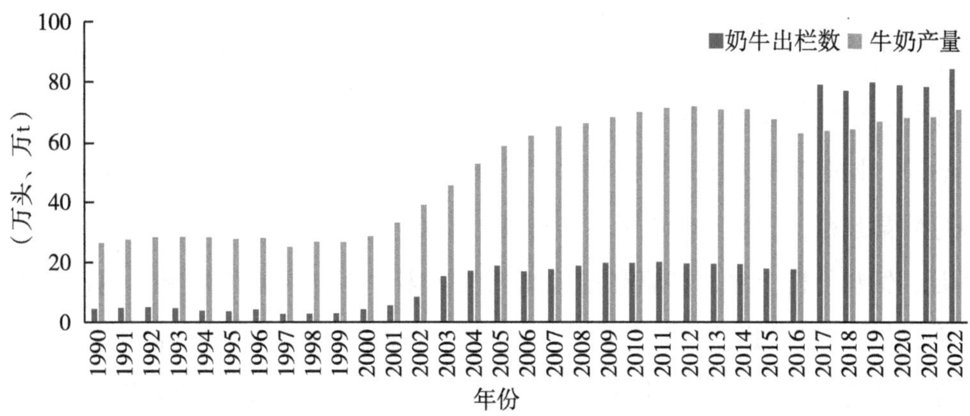

图 1　奶牛存栏数和牛奶产量

数据来源：根据《2001—2023 奶业年鉴》整理而得。

发展阶段。

1999 年以前，是四川奶牛养殖业从无到有的产业起步阶段。1979 年后，伴随着改革开放、国民经济的发展、人们生活水平的提高、市场需求的拉动，四川奶牛养殖业进入稳步发展时期，奶业领域的单一公有制局面被打破，以国营奶牛场为主，适当发展集体奶牛场，鼓励奶农成立乳业合作组织，采取生产、加工、销售一体化的经营模式。到 1999 年奶牛存栏达到 2. 9 万头。

2000—2004 年，四川奶牛养殖业以数量增长为主的爆发阶段。国家、地方陆续出台了一系列鼓励奶业发展的政策，奶业受到空前的重视和关注，牛场和奶牛养殖小区发展迅速，黄牛杂交产生了部分杂交奶牛，奶牛存栏量和产奶量高速增长，奶业投资主体多元化，产出总量高速增长。到 2004 年奶牛存栏达已到 17 万头，比 1999 年增加了近 5 倍。

2005—2016 年，四川奶牛进入稳步发展阶段，存栏量维持在 18 万头左右，奶牛散养户转型养殖小区或退出，规模化比例提升，生鲜乳供给逐渐饱和。2008 年爆发了婴幼儿奶粉安全事件，中国奶业发生了“大地震”，四川奶业发展也陷入严重的危机，不仅给行业带来严重的经济损失，而且消费者信心严重受挫，致使乳制品销量大幅度下滑，库存积压剧增，企业经营陷入困境，继而影响奶源生产环节，使养殖效益大幅度下滑，奶农养殖积极性受到沉重打击。面对严峻形势，四川坚决贯彻党中央、国务院的决策和农业部的部署，迅速行动、紧急应对，奶业生产力得到保护。2009年四川奶业处于空前困难的发展时期，饲料和生鲜乳的质量安全受到国家、消费者和媒体的高度重视。四川开始实施了饲料行业违法添加整治和奶站清理整顿工作，生鲜乳收购站机械化挤奶率提高，奶站规范化建设和标准化管理水平迈上新台阶。同时为深入推进饲料和生鲜乳质量安全专项整治，饲料和生鲜乳生产经营秩序明显规范，质量安全水平显著提高。2010年，四川奶业虽然受到了原料奶供应不足、饲料价格上涨、高温高湿极端天气等多种不利因素的影响，但逐渐走出"三聚氰胺"事件的影响，奶业仍然取得了恢复性的发展，实现了全面复苏。"三聚氰胺"事件对奶牛养殖业的重要意义是从政府到乳企推动了奶牛散养向小区化或规模化转型，提升养殖的规模化和集约化水平，提高生鲜乳质量，不适应市场转变的养殖户纷纷退出行业，而规模牛场加速发展。

2017年至今，四川奶牛养殖业高速发展之后生鲜乳供给进入结构转型阶段，主要表现为乳品企业和行业推动了养殖小区转型规模牛场的"去小区化"的行业升级，无法升级的养殖户退出行业；受到"标准化规模养殖"等各级政府扶持政策、产业资本等的推动，规模牛场建设速度加快。在这一阶段因统计方法发生改变，增加了挤奶牦牛、犏牛等挤奶牛的数量，四川奶牛存栏达到79万头以上，呈缓慢上升趋势，而荷斯坦奶牛养殖因环保严格监管的影响，养殖行业整体效益低下，养殖主体优胜劣汰，荷斯坦奶牛存栏产量均呈下降趋势，据行业统计荷斯坦奶牛由2017年17万头降到2022年存栏为4.9万头，下降71.2%；养殖效益低下的中小牛场和小区加速退出，养殖行业基本完成了"去散养化"。根据国家奶牛产业技术体系2019年调研显示退出行业的牛场中，养殖规模500头以下的占比达到75%，50%的退出原因是环保压力大，40%的退出原因是亏损严重。

2. 奶业区域布局基本形成

四川省充分发挥适度规模经营在供给侧结构性改革和扩大有效供给的引领作用，形成了以规模养殖企业为引领，标准化规模养殖场（小区、合作社）为纽带，适度规模家庭经营为中坚力量的梯度养殖格局。经过多年的发展，奶牛产业形成了成都平原经济区、川南经济区、川东北经济区、攀西经济区、川西北生态示范区等5个发展区。呈现了较强的产业集聚效应，对全省奶牛产业的提档升级起到了重要的牵引和推动作用，其中成都平原经济区、川西北生态示范区产奶量分别达到全省的43.95%和37.54%。

3. 奶牛养殖模式变化

四川奶牛养殖模式可以分为散养户、养殖小区、家庭牧场和规模牛场。散养户是奶牛养殖的初级阶段，是传统的养殖模式，2008 年以前在全省占比最高，5 头以下规模的养殖户达到45 728 户，占全省养殖户的 89%；养殖小区是在奶牛养殖过程中由传统生产方式向现代生产方式转变的一种过渡模式，在四川奶牛养殖结构转型过程中出现，结构转型结束后逐渐消失；家庭牧场是以家庭成员为养殖单元，规模化和机械化程度较高的现代养殖模式，在四川占比不高；规模牛场则在饲养技术和管理方面都发生了质的变化，是奶牛养殖业生产方式的最终形式之一。根据调研，2024 年 8 月全省登记奶牛场（户）375 个，其中 100 头以上奶牛规模养殖场 72 个，规模化养殖比重 60. 7%。当前四川奶牛主要养殖模式已经完成从散养向规模饲养模式的转变。因奶牛标准化规模养殖，有利于疫病防治、粪污处理、提高生产水平和效率，从源头上保障乳制品质量安全，增加奶农收入，实现奶业的可持续发展。同时大规模牧场具有更高的信贷优势，因此，大规模牛场代表着更高的生产效率、生鲜乳质量水平和生存能力，中小型牛场在市场竞争中往往处于不利地位，新建牛场往往朝大型或超大规模发展，可以预见牛场平均饲养规模将呈持续上升趋势。

（二）乳制品加工业

乳及乳制品加工在四川具有悠久的历史，尤其牧区以牧业为主要生产活动的少数民族，对乳制品的利用历史更为悠久。在改革开放以前，四川的乳制品工业几乎没有发展，改革开放以后，四川的乳制品加工业进入稳定、快速发展时期，特别是 1999 年以来，随着学生奶计划的实施，“一杯牛奶强壮一个民族”的口号深入人心，乳品企业新型竞争性营销模式使牛奶家喻户晓，“饮奶利于健康”已逐渐成为人们的共识，同时随着生产技术水平的提高，乳制品加工业在整个食品加工业中的地位日益重要。

1. 乳制品加工发展情况

四川乳制品加工业伴随着奶牛养殖业的发展，并在特定阶段推动了养殖业发展壮大，四川乳制品加工业经历了 3 个发展阶段（图 2）。

缓慢发展期（1978—2001 年）：1978 年以后，随着改革开放及城乡居民收入水平大幅度提高，对乳制品需求快速增长，四川乳制品加工业进入缓慢发展时期。到 2001 年，注册乳品企业有 8 家，生鲜乳总产量达到了 33. 3 万 t；干乳制品达到 2. 53

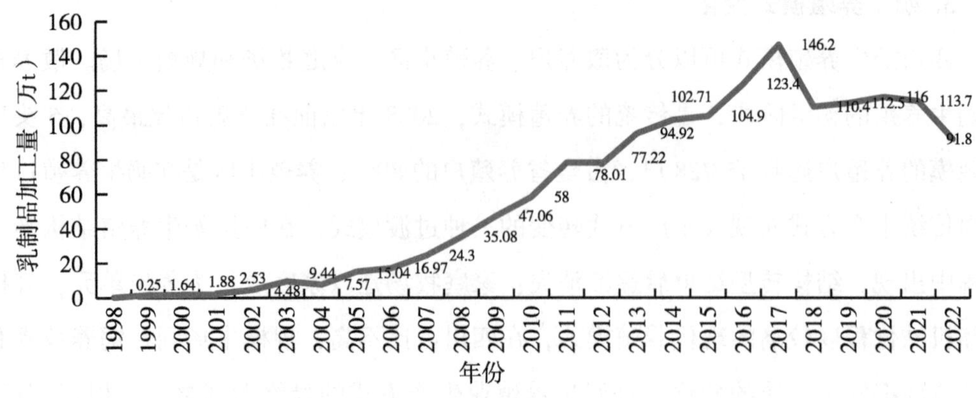

图 2　乳制品加工量

数据来源：根据《2001—2023 奶业年鉴》整理而得。

万 t，液态奶为 0.42 万 t。此阶段乳品加工取得了零的突破，主要原因是国家出台了农村改革政策，使农村、牧区个体饲养奶牛数量增长；实施“菜篮子工程”，明确指出“大中城市实现牛奶自给 70%”的要求和部署。四川加大了对“菜篮子工程”的投入和加强了基础设施建设，促进了奶业的发展；科学技术积极应用于奶牛养殖，使奶业逐步走向科学化生产。

高速增长期（2001—2016 年）：2001 年后在四川乳企竞争性和创新性宣传等推动下，在消费增长的拉动下，四川乳制品加工业进入了高速增长期。其特征是乳制品加工向一体化、集团化发展，乳制品加工业产业化进程在加速，一批集产前、产中、产后为一体的新型乳制品企业在发展中壮大，并创出自己的品牌，华西、菊乐、雪宝、阳平、沙河、奶奇乐等品牌影响越来越大，市场占有率逐年提高，逐渐成为区域性品牌。伊利、蒙牛、光明、三元、完达山等乳业集团及其品牌影响越来越大，市场占有率逐年提高，逐渐成为全国性品牌，在四川影响也逐步扩大，乳制品加工市场竞争日趋激烈，这种激烈的竞争促进了四川乳制品加工业的发展和技术进步。在竞争中，一批中、小型企业开始分化和加盟大的乳业集团，四川乳制品加工业开始进入整合的新阶段。在整合中，一批老的企业集团发展迅速，同时新的乳制品企业，凭借雄厚的资金和灵活的机制介入乳制品加工业，加速了整合过程。到 2008 年注册乳品企业已达到 26 家，比 2001 年增加了 225%。

充分竞争期（2017 年至今），2008 年“三聚氰胺”事件给乳制品加工业造成重创，本土生鲜乳产量增长陷入停滞。随着政府出台的《奶业整顿和振兴规划纲要》《乳制品工业产业政策》《企业生产乳制品许可条件审查细则（2010版）》等一系列新政策的实施，乳制品加工企业开始了一系列的资产重组、兼容收购。在此过程中，一些中小乳制品企业受到清理整顿，甚至被淘汰，到2017年注册乳制品加工企业为17家，比2008年减少了34.6%。后经过省外乳企进驻四川，并整合，到2022年，全省现有各类乳制品加工企业31家，主要有新希望、雪宝、菊乐、伊利、蒙牛、杨森、三牧等省内外注册企业生产的液态奶，阿坝州高原之宝可生产婴幼儿奶粉。在此阶段，2019年1月四川省新希望乳业（股票代码002946、简称“新乳业”）在深圳证券交易所上市，这是四川第一家在深交所挂牌上市的乳业企业。

2. 乳制品贸易

20世纪90年代以前，由于国家对乳制品工业实行保护政策，乳制品进口量不大。20世纪90年代以来，随着国内贸易政策逐渐放宽及乳制品消费量的增加，国内生产量不能完全满足消费需求，四川乳制品贸易迅速发展，每年从新西兰、美国、澳大利亚、法国等乳制品生产大国进口奶粉、乳清等乳制品。四川乳制品进口种类主要分为液态奶和干乳制品两大类，其中液态奶包括包装牛奶和酸奶，干乳制品包括大包奶粉、婴幼儿配方奶粉、乳清粉、奶酪和奶油、炼乳，还有部分乳糖、酪蛋白等深加工产品。1999年以前，四川乳制品进口量不多，每年保持在100t以内。1999年以后进入增长阶段，1999—2010年，四川乳制品进口量从212.42t增长到1 451.2t，增长了5.8倍，干乳制品进口占比持续增加，进口量从1 721.1t增加到1 451.2t，占比从80%增加到100%。2011—2022年，四川乳制品进口量进入迅速增长阶段，2011年乳制品进口量2 627.95t，2021年乳制品进口量达到44 215t，比2011年增长了15.8倍；其中干乳制品从2 627.95t增长到42 984t，增加了15.3倍，一直持续到2015年以后均维持在95%以上；液态奶从2012年的0.56t增长到1 231t，增长了2 197.2倍，占比维持在10%以内。而2022年受疫情影响，乳制品进口量降到16 725.7t，其中液态奶254.4t，干乳制品1 647.3t。

3. 乳制品消费

四川饮奶历史虽然悠久，但乳制品消费量却一直处于相对滞后的局面。历史上，除了牧区一些少数民族有食用乳制品的习惯外，汉族的大部分人口没有这一习惯。近几十年来，随着人们生活水平的提高和对乳制品营养的深入认识，乳制品消费量逐渐增长。

四川居民乳制品表观消费量（图 3，折合液态奶）从 1999 年的 15.32 万 t 增长到 2021 年的 147 万 t，20 年间增长了 8.59 倍，年复合平均增长率达到 8.69%，其间除了 2012 年、2014 年、2018 年和 2022 年出现阶段调整和下降外，其他年份均呈正增长，并有 13 年的增长速度均在 10%以上。乳制品消费水平受到经济发展阶段和产业发展的影响。四川人均乳制品消费取得了明显的增长，1999 年四川居民乳制品人均表观消费量（图 3，折合液态奶）只有 1.84kg，到 2022 年达到 17.55kg，增长了 8.5 倍，增长特点与乳制品总供给类似。这种快速增长的原因有 4 个：一是随着居民收入的持续增加促进了乳制品消费及潜在消费者的购买能力，使乳制品的消费量增加，同时随着收入水平的提升，人们受教育程度亦相应提高，使人们接受更多的营养方面的知识，转变消费观念与习惯，从而把乳制品作为一种必不可少的食品品类。二是从 1998 年以来，政府部门、乳制品加工行业、营养专家、医学工作者通过各种宣传媒体，采取多种形式开展了乳制品对改善人们营养健康、提高国民体质的作用和乳制品科学知识的宣传，积极引导消费，产生了明显的效果。三是乳制品加工业的发展和产品创新，为市场提供了更营养、更美味、更卫生、更方便的乳制品，并针对不同的消费群体，提供了更多的品种。四是乳制品企业的大规模营销活动和逐步完善的城市营销配送系统，也使购买乳制品更为方便，进一步刺激了消费者的购买欲望。

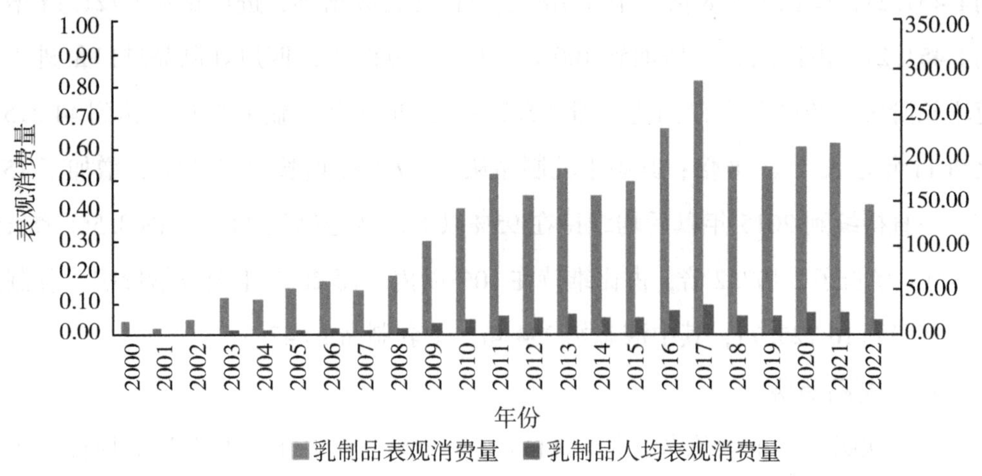

图 3　乳制品表观消费量和乳制品人均表观消费量

数据来源：根据《2001—2023 奶业年鉴》整理而得。总供给量=省内奶类产量+净进口量，其中净进口的干乳制品按 1：8 折算成液态奶；未考虑库存变动。

二、四川奶业产业发展存在的主要问题

（一）存在的主要问题

1. 养殖成本高，竞争力差

“三聚氰胺事件”后，四川的奶牛养殖模式向迅速规模化、标准化转变，在产出效率提升的同时，投入水平也迅速上升，形成“高投入—高产出”的养殖模式。四川由于土地资源有限，奶牛饲料饲草基本靠外购，收购价格及运输成本较高。四川省内生鲜乳收购价高于进口奶粉折合生鲜乳的到岸价格，竞争力丧失是近些年进口乳制品大增的原因之一，进一步压缩了奶牛养殖业的发展空间。同时四川省的高温高湿气候，给奶牛养殖带来更大的成本，尤其在降温和疾病的成本投入高于北方，过高的养殖成本也是制约四川省奶牛养殖业发展的重要因素。

2. 养殖环境污染问题突出

四川省奶牛养殖，随着规模化养殖程度的提高，集中处理粪污的需求剧增。按照欧盟和日本的标准，每头奶牛分别需要配备 8 亩和 6 亩农田来消纳其粪污。由于消纳污染物的配套土地不足，四川省推广固液分离技术，对粪污进行减量化处理，以减少配套农田的需求。但是，四川省的养殖污染也遇到以下挑战：①需要处理的粪污数量大。根据奶业统计年鉴，2023 年四川的奶牛存栏量为 79 万头，需要处理的粪污达1 600万 t/年，粪污处理将面临更大挑战。②沼气利用技术在应用推广过程，运营成本高，经过处理的沼渣、沼液限于运输成本高、运输半径有限以及劳动力成本上升等因素，在与化肥的竞争中处于劣势，使用率低。③四川土地资源的耕地面积有限，缺乏可消纳沼渣的土地资源，可能造成二次污染。

3. 中小养殖者大量退出

2023 年，四川的存栏 100 头以上的奶牛养殖规模化水平已经达到 60%以上，四川 500 头以上牧场达到 21 个，存栏量将近 3. 7 万头，达到全省奶牛数量的 45. 3%。但近几年中小规模的牧场（特别是家庭牧场）退出很快，0~100 头规模的家庭牧场从 2008 年高峰期的51 006个减少至2023 年的约3 826个，中小养殖者的退出损害了奶牛养殖的柔性和韧性。

4. 总体规模小，原料奶供应严重不足，对外依存度较大

四川目前仍是一个“贫奶省份”，2022 年人均原料奶年占有量仅 8. 46kg，不足

全国水平的1/3、世界水平的1/10。目前四川乳品加工企业原料鲜奶70%以上来源于周边的甘肃，宁夏、陕西、云南等地外省牧场。这既难以保证质量，也难以适应省内消费者对高营养牛奶不断增长的需求。

5. 一体化产业链尚未有效形成

目前四川省内奶业发展为“公司+奶站+农户”模式和“公司+自有牧场（合作牧场）”，中小养殖户主要为“公司+奶站+农户”模式，随着规模不断扩大，其先天性缺陷逐步显现。据推算，整个产业链中的养、加、销三个环节利润分配比约为1∶3∶6，而其成本比例正好相反，处在一个比较畸形的状态。同时，奶牛市场格局不尽合理，资源和市场日益集中在大企业手中，严重挤压中小业主生存发展空间。此外，奶农合作组织发展滞后，利益联结机制还不完善，养殖企业（业主）与加工企业之间因奶价而产生的矛盾时有发生。

（二）产生问题的原因

1. 种养脱节，推高养殖成本，增加污染处理难度

四川省奶牛养殖业面临的种养脱节问题，增加了养殖成本，加剧了环境污染处理的难度。由于四川缺乏足够的土地资源来吸纳和处理奶牛粪便，导致粪便无法有效作为肥料利用，一定程度造成资源浪费和环境污染。同时四川的高温高湿气候条件，使得粪便处理和疫病防控更加困难，进一步推高了养殖成本。此外，养殖规模的简单扩大并没有带来预期的盈利提升，反而可能因为高投入高产出的模式增加了经营风险。

2. 过度追求养殖规模化，带来一系列负面影响

四川省奶牛养殖规模化水平迅速提升，对于解决奶牛散养带来的疫病防治和质量监管以及养殖技术的进步都有重要意义。然而，养殖规模的过度提升也会带来一系列的问题，包括：①高投入—高产出的模式不一定提升盈利水平。②大规模养殖带来污染物集中处理的困难。③在脱离家庭养殖模式，向企业养殖模式转变过程中，出现了更多的雇佣工人而不是独立经营的农户，有可能出现招不到年轻工人的情况。

3. 乳企和奶农之间的利益联结问题难以解决

政府鼓励乳品企业通过订单收购、建立风险基金、返还利润、参股入股等方式与奶农建立稳定的产销关系和利益联结机制。然而，实际操作中，乳企对养殖企业的投资和参股很少，导致利润返还和风险共担机制难以实现。在市场低迷时期，乳企常将风险转嫁给奶农，导致小规模奶农加速退出，甚至中等规模奶农也加快离开奶牛养殖业，长期损害了四川省奶牛养殖业的基础。

4. 奶牛养殖社会化服务水平有待提升

奶牛养殖业作为资本和技术密集型产业，亟需金融和保险支持，以及在品种改良、繁育、营养、疾病防控、环保和智能化养殖等方面的技术支持。发达地区通过完善的技术服务体系和市场化经营主体，提供全面的农业服务。相比之下，四川省的奶牛养殖场缺乏有效的社会化服务体系，导致中小企业在技术方面存在不足，难以应对技术挑战。

三、四川奶牛产业发展趋势与对策建议

（一）发展适度规模的种养结合循环农业新模式

四川省奶牛养殖业应发展适度规模的生态循环养殖，建设标准化养殖场，提升规模化养殖比例。鼓励奶牛家庭牧场的适度规模经营，采用种养结合的循环经济模式，以降低成本、减少污染。推动种养一体化，可通过两种模式：一是奶牛场自主流转土地，实现饲草种植和粪污资源化利用。二是与周边农户合作，合理规划养殖和种植，实现双赢。此外，应结合循环经济和生态文化旅游资源，发展奶业相关的生态旅游和体验项目。

（二）建立以奶农为核心的奶牛饲养模式

自 2008 年乳制品质量安全监管加强以来，政府鼓励乳企自建奶源基地。然而，乳企自建大型牧场的模式因依赖政府补贴和压低外部奶价而备受争议。此外，大规模牧场对环保和疫病防控构成挑战。鉴于四川土地资源有限且气候湿热，应倾向于发展适度规模的家庭农场，提升奶牛养殖的可持续性，有助于降低养殖成本，减少环境压力，并提高奶源的质量和安全性。

（三）增强奶农的组织化水平

规范乳品企业与奶牛养殖场的交易行为、推动双方签订长期合同、实行参股分红和溢价收购，提高奶农的组织化水平，为奶农提供进入加工市场的途径。发展实质性奶农社会化组织，提升其服务奶农的能力，建立基于家庭牧场、规模养殖场和现代化大型牧场的合作模式。成立独立的奶牛养殖业者协会，负责信息发布、技术

服务、规范推广、质量监督，并代表奶农与乳企协商更优交易条件，帮助政府制定和实施奶业政策。

（四）减少养殖户及其合作组织参与乳制品流通和加工市场的难度

2019年的《关于加快推进奶业振兴的实施意见》提出，“鼓励奶牛养殖向乳制品加工流通全面拓展，……支持具备条件的奶牛养殖场、合作社建设乳品加工厂”。这是非常明确的方向，但具体实施仍然很艰难。政府需降低奶牛养殖者进入乳品加工和流通市场的门槛，清理并放宽对资本金、加工能力及工厂间距的限制。同时，为新建乳品加工厂的养殖者提供过渡性保护，并建立第三方检测体系，确保他们能合法进入加工流通领域。

（五）提升乳业品牌的知名度和市场竞争力

通过保障乳品质量安全铸就四川奶业品牌。企业要着力保障奶制品的质量，建立优质的原料奶生产基地，提高原料奶生产标准，建立奶制品质量安全追溯体系。利用创新手段提升四川奶业品牌，不断扩大和丰富产品组合，加强对功能性乳制品的开发，逐步开发鲜奶及奶酪、奶油等高附加值的产品。开展本地文化节、展馆等品牌乳企体验活动，提升消费者认同感。通过电视频道与网络媒体建立乳制品科普服务网络平台，采用专题报道、专家访谈、公益广告等形式向消费者科学客观的传递四川奶业品牌信息。四川省奶业协会等组织要加强四川奶业品牌信息的服务功能建设，定期策划开展奶业品牌宣传活动，成为连接政府、乳企以及消费者的桥梁。

（六）发展低温奶产业

加强奶源基地建设，提升奶牛养殖规模和质量，确保原料奶的安全和营养。完善冷链物流体系，降低运输成本，保证产品从生产到消费的新鲜度。加大产品研发，推出满足不同消费者需求的低温奶产品，如功能性酸奶等。强化品牌建设，提升四川低温奶的品牌影响力。提供政策支持和市场监管，确保产业健康发展当前，低温乳产业的发展正面临重要机遇，四川要充分利用成渝双城经济圈的优势，迎头赶上，为进一步发展四川省奶业奠定基础。

参考文献

谷粟琨，赵慧秋，张晓忠，等，2021. 2020年河北奶业发展形势分析［J］. 中国奶牛，（5）：55-58. DOI：10. 19305/j. cnki. 11-3009/s. 2021. 05. 014.

李胜利，魏宏阳，2021. 世界奶业发展报告［M］. 北京：中国农业出版社：1-80.

李自成，林胜华，2013. 2012 年四川奶业发展动态［J］. 四川畜牧兽医，40（2）：11-12.

刘长全，2022. 2021 年中国奶业经济形势回顾及 2022 年展望［J］. 中国畜牧杂志，58（3）：232-238. DOI：10. 19556/j. 0258-7033. 20220129-05.

刘长全，韩磊，2021. 2020 年中国奶业经济形势回顾及 2021 年展望［J］. 中国畜牧杂志，57（3）：212-216. DOI：10. 19556/j. 0258-7033. 20210202-05.

刘长全，张鸣鸣，2023. 2022 年中国奶业经济形势回顾及 2023 年展望［J］. 中国畜牧杂志，59（3）：307-315. DOI：10. 19556/j. 0258-7033. 20230205-03.

王凯，张能飞，李嘉杰，等，2023. 四川低温奶的现状分析及前景展望［J］. 畜禽业，34（12）：37-39. DOI：10. 19567/j. cnki. 1008-0414. 2023. 12. 011.

杨嵩，2018. 四川省奶业发展概述［J］. 四川畜牧兽医，45（9）：13-15.

杨祯妮，程广燕，肖湘怡，等，2020. 国内外乳制品消费规律与启示［J］. 世界农业，11：125-133.

张勇，2023. 四川省推进奶业振兴的举措与展望［J］. 四川畜牧兽医，50（9）：8-9.

四川省肉牛营养与饲料加工产业发展报告

王立志　彭全辉　胡　瑞　肖鉴鑫

（四川农业大学，四川成都 611130）

摘　要：近年来，四川省在肉牛营养调控和饲料高效利用方面取得了很多的进展，肉牛饲料在产量、质量和生产体系等方面均取得了显著进展。但四川省肉牛营养与饲料加工产业在发展中也存在缺乏可精准参考的肉牛饲养标准等问题。未来精准化营养供给与精细化饲养，推动不同牛种差异化饲养，研发推广低蛋白饲料技术等将是四川肉牛营养与饲料产业重要的发展方向。

关键词：肉牛；营养；饲料

饲料成本占肉牛养殖成本的比例为60%~70%，提高肉牛饲料利用效率是提高肉牛养殖效益的重要内容。营养是影响肉牛生长、发育和健康的关键因素。肉牛饲料配方的设计和日粮供给必须以营养需要为基础。合理的饲料配方和营养构成，可以为肉牛提供全面均衡的营养，促进肉牛的生长和发育，节约饲料成本，提高肉牛养殖的经济效益。任何一种营养成分的缺乏都可能导致肉牛的健康问题或生产性能下降。在四川，由于人多地少，饲料资源严重匮乏，提高肉牛饲料利用效率尤其重要。

一、四川省肉牛营养与饲料加工产业发展现状

（一）肉牛营养与饲料高效利用研究取得的进展

1. 四川省肉牛营养研究重要进展

（1）不同品种肉牛胃肠道对热应激的响应存在差异。四川农业大学王之盛团队考察了不同品种（系）肉用牛胃肠道微生物组成及瘤胃上皮转录组差异性，结果表明不同品种（系）肉牛即使长期在同一饲养条件下，其胃肠道形态、微生物组成及瘤胃上皮基因表达调控也存在明显的差异。胃肠道微生物组成规律方面，

瘤胃以拟杆菌门为主要菌门，空肠和回肠以厚壁菌门和变形菌门为优势菌门，盲肠和结肠以厚壁菌门为优势菌门；瘤胃上皮转录组分析结果显示宣汉黄牛较犏牛和西杂牛有更多关于氨基酸和碳水化合物转运和代谢的基因高表达，表明宣汉黄牛瘤胃上皮氨基酸和碳水化合物转运及代谢效率高于犏牛和西杂牛。各品种（系）肉牛应对热应激的代谢适应机制也不同，犏牛主要通过蛋白质降解，生成生糖型氨基酸进行能量补充，西杂牛主要通过动用体脂生成游离脂肪酸和甘油供能；宣汉黄牛不是通过损害机体结构（体蛋白和体脂肪），而是通过增强糖酵解途径进行能量补充，此外，宣汉黄牛机体拥有一个更强大的抗氧化防御系统且遭受更小的氧化应激，因此，宣汉黄牛热适应性最强，西杂牛次之，犏牛对湿热环境适应性最差。

（2）通过营养手段调控胃肠道健康。四川农业大学张翔飞考察了活性干酵母对肉牛瘤胃发酵、纤维降解及微生物菌群的影响，结果表明活性干酵母能够通过提高瘤胃 pH 值，维持瘤胃厌氧条件，改善瘤胃发酵环境，促进瘤胃纤维降解菌群（白色瘤胃球菌、黄色瘤胃球菌、产琥珀酸丝状杆菌、溶纤维丁酸弧菌）和乳酸利用菌（反刍兽新月单胞菌和埃氏巨型球菌）生长，且抑制乳酸产生菌（牛链球菌）生长，从而提高不同粗饲料在瘤胃中的快速降解比例、有效降解率和降低高精料条件下的瘤胃乳酸含量，增强微生物利用氨态氮（NH_3-N）的效率和合成微生物蛋白（MCP）的能力；同时提高瘤胃总挥发性脂肪酸（TVFA）产量，促进丙酸发酵，提高能量利用效率，改善肉牛糖和氮的利用；利于瘤胃发酵的活性干酵母适宜添加水平为 0.1%。四川农业大学何经纬等考察了夏季日粮添加活性干酵母对肉牛后肠微生物组成的影响。结果表明，添加 2g/（头·天）可以改善肠道菌群，提高纤维降解菌、蛋白降解菌以及淀粉降解菌相对丰度，提高蛋白质和纤维以及磷的消化率从而提高肉牛的生产性能。

（3）通过营养手段调控瘤胃产甲烷菌及甲烷产量。四川农业大学谭翠等考察了茶皂素（TSS）对肉牛瘤胃纤毛原虫区系组成和甲烷生成的调控作用，结果表明：不同种属的纤毛原虫、细菌和甲烷菌对 TSS 的调控作用存在种属敏感差异性，在肉牛的高精料日粮中添加 30g/dTSS 后，TSS 改变了瘤胃微生物的菌群结构组成。对于瘤胃纤毛原虫，添加 TSS 选择性抑制了利用淀粉的原虫（内毛属）的增殖，促进了利用纤维物质的原虫（多甲属和真双毛属）的增殖；对于细菌，添加茶皂素选择性抑制了丙酸生成菌（琥珀酸菌属）和黄色瘤胃球菌的增殖，而促进了纤维降解菌中白色瘤胃球菌、产琥珀酸丝状杆菌和丁酸弧菌属的增殖，使肉牛瘤胃发酵模式由丙酸型转为乙酸型；对于甲烷菌，添加茶皂素选择性抑制了甲烷短杆菌属中丰度高的SGMT簇甲烷菌的增殖，而促进了丰度低的RO簇甲烷菌的增殖。低丰度的RO簇甲烷菌代表菌 *Mbr. ruminantium* 产甲烷活性和对低浓度环境的适应能力均高于丰度高的SGMT簇甲烷菌代表菌 *Mbr. gottschalkii*。茶皂素主要通过抑制与等毛虫属原虫选择性共生的丰度高产甲烷活性较低的SGMT簇甲烷菌的增殖和促进与多甲属原虫选择性共生的丰度低但产甲烷活性高的RO簇甲烷菌增殖来影响肉牛瘤胃的甲烷生成。

（4）通过营养手段调控牛肉品质。四川农业大学王泳杰等研究了相同饲养条件下不同品种（系）肉牛产肉性能、肉品质差异及肉品质差异机理，结果表明：宣汉黄牛的优质肉块产量占胴体比、肌内脂肪含量和肉嫩度显著高于西杂牛和犏牛；犏牛肉的蛋白质含量及必需氨基酸含量显著高于西杂牛和宣汉黄牛。宣汉黄牛的肌纤维直径显著低于西杂牛和犏牛，而 *MyHC I* 基因以及与肌内脂肪合成相关的基因 *FAS* 等的表达量显著高于西杂牛和犏牛，这可能是导致其肉质较嫩的原因。四川农业大学郭逸芯等研究了亮氨酸对黄牛白色脂肪细胞棕色化和线粒体生物合成的调控作用。结果表明，4mM和2mM亮氨酸分别促使皮下和肌内脂肪细胞发生棕色化和线粒体生物合成，抑制脂质合成促进脂质分解，减少脂肪沉积。亮氨酸可能通过AMPKα/PGC1α信号途径促进黄牛皮下脂肪细胞棕色化和线粒体生物合成。四川省畜牧科学研究院王巍等研究表明，提高日粮的能量水平可增加牛肉中的粗脂肪含量，提升牛肉的嫩度和口感。王巍等还考察了不同日粮能量和蛋白质水平对蜀宣花牛牛肉脂肪酸组成和含量的影响，结果表明，提高日粮的蛋白质水平能够提高肉中单不饱和脂肪酸含量，显著降低C20：4含量，可改变脂肪酸的组成比例，进而影响牛肉风味和健康功能。

（5）通过营养手段调控母牛繁殖性能。四川农业大学曾磊等研究了日粮能量水平对围产期肉牛的繁殖性能和血液生化指标的影响。结果表明，高能日粮显著提高产前营养物质消化率和能量摄入量，提高初乳和常乳品质；减少围产期肉牛产后30d失重，提高犊牛初生重。同时，降低血清非酯化脂肪酸和β-羟基丁酸含量，提高血清胰岛素和脂肪酸合成酶并降低血清瘦素和磷酸烯醇式丙酮酸水平，降低了脂肪分解和糖异生水平，缓解了围产期肉牛能量负平衡。高能日粮可提高肉牛产后血清雌激素、促黄体素和卵泡雌激素水平，缩短产后首次发情间隔，高能日粮提高了母牛围产期血液氧化应激指标和炎症因子水平。母牛胎盘通过 AMPK/PI3K-mTOR 能量感应信号通路，介导能量水平对胎盘 *GLUT*1、*GLUT*3 基因表达的调控，增加 ATP 合成，参与母牛与犊牛间能量代谢传递。袁梅等考察了日粮阴阳离子差对围产期肉牛生产性能、体况评分以及血钙代谢的影响。结果表明，通过添加阴离子盐降低日粮阴阳离子差值降低了尿液 pH，促进了母牛产后干物质采食量更快的恢复，提高了初乳品质，提高了产前 Ca、P 的表观消化率，提高了产后 1d 血浆 iMg 和 iP 以及 PTH 和 1,25（OH）$_2$D$_3$浓度，提高了血钙浓度，减少体脂动员，降低了血浆前列腺素（PROG）浓度。日粮添加 2%阴离子盐（DCAD = -1.60mEq/kg DM）时效果较为适宜。

2. 肉牛饲料高效利用重要进展

（1）评估了肉牛常用饲料原料瘤胃降解特征和代谢葡萄糖产量。四川农业大学陈慧等比较了不同能量饲料的组成差异及瘤胃降解特性，结果表明，能量饲料营养价值的高低主要与其快速降解部分（CA）、中速降解部分（CB1）、慢速降解部分（CB2）及真蛋白（PB）的含量有关，营养价值从高到低依次是玉米、稻谷、麦麸、米糠。四种能量饲料中玉米的 DE 和 ME 最高，而小麦麸的瘤胃降解蛋白（RDP）、瘤胃非降解蛋白（RUP）、小肠可消化蛋白（DCP）和小肠可吸收蛋白（IDP）均最高。肉牛常用能量饲料的有效降解率主要与其非结构性碳水化合物（NSC）、CB1 呈正相关，与不可利用纤维（CC）呈负相关。唐春梅比较了不同能量饲料的组成差异及瘤胃降解特性，结果表明，蛋白饲料营养价值主要由非蛋白氮、可利用真蛋白、非结构型碳水化合物的含量决定，其营养价值以豆粕最高，棉粕次之，而菜粕最低。豆粕的消化能、代谢能及瘤胃降解蛋白、过瘤胃蛋白和小肠可消化蛋白也有类似的规律。李秋瑾等考察了十种肉牛常用饲料瘤胃养分降解特性、过瘤胃蛋白质小肠消化率及评估了代谢葡萄糖产量，结果表明，能量饲料：玉米过瘤胃淀粉含量显著高于麦麸；蛋白质饲料：豆粕过瘤胃淀粉显著高于棉粕和菜籽饼；粗饲料：苜蓿干草过瘤胃淀粉小肠消化率最高。代谢葡萄糖（MG）值由大到小依次为苜蓿干草 158.78g/kg、玉米 143.46g/kg、羊草 103.88g/kg、豆粕 99.16g/kg、甜菜颗粒 77.74g/kg、玉米芯 71.77g/kg、棉粕 74.59g/kg、菜籽饼 70.13g/kg、稻草 42. 96g/kg 和麦麸 41. 21g/kg。

(2) 评估了酒糟的营养价值与饲喂效果。四川农业大学李倩等研究了不同类型酒糟营养成分组成差异及瘤胃发酵特性。结果表明，不同类型酒糟营养的组分和体外发酵参数均存在差异。CNCPS 评定结果表明，酒糟蛋白品质优劣顺序依次为啤酒糟、玉米酒糟、青稞酒糟、酱香型高粱酒糟、浓香型高粱酒糟；酒糟碳水化合物品质优劣顺序依次为玉米酒糟、青稞酒糟、啤酒糟、酱香型高粱酒糟、浓香型高粱酒糟。酒糟中的纤维组分是抑制其可发酵程度的主要因素。PB2 和 PB3 有利于 MCP 的生成；CB1、CB2 以及 NSC 有利于 TVFA 的生成，CC 和 PC 则抑制其生成。因此，可以利用 CNCPS 组分预测酒糟的瘤胃发酵特性。汪成等考察了不同类型白酒糟对肉牛生产性能及胃肠道微生物区系的影响。结果表明，在日粮中添加干酒糟或发酵酒糟均可以提高肉牛的干物质采食量和生产性能，改变瘤胃和粪便中的菌群结构，瘤胃纤维降解菌的相对丰度升高。添加发酵酒糟还有助于提高肉牛机体抗氧化酶活力，同时使胃肠道中与蛋白质和碳水化合物降解相关的细菌丰度升高，增强了肉牛瘤胃发酵能力，中性洗涤纤维消化率明显升高，进而改善肉牛饲料转化效率和生产性能。

(二) 四川省肉牛饲料加工产业现状

1. 肉牛商品饲料产量大幅度提高

2023 年四川省饲料工业总产量为 1 528. 74 万 t，同比增长 6. 2%。而近十年来，四川省反刍饲料产量从 2014 年的 11. 80 万 t 增长至 2023 年的 18. 67 万 t，产量增长 58. 2%。在此背景下，肉牛商品饲料产量的增长与全省饲料工业整体扩张一致。这一增长不仅显示出饲料加工企业在肉牛商品饲料生产中的积极投入，也表明了对商品饲料产品的需求不断增加。随着肉牛养殖业的不断发展，肉牛商品饲料的需求量也将持续增加，预计未来几年四川省肉牛商品饲料产量将继续保持稳步增长。

2. 肉牛饲料产品的质量不断提高

在产量增长的同时，四川省肉牛商品饲料产品的质量也得到了显著提升，这得益于饲料企业在技术改进和生产管理方面的持续努力。根据《2023 年四川省饲料工业发展概况》的数据，2023 年全省饲料监督抽检合格率为 99. 2%，其中生产企业的饲料样品合格率达到 99. 1%。此外，根据四川省农业农村厅 2023 年 1—12 月对全省饲料质量安全监督抽检不合格产品的公示通知，肉牛饲料产品仅 1 项不合格，其不合格率低于其他类别产品。这些数据表明，肉牛饲料产品的生产过程严格遵循了国家和地方的质量标准，并通过技术升级和严格的质量控制措施，确保了饲料产品的安全性和营养有效性。肉牛饲料产品质量的提升不仅体现在合格率的提高，还反映在对违禁药物和添加剂的严格控制上。据统计，2023 年全年违禁药物和添加剂专项抽检的合格率为 100%。这一结果表明，四川省在肉牛饲料生产中高度重视产品的安全性，确保肉牛养殖过程中的健康与可持续发展。

3. 肉牛饲料生产体系日益完善

在产量和质量提升的同时，四川肉牛商品饲料生产体系也在不断完善。

首先，从企业数量和生产规模来看，截至 2023 年底，四川省共有饲料和饲料添加剂生产企业 547 家，比 2022 年底增加了 18 家。这些企业的增加表明了四川肉牛饲料产业的稳步扩展和市场需求的持续增长。在生产规模方面，2023 年四川省年产 20 万 t 以上的饲料企业数量增加至 13 家，比上年增加 2 家，这些企业的合计产量占全省饲料总产量的 23.6%，显示出大型饲料企业在行业中的主导地位逐步确立，成为推动肉牛饲料产业发展的重要力量。此外，年产 10 万 t 以上的饲料企业数量达到 51 家，比上年增加 5 家，其合计产量占全省饲料总产量的 58.4%，显示出企业生产集中度的提高。其中，四川省饲料行业前 10 强的企业中大部分有肉牛饲料或饲料添加剂产品。以新希望六和为例，其有育肥牛浓缩饲料、肉牛运输应激料等多款特定阶段的肉牛饲料。此外，省外大型肉牛饲料企业也纷纷在省内投资建设肉牛饲料加工厂，如禾丰股份在达州建设其反刍动物食品加工基地、泰昆集团在自贡建设其西南饲料生产基地等。

其次，四川肉牛饲料生产体系在管理和技术方面也得到了进一步的完善。全省各级政府和行业协会积极推动饲料企业实施标准化生产，并通过技术培训和质量监控，确保了饲料产品的高质量输出。2023 年，全省饲料产量中散装饲料占比为 41.3%，比上年提高 7.4 个百分点。这一变化显示了四川省肉牛饲料企业在物流和销售方式上的现代化转型，有助于提高饲料产品的市场竞争力。从产业链角度来看，四川省肉牛饲料生产已经形成了完整的产业链条，包括原料采购、生产加工、产品销售等环节。各环节之间紧密协作，共同推动肉牛饲料产业的发展。

4. 面临的挑战与机遇

尽管四川肉牛饲料加工产业取得了显著成绩，但仍面临一些挑战。首先，市场竞争日益激烈，导致市场份额争夺加剧。其次，原料价格波动较大，尤其是玉米、豆粕等主要原料价格的波动给饲料生产成本带来了较大压力。但挑战中也孕育着机遇。根据2023年的统计数据，四川的肉牛存栏量为800万头以上，在全国的排名中位居第二。但四川肉牛饲料产量在全国占比与其肉牛规模在全国占比不相匹配，肉牛饲料加工业仍具有巨大的潜力。四川省政府积极推动畜牧业和饲料工业的发展，出台了一系列政策，如《四川省"十四五"牛羊禽兔蜂饲草饲料业发展推进方案》，这些政策为肉牛饲料加工行业提供了良好的发展环境。这些都将为肉牛饲料加工产业提供广阔的市场空间和发展机遇。同时，随着科技的不断进步和创新能力的提升，四川省肉牛饲料加工产业有望实现更高质量、更有效率的发展。

二、四川省肉牛营养与饲料加工产业发展存在的主要问题

（一）缺乏可精准参考的肉牛饲养标准

饲养标准是动物营养需要研究应用于饲养实践的最有权威的表述，不仅是保证动物适宜、快速生长和高产的技术基础，而且也是确保动物平衡摄入营养物质，避免因摄入营养物质不平衡而增加代谢负担的重要依据。很多国家都有自己的肉牛饲养标准，如美国国家科学研究委员会（NRC，2016）等制定的肉牛饲养标准。虽然这些标准在我们配给肉牛日粮时可以为我们提供一定的参考，但并不能完全依赖这些标准。国外肉牛以产肉专用肉牛品种为主，四川肉牛是从役牛演变而来，目前主要以各种地方杂交肉牛品种为主，肉用性能参差不齐，生产性能与国外存在很大差异，如果生搬硬套国外的标准，必然导致数据不够准确。

农业主管部门也于2004年发布了《肉牛饲养标准》（NY/T 815—2004）。虽然这个标准对于促进四川肉牛养殖业的快速发展发挥了巨大作用，但经过20年的发展，该标准已不符合当前四川肉牛养殖的实际需求。如四川由于采用杂交改良，以及科学的饲养管理技术，肉牛的实际日增重水平已经超过1.5kg，甚至个别阶段超过2.0kg。该标准采用综合净能能量体系存在很大局限性，它只能反映肉牛生产水平的一小部分，复杂的校正系数在生产上难以应用。该标准的采食量模型也有很大的局限性，肉牛主要是为了获得能量而进食的，干物质采食量主要是体重和所供应饲粮能量浓度的函数。但该标准对饲粮能量浓度对采食量的影响完全没有考虑，预测值与生产实际存在很大误差。

（二）产业发展科技支撑不足

以往四川对肉牛营养与饲料加工产业发展的前瞻性研究不够重视，未能形成四川肉牛营养与饲料加工产业发展的科学技术体系。一方面，四川地区肉牛营养与饲料加工产业发展的科学规划、运行机制等理论研究积累不够，对于饲料产业的发展缺乏理论上的指导。在技术上，缺少新型饲用作物生产的技术设备，机械化水平低，距全程机械化还有很大的差距。机械化水平低难以提高肉牛产品的品质，同时还会增加产业的生产成本。另一方面，在四川地区从事饲用作物研发的机构相对分散、力量薄弱，缺少综合科技创新研发平台，没有形成具有产业化的综合集成技术体系，难以满足四川肉牛产业发展的需求。此外，肉牛饲料配制中科学技术支撑不足，一些中小规模养殖场缺乏饲料科学配制技术，自配料配制水平参差不齐，导致养殖成本增加，养殖效率降低。缺少专业统一的饲料配方技术支撑是目前四川地区肉牛业发展的一个重要问题。

（三）豆粕减量替代技术不成熟

豆粕是畜禽饲料中重要的蛋白质来源，但我国大豆产量低，大量依赖进口。肉牛属于反刍动物，因其具有独特的瘤胃功能，可以饲喂部分非蛋白氮（NPN），以达到替代豆粕等蛋白质饲料原料，降低生产成本的目的。欧美等国家早已将 NPN 规模化应用于反刍家畜生产中，在 20 世纪 70 年代美国饲用尿素的年使用量已达 30 万 t。目前四川地区 NPN 的实际用量与潜在需求量相差甚远，在规模化肉牛场以及散养户中应用不够普及，仍缺乏具体使用量数据。2018 年，我国农业农村部发布的《饲料添加剂安全使用规范》中对尿素等 NPN 在配合饲料或全混合日粮中的推荐量和最高限量进行了规定，但由于四川本地饲料资源的独特性，对 NPN 的推荐量在实际应用中不够准确，缺乏适合四川科学合理的 NPN 使用标准。

（四）饲料质量安全不容忽视

虽然四川肉牛饲料质量安全水平逐年提升，但在许多环节仍然存在较多问题，监管难度大，安全隐患突出。一是肉牛饲料原料或产品容易霉变。四川地区湿度大，防潮措施不当极易导致饲料原料发生霉变，容易造成饲料产品霉菌毒素超标，尤其是黄曲霉毒素和呕吐毒素。霉变后饲料营养价值降低，适口性变差，毒素产物极易危害动物健康。二是饲料原料的有毒有害物质和重金属物质的残留。肉牛饲料中最为关注的有毒有害物质和重金属污染是铅、砷、镉、汞、铬、氟。四川部分地区土壤因受到重金属以及农业生产中农药残留的污染，对肉牛饲料安全造成了一定威胁。三是过量添加微量矿物质元素。饲料中添加一定量的微量矿物质元素是必要的，可弥补日粮供给不足，预防某些微量元素缺乏症，促进动物生长。但过量添加微量矿物质元素，不但会引起动物中毒，危害畜产品质量安全，还会造成环境污染。四是违规使用饲料添加剂。目前在禁抗、无抗背景下，市场中功能性饲料添加剂越来越普遍，这些功能性饲料添加剂宣称具有“抗生素”替代作用，但是这些替代产品中可能存在违禁物质的可能，也会导致畜产品中积蓄违禁物质。五是在反刍动物饲料中添加和使用动物源性饲料。使用动物源性饲料易诱发“疯牛病”，对生产存在较大隐患。农业主管部门曾发文禁止在反刍动物饲料中添加或使用动物源性饲料，但一些养殖户为了追求利益，在反刍动物饲料中添加动物源性饲料，从而造成一定隐患。

三、四川省肉牛营养与饲料加工产业发展趋势与对策建议

（一）四川省肉牛营养与饲料加工产业发展趋势研判

1. 精准化营养供给与精细化饲养是肉牛产业现代化的重要方向

如何根据肉牛全生命周期的营养需要特点精准合理的供给饲草料，是实现肉牛节本增效养殖的挑战性难题。肉牛全生命周期可划分为不同阶段，目前主要针对育肥期、围产期等关键阶段开展营养需要量的研究，但只有系统做好各个阶段的营养饲养工作，才能发挥肉牛最佳生产效益，因此，基于全生命周期的精准营养供给方案是未来肉牛养殖的重要发展方向。肉牛不同阶段动态的营养调控理论、饲料配制和加工技术、营养供给技术发展，同时结合物联网、云计算、AI 分析的人工智能技术和智慧牧场装备的发展与创新，将会为肉牛精准营养与精细化饲养提供重要的理论、技术和装备支撑。

2. “北草南运”高饲养成本下，饲料饲草资源本地化是未来趋势

四川省农作物秸秆资源丰富，但土地零碎导致收储人工成本高，且缺乏制作干草的气候条件。目前四川省干草、秸秆等主要外购于北方地区，“北草南运”导致养殖成本居高不下，压缩了肉牛养殖盈利空间。因此根据四川省气候和饲草料资源禀赋，发展肉牛养殖饲草料资源本地化是四川省肉牛养殖节本增效的重要发展方向。首先，四川是我国油菜籽、花生等的主要产区，菜籽饼粕、花生饼粕等榨油副

产品是肉牛优质蛋白原料。通过现代加工技术，可进一步提高杂粕蛋白质含量和营养品质，为四川省肉牛养殖提供优质蛋白原料。其次，四川省酒糟、菌糠、酱糟、醋糟等糟渣饲料资源丰富。糟渣饲料蛋白、能量含量相对较高，纤维含量高，既可替代部分秸秆粗料、也可替代部分精料，应用前景广阔。此外，四川省草山草坡丰富、降雨量充沛，土地生物产量高，通过推广粮改饲种植饲用青贮作物，种植优质牧草发展种养循环等也是四川养牛缺草下的重要发展方向。

3. 随着肉牛养殖规模化程度增加，肉牛商品料数量要逐渐增加，种类将不断丰富

随着四川省肉牛养殖规模的不断扩大，肉牛商品料的市场占比显著增加，推动了饲料行业的精细化分工。针对不同生长阶段的饲料产品日益丰富，如犊牛期的高蛋白易消化饲料、育肥期的高能量增重饲料和成牛期的维持饲料。功能性饲料也逐渐多样化，如增强免疫力、促进消化和快速增重的专用饲料。此外，各类饲料添加剂产品不断创新，包括抗生素替代品、营养强化剂和饲料保存剂，提升了饲料的营养价值和利用效率。

4. 围绕玉米豆粕减量替代是反刍饲料的重要发展方向

当前我国玉米等饲料用量占粮食产量比例高，2023 年我国粮食中的谷物和豆粕饲用消费量占粮食消费总量的 53%。豆粕等优质饲料原料进口依赖度高，严重威胁我国粮食安全。农业农村部下达《饲用豆粕减量替代三年行动方案》指出饲料中豆粕用量占比要在确保畜禽生产效率稳定的前提下，每年下降 0.5 个百分点以上，到 2025 年要降至 13%以下。《饲料中玉米豆粕减量替代工作方案》重点要求推进用谷物和杂粕对饲料中玉米豆粕实现减量替代，肉牛作为反刍动物可更好地利用单胃动物难以高效利用的非粮饲料资源。因此，推动饲料玉米豆粕减量替代已成为本领域战略性决策，更是我国反刍饲料产业的重要发展方向。

（二）促进四川省肉牛营养与饲料加工产业发展的对策建议

1. 制定不同牛种全生命周期的精准营养供给标准，推动不同牛种差异化饲养

发展以西门塔尔杂交牛为代表的增重型肉牛快速育肥生产普通牛肉，保障牛肉市场供给；同时兼顾发展安格斯等与本地黄牛杂交后代为代表的肉质型肉牛育肥生产特色牛肉和高档花纹牛肉（雪花牛肉），满足市场对优质特色和高端牛肉产品的需求，抵御进口廉价牛肉冻肉。研究不同牛种、生产不同牛肉产品的繁殖牛、犊牛、架子牛、育肥不同时期等关键生命过程的养分动态需求模型，制定精准营养供给的饲养标准为养殖场（户）提供有效参考，推动肉牛养分高效利用与沉积，降低碳排放和饲料饲草能氮损失，推动肉牛养殖绿色、健康、高效发展。

2. 研发推广低蛋白饲料技术，推进豆粕减量替代

（1）非蛋白氮（NPN）饲喂技术的研发与推广。制定科学合理的NPN使用标准，如尿素的安全剂量，合理使用的技术标准，确保其在饲料中的有效利用。加大研发脲酶抑制剂、NPN高效利用的新型饲料添加剂。

（2）肉牛小肠氨基酸平衡与过瘤胃氨基酸技术的研发应用。研发推广过瘤胃氨基酸（如过瘤胃赖氨酸、蛋氨酸）技术，使氨基酸能直接到达小肠被吸收，提高小肠可吸收氨基酸量和平衡氨基酸比例，提高蛋白质利用效率，推进低蛋白日粮技术。

（3）开发新型蛋白原料、提高饲料消化利用率。大力研发微生物蛋白、棉籽浓缩蛋白等新型蛋白原料。优化饲料配方与添加剂使用，结合四川省饲草料资源特点，优化饲料配方，合理搭配不同蛋白源和添加剂，如酶制剂、益生菌和有机酸等，提高饲料的整体营养价值和消化利用率，进一步减少豆粕的使用。

3. 推广针对四川饲草料资源禀赋的饲料资源提质增效利用技术，降低饲草料成本

因地制宜，出台政策和科研立项，大力发展本地化粗饲料，降低养殖成本。大力推进秸秆的收贮和加工，研发适合四川地形地貌的轻简化收贮装备。大力推进粮改饲和全株玉米种植，促进秸秆变肉。大力推进新型饲用微生物、酶制剂的研发以及菌酶协同发酵生物处理技术研发应用，发展酒糟、菌糠、秸秆等四川的工农业副产物资源的饲料化利用，挖掘本地化的饲料资源的开发利用，降低养殖成本。利用农机补贴，推进秸秆揉切机，裹包机，青贮窖的补贴，推进饲草料的过路费减免，推进结构性的降低养殖成本。

4. 建设“中央厨房”的饲料供给模式，提高养殖场日粮配制水平

“小规模、大群体”今后将仍是四川肉牛产业的主要特点，但小规模养殖场（户）自配料的配制水平参差不齐，缺乏饲料科学配制技能，也无原料集中采购的价格优势，反而增加饲喂成本、降低养殖效率。建议四川省建设中央厨房的饲料供给模式，也就是在肉牛养殖相对集中的县域、乡镇、产业园区等合理有限范围内，通过政府主导监管，投资建立饲料生产线或者引进大型饲料生产企业，由专家或者专业技术人员根据当地养殖场（户）饲草料资源情况和典型牛场特点，统一设计各阶段饲料配方，提供技术支撑。中央厨房的饲料供给模式既能避免市面普通商品饲料对肉牛集中饲养区域内粗饲料资源、典型养殖模式针对性差的缺点，又能发挥技术和集中采购的优势，可有效促进肉牛养殖节本增效。

四川牛高效养殖科技创新发展报告

王　巍[1]　贾先波[2]　易　军[1]　陈仕毅[2]　孙文强[2]　赖松家[2]

邓小东[1]　陈晓云[1]　陈莹[1]　付洪森[3]　付茂忠[1]

（1. 四川省畜牧科学研究院，四川成都 610066；2. 四川农业大学，四川成都 611130；3. 西南民族大学，四川成都 610041）

摘　要：四川牛存栏量和出栏量都在全国前列，是牛养殖大省，但不是牛养殖强省。近年来，四川牛遗传资源挖掘、繁殖技术开发、养殖模式及设备设施、精准饲养、重大疫病防控、智慧养殖和牛粪高效生态化利用等方面都取得了一定的成绩。然而与其他省份相比四川牛产业在畜牧业中的地位相对较弱，养殖模式固化，设施设备机械化程度不高，粗饲料资源开发利用不够，信息化、智能化程度较低，从业技术人员难以满足生产需要。面对未来四川省牛产业地位的逐渐提升，多元化和智慧畜牧业的发展趋势，建议加强四川牛产业发展政策引导和扶持，推进多学科融合推动科技创新，加大现代生产技术的推广应用，强化产业科技支撑与服务，提高机械化和信息化水平，完善基层实践人才培养机制。最终提升四川省牛产业科技含量，做强四川省牛产业，助力乡村产业振兴。

关键词：牛产业发展；高效养殖；科技创新；产业振兴

一、四川牛高效养殖科技创新发展现状

（一）四川牛生产水平分析

四川省地处西南腹地，拥有得天独厚的自然资源，是全国畜牧业大省，牛产业排名全国前列。据四川省农业农村厅 2023 年统计，全省牛存栏 848.5 万头、出栏 316.4 万头、产肉量 39.08 万 t，与 10 年前相比，存栏量降低 10.7%、出栏量增长 30.7%、产肉量增长 20.4%，表明四川省肉牛产业生产力取得了显著提升，这种提升与四川肉牛生产技术的创新密不可分。

（二）肉牛高效养殖科技创新进展

四川省高度重视肉牛生产的科技创新，2018年，四川省政府提出了“实现由传统畜牧业向现代畜牧业转变”的发展战略，通过新技术和高效健康养殖技术的推广应用，促进了肉牛产业科技进步。传统的牛养殖模式以粗放式为主，饲料利用率低，生产效率不高。随着科技进步，四川省牛养殖逐渐向精细化管理转变，营养更加均衡，饲料转化率不断提高。智能化养殖系统的应用，实现了对牛只的实时监测、自动控制和数据分析，提高养殖效率和管理水平。胚胎移植、基因测序等生物技术的运用，进行品种改良和高效繁殖，提升养殖效益。在未来发展方面，持续创新，打造现代化牛产业。四川省牛高效养殖已经取得了显著进步，但未来仍然面临着许多挑战，需要持续创新，不断提升养殖水平，加强种质资源保护、提升养殖技术水平、发展产业链、加强政府引导。通过持续创新和发展，四川省牛产业必将实现更高质量、更高效率的发展，为农民增收、农业增效、农村繁荣做出更大的贡献。

1. 四川高效繁殖技术创新

近年来，四川省积极推动高效繁殖技术开发与创新，取得了显著成果。研究人员采用组学分析技术，系统研究了孕酮和干扰素-τ作用下牛子宫内膜细胞的基因表达谱，发现母体的免疫反应在妊娠建立过程中具有重要的作用，筛选出相关的候选基因8个；发现胚胎在8-cell期开始DNA甲基化的重建，属于关键发育阶段。在国内外未见与这些内容相似的研究报道。针对牛繁殖关键环节，在诱导发情定时输精技术、体外受精技术、双胚胎共移植技术3个方面进行了优化研究，部分指标显著优于国内外同类型技术。在此基础上，集成牛高效繁殖技术体系1套，产犊率在已有的基础上平均提高15.3%，整体水平达到80.2%，能显著提升母牛群体的繁殖水平。

针对母牛发情鉴定缺乏有效技术手段的问题，设计研发了“牛发情监测预警系统”；针对四川省肉牛养殖规模化水平低，系谱资料记录不规范且容易丢失的问题，设计研发了“多牛场联合系谱登记系统V1.0”；针对四川省肉牛养殖场生产技术和管理水平的实际情况，设计研发了“牛高效生产技术管理服务系统”；针对肉牛不同阶段的营养需求标准与饲养管理要求，设计研发了“肉牛饲料配方系统V1.0”。通过将现代信息化技术与养牛生产相结合，显著地提升了牛繁育环节的管理水平，在国内属于先进水平。

2. 四川牛养殖模式及设备设施创新

随着国内经济发展和消费结构的不断变化，养牛行业得到了迅速发展，这对于四川省各地区的肉牛养殖业提供了良好的发展机遇，同时也对肉牛养殖模式提出了新的要求。近10年来，牛存栏分类的变化表明中国牛肉供应结构正在不断发生变化。以往以肉役两用牛为主的农户养殖体系正在逐渐退出舞台，让位给商业化、规模化的肉牛奶牛养殖体系。

设施设备创新不仅可以提高生产效率，还能够优化资源配置、减少环境污染，并且提高畜牧产品的质量和安全性。对于四川省而言，推动养殖牛场设施设备的创新，不仅有助于提升产业的竞争力，还能促进农业的绿色转型。目前，四川广泛使用的肉牛生产相关机械包括饲草联合收割机、牧草打包机、揉丝机、TMR搅拌机、撒料车、多功能消毒房、环境控制装置、分群称重装置、粪污收集装置、粪污固液分离机、有机肥加工设备等。过去的四川地区肉牛养殖户仅配备了少量的机械设备，大部分养殖环节依赖人工，导致养殖成本居高不下，因此设施设备的创新更为关键。

四川的牛养殖模式正在从传统的中小农户式散养逐步向规模化、集约化和生态化养殖方向发展。我国2020年畜禽养殖规模化率达到64.5%，规模养殖场粪污处理设施装备配套率达到93%，奶牛规模养殖比例达到64%。川内以宣汉县为代表的养牛大县为了应对养殖与消费需求的变化，积极寻求改进。截至2021年底，全县存栏10头以上养殖户501家，存栏100头以上规模养殖场201家，养牛养殖专业合作社48家，肉牛养殖家庭农场102家，成功创建肉牛标准化示范场32个，其中国家级标准化示范场2个，省级标准化示范场5个、市级标准化示范场25个。而像牦牛，如四川甘孜牦牛主要是以小规模养殖为代表，牦牛养殖数量200头以上的牧户只有少数，多数牧户的牦牛养殖数量不超过100头。当地的牦牛养殖产业仍然依靠无补饲、天然放牧模式为主，缺少长期的资金投入，致使当地的牦牛养殖仍然处于较原始放牧状态。

养殖模式的改良可以极大程度地提高养殖生产效率，四川省广安市邻水县九龙镇里仁村通过实行种养结合，集现代化、规模化、科学化于一体的肉牛养殖基地，基本实现全机械化喂养，5个工人可以完成养殖模式换代前15人的工作内容。川内当前养殖主体结构已经发生变化，据统计年出栏10头以下的散户所占比例为

28.10%，呈逐渐退出趋势，年出栏 10~100 头的适度规模户快速增长，所占比例增至 49.52%，年出栏 100 头以上的规模养殖场比例变化较小。通过对达州，巴中的 6 个区县调研发现，年出栏 100~499 头的规模场肉牛出栏量所占比例最大，为 38.08%。其次为年出栏 500~999 头规模的肉牛养殖场，年出栏 1~9 头和 10~49 头规模场（户）的肉牛出栏数量占比较小，不足 10%；出栏规模可以很好地代表养殖设施设备的改良创新，随着规模牛场出栏量的增加，可以证明四川地区养殖设施不断进行优化改良。

3. 肉牛智能化生产技术创新

近年来，随着城镇化进程的加快和产业结构的调整，人民对优质动物蛋白的需求日益增长，肉牛养殖产业得到长足发展，集约化牛场的比例逐步提高。而长期以来形成的生产技术方式、从业者素质和装备技术水平已无法满足肉牛产业快速发展的需要。集合传感器、大数据、人工智能等信息化手段，提高肉牛养殖的精细化程度，降低人工成本已成为必然趋势。

四川省自主研发的肉牛智能循环养殖技术，实现了对养殖环境的全面监控，实时采集环境温湿度、有害气体含量和风速，系统根据牛生产生活的适宜环境参数阈值，及时控制和运行风扇、卷帘、恒温水槽和清粪设备等，有效预防牛群热应激的发生。肉牛智能循环养殖技术，通过无接触式肉牛体重测定设备自动采集个体数据，系统根据大数据，精准评估牛个体及群体的生长饲养状况，根据当前饲养阶段营养需求，结合牧场饲料原料情况，智能优化饲料配方和喂养方式，实现精细化饲养管理，实现了饲料利用率的有效提高，避免了资源浪费和过度饲养。肉牛智能循环养殖技术，通过管理软件、监控平台和云服务等一体的智能服务平台，智能化的干预和控制，有效减轻传统养殖环境中的劳动强度；根据养殖场群体养殖水平，预测群体最佳出栏时间和出栏体重，评估养殖收益。肉牛智能循环养殖技术集成了物联网、人工智能、大数据等多种前沿科技，以牛群变化量、牧草需求量为基础，根据牛场群体结构动态变化，计算全年各类牧草种植面积，智能提出养殖场理想牧草种植方案，有效促进种养循环。

二、四川牛高效养殖科技创新发展存在的主要问题

（一）科技创新能力有待加强

四川省 2020—2023 年的肉牛产业相关科技奖励 5 项，鉴定新资源 2 项，主推技

术6项，整体科技产出不高，科技创新力不足，究其原因为如下几个方面：一是政府重视待提高，财政经费引导有限，显著低于其他产业。二是科技创新平台有限，且主要集中于高校，科技型企业较少，目前四川省可开展肉牛相关研究的重点实验室包括四川农业大学动物源食品安全与质量控制国家重点实验室、畜禽生物组学农业农村部重点实验室、动物科学国家民委重点实验室、动物遗传育种四川省重点实验室、畜禽遗传资源发掘与创新利用四川省重点实验室、动物抗病营养四川省重点实验室、动物疫病与人类健康四川省重点实验室、肉类加工四川省重点实验室等，主要研究方向为牛遗传育种和营养调控，肉牛养殖模式和经济模式分析、机械化和信息化生产技术研发、现代生产管理技术研究等方面尚无专门化重点实验室和实验平台，限制了肉牛高效生产技术的研发和创新。三是科技研发的拔尖人才较少，人才队伍更新缓慢。据统计，四川省2024年第十五批入选320人为学术和技术带头人，其中牛业科研相关人才仅1人，拔尖人才不足。四川省从事牛业科研的单位包括四川省畜牧科学研究院、四川省草原科学研究院、四川农业大学、西南民族大学、成都大学、西南科技大学以及地方农业科研院所等，优秀人才和青年人才严重不足。

（二）创新技术推广力度较弱

据不完全统计，截至2023年末，“十二五”以来四川省牛产业相关科技成果，累计包括新品种及新资源4个，省部级科技成果一等奖6个，二等奖13个，三等奖13个。目前运用最广泛的科技成果为培育的新品种蜀宣花牛，其他的科技成果推广应用效率均需要进一步提高，在一定程度上限制了四川省肉牛生产的效率，主要包括以下几个原因：第一，部分科技成果的本身与生产脱节，无法直接运用于生产。第二，现有的科技推广模式过于单一，主要政府引导的科技成果无偿推广和示范应用，未建立科学的科技成果有偿转化机制，科技成果本身的价值和科研人员的价值并未体现，导致使用的好成果辨识度不高，转化动力不足。第三，科技成果转化的方式过于传统，主要为现场技术指导和技术培训，尚未科学利用现有的融媒体和信息化手段，限制了科技成果的普及效率。

（三）现代生产技术水平不高

四川肉牛养殖正加快向规模化标准化方向转变，据农业农村部养殖直联直报系统统计，2022年四川登记在案的肉牛养殖场9 619个，其中年出栏100头以上的规模场较 2016 年增加 207%。四川的肉牛养殖业具有大群体、分布广、总量大的特点，以适度规模的家庭农场、合作社为主的经营者居多，但机械设备配套落后，无法实现标准化养殖，存在肉牛养殖标准化水平较低，养殖场选址、圈舍布局不合理，圈舍建设不规范等问题。全省肉牛规模化养殖比重仅为 25%，远低于生猪和家禽，大部分肉牛养殖场生产设施差、饲养管理粗放、养殖成本高、市场竞争力弱，新业态新主体发展滞后。据调查，全省现有各类牛肉加工企业 500 多家，年加工牛肉能力 100 多万吨，远高于全省现有的牛肉产量，但存在规模小、精深加工产品少、知名品牌缺乏等问题，多数牛肉加工企业的年加工量仅达到设计能力的 10%~20%。目前建有规范化生产线的现代企业有 10 余家，主要生产冷鲜肉、牛肉干、罐头等产品，每个企业年屠宰加工能力 1 万~10 万头，年加工能力共计达到 100 万头以上。产值上亿元的企业仅 6 家，带动能力不强。省内虽然有“张飞牛肉”“棒棒娃”等较有影响的品牌，但未进入全国知名品牌前十位。四川牛业产值占畜牧业产值比重不足 10%，比全国低 5 个百分点，与农业现代化国家长期保持在 30%~40%的比重差距明显。

（四）基层技术人才队伍不足

现代畜牧业正在向专业化、集约化、智能化、网络化方向发展，需要大量具有良好素质的技术和管理人才，尤其是理论基础扎实和专业实践能力强的高级应用型人才。

近年来，四川省农业科技人才数量呈现出稳步增长的趋势，这得益于四川省对农业科技领域的持续投入和重视，以及农业科技人才的不断培养和引进。2023 年，全省专业技术人才总量达 438 万人，比上年增加 45 万人，其中高级职称 55 万人。全年新增取得高级工及以上职业资格证书或职业技能等级证书人数 6.29 万人，其中技师、高级技师 1.06 万人。截至 2023 年末，全省技能人才总量达到 1 098.03 万人，比上年增加 20.56 万人，其中高技能人才 238.54 万人。2008 年至今，四川农业大学动物科学专业培养出 3 000 多名德才兼备的高素质人才，其中 2 800 余名学生选择在畜牧相关领域深造或就业。目前，近 30%的毕业生已成为畜牧行业领导、知名专家、企业家或技术骨干。

然而，四川省养牛业的基层技术人才队伍仍有较大缺口。《四川省现代农业“10+3”产业发展急需紧缺人才目录编制报告》显示，第一是成都市现代农业

“10+3”产业的人才需求量最多，占全省的39.95%，对比人才需求量存在的缺口为2 261人，占全省总缺口的43.20%；第二是南充市，人才需求占全省的16.85%，人才缺口占全省的9.13%；第三是广安市，人才需求占全省的8.12%，人才缺口占全省的9.17%。从产业分布看，川猪产业、川牛羊产业人才需求缺口最大。

据调研发现，国内1 400多家不同规模畜牧企业的在岗职工中，具有本科及以上学历的占比不高，而初中以下学历员工占比达到40.0%。其次，企业招聘效果不理想，畜牧类毕业生总量不足，大量毕业生不愿到一线工作，导致用人需求缺口大。近5年畜牧兽医类专业毕业生明显不足，供需比基本维持在1∶6。医类专业高职高专毕业生通过“专升本”继续深造，且本科毕业生考研热度只升不降，加剧了本科人才供给侧矛盾。

企业和毕业生相互期望值偏高，养殖企业人才流失严重，人员年龄结构老化，也是导致畜牧业人才缺乏的原因之一。据赵青松等调研，本专业毕业生的离职率达56%。刘志勇等调查发现，高校毕业生到岗后6个月内的离职率分别是：211院校22%，地方本科院校33%，高职院校45%，毕业生主动离职占88%。为了解决这个问题，四川省需要采取一系列措施来加强人才培养、改善基层工作环境和加强人才引进。

三、四川牛高效养殖科技创新发展的对策建议

（一）加强政策引导和扶持

各地要高度重视牛业和饲草产业发展，推动纳入地方国民经济和社会发展规划。因地制宜制定本地区牛业和饲草产业发展规划，建立规划落实组织协调机制，积极主动协调相关部门，形成工作合力，确保各项措施落到实处。统筹用好各类财政专项资金和基本建设投资，加大对饲草产业发展的扶持。创新资金使用方式，发挥好财政资金引导作用，调动生产经营主体积极性。探索推进土地经营权、大型种植和养殖机械抵押贷款，支持有条件的地区按照市场化和风险可控原则，积极稳妥开展抵押贷款试点。鼓励有条件的地方探索开展肉牛牦牛养殖和饲草种植保险。

（二）多学科融合推动科技创新

建议整合经济学、信息化、生产技术、机械化等学科技术，搭建肉牛生产管理技术和经济模式分析重点实验室、机械化和信息化技术重点实验室，鼓励科技型企

业开设实验室，共同开展肉牛养殖高新技术的研发，提高科技成果的实用性。牛业生产和相关科技研发的难度大、周期长、投入大，进行牛业科技攻关的科技人员需要对产业极大的情怀和激情才能长期坚持，为了确保牛业科技人才队伍的科学构建，建议在进行人才评价的时候对牛业科技人员部分倾斜，提高拔尖人才比例，壮大科技研发队伍。

（三）加大现代生产技术的推广

在进行肉牛生产技术推广时，行业部门应结合现代化发展相关要求，在加大资金投入力度时，促进资金和资源的合理分配，为成果和技术推广提供支持。建议优化科技成果转化制度，推行科技成果有偿转化，鼓励科研人员与企业合作或创办企业，以自身的科技成果和实用技术为成本进行有偿服务，用市场检验成果的科技创新作用，根据市场检验情况对科技人员进行评价。利用信息化手段的高普及性，将传统的熟化技术转化为“一键式”的操作系统软件，快速推广，降低技术的使用门槛。在落实基层技术推广工作时，为促进服务效率稳步提升，应重视对人才的培养，将专业推广队伍构建作为关键措施，使推广团队具有较高的素质水平。

（四）强化产业科技支撑与服务

根据《四川省促进畜牧业高质量发展若干措施（征求意见稿）》提出的目标，到 2025 年，牛羊肉自给率要达到 80%以上，畜禽粪污综合利用率超过 80%，推动四川由畜牧业大省向畜牧业强省跨越。通过政策扶持、加强重要农畜产品生产基地建设，积极推广基础母牛扩群提质项目，将项目落细落实、惠牧利民，为持续推动畜牧业高质量发展积“畜”后劲。其中政策引导和扶持对于加强四川牛高效养殖至关重要，能够为四川牛产业的高质量发展提供必要的支持和保障。

近年来，四川省先后实施国省级肉牛产业集群、牦牛产业集群建设，持续开展肉牛肉羊增量提质、粮改饲、奶牛生产能力提升整县推进、高原粮仓建设、牛羊品种改良等多个项目。打造四川牛全产业链涉及产业链的各个环节，从生产到消费，每个环节都需要精心规划和管理，加强产业链协同。牛全产业链包括饲料的配送、牛的养殖、购销、屠宰和销售。可采用上中下游协作发展的方式来进行。在上游，育种机构与养殖户建立合作关系；饲料生产商与养殖户建立长期供应关系。在中游，与农业技术推广机构、兽医机构、屠宰加工企业和物流公司合作。在下游，屠宰加工企业与分销商、零售商合作；加工企业与品牌营销公司合作。通过上中下游协作发展，以促进四川牛全产业链实现更高效的资源配置、更稳定的市场供应、更快速地技术进步和更可持续的发展模式。

（五）稳定基层技术人才队伍

四川省坚持把稳就业作为重大政治任务，落实落细就业优先政策，大力抓好高校毕业生、农民工、就业困难人员等重点群体就业，全方位做好就业服务。2023年，四川省农、林、牧、渔业就业人员平均工资55 181元，增长3.3%；四川省各市积极培养一批又一批优秀的牛养殖专业技术骨干，更好地将巩固拓展脱贫攻坚成果同乡村振兴有效衔接，为四川省乡村振兴提供强有力的人才支撑和智力保障。

牛产业的发展不仅是依托中小农户，更需要企业、高校、科研机构相结合，将科研、教育、生产不同社会分工在功能与资源优势上进行协同与集成化，通过联合科研机构和龙头企业，建设现代化智慧牧场和品牌示范基地，推动全省牛肉产业向规模化、集约化和品牌化方向发展。例如，蜀宣花牛就是由宣汉县与四川省畜牧科学研究院历经30余年共同培育的新中国成立以来第六个、黄河以南第一个培育牛新品种，具有生长发育快、乳肉性能佳、抗逆特性强、耐湿热气候、耐粗饲、适应范围广等特点。以四川农业大学为代表的四川省本地农业高校，应当建立健全技术人才培训体系，包括开展定期的技术培训和进修课程，帮助基层技术人员不断提升专业技能和知识水平。每年加大养殖科研经费投入，大力推广和应用现代化的养殖技术，如智能化设备和数据管理系统，降低操作门槛，吸引更多年轻人参与。关注基层技术人员的生活和工作环境，提供良好的福利待遇和工作条件，增强他们的归属感和工作稳定性。积极参与养殖业的产业联盟和合作组织，分享资源和经验，促进行业共同发展，为基层技术人员提供更多的学习和交流机会。

参考文献

刀丽梅，2024. 浅谈宁洱县肉牛产业现状及发展思路［J］. 中国动物保健，26（09）：70-71.

樊丽，樊强，张淑爱，2021. 牛繁育与健康养殖关键技术［J］. 畜牧兽医科学（电子版），12：18-19.

甘佳，王巍，方东辉，等，2021. 四川农区牛粗饲料资源开发利用现状分析［J］. 四川畜牧兽医，48（3）：43.

金录国，周奎良，2024. 基于“物联网+人工智能”的肉牛养殖园区技术推广探究［J］. 中国牛业科学，50（04）：73-76.

李永强，郭利梅，2022. 小规模肉牛养殖现状及发展对策［J］. 今日畜牧兽医，38（1）：68-69.

栗慧卿，孙志民，钟波，等，2022. 我国养牛业机械化现状及发展趋势［J］. 农业装备与车辆工程，60（01）：6-9.

罗康石，2020. 乌兰察布市肉牛良种繁育体系建设探讨［J］. 当代畜禽养殖业，1：20-21，15-1150.

马小明，杨坚，康晓国，等，2022. 宁夏肉牛信息化综合管理平台研发与应用［J］. 现代农业科技（14）：205-208.

石顺利，马万欣，何曙光，等，2023. 肉牛高效养殖技术集成与推广［J］. 农业技术与装备，10：166-168.

唐玮琦，程明军，伍文丹，等，2024. 对四川农区肉牛产业高质量发展的思考［J］. 四川畜牧兽医，51（8）：5-7.

王霞，2022. 牛繁育与健康养殖关键技术［J］. 今日畜牧兽医，38（10）：64-65.

王义鹏，叶江红，赵帮泰，等，2021. 四川丘陵山区肉牛适度规模养殖设施设备配置情况调研［J］. 四川畜牧兽医，48（8）：17-18.

王义鹏，赵帮泰，宋乐见，等，2022. 四川肉牛机械化养殖现状及建议［J］. 四川农业科技，11：71-73.

王艺伟，2023. 肉牛养殖新技术及发展趋势分析［J］. 河南农业，7：60.

严德明，2024. 贵州肉牛养殖现状及发展路径探究［J］. 新农民，19：105-107.

杨清容，戴隆江，覃志贵，等，2023. 肉牛高效养殖技术集成与推广［J］. 现代畜牧科技，8：2095-9737.

杨彦红，张凤勇，2019. 规模化肉牛养殖场标准化管理措施［J］. 养殖与饲料，5：37-38.

朱波，李宏伟，周姵诺，等，2021. 国内外肉牛遗传评估体系概况［J］. 畜牧兽医学报，52（6）：1447-1460.

抓好川牛羊产业振兴推进现代种业发展——四川省农业农村厅总畜牧师李春华在川牛羊产业发展专题研究会上的发言（节选）［J］. 四川畜牧兽医，2022，49（2）：15-17.

四川牛病防控技术发展报告

马晓平[1] 叶勇刚[2] 左之才[1] 康润敏[2] 古小彬[1] 郝力力[2] 刘瑞国[1]
罗荣艳[1] 余树民[1] 郭红瑞[1] 谢跃[1] 王娅[1] 叶刚[1] 才冬杰[1] 沈留红[1]
（1. 四川农业大学动物医学院，四川成都 611130；
2. 四川省畜牧科学研究院，四川成都 610066）

摘　要：“十二五”以来，四川省牛疫病防控取得较大的成效。群体免疫密度常年保持在90%以上，应免家畜免疫密度达到100%，未见重大疫病的大规模暴发。牛病毒性腹泻、牛冠状病毒、牛传染性鼻气管炎、牛结节性皮肤病等依然存在且零星散发。牛结核、副结核、布病、炭疽等人兽共患病个别牛场仍存在抗体阳性。运输应激与呼吸道综合征、犊牛腹泻、乳房炎、真菌性皮肤病是当前的主要常见疾病。寄生虫病防控技术成熟，也存在零星散发的趋势。个别疫病依然存在感染或传播的风险。

四川在牛普通病诊治研究方面有特色，对运输应激、呼吸道综合征、犊牛腹泻病、瘤胃酸中毒和乳房炎等普通病的综合防控策略有深入研究，强调“子病母防，母子一体化防控策略”，并注重养殖场的生物安全措施和日常消杀、定期驱虫等工作。然而，在重大疫病病原学基础研究方面，四川仍显薄弱，虽然PCR分子诊断技术取得较大进展，但市场上商业化诊断试剂盒种类依然不能满足临床，需要加强相关研究，以提升对重大疫病的防控能力。

牛病治疗中滥用抗生素现象日益严峻。随意延长抗生素治疗时间和轮替使用抗生素，细菌/寄生虫耐药性增强，变异/耐药菌株出现。基层兽医能看牛病的正规专业技术人员匮乏，基本理论、基础知识和基本操作能力亟待提高，需要进一步持续深入开展牛病诊疗技术的培训和专业技术人才的培养。

关键词：牛；疾病防控；流行病学；诊断；治疗；预防

一、四川牛病防控技术研究现状

（一）四川牛疫病防控现状

1. 牛重要病毒性传染病的流行病学调查研究进展

牛病毒性疾病主要有牛病毒性腹泻、牛冠状病毒、牛传染性鼻气管炎、牛结节性皮肤病等。

四川达州职业技术学院王勤等在2019—2020年共检测川东北地区腹泻牛新鲜粪便样品97份，牛病毒性腹泻病毒（BVDV）平均阳性感染率为9.28%；四川省动物疫病预防控制中心邓飞等采集四川6市（州）53个场/户的387份牛腹泻粪便样品，用荧光RT-PCR方法检测牛冠状病毒（BCoV），检出阳性场11个，群体阳性率20.8%，阳性样品65份，个体阳性率16.8%。

西昌学院邓宇对2014年四川攀西地区牛传染性鼻气管炎（IBRV）血清学调查，总阳性率为35.29%，奶牛场的阳性率达到了72.73%。西南民族大学张颖慧在2016年对四川省五市的11个牛场的108份样品进行检测，发现养殖场间的阳性病例的病原体不尽相同，但以IBRV等病原的场阳性率和个体阳性率较高。

三台县动物疫病预防控制中心吴金华等在2020年对某养殖场的三头疑似病例检测，结果显示为牛结节性皮肤病（LSDV）阳性，后续调查显示病例可能为输入性感染。

宁夏大学刘晓波2022年对国内赤羽病的调查结果显示，只有四川若尔盖地区和甘肃甘南地区显示赤羽病阳性，四川若尔盖地区检出率为26%。

2. 牛重要细菌性传染病的流行病学调查研究进展

牛细菌病主要发生结核病、副结核、牛布病和炭疽病抗体阳性。

四川省动物疫病预防控制中心黄雅琳等2024年在四川省内的五县检测中，牛结核病的平均阳性率为2.95%。四川省动物疫病预防控制中心阳爱国等在2016—2017年对四川省的奶牛主要养殖地区奶牛结核病的流行病学调查发现在规模养殖场中的场阳性率为13.33%，在适度规模场和散养户中的阳性率为3.03%，但是规模场的个体阳性率要低于适度规模场和散养户。内蒙古农业大学崔金磊对四川省牛副结核病流行病学调查显示，四川奶牛场阳性率为5.23%。

四川省动物疫病预防控制中心陈冬等在2011年对德阳市，甘孜州等15个市

（州）的1 272家奶牛养殖场76 636份血清样本的检测中，阳性血清有1 183份，阳性率为1.54%。叶勇刚2017—2018年对四川部分地区4种致奶牛流产病原的血清学调查与分析，发现布病的阳性率为15.37%，个别场达到37.5%；四川省凉山州甘洛县农业农村局陈凌霜等对2020年凉山州甘洛县的布病检测中牛个体阳性率和场群阳率为0%，表明布病的消灭取得了较好的结果。

四川省疾病预防控制中心罗春花等对2018—2023年四川省人间炭疽流行病学调查显示，炭疽多发生于降雨较多的6—9月。随着气温升高，夏秋季放牧增加，土壤中炭疽芽孢杆菌被雨水冲刷出来，牛感染机会增加，人通过接触染疫畜而感染。

3. 其他牛普通传染性疾病研究进展

普通传染病中，牛运输应激与呼吸道疾病综合征多为条件性致病菌引起，细菌性腹泻、乳房炎、腐蹄病和真菌性皮肤病也时有发生。

西南民族大学张颖慧在2016年对四川5个市的11个牛场呼吸道综合征的108份样品进行检测发现牛支原体（*M. Bovis*）和溶血性曼氏杆菌（*M. haemolytica*）等病原。2018年8月，四川省乐山市某牛场存栏300余头肉牛，因新购入50余头牛后引起全场牛陆续发病约1周，并有6头牛死亡。四川农业大学左之才团队调查发现是由肺炎克雷伯菌所引起的。此外，左之才团队还发现了towneri不动杆菌、翰逊不动杆菌等也会导致牛呼吸道疾病。表明运输应激与呼吸道综合征关系密切，病原复杂。

2018年9月，四川省邛崃市某奶牛养殖场的犊牛发生以被毛粗乱、精神沉郁、脱水和腹泻等为主要临床症状的疾病，并导致犊牛死亡20余头。经四川农业大学左之才课题组检测，该致病菌为变形杆菌。

凉山彝族自治州畜牧兽医科学研究所周国燕等2020—2021年，在四川凉山州奶牛主要养殖区的不同规模养殖场采集临床型和CMT隐性乳房炎样本共193例奶牛乳汁作为试验样品，有134份检出病原菌，检出率为69.4%；其中65份检出两种及两种以上菌，占检出率的48.5%。四川农业大学张玉龙等运用多重PCR检测技术检测191份奶样，检出135株致病菌，检出率为70.7%。

四川省绵竹市武秀琼在雅安某牛场证明高锰酸钾粉外敷治疗奶牛腐蹄病是行之有效的方法。四川省畜牧科学研究院廖党金，四川省阳平种牛场曾伟等通过药敏试验获知四川地区奶牛坏死梭杆菌的高度敏感药物为强力霉素、克林霉素、洁霉素、阿莫西林、氨苄青霉素、头孢唑林，中度敏感药物有头孢拉定、青霉素，不敏感药物为卡那霉素、链霉素、氧氟沙星、四环素。选用高敏感药物克林霉素治疗试验组效果显著。四川省畜牧科学研究院谢晶，廖党金等对四川奶牛腐蹄病主要病原菌调查研究发现奶牛腐蹄病病原主要为大肠杆菌、坏死梭杆菌、普通变形杆菌、奇异变形杆菌和一种梭状芽孢杆菌。同时，他们也对奶牛源坏死梭杆菌四川株进行了分离鉴定及生物学特性分析。

四川农业大学马晓平等调查发现细极链格孢菌可引起牛皮肤真菌病。近年来，大量的研究发现四川肉牛主要发生疣状毛癣菌，马晓平团队发明了一种同时检测疣状毛癣菌、犬小孢子菌和须毛癣菌的多重 PCR 检测方法与试剂盒，可同时对牛源浅表真菌病原进行快速诊断与鉴别。

4. 常见非传染病研究进展

常见非传染病主要有前胃疾病和中毒病。2014 年通江县发生了一起 17 头牛食酒糟急性瘤胃积食。四川地区的牛瘤胃鼓气多由于养殖户供给饲料的变化而导致的牛瘤胃鼓气称为原发性瘤胃鼓气。四川有多起黄曲霉素中毒事件发生，达州市动物疫病预防控制中心在 2021 年 10 月 25 日发现四川省宣汉县某肉牛场发生肉牛因黄曲霉菌中毒猝死事件，累计死亡率为 46. 8%；四川马尔康市、会理县等地也常发生黄曲霉毒素引起牛中毒事件。2018 年 10 月，四川省梓潼县某养牛场近 40 头，饲料酸中毒 6 头，1 头濒临死亡。四川三台县鲁班畜牧兽医站刘德全报道过一例牛百草枯中毒抢救病例。四川省遂宁河沙镇某肉牛养殖场饲养肉牛近 200 头，共 30 多头牛发生了酒糟中毒。

5. 牛寄生虫病流行病学及病原分类与种群遗传学研究

（1）牛寄生虫病流行病学现状。在寄生虫病方面，四川省畜牧科学研究院、四川农业大学、西南民族大学、西昌学院及地方畜牧兽医主管部门等开展了牛的寄生虫病调查。其中四川省畜牧科学研究院利用“四川畜禽寄生虫区系调查研究”、国家科技基础条件平台建设项目—重要寄生虫虫种资源标准化整理、整合及共享试点等，最早对四川及西南地区畜禽寄生虫病进行了系统调查，并对虫种资源进行了整理，先后出版了《四川畜禽寄生虫志》《中国畜禽线虫形态分类彩色图谱》和《奶牛寄生虫病与防控技术》，其中记录感染四川牛（荷斯坦奶牛、黄牛、水牛和牦牛）的寄生虫种类多达多达131种，隶属34个科，58个属。其中线虫11个科，21个属，40个种；吸虫8个科，16个属，53个种；绦虫2个科，5个属，6个种；原虫6个科，6个属，17个种；体表寄生虫7个科，10个属，15个种。之后陆续出现的相关寄生虫病调查报告均为零星或局部调查。

对四川区域内奶牛寄生虫病的调查结果显示，奶牛主要感染球虫、隐孢子虫、前后盘吸虫、片形吸虫、血矛线虫、圆线虫、细颈线虫、牛弓首蛔虫、毛首线虫、螨虫和血虱。如廖党金等发现眉山、成都、西昌等奶牛主产区17个不同规模养殖场的奶牛寄生虫病感染率达100%，主要虫种有球虫、前后盘吸虫、片形吸虫、血矛线虫、螨虫和吸血虱，其中螨虫、前后盘吸虫、片形吸虫、线虫和犊牛球虫最为严重，场均阳性率分别为100%、100%、83.3%、91.7%和100%，牛群阳性范围分别为8.3%~75%、10.53%~50%、4.9%~10.53%、5.3%~44.4%和12.3%~75%。钟志军等利用巢式PCR扩增隐孢子虫小亚基核糖体核苷酸（SSU rRNA）基因并测序，对成都、洪雅、阿坝、眉山、资阳、安岳、邛崃、青白江、德阳和绵阳的11个奶牛场粪样开展了隐孢子虫调查。发现隐孢子虫阳性率为14.4%，11个养殖场中10个存在隐孢子虫感染，其中感染率最高为绵阳某场35.7%（10/28），其次为阿坝35%（7/20），资阳30.8%（8/26）。此次调查共检出三种隐孢子虫，分别为牛隐孢子虫、微小隐孢子虫和瑞氏隐孢子虫，其中牛隐孢子虫为优势虫种，其次为微小隐孢子虫。此外，基于gp60基因研究发现本次检测的微小隐孢子虫为ⅡdA15G1亚型，不同地区微小隐孢子虫亚型存在差异。曹随忠等对崇州市某奶牛养殖场90份粪样中虫卵进行了定性检查和定量检查，发现该场流行线虫、吸虫、绦虫和球虫，其中线虫感染率为57.78%（52/90），主要有圆线虫、细颈线虫、牛弓首蛔虫、毛首线虫；吸虫感染率为6.67%（6/90），主要有前后盘吸虫和肝片吸虫；绦虫感染率为1.11%（1/90），主要有扩展莫尼茨绦虫、贝氏莫尼茨绦虫。球虫感染率为14.44%（13/90），主要有邱氏艾美耳球虫、牛艾美耳球虫和椭圆艾美耳球虫。

通过对四川区域内普通肉牛的寄生虫病调查统计发现，巴中通江县报道的寄生虫种类最为丰富，张德胜等2002—2012年收集鉴定黄牛寄生虫79种，隶属7纲、30科、46属。其中包括吸虫33种，线虫25种，绦虫6种，体表寄生虫10种，锥虫1种，孢子虫4种。通江黄牛以吸虫、线虫并重，优势虫种有11种，其中吸虫占4种，线虫占3种，蜘蛛昆虫占2种，绦虫和孢子虫各占1种。以肝片吸虫、鹿同盘吸虫、胰阔盘吸虫、牛新蛔虫、细粒棘球蚴、微小牛蜱的危害最为严重，牛疥螨和牛巴贝斯焦虫也不容忽视。

余树民等对丹巴县本地黄牛粪便中的虫卵和卵囊进行定量检测发现，寄生虫阳性率达68%，主要有线虫、前后盘吸虫、球虫，其中线虫阳性率为40%，EPG范围为166~2 246；前后盘吸虫阳性率为8%，EPG范围为85~1 678；球虫阳性率为20%，OPG范围为688~3 465。

罗丹丹等对川东地区（巴中恩阳区、南江县、万源市、宣汉县）蜀宣花牛寄生虫病调查，发现牛感染的寄生虫主要为前后盘吸虫、片形吸虫、线虫、蜱、螨和血虱，阳性率分别为57. 1%、42. 9%、28. 6%、28. 6%、14. 3%和14. 3%。消化道寄生虫病的感染程度轻微，前后盘吸虫的EPG范围为78~238，片形吸虫的EPG范围为74~82，线虫的EPG范围为75~78。

成传述等对宣汉县蜀宣花牛不同年龄段粪样中的寄生虫进行检测，发现规模养殖场消化道原虫（球虫和隐孢子虫）感染率为37. 99%（106/279），专业养殖场原虫（球虫和隐孢子虫）感染率为65. 66%（197/300）。579份样品中，蠕虫感染率为11. 74%（68/579），规模养殖场感染率为5. 73%（16/279），养殖专业户感染率为17. 33%（52/300）。不同地区不同年龄的蜀宣花牛蠕虫感染率和感染种类不同，犊牛（1岁以内）主要感染犊牛新蛔虫，其他年龄的牛主要是感染食道口线虫，吸虫主要是肝片吸虫和前后盘吸虫。球虫感染强度在不同地方都有较高的感染，蜀宣花牛各个年龄阶段都有感染，最高感染强度是专业养殖户1岁以内的犊牛（OPG范围200~26 500）；线虫最高感染强度是专业养殖户6月龄至1岁的牛（EPG范围600~10 000）；吸虫最高感染强度是养殖专业户4岁以上成年牛（EPG范围300~1 000）。

此外，郝桂英等对西昌和攀枝花部分地区牛的蜱虫及蜱传病原进行了流行病学调查，发现该地区流行微小扇头蜱和褐黄血蜱2种蜱种，攀西地区蜱携带立克次体阳性率高达37. 7%，低于石渠县蜱携带斑点立克次体阳性率（49. 48%）。

四川牛寄生虫种类繁多，虫种资源丰富，近些年虽不乏相关学者开展牛的寄生虫病调查，尤其加强了对一些人兽共患寄生虫如隐孢子虫、毕氏肠微孢子虫、棘球蚴和蜱传病流行的关注，但均为零星或局部研究。未来四川牛产业中，寄生虫病扮演何种角色，其流行现状和危害，尚需开展大范围系统调查。

（2）病原分类与种群遗传学研究。四川农业大学杨光友团队开展了细粒棘球蚴、脑多头蚴、细颈囊尾蚴、螨虫和蜱病原的分类及种群遗传学研究。通过单基因（12S、16S、nad1、atp6、COX1）和联合基因（nad1+atp6）水平研究青藏、西藏等地的细粒棘球蚴种群遗传结构，发现来自青藏高原的细粒棘球蚴均为 G1-G3 型，呈现较高的遗传多样性，但未形成特定的遗传结构，而来自西藏的细粒棘球蚴主要以 G1 型为主，亦未形成特定的遗传结构。通过单基因（cox1、cox2、cytb、nad1、nad4）水平分析四川不同地区多头蚴进行分子诊断与种群遗传分析，揭示脑多头蚴四川株的遗传多样性水平低，存在地理差异但未形成明显的种群结构。对来自四川雅安、西昌、攀枝花、泸州、简阳、道孚和云南永仁的 33 个细颈囊尾蚴虫株的种群遗传分析，发现这些虫株的聚类与地理区域、宿主没有直接的相关性，未形成明显的地理分支或宿主分支。从形态与单基因（COI、18S rDNA）联合探究足螨的分类地位，发现四川牛（黄牛和各品种奶牛）体表的足螨属于德州足螨（*Chorioptes texanus*）。此外，该团队还从单基因水平（ITS2、COI 和 COII）解析嗜群血蜱与长角血蜱的亲缘关系，发现两者属于血蜱属中亲缘关系较近的 2 个有效种。

（二）四川肉牛主要疫病检测诊断技术研究进展

四川省在牛主要疫病的检测诊断技术取得了一些进展，主要在牛病毒性腹泻、呼吸道疾病、乳房炎、牛病毒性腹泻、牛呼吸道综合征及真菌性皮肤病等多重 PCR 检测方法的建立。

1. 牛病毒性疾病的诊断方法研究进展

（1）建立了牛病毒性腹泻抗原胶体金快速检测方法。左之才团队建立了一种快速准确且便携的检测牛病毒性腹泻病毒（BVDV）的方法。该方法最适金标蛋白标记量为 30μg/mL，BVDV MAb 和羊抗兔 IgG-HRP 最佳浓度均为 0.5mg/mL。该试纸条的特异性较强，无交叉反应；该试纸条的重复性良好。与 RT-PCR 对 BVDV 的阳性检出率总符合率为 88.24%。国内首次采用双抗体夹心方式制备了检测 BVDV 的胶体金免疫层析试纸条，该方法方便快捷，特异性及敏感性均较好，适宜于牛场 BVDV 的快速筛选。

（2）建立了基于单（多）重 RT-PCR 检测牛病毒性疾病的诊断方法。西南民族大学汤承团队建立了牛冠状病毒 RT-PCR 检测方法。为了建立更加灵敏的检测牛冠状病毒（BCoV）的 RT-PCR 方法。选择 BCoV 聚合酶基因 Nsp7-Nsp9 片段设计引物，通过反应条件和体系优化，建立检测 BCoV 的 RT-PCR 方法并应用于临床样本检测。结果显示：所建方法特异性和重复性好，灵敏性达到 $1\times10^{-2}pg\cdot\mu L^{-1}$，该方法对肉牛 BCoV 都有良好的检测效果，优于比较的两种以 BCoV N 基因为靶点的 RT-PCR 方法。此次建立的 BCoV RT-PCR 检测方法特异性和重复性好、灵敏度高。

西南民族大学汤承团队建立了可以同时检测上 5 种病毒（牛 A 群轮状病毒（BRVA）、牛冠状病毒（BCoV）、牛病毒性腹泻病毒（BVDV）、牛诺瓦病毒（BNoV）和牛纽布病毒（BNeV））的多重 PCR 方法。通过设计引物，优化反应体系和条件，成功建立了可同时检测 BRVA、BCoV、BVDV、BNoV 和 BNeV 的多重 PCR 方法。该方法只特异性检出目标病毒，具有良好的特异性和稳定性。该多重 RT-PCR 方法与检测单一病毒的 RT-PCR 方法的符合率为 100%。本研究建立的多重 RT-PCR 方法可同时检测犊牛腹泻粪便样品中的 5 种常见腹泻病毒，为牛腹泻的快速诊断提供了技术支持。西南民族大学汤承团队基于荧光定量 PCR 技术制定了牛 5 种病毒性（牛病毒性腹泻黏膜病毒、牛冠状病毒、牛轮状病毒、牛纽布病毒、牛诺如病毒）腹泻病的诊断和防治技术规程（DB51T 3015—2023 四川省地方标准）。

（3）建立了基于恒温隔绝式荧光 PCR 技术现场检测牛病毒性疾病的方法。西南民族大学汤承团队建立了恒温隔绝式荧光 PCR 技术现场检测轮状病毒、传染性鼻气管炎病毒、纽布病毒和呼吸道合胞体病毒。恒温热隔绝式 PCR（iiPCR）是新一代荧光 PCR 技术，西南民族大学汤承团队通过技术改进，实现设备小型化、检测快速化、操作简便化与诊断准确化。该设备仅 380g，可以在 1h 完成检测，而且自带电源、一键操作，检出率高于或等同于现有 PCR 方法。

西南民族大学汤承团队建立了基于恒温隔绝 PCR（insulated isothermal PCR，iiPCR）技术现场检测牛轮状病毒（bovine rotavirus，BRV）的方法。根据 BRV 和牦牛 RV VP6 基因序列，设计合成引物和探针，通过优化反应体系，配合商品化 PetNAD 核酸萃取试剂盒，建立了检测 BRV 和牦牛 RV 的 iiPCR 方法。该方法只能检出 BRV 和牦牛 RV，不能检出无关病原；检测下限为 96. 6 copies/μL，重复性好；对 BRV 的检出率是 33. 33%，对牦牛 RV 的检出率为 73. 33%。本研究建立的 BRVi-iPCR 方法特异性好、灵敏度高、重复性好，既可用于 BRV 检测，又可用于牦牛 RV 的检测。

西南民族大学汤承团队建立了检测牛传染性鼻气管炎病毒（IBRV）的恒温隔

绝式荧光 PCR（iiPCR）方法，采用文献报道的引物和探针，通过优化反应体系，首次建立了检测 IBRV 核酸的 iiPCR 方法。结果显示该方法仅特异性检测出 IBRV。该方法的检测下限为 2.4 拷贝/μL，具有良好的重复性。本研究为 IBRV 的现地检测提供了一个可靠的方法。

西南民族大学汤承团队建立了基于恒温隔绝式 RT-PCR（insulated isothermal RT-PCR，iiRT-PCR）技术现场检测 NeV 的方法。根据 NeV 的 RdRp 基因的保守区域，设计并合成引物和探针，优化检测体系和检测试剂预混方法，建立检测 NeV 的 iiRT-PCR 方法。该方法只特异性检出 NeV，对无关病原不检出，批间变异系数为 3.07%～3.12%，批内变异系数为 2.45%～3.01%，检测下限为 5.38copies·μL^{-1}。具有特异性强、稳定性好和灵敏度高的特点，为 NeV 的快速诊断提供了有力的工具。

西南民族大学汤承团队建立了检测牛呼吸道合胞体病毒（BRSV）的恒温隔绝式 RT-PCR（iiRT-PCR）方法，本研究根据 BRSV N 基因序列设计并合成一对引物和探针，通过反应体系和条件的优化，初步建立了检测 BRSV 的 iiRT-PCR 方法。该方法仅特异性检测 BRSV，对其他病原检测结果均为阴性，特异性强；该方法对该重组质粒标准品的检测限为 3.45copies/μL，敏感性高；批内重复性变异系数为 1.92%～2.12%，批间重复性变异系数为 1.67%～1.89%，重复性好。本研究为 BRSV 的快速检测提供了有利工具。

2. 牛细菌性疾病的诊断方法研究进展

（1）牛呼吸道感染主要细菌性病原多重 PCR 检测方法的建立。左之才团队为了建立一种能同时检测肺炎克雷伯菌（*Klebsiella pneumoniae*）、约翰逊不动杆菌（*Acinetobacter johnsonii*）、多杀性巴氏杆菌（*Pasteurella multocida*）这 3 种肉牛呼吸道病原菌的多重 PCR 检测方法，采用肺炎克雷伯菌 Khe 基因、约翰逊不动杆菌 Ptk 基因、多杀性巴氏杆菌 Abhd 基因设计特异性引物，经过特异性、敏感性、引物浓度、退火温度试验，建立多重 PCR 检测方法的反应条件和体系。该方法能同时扩增出肺炎克雷伯菌、约翰逊不动杆菌和多杀性巴氏杆菌，3 种目的菌扩增测序与 GenBank 上的细菌基因序列相似性均高于 99%，对其他 10 种肉牛呼吸道病原菌扩增结果均为阴性。对 3 种病原基因组 DNA 的检测下限分别为 $69.8\times10^{-5}ng\cdot\mu L^{-1}$、$208.9\times10^{-4}ng\cdot\mu L^{-1}$、$70.8\times10^{-3}ng\cdot\mu L^{-1}$，最佳引物浓度比例为 1：1：1，最佳的退火温度为58℃。该方法特异性强、敏感性高，为上述3种病原的快速检测、鉴定和临床牛呼吸道疾病的诊断提供了一种方便、快捷和准确的工具。

（2）奶牛隐性乳房炎三种致病菌的多重PCR检测方法的建立。左之才团队为了建立快速并能同时检测无乳链球菌、金黄色葡萄球菌、绿脓杆菌3种奶牛隐性乳房炎致病菌的方法，根据无乳链球菌16S rRNA基因、金黄色葡萄球菌NUC耐热基因、绿脓杆菌ETA基因序列并参考文献各合成一对特异性引物，通过对PCR反应各项参数的调整优化，建立多重PCR检测体系，并同时进行灵敏性试验和特异性试验。该检测方法可以同时扩增出无乳链球菌270bp、金黄色葡萄球菌153bp和绿脓杆菌375bp的特异性片段，以及细菌16S rRNA 1 500bp的通用片段，而对于其他的6种病原菌只能扩增出1 500 bp的通用片段，具有较强的特异性。三种特异性引物扩增条带与GenBank上的细菌基因序列同源性为99%。增菌培养24h，该体系对无乳链球菌、金黄色葡萄球菌、绿脓杆菌的最低灵敏度分别为8×10^{4}CFU·m L^{-1}、4×10^{4}CFU·m L^{-1}、1.5×10^{5}CFU·m L^{-1}。建立的检测方法能够完成无乳链球菌、金黄色葡萄球菌、绿脓杆菌的快速检测，对于生产上奶牛隐性乳房炎的鉴别诊断和快速检测具有重大意义。

（3）奶牛布鲁氏菌PCR检测方法的研究。为了改进奶牛布鲁氏菌PCR检出率低的问题，四川省畜牧科学研究院叶勇刚团队合成了一对PCR鉴定引物，通过对样品增菌培养来进行布鲁氏菌的PCR检测。该方法能有效检出布鲁氏菌，灵敏度达1cfu，特异性好；通过对奶牛阴道分泌物24h增菌培养后，布鲁氏菌的检出率大大提高。结合细菌学检测的PCR检测方法能有效检测奶牛布鲁氏菌，提高了检测的灵敏度和布鲁氏菌病诊断的准确性。

3. 牛真菌性皮肤病的诊断技术研究进展

四川农业大学马晓平、左之才团队建立了一种可同时快速检测疣状毛癣菌、犬小孢子菌和须毛癣菌这三种真菌的多重PCR方法；使用PrimerPremier5. 0设计了三对特异性引物，通过优化引物剂量和退火温度建立三重PCR检测方法并分析了其特异性、灵敏度、重复性以及可行性；该多重PCR方法，可扩增出特定片段，且阳性率为87. 5%（21/24），且具有简单、特异、灵敏的特点，可用于牛皮真菌的快速诊断和鉴定。

4. 牛寄生虫病诊断技术研究进展

病原学诊断方法中的虫卵定量检测技术是临床应用最为广泛的首选方法，麦氏虫卵检测法是最为经典和常用的方法。国内基于麦氏虫卵计数板，建立了多种改良虫卵计数板，四川省畜牧科学研究院建立的新虫卵计数器则可用于检测多数蠕虫包括吸虫、棘头虫等比重大的虫卵的计数。此外，该单位根据虫卵发育至含幼虫期的时间差异，是否与荧光标记的花生凝集素结合，以及虫卵的总体外观形态特征，建立了鉴别区分捻转血矛线虫虫卵与其他外观易混淆的线虫卵的方法。四川农业大学在牛的细粒棘球绦虫和多头带绦虫血清学和分子生物学诊断方面做了大量研究。

杨光友团队筛选了12个细粒棘球蚴候选诊断抗原基因（Eg-PGAM、Eg-TPx、Eg-EPC1、Eg-LAP、Eg-TIM、Eg-CS、Eg-AgB8/1、Eg-AgB8/2、Eg-AgB8/3、Eg-AgB8/4、Eg-AgB8/5、Eg-Grx1），并以其重组蛋白建立间接ELISA方法，发现以rEg-TPx为细粒棘球蚴病的最佳诊断候选抗原，在4个AgB诊断抗原中，以rEg-AgB8/3的稳定性和敏感性最好，筛选到最佳诊断候选抗原的诊断效果优于现有的商品化试剂盒。

在多头带绦虫病方面，该团队筛选并鉴定了4个诊断候选抗原基因（HSP60、GP50、Tm-P2、Tm-7），并建立了胶体金渗滤法和间接ELISA方法，找到了可用于用于早期诊断的GP50和P2基因，可最早于动物感染病原后2周即可诊断，将检测周期缩短2.5倍，显著提高了诊断准确率，为牛羊脑多头蚴病的防控提供了有利的诊断技术支持。

（三）牛用药物和疫苗及研究进展

1. 研究了治疗奶牛乳房炎药物白头翁皂苷提取物注射液

四川农业大学沈留红副团队研发了治疗奶牛乳房炎的药物白头翁皂苷提取物注射液，为奶牛养殖提供安全、高效、无残留，可替代化的理想防控药物具有重要意义。其研发的白头翁皂苷能够通过刺激防御素分泌和激活补体系统发挥抗菌、消炎、促免疫和提高抵抗力的药物功能，从而治愈临床型乳房炎。白头翁皂苷对奶牛临床型乳房炎疗效显著，无明显副作用，肌内注射30mL/次/日即可达到临床理想疗效；白头翁皂苷具有降低乳房炎奶牛促炎因子的作用，增强乳腺黏膜对病原的抵抗力，减少乳腺组织的氧化损伤，有效缓解临床型乳房炎奶牛免疫应激状态；其中触珠蛋白、α-S2-酪蛋白、Ras相关的C3肉毒杆菌毒素底物1（Rac1）和热休克蛋

白 β-1 等可作为临床型乳房炎生物诊断标记物；白头翁皂苷能够通过刺激防御素分泌和激活补体系统发挥抗菌、消炎、促免疫和提高抵抗力的药物功能，从而治愈临床型乳房炎。

2. 发现绞股蓝皂苷有明显体外抗病毒性腹泻病毒活性

四川农业大学左之才团队为研究绞股蓝皂苷对牛病毒性腹泻病毒（BVDV）的作用。当绞股蓝皂苷和 α-单月桂酸甘油酯的浓度分别为 16μmol/L 和 25μg/mL 时，细胞活性与空白组相比的差异无统计学意义（$P>0.05$），将其确定为两种药物的最大安全浓度。与对照组相比，绞股蓝皂苷可极显著（$P<0.01$）抑制 BVDV E2 蛋白和 5′-UTR 基因的表达，且其直接灭活作用优于 α-单月桂酸甘油酯。此外，绞股蓝皂苷还显示出了显著（$P<0.05$）的吸附阻断作用，但其复制阻断作用与单独病毒组无显著差异。发现绞股蓝皂苷具有明显的体外抗 BVDV 活性。

3. 牛用驱虫药物研发现状

近年来寄生虫药物和疫苗的研发相对其他传染病进展缓慢。2016—2024 年获批新兽药中仅羟氯扎胺用于治疗牛的肝片吸虫病。此外，四川区域内科研单位或企业尚未开发出针对牛的寄生虫病疫苗。

四川农业大学开展了细粒棘球绦虫亚单位疫苗的筛选研究，并评价了 6 个重组亚单位疫苗候选抗原单独或联合使用（EgFABP-EgA31、EgTPx-EgTrp、rEgTIM+rEgANXB3、rEgADK1+rEgEPC1、rEgFABP+rEgA31）对犬细粒棘球绦虫的免疫保护效果，发现以 rEgTIM+rEgANXB3 组合对实验犬的免疫保护率可达 71%，是细粒棘球绦虫的重要候选疫苗抗原。

此外，针对螨病，筛选和评价了 18 种中药、1 种外来入侵植物（紫茎泽兰）的离体和在体杀螨效果，发现紫茎泽兰具有最佳杀螨效应，并从中鉴定出 3 个具有较强杀螨活性的单体（9β-hydroxy-ageraphorone，9-OXO-10，11- dehydro-ageraphorone 和 9-OXO- ageraphorone。同时，筛选了 6 种生物杀虫剂，发现球孢白僵菌和金龟子绿僵菌对痒螨具有最佳的杀螨效应。

（四）牛病综合防控技术研究进展

1. 牛运输应激综合防控技术

左之才团队使用临床评分系统监测了 60 头西门塔尔犊牛经过 30h 公路运输的呼吸健康状况和生长表现。通过实验室和高通量测序联合多组学分析，结果表明了补充碱性矿泉水 AMW 可增强外周免疫、营养吸收和代谢过程，从而影响鼻咽微生物群，改善运输犊牛的呼吸健康和生长性能。

2. 加味茵陈蒿散治疗牛霉菌毒素中毒技术

四川宜宾兴文县动物疫病预防控制中心尹华江探索运用中兽医辨证论治方法，采用自拟“加味黄连解毒散”“加味茵陈蒿散”治疗，共收治牛霉菌毒素中毒病例69例，治愈65例，治愈率94.2%，有效68例，有效率98.6%。

3. 牛寄生虫病综合防控技术

四川省畜牧科学研究院建立了奶牛寄生虫病控制新技术，即：首先根据奶牛场流行的寄生虫种类，采用虫卵检测技术，每年进行2~4次定期“监测”；其次根据检测结果，选择相应药物实施；在驱虫后及时监测粪便中的虫卵变化评估驱虫效果。并根据四川奶牛场流行寄生虫种类和寄生虫病原生物特性，制定了“奶牛主要寄生虫病防治技术规程”“奶犊牛球虫病防控技术规范”两项奶牛寄生虫病防控技术地方标准。

另外，四川农业大学也制定了“家畜螨病诊断与防控技术规范”地方标准，这些技术在四川各牛场应用，大大降低了牛场寄生虫病的发病率。在包虫病防控技术方面，四川省动物疫病预防控制中心联合四川农业大学、重庆澳龙生物制品有限公司和西南民族大学集中攻关青藏高原包虫病的流行病学规律、包虫病羊用疫苗、犬、牛、羊的包虫病快速检测商品化试剂盒进行研制，建立了动物包虫病防控“238”石渠模式，探索出一整套系统、全面、可复制推广的包虫病防控模式，即控制2个传染核心、切断3条传播途径、采取8项防控措施的“双灭源三切断八举措”模式。该项技术在四川省4个市（州）的35个包虫病流行县（市）推广，部分技术及产品应用至全国7个包虫病流行省（自治区、直辖市）和个别国家，有力遏制了包虫病的流行和传播。

二、牛病防控存在的问题

牛病防控存在的问题包括以下几个方面。

（一）重大疫病防控成效显著，但个别疫病依然存在感染风险

近年来，四川省在重大动物疫病防控方面取得了显著成效，群体免疫密度常年保持在90%以上，应免畜禽免疫密度达到100%。然而，尽管防控工作有力有效，但仍有个别疫病，比如结核、炭疽和布病仍然存在抗体阳性，需继续保持原先的防控措施，进一步筑牢重大疫病防控的防火墙。

（二）牛普通病诊治研究有特色，但重大疫病病原学及疫苗基础研究较薄弱

四川在牛病普通病诊治研究方面展现出一定特色，但在重大疫病病原学基础研究方面仍显薄弱。四川在牛病普通病诊治研究方面的特色主要体现在：对运输应激、呼吸道综合征、犊牛腹泻病、瘤胃酸中毒和乳房炎等普通病的综合防控策略有深入研究，强调“子病母防，母子一体化防控策略”，并注重养殖场的生物安全措施和日常消杀、定期驱虫等工作，为四川肉牛、奶牛产业的可持续发展提供了技术支持。然而，在重大疫病病原学基础研究方面，四川仍显薄弱，需要加强牛病科技攻关与项目立项，加强重点实验室的建设和牛病研究团队的整合，以提升对牛重大疫病的防控能力。

（三）病原检测技术有待提高

当前虽已建立不同种类病原的监测方法，包括细菌、病毒、真菌和寄生虫病的病原学、免疫学和分子生物学诊断技术，临床中能用的多为 PCR 相关诊断技术，但在基层，生产中能应用的种类却不多。特别是常见病的商业化诊断试剂盒，已有寄生虫病（包虫、原虫、血吸虫和少数线虫）诊断试剂盒，但多数不能用于感染初期的诊断。此外，生产应用最多的消化道虫卵或卵囊检测技术，自动化检测技术水平低；牛病的快速诊断方法还不能很好地满足牛病诊断的需要。

（四）滥用抗生素严峻，变异/耐药菌株出现

牛病治疗中滥用抗生素日益严峻，随意延长抗生素治疗时间和轮替使用抗生素，导致细菌/寄生虫耐药性增强，变异/耐药菌株出现。不仅增加了牧场生产成本，还通过食品链传播给人类，对公共健康构成威胁。需加强监管，减少抗生素使用，探索替代性杀菌方法，并为动物接种疫苗以预防疾病。养牛户也应提高意识，合理使用抗生素，避免滥用带来的负面后果。

（五）基层牛病专业诊疗技术人员水平参差不齐，亟待加强培训和提高

目前，基层畜牧兽医工作中存在多重问题，能看牛病的正规专业技术人员匮乏。部分未取得执业兽医资格，基本理论、基础知识和基本操作能力较差，不足以开展牛病诊断、治疗和处置。

三、牛疫病防控的对策建议

（一）建立重点实验室，强化牛重要疫病的基础研究，开展快速诊断技术、新兽药和高效疫苗研发

高度重视牛疫病的防控工作，建立国家或省级重点实验室，加强科研攻关，开发牛病快速诊断技术、研究新兽药和疫苗的开发，提高牛疫病的防控制水平。为重大疫病疫苗的生产和防控提供科学依据。

（二）加强对养殖户的疫苗接种及防控技术指导，抓好重大疫病防控

加强对疫苗接种工作的监管，确保疫苗接种质量和效果。加大对牛用疫苗市场的监管力度。建立疫苗质量追溯体系，确保疫苗的质量安全。加强对养殖户的疫苗接种技术指导，确保疫苗保存得当、接种剂量准确、接种部位正确。建立疫苗接种档案，记录牛的免疫情况，为疫病防控提供依据。

（三）重视重大疫病流行病学调查，为牛疫病的防控提供依据

建立科学的疫病预警模型，根据监测数据及时对疫病的发生趋势进行预测和预警。制定应急预案，明确疫情处置的流程和措施，确保在疫情发生时能够迅速采取有效防控措施。

（四）加强科普宣传与继续教育培训，树立科学的防疫观

通过媒体广泛宣传牛疫病防控知识，加大继续教育培训力度，提高养殖户的牛病诊断、治疗和防疫意识。邀请专家为养殖户讲解疫病的危害、预防和治疗方法，提高养殖户的防疫技能。

总之，四川牛病的现状侧重于临床诊断、治疗、预防和保健。重要疾病的基础研究薄弱，基础研究不够深入，覆盖面不广，虽然开展了一些诊断技术、治疗技术的开发，但缺乏新兽药，新疫苗等新产品的研发与推广。建议加大资金投入建设四川牛病领域四川省重点实验室，开展四川肉牛主要重大疫病病原的基础研究、快速诊断技术的开发、新兽药的攻关和新型疫苗研发等。

四川省牛屠宰与精深加工产业发展报告

程　杰[1]　王　卫[2]

（1. 成都大学四川肉类产业技术研究院/牛肉加工技术研究所，四川成都 610106；
2. 成都大学四川肉类产业技术研究院/肉类加工四川省重点实验室，四川成都 610106）

摘　要：牛肉产业是带动四川省农业发展、农村致富和农民增收，引领乡村振兴最为重要的支撑之一。牛屠宰与精深加工产业在全省畜牧业发展中占据着举足轻重的地位。在屠宰分割和传统肉制品加工领域四川具有特别的优势。但产业规模小、总体效益差、产品档次低，尤其是加工技术落后，成为制约产业可持续发展的瓶颈。为此应以市场为导向、技术为引领，进行以技术为主导的创新和升级。具体措施：一是聚集专家团队和产业集群，进行关键技术攻关；二是完善质量安全控制体系，提升产品品质和安全性；三是推进传统特色牛肉制品现代加工，加大调理牛肉制品和牛肉预制川菜工业化步伐；四是进一步引进和消化吸收牛肉制品先进加工技术和设备，开发优质高档牛肉特色产品。在政策导向等方面，一是实施四川省牛肉加工重大科技专项，打通产业关键环节技术瓶颈；二是加大科技研发和成果转化投入，尽快实现社会和经济效益；三是完善市场准入制度，培育壮大龙头企业；四是切实支持以本土企业为主导的国内外合作，快速提升加工技术水平和规模；五是进一步完善政策保障措施，推进牛肉加工可持续、健康、快速发展。

关键词：牛屠宰；精深加工；产业发展；发展趋势；对策

四川省作为我国重要的牛业生产大省，牛屠宰与精深加工产业在全省畜牧业发展中占据着举足轻重的地位。随着人民生活水平的提高和消费结构的升级，消费者对牛肉产品在数量、质量、多样性等方面提出了更高的要求，这为四川省牛屠宰与精深加工产业的发展带来了重大的机遇。近年来，在各级政府的大力支持和产业政策引导下，四川省牛屠宰与精深加工产业取得了长足进步。全省牛屠宰加工企业数量不断增加，规模化、标准化、产业化水平显著提升，牛肉产品加工技术和装备实现创新突破，产品结构不断优化，市场竞争力持续增强。牛肉精深加工产业链进一步延伸，高附加值产品比重明显提高。部分龙头企业通过技术创新和品牌建设，打造了一批叫得响的优质品牌，带动了全产业链的升级发展。但与发达国家和国内发达省份和地区比较存在较大差距，存在产业规模小、总体效益差，加工专项投入少，现代技术自主研发迟缓，引进和消化吸收不足，设备装备原始落后，产品安全隐患难以消除等问题。尤其是加工技术落后，成为制约产业可持续发展的瓶颈。本报告将以总结国内外牛产业现状与未来发展趋势为基础，剖析四川省牛业加工存在的突出问题，提出技术研发、产品开发、政策导向等建议，为推进四川省牛业高质量发展提供导向和参考。

一、四川省牛屠宰与精深加工产业发展现状

（一）国际牛肉产业发展现状

1. 牛肉生产与消费贸易

2023 年全球牛肉产量小幅增加到5 920万 t。尽管中国、巴西和澳大利亚的产量有望增加，但这些将被美国和欧盟的产量下降所抵消。全球出口量也下降，2023 年下降 1.2%，降至1 210万 t。这与需求下降有关，尤其是来自中国的需求。由于阿根廷、巴拉圭、乌拉圭和印度等主要竞争对手的供应趋紧，巴西的出口量预计将创历史新高。预计产量的减少也将限制美国和加拿大向东南亚的发货量，这将使澳大利亚受益。美国的牛肉人均消费量较高，人均约为 25kg。欧盟的牛肉和小牛肉总消费量为 68.26 亿 t，美国为 121.79 亿 t，中国为 76.89 亿 t。

2. 牛肉加工与产品市场

发达国家的牛加工技术和装备持续领跑全球，牛肉的精深加工率达到 80%以上，传统加工技艺与现代技术和设备交融，牛排、酱卤牛肉和牛肉干等经典传统产品为主导的同时预制调理、绿色有机、动物福利、营养功能性等产品导向以品质和安全性的不断提升为特征，以适应现代方便、营养、安全的消费发展需求。牛肉制品加工产业的标准化工业加工持续推进，冷链控制、生物发酵、嫩化保水、功能性包装、智能控制等技术广为应用，产品质量安全可追溯体系日趋完善。为迎合碳中和、碳达峰的环保要求，生态环保和绿色有机牛肉制品成为产品开发的热点。欧洲各大型超市人造牛肉专卖柜也有所增加，但产品主要以植物基

肉，以及少量的混合蛋白肉，基于基因工程的细胞培养肉尚处于实验室阶段，而且人造牛肉在感官和质构、营养平衡、加工成本等方面尚有待突破。方便牛肉制品、休闲牛肉制品、冷鲜调理牛肉制品和牛肉预制菜等产品的销量继续稳步增长。

（二）国内牛肉产业发展现状

1. 牛肉生产与消费

2023 年我国牛肉消费需求预计 700 万 t，略低于生产量的 710 万 t。根据国家市场监督管理总局的统计分析，牛肉消费形式分为户内消费（作为家庭烹饪食材）、户外消费（作为企事业单位食堂、餐饮店等烹饪食材）、原料消费（作为肉制品加工厂以及其他含肉食品加工厂原料）三大类，牛肉总消费中，约 50%通过户内消费、35%通过户外消费，剩余的约 15%作为加工原料使用。

牛肉户内消费方面，牛肉户内消费量增长有限。部分牛肉屠宰企业反映，今年企业在批发、商超、电商等渠道的销量有所减量；户外消费方面，在原料消费方面，下游的牛肉食品加工厂原料消耗较慢，采购积极性较弱，大多随用随采。而牛肉消费总体较疲软，消费增长不及预期。

在牛肉市场方面，鉴于国内生猪为主导的肉类产量的恢复，我国对牛肉进口的需求将有较大幅度减少。同时构建以绿色、低碳、高效、安全、可持续等为特征的健康养殖模式将成为主流。同时随着消费者对牛肉产品选择的多样性，牛肉制品的市场需求也出现多元化发展趋势，在品质方面要求质优价廉，产品形式方面则更加倾向于调理化、方便化。

2. 牛肉制品加工与质量控制

我国仍然是全球牛肉生产、加工和消费发展最强劲的地区，2023 年牛肉制品产量达到 150 万 t，在 2022 年基础上提升 15%左右。近年来，牛肉屠宰企业加快通过精深加工实现转型升级，积极开拓牛肉制品加工和产品开发新途径。加工技术和装备持续进展，在腌制乳化、发酵风干、蒸煮烟熏、功能包装等环节实现了较大技术突破，传统牛肉制品工业优质化和特色牛肉菜肴工业化推进迅速，加工设备创制配套、相关技术研发逐渐成为推动牛肉加工发展的新亮点。

我国牛肉制品体系逐步成熟，经典特色产品众多，但较大比例仍然以手工作坊式为主，推进标准化、集约化仍然任重道远。2022 年牛肉产量达到 718.3 万 t，但投入精深加工的不足15%，仍有较大的发展空间。在牛肉产业中，牛肉屠宰利润率较低，精深加工可实现较大幅度的增值。大力发展牛肉制品加工业，推进原料肉的梯度加工和精深加工，有助于牛肉屠宰企业转型升级、技术提升和效益的提高，并更好地满足人民群众牛肉及牛肉制品消费需求。

我国牛肉制品质量安全总体水平不断提升，2018以来全国市场监管系统开展的食品安全监督抽检结果，食品总体不合格率持续下降，而且牛肉制品不合格率低于食品总体不合格率。从全国市场监管部门完成的食品安全监督抽检结果，不合格率为2.49%（2022年为2.86%），其中牛肉制品不合格率低于0.80%，表明牛肉制品企业质量安全工作仍存在漏洞，需要着力纠正、改善，牛肉制品质量安全水平仍有待进一步提高。

（三）四川牛肉产业发展现状

四川省是我国肉牛养殖和牛肉生产大省，牛肉产业发展势头强劲。近年来，全省上下坚持稳中求进工作总基调，以农业供给侧结构性改革为主线，大力发展现代肉牛产业，肉牛生产和牛肉供应实现稳步发展。2023年四川省政府对牛肉生产和加工予以了高度重视和大力支持。在2023年8月发布的《中共四川省委四川省人民政府关于加快建设质量强省的实施意见》，以及2023年12月发布的《四川省人民政府办公厅关于印发四川省农村一二三产业融合发展行动方案》，均对在为农产品产业中占主导地位的肉牛生产和加工发展做了重要部署，为牛肉产业注入了强大动力。

四川省牛肉产业规模持续壮大，2022年全年牛肉产量38.58万t，比上年增长4.67%。加工流通加快发展。近年来新改扩建数十个定点屠宰厂和精深加工企业，牛肉加工企业总数到达近300个，加工转化率提高到38%。大力实施“135”冷链物流体系建设，构建起“产地预冷+集散中心+末端配送”的现代冷链物流网络。

科技支撑能力增强，四川省畜牧科学研究院联合省内多家企、事业单位组成研究团队，紧密结合南方地区气候特点和养牛生产实际，历经30余年，成功培育出中国南方第一个性能优良的高适应性乳肉兼用型牛新品种——蜀宣花牛。创建了蜀宣花牛标准化健康养殖技术体系和产业化开发模式，示范推广成效显著，技术创新点突出，成果整体达到国内领先水平，其中培育的耐高温高湿乳肉兼用牛品种达到国际先进水平。加快培育博士研究员 100 名、专业技术人才 300 名，创新队伍建设取得明显成效。

产业生态更趋完善。探索“龙头企业+合作社+农户”“公司+农户”等多种产业组织形式，建立起“利益共享、风险共担”的牛肉产业利益联结机制。产加销、农牧文旅等产业融合发展态势进一步显现。

二、四川省牛屠宰与精深加工产业发展存在的主要问题

（一）面临的国际挑战与发展趋势

尽管受新冠疫情的影响，全球牛肉产业仍然保持了稳中有增的发展势头，作为牛肉加工业等食品加工业的原料使用平均在 30%左右，发达国家接近 80%，其精深加工现代设备和技术体系日趋成熟，以各类香肠、火腿等经典传统产品为主导的同时，预制调理、有机生态、功能保健、动物福利等新兴牛肉制品越来越受到关注。未来发展存在的挑战仍然集中在食品安全、清洁生产和动物福利。重大疫病随时暴发的隐患为产业带来的冲击，肉类安全保障体系仍然有待完善。禽流感在世界范围起伏不定，新冠疫情对牛肉流通与消费带来的长期不利影响短时难以恢复，节能减排、环境保护、有机生态与充分的牛肉消费矛盾尚难缓和，牛肉质量与安全控制仍然面临巨大挑战。

未来的发展趋势，是以推进均衡发展为宗旨，保障产品充足、安全性为关键，以 HACCP、GMP、ISO 等质量管理体系为基础，产品质量安全控制和可追溯体系不断完善。同时以现代技术和装备的持续推进为基础，低温冷链及调理预制保鲜产品继续不断增长，生物发酵、质构调整、天然保鲜、栅栏控制、微生物预报等进一步融入传统牛肉制品品质提升和安全保障中，而有机生态、调理预制、保健功能、清洁标签、动物福利等，成为新兴牛肉制品开发关注重点。人造牛肉产品也将不断增加，在以植物基为主体，同时混合蛋白肉加工技术开发也将取得逐步有所突破，细胞培养肉在成本降低上可能取得较大进展，但大规模商业化还尚待时日。

（二）面临的国内挑战与发展趋势

2023 年我国的牛肉产业继续保持规模化聚集态势，技术水平不断提升，但企业数量多、规模小，总体技术低和盈利差仍然是影响产业发展的主要问题。全国获得食品生产许可、从事牛肉制品加工的企业有 1 370 家左右。牛肉屠宰与加工业规模

以上（指年收入2 000万元以上）企业数量为500余家，其中牛肉制品及副产品加工业规模以上企业近270家，企均资产仅1.5亿元，企均收入仅1.8亿元。尽管牛肉产业持续在供应链控制、生产管理、产品创新研发、产品品质和品牌建设等方面有较大提升，但大量存在的小作坊、以传统手工操作为主的加工现状，进一步拉低了产业的整体发展水平。牛肉屠宰及肉类加工规模以上的企业利润总额不到65亿元，行业毛利率12%左右，销售利润率4.5%。牛肉制品及副产品加工业有规模以上企业近260家，实现收入近510亿元，利润总额约30亿元，行业毛利率18%，销售利润率6%，12%左右的企业处于亏损状态。

我国牛肉产业最紧迫的任务仍然是提质增效和安全控制，在疫后迅速恢复产能。未来的发展趋势，是以应用现代技术和装备对传统产品进行改进为重点，在保持传统特色风味的同时，提升感官品质和营养特性，减少有害物质的残留，开发更加优质安全并满足不同层次消费需求的各类冷鲜风味预调理牛肉产品和工业化牛肉菜肴，以推进产业的提质增效。发达国家现代设备和技术的引进持续推进，高档西式牛肉制品、消闲方便牛肉产品在未来的市场将占有一席之地，副产高效利用、节能环保和产品质量安全控制始终是产业发展越来越关注的焦点。在食品安全、行业政策和市场竞争等因素的影响和导向下，我国牛肉制品加工业“大而强，小而精，特而美”发展进程将加快，产品市场份额将逐步向经营管理水平高、现代化装备齐全、食品安全管理体系完善的企业集中，大量的小微企业将被淘汰。一些竞争力较强的小微企业，将通过加快转型升级，在环境卫生、人员健康、设备清洁、管理规范等的显著提升得以生成和发展。

（三）面临的省内挑战与发展趋势

在牛肉生产领域，作为肉牛生产大省，在高效育种关键技术与新品种培育，新型营养源创制与高效饲料营养创新，肉牛精准化疫病防控，畜禽健康养殖环节控制与饲养新技术等领域的技术研发、集成配套和应用方面，尽管取得了一定发展，但是与发达国家及地区比较，仍存在较大差距，受控于市场和重大疫病的“过山车”式波动，四川省仍然缺乏有效的预测和预防，严重影响牛肉市场的平稳供给，也为牛肉加工优质原料的保障带来诸多不确定性。

在加工技术上，现代加工技术自主研发和集成应用仍然迟缓，牛肉制品加工总量占生产牛肉比例很低，工业化规模精深加工率仅5%左右，高技术含量高档次的低温乳化肠、发酵牛肉制品、预调理冷保鲜牛肉制品产品不到更低，技术含量高的优质产品缺乏。传统产品加工安全隐患突出，加工和消费最多的牛肉干、酱卤牛肉等大宗特色传统牛肉制品占到加工牛肉制品的70%以上，是国内“年货”牛肉制品的主体。但主要依托小微企业制作，标准化可控水平仍然较低，有害物污染和残留等安全隐患仍然存在。

在大宗传统特色牛肉制品加工上，缸腌、锅煮、灶熏、烤制等传统方式仍然未得到根本改变，工业化设备缺乏，标准化程度极低，水电气能耗高，机械替代人工，预调理、酱卤、成型和包装等工序无缝衔接等技术环节尚未取得重大突破。而对其进行工业化改造的专项投入少，在生产和加工，尤其是精深加工上的各类专项投资主要在酒类。应用研究缺乏，传统产品机理不清，机制不详，在传统牛肉制品工业化流程设计、工程化设备创制、产品“原味化”“标准化”技术研发等缺乏重要的科学依据。

在牛肉市场方面，鉴于国内生猪为主导的肉类产量的恢复，我国对牛肉进口的需求将有较大幅度减少。同时构建以绿色、低碳、高效、安全、可持续等为特征的健康养殖模式将成为主流。同时随着消费者对牛肉产品选择的多样性，牛肉制品的市场需求也出现多元化发展趋势，在品质方面要求质优价廉，产品形式方面则更加倾向于调理化、方便化。

在产品方面，随着科技的发展，互联网+智慧物流促生了“懒人”经济，加之生活的快节奏和人民生活水平的不断提升，方便烹调且美味营养、有机绿色的牛肉制品成为市场的主流，牛肉加工产品的市场需求量越来越大，调理类、休闲类牛肉加工制品将会得到更大发展。

在消费升级的大背景下，受疫情影响，消费者在关注价格，追求“便利”的同时，更加重视食品安全、健康、营养，更加注重品牌与品质，这将有助于品牌产品、高端产品、功能性保健牛肉制品等的发展。例如消费者追求方便，安全的外卖，为熟牛肉制品、调理牛肉制品市场增长带来机会；消费者更加注重品质、休闲、享受，有助于发酵牛肉制品、休闲方便类牛肉制品、工业化牛肉类菜肴等的市场增长。

2023年市场回归传统转趋势继续，消费者关注传统文化和饮食、追求“归属感”，钟情“老味道”，传统特色中式牛肉制品、老字号牛肉制品需求前景向好。

未来发展将紧抓市场机遇，大力开展产品研发，发展方便调理产品开发，开拓牛肉制品业务新空间。

四川具有肉牛养殖等传统畜牧优势，牛肉加工也将面临前所未有的发展机遇。社会经济发展，特别是快速的城市化进程，以及对优质安全产品需求的不断提升，为精深加工产品市场提供了广阔前景，而现代技术进步和设备为优质安全产品开发提供了必要条件，产业集群形成和融合促进了加工规模的不断扩大，以加工为引领促进全产业链发展的牛肉行业，将得到越来越多的优惠政策和资金支持。

三、四川省牛屠宰与精深加工产业发展趋势与对策建议

（一）技术与产品发展建议

1. 聚集专家团队和产业集群

以产学研合作技术研发和产教融合技术创新平台建设和运行为抓手，围绕产业发展需求在技术创新与集成，设备创制与配套，产品品质提升和安全性保障上进行技术攻关。技术研发与应用转化同步，产品开发与市场需求接轨，特别是重点于集成技术的产业化转化应用，提升加工总体技术水平，推进原料优势向加工优势的转变。

2. 提升产品品质和安全性

通过精准监测与调控、智能识别与控制、信息交汇与处理等技术研究和集成配套，构建牛肉质量安全控制和可追溯体系；应用现代生物发酵、冷控腌制、滚揉嫩化、巴氏热加工、绿色杀菌等技术改造传统腊肉、腊肠、酱卤肉加工，降低可能的氧化酸败，硝胺生物胺等有害物残留，提升产品品质和安全性。

3. 推进牛肉预制菜川菜牛肉菜肴加工

推进现代调味、质构调控、功能性强化、冷链贮运应用与特色川菜加工结合，开发适应市场快速发展需求的方便调理牛肉制品，尤其是彰显特色的预制川菜牛肉菜肴，保障产品贮运流通中的风味持久和质量安全。针对省内外消费市场对特色牛肉传统风味、优质安全的需求，对天然风干生物发酵腊肠、腊肉产品进行技术改造，提升品质和安全性；发挥牛肉预制川菜优势，开发特色牛肉川菜菜肴和中央厨房预调理、预制菜产品，实现技术产业化应用和产品安全可控，推进四川特色红烧牛肉、水煮牛肉、灯影牛肉、酱牛肉、黑椒牛柳、牛肉火锅等各类菜肴的工业化。

4. 传统牛肉加工技术改造和产品升级

进一步引进西式牛肉加工技术和设备，将西式技术融入我国传统牛肉加工，提升产品感官、营养特性，延长保质期，适应现代社会对生态、环保、动物福利的发展需求，开发有机牛肉制品、清洁标签牛肉制品、动物福利标签牛肉制品、植物基人造牛肉等新产品，推进牛肉清洁加工和节能减排、节支增收；通过现代生物技术的集成应用，实现牛肉屠宰副产物和废弃物的联产节能和高效环保提取，开发骨蛋白、血蛋白、肠膜素、SOD、胰酶、肝素钠等高附加值产品。

（二）政策及其他建议

1. 加大政府扶持力度

建立以牛肉加工业为核心，涵盖养殖、屠宰及精深加工、冷藏储运、批发配送、制品零售、设备制造及相关高等教育和科学研究的完整产业链，采用传统牛肉制品加工方式与现代化生产相结合的方式，提高牛肉制品行业的规模化及现代化水平，有利于进一步促进牛肉制品行业的高速发展，缩短与国外发达国家的差距。尤其在精深加工及新产品开发方面，进一步塑造牛肉制品产品品牌。尽管四川省目前已经有牛肉产品在国内有一定的知名度，但是以川味为特色的其他牛肉产品品牌仍显不足。

2. 培育壮大龙头企业

在加工工业园区和畜牧主产区通过政策引导，财政资金和优惠政策扶持等方式，推进一批具有较强市场开拓能力，产品具有竞争力，可切实带动农村发展、农业增效和农民增收的龙头企业的快速壮大成长，鼓励企业通过与高校和科研院所的产学研合作，不断提升自主创新能力，加大已有技术的落地应用，将合作研发成果尽快转化为经济、社会和经济效益。

3. 提升牛肉产品质量安全保障水平

加强全主体、全品种、全链条食品安全监管，确保人民群众“舌尖上的安全”。强化畜禽产品质量安全保障，继续畜禽产品质量监测追溯互联互通标准的推进，加大监测力度，依法依规严厉打击违法违规使用禁限用药物行为，严格管控肉类产品农兽药残留超标问题。加强优质牛肉产品基地建设，推行承诺达标合格证制度，推进绿色食品、有机农产品、良好农业规范的认证管理，深入实施地理标志农产品保护工程，推进现代农业全产业链标准化试点。深入实施食品安全战略，推进食品安全放心工程。支撑企业完善肉类食品安全标准体系，推动肉类食品生产企业建立实施危害分析和关键控制点体系，加强生产经营过程质量安全控制。加快构建全程覆盖、运行高效的肉类食品安全监管体系，强化信用和智慧赋能质量安全监管，健全追溯管理制度，提升肉类产品全链条质量安全保障水平。

4. 增强牛肉产业技术、产品和质量竞争力

聚焦产业基础质量短板，实施产业基础质量提升工程，加强重点领域产业技术攻关和产品创新，实现工程化突破和产业化应用。开展牛肉质量提升关键共性技术研发和应用验证，提高牛肉质量稳定性、一致性、适用性水平。支持制造业创新中心等平台建设，加强质量领域基础性、原创性研究，集中实施一批产业链供应链质量攻关项目，突破一批重大标志性质量技术和装备。加强技术创新、标准研制、知识产权等产业技术基础能力建设，加快产业基础高级化进程。建立政产学研用深度融合的技术创新体系，协同推进技术研究、产品研发和产业应用，打通创新成果转化应用渠道。完善品牌培育发展机制，开展牛肉品牌创建行动，打造牛肉精品和“百年老店”，争创国内牛肉知名品牌。

四川牛粪污资源化利用报告

付　敏[1]　王万霞[2]　赖靖雯[1]　刘　文[1]　陈　敏[1]
金泽明[3]　雷晓琴[4]　严　平[5]　陈天宝[1]
（1. 四川省畜牧科学研究院，四川成都 610066；2. 四川省畜牧总站，四川成都 610041；3. 广元市昭化区射箭镇农业综合服务中心，四川广元 628000；4. 阆中市动物科技站，四川阆中 637400；5. 江油市中坝街道畜牧兽医站，四川江油 621700）

摘　要：四川牛的饲养量较大，长期位列全国前列，有力满足了人们对牛肉和奶制品的需求，但伴随产生的大量粪污，成为制约牛产业绿色高质量发展的因素之一。本报告综述了四川牛粪污治理及资源化利用的探索、经验和成效，分析了当前牛粪污治理面临的困难，提出了下一步工作建议，以期为相关行业及人员提供参考，促进牛产业转型升级和高质量发展。

关键词：四川；牛；粪污治理；资源化利用

随着城镇化进程的加快以及人民生活水平的提高，居民不仅对健康食品的需求日益增长，而且对蓝天绿水青山、优美生态环境的渴望越来越强烈。牛产业是重要的民生产业，肉和奶已成为人们美好生活的必需品。然而，随着养殖集约化规模化程度快速提高，在满足人们生活需求的同时，给环境带来了沉重的压力。在农业发达的美国，农业面源污染占河流污染总量的46%～56%，欧洲、日本农业面源污染占水环境污染的50%以上，牛作为反刍动物对环境的影响是其他肉食动物的3～10倍，是农作物的20～100倍。四川是养牛大省，饲养量位居全国前三，粪污的大量产生已带来巨大的环保压力，牛场粪污治理及资源化利用情况逐渐成为牛产业绿色高质量发展的决定性因素。牛粪污中有机质含量为30%～70%，可通过将畜禽粪便热处理，破坏有机物结构等技术创新，促进畜禽粪污快速腐熟与高效保氮，减少温室气体和臭气排放，与此同时，粪肥资源化利用，形成“种—养—饲”等绿色循环经济模式，为养牛业绿色发展提供了有效途径。因此，本报告多方位探讨了四川省牛场粪污资源化利用情况以及主要的工作措施，剖析了粪污资源利用过程中存在的主要问题，并提出了相应的对策建议。

一、四川牛粪污产排基本情况及治理利用的重要意义

（一）牛粪污产生与排放情况分析

2020—2022 年，全省牛年末存栏量平均为 859.83 万头，牛肉产量约 37.49 万 t，牛奶产量约 69.04 万 t。参照《农业农村部办公厅关于做好 2018 年畜禽粪污资源化利用情况跟踪监测工作的通知》、四川省地方标准《农区畜禽养殖负荷风险评估技术规程》（DB51/T 1492—2022）推荐参数——肉牛和奶牛尿液产生量分别为 8.32kg/（d·头）和 11.86kg/（d·头）、粪便产生量为 12.1kg/（d·头）和 25kg/（d·头）进行测算。近 3 年，全省肉牛和奶牛年均产生尿液量为 2 587.85 万 t 和 33.21 万 t，年均产生粪便量分别为 3 763.57 万 t 和 70.00 万 t；全省牛尿年均产量为 2 621.06 万 t，牛粪年均产量为 3 833.58 万 t。其中，2020 年牛粪尿产生量为 6 606.26 万 t，占全省畜禽粪尿产生总量的 48.27%（图 1）。

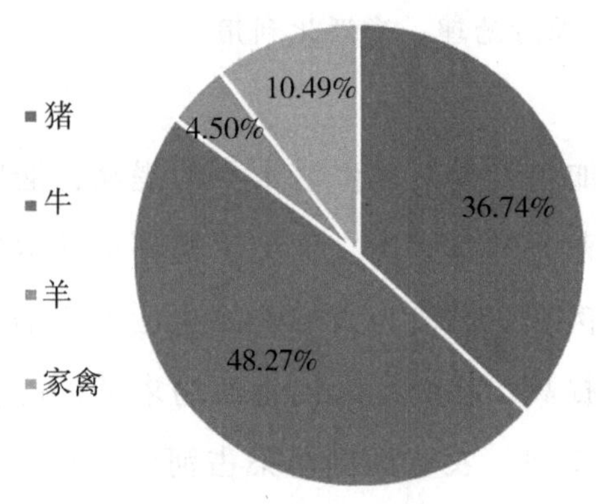

图 1　四川 2023 年不同畜禽粪尿产生量比例

（二）牛粪尿主要养分情况

参照《农业源产排污核算方法和系数手册》（生态环境部公告 2021 年第 24 号）中肉牛和奶牛粪尿氮参数，分别为 27.447kg/头和 59.032kg/头，粪尿磷产生参数分别为 5.533kg/头和 13.354kg/头。全省牛粪尿氮产生量为 23.84 万 t，约占全省畜禽粪尿氮排泄总量的 27.83%，相当于 52.98 万 t 尿素，相当于四川省 2020 年全年氮肥施用量 90.7

万 t 的 58.4%。粪尿磷产生量约 4.82 万 t，约占全省畜禽粪尿磷排泄总量的 28.66%，相当于 40.14 万 t 过磷酸钙，相当于四川省 2020 年全年磷肥施用量 38 万 t 的 12.68%。由此可见，牛的粪尿是一种宝贵的肥料资源，具有很大的开发利用空间。

（三）牛粪污对环境的影响

肉牛个体大，采食量和排泄量也非常大，经全国第二次污染普查肉牛养殖原位监测发现，1 头 300kg 的肉牛日排鲜粪量达 15kg，日排尿量达 11kg。在规模化程度和集约化程度不断加大的过程中，养殖粪污产生量也将快速增加，如果牛场粪尿处理不当将会对环境产生极大的危害。首先，牛粪中含有大量的氮、磷等营养物质，如果排放至水体中，会导致水体富营养化，引发水华暴发，影响水质。其次，牛粪中的有机物质在堆积发酵过程中会释放出大量的甲烷等温室气体，加剧温室效应，加速气候变化。最后，牛粪中的微生物和重金属等有害物质也会对土壤和空气造成污染，影响生态系统的平衡。因此，开展牛粪污治理工作，实现资源化利用，对于改善环境质量，维护生态平衡具有重要意义。

（四）牛粪污治理利用的紧迫性与重要性

国内外在畜禽粪污处理利用方面已开展了大量工作。欧洲国家采用生物反应器和沼气发电技术对牛粪进行处理，实现了高效率的污染治理和资源化利用。美国推行了严格的环保法规和政策措施，鼓励农场采用现代化的牛粪处理设施进行资源化利用，有效减少了环境污染问题。日本利用牛粪生产有机肥料和生物质能源，通过技术创新和政策支持，实现了牛粪的资源化循环利用。四川是中国重要的农业大省，养殖业发展迅速，牛的养殖量和规模化程度不断提高，由此牛粪污的产生与排放量不断增加，集聚效应明显，如果不合理处理，将严重影响土壤、水体和空气，危害生态环境和人民健康。

首先，牛粪污治理关乎生态环境可持续发展。牛粪污中含有大量的氮、磷等养分物质，如果不有效处理利用，直接排放到环境中，将导致土壤肥力下降、地下水污染、水体富营养化等问题，严重影响生态系统的平衡和稳定。其次，牛粪污治理对农业生产和食品安全至关重要。牛粪中含有大量细菌、寄生虫等致病微生物，若直接用于农田施用，可能造成土壤和农产品受污染，危害人畜健康。因此，对牛粪污进行有效治理，可以提高农田肥力，改善土壤环境，保障农产品质量和安全。最后，牛粪污治理还关乎资源循环利用和经济效益。牛粪中含有丰富的有机物质和营养元素，可以作为优质有机肥料、生物质能源原料等，进行资源化利用，为农业生产提供绿色肥料，降低生产成本，增加农民收入，促进农业可持续发展。因此，四川牛粪污治理的紧迫性与重要性不容忽视，需要政府、企业和社会各界共同努力，加强牛粪污治理工作，推动资源化利用，实现生态环境保护和经济效益的双赢。

二、四川牛粪污收集与无害化处理利用现状

（一）牛粪污收集、处理与运输主要技术路线

1. 固体粪便收集、无害化处理主要技术路线

固体粪污清理是粪污资源化利用的重要环节，必须综合考虑后期粪污处理及利用方式、饲养模式、劳动成本及养殖场经济状况等因素。四川省肉牛、奶牛养殖场主要采用干清粪、水泡粪、垫料养殖等清粪和暂存工艺，并逐步淘汰水冲粪工艺。养殖场（户）均配套建设有干粪堆积场、干湿分离机等处理设施设备。

固体粪污无害化处理主要采用沤肥技术、条垛（覆膜）堆肥技术、动物蛋白转化技术进行无害化处理后，就近返田利用，或打包出售返田利用，或打包出售生产有机肥。固体粪污通常采用厢式畜禽粪便运输车运送至堆肥场或其他处理场所。

2. 液态粪污收集、无害化处理主要技术路线

液体粪污收集方式：遵循“源头减量、过程控制”的原则，同时综合考虑液态粪污的处理及利用方式，要求养殖场（户）对液体粪污进行全量收集。养殖场（户）配套建设雨污分离沟、收集池、化粪池、沼气池、氧化塘、沉淀池等收集、暂存、发酵、深度处理等设施，购置干湿分离机、防溢漏饮水器等设备，通过“雨污分流、干湿分离、固液分离”等收集处理技术和清洁生产、控制用水量、减少粪污流失、减少恶臭气体等措施有效收集液体粪污。

液体粪污的无害化处理方式多样，主要包括：厌氧发酵产沼气技术、催化氧化处理技术、膜处理技术以及组合工艺（厌氧+好氧发酵）。养殖场可根据养殖规模、资源需求及环保要求，结合物理、化学和生物技术手段，实现资源化利用与环境保护的双重目标。

（二）四川牛粪污资源化利用主要模式

牛污资源化利用主要技术模式通常包括种养结合模式、清洁回用模式，达标排放模式。其中种养结合模式运用最广，主要包括粪污全量还田模式、粪便堆肥利用模式、粪水肥料化利用模式、粪污能源化利用模式。其次是清洁回用模式，包括粪

便基质化利用模式、粪便垫料化利用模式、粪便饲料化利用模式。达标排放模式由于成本高，目前应用较少。

大部分养殖场（户）主要采用贮存发酵或厌氧发酵技术进行无害化处理，无害处理后的液体粪污一般就近还田利用，少部分通过第三方转运公司收储运后异地利用。液态粪污的转运分为舍内和舍外。在舍内设有粪沟，积粪池等运输贮存场所，圈舍的粪污水经粪沟流向贮存池，进行一级或多级无害化处理。经处理后的液态粪肥通常采用消纳管道或者罐车运输到消纳土地。

（三）牛粪污治理及资源化利用整县推进情况

近年来，按照《国务院办公厅关于加快推进畜禽养殖废弃物资源化利用的意见》《四川省人民政府办公厅关于加快推进畜禽养殖废弃物资源化利用的实施意见》要求，依托国家整县推进畜禽粪污资源化利用项目，争取中省资金近 30 亿元，在全省 63 个畜牧大县和 22 个非畜牧大县实施，共支持 1.1 万余个养殖场和近 400 个第三方机构建设或升级改造粪污处理设施装备。建立粪污集中处理中心（专合社）240 个，其中有机肥厂 87 个，预计年生产有机肥 500 余万 t。建设粪污贮存池 260.2 万 m^3，沼气池 86.1 万 m^3，沼液运输管网 14 848.5 km，田间暂存池 161.0 万 m^3，配套粪肥还田土地 704.5 万亩，有力推进了全省畜禽粪污资源化利用，改善了农村居民生产生活环境，促进了农业可持续发展。

三、四川牛粪污治理及资源化利用主要工作措施

“十三五”期间，四川牢记习近平总书记关于擦亮农业大省金字招牌的嘱托，认真贯彻落实党中央、国务院重大决策部署，以产业高质量发展为总揽，以中央生态环境保护督察为契机，以项目实施为抓手，以科技创新为支撑，克服市场行情波动和动物疫病对牛产业的影响采取一系列有力措施全面推进牛粪污资源化利用工作。

（一）建立成套政策体系

2017 年以来，省政府专门召开全省畜牧业转型升级绿色发展暨畜禽养殖废弃物资源化利用现场推进会，先后印发《四川省人民政府办公厅关于推进畜牧业转型升级绿色发展的意见》《四川省人民政府办公厅关于加快推进畜禽养殖废弃物资源化利用的实施意见》，明确“到 2020 年，全省畜禽粪污综合利用率达到 75%以上，规

模养殖场粪污处理设施装备配套率达到95%以上，大型规模养殖场粪污处理设施装备配套率提前1年达到100%，畜禽粪污基本实现资源化利用”的目标任务。

农业农村厅会同生态环境厅联合印发《四川省农业厅关于加强畜禽养殖污染防治工作的指导意见》《关于加强畜禽粪污综合利用的指导意见》《关于印发〈四川省畜禽养殖污染防治技术指南（试行）〉的通知》，贯彻落实畜禽规模养殖污染防治相关法律法规，推动全省畜禽养殖污染防治工作规范化管理。出台《关于贯彻落实中央环保督察反馈意见加强畜禽养殖污染防治工作的通知》《关于进一步调整完善畜禽养殖禁养区划定工作的通知》《关于切实做好中央环保督察反馈意见畜禽养殖污染问题整改销号工作的通知》等系列文件，切实抓好中央环保督察反馈意见的整改落实。与市（州）政府签订《四川省畜禽粪污资源化利用目标责任书（2018—2020年）》，制定《四川省畜禽养殖废弃物资源化利用工作考核办法（试行）》，把规模养殖场粪污处理、有机肥还田利用、沼气和生物天然气使用等重要指标纳入地方政府绩效评价考核，建立了制度、明确了责任、强化了保障。

（二）用好用活重大项目

争取中央和省资金近40亿元，在全省85个县实施整县推进畜禽粪污资源化利用项目，在11个县实施长江经济带农业面源污染治理专项，在18个县实施有机肥替代化肥试点等（表1），从源头、过程和末端等全方位治理畜禽粪污，有力撬动社会资本共同参与治理，调动了社会各界热情，形成了齐抓共管的良好格局。

表1　“十三五”期间畜禽养殖粪污治理及资源化利用部分项目

项目类别	实施县（市、区）
整县推进畜禽粪污资源化利用项目（85个）	南江县、苍溪县、泸县、三台县、宣汉县、武胜县、射洪市、阆中市、井研县、资中县、叙州区、叙永县、中江县、剑阁县、高坪区、嘉陵区、南部县、营山县、蓬安县、仪陇县、西充县、船山区、兴文县、邻水县、渠县、通江县、乐至县、大竹县、达川区、东兴区、合江县、威远县、绵竹市、安岳县、仁寿县、会理县、平昌县、西昌市、岳池县、简阳市、邛崃市、安居区、金堂县、雁江区、广安区、东坡区、巴州区、崇州市、荣县、富顺县、蓬溪县、昭化区、大邑县、蒲江县、旺苍县、江安县、犍为县、大英县、长宁县、罗江区、纳溪区、名山区、新津区、梓潼县、筠连县、青川县、翠屏区、开江县、通川区、彭州市、万源市、恩阳区、旌阳区、古蔺县、盐亭县、江油市、米易县、珙县、隆昌市、洪雅县、华蓥市、高县、什邡市、游仙区、会东县
长江经济带农业面源污染治理专项（11个）	恩阳区、开江县、前锋区、南溪区、青神县、内江市市中区、利州区、盐亭县、广汉市、龙马潭区、大安区

（续表）

项目类别	实施县（市、区）
有机肥替代化肥试点（18个）	蒲江县、西充县、广安区、渠县、安岳县、丹棱县、威远县、翠屏区、旺苍县、名山区、汶川县、井研县、资中县、邛崃市、荣县、东坡区、筠连县、乐至县

数据来源：行业统计。

（三）发挥科技支撑作用

充分发挥在川高校、科研院所、技术推广等单位技术力量，创建了国内领先的耕地畜禽承载力评价技术体系，成立了我国西部地区第一个畜禽养殖废弃物资源化利用科技创新联盟，建立起“政、推、产、学、研、用”大联合大协作的科技支撑体系。采用“决策咨询+标准制定+规划应用+技术支撑+培训推广”五结合推广模式，实现了科技成果从政府顶层设计到生产基层的快速落地和高效应用。创新联盟每年举办一次大型学术技术论坛，促进了行业交流，共同破解畜禽粪污治理难题。

制定发布了《畜禽养殖污染防治技术指南》《商品有机肥料原料安全分类管理目录》《农区耕地畜禽承载力评估技术规程》《农区畜禽养殖负荷风险评估技术规程》《畜禽粪污异位发酵床处理技术规范》等技术指导文件，出版了《畜禽废弃物资源化利用》等实用操作技术书籍，并借助开展第二次全国农业（畜禽养殖业）污染源普查，进一步摸清养殖场（户）粪污处理模式和产排污系数，推动畜禽粪污科学测算、治理及资源化利用。

（四）以督促改妥善解决群众关切

着眼中央生态环境保护督察反馈问题，四川迅速行动，按照“省负总责、市县抓落实、部门管行业”的原则，出台《关于贯彻落实中央环保督察反馈意见加强畜禽养殖污染防治工作的通知》等，部署工作的同时理清部门职能职责，从源头提升了工作推进效率。施行“清单制+责任制+销号制”，进一步调整完善县域禁养区划定，明确禁养区范围边界拐点，形成畜禽禁养区分布图，按期完成全省禁养区内养殖场关闭搬迁和沱江流域养殖场整改任务。

以中央生态环境保护督察为契机，举一反三开展行业自查，将畜禽粪污资源化利用融入农业面源污染防治攻坚战和河湖长制工作，先后印发《四川省打好农业面源污染防治攻坚战行动方案的通知》《关于编制10大主要河流畜禽养殖污染防治河长制工作方案的通知》等，指导市县明确畜禽养殖污染工作责任，按照“一河一策”方针开展畜禽养殖污染防治河长制工作方案编制，抓好“一个重点、一个方案、三本台账”，以加快推进省环保督察发现通报问题的整改为重点，制定完善问题整改方案，建立健全畜禽养殖台账、养殖污染治理台账、养殖粪肥资源化利用台账、问题整改台账，强化畜牧业生态环境治理，有力推动了畜牧业发展方式转变。

（五）优化完善工作推进机制

采取现场督导、强化培训、调度通报、专题座谈、考核推动等一系列措施，狠抓畜禽粪污资源化利用工作落实。成立工作专班，制定工作方案，在全国率先将养殖专业户纳入备案范围，随时通过养殖场直联直报系统调度各地各主体粪污治理进展，采用“线上+线下”相结合的方式开展“全覆盖”核查，对查出的问题按照“验收材料整改不过周，设施设备整改不过月”的要求立查立改，确保工作取得实效。

四、四川牛粪污治理及资源化利用工作亮点及成效

（一）牛粪污处理设施装备和资源化利用水平显著提升

截至2023年，创建部省级牛标准化示范场251个，其中部级17个、省级234个。将清粪机、固液分离机、粪便发酵处理设备、粪便翻堆设备、沼液沼渣抽排设备等畜禽粪污资源化利用设备纳入农机购置补贴。进一步调整优化禁养区，解决了“乱划”“超划”问题，现有禁养区9 175个，面积9. 18万km^2。2023年全省畜禽粪污综合利用率91%以上，规模牛场粪污治理设施装备配套率达97%以上，大型规模牛场粪污治理设施装备配套率达100%。

（二）沼气工程快速发展

2016年以来，财政投资2. 63亿元在19个市（州）65个县（市、区）共新建140处规模化大型沼气工程，每年可处理畜禽粪污近5 000万t，生产沼渣、沼液7 500万t，可为2 500万亩农田提供优质有机肥。在全省20个市（州）的109个县（市、区）建设新村集中供气工程675处，集中供气农户总数达到4. 43万户，项目建设带动了循环农业示范基地建设，累计打造以新村集中供气工程为纽带的家庭农场式循环农业示范基地300处，每年为农业生产提供350万t沼液沼渣。

（三）种养结合成效明显

目前，全省建立畜禽类产业园区5个，牛种业园区1个。在果菜茶有机肥替代

化肥试点县因地制宜推广“柑橘（茶叶）—沼—畜”“有机肥（堆肥）+配方肥”“有机肥+水肥一体化”等技术模式，建设有机肥替代化肥示范区70余万亩，畜禽粪污得到消纳，土壤有机质含量更加丰富。在绿色种养循环农业试点县整县开展粪肥就地消纳、就近还田奖补试点，推广“养殖户+第三方服务机构+种植基地”的异地还田、“养殖户+综合处理中心+种植基地的”管网输送还田等模式，建设绿色种养循环示范区240万亩，促进全县畜禽粪污综合利用率达到90%以上，带动县域内粪污基本还田。

（四）新模式新技术不断熟化和推广

在农业农村部推荐的7大资源化利用模式基础上，结合四川实际，总结了4种畜禽粪污资源化利用模式，即“异位发酵床”“污水肥料化利用”“粪污专业化能源利用”“集中转运、田间储备处理”等模式，便于各地复制推广。各地涌现出一批“接地气、服水土、运行好”的典型案例，如：绵阳市的“家庭微循环、园场小循环、合作中循环、市场大循环”模式得到广泛赞誉；广汉畜禽液体粪肥还田模式作为全国18个先进粪肥还田模式之一，被农业农村部畜牧兽医局和全国畜牧总站组编的《畜禽粪肥还田利用典型案例》收录，2021年由中国农业出版社出版；成都市邛崃市“分类推进畜禽粪污资源化利用提升生态农业发展水平”入选农业农村部推介的2021年全国农业绿色发展典型案例。

（五）绿色发展理念深入人心

强有力的粪污治理措施、广泛的宣传、看得见的成效变化，让畜禽养殖从业者更加清楚粪污治理是兴办养殖场的前置条件、是可持续发展的必由之路，让种植从业者更加明白科学使用粪肥是提升土壤地力的有效之举、是利国利民的长远之计，畜禽养殖走一条绿色高质量发展的路子，已达成行业共识。

五、四川牛粪污治理及资源化利用存在的主要问题

（一）粪污治理任务依然艰巨

一是四川省奶牛规模化程度逐渐提高，牛场粪污产生量大，对养殖场配套土地面积要求高，粪污治理成本高，集中消纳难度大。

二是四川省肉牛养殖量大，散养户占比高、分布面广，生产设施智能化、自动化、机械化程度低，粪污处理设施装备还未全部配套。整县推进畜禽粪污资源化利

用项目仅覆盖了全省 85 个县，得到项目支持的县仅占全省所辖县总数的 46%，畜禽粪污处理任务重，压力大。

三是牛场臭气及温室气体排放控制难度大。肉牛养殖粪污中含有大量的还原性有机物、氨、硫化物等恶臭气体的前体物质，如果这些气体无法得到有效控制，不仅严重影响养殖场及周边区域的环境空气质量，还可能引发居民投诉等社会矛盾。

（二）粪肥利用尚存薄弱环节

四川省种养循环发展的基础设施相对薄弱，畜禽粪污资源化利用第三方机构服务能力不足、覆盖面窄，国家财政对第三方服务机构的支持力度较弱，长效机制有待建立。同时，粪肥还田利用的标准不够完善，利用检测环节存在短板，不同种植用途的适宜处理模式、肥料配方、施肥量和方式仍需研究，丘陵山区的小型还田机械等方面的研发推广指导有待加强。

六、牛产业绿色发展的对策建议

（一）建立完善粪污治理长效机制

着力健全事前、事中、事后全过程的审批、运行、监督机制。一是严格落实“三同时”制度，研究解决项目实施中招投标、用地等方面共性难题，优化项目入库条件，做到成熟一批、入库一批、实施一批，保证项目顺畅进行。二是加强对养牛场粪污处理设施和畜禽粪污集中处理设施的日常督导，定期调度运营情况，建立激励和责任追究机制，确保粪污处理设施正常运转。三是加大执法监管力度，对治污设施建而不用、用而不修、破损严重，导致粪污直排，造成环境污染的养牛场，依法从严从快查处。

（二）高标准谋划牛产业发展

以现代农业园区建设为载体，以畜禽良种化、养殖设施化、生产规范化、防疫制度化、粪污资源化、监管常态化“六化”为重点，不断提高全省牛产业总量中标准化养殖量的比重，促进畜产品品牌建设，从源头上保障畜产品质量安全、生态环境安全和动物卫生安全。在高标准农田、现代农业园区建设中，按照耕地承载力配置养殖用地，推动“一控两减三基本”、土壤有机质和种植质量效益提升等综合目标实现。

（三）大力构建种养循环新格局

把种养结合作为现代农业园区培育的基本要求，突出种养结合、循环发展，优先在粮食生产基地和现代农业园区，就地建设相应规模的标准化养牛场，粪肥就地消纳，推动循环农业、绿色农业发展。根据资源环境承载力（1 亩耕地配置 0.5 头肉牛或 0.23 头奶牛），合理调整畜牧业生产布局，统筹考虑现代养殖基地、蔬菜林果基地和生态循环农业基地建设，积极打造种养结合示范区。鼓励发展适度规模化和标准化基地园区、养殖集中区建设。配套建设堆粪场、沼液池、还田管网等基础设施，满足牛场粪污消纳需求，实现粪污就地就近利用。

（四）全面提升粪污资源化利用装备水平

持续提高牛粪污综合利用率和规模养殖场粪污处理设施装备配套率。鼓励规模牛场配套粪污收集、固液分离、厌氧发酵、曝气耗氧、沼液贮存、沼肥利用等方面的设备向智能化方向转型。招引有机肥生产厂商，鼓励其在堆肥发酵、翻抛机、高温腐熟杀菌等装备的配套；鼓励配套无害化运输等方面的装备。

（五）研发推广清洁养殖技术模式

提高养殖管理精准化水平，推广高产高效畜禽品种，普及节水、节地等清洁养殖工艺。规范投入品使用，减少末端利用风险。以中小养殖场（户）为重点推进标准化升级改造，坚持雨污分离，推广干清粪、微生物发酵等技术。进一步健全和发挥粪污治理领域技术团队和专家作用，深入养殖一线巡回技术指导，优化粪污治理设施装备选用，提升绿色发展意识。协同开展清洁养殖技术攻关，跟踪研究粪污成分在处理利用过程中的变化规律，推动粪污治理标准化、规范化、高效化。

（六）畅通粪肥还田利用渠道

依托国家整县推进畜禽粪污资源化利用、高标准农田建设、有机肥替代化肥试点、农业社会化服务示范县建设、国家现代农业产业园建设、农机购置补贴、土地整理项目等，结合省级有关配套政策，支持养殖主体在配套消纳土地上建设田间贮存池、沼液田间输送管网等设施。支持粪肥处理利用专业合作社等集中处理的社会化服务组织购置沼肥运输车辆、建设粪污堆积贮存等基础设施设备，引导社会化服务组织提升粪肥处理服务能力，打通粪肥还田通道。因地制宜推行粪肥就地或异地配送利用，解决粪肥还田“最后一公里”和局部产消空间不平衡问题。

牛产业经济与市场竞争力分析报告

赖靖雯[1] 付 敏[1] 刘 文[1] 陈 敏[1] 杨晓燕[2] 王生民[3] 侯绍云[4] 陈天宝[1]

(1. 四川省畜牧科学研究院，四川成都 610066；2. 广元市昭化区元坝镇农业综合服务中心，四川广元 628021；3. 广元市昭化区农业农村局，四川广元 628021；4. 冕宁县泸沽畜牧兽医站，四川冕宁 615602)

摘 要：四川是全国牛产业大省，牛存栏长期保持全国第一位，出栏量位居全国前五。运用综合比较优势指数法分析发现，四川牛产业具有明显的规模优势。四川牛产业遗传资源和饲草资源丰富、养殖总量和规模比重增加、屠宰加工产能提升、疫病防控日趋完善，但良种化水平仍较低、优质饲草不足、能繁母牛逐年减少、标准化产业化水平低、知名品牌少、科技支撑较弱等问题。提升四川牛产业市场竞争力，要从构建肉牛良繁体系，优化肉牛区域布局；健全饲草供应体系，推进饲草产业发展；推进母牛扩群增量，优化畜群养殖结构；建立标准养殖模式，推动产业转型升级；强化品牌培育意识，提升市场竞争能力；培养素质专业队伍，提升技术服务水平；全力抓好疫病防控，保障产业健康发展等七个方面着手发力。

关键词：牛产业；市场竞争力；综合比较优势指数法；四川省

四川是全国肉牛生产大省，牛存栏长期保持全国第一位，出栏量位居全国前五。同时，四川省肉牛品种多样、饲草资源丰富，具有发展牛产业的优势基础条件。近年来，随着社会经济的不断发展，人民生活水平不断提高，人们对牛奶、牛肉的需求日益增长，四川牛产业迅速崛起，成为支撑全省乡村振兴的主导产业之一。2022 年全省牛存栏 868. 72 万头，出栏 306. 04 万头，牛肉产量 38. 58 万 t，胴体重 126. 14kg/头，比上年分别增长 4. 60%、4. 40%、4. 61%和 0. 19%。总体来看，十年来全省肉牛存栏量基本保持稳定，出栏数量和牛肉产量稳步提升，肉用性能呈上升趋势，表明四川肉牛生产效率逐步提高，产业生产总量保持着稳步提升的势头。2019 年以来，四川省委、省政府出台了一系列政策措施，扶持肉牛产业发展，先后印发了《关于加快建设现代农业“10+3”产业体系推进农业大省向农业强省跨越的意见》《川牛羊（畜禽饲草）振兴工作推进方案》《推动川牛羊产业高质量发展11条措施》等，有效推动了组织领导、用地保障、资金扶持、金融保险扶持、科技支撑等环节的保障，全面提升畜产品供应安全保障能力，促进牛产业高质量发展。振兴川牛产业，建设牛产业强省，必须不断提高四川牛产业比较优势，提升牛产业市场竞争力。

一、四川牛产业发展概况

（一）牛产业现状

四川省牛养殖历史悠久，饲草资源丰富，开发利用潜力大，牧区天然草场资源丰富，农区农作物秸秆资源丰富，川南的酒糟资源别具特色。牛产业作为四川省畜牧业的重要组成部分，既是广大农村地区农民增收的基础产业，也是全省高原牧区的核心产业。2013—2022年，四川省存栏量从858.67万头波动增长至868.72万头（表1），增长了10.05万头，增幅约为1.17%，年均复合增长率约为0.13%。2022年四川省牛出栏量为306.04万头，与2013年的242.04万头相比，增长了64万头，增幅约为26.44%，年均复合增长率约为2.64%。从同比增长率来看，除2017年、2021年外，四川省牛出栏量均同比增长，且年间同比增长率均维持在1%以上，尤以2019年5.62%同比增幅最为明显。2013—2022年，四川省牛肉产量从28.44万t波动增长至38.58万t，增长了10.14万t，增幅约为35.68%，年均复合增长率约为3.45%。从同比增长率来看，四川省牛肉产量变化趋势与牛出栏量变化趋势较为一致。但近年来，牛肉产量同比增长率的波动区间逐渐接近甚至窄于牛出栏量，说明四川省单头牛的胴体重有所下滑，对全省牛产业发展产生不利影响。2013—2022年，四川牛产业规模呈现稳定趋势，牛年末存栏量、出栏量、牛肉产量分别占全国9%、6%、5%左右，牛存出栏量常年位居全国前五位。近年来，四川省先后实施国省级肉牛产业集群、牦牛产业集群建设，持续开展肉牛增量提质、粮改饲、奶牛生产能力提升整县推进、高原粮仓建设、牛品种改良等多个项目，不断加大财政支持力度。据第三次全国畜禽遗传资源普查结果，四川省牛遗传资源丰富，其中地方黄牛资源8个，包括三江牛、峨边花牛、川南山地牛、甘孜藏牛、凉山牛、巴山牛、平武牛、空山牛；培育品种1个，蜀宣花牛。水牛2个，宜宾水牛、德昌水牛；牦牛6个，九龙牦牛、麦洼牦牛、木里牦牛、金川牦牛、昌台牦牛、亚丁牦牛。

表1 2013—2022年四川牛生产情况及与全国平均水平比较

年份	牛年末存栏		肉牛出栏		牛肉	
	数量（万头）	占全国比重（%）	数量（万头）	占全国比重（%）	产量（万t）	占全国比重（%）
2013	858.67	9.56	242.04	5.78	28.44	4.64
2014	869.88	9.66	251.61	5.99	30.15	4.90
2015	857.80	9.47	263.34	6.25	31.53	5.11
2016	831.18	9.41	268.58	6.30	32.44	5.26
2017	853.19	9.44	267.26	6.16	33.31	5.25
2018	824.30	9.25	276.19	6.28	34.47	5.35
2019	851.65	9.32	291.66	6.43	36.43	5.46
2020	880.27	9.21	296.44	6.49	37.02	5.51
2021	830.51	8.46	293.14	6.23	36.86	5.28
2022	868.72	8.50	306.04	6.32	38.58	5.37

数据来源：根据历年《四川统计年鉴》和《中国统计年鉴》数据整理计算而得。

（二）牛区域分布

2022年，四川牛年末头数达到10万头以上的市（州）有12个（表2），其中超过200万头有阿坝藏族羌族自治州、甘孜藏族自治州，100万~200万头有凉山彝族自治州，50万~100万头有达州市，10万~50万头有巴中市、宜宾市、南充市、绵阳市、广元市、泸州市、德阳市、雅安市；四川肉牛出栏量达到10万头以上的市（州）有9个，其中超过50万头的有阿坝藏族羌族自治州、甘孜藏族自治州，10万~50万头的有凉山彝族自治州、达州市、巴中市、宜宾市、南充市、绵阳市、广元市；四川牛肉产量超过1万t以上的市（州）有9个，其中超过5万t的有阿坝藏族羌族自治州、甘孜藏族自治州，1万~5万t的有凉山彝族自治州、达州市、巴中市、宜宾市、南充市、绵阳市、广元市。

根据中国政府网的中国牧区、半农半牧区县（旗）一览表，我国共有牧区县和半农半牧区县263个，其中：牧区县120个，半农半牧区县143个。四川省有10个牧区县，包括松潘、壤塘、阿坝、若尔盖、红原、德格、白玉、石渠、色达、理塘，有38个半农半牧区县，包括汶川、理县、茂县、九寨沟、金川、小金、黑水、马尔康、康定、泸定、丹巴、九龙、雅江、道孚、炉霍、甘孜、新龙、巴塘、乡城、稻城、得荣、西昌、木里、盐源、德昌、会理、会东、宁南、普格、布拖、金阳、昭觉、喜德、冕宁、越西、甘洛、美姑、雷波。从牛存栏量上看（图 1），牧区和农区牛存栏比重波动上升的，半农半牧区波动下降的，2013 年农区牛存栏数占到存栏总量的 36. 18%，牧区、半农半牧区分别为 27. 99%和 35. 84%，到 2022 年，该比例分别为 37. 47%、35. 94%和 26. 60%，随着规模化养殖场的建设，越来越多的农区养殖户开始养牛。从牛出栏量上看（图 2），2013 年农区牛出栏数占到出栏总量的 55. 72%，牧区、半农半牧区分别为 21. 22%和 23. 06%，到 2022 年，该比例分别为 51. 06%、27. 13%和 21. 81%，农区的出栏比重远高于牧区、半农半牧区，近十年农区出栏量占全省的 50%左右。

四川省省委、省政府先后在达州、巴中实施山地肉牛产业集群项目，在营山等 5 个县实施肉牛增量提质行动，在宣汉等 41 个肉牛养殖重点县开展肉牛良种补贴项目，在昭觉、筠连、宣汉等县启动肉牛园区建设，在叙州等 34 个县（市、区）实施畜禽粪污资源化利用整县推进项目，持续开展肉牛国家级、省级标准化养殖场创建等，全面提升畜产品供应安全保障能力，有力地推进肉牛产业的可持续发展。

表 2 2022 年四川省各市（州）牛生产情况

市（州）	牛年末存栏数量（万头）	肉牛出栏数量（万头）	牛肉产量（万 t）
成都市	6. 97	3. 94	0. 51
自贡市	5. 09	2. 87	0. 38
攀枝花市	8. 81	3. 70	0. 47
泸州市	19. 16	7. 94	0. 99
德阳市	12. 90	7. 00	0. 90
绵阳市	27. 08	12. 52	1. 60
广元市	26. 70	10. 65	1. 35
遂宁市	8. 24	3. 79	0. 48
内江市	4. 57	2. 29	0. 30
乐山市	6. 33	3. 50	0. 47
南充市	31. 43	14. 13	1. 74
眉山市	5. 92	2. 75	0. 34

（续表）

市（州）	牛年末存栏数量（万头）	肉牛出栏数量（万头）	牛肉产量（万 t）
宜宾市	32.52	15.18	2.02
广安市	8.37	2.75	0.36
达州市	63.82	36.04	4.62
雅安市	10.81	5.74	0.70
巴中市	43.03	19.53	2.39
资阳市	4.03	1.97	0.27
阿坝藏族羌族自治州	218.33	56.59	7.11
甘孜藏族自治州	210.92	53.44	6.70
凉山彝族自治州	113.70	39.73	4.88

数据来源：《四川统计年鉴》（2023 年）。

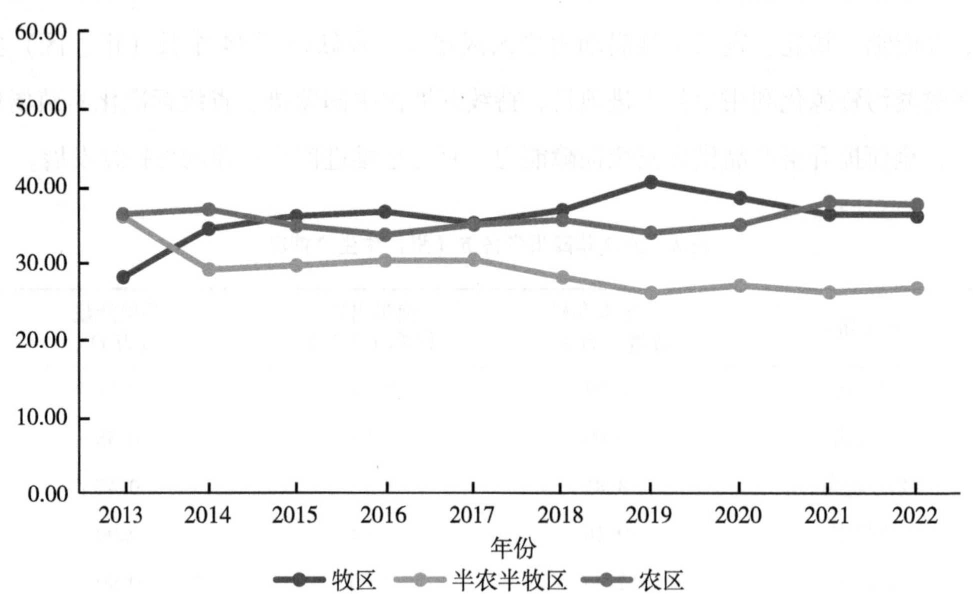

图 1　2013—2022 年间四川省不同畜牧业类型牛存栏数所占比重变化（%）

数据来源：根据历年《四川统计年鉴》和《中国畜牧兽医年鉴》数据整理计算而得。

（三）牛产值效益

就肉牛产值来看（表 3），2022 年位居前十位的省份分别为：黑龙江（572.90 亿元）、吉林（546.5 亿元）、云南（469.7 亿元）、内蒙古（428.8 亿元）、辽宁（405.7 亿元）、河北（381.7 亿元）、新疆（369.0 亿元）、河南（331.5 亿元）、四

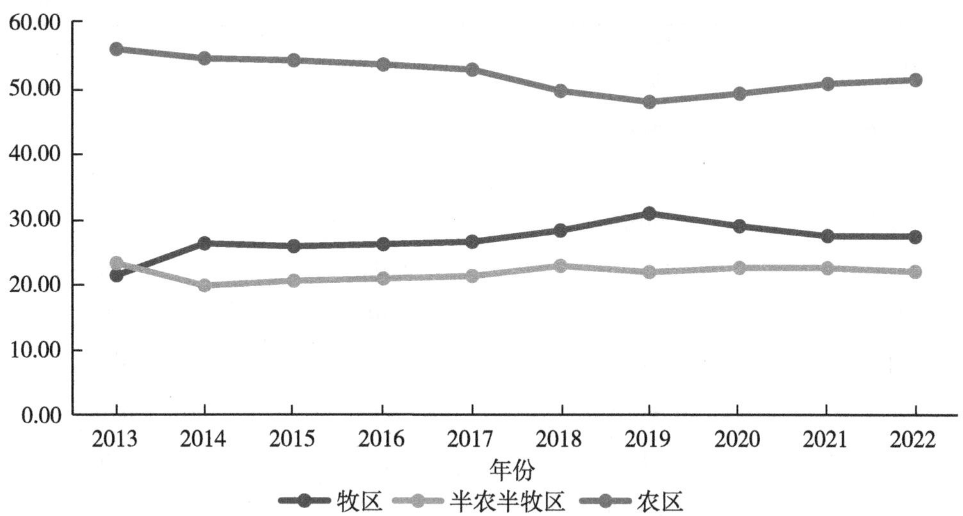

图 2　2013—2022 年间四川省不同畜牧业类型牛出栏数所占比重变化（%）

数据来源：根据历年《四川统计年鉴》和《中国畜牧兽医年鉴》数据整理计算而得。

川（330.5 亿元）、山东（313.4 亿元）。四川肉牛产值表现出不断上升的发展趋势，从 2013 年的 122.8 亿元上升到 2022 年的 330.5 亿元，年均增速达到 11.63%，产值稳定在全国前十位。

就牛单位产量产值来看，2022 年前十位的省份分别是：海南（16.88 万元/t）、辽宁（12.54 万元/t）、吉林（12.33 万元/t）、湖北（11.35 万元/t）、福建（11.04 万元/t）、黑龙江（10.88 万元/t）、云南（10.77 万元/t）、北京（10.70 万元/t）、陕西（10.54 万元/t）、河南（9.03 万元/t）。四川单位产量产值排全国第十二位，从 2011 年的 0.20 万元/t 上升到 2022 年的 8.57 万元/t，年均增速 40.7%。由此，不难看出，四川牛产值已经达到一定的规模，单位产量产值高于全国平均水平，但距离海南、辽宁等单位产量产值高的省份具有一定的距离，亟需将规模优势转化效益优势。

表 3　2022 年全国排名前十二牛产值及单位产量

区域	牛产值（亿元）	区域	单位产量产值（万元/t）
全国	5861.3	全国	8.16
黑龙江	572.9	海南	16.88
吉林	546.5	辽宁	12.54

（续表）

区域	牛产值（亿元）	区域	单位产量产值（万元/t）
云南	469.7	吉林	12.33
内蒙古	428.8	湖北	11.35
辽宁	405.7	福建	11.04
河北	381.7	黑龙江	10.88
新疆	369.0	云南	10.77
河南	331.5	北京	10.70
四川	330.5	陕西	10.54
山东	313.4	河南	9.03
甘肃	208.8	天津	8.87
贵州	188.6	四川	8.57

数据来源：根据《中国统计年鉴（2023 年）》和《中国农村统计年鉴（2023 年）》数据整理计算而得。

二、四川牛生产比较优势分析

（一）研究方法

许多学者综合比较优势指数分析方法广泛应用于农业领域，通常作为分析工具进行比较优势的测算，具有含义明确、计算简便的特点。综合比较优势指数，包括效率优势指数（EAI，Efficiency Advantage Indices）、规模优势指数（SAI，Scale Advantage Indices）和综合优势指数（AAI，Aggregated Advantage Indices）。

效率优势指数（EAI）指特定地区、特定时期的某种畜产品产量水平与该特定地区全部畜产品产量水平比值与同一特定时期全国同一比值的比率，从资源内涵生产力上反映该特定地区该种畜禽的效率比较优势，展现该特定地区自然条件、科技水平及物质投入等对肉牛生产能力的影响。计算公式如下：

$$EAI_{ij} = \frac{N_{ij}/ N_i}{N_j/N} \tag{1}$$

式中：EAI_{ij} 代表 i 省 j 种畜产品的效率优势指数，N_{ij} 代表 i 省 j 种畜产品的产量，N_i 代表 i 省全部畜产品的产量，N_j 代表全国 j 种畜产品的产量，N 代表全国畜产品的产量。若 $EAI_{ij}>1$，说明与全国平均水平相比，i 省 j 种畜产品生产具有效率优势；

若$EAI_{ij}<1$，说明与全国平均水平相比，i 省 j 种畜产品生产处于劣势。EAI_{ij} 值越大，生产效率优势越明显。

规模优势指数（SAI）指特定地区、特定时期的某种畜禽的生产规模与该特定地区全部畜禽的生产规模比值与同一特定时期全国同一比值的比率，从规模经济效益上反映该特定地区该种畜禽的规模比较优势，展现该特定地区养殖习惯、市场需求、养殖制度、资源禀赋等对肉牛专业化程度的影响。计算公式如下：

$$SAI_{ij} = \frac{GS_{ij}/\ GS_{i}}{GS_{j}/GS} \tag{2}$$

式中：SAI_{ij} 代表 i 省 j 种畜禽的规模优势指数，GS_{ij} 代表 i 省 j 种畜禽养殖规模，GS_i 表示 i 省全部畜禽的养殖规模，GS_j 代表全国 j 种畜禽的养殖规模，GS 表示全国全部畜禽的养殖规模。若 $SAI_{ij} > 1$，说明与全国平均水平相比，i 省 j 种畜禽具有规模比较优势；若 $SAI_{ij} < 1$，说明与全国平均水平相比，i 省 j 种畜禽养殖规模处于劣势。SAI_{ij} 值越大，规模优势越明显。

综合优势指数（AAI）是效率优势和规模优势综合作用的结果，全面反映特定地区、特定时期的某种畜禽的优势程度，二者相互制约，制约关系显著，只要其中一方处于劣势，整体将不具备综合比较优势。其计算公式如下：

$$AAI_{ij} = \sqrt{EAI_{ij}\ SAI_{ij}} \tag{3}$$

式中：AAI_{ij} 代表 i 省 j 种畜禽的综合优势指数，若 $AAI_{ij} > 1$，说明与全国平均水平相比，i 省 j 种畜禽生产具有综合比较优势；若 $AAI_{ij} < 1$，说明与全国平均水平相比，i 省 j 种畜禽品种生产没有综合比较优势。AAI_{ij} 值越大，综合优势越明显。

（二）四川牛生产效率比较优势

从表 4 可以看出，自 2013 年以来，四川牛产业效率比较优势指数均小于 1，这说明四川牛产业生产效率及生产经营水平较低，竞争优势较小。2013—2022 年，四川牛产业生产效率优势指数整体呈现缓慢上升的发展趋势。四川牛产业生产效率优势指数由 2013 年的 0. 58 上升至 2019 年的 0. 78，2020—2022 年四川牛产业生产效率优势指数处于稳定阶段，介于 0. 73～0. 75。

（三）四川牛生产规模比较优势

从表 4 可以看出，自 2013 年以来，四川牛产业规模比较优势指数除 2015 年、2021 年外，其他年份均大于 1，这说明四川牛产业规模效率及生产专业化程度较高，具有规模优势。2013—2022 年，四川牛产业生产规模优势指数整体呈现波动上升的趋势。2013—2015 年，四川牛产业生产规模优势指数下降至 0.96，2015—2020 年有所波动，2017 年微涨至 1.11，2018 年下降至 1.07，于 2020 年又回升到 1.28。其后，在 2021 年又下降至 0.93。最后，2022 年又上升达到近十年最大值 1.31。

（四）四川牛生产综合比较优势

从表 4 可以看出，自 2013 年以来，四川牛产业综合比较优势指数均小于 1，这说明四川牛产业具有综合比较优势有待提升。2013—2022 年，四川牛产业生产综合比较优势呈现徘徊式上升状态。2013—2017 年，四川牛产业综合优势指数从 0.76 上升至 0.89。其后，2018 年下降至 0.87，接着 2020 年上升至 0.97，随后 2021 年下降至 0.83，最后，2022 年又上升至 0.99。

表 4　四川省牛产业比较优势指标

年份	效率优势指数	规模优势指数	综合优势指数
2013	0.58	1.00	0.76
2014	0.61	1.03	0.79
2015	0.63	0.96	0.78
2016	0.65	1.04	0.82
2017	0.71	1.11	0.89
2018	0.71	1.07	0.87
2019	0.78	1.19	0.96
2020	0.73	1.28	0.97
2021	0.73	0.93	0.83
2022	0.75	1.31	0.99

数据来源：根据《中国畜牧兽医年鉴》（2013—2023 年）数据整理计算而得。受数据收集完整性的影响，畜禽品种包括猪、牛、羊、禽，养殖规模用当年出栏数与当年年末存栏数减年初存栏数之和计算。

三、四川牛产业经济与市场竞争力存在的主要问题

（一）遗传资源丰富，良种化水平低

四川畜禽遗传资源丰富，位居全国第二，国家认定的四川畜禽品种 64 个，地

方遗传资源54个，列入省级畜禽遗传资源保护名录的地方品种有38个。牛有宣汉黄牛、川南山地黄牛、德昌水牛、九龙牦牛、麦洼牦牛等15个地方品种和蜀宣花牛培育品种，引进品种有西门塔尔牛、安格斯牛、海福特牛3个专门肉牛品种。全省现有牛省级种畜场38个，其中，国家级和省级核心育种场2个。目前，全省的肉牛品种仍依靠国外引进，重引进、轻自供导致“引—退—引”的恶性循环。虽然近年来积极改良肉牛品种，但自主培育的牛专用品种少，选育不足，良种化程度较低。四川省九龙牦牛、蜀宣花牛等一批地方品种和培育品种开发利用方面科技创新投入不够，开发利用不充分，地方品种选育改良进展缓慢。全省种公牛培育滞后，良种牛细管冻精仍有缺口。地方良种推广应用及发展局限性大，缺乏完整清楚的育种方向与前景规划，保种场基本因保而保，肉牛新品种培育上无较大发展，场内品种家系偏少，近交率较高，出现严重退化。品种资源优势未能转变为产业优势，畜禽种业缺乏核心竞争力。

（二）饲草资源丰富，优质饲草不足

四川具有较好的优质饲草料供给基础，根据自然资源部第三次全国国土调查主要数据公报，四川有天然草原面积1.45亿亩，可提供饲草干草854万t。另外，可利用的农副秸秆有615万t，用于种草的农闲田有264万亩，占农闲田比例的21.9%，四川人工饲草料有杂交狼尾草、饲用玉米、饲用燕麦和黑麦草等。但全省肉牛养殖场外购饲草料占比在50%左右，主要是从安徽、河南等地购买的麦秸、稻草等。全省野生豆科饲草资源较多，但挖掘利用力度不够，育种进程缓慢，突破性品种少，引进优良豆科饲草品种的生态适应性研究不足，配套栽培利用技术研发滞后。饲草生产利用成本高，四川农区以山地丘陵为主，主要依靠人工和小型机械开展饲草的种植收割等，生产成本高。饲草料收获期多为降雨集中期，饲草料收获后因湿度大而难以调制干草，也加大了青贮的难度。

（三）养殖总量增加，能繁母牛减少

长期以来，四川省牛生产总量大，居全国前列，随着肉牛养殖由家庭散养向规模化、标准化的养殖方式转变，全省能繁母牛急剧减少，虽然近两年下降趋势放缓，但母牛存栏不足的局面仍未从根本上得到扭转，母牛存栏量不足导致繁殖的犊牛供不应求，肉牛供给结构性不足，制约产业发展。基础母牛补栏困难，肉牛繁殖周期较长，母牛的低生产率使养殖户通常选择快速育肥犊牛的方式进行肉牛养殖，育肥牛场需要耗费很大的精力采购犊牛。肉牛养殖所需的牛源大多从内蒙古、吉林、新疆等省区购买。养殖成本剧增，近年来，国内牛肉价格增幅小，价格下降，持续增长的饲草人工成本、运输费用和犊牛价格不断提高养殖成本，比较效益下降。随着农机化水平的提高，役用牛的需求消失，加之农村精壮劳动力大量外流，传统养牛户不断退出，导致本地母牛养殖数量越来越少。能繁母牛饲养周期长，母牛从配种繁殖到出栏屠宰至少要 3 年时间，投入资金大，资金周转回收慢，很多规模养牛场不愿养殖能繁母牛。

（四）规模数量增加，产业化水平低

四川省牛存栏长期居全国第一，但出栏第六、产肉量第九。四川肉牛养殖主要分布在达州、巴中、宜宾、南充、绵阳等盆周山区和部分丘陵地区，先后在达州、巴中实施了山地肉牛产业集群项目，在营山等 5 个县实施了肉牛增量提质行动，在宣汉等 41 个肉牛养殖重点县开展了肉牛良种补贴项目，在昭觉、筠连、宣汉等县启动了肉牛园区建设，在叙州等 34 个县（市、区）实施了畜禽粪污资源化利用整县推进项目，在全省持续开展肉牛国家级、省级标准化养殖场创建等，有力地推进了全省肉牛产业的持续发展。目前肉牛养殖加快向规模化标准化方向转变。据农业农村部养殖直联直报系统统计，2022 年四川登记在案的肉牛养殖场 9 619 个，其中出栏 100 头以上的规模场较 2016 年增加 207%。但全省肉牛养殖场选址、圈舍布局不合理，圈舍建设不规范，规模化标准化养殖水平和产业化经营水平低，全省牛标准化良种化水平远低于其他畜禽品种。大部分肉牛养殖场生产设施差、饲养管理粗放、养殖成本高、市场竞争力弱。

（五）屠宰加工提升，优质品牌缺乏

随着城乡居民消费水平的不断提高，城乡居民对高档牛肉食品消费需求与日俱增，肉牛市场需求的持续增长，良种肉牛出栏量逐年增加，全省各地兴建了很多肉牛屠宰、牛肉加工生产企业。全省各类牛肉加工企业 500 多家，年加工牛肉能力 100 多万吨，远高于全省现有的牛肉产量。目前建有规范化生产线的现代企业有 10 余家，主要生产冷鲜肉、牛肉干、罐头等产品，每个企业年屠宰加工能力 1 万～10 万头，年加工能力共计达到 100 万头以上。四川肉牛屠宰、牛肉加工生产企业虽然较多，但存在规模小、精深加工产品少、知名品牌缺乏等问题，多数牛肉加工企业的年加工量只达到设计能力的 10%～20%。虽然有“张飞牛肉”“棒棒娃”等较有影响的品牌，但未进入全国知名品牌前十位。省内牛肉消费以鲜肉、卤肉、牛肉干等为主，企业产品附加值低，品牌影响力小，市场竞争能力弱。畜产品品牌建设滞后，包装、经营和推介不够。在全国叫得响的名牌很少，畜产品市场竞争力不强、效益不高。

（六）疫病防控完善，科技服务较弱

通过制定相关法规和政策，为肉牛产业动物疫病防控提供了法律保障，推动养殖场的标准化、规模化建设，提高养殖场的生物安全水平。建立县、乡、村三级动物防疫网格化管理体系，确保疫情信息的及时上报和处理。虽然牛产业动物疫病防控体系已经相对完善，但科技服务能力仍有待提升。科技资源，包括科研机构、高校、企业等，往往各自为政，缺乏有效的整合机制，导致科技研发力量分散，难以形成合力，无法集中力量攻克牛产业中的关键技术难题。科研成果转化率并不高，科研成果与实际应用之间存在一定的脱节，难以满足养殖户的实际需求。科研成果的推广力度不足，很多养殖户对新技术、新方法缺乏了解，难以将其应用到实际生产中。科技服务体系尚不健全，缺乏完善的科技服务网络和平台，导致养殖户在养殖过程中遇到技术难题时，难以及时获得有效的技术支持和帮助。同时，科技服务人员的数量和素质也有待提高，以满足牛产业快速发展的需求。

四、提升牛产业经济与市场竞争力的对策建议

（一）构建肉牛良繁体系，优化肉牛区域布局

优质种源是牛产业升级发展的关键，加大地方牛遗传资源保护、开发、利用力度。对牛品种改良和选育，坚持“内繁外引”双向发力，在引进外来优质品种的同时，持续推进引进品种杂交改良，改变“北牛南调”养殖模式。加强良种选育与引进工作，通过改良本地品种与引进国际优良品种相结合，建立稳定的良种繁育基地，应用先进的人工授精和胚胎移植技术，加速优良种群的扩繁。注重遗传资源的保护与利用，确保牛品种的多样性和优良基因的传承。创建一批国家级和省级肉牛核心育种场，完善生产性能测定配套设施设备。实施牛良种补贴项目，加快牛品种改良进程，推进建设国家西南区畜禽基因库、种牛场建设，形成一批优势牛核心种源基地。在区域布局上，应依据各地的资源禀赋、气候条件及市场需求，科学规划牛养殖区域，推动形成产业集群效应，促进区域间的协同合作与资源共享。完善基

础设施与服务体系，提升牛养殖的标准化、规模化和现代化水平，进一步推动牛产业与种植、加工、旅游等一二三产业的深度融合，构建多元化、高附加值的牛产业链，为牛产业的可持续发展奠定坚实基础。

（二）健全饲草供应体系，推进饲草产业发展

充分发挥四川独特的自然资源优势，加大地方饲草遗传资源保护、开发、利用力度，通过优化饲草种植结构，推广适应当地气候条件的优质饲草品种，如紫花苜蓿、青贮玉米等，以提升饲草产量和品质。在农区，以牛重点帮扶县（基地县）为重点，大力推广青贮玉米、高丹草等优质饲草种植，推广“鲜饲+青贮”利用模式，加强饲草料生产、加工、贮藏、流通、配送体系建设，促进饲草产业集聚发展，提升优质饲草料常年供给保障能力。在牧区和半农半牧区，根据草原资源禀赋和区域环境承载能力，科学规划布局牧区生产，坚持以草定畜、草畜平衡，草畜平衡区实施划区轮牧，落实草原生态保护补助奖励政策，引导农牧民科学利用草原。统筹开发利用天然牧草、人工种草、退耕还草，大力推行粮改饲，推广青贮和黄贮，提高秸秆资源化利用率。结合草食畜禽发展布局，配套发展规模化标准化集约化产业化的饲草产业，培育发展一批带动能力强的专业化草业龙头企业、合作社和草食畜产品产业化龙头企业，加快形成现代饲草产业体系。构建高效的饲草流通体系，整合冷链物流资源，发展新型流通模式，以减少流通环节，降低成本，提高饲草供应的及时性和稳定性，推进饲草产业发展。

（三）推进母牛扩群增量，优化畜群养殖结构

优化肉牛养殖发展环境，政府部门集中发力，聚焦生产技术、推广合作，组织龙头企业、科研部门、高校等各方面力量，优势互补、不断拓展服务深度，为养殖企业、养殖户提供育种繁殖、加工销售、科学技术、政策支持等全方位的服务。科学布局全省牛产业发展，储备一批有牛产业发展基础的重点帮扶县（基地县）。调动养殖积极性，发展牛养殖新型经营主体，大力推广“公司+农户”“种畜场+合作社+家庭农牧场”等的能繁母畜扩群增量模式。建立相对完善的牛人工授精技术服务团队，大力推广牛人工授精。加大母牛养殖扶持政策，加强能繁母牛培育力度，积极探索能繁母牛扩群增量试点，全面落实母牛扩群增量补贴，鼓励发展规模化和适度规模繁育场。精准施策，以“政府+金融+保险”高效联动为突破口，加大资金扶持，探索采用信贷担保、贴息等方式，引导资本增加对产业发展的扶持。开展肉牛保险和融资创新，设立肉牛保险、基础母牛保险等险种，扩展政策性保险范围和内容，提高抗风险能力。加强能繁母牛培育力度，积极开展牛产业园区建设。因地制宜，建设好人工授精、良种引进等牛增量提质项目，增加能繁母畜数量，不断优化畜群结构。

（四）建立标准养殖模式，推动产业转型升级

标准化规模养殖是肉牛产业调结构、转方式的重要抓手，聚焦科学养殖，加快推动标准化生产和养殖方式转型，各区域联动，促进肉牛养殖、产品质量、产值效益不断提升，推动牛产业高质量发展。全面开展标准化养殖场建设，支持中小养殖场（户）调整分散养殖用地集中联建共建标准化规模养殖场，支持规模养殖场新改扩建高标准圈舍，配套环境控制、疫病防控、粪污处理利用、秸秆饲料化处理等相关设施，配置常用牧业机具，全面提升生产机械化、信息化、精细化水平。全积极培育扶持肉牛养殖龙头企业、合作社、家庭农场等新型经营主体，推进“龙头企业+合作社”等经营模式，发挥其在行业及市场的带头作用，完善与养殖户的利益联结，提高优质牛肉的竞争力和影响力。加强牛肉加工配送、冷藏冷冻、冷链运输等市场流通设施建设，推进肉牛标准化屠宰，优化牛产品结构，做强产品精深加工，提高肉牛产品附加值，满足日益多样的消费需求。建立“互联网+肉牛产业”全产业链工程建设新模式，深度融合各肉牛养殖经营主体，推动整个产业链条的全面发展。

（五）强化品牌培育意识，提升市场竞争能力

支持产业化龙头企业在同一区域内布局全产业链，推行育、繁、养、宰、加、销一体化融合发展新格局，提升牛主产区的出栏量。实施“创品牌”战略，支持牛产业化龙头企业打造企业品牌、川系种畜禽知名品牌和川字号牛产品区域公共品牌。适应市场多元化产品需求，依托龙头企业培育壮大蜀宣花牛、九龙牦牛等四川特色品种品牌，打造“地域+品种”的特色畜禽区域公共品牌。强化品牌培育战略，通过深入挖掘地域特色、优化品种结构、提升养殖技术与管理水平，以及加强市场营销与品牌建设，致力于在激烈的市场竞争中脱颖而出。聚焦打造一批具有鲜明地域标识、高品质保证和广泛市场影响力的肉牛品牌，不仅注重产品的绿色健康与风味独特，还积极运用现代营销手段，如电商平台、直播带货等，拓宽销售渠道，增强消费者认知与忠诚度。同时，加强与科研机构的合作，推动技术创新与成果转化，不断提升产品的附加值与市场竞争力，为四川肉牛产业的高质量发展注入强劲动力。

（六）培养素质专业队伍，提升技术服务水平

各级畜牧推广机构牵头，紧密联系养殖企业、养殖户，定期组织举办肉牛健康养殖与疫病防控培训班，建设基层推广机构技术人员队伍，建立长期稳定的咨询服务机制，通过科技指导、科技帮扶、技术培训、技术成果推广等形式，提升养殖户的科技意识和科技水平，推动肉牛产业标准化、科学化、智能化，解决养殖关键技术难题，培育更多懂技术、会经营、能创业的新型农户，帮助农户增产、增收、增效。重点推广，坚持巩固乡镇行政区划调整改革成果，落实乡镇畜牧兽医站机构、编制和人员，建强配齐乡镇畜牧兽医机构和人员，明确职能职责，各地政府不得抽调、借调畜牧兽医技术人员，确保“专业的人干专业的事”。每年定期开展畜牧兽医人员技术培训和知识更新，普及科学饲养管理和疾病防控技术知识，提升服务人员素质，不断提高肉牛产业突破性发展的技术服务水平，提高服务质量。

（七）全力抓好疫病防控，保障产业健康发展

加强动物防疫技术支撑、动物卫生监督执法、动物疫病预防控制、兽药质量监察等体系建设，建立形成高效运转、保障有力的动物防疫体系，保障养殖业健康发展和公共卫生安全。改进规模养殖场（户）动物防疫条件，提高生物安全防护水平。严格按照动物疫病防控要求，抓好牲畜口蹄疫等重大动物疫病防控和布鲁氏杆菌病、结核等人畜共患病防控工作，制定强制免疫工作的防控措施，加大应急物资储备力度。切实做好春秋防免疫抗体集中监测，随机开展抗体日常监测，科学评价免疫质量。组织开展口蹄疫、小反刍兽疫等重大牛疫病和布病等主要人畜共患病专项监测。及时收集、汇总、报送监测流调信息，确保信息真实有效。定期组织对动物疫情信息和监测、流调结果进行分析、评估、会商，科学研判疫情形势，作出预警分析报告。建强乡镇畜牧兽医和村级防疫员队伍，健全市、镇、村、场（户）四级动物疫情预警体系，严格落实点对点调运及落地监管，外防输入。严格养殖档案管理，规范饲料兽药等投入品使用，健全产品质量追溯体系，切实保障牛产业健康发展。

参考文献

程静，2024. 平凉红牛产业发展研究——以平凉市崆峒区为例［J］. 甘肃畜牧兽医，54（2）：91-95.

程静，2024. 平凉培育乡村特色产业的实践与启示［J］. 当代县域经济（5）：80-82.

龚兰芳，张华林，杨永红，2024. 黔江区肉牛养殖场效益分析调查报告［J］. 中国畜禽种业，20（7）：77-82.

孔光英，何仕荣，邹启凯，等，2024. 关岭牛养殖存在的问题与产业发展对策［J］. 山东畜牧兽医，45（8）：20-21，24.

李春虎，2023. 高台县牛产业发展的现状调查及建议［J］. 现代化农业（9）：91-93.

李景玉，李文利，孙萍萍，等，2024. 当前牛产业发展形势及对策建议［J］. 农业与技术，44（9）：115-118.

李俊，何仕荣，毛世明，等，2024. 贵州省关岭自治县肉牛产业发展成效及建议［J］. 贵州畜牧兽医，48（2）：1-4.

李美珍，方奕雄，韦慧华，等，2024. 广西加速牛羊产业高质量发展思路与对策［J］. 中国畜牧业（12）：27-30.

李翔宏，艾合买提·库尔班，艾斯卡布拉吾丁，等，2023. 阿克陶县牛羊产业发展现状及对策［J］. 江西畜牧兽医杂志（5）：1-4.

李永强，朱广锋，2023. 崇信县红牛产业发展现状及对策［J］. 甘肃畜牧兽医，53（6）：108-110.

李昭华，陈敏，2023. 峨边县峨边花牛特色产业发展建议［J］. 四川畜牧兽医，50（12）：14-16.

林秀蔚，丁得利，朱贵，等，2023. 黑龙江省和牛产业化发展趋势分析［J］. 现代畜牧科技（12）：145-147.

陆世财，2024. 推进崇左市肉牛产业高质量发展新思考［J］. 中国畜牧业（6）：26-30.

罗杰，2024. 关岭牛产业发展现状及对策［J］. 农技服务，41（3）：92-97.

马勇俊，斯兹伟，胡生富，等，2024. 推进攀枝花市牛羊产业高质量发展的对策与措施［J］. 四川畜牧兽医，51（7）：13-16.

莫远进，冯家林，谭召军，等，2024. 紫云自治县粮改饲项目实施情况及工作建议［J］. 畜牧兽医科技信息（5）：36-38.

欧阳克蕙，曹大宇，郭锦墉，等，2024. 江西省牛羊产业发展报告［J］. 江西畜牧兽医杂志（1）：4-9.

苏旭东，2023. 基于钻石模型的平凉红牛产业竞争力分析［J］. 浙江畜牧兽医（6）：19–21，6.

孙学涛，2024. 主体协同推动全产业链发展——山东省高青县发展黑牛产业做法剖析［J］. 中国农民合作社，(3)：53–54.

王瑨，郭海龙，邹亚宁，等，2024. 甘肃省平凉市崆峒区肉牛产业发展现状及对策建议［J］. 现代畜牧科技（1）：115–118.

王瑨，张长庆，黄建伟，等，2024. 平凉市玉米秸秆在牛产业发展中的应用现状及对策［J］. 畜牧兽医杂志，43（2）：32–34.

王巧玲，2024. 关于陇南市发展牛羊产业的几点意见［J］. 当代畜牧（3）：114–116.

王巧玲，马登学，2024. 陇南市牛产业发展情况及建议［J］. 山东畜牧兽医，45（4）：38–39，42.

武志锋，王志龙，李建伟，等，2024. 甘肃省酒泉市牛羊全产业链发展现状、问题及对策［J］. 养殖与饲料，23（6）：107–109.

谢行善，2024. 张掖市牛产业发展现状及几点建议［J］. 畜牧兽医杂志，43（5）：56–59.

熊雄，向黎明，彭炳翔，等，2024. 夷陵牛产业发展情况、存在的问题及建议［J］. 中南农业科技，45（5）：63–65.

展霞，2024. 祁连山沿山区牛羊产业转型发展的探讨［J］. 中国畜牧业（6）：24–25.

张长庆，李浩，黄建伟，等，2024. 基于品牌化思维的平凉红牛产业化开发探究［J］. 中国牛业科学，50（2）：80–84.

张玉群，胡成军，骆旭，等，2024. 仁寿县牛羊产业现状及发展建议［J］. 四川农业科技（6）：119–122.

张煜，王阳，蒋长炜，2023. 平凉红牛产业链发展成效、存在问题及对策建议［J］. 中国牛业科学，49（6）：61–63.

周国乔，李刚，2024. 肉牛产业高质量发展策略探析［J］. 山东畜牧兽医，45（1）：86–88，92.

朱乖凤，2024. 做强产业推动庄浪经济高质量发展［J］. 当代县域经济（7）：12–13.

朱海龙，王晶，2024. 崇信县平凉红牛产业高质量发展的思考［J］. 农业技术与装备（3）：72–74.

第三部分

羊产业专题报告

四川羊种业发展报告

张红平[1] 李 利[1] 郭家中[1] 李 强[2] 王小强[2]

(1. 四川农业大学，四川成都 611130；2. 四川省畜牧总站，四川成都 610041)

摘 要：肉羊产业在四川畜牧业经济中占有非常重要的地位，是四川省现代农业“10+3”产业体系中的重点产业之一。四川羊品种资源达到20个，全省种羊场54家，入选全国羊核心育种场3家、省级核心育种场1家，全国羊标准化示范场5家，基本形成了与四川羊产业优势区域布局相适应的以核心育种场、繁育场和生产场为主体的良种繁育体系，种羊供种能力位于全国第五位。培育了4个国家审定新品种，地方羊种质资源得到有效保护，开发与利用成效显著，重要经济性状候选基因筛选取得显著进展。但仍存在地方品种和已有培育品种缺乏持续选育，育种设备、方法和技术创新不足，育种机制有待完善和基础研发投入不足等问题；建议四川从育种体系和机制创新、育种基础设施和公共平台建设、羊育种技术、方法和素材的创新、加大肉羊种业创新的资金投入和政策支持、加强布鲁氏菌病等重要疫病防控等方面持续推进，实现四川羊种业的高质量发展。

关键词：四川省；羊种业；发展；对策研究

四川是羊肉生产和消费大省，肉羊产业在四川畜牧业中占有重要地位。加快发展肉羊产业，对于优化四川省畜牧业结构、增加农牧民收入、满足羊肉消费需求、促进社会和谐稳定具有重要作用。种业是现代肉羊产业发展的基础，遗传改良是提高肉羊产业竞争力的重要抓手。为了保障羊产业的高质量发展，四川省非常重视羊的种业建设。本报告概述了四川羊种业建设的现状，剖析了存在的主要问题，并提出了相应的发展对策建议。

一、四川羊种业发展现状

2022年四川省羊出栏量1 792.7万只，存栏量1 529.9万只，羊肉产量

27.4 万 t，位居全国第七位，羊肉人均产量 3.3kg；羊毛产量4 601.6t，羊业产值达 229.5 亿元。羊遗传资源总数达到 20 个，其中地方品种 16 个、培育品种 4 个，先后培育了我国第一个和第二个国家级肉用山羊品种——南江黄羊和简州大耳羊，已经成为全国最大的山羊种源基地。现有绵羊、山羊种羊场 50 余个，重点龙头企业 10 余家，大型特色肉羊生产基地县 50 余个，肉羊产业发展带动了饲草饲料加工、副产物综合利用、餐饮文化等相关产业发展，特别是以“简阳羊肉汤”“双流黄甲麻羊节”和“南江黄羊美食节”等为代表的羊肉餐饮文化全国闻名。初步形成了以南江黄羊、简州大耳羊、川中黑山羊、川南黑山羊和草地型藏羊推广利用为特点的优质肉羊产区，以简阳、南江、仁寿、金堂、富顺、盐亭、南充、乐至和凉山州等为主的优质肉羊产业带和以简阳、南江、双流、阿坝州等为主的肉羊加工产业区，培育了四川省北牧南江黄羊有限公司、四川天地羊生物科技有限公司、成都蜀新黑山羊产业发展有限责任公司、简阳市汇协农业服务有限公司、绵阳吉羊农牧科技有限公司和四川德健南江黄羊食品有限责任公司等大型龙头企业。

（一）羊种业的总体现状

1. 品种资源丰富多样

四川省幅员辽阔，地理、生态和气候条件多样，民族文化和生活习惯迥异，孕育了丰富多彩的畜禽遗传资源，是我国畜禽资源较为丰富的省份之一。据第二次全国畜禽遗传资源普查（2009 年）结果显示，四川有羊品种资源 14 个，其中地方品种 11 个，培育品种 3 个。地方品种包括成都麻羊、白玉黑山羊、北川白山羊、川南黑山羊、川中黑山羊、古蔺马羊、建昌黑山羊、美姑山羊、板角山羊、西藏山羊和西藏羊；培育品种包括南江黄羊、雅安奶山羊和凉山半细毛羊。

2023 年，第三次全国畜禽遗传资源普查工作完成，四川省的羊遗传资源总数达到 20 个，其中地方品种 16 个、培育品种 4 个。与第二次调查相比，新增了欧拉羊（贾洛型）（2018 年）、南充黑山羊（2021 年）、玛格绵羊（2021 年）、凉山黑绵羊（2021 年）和勒通绵羊（2021 年）5 个地方品种，以及 1 个培育新品种简州大耳羊（2013 年）。这些羊品种资源涵盖了肉、绒、毛、乳和皮等主要生产用途，大都具有适应性强、耐粗饲和肉质优良等优良特性，是四川省养羊业可持续发展的宝贵资源，其中成都麻羊、西藏山羊列入国家畜禽遗传资源保护名录，凉山黑绵羊、玛格绵羊入选 2021 年度农业农村部“十大优异畜禽资源”。

2. 供种能力持续提升

良种的供应能力直接决定了肉羊的生产水平。种羊场处于肉羊产业链的上游环节，在纯繁扩群、经济杂交、供种以及新品种培育等方面发挥了至关重要的作用。2022年，全国共有种羊场1 064个，种绵羊场673个、种山羊场391个，种羊存栏395. 1万只（种绵羊存栏341. 4万只、种山羊存栏53. 6万只），出场种羊156. 6万只（出场种绵羊131. 47万只、种山羊25. 12万只）。在全国各省份中，种羊场数量最多的5个省份分别为内蒙古（256个，占比24. 1%）、甘肃（115个，占比10. 8%）、新疆（111个，占比10. 4%）、陕西（85个，占比8. 0%）、四川（54个，占比5. 1%）。2022年四川共出场种羊80 350只，其中绵羊50 555只、山羊29 575只，较2021年增长123. 92%。种山羊出场数量排名前5的省份分别为安徽、四川、湖北、河南和重庆。

由于地方品种适应性强、群体规模大，仍然是当前四川省肉羊生产的主体。同时，部分地方品种因其在繁殖、肉质等方面的突出性能，被作为肉羊杂交生产或新品种培育的母本。四川省的种羊品种全部为本省的地方遗传资源和培育品种，绵羊主要以凉山半细毛羊、西藏羊、凉山黑绵羊等品种为主，山羊主要以南江黄羊、简州大耳羊、川中黑山羊、川南黑山羊等品种为主。生产的种羊，特别是山羊除省内各市（州）需求外，还推广到重庆、云南、贵州、广西、福建、海南、山西和新疆等10余个省（自治区、直辖市）。

3. 良繁体系基本健全

良种繁育体系是推广和普及良种的重要载体，在实现良种化的进程中起着十分重要的作用。截至2023年12月，全国共遴选出国家羊核心育种场51家，其中四川省3家，分别是2019年入选的四川南江黄羊原种场、成都蜀新黑山羊产业发展有限责任公司和2023年入选的四川天地羊生物工程有限责任公司，分别涉及南江黄羊、川中黑山羊以及简州大耳羊3个品种。省级核心育种场1家，为凉山半细毛羊原种场。截至2022年底，全省种羊场54家，其中种绵羊场5家、种山羊场49家，羊标准化示范场5家。基本形成了与四川羊产业优势区域布局相适应的以核心育种场、繁育场和生产场为主体的良种繁育体系。

4. 遗传改良进展显著

为加快肉羊遗传改良进程，促进肉羊产业持续健康发展，2015年农业主管部门制定了《全国肉羊遗传改良计划（2015—2025年）》。该计划的指导思想是：发挥市场配置资源的决定性作用，坚持本品种持续选育和新品种培育并重，以提高个体生产性能和产品品质为主攻方向，以提升供种能力和质量为核心，以国家肉羊核心育种场为载体，加强政策扶持，强化科技支撑，完善良繁体系，规范开展肉羊良种登记、性能测定、遗传评估等育种工作，扎实有序推进杂交改良，持续提高良种化水平，为促进肉羊产业发展提供种源保障。四川省于2017年也出台了相应的配套文件和管理办法，鼓励羊育种企业开展品种登记、性能测定和遗传评估工作，取得显著成效，有3家企业入选全国羊核心育种场、1家入选省级核心育种场，每场每年开展性能测定的羊只数量超过800只。通过选育，核心育种场羊只的主要生产性能平均提升5%~10%。四川省肉羊只平均胴体重由2015年的14.4kg提高到2022年的15.6kg。从出栏率来看，近5年羊只出栏率均突破了100%，2022年达到117.2%，超过全国107.8%的平均水平，进一步表明四川省羊个体生产水平和产业综合生产效率显著提升。

为了适应羊产业发展新形势和多元化发展的新趋势，农业农村部在前期遗传改良工作的基础上，制定修改了新一轮《全国羊遗传改良计划（2021—2035年）》，于2021年4月26日正式发布。2024年7月四川省农业农村厅印发了《四川省畜禽遗传改良计划实施管理办法（试行）》及其配套办法。这些措施的出台和实施，将进一步提升四川省种羊的生产水平及市场竞争力。

（二）科研进展

1. 地方种质资源保护利用

（1）地方羊种质资源得到有效保护。四川有羊的地方品种资源16个，分别是成都麻羊、白玉黑山羊、北川白山羊、川南黑山羊、川中黑山羊、古蔺马羊、建昌黑山羊、美姑山羊、板角山羊、西藏山羊、西藏羊、欧拉羊（贾洛型）、南充黑山羊、玛格绵羊、凉山黑绵羊和勒通绵羊。各级政府高度重视，坚持“应收尽收，应保尽保”的原则，积极落实保种经费和争取保种场建设专项，支持保种场基础设施建设和开展日常保种工作。目前已由10个地方羊遗传资源以建设保种场（保护区），其中国家级保种场1个，省级保种场（保护区）9个（表1），其余6个羊遗传资源的保种场（保护区）正在建设中。

表 1　国家和省级保种场（区）名单

序号	市（州）	县（市、区）	保种场（区）名称	类别
1	成都市	大邑县	国家成都麻羊保种场	国家级保种场
2	成都市	金堂县	四川省川中黑山羊（金堂型）保种场	省级保种场
3	绵阳市	北川县	四川省北川白山羊保护区	省级保护区
4	泸州市	古蔺县	四川省古蔺马羊保种场	省级保种场
5	达州市	万源市	四川省板角山羊保护区	省级保护区
6	资阳市	乐至县	四川省川中黑山羊（乐至型）保种场	省级保种场
7	自贡市	荣县	四川省川南黑山羊保种场	省级保种场
8	甘孜州	雅江县	四川省西藏山羊保护区	省级保护区
9	凉山州	会东县	四川省建昌黑山羊保种场	省级保种场
10	凉山州	美姑县	四川省美姑山羊保护区	省级保护区

（2）地方羊资源开发与利用取得阶段性成效。目前，全省已创建了多个地方羊品种相关品牌或商标，如“双流黄甲麻羊”（成都麻羊）“会东黑山羊”（建昌黑山羊）“草药山黑山羊”（南充黑山羊）“威远羊肉汤”（川中黑山羊）和“布拖黑绵羊”（凉山黑绵羊）等商标和品牌，效益非常显著。2021 年凉山黑绵羊和玛格绵羊入选全国“十大优异畜禽遗传资源”，其中凉山黑绵羊被牧民称作黑色精灵，全身被毛黑色，尾部披着裙帘，具有浓郁的民族风情，是实施产业扶贫和接续乡村振兴的重要遗传资源。玛格绵羊承载了地方悠久历史文化，且具有适应干旱河谷气候、耐粗饲、抗热、抗病力强，已成为当地养殖户重要收入来源。目前资源所在地各级政府坚持“保护优先，高效利用，政府主导，多元参与”的原则已分别将凉山黑绵羊、玛格绵羊的保种选育、开发与利用作为政府工作的重点。

2. 新品种培育

四川省历来高度重视畜禽新品种（系）的培育，长期省级财政将其纳入育种攻关的重要内容，羊的新品种培育也取得了显著的进展。截至目前，已成功培育 4 个羊的新品种，即南江黄羊、雅安奶山羊、凉山半细毛羊和简州大耳羊，另有天府肉羊新品种、川南黑山羊（肥羔型）、川中黑山羊（金堂型）高繁品系等正在培育中。

（1）南江黄羊。南江黄羊由南江县畜牧局、四川省畜牧兽医研究所、四川省畜禽繁育改良总站等单位共同培育，于1996年通过国家畜禽遗传资源委员会审定（农03新品种证字第1号）。该品种以成都麻羊、金堂黑山羊、努比亚山羊为父本，南江县本地山羊为母本，采用多品种复杂杂交，历经40余年培育而成的我国第一个肉用山羊品种。在放牧加补饲的条件下，周岁、成年公羊和母羊的平均体重分别为38.5kg、30.8kg和63.7kg、44.5kg。母羊平均产羔率196%。南江黄羊肉质细嫩，皮板致密，坚韧性好，富有弹性，是皮革工业的优质原料。该品种先后推广到重庆、贵州、湖北等28个省（自治区、直辖市）共1 200余个县（区），累计推广种羊30万余只。南江黄羊选育成果荣获国家科技进步奖二等奖和四川省科学技术进步奖一等奖。

（2）简州大耳羊。简州大耳羊是西南民族大学、四川省畜牧科学研究院、四川农业大学等单位以努比山羊和简阳本地山羊为育种材料，运用现代动物遗传育种理论和分子生物学技术，按照“级进杂交、横交固定、世代选育”的技术路线，通过性能测定、遗传评估、个体阶段选择、良种登记等方法，培育出体型外貌基本一致、生长速度快、产肉性能优良、肉质好、繁殖性能高、遗传性能稳定、抗逆性强、耐粗饲、适应我国南方亚热带气候条件和饲养管理条件，具有自主知识产权的突破性肉用山羊新品种——简州大耳羊（农03新品种证字第11号），是我国自主人工培育的第二个肉用山羊品种。核心群6月龄公羊体重为30.74kg，母羊为24.62kg；周岁公羊体重为48.55kg，母羊为37.24kg；成年公羊体重为73.92kg，母羊为50.26kg。在舍饲条件下，6月龄、12月龄阉羊屠宰率为48.53%、50.03%，胴体净肉率分别为76.38%、78.87%。初产母羊产羔率为153.51%，经产母羊为242.41%，羔羊断奶成活率为96.99%。简州大耳羊选育成果荣获四川省科学技术进步奖一等奖。

（3）凉山半细毛羊。凉山半细毛羊由凉山彝族自治州畜牧局、四川农业大学、四川省畜牧科学研究院和凉山彝族自治州畜牧兽医科学研究所等单位联合培育，于2009年通过国家畜禽遗传资源委员会审定（农03新品种证字第6号）。该品种是以本地山谷型藏羊为母本，引进新疆细毛羊、边区莱斯特羊、林肯羊等多个细毛和半细毛羊品种公羊进行复杂杂交选育而成的。周岁、成年公羊和母羊的平均体重分别为46.9kg、42.6kg和72.1kg、50.4kg。成年公羊和母羊剪毛量为6.2kg和4.2kg，羊毛光泽强、匀度好，细度48~50支纱，填补了我国48~50支纱半细毛羊品种的空白。选育成果荣获国家科技进步奖三等奖和四川省科技进步奖一等奖。

（4）雅安奶山羊。雅安奶山羊由四川农业大学和雅安市西城区畜牧局共同培育。该品种是1978年引进萨能奶山羊当地土种白山羊级进杂交选育而成的奶山羊作为基础母羊，后又引进萨能奶山羊公羊进行繁殖扩群。通过20年的选育，形成雅安奶山羊这一优良乳用品种。雅安奶山羊具有体型大、产奶量较高、繁殖性能良好，对潮湿多雨的气候条件适应能力强等特点。除用于产奶外，公羔育肥可作肉用。

（5）正在培育中的新品种（系）。目前，正在培育的新品种1个，即天府肉羊。该品种是四川农业大学、四川省畜牧总站等单位与盐亭县有关企业联合，自20世纪80年代开始，以成都麻羊、萨能奶山羊和奴比亚山羊和波尔山羊为育种材料，采用多品种复杂杂交、历经40余年选育形成的舍饲专门化大型肉用山羊新品种，其养殖效益是普通本地山羊的2倍左右，市场推广前景广阔，目前已完成4个世代选育和品种中试，拟于2025年提交国家畜禽遗传资源会审定。正在培育的新品系有川南黑山羊（肥羔型）、川中黑山羊（金堂型）高繁品系、简州大耳羊快长品系和高繁品系等。

3. 重要经济性状候选基因的筛选

骨骼肌生长发育过程受到多种调节因子的共同作用，基于山羊胚胎和肌纤维发育规律的研究结果，以山羊骨骼肌发育不同阶段（妊娠期45d、60d、105d和出生3d）羔羊的背最长肌为研究对象，利用高通量测序技术在全转录组学水平（mRNA、miRNA和lncRNA），从多组学层面挖掘了肉用山羊重要经济性状关键基因（含非编码基因）36个，其中产肉性状关键基因，包括GH、MRFs家族、MEF2家族、IGFBPs家族、Leptin、TRα、FABP4、GSK3β、IGF-1和ARHGAP11A、miR-101a、lnc125b等24个，肌内脂肪沉积关键基因PPARγ1、PPARγ2、AdipoQ、AdipoR1、AdipoR2、miR-183和miR-135a等10个，繁殖性状关键基因FSHβ、LHβ以及多个非编码RNA，研究阐释了与重要经济性状显著关联的功能基因的遗传变异及遗传效应。开发出GH：C505T，G526A；MEF2C：A4728C，C4869T；LEP：T117C，G1642A，G2883A，T3053C，G3190A，T3314C；FABP4：T143C，

T546C；TRα：C230T；ARHGAP11A：A21378G 等多个新的分子育种标记，并建立了相应的基因分型检测方法。此外，应用全基因组重测序、全基因组关联分析（GWAS）和 RNA-Seq 测序等技术，鉴定出了一批影响羊外貌、生长、繁殖和抗逆等性状的功能基因，如个影响山羊毛色（ASIP、MC1R、EDNRA 等）、生长（NCAPG-LCORL）、绒毛长度（FGF5）和高海拔适应性（DSG2、SERPINB 等）等山羊重要性状的关键候选基因，并通多群体大样本基因分型发掘出 FGF5 基因座位上 c. -253G>A 和 507-bp 缺失两个突变位点是调控山羊绒毛长度的候选因果突变位点。这些研究结果为肉用山羊新品种（品系）高效选育提供了重要的技术支撑。

（三）羊种业企业

四川省从事羊育种工作的企业有 20 余家，入选国家羊核心育种场的企业仅有 3 家。随着我国经济发展进入新常态，畜牧业发展也进入了由数量增长为主转到数量质量效益并重的新阶段，一批实力雄厚的产业化龙头企业参与育种的内在动力不断增强，主动适应市场，不断加大投入，成为引领四川省肉羊育种的“火车头”。育种集团化已成为当前肉羊种业的显著特征，以四川北牧南江黄羊集团有限公司、成都蜀新黑山羊产业发展有限责任公司、四川天地羊生物工程有限责任公司以及四川恒通威远黑山羊产业发展有限公司等为代表企业，正在迈向集团化育种，建立了以育种企业为主体、产学研相结合、育繁推一体化的商业育种模式，在企业内部搭建了“育种场+扩繁场+商品代场”层次分明的良种繁育体系，其育种、种羊扩繁、商品肉羊生产，甚至屠宰加工等各个环节均在集团企业内部的不同公司或养殖场完成，向全产业链经营迈进。

近年来，羊种业企业的平均研发投入比和研发人员占比逐年提高，信息化、智能化系统和设备在性能测定、数据采集与分析等方面的应用比例加大，企业自主研发能力正在不断提升。

二、四川羊种业存在的主要问题

品种是畜牧业生产的“芯片”，对畜牧业增产的贡献率在 40%以上。四川是养羊大省，但不是养羊强省。目前四川肉羊养殖正由传统的农户养殖快速向规模化和产业化转型，对种羊数量和质量的要求也日趋提高。然而，由于肉羊遗传改良的长周期性、育种群规模效应等特点，过去长期以来的育种模式无法有效地解决育种与产业链的协同与平衡，育种投资的长回报期与社会巨大经济利益的矛盾难以解决，核心育种体系效率较低，缺乏具有自主知识产权和商业化潜力的基因资源和专门化品种，以及技术集成创新无法支撑产业走向现代化等问题，已成为困扰和制约四川肉羊育种改良的核心障碍。

（一）地方品种和已有培育品种缺乏持续选育

四川省已经培育出了一批肉羊品种并在生产中发挥了重要作用，但品种创新与产业发展的需求仍有较大差距，专门化肉用杂交父本种源优势不明显，适于规模化、工厂化舍饲生产的专门化肉用母本品种尚为空白。现有地方品种、培育品种具有抗逆性强、耐粗饲、繁殖力高、生长速度快、肉质好等一项或多项突出性状，是打造肉羊“四川芯”的种源基础。目前，除对少数品种开展持续选育并取得显著成效外，普遍对地方品种、培育品种选育重视不够，群体一致性差，退化现象较为普遍。

（二）育种设备、方法和技术创新不足

在育种设备和技术方面，自 20 世纪 90 年代，羊业发达国家陆续集成人工智能、红外感应、影像捕获、物联网等技术，研发出智能化装备与性能测定技术，尤其是对活体难以测定的胴体、肉品质等性状，采用 X 射线断层成像、机器视觉图像等技术开展胴体组分检测，对肉色、肌内脂肪含量、纹理等信息进行分级，实现了绵羊表型组高通量精准测定。在此基础上，从常规育种转向分子标记辅助选择和基因组选择育种。自 2010 年起，澳大利亚、新西兰、法国、英国等养羊业发达国家先后组建了“千级”乃至“万级”规模的羊基因组选择参考群体，并用基因组育种值（GEBV）进行选种，取得显著遗传进展。同时，澳大利亚、新西兰等陆续研发出 5K、12K、50K、600K 等不同密度的羊育种芯片并应用。由于表型组高通量精准测定和基因组育种技术及产品的广泛应用，育种效率显著提高。

近年来，四川省羊育种关键技术研发和应用虽取得了长足进步，但由于缺乏长期连续的支持和企业自主创新能力不强等原因，关键技术的研发和应用明显不足。与国外羊以及国内猪、禽、奶牛相比，羊的基因组选择技术的研发和商业化推广应用均相对滞后，仍处于起步阶段；性能测定技术手段也相对落后，高通量智能化性能测定设备的自主研发能力不足，严重影响测定效率和准确性，测定数据质量不高；高效繁殖技术尚未全面推广利用，优秀公母羊的遗传潜能难以充分发挥，导致育种周期较长，遗传进展缓慢。

（三）育种机制有待完善

在育种体系方面，养羊业发达的国家育种由协会主导，以企业和家庭牧场为主体，建立商业化育种体系，并开展联合育种。四川省专业化的羊育种公司仍处于起步阶段，企业研发投入动力不足，以企业为主体、育繁推一体化的商业化育种体系尚未建立。科技人员成果评价、绩效考核和激励与成果分享机制不完善，与企业利益联结不紧密，产学研深度融合的羊种业联合体和利益共同体尚未形成。受疫病、数据的可靠性、利益分配机制等制约，联合育种工作推进较为缓慢。由于独立分散的制种模式，种羊价格无法反映种羊育种价值，重繁轻育现象较为普遍。没有稳定的经费投入和政策扶持机制，育种工作的连续性无法切实保证，核心育种群常因市场波动而流失。

（四）基础研发投入不足

与其他畜禽相比，支持羊种业发展的政策不多，特别是支持羊科技创新、选育能力建设的政策比较少，由于缺乏有效的支持和投入，重要经济性状基因挖掘、性能测定、数据精准采集、遗传评估等方面的研发与设施、设备建设不足，严重制约羊种业的技术创新与先进技术的推广应用。

三、四川省羊种业发展趋势与对策建议

（一）四川省羊种业发展趋势研判

育种决定未来，种业振兴企业是主体，机制是保障，技术是支撑，品种是核心。基于四川丰富的肉羊遗传资源，以肉用为主攻方向，充分利用基因组选择、CRISPR 等技术现代生物技术，深入挖掘生长、繁殖、肉质和适应性等优异性状相关基因（型），解析重要经济性状形成的分子基础与调控机理，构建肉用山羊遗传改良技术体系与创新研发平台；采用常规技术、分子技术以及信息技术相结合的育种新技术，创制低碳节粮、高繁殖力、优良肉质、强抗逆性等特性的肉用山羊育种新材料，培育满足市场需求并占主导地位的优质高产抗逆山羊新品种（系）。与此同时，持续开展已有品种的本品种选育，对市场占有率高的绵、山羊地方品种开展联合选育，扩大核心育种群和扩大制种能力，建立以企业为主体的“育繁推一体化”的育种模式，有效支撑产业高质量发展对优质种羊的需求，助推产业的高质量

发展。

（二）促进四川省羊种业发展的对策建议

1. 创新育种体系和机制

构建以“育繁推”一体化羊育种龙头企业为主体、教学科研单位为支撑、产学研深度融合的羊种业创新体系和利益共同体，形成以市场需求为导向的商业化育种模式和育种成果分享机制。建立稳定的经费投入和政策扶持机制，保证育种工作的连续性和稳定性。逐步建立政府与企业和社会资本共同投入的多元化投融资机制，不断激发企业自主创新和育种的驱动力。

2. 加强育种基础设施和公共平台建设

完善育种场的性能测定设施，实现性能测定装备的升级换代，提升性能测定的智能化水平，大幅提高育种数据采集能力和数据质量。支持各类主体建设羊生产性能测定第三方机构，形成以场内测定与测定站（中心）测定结合的性能测定体系。建设羊遗传资源分子特征库和特色性状表型库，构建四川羊重要经济性状基因挖掘技术平台。

3. 加强羊育种技术、方法和素材的创新

羊种业创新的核心要素在于育种技术、方法和素材的创新，充分利用优异的四川羊遗传资源，挖掘一批功能清晰、应用价值大的重要功能基因，为分子育种和创制特殊育种素材提供分子佐证，研发羊基因组育种芯片，加速四川省肉羊由传统育种向基因组选择育种方式的转变。具体在羊种业方面亟需突破的技术如下。

（1）重要表型性状高通量精准智能测定技术。集成应用人工智能、影像学和物联网信息等新技术，研发羊重要表型性状信息感知与评价模型，建立大规模表型组精准智能测定技术，实现重要表型性状的高通量精准测定。

（2）重要经济性状遗传机制解析。构建大规模基因组选择参考群，综合应用候选基因、全基因组关联分析、转录组测序和单细胞测序等高通量基因组标记分型技术，解析羊基因组遗传变异与肉、奶等重要经济性状的关联效应。

（3）基因组选择技术。利用解析基因组遗传变异，研发高通量育种液相芯片，构建以基因组选择为核心的现代分子育种技术，提升育种技术能力与水平。

（4）良种扩繁关键技术。构建活体采卵—体外受精—胚胎移植（OPU-IVF-ET）技术体系，深度挖掘优良种质的遗传潜力，缩短世代间隔，提高育种效率。

（5）种羊营养调控关键技术。揭示种羊繁殖和羔羊生长对关键营养素响应机制，构建种羊与羔羊特培一体化营养调控及日粮精准配给技术体系，促进重要性状遗传潜力发挥。

4. 持续加大肉羊种业创新的资金投入和政策支持

积极争取中央和地方财政对羊遗传改良计划的投入，逐步建立以政府资金为引导、以企业投入为主体、社会资本参与的多元化投融资机制。重点加大对生产性能测定、育种新技术应用、优良地方品种资源开发利用、疫病防控等方面的支持。现代种业提升工程等项目优先支持国家羊核心育种场建设。持续加大肉羊种业创新的投入力度，健全财金协同支持政策，全面优化创新资源，全方位支持肉羊种业科技创新，全面激发科技成果转化活力。

5. 加强布鲁氏菌病等重要疫病的防控，提升生物安全水平

建立种羊场布鲁氏菌病等重要疫病综合防控和生物安全技术体系与规程，制定布鲁氏菌病等重要疫病综合防控和生物安全技术标准，研发布鲁氏菌病等重要疫病监测设备。加大力度支持布鲁氏菌病等重要疫病净化场和示范场建设，加强对育种场的布鲁氏菌病等重要疫病的防控管理，提升育种场生物安全水平，确保种源生物安全。

参考文献

李军，金海，2024. 2023 年我国肉羊产业发展概况、未来趋势及建议［J］. 中国畜牧杂志，60（3）：322-327.

农业农村部畜牧兽医局，全国畜牧总站，2023. 2022 年中国畜牧兽医统计［M］. 北京：中国农业出版社 .

农业农村部种业管理司，全国畜牧总站，2024. 中国畜禽种业发展报告 2023［M］. 北京：中国农业科学技术出版社 .

四川地方羊遗传资源保护与利用发展报告

杨舒慧[1]　王小强[1]　郭家中[2]　王莉娟[1]　葛桂华[1]　王　恒[1]　余易展[1]

（1. 四川省畜牧总站，四川成都 610041；2. 四川农业大学，四川成都 611130）

摘　要：部分地方羊资源数量下降明显、生产性能降低、保护支撑体系有待完善及产业化开发利用不足等问题显著影响了其可持续发展。针对这些问题，建议建立多元化保种体系、推广现代生物技术、实施精准补贴等具体对策，以促进地方羊种的保护与可持续利用。通过强化保护措施和优化产业链，旨在实现地方羊遗传资源的经济与生态价值的双重提升。

关键词：遗传资源；保护；开发利用；研究

四川省是西南地区重要的畜牧业大省，拥有丰富的羊遗传资源。这些资源不仅对当地农牧业发展起到关键作用，也在全球气候变暖及生物多样性减少的背景下，成为国家战略性资源。羊遗传资源的保护与开发利用，不仅关系到畜牧业的可持续发展，也与当地农民增收、生态环境保护紧密相关。近年来，随着科学技术的进步及政策支持的加强，四川地方羊资源的保护和利用得到了明显的推进，但也面临着部分资源数量下降明显、品种生产性能降低及市场化开发不足等问题。因此，本报告将详细分析四川省地方羊遗传资源的现状、保护措施、开发利用及未来发展方向。

一、四川省羊遗传资源现状

（一）四川省羊资源概况

四川是全国地方羊遗传资源最为丰富的省份之一。截至 2023 年底，全省拥有 20 个羊遗传资源，其中 16 个为地方品种，4 个为培育品种（表 1）。主要的地方山羊品种包括：成都麻羊、川中黑山羊、川南黑山羊、白玉黑山羊等，这些品种在不同生态环境中通过自然选择和人工培育，形成了各具特色的地方羊群。

表 1 四川省羊遗传资源

品种类型	种类	资源名称	数量（个）
地方品种	山羊	西藏山羊、成都麻羊、古蔺马羊、川中黑山羊（金堂型、乐至型）、川南黑山羊（自贡型、江安型）、建昌黑山羊、北川白山羊、美姑山羊、板角山羊、白玉黑山羊、南充黑山羊	11
	绵羊	西藏羊、欧拉羊、凉山黑绵羊、勒通绵羊、玛格绵羊	5
培育品种	山羊	南江黄羊、雅安奶山羊、简州大耳羊	3
	绵羊	凉山半细毛羊	1
合计			20

（二）地方羊资源基本情况

1. 山羊

四川拥有全国最大的地方山羊资源基因库，共有 11 个山羊遗传资源。四川山羊总体上体格较大或中等，多有角，被毛普遍粗短，毛色以纯黑和纯白色型为主，少数品种为麻色。繁殖力高，多数经产母羊每胎产羔 2 只或以上，以肉用为主，产肉性能良好，屠宰率较高，总体上对潮湿多雨气候有较强适应性，普遍具有较强的登山爬坡和放牧采食能力。

（1）成都麻羊。成都麻羊属肉皮兼用型山羊地方品种，原产于成都市大邑县、双流县，广泛分布于成都市及周边区域。

品种特征：成都麻羊体型中等，公羊全身被毛短而光亮，呈赤铜色、麻褐色或黑红色，背部和肩胛两侧有黑色毛带，形似“十字架”。公羊和母羊多数有镰刀状角，头部有明显的“画眉眼”特征。

生产性能：成年公羊平均体重 58.9kg，母羊为 39.9kg，初生羔羊体重 2.3～2.4kg。6 月龄时公羊屠宰率为 44.7%，肉质细嫩，膻味较轻，皮质优良。繁殖性能较高，经产母羊产羔率为 213%。

利用与评价：成都麻羊以其优良的肉质和皮革质量著称，肉质细嫩、膻味轻，适合制作高档羊肉产品。

（2）川中黑山羊。分为金堂型和乐至型，属肉用型山羊地方品种。金堂型主要分布在成都市金堂县、青白江区及周边地区，乐至型主要分布于资阳市乐至县。

品种特征：川中黑山羊全身被毛为黑色，体型较大。金堂型角形为弓形、直立形或镰刀形，耳中等大小，多数为半垂耳和立耳。乐至型公羊角粗大，向后弯曲并向两侧扭转，母羊角较小，呈镰刀状。耳中等偏大，有垂耳、半垂耳和立耳几种。

生产性能：金堂型成年公羊体重可达 73.1kg，母羊 56.7kg，母羊产羔率为 204%~244%。乐至型成年公羊平均体重为 73.5kg，母羊 48.9kg，母羊产羔率为 250%。

利用与评价：川中黑山羊高效的肉用性能，使其在四川省的肉羊养殖业中占据了重要地位，适合规模化养殖，特别是山区和丘陵地带。

（3）川南黑山羊。分为自贡型和江安型，属于肉皮兼用型地方山羊品种。自贡型主要分布在自贡市富顺县、荣县等地，江安型主要分布在宜宾市江安县及其周边地区。

品种特征：全身被毛为黑色，自贡型成年公羊头部有粗大的镰刀状角，母羊角较小，江安型成年公羊有毛髯，颈、肩和股部着生蓑衣状长毛。

生产性能：自贡型成年公羊体重 53.8kg，母羊 37.7kg，母羊产羔率为 220%~235%，江安型成年公羊体重为 54.5kg，母羊为 37.7kg，母羊产羔率为 220%~235%。

利用与评价：其肉质细嫩，膻味较轻，前期生长发育快、繁殖力高，适应性强。

（4）北川白山羊。北川白山羊是一种肉用型地方羊品种，主要分布在绵阳市北川县及周边地区。

品种特征：北川白山羊体型中等，毛色以白色为主，耳朵直立，多数个体有角，向后呈倒八字形弯曲。

生产性能：成年公羊平均体重 49.1kg，母羊 37.3kg，产羔率初产母羊 140%，经产母羊 210%。

利用与评价：因其优良的肉质和良好的适应性，在当地有广泛的养殖基础。

（5）建昌黑山羊。建昌黑山羊属肉皮兼用型地方羊品种，主要分布在凉山彝族自治州会理市、会东县和德昌县。

品种特征：被毛为纯黑色，公羊角较粗大，略向后外侧扭转；母羊角较小，微向后、上、外方扭转。

生产性能：成年公羊平均体重42.7kg，母羊平均体重38kg，平均产羔率152%。

利用与评价：建昌黑山羊性成熟较早，早期生长发育快，裘皮板皮品质好，遗传性能稳定，广泛应用于凉山州的放牧和半舍饲养殖。

（6）白玉黑山羊。白玉黑山羊属肉用型山羊地方品种，主要分布于甘孜藏族自治州的白玉县。

品种特征：全身被毛较长呈黑色，皮肤为乌黑色，大部分额有白毛。

生产性能：成年公羊平均体重34.7kg，母羊21.7kg，产羔率100.9%。

利用与评价：白玉黑山羊具有高海拔适应性、耐粗饲、抗逆性强等优点，但体型小，产羔率低。

（7）南充黑山羊。南充黑山羊属肉皮兼用型地方山羊品种，广泛分布于南充市及周边地区。

品种特征：南充黑山羊全身被毛为黑色，肌肉丰满，体格偏小，大部分有角，呈弓形或倒八字形。

生产性能：成年公羊平均体重39.3kg，母羊34.3kg。母羊年产1.7胎，初产母羊平均产羔率为181%，经产母羊为232%。

利用与评价：南充黑山羊性成熟较早，繁殖率高，肉质优良，遗传性能稳定，板皮质地柔软、结实，但体型较小，生长速度较慢。

（8）古蔺马羊。古蔺马羊属肉皮兼用型山羊，主要分布于泸州市古蔺县。

品种特征：被毛主要为麻灰色和褐黄色，公羊被毛较长，头部形似马头，面部两侧各有一条白色毛带，俗称狸面。

生产性能：成年公羊平均体重37.5kg，母羊34kg，年产两胎，平均产羔率175%

利用与评价：古蔺马羊具有性成熟早、繁殖力高、适应性广、肉质细嫩多汁、膻味轻等特点，且性情温驯，易于管理。

（9）美姑山羊。美姑山羊为肉用型地方山羊品种，主要分布在凉山彝族自治州美姑县及其周边地区。

品种特征：被毛以黑色为主，少数为黑白花，公母羊大多有胡须，30%左右的羊有肉髯。

生产性能：成年公羊平均体重 51.7kg，母羊 41.4kg，产羔率为 210%～240%，常年发情。

利用与评价：美姑山羊因其适应性广和肉质优良，在当地广泛养殖，是当地重要的经济来源之一。

（10）西藏山羊。西藏山羊在四川省主要分布于阿坝藏族羌族自治州松潘县及周边地区，属肉、绒、皮兼用型山羊地方品种。

品种特征：被毛以全白、全黑者居多，体格中等，头型适中，鼻梁平直，颈部细长且无肉髯。体躯呈长方形，胸部深广，背腰平直，尻较斜。

生产性能：成年公羊平均体重 22.1kg，母羊 20.5kg，产羔率 100.93%。

利用与评价：西藏山羊因其优良的肉质和毛质，被广泛应用于地方特色美食和传统服装的制作，适合在高寒地区进行大规模放牧。

（11）板角山羊。板角山羊是一种兼具肉用和皮用的地方山羊，在四川省内主要分布在万源市官渡镇和大竹镇。

品种特征：被毛以白色为主，黑色、杂色个体很少。成年公羊被毛粗长，成年母羊被毛较短。角宽而略扁，向后弯曲扭转。

生产性能：成年公羊平均体重 48.4kg，母羊 37.7kg，产羔率 158%。

利用与评价：板角山羊因其肉质鲜美和良好的皮革质量，在地方市场上具有较高的需求。

2. 绵羊

四川共有 5 个绵羊遗传资源，主要分布在川西牧区，如甘孜州、阿坝州和凉山州。四川绵羊角以螺旋形或倒八字形为主，体躯长方形，胸宽深，肋拱起，背平，四肢细。一年一胎，极少数双产。

（1）西藏羊。西藏羊属肉毛兼用型绵羊地方品种，在四川省内主要分布在阿坝藏族羌族自治州若尔盖县及周边地区。

品种特征：以体躯白色为主，体花，纯白，纯黑极少，绝大多数公母羊均有角，体格大，体质结实。

生产性能：成年公羊平均体重 72.2kg，母羊 60.4kg，一般年产一胎，一胎一羔。

利用与评价：西藏羊数量大、分布广、遗传性能稳定，对高寒牧区生态环境和粗放饲养管理具有很强的适应能力。

（2）凉山黑绵羊。凉山黑绵羊属肉毛兼用型绵羊地方品种，主要分布于凉山彝族自治州的布拖县和普格县。

品种特征：全身被毛为黑色，公羊有角，呈螺旋形或捻曲状向后外弯曲，母羊绝大多数有角、扁平呈镰刀状向后。尾部披着裙帘，具有浓郁的民族风情。

生产性能：成年公羊平均体重 53.5kg，母羊 39.1kg。年产一胎，大多一胎一羔，平均产羔率为 110%。

利用与评价：凉山黑绵羊具有抗病力强、耐粗饲，生长速度快、肉皮兼用、遗传性能稳定的特点，同时，该品种的羊毛细度较好，深受当地养殖户的喜爱。

（3）勒通绵羊。勒通绵羊主要分布于甘孜藏族自治州理塘县，属于肉毛兼用型绵羊地方品种。

品种特征：具有典型“五棕一白”特征，头、颈、耳、胸部及四肢被毛为棕褐色，其他部位为白色。公、母羊均有角，角为扁平状螺旋形，向两侧伸张。

生产性能：成年公羊平均体重 55.9kg，母羊 49.6kg。一年一胎，一胎一羔。

利用与评价：勒通绵羊不仅在肉类生产中有良好的表现，其毛质优良，适用于纺织和制作藏族传统服饰。由于其良好的适应性和经济价值，勒通绵羊在当地的畜牧业中占有重要地位。

（4）欧拉羊。欧拉羊，属肉毛兼用型绵羊地方品种，在四川省内主要分布于阿坝藏族羌族自治州阿坝县。

品种特征：被毛毛色体躯以白色为主，体花多为棕色花片，少数黑色花片。绝大多数公母羊均有角，角长、粗、卷。

生产性能：成年公羊平均体重 95.7kg，母羊 72.1kg。多数一年一胎，一胎一羔。

利用与评价：欧拉羊体型大、产肉多、肉鲜嫩、抗病力强、生长发育快、耐粗饲、适应高寒地区放牧。

（5）玛格绵羊。玛格绵羊主要分布于甘孜藏族自治州得荣县，属于肉毛兼用型绵羊地方品种。

品种特征：头、颈、耳部毛色为黑色，其余部位为白色。体格较小，母羊多为无角，有角的其角小呈黑色，公羊角略粗大，母羊角细而短。

生产性能：在自然放牧条件下，成年公羊平均体重46.9kg，母羊40.2kg。一年一胎，一胎一羔。

利用与评价：玛格绵羊在肉类和羊毛生产上都有良好的表现，其毛质优良，适合制作高端毛织品。

二、四川地方羊遗传资源保护与利用现状

（一）资源保护现状

1. 政策支持

2007年，四川省将成都麻羊、金堂黑山羊、建昌黑山羊、古蔺马羊、西藏山羊、西藏羊6个地方羊资源列入《四川省畜禽遗传资源保护名录》，2014年新修订《四川省畜禽遗传资源保护名录》中增加了川南黑山羊、北川白山羊、美姑山羊和板角山羊4个地方羊资源，同年，成都麻羊、西藏山羊及西藏羊列入《国家畜禽遗传资源保护名录》。至此，四川共有10个地方羊遗传资源列入了国家和省级保护名录。2023年，根据全国第三次畜禽遗传资源普查四川省普查结果，四川省组织修订了《四川省畜禽蜂遗传资源保护名录》（草案），并提出推荐纳入《国家级畜禽蜂遗传资源保护名录》名单，建议省级名录新纳入白玉黑山羊，国家级名录新纳入北川白山羊、白玉黑山羊及古蔺马羊。另一方面，四川省还建立了完善的保种场（区）联系专家制度，畜禽遗传资源保种群体保种效果评估制度，市（州）、县人民政府、保种主体的三方协议制度，以及将畜禽遗传资源保护纳入省级财政专项资金预算等，每年投入专项资金对列入部省级畜禽遗传资源保护名录的羊遗传资源实行全覆盖保护，使四川省羊资源得到有效保护。

2. 保种场与保护区的设立

根据农业主管部门《畜禽遗传资源保种场保护区和基因库管理办法》，2012年四川省组织制定了《四川省畜禽遗传资源保种场保护区管理办法》，并依据该办法在省内多个地方设立了羊遗传资源保种场和保护区。例如，成都麻羊在2007年被列入省级保护名录，2008年在大邑县建立成都麻羊种畜场，2014年该场被确认为国家级保种场；川南黑山羊的自贡型也在2013年建立了省级保种场。这些保种场的设立，不仅有助于保护地方品种的纯度，还为开展基因资源研究提供了重要的场所。目前，全省已建立部省级保种场、保护区10个，其中国家级羊

遗传资源保种场 1 个，省级羊遗传资源保种场 5 个，省级羊遗传资源保护区 4 个（表 2）。

表 2　四川省部省级羊资源保种场（保护区）名单

序号	品种	保护单位	保护种类（保护区/保种场）	级别
1	成都麻羊	成都市西岭雪农业开发有限公司	保种场	国家级
2	川中黑山羊（乐至型）	乐至县八谊农业开发有限公司	保种场	省级
3	建昌黑山羊	会东县夹马石种羊场	保种场	省级
4	川南黑山羊（自贡型）	荣县和牧山羊养殖专业合作社	保种场	省级
5	西藏羊	若尔盖县辖曼种羊场	保种场	省级
6	古蔺马羊	古蔺马羊科技有限公司	保种场	省级
7	北川白山羊	北川羌族自治县农业农村局	保护区	省级
8	美姑山羊	美姑县农业农村局	保护区	省级
9	板角山羊	万源市农业农村局	保护区	省级
10	西藏山羊	雅江县农牧农村和科技局	保护区	省级

3. 动态监测与现场核实

一是开展动态监测。针对畜禽资源具体数据的动态性，如不能及时掌握就可能造成资源流失等问题，四川省在 2012 年开发了“四川省畜禽遗传资源监测平台”软件，对全省列入省级畜禽遗传保护名录的羊资源保种场、保护区和抢救性保护的羊资源保种群体数据进行季度监测，及时了解数量变化原因并提出对策，保障保种场（区）保种群体的稳定（表 3）。二是开展现场核实工作，四川省自 2015 年开始，每两年安排进行羊遗传资源保种场保护区的全面调研指导工作，全面掌握资源分布实际情况，即对保种场的保种群体数量、生产性能测定、保种方案、资料档案记录、资金使用情况等进行核查，及时发现问题，及时整改。

表 3　2023 年四川省地方羊遗传资源保护群体动态监测情况　　单位：只

品种	第一季度			第二季度			第三季度			第四季度	
	存栏总数	成年公羊	能繁母羊	存栏总数	成年公羊	能繁母羊	存栏总数	成年公羊	能繁母羊	存栏总数	成年公羊
成都麻羊	1 231	30	313	1 078	30	313	1 139	30	309	943	25
川中黑山羊（乐至型）	904	52	406	805	35	374	704	35	360	698	40
建昌黑山羊	398	31	255	395	28	255	392	27	253	465	27
川南黑山羊（自贡型）	374	25	252	362	25	252	384	25	252	392	25
北川白山羊	4 678	128	1 282	4 369	131	1 269	4 125	163	1 259	3 667	135
美姑山羊	6 200	900	3 000	7 300	1 000	3 800	7 200	1 100	3 600	7 180	980
板角山羊	4 372	568	3 324	4 416	547	3 394	4 292	524	3 421	4 347	532
西藏山羊	1 634	125	1 250	1 658	125	1 250	1 687	125	1 250	1 597	125
西藏羊	2 300	300	1 800	2 300	300	1 800	2 300	300	1 800	2 300	300
古蔺马羊	300	25	251	339	26	254	338	27	255	353	27
白玉黑山羊	1 164	38	293	1 176	105	499	1 168	76	486	1 205	76

4. 保种效果评估

针对四川羊资源保种主要采用表型选择，普遍存在血缘不清，档案资料不齐的情况，利用基因芯片检测技术对地方羊遗传资源进行了遗传多样性、近交系数及亲缘关系等分析。目前已开展了川中黑山羊（乐至型）、川南黑山羊、建昌黑山羊、美姑山羊、成都麻羊以及古蔺马羊 6 个羊品种的保种效果评估。根据评价结果，判断家系组建是否合理，畜禽遗传资源技术推广部门帮助重新梳理保种群的血缘关系和系谱档案资料，指导保种场补齐群体血缘、开展科学的选种选配，减少近交，延缓退化。

5. 羊资源普查及基因组分析研究

近年来，四川省组织完成了青藏高原区域资源调查工作及四川省第三次羊遗传资源普查，摸清了原产于四川省的 16 个地方羊资源，4 个羊培育品种以及 1 个引进羊品种的遗传资源概况，清晰了羊资源各品种的养殖数量、群体结构和生产性能，尤其对资源的濒危状况有了准确的掌握，这对羊资源的保护工作奠定了坚实的基础。

四川省教学科研机构通过基因组测序、基因标记等技术手段，对地方羊种的遗传多样性进行系统研究，为提高品种生产性能和抗逆性提供了科学依据。如四川农业大学开展了肉羊重要经济性状的功能基因鉴定。研究发现 IGF2BP1 在山羊肌纤维快速增长前期（胚胎期 45d）最高，初步表明该基因可能是影响肌纤维数量增加的关键基因。在 MuSCs 中过表达 IGF2BP1 基因后，肌细胞数量明显增加，证实 IGF2BP1 基因能促进山羊肌细胞的增殖。西南民族大学利用功能基因组学、分子生物学、蛋白质组学、细胞生物学和现代畜牧学的理论和方法，开展了肉羊品种的资源学价值和创新利用、肉羊重要性状的分子调控机制等方面的研究，并将其运用于肉羊生产。尤其在肉用山羊肌内脂肪细胞分化、脂代谢及优良肉质性状形成机理等方面的研究中取得重要成果，构建了 lncRNA/miRNA/mRNA、miRNA-mRNA 调控网络；从转录组学层面揭示了 KLFs、Lkb1、LXRα、RXRα、GEM、Chemerin 和 FGF 等基因、转录因子、细胞因子家族成员及关键 miRNA（如 miR-26b-5p、miR-25-3p 和 miR-106b-5p）、circRNA（如 Circ_ 0006511、Circ_ 0009659）等在山羊肌内前体脂肪细胞分化的调控作用及其分子调控机制；同时阐明了 CPT1A、CPT1BA、PDK4 及丙二酰辅酶 A 等对山羊脂代谢的调控作用。相关成果发表在 *International Journal Molecular Science*, *BMCGenomics*, *Frontiers in Molecular Biosciences*, *Animal* 和《中国农业科学》《畜牧兽医学报》等重要期刊上。

6. 畜禽资源基因库建设与应用

随着生物技术的发展，四川省积极推动畜禽遗传资源基因库的建设。基因库的建立不仅可以实现地方羊品种的基因保存，还能为未来的遗传改良提供重要的基因材料。目前基因库开展了共计 10 个羊遗传资源的冷冻精液、胚胎、体细胞制作，共制作保存羊遗传材料 4 万余份（表 4）。其中，针对在四川省第三次羊遗传资源普查中发现的雅安奶山羊的濒危状况，四川省及时组织开展抢救性收集保护，使资源得到有效保护。

表 4 羊遗传材料制作保存情况

品种	冷冻精液（剂）	冷冻胚胎（枚）	体细胞（份）
成都麻羊	3 000	215	—
川南黑山羊（江安型）	3 700	—	—

（续表）

品种	冷冻精液（剂）	冷冻胚胎（枚）	体细胞（份）
川南黑山羊（自贡型）	3 600	—	—
川中黑山羊（金堂型）	3 000	—	—
川中黑山羊（乐至型）	3 600	—	—
北川白山羊	3 600	—	—
简州大耳羊	3 600	—	—
建昌黑山羊	3 600	—	—
雅安奶山羊	3 600	203	220
南充黑山羊	3 600		
美姑山羊	3 600		
凉山黑绵羊	3 600		
合计	42 100	418	220

（二）四川地方羊资源的开发与利用现状

1. 新品种培育成果

（1）南江黄羊。南江黄羊是我国第一个通过国家畜禽遗传资源委员会审定的肉用山羊培育品种，是由南江县畜牧局等单位以成都麻羊、金堂黑山羊、努比亚山羊为父本，南江县本地山羊为母本，采用多品种复杂杂交，历经 40 多年时间培育而成，于 1996 年通过审定。在放牧+补饲条件下，成年公羊平均体重为 63. 70kg，母羊 44. 58kg，平均产羔率 196%。南江黄羊先后推广到重庆、贵州、湖北等 28 个省（自治区、直辖市）共 1 200余个县（区），累计推广种羊 30 万余只。从杂交效果看，杂种一代周岁羊体重比地方山羊提高 23. 3%～67. 8%，成年羊体重提高 43. 5%～63. 8%，效果明显，经济效益显著。

（2）雅安奶山羊。雅安奶山羊由四川农业大学和雅安市西城区畜牧局共同培育，以陕西、河南等地土种白山羊与瑞士萨能奶山羊级进杂交选育而成的奶山羊作为基础母羊，与萨能奶山羊公羊杂交，通过 20 年选育形成的优良乳用品种。雅安奶山羊体型大、产奶量较高、繁殖性能良好，成年公羊平均体重为 92kg，母羊 60. 95kg，平均产羔率 186. 3%，泌乳期平均 260d，年产奶 500～600kg。

（3）简州大耳羊。简州大耳羊由简阳市畜牧食品局、西南民族大学等单位共同培育，于2013年通过国家畜禽遗传资源委员会审定。简州大耳羊是以努比亚山羊和简阳本地山羊为育种材料，杂交培育形成的肉用山羊品种，其血缘75%源自努比亚山羊，25%源自简阳本地羊。在舍饲条件下，成年公羊平均体重为78.7kg，母羊451.3kg，平均产羔率229.71%。简州大耳羊先后推广到眉山市、凉山彝族自治州及湖南、湖北、贵州等省份。

（4）凉山半细毛羊。凉山半细毛羊由凉山彝族自治州畜牧局、四川农业大学等单位联合培育，于2009年通过国家畜禽遗传资源委员会审定的毛肉兼用型培育品种，是以本地山谷型藏羊为母本，引进新疆细毛羊、边区莱斯特羊、林肯羊等多个细毛和半细毛羊品种公羊进行复杂杂交选育而成的。成年凉山半细毛羊公羊剪毛量6 195.50g，净毛量4 157.65g，净毛率67.10%，毛纤维直径35.53mm，伸直长度22.32cm，毛丛自然长度17.21cm，母羊剪毛量4 202.80g，净毛量2 890.43g，净毛率67.05%，毛纤维直径34.54mm，伸直长度21.33cm，毛丛自然长度16.53cm。

（5）正在培育的新品种。天府肉羊是四川农业大学利用国内外优秀肉山羊品种（波尔山羊、莎能奶山羊、努比亚奶山羊和成都麻羊），采用现代育种技术，历经40余年且正在选育的大型优质肉山羊，其适应性广、抗病力强、肉用性能突出、肉质细嫩，有望在“十四五”期间培育成功。

2. 品牌建设情况

四川羊资源品牌建设情况如表5所示。

表5　四川羊资源品牌建设情况（＊国家地理标志保护产品）

品种	开发企业	开发品牌
成都麻羊	成都市西岭雪开发有限公司	西岭雪
金堂黑山羊	—	金堂黑山羊
川南黑山羊（江安型）	江安县生态黑山羊养殖协会	＊江安黑山羊
川南黑山羊	荣县和牧山羊养殖专业合作社、自贡六顺黑山羊养殖专业合作社	贡洋
建昌黑山羊	—	＊会东黑山羊（四川区域公共品牌）
白玉黑山羊	白玉藏品农业发展有限责任公司	白玉黑山羊

（续表）

品种	开发企业	开发品牌
南充黑山羊	—	营山黑山羊
南江黄羊	南江黄羊原种场	*南江黄羊
简州大耳羊	—	*简阳羊肉
凉山黑绵羊	—	凉山黑绵羊
美姑山羊	—	*美姑山羊

3. 开发的典型案例

在羊资源开发方面，四川省涌现了多个典型的成功案例。如成都市西岭雪开发有限公司通过大力推广成都麻羊，打造了“西岭雪”品牌，该品牌羊肉凭借其独特的风味和优质的肉质，受到了消费者的广泛欢迎。江安黑山羊也依托地方生态优势，形成了地方特色品牌“江安黑山羊”。此外，以成都麻羊为育种素材培育的南江黄羊是四川品牌开发得最为成功的羊资源之一，现已开发出南江黄羊冷鲜肉、方便羊肉汤、休闲食品等 18 个品种，并申请了南江黄羊证明商标、著名商标、驰名商标，南江黄羊获得中国认可有机基地和有机产品认证、欧盟有机基地和有机产品认证，南江黄羊获得国家地理标志产品认证。目前品牌价值达到 41.85 亿元。简州大耳羊是新中国成立以来第二个肉羊新品种，“简阳羊肉”成功创建为国家地理标志保护产品，“简阳羊肉汤”获评为国家地理标志证明商标。以简阳羊业为载体的“简阳羊肉美食文化节”已连续举办十八届，推动了特色畜禽全产业链的多元化发展。

三、四川省地方羊遗传资源保护与利用存在的主要问题

（一）资源流失严重，一些地方羊资源群体数量下降明显

随着现代养殖业的发展，许多高产的外来品种被引入，而地方品种很难在规模养殖中体现比较效益，大多只能在小规模户中得以发展，群体越来越小、数量越来越少，导致群体数量大幅下降。如成都麻羊的群体数量自 2008 年的 35.07 万只下降到 2021 年的 4 077 只，其中种公羊仅剩 233 只，川中黑山羊也从 2005 年的 70.21 万只下降到 2021 年的 54 162 只，类似情况同样出现在川南黑山羊、北川白山羊、板角山羊等资源。据 2021 年第三次全国畜禽遗传资源普查结果，四川省超过一半

的地方羊资源数量呈下降趋势，资源保护难度不断加大。地方羊遗传资源的流失，不仅威胁到其可持续发展，也影响了物种的多样性和地方生态系统的稳定性。

（二）资源生产性能降低，市场竞争力较差

四川省羊资源保种主要采用表型选择，加之系谱档案资料不完善，普遍存在血缘不清的情况，群体间近交时有发生，导致品种性能逐渐降低。此外，即使建立了保种场或原种场，由于技术、资金等因素的制约，在后续的保种过程中，大部分地方品种缺乏系统有效的本品种选育和定向培育，加上外来品种的冲击、纯种数量的减少、饲养管理的粗放，地方品种群体生产水平逐年下降，逐步失去其竞争优势。而原种场由于没有稳定的效益而丧失饲养的积极性，又进一步加剧了资源的流失和退化。

（三）现行资源保护支撑体系有待完善

一是保种经费投入不足，主要体现在“十三五”和“十四五”期间，保种补贴几乎没有增加，且羊遗传资源保护没有保种场（区）建设资金支持，和国家级保种场（区）补贴情况存在一定差距。四川省绝大部分羊资源保种场每年主要依靠政府保种经费补贴维持资源保护最低数量，保种场普遍运行状况不佳，部分保种场基础设施落后、群体血统不清、保种手段单一等问题突出。二是资源保护专门化管理机构少，专业化人才队伍缺乏，资源保护理论不够系统、深入，技术研发和创新能力落后，制约了羊遗传资源的有效保护和利用。

（四）资源产业化开发利用呈现明显不足

四川省地方羊资源虽然丰富，但在其肉质、风味、药用、文化等优良特性评估和发掘方面不深入、不系统，资源产业化开发利用呈现明显不足。产品种类比较单一，主要以羊肉为主，且地方品牌在全国范围内的知名度较弱，市场竞争力不强，特色畜产品优质优价机制没有建立，特色畜禽遗传资源优势尚未充分发挥。如凉山黑绵羊这一特色资源，不仅是国家地理标志产品，还是中国畜禽十大优异种质资源之一，虽然当地已正式启动了“布拖黑绵羊”品牌建设行动，并布局让布拖黑绵羊走向全国，但其影响力还是主要集中在本地市场，且未形成明显的价格优势。此外，四川省羊肉加工产品种类少，数量少，且缺乏市场认可度高、接受度高的产品，产品附加值有限，未能产生可观的经济效益，导致羊肉产业发展缓慢。

四、四川省地方羊遗传资源保护与利用的对策建议

（一）加强地方羊资源的保护和恢复

1. 建立多元化的保种体系

继续开展地方羊资源保种场、保护区建设，逐步扩大保护覆盖范围。构建一个多层次、广覆盖的保种网络，鼓励社会多方积极投入到资源保护工作中，增强地方羊资源保护的社会基础，整合政府、科研机构、企业及养殖户的资源，形成合作保护机制。针对地方羊品种，定期实施群体数量监测与评估，以及时发现问题并采取相应措施。

2. 推广现代生物技术

积极推广冷冻精液和冷冻胚胎等现代生物技术，能够有效避免因自然因素、人为干扰或种群数量减少而导致的优良基因丢失问题，确保地方羊遗传资源的长期安全与稳定保存。同时，利用这些技术可以实现地方羊优良基因的快速扩繁与精准利用，为地方羊品种的优化改良和特色产业发展提供有力保障。

3. 实施精准补贴政策

加大对地方羊资源保种的财政投入，尤其是在保种场建设和保种技术研发与推广方面，确保资源保护的可持续性。根据地方羊资源的数量、种群健康状况及其生态价值，设定相应的补贴标准，激励养殖户参与保种工作。此外，应建立动态补贴机制，根据市场变化和资源保护效果调整补贴金额，确保政策的有效性和针对性。

（二）提升资源性能，增强市场竞争力

1. 建立系统的选育计划

制定详细的地方羊品种选育标准，并结合科学研究和市场需求，开展系统的选育工作。定期对保种场的选育情况进行评估和调整，以确保资源性能的稳定性和优良性。利用现代育种技术，优化种群结构，提高育种的精准度，避免近交和血缘不清的情况，保持地方羊资源的遗传多样性。

2. 完善繁育管理体系

加强对保种场的管理，不断提升技术人员的专业素质，推动饲养管理技术的进步。引入精细化管理理念，开展养殖技术培训，提升养殖户的科学饲养水平。同时，建立健全养殖记录系统，规范养殖流程，确保信息透明化，从而提高管理效率

和生产性能。

3. 开展品种宣传和推广

积极宣传地方羊资源的优良特性和经济价值，通过媒体、网络等多种渠道提升市场对地方羊的认知度和认可度。组织定期的品鉴会、展览和推介活动，邀请消费者体验地方羊肉的独特风味，增强消费者的购买意愿。此外，与餐饮企业合作，推动地方羊肉特色菜品的开发和推广，进一步拓宽市场渠道。

（三）完善资源保护支撑体系

1. 增加保种经费投入

政府应加大对地方羊遗传资源保护的资金支持力度，尤其是在保种场的基础设施建设和保种技术研发方面，保障资源保护的持续性与有效性。应建立专项基金，用于支持地方羊种的科研与技术推广，确保资金能够精准投向急需的领域。

2. 建立专业化管理机构

设立专门的遗传资源保护管理机构，培养专业人才，建立一支技术团队，负责资源的监测、评估和管理。这些专业人员应具备生物学、畜牧学等相关领域的知识，能够为地方羊的保护与发展提供技术支持和决策依据。同时，定期开展培训，提高从业人员的专业素养和管理能力。

3. 促进科研与实践结合

鼓励科研机构和教学单位与养殖企业的合作，推动技术研发与实际养殖的结合，确保科研成果能够及时转化为生产力。设立科研项目，引导学术界和产业界的合作，推动高新技术在地方羊保护和管理中的应用，从而提升地方羊资源的整体发展水平。

（四）推动资源的产业化开发与利用

1. 多样化产品开发

根据地方羊的特色，开展多元化的产品开发，如羊肉、羊毛、皮革及其他相关产品。通过市场调研，挖掘地方羊种的独特风味和药用价值，开发适合市场需求的高附加值产品，提升整体产业链的效益。同时，建立特色产品的标准化生产流程，提高产品的一致性和质量。

2. 建立品牌战略

推动地方羊肉品牌的建设，通过注册地理标志，提升品牌知名度和市场竞争力。加强与市场营销机构的合作，制订系统的市场推广计划，提升地方羊产品在全国范围内的认知度，形成稳定的消费群体。利用现代电商平台，拓展销售渠道，推动地方品牌走出四川，进入更广阔的市场。

3. 发展特色养殖和生态旅游

结合地方羊养殖，发展生态农业和旅游业，吸引游客参与羊文化体验，如羊肉品鉴、养羊观光等，提升地方羊种的经济效益和社会效益。通过建设生态示范基地，展示地方羊资源的生态价值，推动可持续发展，为地方经济提供新的增长点。

四川省凉山肉羊产业发展报告

杨世忠[1]　王同军[2]　吉力阿妹[1]　严显明[3]　王晋康[4]
阿西伍牛[5]　李思辰[2]　陈　益[1]　安拉扎[1]　孟群英[1]
（1. 凉山彝族自治州农业科学研究院，四川凉山 615000；2. 凉山州农业农村局，四川凉山 615000；3. 会东县农业农村局，四川会东 615200；4. 布拖县农业农村局，四川布拖 615350；5. 美姑县农业农村局，四川美姑 616450）

摘　要：本报告主要介绍了凉山肉羊产区自然资源、主要品种、生产情况及发展趋势，概述了凉山肉羊产业发展在脱贫攻坚与乡村振兴时期取得的成效，深入剖析了当前产业发展中存在的问题，提出了强化产业定位、合理规划布局、加大政策支持、加强人才培养、强化科技引领、培育经营主体、构建疫病防控体系、健全饲草供应体系、突出特色品牌创新等九个方面的对策建议。

关键词：凉山州；肉羊产业；对策建议

肉羊产业作为凉山州传统产业和优势特色产业，具有资源禀赋优、政策机遇好、产品质优有特色、市场消费需求旺、提质增效空间大等优势，在脱贫攻坚和乡村产业振兴中均发挥重要的作用，具备做大做强的发展潜力和前景。本报告坚持问题导向，瞄准肉羊短板弱项和产业需求，在介绍凉山自然资源、肉羊生产情况以及产业发展取得成效的基础上，深入剖析了存在的问题，提出了相应的对策建议。

一、四川凉山肉羊产业发展现状

（一）凉山肉羊产业的总体生产现状

1. 全州自然资源及主要品种

（1）产区自然资源。凉山彝族自治州地处北纬 25°03′~29°55′，东经 97°23′~106°39′，海拔 305~5 958m，高差悬殊，地貌复杂多样，山峰、河流、支流众多，多元性地貌决定了自然生态环境的多样性。凉山光热资源充足，年均日照数1 627~2 562h，日照量自北向南递增，年均气温 14~17℃，降水量1 000~1 100mm，无霜期 230~260d，在我国北纬 30°以南地区，除西藏和云南部分地区之外，是日照时数最长的地区。气候类型多样，立体气候特征明显，“一山分四季，十里不同天”，南亚热带、亚热带、温带、寒带气候都有对应区域。

凉山州区域面积60 115 km^2，占四川省总面积的10.61%，是四川省三大牧区之一，也是典型的半农半牧区，秸秆等农副产品产量较多。全州草原面积79.60 万 hm^2，其中天然牧草地 69.97 万 hm^2，占 87.90%，人工牧草地 5.53 万 hm^2，占 6.95%，其他草地 4.10 万 hm^2，占 5.15%。草地类型较为齐全，既有高山成片草地，也有村庄附近的零星草地，生物量中等偏高，为发展养羊业提供了充足的饲草资源。

（2）主要肉羊品种。凉山肉羊主要品种有 4 个，其中凉山半细毛羊是以山谷型藏绵羊为基础，利用新疆细毛羊和边区莱斯特羊、林肯羊等多个绵羊品种杂交育成的 48~50 支纱的肉毛兼用型品种，具有早期生长发育快、肉用性能和产毛性能好的特点，于 2009 年正式命名成为我国自主培育的第一个半细毛羊新品种；凉山黑绵羊是在自然环境与民俗文化发展中经过长期的定向选择形成的肉毛兼用型地方绵羊品种，具有被毛纯黑色、遗传性能稳定、耐粗饲和适应性强等特点，于 2021 年列入全国“畜禽十大优异种质资源”；美姑山羊是经过长期自然选择和群众自发选育而成的地方特色品种，具有适应性强、繁殖率高、肉质鲜美等特点，于 2010 年 1 月被列入国家畜禽遗传资源保护名录；建昌黑山羊是西南地区优良山羊品种之一，经长期自然和人工选择选育而成，具有早熟、肉用性能和皮板品质好等特点的肉皮兼用品种，1989 年收录于《中国羊品种志》，2012 年被列入四川省畜禽遗传资源保护名录。

2. 肉羊生产总体情况及发展趋势

肉羊养殖业是凉山州高山、二半山区少数民族群众增收致富的重要支柱性产业之一，养殖模式主要为传统放牧或“放牧+补饲”，少部分为舍饲。受地域影响，全州以养殖凉山半细毛羊及其杂交改良羊、凉山黑绵羊、建昌黑山羊和美姑山羊为主，肉羊主要供给当地消费需求，少部分建昌黑山羊销售到沿海地区。2023 年末存栏 453.62 万只，占全省 32.82%，同比下降 10.17%；羊出栏量 422.74 万只，占全省 23.92%，同比下降 1.76%；羊肉产量 6.77 万 t，占全省 25.04%，同比下降 1.60%，但总体均居全省第一位（1 表 1）。

表 1　2022—2023 年凉山州各县（市）肉羊存栏、出栏情况　（万头，万 t）

地区	羊存栏			羊出栏			羊肉产量		
	2023 年	2022 年	同比（%）	2023 年	2022 年	同比（%）	2023 年	2022 年	同比（%）
凉山州	453.62	504.96	−10.17	422.74	430.31	−1.76	6.77	6.88	−1.60
西昌市	16.21	18.11	−10.49	17.20	17.26	−0.35	0.28	0.28	0.00
木里县	64.15	71.38	−10.13	49.87	49.79	0.16	0.77	0.77	0.00
盐源县	19.53	21.80	−10.41	21.44	21.96	−2.37	0.35	0.36	−2.78
德昌县	47.24	52.15	−9.42	40.35	40.89	−1.32	0.67	0.67	0.00
会理县	14.70	16.45	−10.64	13.65	14.08	−3.05	0.22	0.23	−4.35
会东县	72.78	81.39	−10.58	69.79	70.11	−0.46	1.16	1.17	−0.85
宁南县	14.45	16.01	−9.74	16.37	16.62	−1.50	0.24	0.25	−4.00
普格县	14.73	16.45	−10.46	13.68	13.95	−1.94	0.21	0.21	0.00
布拖县	23.91	26.70	−10.45	22.55	23.14	−2.55	0.36	0.37	−2.70
金阳县	14.73	16.39	−10.13	15.57	15.75	−1.14	0.23	0.24	−4.17
昭觉县	41.97	46.81	−10.34	36.05	39.39	−8.48	0.64	0.66	−3.03
喜德县	14.14	15.85	−10.79	13.89	13.89	0.00	0.20	0.20	0.00
冕宁县	19.79	22.10	−10.45	20.51	20.42	0.44	0.31	0.32	−3.13
越西县	17.60	19.61	−10.25	17.57	17.79	−1.24	0.29	0.29	0.00
甘洛县	15.84	17.80	−11.01	15.84	16.33	−3.00	0.25	0.26	−3.85
美姑县	27.62	30.03	−8.03	24.94	25.34	−1.58	0.39	0.39	0.00
雷波县	14.24	15.92	−10.55	13.50	13.60	−0.74	0.21	0.21	0.00

数据来源：凉山州农业农村局提供。

（二）凉山肉羊产业取得的成效

1. 对脱贫攻坚与乡村振兴贡献巨大

凉山州总人口 489.05 万人，乡村人口基数 296.05 万人，占全州的 60.53%，远高于全省乡村人口占总人口的 41.65%，2022 年全州牧业总产值 244.80 亿元占农林牧渔业总产值 817.95 亿元的 29.93%，肉羊产业产值达到 60.67 亿元，肉羊养殖与农牧民致富增收息息相关，在凉山二半山、高山区具备做大做强的发展潜力和前景。全州 11 个脱贫摘帽县覆盖 196 个乡级政区，总人口 242.2 万人，乡村人口数 179.9 万人，占人口总数的 74.28%，牧业总产值 114.51 亿元占农林牧渔业总产值 346.97 亿元的 33.00%，均高于全州平均；肉羊存栏数和出栏数分别占全州的 55.45%和 55.68%，肉羊产业是凉山州 11 个脱贫摘帽县巩固脱贫攻坚成果和乡村振兴有效衔接的重要纽带和主要抓手，为推动凉山地区农业结构调整、促进农民增收致富、促进农村经济发展发挥着重要作用，做出了突出贡献。

2. 规模化养殖标准化水平逐年提升

随着凉山肉羊产业的发展，尤其是精准扶贫、乡村产业振兴、东西部协作项目资金的引导下，肉羊养殖正逐步由传统放牧转变为半舍饲和舍饲饲养，饲养规模由小规模养殖占主体逐渐转变为适度规模养殖为主体；新建规模养殖场各种生产用房布局相对合理，面积匹配适当；高标准高床漏缝式羊舍及配套设施设备逐步完备；部分县域探索性创制了“共享圈舍”“小区养殖”等新型饲养模式，为全州养羊业的全面振兴带来新的发展契机。截至 2023 年底，全州培育肉羊养殖园区 5 个、部省级畜禽标准化养殖场 5 个、已建成肉羊标准化规模养殖场 145 个，出栏 150 只以上羊养殖户 1 394 个，其中 150~299 只的 1 249 个、300~999 只的 142 个、1 000 只及以上的 3 个，为助力凉山州现代农业产业振兴发挥了重要作用。

3. 农业产业发展迎来新机遇

随着精准扶贫和乡村振兴的深入实施，脱贫攻坚取得决定性胜利，乡村振兴迈入关键性阶段。先后印发《凉山州贯彻落实〈四川省关于加快建设现代农业“10+3”产业体系推进农业大省向农业强省跨越的意见〉责任分工方案》等重要文件，对凉山州及县市推进肉羊产业发展与招商引资政策确立了发展规划和指导意见；出台《凉山州人民政府办公室关于印发加快全州牛羊产业高质量发展实施方案的通知》等规范性文件，各县市因地制宜制定产业奖补和招商引资政策，以政策、项目、资金驱动吸引新型经营主体进入肉羊养殖行业，加快实施农业产业化龙头企业“排头兵”工程，大力培育农业社会化服务组织，带动一批肉羊标准化规模场的建设以及小农户与现代农业发展有效衔接，为凉山州肉羊产业发展注入了新的活力和发展机遇。

4. 遗传资源开发利用和品种改良受到重视

随着养羊业的快速发展和消费市场的转变，凉山肉羊在遗传资源开发利用与品种改良方面受到重视。一是具有鲜明特色和独特优势的凉山肉羊遗传资源获得开发利用。“会理黑山羊”“会东黑山羊”均获国家地理标志产品；“美姑山羊”除获四川省首个国家地理标志产品外，2014年获国家地理标志证明商标，2022年被列入第三批全国名特优新农产品名录；新挖掘的凉山黑绵羊入选2021年度全国畜禽十大优异遗传资源。二是凉山肉羊杂交改良成效显著。凉山高寒山区推广凉山半细毛羊改良本地绵羊，解决了本地绵羊生产性能低、羊毛质量差的问题，养殖效益得到了较大提高。引进川中黑山羊（金堂型）改良建昌黑山羊，杂交后代产羔率达到160.71%，提高42.71%；成年公、母羊的体重分别提高74.1%和42.64%，显著提高了黑山羊的生产性能和经济效益，并形成了优势明显的区域性黑山羊群体，会东县、会理市养殖数量长期稳居全省前列。

5. 科技支撑与技术创新持续深入

在农业农村部和四川省农业农村厅的大力支持下，凉山州农业农村局、凉山州农业科学研究院先后组建了国家绒毛用羊产业技术体系西昌综合试验站、国家现代农业产业技术体系四川创新团队彝区肉羊良种繁育岗位团队，在国家乡村振兴重点帮扶县科技特派团、科技扶贫（下乡）万里行、“三区”科技人才等帮扶团队、技术专家和推广单位的帮助和配合下，紧紧围绕凉山特色肉羊持续开展品种选育与技术研发，应用推广肉羊高效生产繁殖技术，为提高凉山肉羊生产性能、增加养殖经济效益，提供了强有力的科技支撑；组织实施《四川省凉山州肉羊提质增效技术集成与示范》等国家科技部、农业农村部、四川省科技厅和凉山州科技局等重大重点科技与推广项目20余项，荣获省部级一等奖1项、二等奖2项、三等奖2项，制（修）订肉羊地方标准9个，创新成果显著，为促进凉山州科技创新驱动战略、加快科技成果转化、推动经济社会发展贡献了力量。

6. 种养循环生态养殖模式得以实现

随着绿色发展理念的深入人心，部分肉羊规模养殖场结合自身条件采用种养循环方式绿色转型，建设粪污处理设施，开展粪污还田资源化利用，为凉山州循环经济建设起到了良好的示范带动作用。越西东方农业发展有限公司充分利用当地资源、就近取材，大量回收周边农户的玉米秸秆用于制作青贮饲料，既降低了舍饲养殖粗饲料成本，又增加了周边农户的农副产物经济收入；在樱桃园和苹果园套种紫花苜蓿和燕麦草等优质牧草，补充了肉羊饲草饲料新来源；羊粪经过堆积腐熟发酵后显著降低了臭味和有害菌群的含量，可用于改善果树根系的生态环境，为其提供更多的养分，还能减少化肥的使用量，降低种植成本，在园区内实现了“羊+甜樱桃+牧草”种养循环生态养殖模式。

7. 饲草饲料生产受到关注

饲草料是肉羊养殖的重要生产资料，是养殖成败的关键因素。凉山州粮草轮作、间作空间较大，主要种植模式有粮（经、果）—草轮（间、套）作，牧草混播人工草地，单一人工草地等。养殖场通过粮草、桑（果、烟）草等轮（间、套）作、粮改饲不同种草模式，引（试）种栽培皇竹草、光叶紫花苕、青贮玉米、紫花苜蓿等优质牧草，开展玉米秸秆等农副产品加工调制，并配套相应的种植、收割、青贮等机械，以窖式青贮、裹包青贮、袋装青贮等多种方式进行青贮和草料贮备，饲草饲料生产与贮备积极性较高。据统计，2023 年全州秸秆饲料化利用量约 45. 8 万 t，利用率 21. 5%，尚有较大利用空间；饲料化利用企业 7 个，年消纳秸秆量 3. 5 万 t。饲草饲料生产与贮备为凉山州羊肉生产提供了重要的供应保障。

二、四川凉山肉羊产业发展存在的主要问题

（一）产业发展定位不清

1. 产业发展定位不清

肉羊养殖属于传统产业，投入大、见效慢，特别是羊品种遗传资源保护投入远高于产出。如何定位肉羊产业在县域农业经济发展的地位取舍艰难，影响到凉山肉羊产业的整体布局和快速发展。以良种繁育场（原种场）建设为例，目前除会东县将建昌黑山羊种羊场全部纳入财政管理外，新建投产的美姑山羊原种场和凉山黑绵羊良种繁育场交由地方农投公司经营管理，缺乏对羊遗传资源系统选育提高的有效办法，未发挥应有作用；凉山半细毛羊原种场设施设备陈旧落后，管理技术严重缺乏，人才队伍不健全，导致凉山半细毛羊新品种培育与推广受到影响。

2. 产业发展资金缺乏

一是肉羊产业发展专项资金投入少。由于肉羊养殖重点相关县域地方财政支出严重不足，社会资金投入有限，缺乏产业风险基金、良种繁育资金、引种补贴基金、活羊保险、抵押担保等方面的保障性政策。二是产业发展资金筹集困难。许多规模化养殖场土地为流转租赁，固定资产融资变现能力弱，银行贷款难度大；农民

自筹能力小，民间融资难，银行信贷跟不上，使得养殖户有钱建场、无钱周转的问题普遍存在，产业发展举步维艰。三是肉羊产业技术研发经费少。技术研发与推广经费没有持续性，不能适应区域羊全产业链发展的需要，也不能满足产业转型升级发展的客观需求，导致遗传资源品种选育提升不够，选种培育进度停滞不前。

3. 产业布局不合理

一是良种繁育体系建设不合理。原种场、保种场、二三级扩繁场、保种区、联养户和辐射带动没有功能分区，没有形成选育核心群或未进行系统选育与种羊培育，缺乏必要的种群联养户，普遍存在品种性能退化风险和制种供种能力不足的情况。二是产业分工不明确。各品种或资源没有严格的保种选育区和商品生产的规划布局，既限制保种选育的成效，又阻碍肉羊高效育肥技术普及推广，削弱了产业与消费市场的有效接轨。三是产业协同发展机制未形成。羊品种资源产业发展与资源禀赋不匹配，一味追求相对独立的产业链建设，没有充分挖掘各品种的产业特色和亮点，没有形成产业协同发展机制，缺乏对区域大市场产业共性和特性的深入分析。

（二）人才队伍不稳定

1. 人才队伍缺乏

乡村专业技术人才匮乏，农村实用人才短缺，人才引进难、稳定难，掣肘乡村人才振兴，制约了全州农业农村高质量发展。农业科技支撑能力较弱，科技人才队伍建设滞后，科技创新与成果转化能力不足。基层农技推广体系薄弱，技术推广体系构架不够健全，基层农技推广人员有效配备不合理，职责定位不清晰，专业履职不到位，技术推广应用“最后一公里”不畅通。

2. 农技推广不健全

农民整体素质总体偏低，高素质农民占农牧民总数不超过 1%，懂技术、善经营、会管理的特色农业人才比较缺乏。养殖主体多为年龄偏大，受教育程度偏低，缺乏商品意识，对各种新技术的认知和理解能力有限，部分少数民族牧民还存在汉语沟通障碍，相对喜欢现场指导、定向咨询辅导等培训方式，对于纯理论授课的接受程度较差，难以接受养殖生产中尚未普及的新技术，导致牧民参加培训的积极性和主动性较差。

（三）饲养管理不科学

1. 养殖方式和养殖技术比较落后

规模化养殖比重低，农牧民普遍采用夏秋两季完全放牧、冬春两季仍然放牧少量补饲甚至不补饲的传统落后养殖方式；养殖技术方面多数存在饲草料搭配不合理、圈舍修建和管理不科学、机械化程度较低、疾病防控意识差等问题，导致肉羊养殖饲养周期长、出栏商品率低、经济效益不高。特别是近年来，肉羊养殖主产区村庄空心化、农户空巢化、农民老龄化趋势进一步加剧，落后的养殖管理方式更加凸显，实用养殖技术亟待提高。

2. 良种推广后劲不足

部分欠发达县域肉羊养殖数量基数大，但缺乏经营状况良性发展的种羊场、扩繁场或良种繁育基地，导致种公羊优良品质下滑，优秀生产性能得不到充分发挥，优良种羊供种能力不够，良种推广覆盖进程停滞不前。多数养殖农户只重视母羊的选择和饲养，忽视公羊的鉴定与培育以及种羊的引种与调换，加之传统养殖农牧民逐渐老龄化，知识和技能接收能力不够，先进技术推广普及难度大，良种繁育推广体系不规范，导致良种推广后劲不足。

（四）产业组织化程度低

1. 经营意识淡薄，流通市场发展滞后

凉山州有 10 个欠发达县域，经济基础普遍薄弱，信息闭塞，与外界沟通不畅，畜产品市场发展滞后，销售渠道仍以贩子收购为主，本地羊毛、羊肉消费以零散的自给自足方式为主，外销比例较低，普遍缺乏商品意识和市场观念，导致农牧民讨价还价的空间十分有限。受地方民俗、消费习惯等影响，很难形成相对统一的市场价格和合理的产品结构以及相对固定的消费观和完整的产业链，导致消费潜力挖掘乏力，未形成消费市场拉动上游养殖生产的健康产业模式。

2. 产业组织化程度低，产业链不健全

肉羊产业新型经营主体组织化程度较低，主动引导农牧民转变生产经营方式能力不够，养殖主体之间利益联结机制不紧密，存在规章制度不完善、组织结构不合理、产权不明晰、利益分配机制不健全、内部结构松散等问题，导致新型经营主体运作不规范且缺乏资金支持，市场化运作水平和示范带动作用受限，群众参与度和生产积极性不高。羊产品深加工及销售存在产业链条短、深加工不足、产品附加值

低、经济效益差等问题，产业链体系尚未形成，市场竞争力差。

（五）疫病防控风险高

1. 基础条件差，疾病易发多发

由于受养殖条件限制，基础设施简陋，部分边远地区还未实现人畜分离，存在安全隐患；多数饲养以传统放牧、终年散养为主，圈舍通常为露天围栏结构，圈养在卫生条件差、湿度大、保温性和透风性差的恶劣环境，特别是雨季和寒冷时期，抵御自然灾害能力较弱，导致羊群寄生虫病、传染性疾病易发多发。

2. 技术经验缺乏，增加疫病风险

广大农户分散饲养且普遍存在对羊病轻预防重治疗的思想观念，缺乏对肉羊饲养管理和疾病防治的技术经验，没有针对性制定主要羊病的防疫防控计划，各地发病流行情况差异性大、特殊性强。有的地方由于羊只频繁大范围调运，养殖群体规模扩大后易发生不可控疫情；或盲目引进种羊，导致引种杂交效果不理想，或引进新的流行性疾病，增大农户养羊风险，影响了肉羊产业的健康发展。

（六）饲草料供应不足

1. 营养供给不足或不平衡

凉山州羊产业主要分布在高山、高二半山牧区或半农半牧区，尽管草山草坡资源丰富，但易受到冰雪、干旱等自然灾害损害，每年因灾损失的家畜较多。近年来，由于天然草场有效利用面积逐年缩小，草场质量存在不同程度的下降；冬春两季常因为缺草断料“吊架子”，导致部分肉羊营养不良，生产繁殖性能降低，自身免疫力下降，病死饿死现象时有发生，严重影响肉羊的生产性能及羊肉的产量和品质。

2. 饲草饲料严重缺乏

凉山州饲草饲料供应问题突出，羊产业过度依赖于天然草场，农户对优质牧草种植意识淡薄，疏于加工储存青粗饲料，加上从北方采购饲草饲料运输成本过于高昂，增加了冬春季节的保畜压力。尤其是欠发达县域，玉米、土豆、荞麦等主要农产品价格太高，用作饲料原料养羊难以实现节本增效，反而加重养殖成本，如无序发展肉羊产业将得不偿失。

（七）品牌效应不强

1. 品牌效应作用发挥不够

凉山肉羊具有独特的自身潜在优势和良好的品牌塑造与挖掘潜力。美姑山羊高繁特性闻名，凉山黑绵羊网络媒体知名度高，凉山半细毛羊羊毛产品种类多，市场需求大，但因为品牌价值没有转化为品牌效益，品牌效应作用发挥不够、网络营销平台建设滞后，羊产品没有进入更广阔的商品市场，无法与现代市场营销接轨，不能充分展示凉山肉羊产品优质优价的特色优势，出现“好货也便宜”“物稀也价廉”的尴尬现象，难免对农牧民的经济效益造成一些影响或损害。

2. 羊文化与产业融合不足

羊在凉山州是传统的农业产业，跟彝族人民的衣食住行息息相关，衍生出丰富多彩的文化。彝族人民会利用羊角做房门上的装饰或者杯子等器具，是彝族建筑和漆器文化的一部分；利用羊毛制作披毡和查尔瓦等彝族服饰，是彝族服饰文化产业的重要原材料；利用健壮的种公羊在节日上进行斗羊活动，是彝族民俗活动的重要组成部分；利用特定颜色和角型的羊只作为毕摩文化活动的祭祀物，是彝族毕摩文化传统不可或缺的祭祀用牲畜。然而，羊一二三产业融合开发不足，缺乏系统策划和打造，没有为凉山肉羊注入“文化灵魂”，市场宣传力度和市场竞争性弱。

三、促进凉山肉羊产业发展的对策建议

（一）强化产业定位

1. 加强地方品种遗传资源的保护

各级政府部门要从国家战略地位和历史高度做好遗传资源保护工作，加强地方品种遗传资源的保护力度，按照“分级负责、突出重点”的原则，增加保种场、资源场、保护区等基础设施建设方面投入与倾斜扶持力度，完善肉羊遗传资源的保护体系和产地保护制度，做好保种场、保护区和种源地的引种管理，杜绝私自引种无序杂交。大力开展建昌黑山羊、美姑山羊、凉山黑绵羊等地方遗传资源特色基因深度挖掘与开发利用。

2. 强化新品种选育提高与推广

凉山半细毛羊是我国培育的第一个半细毛羊新品种，在加快本地低产绵羊改良进程，提高凉山彝区绵羊养殖技能水平，增强民族地区农牧民特色品牌致富增收和产业振兴能力等方面做出了突出贡献，具有极其重要的社会意义和战略作用。应坚持“以市场需求”为导向，依托科研院所科技支撑力量，增加专项经费投入，强化从毛肉兼用向肉毛兼用转型的选种选育，提高绵羊良种推广覆盖面，加快绵羊产业

高质量发展步伐。

3. 大力开展杂交改良与新品种（系）培育

遗传改良是提高羊产业竞争力的关键，杂交改良是提高肉羊养殖效益最捷径的方法之一。应围绕“优质、高效、安全”目标，以提高生产繁殖性能和产品品质为主攻方向，采取引入兰德瑞斯羊等高繁殖力同质品种对凉山半细毛羊进行导血选育，固化川中黑山羊对建昌黑山羊的杂交改良成效形成独特的山羊新品系（类群）等方式，持续开展凉山肉羊杂交改良组合筛选与应用示范。

（二）合理规划布局

1. 合理布局产业基地建设

一是合理布局产业基地。综合考虑各县市区域资源禀赋、土地规模、饲草料资源、市场需求、畜禽养殖耕地适宜承载力等基本要素配置，确定肉羊产业发展方向和生产规模，打造形成具有区域影响力的“产业带”“生态区”“特色产业强镇”等特色发展格局。二是抓好种源基地建设。重点支持种畜核心场、扩繁场、种公羊站和人工授精站点建设，提升种源基地及联养户的基础条件，提高种源基地与设施化、标准化、数字化、智慧化的现代种业生产高新技术融合度，稳定良种优质精液生产供应，从而提升选种选育效率和制种供种能力。

2. 优化良种繁育结构体系

一是提升品种选育团队层级。通过组建品种资源育种专业团队，提升种羊场选种选育水平和产业带动能力，积极争取种羊场进入国家级、省级肉羊核心育种场。二是完善良种繁育制种体系。健全选育制种技术，开展良种登记和生产性能测定，扩大优良品种的种群数量，提高肉羊品种良种化程度。三是建立三级杂交繁育体系。通过“优品种，调结构”，优化原种场、扩繁场、商品场数量结构，使优良遗传品质从核心群到扩繁群、生产群逐级扩大，实现新品系（种）培育与品种（系）示范推广同步推进。

（三）加大政策支持

1. 加强财政资金引导

一是统筹产业专项资金。各级政府应依托区域资源禀赋，统筹整合财政涉农资金，集中各种资金、资源和力量突出产业发展，打造具有区域影响力的产业品牌，形成“多个渠道饮水、一个龙头防水”的特色肉羊养殖资金整合使用机制，推动养殖大州与产业大州匹配发展。二是加大羊产业扶持力度。结合肉羊产业发展目标任务，出台一系列羊产业发展惠民政策，撬动金融资本和社会资金投入产业帮扶，加大建立社会多元化扶持保障体系。

2. 建立金融信贷保险支持与良种补贴长效机制

一是强化金融信贷保险支持。积极协调各金融部门开展专项信贷业务，降低贷款门槛，加大贷款贴息力度；设立羊政策性保险，对参保养殖户提供保费补贴，增强养羊业抵抗市场危机、疫病风险和自然灾害的能力。二是加大良种补贴力度。设置原种场、保种场、基点户、联养户种羊长效保底收购和引种补贴基金，提高良种补贴标准，增加享受补贴的良种羊品种和区域覆盖面。改“漫灌式”全覆盖奖补为精准化施策、差异化奖补的方式，探索肉羊养殖产出奖补长效机制。

（四）加强人才培养

1. 强化基层农技队伍建设

基层农技人才是肉羊产业人才队伍的重要组成部分，是推动肉羊产业发展的重要基层力量。一是强化基层农技队伍建设。加快制定出台基层农技人才招录和引进政策，定向招录专业培养背景和专技能力，特别在精通少数民族语言、高技能、高学历技术人才方面的优待政策。二是提高基层农技人才待遇。充分发挥科技人员重要作用，通过政府采购、企业购买等形式，建立链条式农技推广服务模式，加快解决“网破、线断、人散”问题，确保农技人员归队归位、专职专用。

2. 构建现代农业科技人才培训体系

建立基层农业技术人员继续教育机制，构建现代农业科技人才培训体系。一是拓宽继续教育渠道，持续开展在岗技术培训，优化知识结构，增强专业技能，有效提高基层农技人员队伍综合素质和学历水平。二是搞好技能型人才培养，广泛开展畜禽养殖技术专题培训，引导农户科学养殖、精细管理，培养年轻一代养殖从业者。三是突出重点培育对象，围绕农产品质量安全、营销沟通技巧、现代农业发展、专业合作社具体操作和现代养殖技能等内容开展系统培训。

（五）强化科技引领

1. 加强关键技术研发与标准化体系建立

密切联系和配合高等院校和科研院所，发挥桥梁引导作用，投入必要的科研经费，加强科技创新与研发工作，解决肉羊养殖中遇到的突出的技术难题。深入开展现代育种、精细化目标饲养管理、危害性疾病监测与净化、羊肉精深加工等制约产业发展的关键技术研发，构建优质饲草料均衡供应、产品质量安全控制、疾病防控、冷鲜物流等技术体系，为现代产业发展提供技术支撑。紧扣产业链各环节需求，在自主研发的基础上，制定包括种羊生产、肉羊生产、产品加工、物流运输、饲料营养、饲养管理等系列规范化生产技术规程或标准，建立涵盖全产业链各环节的标准化生产技术体系，推行标准化生产，促进羊产业转型升级。

2. 加强养殖技术的指导培训与宣传推广

一是加强指导与培训。深入了解农牧民在肉羊养殖中遇到的突出技术瓶颈和难题，采用现场讲授、实地参观、引导操作等方式，重点加强对农牧户的技术培训与指导，多渠道、多途径、多形式培养区域服务技术能手，解决技术推广运用“最后一公里”问题。二是重视宣传与推广。着力宣传应用先进养殖技术成功转化取得的先进事迹和典型案例，突出科技示范带动作用，让农牧民充分体验肉羊养殖技术的先进性和实用性，辐射引导农牧民转变传统养殖观念，接受和应用新技术。

（六）培育经营主体

1. 加大财政扶持和指导力度

一是增加补贴力度和范围。强化新型农业经营主体培育，应在土地流转、产业化创新机制、财政税收、金融信贷、补助奖励、项目资助等方面提供多方位的帮扶政策和资金支持。二是加强指导与监督力度。加强技术、知识和营销指导，特别要重视对带头人的培养工作，提升新型农业经营主体的抗灾减损能力和标准化生产水平。强化生产监督，规范肉羊新型经营主体经营管理、运作方式与生产水平。

2. 构建产业发展风险防范机制

培育肉羊新型农业经营主体，优化产业化经营模式，鼓励龙头企业与合作社、养殖户建立股份合作、订单养殖等紧密利益联结机制，做到固本培元，构建互惠互利长期稳固的利益共同体。构建产业发展风险防范机制，着力改变肉羊养殖主体在产业链上的弱势地位，纠正“种羊当肉羊养、肉羊当种羊用”的高耗生产模式；引导开展“运行规范化、生产标准化、经营品牌化、业主知识化、产品安全化”的“五化”建设，不断提升特色产业层次高度、专业水准和市场竞争能力。

（七）构建疫病防控体系

1. 统筹动物防疫力量，强化技术支撑

建立全州羊病监测系统，健全高致死性疾病、人畜共患病等重大疾病防控机制。针对季节性流行病，厘清不同类型疾病的发生规律，优化疫苗接种程序。根据不同的饲养方式和寄生虫检测结果，制定合理的驱虫制度。指导开展圈舍环境控制、科学调制日粮等技术以减少普通病的危害。对危害性较大的疾病，做到长效监测和有序净化。

2. 增强基层推广服务体系作用

强化县级动物疫病预防控制中心工作职责，做好动物疫病的预防与控制、重大动物疫情应急处置、动物疫情信息管理、特定疾病的净化；强化基层防疫队伍建设，保障基层动物防疫站有效运转，稳定基层防疫队伍，提高村防疫员的待遇，加强基层技术员知识更新与业务培训；做好重大动物疫病防控、疫情监测、应急物资储备和疫苗管理，定期开展羊痘、口蹄疫等常见病预防接种，保障养殖户利益。

（八）健全饲草供应体系

1. 执行草原生态保护措施

加强可利用草场资源的管护，恢复天然草原植被，提高草原生产力和载畜量。通过草原确权和经营权流转，优化天然草场和放牧地资源配置，提高四季牧场利用率，实现适度规模养殖的同时，解放并转移多余劳动力实现增收。强化人工种草作用，改良退化草山草坡，加大农副产物饲用化高效利用开发，多渠道解决草料需求。提倡“就地、就近”采购存储饲草料原料和因地制宜放牧补饲，推广面上“放牧养殖+适时补饲”、种羊场和规模商品场“舍饲养殖+适时出栏”的养殖模式。

2. 构建饲草料供应基地

积极推行粮改饲，大力发展牧草种植与草产品加工，构建饲草料供应保障基地，加快形成现代饲草产业体系，提高优质粗饲料全年（均衡）自给保障能力。培育本地商品精饲料、全价料生产企业，实施牧草商品化生产，促进饲草料商品化交易流通与产业化发展。推行农牧结合种养循环适度规模生产经营方式，降低从外地引进饲草料的高昂成本，降低养殖生产成本，提升管理效率和市场竞争力，促进生态农业可持续健康发展。

（九）突出特色品牌创新

1. 强化品牌意识培养，提升品牌影响

采用“走出去”“请进来”等办法，通过专题培训、学习考察、交流合作等多种方式，深入挖掘特色素材和营销亮点，结合产地特色、非遗手工等优势，引导企业找准产品定位和市场定位，开发优质多样化市场产品，做好品牌创建、商标注册、“三品一标”认证等工作，推进羊产品品牌化进程，将潜在的品牌价值转化为实实在在的品牌优势，促进资源优势向产业优势和经济优势转化。

2. 实施产业融合，打造羊文化

积极推进一二三产业融合，挖掘文化内涵，丰富产业内容，培育特色旅游，发展农旅结合、羊文融合的立体式现代休闲农业产业。结合彝族火把节、春城旅游开发、美食文化节等文化活动，以及凉山半细毛羊培育历史和羊毛产品非遗文化，挖掘开发休闲食品、特色酸奶、羊毛手工艺品等文旅商品，形成让人们“看得到高山羊产业、吃得到生态羊产品、记得住彝俗羊文化、带得走凉羊纪念品”的现代农业产业融合经济。

3. 抓好市场营销，建设网络平台

加快完善羊产品体验旗舰店建设，挖掘本地羊肉消费潜力，培育分割羊肉消费习惯，扩大羊产品本地市场消费能力，形成“吃得到、买得到、看得到”的消费市场；规划建设羊产品网络营销交易综合平台和对外销售中心，借助农展会以及各种电商平台活动，推进产品网络平台销售以及产业与外部大市场的有序接轨；培育区域网络销售能手，打通优势特色产品在成都、广东、上海、北京等高端消费通路。完善健康羊产品有序竞争机制，加强对市场流通环节的监管力度，打击以假乱真、以次充好等的违法乱纪行为。

参考文献

何春，范景胜，杨世忠，等，2019. 川中黑山羊改良建昌黑山羊的效果观察［J］. 四川畜牧兽医，46（1）：3.

骆佳锐，刘凌，俄木曲者，等，2019. 布拖黑绵羊种质资源研究［J］. 中国草食动物科学，39（1）：2.

周爱民，汪代华，王育伟，等，2019. 美姑山羊品种资源的保护及利用［J］. 四川畜牧兽医，46（5）：2.

周明亮，杨平贵，吴登俊，2012. 凉山半细毛羊的研究进展［J］. 草业与畜牧，（11）：5.

周潇，杨世忠，陈益，等，2021. 建昌黑山羊的研究进展［J］. 草业与畜牧（2）：73-74，82.

川西北牧区肉羊产业发展报告

杨平贵　周明亮　庞　倩　杨琪缘　曾　洁　杜　丹　陈明华

（四川省草原科学研究院，四川成都 611743）

摘　要：川西北牧区是一个多民族聚居区域，羊是这些民族群众放牧饲养的主要家畜之一，是他们生活、生产的重要物质资料。2022 年末，阿坝藏族羌族自治州存栏羊 75.95 万只，出栏羊 40.59 万只，羊肉生产 0.71 万 t；甘孜藏族自治州存栏羊 33.00 万只，出栏羊 31.89 万只，羊肉生产 0.52 万 t，凉山彝族自治州木里县羊只的存栏、出栏及羊肉生产量极少。肉羊产业发展存在品种原始、繁育体系不健全、养殖方式粗放、饲草料供给不足、产业的规模化标准化程度低、科技支撑弱和经营主体带动能力不足等问题。未来发展趋势将会逐步由数量型养殖模式向适度规模效益型转变，单户饲养向联户经营转变，全放牧模式向暖季放牧+补饲及冷季全舍饲转变，屠宰粗加工向精深加工转变，形成饲草料全年均衡供给，肉羊良种化体系健全，组织化和标准化程度高，科技支撑力强的肉羊全产业链发展模式。

关键词：川西北牧区；羊产业；对策

川西北牧区位于青藏高原东南缘，青藏高原的一部分，也是我国六大牧区之一，其范围涵盖了甘孜藏族自治州和阿坝藏族羌族自治州全境及凉山彝族自治州的木里藏族自治县等 32 个县（市），其中包括 10 个牧区县和 22 个半牧区县，区域面积约 30 万 km^2，居住有藏族、彝族、羌族、汉族、回族、纳西族等 20 多个民族。川西北牧区既是重要的生态安全功能区，长江、黄河上游的重要水源涵养地和天然生态屏障，也是四川重要的草食畜牧业生产基地，更是少数民族人口的集中居住区，其鲜明的经济、文化和生态特征在国家经济社会发展中占有重要而特殊的战略地位。川西北牧区畜牧业的发展，必然要求遵循生态系统的内在规律，在生态优先的前提下，牲畜适度规模标准化养殖以及转变养殖模式，提高科技水平等方面就显得尤为重要，从而推动草—畜动态平衡。本报告详细概述了肉羊产业近年来取得的成效，剖析了当前产业中存在的问题，提出了产业发展的对策和建议。

一、川西北牧区羊产业发展概况

（一）生产概况

1. 草地资源情况

川西北牧区草地面积 1.43 亿亩，占全省草原总面积的 98.43%，其中天然牧草地 1.41 亿亩、人工牧草地 86.53 万亩、其他草地 164.97 万亩。草原类型主要有高寒草甸草地、亚高山草甸草地、高寒沼泽化草甸草地、高寒沼泽草地、亚高山林缘草甸草地、高寒灌木草地；天然草原以披碱草属、羊茅属、早熟禾属、雀麦属等禾本科，薹草属、嵩草属等莎草科，野豌豆属、黄芪属等豆科和杂类草为主，其中：禾本科 107 属 355 种，莎草科 14 属 106 种，豆科 64 属 213 种。甘孜州有草地植物 96 科、464 属、1 251 种；阿坝州草地植物 131 科、573 属、1 208 种。2022 年甘孜州、阿坝州、草原综合植被盖度分别为 85.79%、86.08%，草原综合植被高度分别为 16.42cm、17.06cm；草地干草产量分别达 539.1 亿 t、619.9 亿 t。

2. 品种与资源

（1）西藏羊。西藏羊又称藏羊、藏系羊，是中国三大粗毛绵羊品种之一，主要有高原型（草地型）和山谷型两大类。高原型（草地型）西藏羊主要分布于甘孜、阿坝北部牧区，成年公、母羊平均体重分别为 51.0kg 和 43.6kg，一年一胎，一胎一羔，产双羔者很少，屠宰率 43%～47.5%。山谷型西藏羊主要分布于阿坝州南部牧区，成年公羊体重 40.65kg，成年母羊 31.66kg，屠宰率为 48%左右。

（2）西藏山羊。西藏山羊主要分布于阿坝州、甘孜州，体格较小，成年公羊平均体重 24.2kg，成年母羊平均体重 21.4kg，成年羯羊平均屠宰率为 48.31%，成年母羊平均屠宰率 43.78%，周岁体重相当于成年羊的 51%，性成熟较晚，初配年龄为 1～1.5 岁，一年一胎，多在秋季配种，产羔率 110%～135%。

（3）白玉黑山羊。白玉黑山羊主要分布于甘孜州白玉县，公、母羊成年体重分别为 24.03～30.45kg、18.02～23.88kg。周岁公、母羊屠宰率分别为 48.68%～49.12%、40.06%～41.94%，净肉率分别为 36.85%～37.95%、28.72%～29.68%；成年公、母羊屠宰率分别为 48.37%～48.43%、43.28%～43.32%，净肉率分别为

36.69%~36.71%、35.39%~35.41%。母羊6~8月龄性成熟，公羊10~12月龄性成熟，初配年龄1.5岁，多数单胎，双胎极少，产羔率82.2%。

（4）玛格绵羊。玛格绵羊2021年入选国家畜禽遗传资源，主要分布于甘孜州得荣县，属肉毛兼用的小型绵羊类群。成年公、母羊体重分别为45.48kg和38.84kg，周岁公、母羊屠宰率分别为45.15%和45.61%，净肉率分别为34.51%和33.72%，初配年龄为12~18月龄，一年一胎，一胎一羔，断奶成活率为79%。

（5）勒通绵羊。勒通绵羊2021年入选国家畜禽遗传资源，主要分布于甘孜州理塘县，周岁公、母羊体重分别为（35.42±2.75）kg和（32.10±4.10）kg，屠宰率分别为47.02%±1.72%和47.80%±2.31%，成年公、母羊体重分别为（55.01±6.13）kg和（49.44±7.31）kg，初配年龄为18~21月龄，一年一胎，一胎一羔，断奶成活率为89%。

（6）引进品种及利用。近年来，在川西北牧区先后引进白萨福克羊、湖羊、南江黄羊、小尾寒羊等品种，多为养殖户自行引种，引入的数量较少，引种质量得不到保障，杂交改良效果不明显且改良面较小。

3. 养殖方式及规模

川西北牧区可分为牧区和半农半牧区，牧区是以放牧或生产以畜牧业为主的区域，包括阿坝州的松潘县、壤塘县、阿坝县、若尔盖县、红原县，甘孜州的德格县、白玉县、石渠县、色达县、理塘县等县；半农半牧区是牧区和农区的过渡区域，包括阿坝州的汶川县、理县、茂县、九寨沟县、金川县、小金县、黑水县、马尔康市等，甘孜州的康定市、泸定县、丹巴县、九龙县、雅江县、道孚县、炉霍县、甘孜县、新龙县、巴塘县、乡城县、稻城县、得荣县等及凉山州的木里县。

牧区具有高海拔、低氧、寒冷和强紫外线等典型特征，饲养的牲畜主要以牦牛、绵羊为主，也饲养山羊。牧区以传统的放牧养殖为主，少有补饲。放牧一般分为四季放牧，春季（农历一至三月），夏季（农历四至六月），秋季（农历七至九月），冬季（农历十至十二月）；也有夏季和秋季会在一个草地放牧，春季和冬季分别放牧，分三季放牧，牛羊形成了“夏饱、秋肥、冬瘦、春死亡”的特有现象。一般情况下，在冬、春季节，牧民只对弱畜、孕哺畜进行补饲部分青干草或精饲料等。半农半牧区主要是以牧户或农户散养为主，缺草季节辅以玉米、果蔬副产物进行补饲。

高原牧区饲养的绵羊，饲养的规模相对较大，一般 300~500 只，多者上千；半农半牧区的牧户或农户，饲养的绵（山）羊的规模一般在几十只，多的达到 200~300 只。近年来，一些绵羊或山羊养殖合作社将草场集中，羊只集中进行放牧，规模可达4 000~5 000只。在一些旅游区，如若尔盖县的郎木寺及其周边有少量开展绵羊短期集中育肥，规模几十只，仅仅供给日常旅客消费所需。

4. 品种改良

白萨福克羊是四川省草原科学研究院于 2009 年从澳大利亚引进，饲养于阿坝州红原县的四川省藏绵羊原种场，主要开展白萨福克羊与西藏羊、凉山半细毛羊等品种杂交，现纯种白萨福克羊及其杂交后代公羊已推广至红原县、若尔盖县、乡城县、会东县及布拖县等县，其杂交后代的肉用性能及生产性能得到较大幅度的提高。高繁品种小尾寒羊、湖羊等品种，在川西北牧区的若尔盖县、汶川县、九寨沟县等区域有少量的引进，进行纯种饲养及与当地羊只杂交；南江黄羊在丹巴县、泸定县等县有少量引进，与当地的西藏山羊开展杂交。

引入品种对本地绵（山）羊的改良，其后代生产性能有较大幅度的提高，但推广利用面窄。

5. 产业规模及分布

川西北牧区的绵（山）羊的分布存在一定的差异，牧区县主要是以饲养绵羊为主，山羊较少；半农半牧区县是以饲养山羊为主，在其高山牧场等区域也饲养绵羊。

阿坝州和甘孜州 2012—2022 年羊存栏量及出栏量的变化趋势（图 1）。2012—2016 年，呈下降趋势，2017 年有短暂的反弹，2018—2022 年呈下降趋势，存栏量从 2012—2022 年呈下降趋势，出栏量相对稳定。

据《甘孜藏族自治州统计年鉴 2023》和《阿坝藏族羌族自治州统计年鉴 2023》统计，2022 年，甘孜州和阿坝州各县的绵（山）羊存栏量和出栏量见表 1 和表 2。甘孜州以九龙县、石渠县、色达县等县的存栏量较多，阿坝州以若尔盖县、松潘县等县较多；出栏量甘孜州以色达县、白玉县、德格县等县，阿坝州以若尔盖县、松潘县较高，甘孜州和阿坝州的羊肉产量分别为 0. 52 万 t 和 0. 71 万 t。

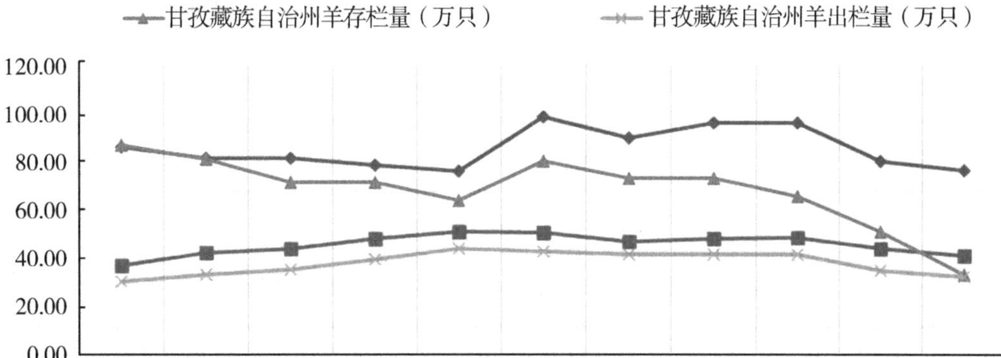

图 1　川西北牧区 2012—2022 年羊存栏量及出栏量变化趋势

表 1　甘孜州 18 个县（市）2022 年羊饲养的存栏量和出栏量

县（市）	羊存栏量（只）	羊出栏量（只）
康定市	4 704	2 113
泸定县	15 229	10 565
丹巴县	10 560	16 395
九龙县	58 005	29 504
雅江县	10 161	16 163
道孚县	2 311	6 027
炉霍县	10 235	16 319
甘孜县	4 641	12 038
新龙县	7 960	17 975
德格县	38 282	32 384
白玉县	39 257	49 303
石渠县	50 029	21 374
色达县	43 664	49 922
理塘县	20 388	13 304
巴塘县	6 281	19 335
乡城县	1 529	1 111

（续表）

县（市）	羊存栏量（只）	羊出栏量（只）
稻城县	2 274	1 510
得荣县	4 531	3 607
共计	330 041	318 949

表 2　阿坝州 13 个县（市）羊饲养的存栏量和出栏量

县（市）	羊存栏（只）	羊出栏（只）
马尔康市	4 806	3 233
汶川县	10 703	7 327
理县	14 023	6 094
茂县	—	13 473
松潘县	65 438	36 843
九寨沟县	11 000	7 078
金川县	11 583	9 246
小金县	—	20 766
黑水县	8 054	5 737
壤塘县	16 167	21 465
阿坝县	—	20 387
若尔盖县	490 529	246 553
红原县	3 166	7 798
共计	635 469	406 000

（二）川西北牧区羊产业体系

1. 良种繁育体系

川西北牧区饲养的绵羊和山羊，以西藏羊和西藏山羊为主要的饲养品种，良种繁育体系的建设还处于初期阶段。西藏羊的选育，是以四川省草原科学研究院在红原县建立的四川省藏绵羊原种场，红原县瓦切镇和龙日镇各建有一个分场，对草地型西藏羊进行生产性能的选育。西藏山羊是以甘孜州的雅江县为主要区域，建有西藏山羊省级保种区，对现有的西藏山羊进行活体保护。在白玉县建有白玉黑山羊省级抢救性保护场。在甘孜州的理塘县、得荣县等县建有县级层面的种质资源场，如理塘县勒通绵羊资源场，得荣县玛格绵羊资源场。

2. 加工与销售

川西北牧区生产的绵（山）羊，基本无加工，以活体销售和传统屠宰为主，满足本地市场消费，部分进入成都及周边地区，其皮、毛、内脏、角等副产物的价格极为低廉，很少进行加工与利用。

3. 产业主体的培育

川西北牧区绵（山）羊养殖的主体是个体养殖户（家庭牧场），产业化经营是肉羊产业发展的最终发展方向，必然是肉羊的生产与市场的对接。加大专业合作社组织的培育力度，积极发展行业协会，如若尔盖县牦牛草地型藏系绵羊养殖协会、觉巴勒通绵羊养殖农民专业合作社、九龙县扎洼养殖合作社、九龙春华养殖合作社、若尔盖县红星镇塔哇村绿源农贸农民专业合作社等。2019 年，阿坝县建立了阿坝县活畜交易市场，2020 年，在若尔盖县的达扎寺镇红光村，由国资公司下属的四川省国投现代农牧业产业有限公司、四川农垦牧原天堂农牧科技有限公司与若尔盖县国有资产管理有限公司等三家公司共同出资建设的若尔盖县川甘青畜产品综合交易市场，占地面积 50 亩，经营牛羊活体交易、肉产品交易等，为若尔盖县的牦牛、绵羊的销售带来了出路。

4. 科技支撑

川西北牧区的科技支撑主要来源于四川省草原科学研究院、西南民族大学、四川农业大学、四川省畜牧科学研究院、阿坝藏族羌族自治州畜牧兽医研究所、甘孜藏族自治州畜牧业科学研究所等省地科研单位，以科研项目、三区科技人才、国家及省科技特派团、科技扶贫万里行、专家大院等形式，通过现场技术服务、技术培训、网络、电话等形式进行技术服务与指导，推动川西北牧区羊产业的健康发展。

（三）市场分析

生产的羊只以活体销售和传统屠宰为主，本地以零售为主，批量销往成都及甘肃等周边地区，用于屠宰或育肥后进行屠宰。影响川西北牧区活羊的价格主要因素是国内羊肉市场批发价格，2023 年，我国羊肉价格呈明显的下降趋势，川西北牧区的活羊价格也同样随着国内羊肉批发价格的下降而下降，活羊的价格一般保持在 12 元；季节也是一个重要的因素，四川习惯冬季吃羊肉，特别是冬至前后，因此，冬季羊肉的价格和消费高于其他季节。

（四）相关政策

四川省政府出台了《四川省人民政府办公厅关于印发推动川牛羊产业高质量发展 11 条措施的通知》《四川省“十四五”牛羊禽兔蜂饲草饲料业发展推进方案》等文件。阿坝州出台了《阿坝藏族羌族自治州现代农业园区发展规划（2021—2025 年）》《阿坝藏族羌族自治州现代草原畜牧业发展规划（2012—2020）》《阿坝州人民政府办公室关于印发贯彻推动川牛羊产业高质量发展 11 条措施的意见》《阿坝藏族羌族自治州“十三五”现代农业畜牧业发展规划》《阿坝藏族羌族自治州“十四五”农业农村经济发展规划（2021—2025 年）》等文件。

二、川西北牧区肉羊产业发展存在的主要问题

（一）繁育体系不健全，品种退化，良种率低

川西北牧区饲养的羊以当地品种为主，品种原始，生产性能低。虽然各地建有资源保种场、保护区、原种场等，但重点放在保种，繁育体系不健全；以家庭为单位饲养，规模相对较小，羊群的近亲繁殖较严重，缺乏系统选育，个体小、生长速度较慢，品种出现一定程度的退化。地方品种的优良特性没有得到有效的挖掘，优秀种羊的供种能力严重不足，遗传资源的保护和利用工作进展缓慢。

企业和个体引入良种羊数量少，以杂交改良利用为主，缺乏优良品种和纯种繁育场，引进种羊品质参差不齐，改良羊品质难以控制，改良面相对狭小，良种率低。

（二）饲草料供给不均衡

高寒牧区分为暖季和冷季，暖季 5—10 月为丰茂期，饲草相对充足；冷季 11 月至翌年 4 月为枯草期，草地上均为枯碎草，牧草营养价值极低。近年来，随着草原生态环境治理、保护等项目实施，草原生态持续向好，但部分天然草地存在不同程度的退化、沙化、鼠虫害化，局部地方仍存在不同程度的超载，草地生产力降低。适合高寒牧区种植的优良饲草品种少，人工饲草种植推广面不大。总体上，高寒牧区饲草料季节性供给不均衡，冷季饲草供给不足。

（三）规模化标准化程度低

受到自然和经济条件的制约，基础设施普遍不完善，牧道、暖棚、生产点用房

等设施相对滞后。“靠天养畜、逐水而居”的生产生活方式未得到彻底改变，小而散的分户饲养依然占主导地位，标准化、适度规模化养殖场很少，整体养殖水平低，产品质量不高、市场竞争力弱。

（四）科技支撑弱

川西北牧区的优质肉羊育种创新、高效繁殖繁育、疫病综合防控及生物安全等方面的技术研发力量薄弱，先进适用技术应用推广面窄；基层专业技术人才匮乏，农村实用人才短缺；社会化服务相对滞后，专家服务平台未能充分发挥科技对产业发展的支撑作用。

（五）产业链不健全

产业化格局没有真正形成，产业链不完善。没有相应刈割草场，枯草季节缺草严重，饲草料的加工方式比较单一，主要以青干草为主，少量的裹包青贮的草产品；肉羊屠宰和加工中没有精深加工企业，没有知名品牌，羊产品附加值低；销售缺乏经营主体，销售不畅，不能实现最佳经济收益。

三、川西北牧区肉羊产业发展对策建议

（一）发展趋势研判

随着肉羊产业的发展和农牧民养殖理念的转变，养殖先进适用技术的应用，养殖基础设施条件的改善，生态环境保护政策的实施等的综合影响，川西北牧区肉羊产业将发生以下转变。

1. 数量效益型向适度规模效益型转变

当前，农牧民饲养300～400只基础母羊，2岁左右出栏，群体规模普遍在500～1 000只，年出栏200～300只，羊群繁殖力低，产羔存活率低，养殖周期长，有的还需要租赁草场，或引起草场超载，破坏草地生态，最终效益不高。如果农牧民饲养基础母羊100～200只，群体规模200～400只，羔羊当年出栏，年出栏100～150只。两种养殖方式比较，后者群体饲养规模缩小，养殖投入大幅度降低，农牧民劳动强度明显下降，经济效益增加，草原生态压力显著降低。

2. 单户饲养向联户联营的转变

当前，随着牧区人口老龄化、劳动力外流、收入渠道多元化、无畜户增多等现象，为草地流转、劳动力整合和牧户联合联营提供了条件，从而打破单户经营、粗

放饲养、劳动力不足等现状，实现农牧民分工、适度规模高产人工草地建植、冷暖季草场统筹划区轮牧休牧、羊精细化分群饲养、统一销售的联户联营新模式，从而提高养殖技术水平和养殖效益，增强抵抗市场风险的能力。

3. 全放牧向放牧加补饲转变

当前肉羊的养殖方式以全放牧为主，仅在冷季对弱畜、孕哺畜进行少量的补饲。放牧加补饲的饲养方式，充分利用了高寒牧区暖季雨热同期、饲草丰茂、羊生长发育快的特点，放牧加补饲，使羔羊当年出栏，淘汰羊育肥出栏，减少了枯草期羊的存栏量，冷季母羊饲草得以保障，加以必要的精料补饲，保证孕羊胎儿的正常发育，进而提高产羔成活率。再结合优化羊群结构、相对集中发情配种、草场划区轮牧休牧、人工草地建植、营养调控补饲精饲料等配套适用技术，提高川西北牧区肉羊养殖技术水平。

4. 屠宰加工向精深加工的转变

川西北牧区没有专门的羊屠宰加工厂，以牦牛屠宰加工厂附带屠宰羊。仅在个别县如若尔盖县，在建牦牛屠宰厂时，单独规划一区域建立羊的屠宰线，进行羊的屠宰，涉及企业有若尔盖的燕林牧业、土优达，其余的则为小型的个体户。整体上以屠宰、粗分割为主，产品精深加工能力缺乏，副产物利用率极低，产品附加价值不高。将来，羊的屠宰将逐步规范，小粗散的屠宰向定点集中专业屠宰场转变，羊肉粗分割向精细化分割、产品向易加工冷鲜分割肉及美味、方便的熟食深加工精加工转变，从而增加产品的价值。

（二）对策建议

1. 增加饲草料供给

在市场意识、商品意识较强的肉羊养殖区，逐步引导养殖从业人员开展科学养殖，增加饲草料贮备。

（1）制订年度计划，实现草畜动态平衡。根据自身牧场基础设施、草地生产力和健康状况等实际，制订牧场年度生产经营计划，控制养殖规模，以草定畜、以畜定草，实现草畜动态平衡及有目的有目标的养殖。

（2）天然草地合理放牧利用。对于健康草地，打破冷暖季草场界限，统筹草场使用，严格划区轮牧让每片草场都能完成牧草生长、种子成熟的繁殖周期，避免暖季草场过度放牧、冷季草场面积大饲草利用不充分的现状。对于退化草地，因川西北牧区水热条件较好，严格休牧、禁牧；同时，利用免耕技术对退化草地进行改良，围栏封育。改良的草地前 1~2 年进行刈割贮备饲草；2~3 年稳定之后可放牧利用。

（3）适度规模人工种草。选择较好的地块，建立以多年生禾本科牧草单播、多年生禾本科—豆科牧草混播优质高产人工草地，专门用于冷季饲草贮备；同时，在收割之后，适度施肥，牧草还能有一个多月的生长期，可作为 9—10 月放牧草地用。人工草地建植规模不宜过大，占自身牧场草地面积不超过 10%，户均 50~100 亩。

2. 建立良种化繁育体系，强化川西北牧区种业基础

随着科技的进步和市场需求的变化，川西北牧区肉羊产业高质量发展的关键所在，是建立牧区肉羊良种繁育体系。

（1）成立品种/资源协会或品种/资源委员会，负责技术和组织协调工作，制订详细的育种计划、选育标准和实施方案，明确各级繁育场的任务和职责，确保繁育工作的顺利进行。

（2）加大对基础设施建设的投入，建立优良品种的育种场，更新改造已有场的老旧设备，提高繁育场的生产能力和技术水平。

（3）积极开展技术培训，提高养殖人员的素质和基层科技人员的技术水平。通过举办培训班、现场指导等方式，将先进的繁育技术传授给养殖户。同时，建立健全技术资料收集和分析机制，完善技术档案管理，为繁育工作提供有力支持。

（4）建立健全市场监管机制，规范种羊市场秩序，严控引进种羊质量；政府应加大对良种繁育体系的支持力度，通过财政补贴、税收优惠等方式激励企业和养殖户积极参与良种繁育工作。还应建立良种补贴制度，对选育和推广优良品种的养殖场和养殖户给予一定的经济补偿。

（5）加强与科研机构和高校的合作，推动产学研结合。通过科研项目的实施和科技成果的转化，不断提升繁育技术的创新能力和应用水平；建立产学研推科研机制，为繁育体系提供有力的技术支撑和人才保障。

通过建立健全组织机构、加强基础设施建设、强化技术培训与推广、加强市场监管与政策支持及推动产学研结合等措施，不断完善和优化川西北牧区的肉羊良种繁育体系，提高羊只的生产性能和品质水平，不断强化川西北牧区的种业基础，为川西北牧区的肉羊产业高质量发展奠定坚实基础。

3. 鼓励适度规模标准化养殖

因地制宜建设适度规模标准养殖场，配置相应的标准化设施设备，配套相关适用技术，从高度依赖天然草地的“逐水草而牧”向“夏秋天然放牧+冬春舍饲半舍饲”和“牧繁农育”转变。

适度规模标准化养殖，群体饲养规模缩小，养殖投入大幅度降低，农牧民劳动力减少，经济效益增加。依托专业合作社，大力发展“公司+合作社+家庭牧场”养殖模式，形成相互依存、利益共享、风险分担的产业体系，转变牧区肉羊养殖方式，提高养殖效益。

4. 加强羊产业科技支撑，提高科技含量

加大科技支持力度，大力推进产学研融合。依托科研院所、大专院校、技术服务推广单位等科研力量，共同开展产业技术创新与成果转化，开展结合分子育种和生物技术的良种选育、以地方品种资源为基础的杂交优势利用、人畜共患病防控、环境控制与养殖设施等技术研发，加强重点实验室、工程技术研究中心等创新转化平台建设。

加强科技推广。提升各级畜牧兽医技术推广机构的服务能力，实施“畜牧科技入户”“新型农牧民培训”等科技工程。发挥企业和专业合作社的牵引带动作用，加快良种良法推广，促进肉羊产业技术升级和转型。发挥农牧民合作社、涉农企业和科研教学单位牵引带动作用，积极开展技术推广服务，鼓励科技示范场和养殖大户开展技术示范，推广优质饲草生产、舍饲半舍饲、品种改良、疫病防控等适用技术，提高产业科技水平。

提高科技素养。健全完善畜牧兽医科技培训体系，通过县（市）、乡（镇）畜牧兽医技术人员的继续教育、职业技能培训等多种形式，加快现代草原畜牧业科学知识的更新和普及，全面提高行业的整体素质，提高业务素养和服务能力。完善科技人才队伍体系，形成高、中、低端人才结构，促进整体科技素养水平不断提高。对养殖户进行技术培训，提高养殖者生产管理水平。

四川羊饲料资源开发利用和营养调控技术发展报告

史海涛 郭春华 王 永 杨 漾 王 茜 林亚秋 王友利

（西南民族大学，四川成都 610041）

摘 要：饲料是养羊产业的基础投入品，饲料成本通常占养羊生产总成本的60%~70%。羊的饲料在实际生产中通常划分为精饲料和粗饲料两部分，通过充分开发和利用地域性饲料资源，可以有效降低对外购饲料的依赖并降低饲养成本。通过研究不同品种和生理阶段羊只的营养需求，科学调控饲料中营养物质组成与含量，是提高羊饲料转化效率的有效途径。近年来，四川地区各高校和科研院所围绕羊饲料资源开发利用和营养调控技术开展了大量工作，羊饲草营养价值评定稳步推进，青贮饲料加工及营养价值评定取得重要进展，非常规饲料资源开发利用不断取得突破，营养价值评定技术更系统、更科学，山羊营养需要量研究不断增多，营养调控技术取得显著进展。但四川羊产业仍存在饲料资源营养价值评定的系统性不足、规模化牧场饲草料严重短缺、饲草料安全风险长期存、不同品种山羊的营养需要量尚不明确等一系列问题。因此，需要围绕加快构建饲草料资源营养价值数据库、加强饲草料质量安全监管、系统性推进羊营养调控技术研究、加快培养复合型羊营养调控和饲养管理技术人才等方面多维度施策，有效破解四川养羊业饲草料成本过高的难题，促进四川养羊业高质量发展。

关键词：四川省；羊产业；饲草饲料；营养调控

四川是我国的羊养殖大省。根据四川省统计局的数据，全省 21 个市（州）均涉及养羊产业，2022 年四川省山羊和绵羊存栏量分别为 1 342.9 万只和 168.79 万只。养羊业已成为多个区县乡村振兴的支柱产业，在农牧民增收、农副产品资源化利用和生态保护等方面发挥了不可替代的作用。

饲料是养羊产业的基础投入品，饲料成本通常占养羊生产总成本的60%~70%。在实际生产中，羊的饲料通常划分为精饲料和粗饲料两部分。通过充分开发和利用地域性饲料资源，可以有效降低对外购饲料的依赖，进而降低饲养成本。科学的营养调控技术可全面提高羊的生产性能和健康水平，进而改善产品质量。科学的饲粮配方设计能够确保羊在不同生理阶段获得所需的蛋白质、能量及其他营养物质，有助于促进其生长、繁殖，并提升乳肉产量。通过研究制定针对性的营养调控策略还可增强羊群的免疫力，降低疾病发生风险，改善羊肉的口感和风味，从而提高产品的市场竞争力。此外，地域性饲料资源的高效利用和精准营养调控技术的建立还有助于生态环境保护和养羊业的可持续发展。通过科学设计饲粮配方和研发有效的饲粮添加剂，减少瘤胃甲烷的产量并降低粪污中氮、磷等营养元素的排放量，能够有效降低养羊业对环境的污染，并助力我国“碳达峰、碳中和”目标的实现。

近年来，四川地区各高校和科研院所围绕羊饲料资源开发利用和营养调控技术开展了大量研究工作，这为提升地域性饲草料资源的利用率、降低规模化羊场饲料对外依存度、提高羊群饲料转化效率和降低饲养成本提供了重要的理论和技术支撑。

一、四川省羊饲料资源和营养调控的基本情况

（一）羊饲料资源开发利用研究取得重要进展

1. 饲草营养价值评定稳步推进

四川农业大学、西南民族大学、四川省畜牧科学研究院、四川省草原科学研究院等单位围绕天然牧草和新培育牧草持续开展营养价值评定，获取了大量的饲草营养价值数据（表1）。例如，四川农业大学获取了包括10个白三叶品种、7个牛鞭草品种、8个鸭茅品种、5个苇状羊茅品种、12个多花黑麦草品种在内的各类饲草的常规营养成分；西南民族大学先后评定了包括燕麦、中华羊茅、老芒麦、紫花苜蓿、箭筈豌豆、饲用豌豆、无芒雀麦、垂穗披碱草、圆柱披碱草、苇状羊茅、小黑麦等上百种饲草的常规营养成分含量。部分研究还获取了这些饲草不同形态部位的常规营养成分含量、CNCPS组分含量、瘤胃消化降解特性和分子结构参数。此外，西南民族大学动物营养与饲料科学团队还系统研究了高寒草地

全年围栏内外的地上生物量、牧草常规营养成分及矿物元素含量的全年动态变化规律，分析了牧草中矿质元素对藏山羊营养的供需匹配情况，测定了牧草 DM 的动态降解率。这些数据为完善四川省饲草营养价值数据库提供了重要的数据支撑。

表 1 代表性饲草营养价值评定情况

序号	项目	作者	年份	测定指标	单位
1	中华羊茅	孙晓旭	2023	概略养分、分子结构	西南民族大学
2	老芒麦	彭婧	2022	概略养分、分子结构	西南民族大学
3	燕麦	蔡晓蕊	2022	概略养分；CNCPS 组分；瘤胃降解率，分子结构	西南民族大学
4	苜蓿	蔡晓蕊	2022	概略养分、分子结构、瘤胃降解率	西南民族大学
5	燕麦青干草	吴璇	2020	概略养分、瘤胃降解率	西南民族大学
6	羊草	张艳	2012	概略养分	西南民族大学
7	燕麦	关皓	2024	概略养分、饲草分级指数、瘤胃降解率	西南民族大学
8	中华羊茅	张雯露	2024	概略养分、CNCPS 组分	西南民族大学
9	无芒雀麦	张雯露	2024	概略养分、CNCPS 组分	西南民族大学
10	垂穗披碱草	张雯露	2024	概略养分、CNCPS 组分	西南民族大学
11	圆柱披碱草	张雯露	2024	概略养分、CNCPS 组分	西南民族大学
12	老芒麦	张雯露	2024	概略养分、CNCPS 组分	西南民族大学
13	青饲玉米	李影正	2019	概略养分	西南民族大学
14	多花黑麦草	昱坤	2019	概略养分	四川农业大学
15	鸭茅	关琦	2019	概略养分	四川农业大学
16	牛鞭草	关琦	2020	概略养分	四川农业大学
17	白车轴草	韩重阳	2022	概略养分	四川农业大学
18	苇状羊茅	张帆	2018	概略养分	四川农业大学
19	苜蓿	达勒措	2017	概略养分析、瘤胃降解率	四川农业大学

2. 青贮饲料加工及营养价值评定取得重要进展

在饲草和农作物收获季节，四川大部分地区存在降水偏多、环境湿度过大等情况，因此加工青贮饲料成为保存各类青绿饲料的有效手段。青贮饲料的发酵品质和营养价值受到原料类型、加工技术、发酵温度等多方面因素的影响。近年来，四川地区各科研院所围绕各类青贮饲料加工技术开展攻关，取得了重要进展，先后建立了燕麦、油菜秸秆、玉米秸秆、水稻秸秆、苎麻、巨菌草、菊芋、象草、羊茅、桑树、构树等多种原料的青贮加工技术，并获取了相应的发酵指标和营养成分数据，为四川省青贮饲料营养价值数据库的构建提供了基础数据。

为提高青贮饲料的发酵品质，科研人员先后评估了原料混合、水分调控、温度调控和不同添加剂等因素对各类青贮饲料发酵品质和营养价值的影响，分别优化了不同类型青贮饲料的加工技术，显著提高了青贮饲料的营养价值。例如，四川省畜牧科学研究院建立了狼尾草高水分青贮技术，通过添加复合型乳酸菌发酵促进剂（同型发酵菌+异型发酵菌），显著提升了含水量在70%以上的狼尾草青贮饲料的营养价值；四川农业大学建立了多花黑麦草青贮加工关键技术，通过将多花黑麦草与小麦、水稻、玉米等农作物秸秆以8：2或7：3的比例混合青贮后，可降低15%~20%的含水量，青贮饲料养分保存率达85%以上，解决了青贮饲料流出物造成大量营养损失的问题，同时还实现农作物秸秆资源的有效利用，减少了资源浪费和环境污染；西南民族大学研究建立的高海拔地区优质青贮饲料加工关键技术，通过简便技术调控原料含水量、含糖量，创立并优化了“临时性小范围控温技术”，有效解决高海拔地区裹包青贮和小型青贮窖发酵启动难、失败率高的问题，使高海拔地区青贮饲料发酵成功率大幅提升，干物质损耗降低30%。

3. 非常规饲料资源开发利用不断取得突破

随着我国畜牧业的快速发展，常规饲料资源紧缺的局面进一步加剧。积极开发非常规饲料资源，可以为养羊业提供新的饲料来源，有助于降低羊的饲料成本，增加养殖效益。

近年来，省内各科研院所相继开发了蚕沙、杂交构树、桑树、银合欢、各类酒糟、菌糠、柑橘皮渣、芽麦、微生物发酵食品工业废渣、豆渣、大蒜皮、高粱壳、红曲米、玉米芯、山桐子粕、芦笋茎叶、鲜油橄榄果渣、辣木叶、青稞麸皮和菊芋等非常规饲料资源，并获取了相应的营养成分数据（表2）。

表 2 代表性非常规饲料资源营养价值评定情况

序号	项目	作者	年份	测定指标	单位
1	蚕沙	柏雪	2011	常规养分分析、瘤胃降解率	西南民族大学
2	菊苣	胡超	2024	营养价值分析	西南民族大学
3	柑橘皮渣	敖·德古里那	2018	常规营养分析	西南民族大学
4	发酵酒糟	王斌星	2016	常规营养分析；表观消化率	西南民族大学
5	杂交构树	吴璇	2020	常规营养分析；瘤胃降解率	西南民族大学
6	油菜颖壳	张艳	2012	常规营养分析	西南民族大学
7	玉米芯	李秋瑾	2018	CNCPS；瘤胃降解率；小肠消化率	四川农业大学
8	银合欢	刘利平	2009	常规营养分析；瘤胃	四川农业大学
9	红曲米	王继文	2015	常规营养分析；瘤胃降解率；表观代谢能	四川农业大学
10	桢楠树	任炼	2019	常规营养分析	四川农业大学
11	毛叶山桐子粕	杨静	2020	常规营养分析	四川农业大学
12	豆腐副产品	谢守华	1997	常规营养分析	四川省万县市粮食职工中专校
13	鲜油橄榄果渣	张华玲	2016	常规营养分析	四川大学
14	辣木叶	巩思佳	2021	常规营养分析	四川省宜宾市农业科学院
15	苎麻	任小春	2021	常规营养分析	四川省达州市农业科学研究院
16	苕草粉	徐文福	2008	常规营养分析	四川省凉山州畜牧局
17	饲用薏苡	罗玉洁	2019	常规营养分析	四川省草地技术试验推广站
18	甘薯叶	王世宽	2009	常规营养分析	四川理工学院
19	苜蓿	达勒措	2017	概略养分析、瘤胃降解率	四川农业大学

数据来源：基于已发表论文和实验室内部数据整理。

一些研究团队还探索建立了非常规饲料资源的高效利用技术。例如，西南民族大学创建了好氧与厌氧相结合的立体式节能发酵模式，利用食品工业废弃物生产微生态功能饲料，显著提高生产效率，降低成本，节约能耗，改善废弃物营养品质，增加有益菌数量和消化酶活性，提高小肽和 CP 含量，并确定了其在山羊日粮中替代精料的适宜比例。筛选出白酒糟固态发酵模式下的最佳发酵条件，显著提高发酵后白酒糟 CP、TP 和 AA 含量，以及 NDF 和 ADF 体外瘤胃降解率，显著改善了白酒糟的营养品质，改变了白酒糟不能直接饲喂山羊的现状，发现发酵白酒糟在山羊和绵羊日粮中可替代 50%精料。在系统分析蚕沙营养特性的基础上，确定了其在山羊日粮中替代精料的适宜比例为25%～50%，探明了其提高山羊生长速度和饲料利用率的机理。建立了农作物秸秆厌氧碱贮关键技术，通过添加5%CaO，调节秸秆含水量至50%～60%后进行厌氧保存，显著提升玉米秸秆和油菜秸秆等中低质粗饲料的消化率，降低生产成本。

4. 营养价值评定技术更系统、更科学

近年来，四川省的科研人员在评定各类饲料营养价值时，不再限定于测定饲草料的常规营养成分，将CNCPS组分、瘤胃降解率、过瘤胃养分小肠消化率、氨基酸和矿物质含量等指标也逐步纳入评定范围。此外，近红外光谱（NIRS）和傅里叶变换红外光谱（FTIR）等先进技术也在羊饲料营养价值评定中得到越来越广泛的应用。西南民族大学应用FTIR分子光谱技术获取了包括燕麦、苜蓿、构树、桑叶、芽麦等在内的20余种饲料养分的分子结构特性，并解析了分子结构特性与饲料营养价值的内在联系。

（二）羊营养调控技术取得重要进展

各科研院所围绕简州大耳羊、川中黑山羊、成都麻羊、建昌黑山羊、南江黄羊、萨能山羊、波尔杂交羊、凉山半细毛羊等不同品种羊只的营养调控技术开展了大量研究。

1. 山羊营养需要量研究不断增多

研究不同品种、不同生理阶段山羊的营养需要量，可以为优化饲养标准、科学配方、提升羊只生产性能提供技术支撑。

当前，我国山羊营养需要量研究还较为滞后，而四川省在山羊营养需要量研究领域位居国内前列。例如西南民族大学先后研究获取了山羊羔羊营养需要量，研制了山羊羔羊专业代乳粉并进行了推广应用；先后研究建立了育肥期川中黑山羊的净蛋白质和净能需要量模型；完善了妊娠后期川中黑山羊铬的需要量模型；摸清了断奶川中黑山羊铜、蛋氨酸的需要量模型。四川农业大学研发了羊用呼吸测热笼，为羊能量需要量研究提供了重要工具；研究了日粮能量水平对绵羊胃肠道屏障功能和细菌群落结构的影响；评估了日粮peNDF水平对生长期川中黑山羊生产性能、能量代谢及瘤胃微生物群落结构的影响。这些营养需要量研究为我国羊饲养标准的优化和制定提供了重要数据。

2. 羊营养调控技术取得显著进展

在羊的营养调控技术方面，四川农业大学先后评估了冷季补饲对藏绵羊母羊生长性能、胃肠道及繁殖器官发育的影响；分析了复合抗菌肽、植物乳酸杆菌、啤酒酵母、紫茎泽兰、枯草芽孢杆菌、外源纤维素酶、植物精油、非蛋白氮、长效微量元素等添加剂对羊营养代谢的影响；所形成的“肉用羊营养调控关键技术研究与应用”获得2017年四川省科技进步奖二等奖。西南民族大学陆续评估了中草药饲料添加剂、植物精油、微生物发酵饲料、微生态白酒糟、柑橘皮渣、发酵油菜秸秆、蚕沙等成分对羊营养代谢的调控作用。西南民族大学在羊营养调控技术领域形成的成果“川藏地区肉羊瘤胃营养调控和高效养殖技术集成创新与应用”获得2018年四川省科技进步奖三等奖，基于羊瘤胃营养调控技术所研发的11个饲料产品，作为“肉用山羊选育技术和养殖模式创新与应用”成果的关键支撑材料，获得2023年度四川省科技进步奖二等奖。四川省畜牧科学研究院研究了不同能氮比饲粮对舍饲简州大耳羊生长性能、血清生化指标及瘤胃发酵的影响，基于营养调控等技术所形成的“山羊肥羔生产关键技术研究集成与推广应用”成果获得2022年四川省科技进步奖三等奖和2024年神农中华农业科技奖三等奖。这些研究为建立四川地区肉羊高效营养调控技术、提升羊群生产性能提供了理论依据和技术支撑。

二、四川省羊饲料资源开发和营养调控存在的主要问题

（一）饲料资源营养价值评定的系统性有待提升

1. 不同条件下饲草的营养价值变化需要进一步评定

饲草的营养价值受种类、品种、生长阶段、种植管理、气候条件、刈割时间等多方面因素的影响。目前，已获取的很多营养价值数据缺失品种、生长阶段、刈割时间等关键信息，这导致无法准确评估和对比其营养成分，难以为羊只制定精确的饲喂方案，并影响饲草资源营养价值的可比性和推广应用。

2. 营养价值评定体系需进一步健全

全面评定饲料资源的营养价值对于优化羊的健康、生产性能及降低饲养成本具有重要意义。目前，绝大部分研究主要关注概略营养成分含量，如粗蛋白（CP）、粗脂肪（EE）、粗纤维（CF）等。这些参数虽然可以作为衡量营养价值的基本指标，但它们未能全面反映饲料在反刍动物体内的实际消化利用情况，也忽略了饲料

资源的营养构成对瘤胃代谢环境和微生物菌群的影响。因此，系统评定不同类型饲料资源的纤维构成（NDF、ADF 等）、CNCPS 组分（如速溶糖、快速分解氨基酸、不同速率降解的纤维成分等）、氨基酸组成、矿物元素含量以及其在瘤胃和小肠中的消化率，可以为精准饲喂提供科学依据，提高动物生产性能的稳定性和可预测性。同时，这种多维度的评估还可以为不同生产阶段或特定健康需求的动物提供营养支持，减少浪费和环境污染。

（二）不同品种山羊的营养需要量数据尚不完善

相比于猪、鸡、奶牛等动物，山羊的营养需要量研究在世界范围内都较为滞后。四川拥有丰富的山羊品种和地方遗传资源，但绝大部分山羊的蛋白、能量等营养素的需要量尚未明确，这为科学制定日粮配方、提高饲料转化效率带来了严重阻碍。研究四川地区不同山羊品种的营养需要量，对优化饲料资源利用率、提升生产效率、保障动物健康以及保护地方遗传资源具有重要意义。每个品种在生长特性、环境适应性、抗病性和生产潜力上有所不同，精准掌握其在不同生理阶段和环境下的营养需求有助于量身定制饲养方案，节约成本、减少浪费，并增强抗风险能力。

（三）四川规模化牧场饲草料严重短缺局面还将长期存在

四川拥有丰富的农副产品和饲草资源，小型养殖场和养殖户可以有效利用周边的农副产品及非常规饲料资源作为主要的饲草料来源，但大型规模化养殖场却长期面临着饲草料严重短缺、大部分依赖外购的局面。根据四川肉羊创新团队的调研数据，当前四川地区规模化养羊企业粗饲料自给率不足 30%，剩余部分依赖从周边甚至北方地区远距离采购。长途运输带来的物流成本加上采购费用，使得饲草料成本显著上升。此外，饲草料供给不足导致日粮配方频繁调整，进而影响山羊的营养摄入和瘤胃菌群的稳定，降低营养物质的消化吸收效率。

（四）羊饲草料安全存在一定风险

四川地区高湿度环境容易导致饲草和饲料的霉变，特别是对于各类干草和颗粒饲料。这种霉变不仅会降低饲料的营养价值和适口性，还增加了霉菌毒素的污染风险，如黄曲霉毒素、呕吐毒素等。这些霉菌毒素对羊只的健康具有严重危害，可能导致中毒、免疫系统抑制和生长停滞，严重危害羊群的生产性能，如生长速度和繁殖能力等。调研结果显示，四川地区 70%以上的规模化养殖企业和养羊户存在较为严重的饲草料霉菌毒素污染风险，部分养殖户已经遭遇多次霉菌毒素中毒事件，严重影响了羊群健康和养殖效益。

（五）反刍动物营养与饲料资源开发领域技术人才不足

作为反刍动物，羊的日粮配方构成比猪、家禽等单胃动物更加复杂，不仅包括各类常见的精饲料原料，还包括各类饲草和农副产品。当前，四川地区养羊业缺乏专业的反刍动物营养和饲料资源开发人才，大量潜在的饲料资源难以被有效转化和利用，养殖场难以根据不同山羊品种、生长阶段、生产目的来精准设计日粮配方，导致饲料利用效率低、营养失衡，影响生产性能，且增加饲料成本。在应用技术人才缺乏的情况下，科研院所开发的各类营养调控技术也难以在养殖场实现快速落地。

三、四川省羊饲料资源开发和营养调控发展的对策建议

为加快四川省羊饲草料资源营养价值数据库的构建和推动高效营养调控技术的研究，建议从政策支持、协同合作、智能化技术推广和数据共享等方面入手，系统推进饲料营养价值和羊营养需要量数据库的建立和完善。

（一）加快饲草料资源营养价值数据库的构建

1. 设立专项资金和科研项目

通过设立专项资金和科研项目，重点支持相关科研院所和有条件的企业开展四川省饲草料资源的营养评定研究。通过专项资助，保障项目的稳定资金来源，以系统、科学地收集不同类型饲草料资源的营养成分数据。此外，结合四川省饲草资源的多样性和地域分布特点，可以在重点区域设立采集点，定期采集本地饲草的营养数据，包括生长阶段、品种、季节等信息，以构建时效性、区域性和季节性的数据库，从而为养殖业提供更具适用性和实用价值的营养数据支撑。

2. 建立数据共享平台和制定激励机制

充分利用大数据平台和智能化饲料分析技术，建立饲草料营养价值数据共享平台，向科研机构、企业和养殖户开放数据库查询和使用权限，使数据库在全行业内共享、推广，成为生产管理中的重要数据支撑工具。同时，制定政策激励机制，鼓励各高校和科研院所积极参与数据录入，建立饲草资源数据库的持续更新机制。例如，政府可对参与数据录入或提供数据的单位提供技术支持和政策优惠，并对数据

的准确性、完整性进行定期考核，确保数据库内容的科学性、可靠性和前瞻性。通过政策引导和平台支持，四川省饲草营养数据库不仅将成为科学饲养的有力工具，也有望在推动畜牧业现代化和精准化发展方面发挥积极作用。

（二）系统性地开展羊营养调控技术研究

系统性地开展四川地区羊营养调控技术研究，包括精准营养需要量和高效营养调控技术的研究，对四川羊产业的可持续发展具有重要意义。

1. 系统性地研究地方羊品种的营养需要量

不同品种羊在生理需求、生产性能和环境适应性方面各有特点，科学研究其营养需要量有助于明确各品种的营养需求差异。通过系统评估四川地区主要羊品种在不同生长阶段和生理状态下的营养需要量，可以确保羊只得到充分、精准的营养支持，避免营养过剩或不足导致的健康问题，从而提高羊群的生长速度和繁殖能力，实现高效生产。此外，四川拥有丰富的地方羊品种资源和多样的自然环境，在这种多样化背景下开展营养需求研究，有助于挖掘和保护地方优良品种，推动本地品种在不同环境下的适应性提升，保障地方畜牧资源的可持续利用。

此外，通过推动羊营养需要量研究，还可以带动人才培养和技术创新，增强本地相关高校、科研院所的科研能力。科研项目的持续投入，将促进高校、科研机构与养殖企业建立更紧密产学研合作，推动技术成果在生产中的快速转化，同时为养羊业培养更多营养调控技术人才。通过学术与应用相结合的方式，四川地区不仅可以稳步提升羊产业的技术水平，还能为整个畜牧业的创新发展积累丰富的经验和模式。这一系列研究和技术积累，将帮助四川在国内羊产业中占据更有利的地位，增强行业的可持续性和抗风险能力。

2. 大力开展羊高效营养调控技术研究

营养调控技术研究可以为养羊产业的现代化和规模化发展提供技术支撑。系统性的营养调控研究有助于制订标准化的饲养和管理方案，通过科学饲养来提高产品品质的稳定性，使四川羊产品在市场上更具竞争力。此外，精准的营养调控技术能提高羊群的抗病能力和健康水平，减少因营养不良导致的疾病发生，从而降低药物使用，满足人们对无抗、健康肉制品的需求。这不仅增强了四川羊产品的市场认可度，还进一步推动区域品牌建设和行业的可持续发展。

（三）加快培养复合型羊营养调控和饲养管理技术人才

加快培养复合型羊营养调控和饲养管理技术人才，对于提升羊产业的饲料转化效率、经济效益和竞争力至关重要。

首先，政府、高等院校和科研院所可以联合建立多层次的羊产业技术人才教育体系，培养具备多学科知识背景的复合型人才。此外，鼓励建立实践基地和实习项目，鼓励学生在养殖企业中进行实践操作，将理论知识与实践相结合，从而提升其实际技能和解决问题的能力，为羊产业培养出高素质的专业人才。

其次，推动产学研合作与科研项目的开展，能够有效提升人才的科研能力和技术应用水平。鼓励高校与行业企业合作，联合开展羊营养调控和饲养管理相关的科研项目，为学生提供参与真实科研的机会，使其在实践中积累经验并提升能力。此外，建立定期培训与技术交流活动，邀请行业内专家分享前沿研究成果，帮助技术人员和农民提升管理水平。建议制定相应的政策支持措施，为人才培养提供保障，并鼓励企业投资人才培训和技术研发。同时，强化国际、国内养羊领域合作与交流，借鉴国际先进的养殖管理和营养调控技术，拓宽本省产业人才的国际视野。通过这些综合措施的实施，四川省可以有效加快复合型羊营养调控和饲养管理技术人才的培养，助力羊产业的可持续发展和经济增长。

（四）加强饲草料质量安全监管，稳步提升饲料质量安全

提升四川地区山羊产业的饲草料质量安全，需要从生产、管理和科技创新等多个方面制定系统性策略。

首先，饲草料的生产管理是确保质量安全的基础。养殖户应选择适合当地气候条件的优质饲草品种，并通过合理的种植和收割管理，确保饲草在生长过程中不受病虫害和气候影响。大力研发、推广优质青贮饲料加工技术是实现优质粗饲料长期保存的有效手段。同时，饲草的干燥和储存技术至关重要。由于四川地区气候潮湿，养殖户应采取有效的储存方法，例如通风良好的干燥仓库或采用防潮材料包裹饲草，以防止霉变和营养成分流失。此外，定期进行饲草料的质量检测，包括营养成分、霉菌和毒素含量等，及时发现并处理不合格饲料，从源头上保障山羊的饲草料质量。

其次，科技创新和管理模式的升级也在提升饲草料质量安全中发挥着重要作用。政府和相关科研机构应加大对饲草资源的研究投入，开展针对不同山羊品种和

生理阶段的营养需求研究，制定科学的饲料配方和管理标准。此外，推广新型饲料添加剂和保鲜技术，增强饲草的适口性和消化率，提高山羊的饲料转化效率。建立饲料追溯系统和质量监管机制，鼓励养殖企业与科研机构合作，形成产学研一体化的质量保障体系，确保饲草料在生产、加工和使用过程中始终保持高标准。通过上述措施，四川地区山羊产业不仅能够提高饲草料的质量安全，还能提升整体生产效率和经济效益，推动产业的可持续发展。

四川肉羊疫病防控技术研究报告

魏　勇[1]　叶勇刚[2]　杨发龙[2]　阳爱国[4]　颜其贵[3]　李　春[4]　陈　斌[4]
肖　璐[1]　王　利[2]　梁璐琪[4]　张　毅[4]　侯　巍[4]　陈弟诗[4]　谭玉祥[5]　陈　勇[5]
（1. 四川省畜牧科学研究院，四川成都 610066；2. 西南民族大学，四川成都 610041；
3. 四川农业大学动物医学院，四川成都 625014；4. 四川动物疫病预防控制中心，
四川成都 610041；5. 巴中市南江黄羊科学研究所，四川巴中 636661）

摘　要：近年来，随着大食物观引领、农业供给侧改革和乡村振兴战略等三农政策措施的相继实施，四川省广大农村农业的内部调整方兴未艾，肉羊产业也逐步在很多市县成为特色畜牧业发展、推动农村经济新发展的重要产业。但随着养殖规模扩大，特别是集约化舍饲养殖的不断增加，导致各类疫病频发。肉羊疫病种类和病原复杂，病毒性传染病如小反刍兽疫、口蹄疫，细菌性传染病如羊传染性胸膜肺炎、布鲁氏菌病、链球菌病等，依然是影响肉羊健康的主要威胁，一些新发疾病也不断出现，严重影响了肉羊产业的发展。由于养殖规模和管理水平的差异，不同规模养殖户的防疫意识参差不齐，疫病防控技术和措施有待提高。本报告系统分析了四川肉羊疫病的流行病学现状、防控技术应用、检测诊断技术进展及疫苗研究，提出了加强科技支撑、提高防疫意识和完善综合防疫体系的建议，以期为四川省肉羊疫病防控提供科学依据和技术指导。

关键词：肉羊；疫病；防控技术

一、肉羊疫病防控现状

当前，四川省肉羊养殖场（户）的养殖规模从几十只到几千只不等，生产技术水平和防疫管理水平参差不齐。整体而言，大多数养殖场防疫水平偏低。多数养殖场对羊的健康状况、疫病种类、免疫预防、治疗方法及药物使用等缺乏系统了解，养殖管理较为粗放，防疫意识淡薄，普遍存在“重治轻防”和药物滥用现象。例

如，70%左右的小规模养殖场（户）对传染性胸膜肺炎等这类常见疫病的临床症状、首选药物、治疗策略缺乏认知，在行情低迷的情况下，防疫工作更显松散随意。相比之下，规模较大的公司化运营的较大规模（300只以上的）养殖场防疫管理更加规范，防疫意识较强，对疫病风险的认识和防控措施较为到位。这些养殖场通常更重视生物安全措施的实施和疫病预防管理，能够有效降低疫病发生风险。

（一）肉羊常发疫病流行概况

我国是养羊大国，四川是养羊大省，养殖规模大、数量多。在生产不断发展的过程中，饲养管理和防疫水平虽有所提升，但以千家万户进行散养为主的养殖模式逐步向现代化、规模化的养殖方式转型，当前的疫病防控观念和养殖设施、羊舍建设及环境控制等产业配套措施尚未完全跟上，导致多种“老病”持续存在（如羊传染性胸膜肺炎），而一些“新病”如小反刍兽疫也不断传入，病种、病因及发病形势更加复杂化，使四川省的羊病状况尤为复杂。

近年来的研究资料显示，四川省肉羊养殖中已发现小反刍兽疫、口蹄疫、羊痘、布病、羊口疮、梭菌病、链球菌病、大肠杆菌病、沙门氏菌病、肝片吸虫、捻转血矛线虫、绦虫、球虫等感染性疾病45种，其中布病、结核、包虫病等至少8种人兽共患病。当前对四川省肉羊产业威胁最大的传染病包括羊传染性胸膜肺炎、羊痘、羊传染性脓疱（羊口疮）、梭菌病、链球菌病、羔羊大肠杆菌病等。这些疫病的发病率较高，常引起不同程度的病理损伤，甚至导致死亡，造成严重的生产损失。其中，危害最为普遍的羊传染性胸膜肺炎，放牧及半舍饲生产方式最为显著，该病发病场户数比例通常在90%以上。

1. 危害严重的常见病毒性传染病

（1）口蹄疫。口蹄疫（Foot-and-mouth Disease，FMD）是偶蹄兽共感的病毒病，又以猪、牛、羊最为易感；我国将该病列为一类疫病，世界动物卫生组织（OIE）将其列为A类动物疫病之首，可见口蹄疫的危害性。口蹄疫病毒目前主要分为A型、O型、C型、SAT1型、SAT2型、SAT3型和Asial-Ⅰ型等7个血清型；多年来流调表明，羊是家畜口蹄疫病毒感染的“储存器”，与猪牛相比，其发病和死亡率皆较低，而成年羊抵抗力强而发病率更低、羔羊相对而言发病及死亡率稍高，流行病血清型主要为A型及O型；迄今口蹄疫仍是威胁四川省家畜养殖的重大疫病，多于冬春发生流行，但越来越不显示严格的季节性、不同地区流行季节不尽相同，这可能与常年的强制免疫实施及舍饲生产方式转变有关。四川省尚无羊口蹄疫疫情的报道，主要采取常年流行病学跟踪、常态化免疫预防、严格引种检疫以及加强消毒等生物安全措施等综合措施加以防控。

（2）小反刍兽疫。小反刍兽疫（Pestedes Petits Ruminants，PPR）是一种由小反刍兽疫病毒感染引起的急性传染病，主要影响山羊和绵羊等小反刍动物，是我国法定的一类动物疫病。在生产实践中，山羊似乎比绵羊更易感。目前研究表明，该病毒只有一个血清型，且尚未发现无症状携带状态。近年来，小反刍兽疫在非洲和亚洲部分地区呈扩散趋势。作为一种外来疫病，该病于 2007 年首次传入我国西藏阿里地区，并因及时采取控制措施而迅速得以遏制。2014 年 3 月，四川省首次发现小反刍兽疫疫情。在农业主管部门的领导下，经过各级党委、政府和指挥部成员单位的通力合作，疫情得到了及时有效的控制。十多年来，通过实施强制免疫措施，已取得显著的控制成效。

（3）羊痘。羊痘包括绵羊痘和山羊痘（Sheep Poxand Goat Pox，SPGP），是一种由痘病毒引起的高度接触性传染病。该病毒仅有一个血清型，山羊痘病毒、绵羊痘病毒和牛结节性皮肤病病毒在抗原性上关系密切，难以通过血清学方法进行区分。世界动物卫生组织（OIE）将其列为必控动物疫病，2022 年 6 月，农业农村部第 573 号公告将羊痘由之前的一类动物疫病调整为二类动物疫病。该病发病率和死亡率变化幅度较大，可低至 1%，而最高可高达 100%，平均发病率为 50%左右，对羊养殖业造成严重的经济损失。流行病学调查显示，细毛羊较粗毛羊更易感、羔羊较成年羊易感且病情更严重。宿主因素（品种、年龄、性别、营养和免疫状况）、病原体因素（毒株、毒力、致病性）以及环境因素和管理因素（管理粗放、饲料短缺和防疫不到位）等都会直接影响羊痘的流行。在生产实践中，有时会因免疫注射等原因引发不同程度的发病，通过控制继发感染、严格消毒剂改善饲养管理等综合措施能得到及时控制。

（4）羊传染性脓疱。羊传染性脓疱病（ORF）又称为“羊口疮”，是由羊传染性脓疱病毒引发的山羊、绵羊等反刍动物及人的一种急性、接触性、增生性、嗜上皮性人畜共患性疾病。世界动物卫生组织（OIE）将该病列为需申报类动物疾病，我国将其列为三类动物疫病。该病最早发现于欧洲，目前该病分布广泛，几乎所有养羊国家和地区均有该病发生的报道，对世界范围内的养羊业生产造成巨大经济损失，是普遍严重危害我国养羊生产的常见疫病之一。四川省研究团队逐渐对病毒的致病机制及其进化完善了一些认识，但免疫保护性抗原基因等很多基因的功能尚不明确，而该病毒具有独特的免疫逃避机制，而市面上缺如有效的治疗药物及疫苗，加之该病发病率与死亡率皆高，所以羊传染性脓疱病的防治仍然是世界范围内的难题。因羊只感染后所导致的痂皮脱落、唾液分泌以及相关毛皮制品，均具备感染潜在能力，而羊舍的阴暗潮湿、杂乱污垢等环境因素同样有助于本病的发生和传播，故而肉羊生产中时不时有该病发生；近两年以羊口疮中药防治技术为主的防治方法推广应用后，该病的控制得到了明显改善。

（5）鼻内腺瘤病。羊地方性鼻内腺瘤（ENA）是绵羊和山羊的病毒性传染疾病。对该病的研究，国内外主要集中在病原的分子生物学，流行病学的调查、诊断方法的建立等方面。我国内蒙古地区、湖南省、四川省、陕西省、福建省和重庆市多个养殖场发现该病的存在，这为羊养殖业带来了较大的损失，尤其影响了羊种质资源。病畜及带毒者是主要传染源，新疫区疫病的发生几乎都是引进病羊或带菌羊引起，运输应激、饲养管理改变、草料更换、气候、水土差异都是发生本病的诱因。个体发病率为5%~40%，致死率达100%，在羊群里具有明显的传染性，传播速度较慢、病程长（个别病例病程可长达1年），一年四季均可发病，以冬春寒冷季节病症更明显。由于免疫应答缺失，预防ENA的疫苗研制也难以进行，目前没有可以应用的疫苗，且该病尚无有效的治疗方法。对于ENA要有足够的重视，因为羊场一旦出现该病，便在整个羊群中传播，严重威胁羊群的安全，造成长期的危害，并且难以治疗和清除。目前四川省肉羊养殖生产主要依靠严格检疫、做好羊场日常饲养管理、加强圈舍清洁消毒、及时发现淘汰病羊及净化种群等综合措施。

2. 危害普遍严重的细菌性传染病

（1）布鲁氏菌病。布鲁氏菌病是一种由于布鲁氏菌（Brucella）所引发牛、羊以及人和多种动物高度传染性疾病，简称为“布病”，主要的传播对象为牛、羊，属于我国法定的二类动物疫病。因为该细菌对外界环境具有较强的抵抗能力，因此无论是在土壤中，还是在组织细胞中，都能够存活数天甚至数月，且感染侵袭能力也较强。动物布鲁氏菌病感病性与其性成熟呈正相关，相较于幼畜，成年的动物更易感染该病，特别以青壮年动物最易感病，尤其雌性动物布鲁氏菌病较为多见；该病流行通常呈点状，感染该病的动物会形成交叉感染，但人际间不会发生传播。四川省常年采用“主动监测—阳性扑杀—群体净化”模式控制布病，但可能因为大市场流通加快等原因，畜监布病及人监布病近年略呈上升趋势，亟待加大科技创新及综合防控力度。

（2）羊支原体性肺炎。羊支原体性肺炎常俗称为“羊传胸”，由支原体引起的一种接触性传染病，以高热、咳嗽、纤维素肺炎和胸膜炎为特征。是一种高度传染性、致死性的山羊呼吸道传染病，发病率可达到100%。四川作为山羊养殖大省，山羊支原体性肺炎长期存在且流行广泛，对乐至、自贡等多个山羊产区羊支原体性肺炎的病原学研究发现，当前引起支原体性肺炎的主要病原为绵羊肺炎支原体，而非经典的山羊支原体山羊肺炎亚种。绵羊肺炎支原体是引起绵羊和山羊非典型性肺炎的主要病原，其临床症状和病变相较于山羊传染性胸膜肺炎轻，病死率较低，但羊感染绵羊肺炎支原体后，对多杀性巴氏杆菌、溶血性曼氏杆菌及副流感病毒等的易感性也明显增加。四川省内山羊绵羊肺炎支原体平均感染率在65%以上，流行十分广泛，危害较为严重。目前使用山羊支原体山羊肺炎亚种和绵羊肺炎支原体二联苗，具有较好的预防效果。

（3）溶血性曼氏杆菌病。溶血性曼氏杆菌病是我国法定三类动物疫病，其病原为巴氏杆菌科曼氏杆菌属溶血性曼氏杆菌（Mannheimia Haemolytica，Mh），是反刍动物上呼吸道中常见的条件性致病菌。近年来，随着绵羊及山羊规模化养殖的发展，常因养殖密度过高、饲养环境变差以及长途运输等因素的影响，使溶血性曼氏杆菌作为羊呼吸道疾病病原引起的危害日益严重。由其所引起的呼吸道疾病不仅能引起羊只等发病死亡，而且会造成患病动物生产性能下降，大大提高治疗费用，造成的经济损失重大。因此，对溶血性曼氏杆菌病的有效防治对肉羊养殖业具有重要意义。溶血性曼氏杆菌病在四川省肉羊主要产区流行十分广泛，自2018—2023年，对四川省自贡、金堂、乐至、大邑等地规模化养殖场中溶血性曼氏杆菌感染率进行检测，发现总体感染率为36%~68%，表明其流行十分广泛。溶血性曼氏杆菌病血清型众多，至有A1、A2、A5~A9、A12~A14、A16和A17共12种血清型，不同宿主和地区的优势血清型存在一定的差异。对四川省溶血性曼氏杆菌临床分离菌株的血清型分析表明，优势血清型为A2型，占84%，其次为A1型，占12%。目前，没有针对羊溶血性曼氏杆菌的商品化疫苗。因此，对该病的防控主要是加强饲养管理和日常清洁消毒，减少应激，对发病动物采用敏感进行治疗。

（4）山羊皮下多发性脓肿。山羊皮下脓肿是一种由于受微生物感染以及皮下组织受物理或化学等因素刺激等而形成的化脓性疾病。该病是山羊养殖中常见的一种慢性疾病。可引起山羊皮下脓肿的病原主要包括伪结核棒状杆菌、金黄色葡萄球菌、化脓隐秘杆菌及化脓性链球菌等。但在不同地区引起山羊皮下脓肿的病原常存在一定在差异，为其准确诊断和采取针对性防治措施带来困难。四川地区山羊皮下脓肿发病率较高（可高达80%），截至目前川内该病流行病学跟踪显示，圈舍铁丝和未揉丝的坚硬饲草等尖锐异物损伤皮肤及黏膜、霉变饲草料、消毒不严格的兽医器械及医疗活动、脏乱差的圈舍环境、养只直接接触等多种因素可能与该病的发生与传播关系密切，迄今该病发生日龄多在4月龄以上多见。

3. 肉羊主要寄生虫病流行病学

（1）流行病学现状。在寄生虫病方面，四川省畜牧科学研究院、四川农业大学、西南民族大学、西昌学院、四川省动物疫病预防控制中心及地方畜牧兽医主管部门等开展了羊的寄生虫病调查。其中四川省畜牧科学研究院先后出版了《四川畜禽寄生虫志》和《中国畜禽线虫形态分类彩色图谱》，其中记录感染四川羊（绵羊和山羊）的寄生虫种类多达121种，隶属30个科，57个属。其中线虫9个科，19个属，45个种；吸虫7个科，14个属，38个种；绦虫2个科，6个属，8个种；棘头虫1个科，1个属，1个种；原虫3个科，5个属，14个种；体表寄生虫8个科，12个属，15个种。叶勇刚等利用改良虫卵检测技术对四川6个市（州）的13个半舍饲羊场共计289份新鲜羊粪，进行了寄生虫种类和感染程度鉴定，随后对19只粪检阳性羊进行蠕虫剖检和成虫内转录间隔区（ITS）基因序列扩增测序。结果表明，四川半舍饲肉羊消化道蠕虫感染阳性率为64.36%（186/289），每个养殖场至少感染2种消化道蠕虫，其中线虫感染率最高，达60.55%（175/289），其次为片形吸虫、同盘吸虫和绦虫，阳性率分别为15.22%（44/289）、14.88%（43/289）和2.08%（6/289）；线虫、片形吸虫和同盘吸虫的平均每克粪便虫卵数（EPG）分别为1 197（56~28 187）、527（51~1 407）和413（63~1 291）；四川半舍饲肉羊流行12种消化道蠕虫，即肝片形吸虫、大片形吸虫、鹿同盘吸虫、鹿列叶吸虫、捻转血矛线虫、羊夏伯特线虫、粗纹食道口线虫、羊毛首线虫、达氏背板线虫、普通奥斯特线虫、贝氏莫尼茨绦虫和扩展莫尼茨绦虫。对四川万源市、达州宣汉县、巴中恩阳区和南江县的羊开展体表寄生虫和消化道蠕虫调查，发现的寄生虫主要有前后盘吸虫、片形吸虫、线虫、血虱、蜱和螨；场阳性感染率分别为线虫 71.4%、螨 42.9%、蜱 28.6%、前后盘吸虫 28.6%、片形吸虫 28.6%和血虱 14.3%。对丹巴县区域内羊的消化道蠕虫和球虫检测发现，羊寄生虫感染率达 80%，主要流行寄生虫有线虫、前后盘吸虫和球虫；其中线虫病感染率为 64%，EPG 平均为 732（165~2 340），前后盘吸虫感染率为 8%，EPG 平均为 455（265~645），球虫感染率为 8%，OPG 平均为 755（563~3 285）。四川农业大学古小彬等对凉山州喜德县、甘洛县、布拖县、西昌市、昭觉县展开了羊的寄生虫病调查。对喜德县 4 个自然村和 1 个活畜交易市场的 143 份粪样进行虫卵镜检并剖检羊 20 只，发现羊线虫感染率最高（85.31%，122/143）>吸虫（71.33%，102/143）>球虫（56.64%，1/143）>绦虫（6.29%，9/143）；从剖检结果来看，抽检羊寄生虫感染率为 95%，平均感染强度 67.16 条/头，其中线虫感染率最高、感染强度较大，山羊和绵羊感染率分别为 87.5%和 100%。对凉山州甘洛县、布拖县、西昌市、昭觉县四县（6 个自然村、7 个养殖场、4 个活畜交易市场、8 个散养户）664 个羊粪样品和 621 份山羊和绵羊的血清样本进行寄生虫病检测发现，羊蠕虫感染率为 92.77%（616/664），其中线虫感染阳性率为 83.13%（552/664），绦虫感染阳性率为 11.14%（74/664）。四县市的规模养羊场中，以昭觉县羊的蠕虫感染率最高（100%），而布拖县羊的蠕虫感染阳性率最低（56.67%），且散养户羊只（91.48%，161/176）和自然村羊只阳性率（98.32%，176/179）的蠕虫阳性率高于规模养羊场羊只（87.04%，188/216）。621 份山羊和绵羊的血清样本的脑多头蚴血清抗体检测结果显示：成羊的抗体阳性率为 40.00%（174/435），羔羊抗体阳性 19.35%（36/186）；山羊的抗体阳性率为 43.86%（125/285），绵羊抗体阳性率 25.30%（85/336）。西南民族大学郝力力等对若尔盖县、石渠县以及攀枝花地区羊的寄生虫病展开了调查。对 58 份若尔盖县藏绵羊肝、肺组织包囊中的细粒棘球蚴 COI 基因进行扩增鉴定，发现 32 份阳性，得到的 6 个克隆序列和 G1 株（AB491440）的同源性在 99.3%~100%，58 个疑似感染细粒棘球蚴包囊阳性率为 55.1%（32/58）。对石渠县阿日扎镇、呷衣乡、新荣乡和长沙贡马乡 4 个乡镇的 96 只藏绵羊体表采集到羊蜱蝇 407 只，通过 PCR 扩增巴尔通体 gltA 和 rpoB 基因、斑点热群立克次体 OmpA 和 OmpB 基因进行测序鉴定，结果发现 4 个乡镇均检出巴尔通体，总感染率为 14.0%（57/407）；在阿日扎镇、呷衣乡和长沙贡马乡检出了劳氏立克次体，总感染率为 11.1%（45/407），羊蜱蝇通常寄生在绵羊体表，也可寄生于人类以及更广泛的家畜，从羊蜱蝇中检出巴尔通体和劳氏立克次体，预示羊蜱蝇可能在藏绵羊间巴尔通体和劳氏立克次体的传播过程中扮演了重要的角色，同时石渠县地区也存在人感染巴尔通体和劳氏立克次体的风险。此外，对攀枝花仁和区、盐边县以及米易县屠宰后山羊消化道分离到的蠕虫进行形态学和分子生物学鉴定，确定当地山羊感染 6 种消化道蠕虫，分别是粗纹食道口线虫、羊仰口线虫、捻转血矛线虫、羊毛尾线虫、绵羊夏伯特线虫和胰阔盘吸虫，吸虫与线虫之间存在混合感染，以 2 和 3 种蠕虫混合感染为主。西昌学院郝桂英等对攀西地区羊的血液原虫病开展了血清学和分子流行病学调查。在血清学调查方面，采用双抗原夹心 ELISA 方法，对采自凉山彝族自治州和攀枝花市 10 个县/市的 640 份山羊血清样品进行检测，发现攀西地区 10 个县/市羊泰勒虫血清抗体阳性率介于 52.78%~100%，平均阳性率为 73.44%（470/640），流行较为严重。不同地区、不同季节羊泰勒虫血清抗体阳性率差异显著，呈现明显的地区和季节性特征，即春季阳性率最高，秋季最低。在分子流行病学调查方面，采用原虫、泰勒虫 18SrRNA 基因通用引物和种特异性引物对采集自凉山州和攀枝花市 7 个县（市）的 497 份羊血样样品进行套式 PCR 检测，并对阳性样品进行测序和序列分析。结果显示，攀西地区 7 个县/市羊梨形虫阳性率为 11.27%（56/497），其中吕氏泰勒虫、尤氏泰勒虫阳性率分别为 10.46%（52/497）和 0.20%（1/497），混合感染率为 0.20%（1/497），分歧巴贝斯虫和 Babesiasp. KO1 阳性率分别为 0.20%（1/497）和 0.80%（4/497），Babesiasp. KO1 与吕氏泰勒虫混合感染率为 0.20%（1/497），山羊和绵羊梨形虫阳性率分别为 10.35%（47/454）和 20.93%（9/43）。四川省动物疫病预防控制中心陈第诗等对采自凉山州西昌市、昭觉县、甘洛县、喜德县和布拖县的 816 份羊粪进行了消化道虫卵或卵囊检测，结果 760 份检出寄生虫虫卵或卵囊，总感染率为 93.14%。共检出 8 种内寄生虫，分别为肺线虫、类圆线虫、鞭虫、前后盘吸虫、双腔吸虫、肝片吸虫、球虫和绦虫，其中以线虫、吸虫和球虫为主要感染虫种，感染率分别为 51.59%、47.67% 和 47.18%，绦虫感染率为 10.17%。760 份阳性样本中，“+” “++” “+++” “++++” 感染强度分别占阳性样本的比率为 9.86%、16.97%、16.44% 和 56.71%。此外，四川省凉山州动物疫病预防控制中心吉色曲伍等采用饱和盐水漂浮法、沉淀法和麦氏计数法，对布拖县、普格县、宁南县、喜德县、盐源县、金阳县和冕宁县的190份黑绵羊粪样做了寄生虫检测，发现凉山黑绵羊秋季消化道寄生虫总体感染率为98.42%，混合感染率为80%，且以线虫和球虫为优势虫种，线虫感染率为90%，球虫感染率为87.89%。感染的线虫主要有捻转血矛线虫、仰口线虫和马歇尔线虫3种，其中捻转血矛线虫感染率为49.47%，EPG平均值达824（100~1 450）。仰口线虫感染率为31.58%，EPG平均值为282（100~1 300）。马歇尔线虫感染率仅为5.26%，EPG平均值达187（100~500）。陈名利收集了简阳禾丰镇、三合镇、金马镇、云龙镇、平泉镇及乐至县共六个镇770份新鲜的简州大耳羊粪便样本，通过扩增SSUrRNA基因位点开展了隐孢子虫调查，共检测出18份阳性样品，总感染率为2.3%，在六个采样地点中，乐至县大耳羊隐孢子虫感染率最高，为27.1%（13/48）。其次是平泉镇和三合镇，感染率分别是7.3%（3/41）和0.8%（2/252）。在不同采样来源中发现，散养户养殖的简州大耳羊隐孢子虫感染率为4.6%（13/284），高于大型养殖场的2.3%（3/133）和小型养殖场的0.6%（2/353）。

由此可见，四川羊寄生虫种类繁多，尤其以消化道蠕虫和球虫流行最为严重，部分血液原虫和隐孢子等虽在一些地区流行，但相关调查数据较少，目前尚未见羊弓形虫的报道。

（2）寄生虫生物特性及组学数据库等研究。四川农业大学杨光友团队系统观察了多头带绦虫四川株在犬体内的发育、虫卵排放规律以及虫卵孵化过程等，补充和完善了该病原的生物学特性。同时采用高通量测序技术成功构建了头带绦虫的转录组数据库和miRNA组数据库，并对31 282个基因同义密码子进行联合分析。采用高通量测序技术，成功构建了疥螨、痒螨和足螨相关的线粒体基因组、转录组、基因组、microRNA组和排泄分泌蛋白组数据库平台共计16个组学数据库平台，其中疥螨的基因组数据库为全球首个组装至染色体水平的螨类基因组数据库。西南民族大学郝力力等采用Solexa高通量测序技术，对G1株原头蚴microRNAs进行了鉴定和分析，总共发现了108条miRNAs，其中26条属于保守家族，82条是细粒棘球绦虫特有，为揭示miRNA在中间宿主体内的基因表达调控模式奠定了基础。

（二）肉羊主要疫病检测诊断技术研究进展

随着肉羊养殖生产方式从散养放养向规模化舍饲养殖转变，也伴随着肉羊生产中的病原积累及快速传播、混合或继发感染、免疫及药物预防等疫病流行病学的变化，肉羊的疫病种类、疫病发生及预防控制等疫病防控工作面也更加复杂，且难度系数也显著增加，给肉羊生产发展的防疫生命带来了显著制约与隐患。疫病检测诊断是发现疫病、防控疫病及分析兽医防疫工作的关键方法，是了解疫情传播动态、研判防控效果、分析防疫工作形势的基本依据，也是不断夯实畜产品质量安全、公共卫生安全和畜牧业生产安全的重要参考。有鉴于此，四川省动物疫病预防控制中心、四川省畜牧科学研究院、西南民族大学、四川农业大学、成都微瑞生物科技有限公司、四川纳比生物科技有限公司等有关研发力量，立足肉羊规模养殖生产的防疫需要，针对肉羊重要疫病、常见主要疫病及新发现传染病的抗原或抗体，介入核酸检测、胶体金检测、荧光检测、ELISA 等多种先进科技前沿技术，分别侧重于高敏性、特异性、高通量、轻简化等方面检测诊断方法研究开发创新，与国际国内同类研究既查漏补缺又同步针对生产实际需求，为肉羊防疫管理提供了更强有力的诊断检验及疫情检测技术方法储备。

1. 肉羊主要传染病检测技术研究进展

四川省动物疫病预防控制中心李金海、李兴玉等（2013）从提高口蹄疫病毒检测方法的通用性角度，选取保守性极高的而无型特异性 3D 基因，建立了 TaqMan-MGB 荧光定量 RT-PCR 检测方法，可检测到 83. 4copies/μL 质粒或 7. 1fg/μLRNA、敏感性高，至少可以检测 O 型、A 型、AsiaI 性 FMDV，该方法不仅可以对含毒量较高的水泡液、水泡皮等样品进行准确检测，也可对牛羊 OP 液和畜产品等含毒量较低的样品进行有效检测，可有效弥补常规方法存在的漏检问题。四川省动物疫病预防控制中心莫茜、阳爱国等（2021）为检测对比各种试剂的有效性、确保布病检测结果准确、减少漏诊和误诊情况，对试管凝集方法、竞争 ELISA 方法、高敏荧光检测等 3 种布病血清学检测方法进行了比对试验，结果表明现行这些血清学检测方法假阳性（即阴性动物误诊，造成扑杀动物不必要的经济损失；假阴性率越高）率较高或容易出现阳性动物漏检的情况（造成病原扩散，不利于养殖场或地区布病的净化工作），其中试管凝集法具有较高的特异性，成本低廉，是我国布鲁氏菌病常用的确诊方法；但其敏感性相对较低，易出现漏诊的情况，且操作时间长，检测结果判定以人肉眼为主，易受人主观影响。竞争 ELISA 法为我国现行国标推荐方法，本次比对试验结果显示一致性、假阳性率和假阴性率均有较优表现，操作简便，可适用于批量化大规模检测，在布鲁氏菌病的检测中有良好的应用价值。胶体金免疫层析法在通常采用肉眼判断易造成人为误差，本研究中的高敏荧光检测方法采用荧光仪读数，避免了人为因素的干扰，在比对结果中也表现出了较好的一致性、假阳性率和假阴性率，操作简便，反应时间短，仪器简易可携带，适用于基层大规模检测。可以预见，随着全社会对布鲁氏菌病防控的重视，会有更敏感特异、安全便捷的检测方法，合力为布鲁氏菌病的诊断检测及综合防控发挥重要作用。

四川农业大学、颜其贵等（2013）针对新引入山羊鼻内肿瘤病毒（ENTV），建立了一种快速检测 ENTV 的 RT-PCR 方法，该方法最低可检测出 6pg 的 ENTV，用此方法对健康山羊鼻黏膜上皮、健康牛鼻黏膜上皮、绵羊肺腺瘤病毒、肺炎球菌和大肠杆菌的扩增结果均为阴性，特异性强、敏感性高、重复性和稳定性好，可用于山羊鼻内肿瘤病毒的临床检测和试验研究。四川肉羊创新团队防疫岗位研究团队豆朋朋、魏勇等（2020）鉴于羊口疮导致巨大生产损失、而实际生产中低成本的 CEV 检测方法还相对较少的情况，根据 CEV 的 F1L 和 B2L 基因，成功建立了双重 PCR 检测方法，此方法对 CEV 的最低检测下限为 9.47×10^{-4}ng/μL、方法敏感度高，能够区分 CEV 和羊痘病毒、口蹄疫病毒，方法特异性较好，通过与单基因 PCR 检测方法对临床样品检测应用表明，方法重复性和实用性较理想。防疫岗位研究团队豆朋朋、魏勇等（2020）鉴于食源性尸毒梭菌的风险，参考尸毒梭菌 23SrRNA 基因、高致病性毒力岛 irp2 基因和溶血素 hlyA 基因的特异序列，设计合成 3 对特异性引物，通过优化条件建立了检测羊源尸毒梭菌的三重 PCR 方法，对尸毒梭菌 DNA 的最低检出量方法特异性强、敏感性高、重复性好，为致病性羊源尸毒梭菌的检测和其感染的防治提供了技术支持。

西南民族大学畜牧兽医学院王宪军、陈弟诗等（2023）鉴于羊口疮病毒（ORFV）、山羊痘病毒（GTPV）、小反刍兽疫病毒（PPRV）危害严重，而发病表现近似且常发生混合感染现象，临床上常难以进行快速、较准确而有效的鉴别诊断，建立了一种既快速，相对更准确、灵敏度高的 ORFV、GTPV、PPRV 的三重 TaqMan 荧光定量 PCR 检测方法，实现了三种病原联合共检方法，对于这些疫病快速诊检和有效防控具有十分重要的意义。西南民族大学畜牧兽医学院吴越、杨发龙等（2022）就肉羊呼吸道疾病危害较为严重的情况，为了进一步提高对羊呼吸道主要病原检测的效率，缩短检测时间，降低检测经济成本，针对绵羊肺炎支原体、溶血性曼氏杆菌和多杀性巴氏杆菌等 3 种导致羊发生呼吸系统疾病的 3 种主要病原，建立了一次反应可同时检测溶血性曼氏杆菌、绵羊肺炎支原体和多杀性巴氏杆菌这 3

种主要病原的三重荧光定量 PCR 方法。

成都微瑞生物科技有限公司章建与中国动物疫病预防控制中心孙雨、宋晓辉等（2018）通过优化大肠杆菌密码子、优化表达条件等步骤，在大肠杆菌原核表达系统中获得了可溶性的 N 蛋白与 NH 融合蛋白，基于纯化的可溶性 N 蛋白与 NH 融合蛋白建立了小反刍兽疫病毒抗体高敏荧光免疫快速定量检测试剂盒，方法敏感性高，特异性强，对其他相关的羊类病原无交叉反应，其组内与组间变异系数分别低于 10%和 15%，具有良好的重复性；用法国 IDVET 竞争 ELISA 试剂盒进行比较，两种方法符合率达到 93.84%；与血清中和试验进行比较，高敏荧光快速定量检测方法检测效价值基本与标准阳性血清（OIE 参考实验室提供）的中和试验效价值相符合，该方法所需设备小，可随身携带，以云平台为基础，还可实现疫病现场移动检测+远程诊断+数据及时分析的检测新模式，该方法的建立为动物疫病监测互联网的建设提供了非常好的研究探索，具有较高的实用价值和推广价值。

2. 寄生虫病诊断技术研究进展

四川省畜牧科学研究院通过对麦氏虫卵检测技术改良，建立的新虫卵计数器可用于对多数蠕虫包括吸虫、棘头虫等比重大的虫卵的计数。此外，该单位对羊常见的捻转血矛线虫、绵羊夏伯特线虫、粗纹食道口线虫和普通奥斯特线虫的虫卵开展了体外发育观察和形态比较，发现 4 种线虫虫卵的外观形态虽有细微差异，但没有特征性标识，临床上易造成误判。进一步根据虫卵发育至含幼虫期的时间差异，是否与荧光标记的花生凝集素结合，以及虫卵的总体外观形态特征，建立了鉴别区分羊捻转血矛线虫虫卵与其他外观易混淆的线虫卵（奥斯特线虫卵、夏伯特线虫卵和食道口线虫卵）的方法。另外，该单位还与上海兽医研究所合作，开发了中国畜禽寄生虫虫种查询系统，可用于临床指导生产对于羊寄生虫病的识别。四川农业大学在羊的细粒棘球绦虫和多头带绦虫血清学和分子生物学诊断方面做了大量研究。在细粒棘球虫绦虫病方面，杨光友团队筛选了 12 个细粒棘球蚴候选诊断抗原基因（Eg-PGAM、Eg-TPx、Eg-EPC1、Eg-LAP、Eg-TIM、Eg-CS、Eg-AgB8/1、Eg-AgB8/2、Eg-AgB8/3、Eg-AgB8/4、Eg-AgB8/5、Eg-Grx1），并以其重组蛋白建立间接 ELISA 方法，发现以 rEg-TPx 为细粒棘球蚴病的最佳诊断候选抗原，在 4 个 AgB 诊断抗原中，以 rEg-AgB8/3 的稳定性和敏感性最好，且筛选到的最佳诊断候选抗原的诊断效果优于现有的商品化试剂盒。另外四川农业大学还搭建了羊脑多头蚴病数据在线监测分析处理系统、家畜螨病的在线监测处理系统与在线识别诊断平台，以及羊常见寄生虫在线识别诊断平台，可及时和有效地收集和掌握四川省羊上述相关寄生虫感染与流行数据，进而为提高羊养殖生产效率提供了技术保障。西南民族大学郝力力等建立了一种基于恒温隔绝 PCR 技术现场检测羊包虫病的方法。该方法特异性好、灵敏度高、重复性好，从核酸提取到报告检测结果仅需 1h，操作方便，可现场使用，为羊包虫病的现场快速诊断提供有力的工具。

（三）肉羊疫苗及免疫技术研究进展

随着肉羊产业生产方式向规模化舍饲养殖的快速发展，饲养数量不断增加，肉羊传染病对肉羊产业的风险也同步增加，严重威胁到肉羊健康和生长、肉羊养殖生产安全及肉羊产品安全卫士品质。传染病的防控是多种措施的综合，在实际养殖生产中，最理想的预防疾病方法是接种疫苗，不仅可以有效预防动物传染病的发展和控制疫病的传播，还对产业的可持续发展具有重要意义。近年来，通过对肉羊疫苗进行深入研究和改良，并根据实际情况制定科学的免疫程序，已经在很大程度上降低了口蹄疫、小反刍、梭菌病等多种疫病的发病和传播。

疫苗仅是综合防控措施之一。切实做好肉羊常见疫病防控工作，促进牛羊养殖业持续健康发展，保障牛羊肉有效供给。疫苗技术在不断的提高，从动物或鸡胚传代生产传统疫苗，通过细胞培养、分子生物学，到基因组学、纳米技术、蛋白质组学、佐剂、抗体技术、结构生物学、免疫学等系列科技进步，发展到现在技术能够准确筛选抗原、精细疫苗配方和免疫策略，并能很好的设计和使用合理疫苗及免疫方案。截至目前，肉羊用疫苗的使用有限，疫苗研发投入、疫苗注册数量、生产企业数量等，相比猪、禽和宠物用疫苗有很大的差距。而需要注意的是疫苗仅是传染病预防控制措施之一，研究开发高效、廉价、使用方便的联苗，同时提供综合使用措施与技术服务，还应把免疫防疫科技及时送达养殖户和乡村兽医这道疫病防控前线，并密切配合管理部门积极迅速、合情合理、科学高效处置疫情，等等。多层次、多措施、多角度综合措施，方可取得良好疫病防控效果。

虽然口蹄疫及小反刍兽疫等重要疫病有研究条件限制，但四川省科研院校及生物制品企业也在努力推进肉羊疫苗研发进展。四川农业大学等研究单位基于临床分离鉴定出的羊源伪结核棒状杆菌等毒株，通过致病性等抗原研究，建立了抗原检测方法，并研究了灭活疫苗的免疫效果，证实可诱导机体产生较好的免疫保护；另外还开展了羊种布鲁氏菌野生株（16M）、羊种布鲁氏菌 hfq 突变株（16M△hfq）及羊种布鲁氏菌 hfq 互补株（16M△hfq-C）等羊种布鲁氏菌 hfq 基因缺失株的毒力变化、免疫保护作用等系列研究，证明 16M△hfq 使宿主产生了特异性免疫反应，具有良好的免疫保护作用。华派生物技术（集团）股份有限公司开发了小反刍兽疫—羊痘二联苗，显著减少了肉羊重要疫病的免疫工作强度。

羊的寄生虫病，主要依赖化学驱虫药进行预防或治疗性驱虫，近年来寄生虫药物和疫苗的研发相对其他传染病进展缓慢。2016—2024 年获批新兽药中仅羟氯扎胺可用于治疗羊的肝片吸虫病。四川省畜牧科学研究院魏勇、叶勇刚等针对抗寄生虫西药的超量滥用、单一应用等造成了耐药虫株的流行现状，发明了一种防治山羊寄生虫病的中药制剂，可显著降低山羊寄生虫病的发生率，无毒副作用，使用安全。此外，重庆澳龙生物制品有限公司建立了羊用 EG95 基因工程亚单位疫苗的生产工艺，建成了世界上第一条动物包虫病优质、高效的疫苗产品生产线，填补包虫病防控领域的技术空白。四川农业大学针对螨病，筛选和评价了 18 种中药、1 种外来入侵植物（紫茎泽兰）的离体和在体杀螨效果，发现紫茎泽兰具有最佳杀螨效应，并从中鉴定出 3 个具有较强杀螨活性的单体（9β-hydroxy-ageraphorone，9-OXO-10,11-dehydro-ageraphorone 和 9-OXO-ageraphorone。同时，筛选了 6 种生物杀虫剂，发现球孢白僵菌和金龟子绿僵菌对痒螨具有最佳的杀螨效应。

二、综合防疫措施及研究进展概况

（一）综合防疫措施落实情况

1. 肉羊群体免疫概况

四川省动物疫病预防控制中心到各县动物疫控中心、四川农业大学、西南民族大学及四川省畜牧科学研究院等肉羊防疫工作相关工作调查表明，口蹄疫、小反刍兽疫、羊三联四防（羊快疫、羊肠毒血症、羊猝狙、羔羊梭菌痢疾）是肉羊养殖中免疫意识较好的项目、免疫密度接近 100%，羊痘、羊口疮和羊传染性胸膜肺炎在生产中为选择性免疫项目，生产中反馈其免疫保护率差。羊大肠杆菌、链球菌苗在生产很少免疫，养殖场户也难找到。在调查中未发现炭疽及破伤风免疫的肉羊养殖场户。布鲁氏菌病免疫仅在凉山州和甘孜州很少肉羊养殖场户免疫，其余地区基本是按照严格检疫、阳性淘汰的方法控制群体布病的风险。

目前肉羊养殖生产中对口蹄疫、小反刍兽疫、三联四防等疫苗免疫，因有行业主管部门推荐的以春秋防为主线的免疫程序，加之养殖场户对这些病的生产损失也很警惕，免疫覆盖率都较高、基本超过90%。而其他很多羊病的疫苗免疫基本上没有经主管部门专家认可的规范化免疫程序可供参照，养殖场户基本凭经验感觉进行免疫。另一方面，因为防疫意识较薄弱、经费短缺以及商品化检测试剂不足等因素限制，免疫效果评价一般仅针对行业主管部门要求的口蹄、小反刍兽疫、布鲁氏菌病等，其他疾病的免疫效果基本未做规范化评价，免疫效果不明。

2. 防疫措施配套

目前肉羊养殖生产中，疫病防控措施不规范、不配套、不系统，防疫漏洞多。在疫病防控的主要环节中，在环境控制方面几乎100%的肉羊养殖场均具有防疫隐患——在场址选址方面，有的养羊场生物隔离距离不够、有的羊场四周没有生物隔离带，有不同程度的生物隔离安全隐患；在圈舍建设及环境控制方面，规模羊场基本上都设计欠科学、用具简陋、设施不配套，大部分羊场羊舍建设不科学、有的舍内外温度几乎同步、有的羊舍光照严重不足、有的舍内粪尿清扫不及时、有的羊场没有规范的羊粪处理场、有的羊场粪尿处理有环境污染的隐患等等，这些都不利于羊群健康、特别影响羔羊健康、并对场内外有明显是生物安全隐患，不能满足规模羊业的发展防疫需要；在良种繁育方面，种公羊质量差或场内存在乱配错配等，特别是小规模半舍饲羊场，不能较好发挥杂种优势的抗病性能；在饲料营养方面，近50%的肉羊场都没有或很少精料添加、多数羊场草料质量差甚至霉变严重，不能保障群体良好健康和机体抵抗力；在流通安全方面，除开广元等地养殖户重视严格流通检疫、很多养殖户对流通检疫意识薄弱，增加了疫病传播风险；在疫病防治措施方面，除口蹄疫、小反刍兽疫等强制免疫病种以及威胁严重的三联四防、羊痘、羊传染性胸膜肺炎等疫苗免疫之外，广泛缺乏综合防疫意识，消毒方法和消毒程序普遍不合理、大部分羊场甚至日常消毒都没有，缺少较为合理的免疫程序、保健程序等科学防疫技术方案。总体上看，500只以上的肉羊规模养殖场在防疫意识和防疫工作方面更加配套、更加严格、更加到位。

3. 兽医技术人员简况

调研显示，在肉羊规模养殖生产中的兽医防疫技术人员缺乏，小规模肉羊养殖场户（群体100只肉羊以下）很少或没有专职兽医，主要依靠当地农业主管部门的兽医科技服务人员的强制免疫和兽医防疫服务以及常年积累了养殖经验的养殖从业人员开展羊病防控。对肉羊规模化养殖快速发展过程中，面对复杂的疾病状况，在防疫制度建设、防疫理念、疫病诊断、防控措施等综合防疫工作推进也难免显得力不从心。总体上看，目前肉羊规模养殖生产中兽医防疫人员的数量和素质还不能满足实际生产，需要进一步增加养殖场兽医人员数量和提高兽医防疫人员素质。加之，在目前农业管理体制改革过程中，乡镇村的基层兽医技术人员显著流失，鉴于兽医防疫是动物性食品安全卫士的重要控制环节，故亟待重视。

4. 肉羊防疫科技传播概况

肉羊规模养殖生产的防疫意识普遍不到位。调研显示，目前肉羊产业防疫管理仍然以经验治疗为主导观念，经过一些科技培训以及农业主管部门的兽医防疫技术人员的防疫技术服务，防疫意识有所提高，特别是口蹄疫、小反刍等重大传染病以及布鲁氏菌病等人兽共患病，在日常防疫及市场流通等方面更为重视。近年来一些规模养羊场、养羊小区及养羊公司逐步建立了内容不等的免疫、保健、消毒、生物安全、流通检疫及隔离观察、粪污处理以及病死动物无害化处理等防疫制度，但这些防疫措施落实情况并不理想。随着肉羊规模养殖科学发展大趋势的演进，亟待强化防疫宣传、提高严格防疫共识、以保障肉羊产业科学发展。

长期以来，从中央到地方都开展了大量的以动物疫控平台建设及相关法律法规的健全完善，但肉羊养殖生产与农业主管部门的动物疫控平台对接的主动性差。另，因现阶段肉羊规模养殖水平不高，从业人员对防疫知识基础较差，而生产中缺少操作简便快速的快速检测等先进适用、简便快捷的防疫用品。

（二）四川省肉羊疫病综合防控技术特色研究进展

1. 免疫技术研究进展

长期以来，四川省动物疫病预防控制中心先后进行了羊小反刍兽疫、口蹄疫、布鲁氏菌病、包虫病及羊痘等肉羊常见主要疫病的流行病学跟踪、检测方法及疫苗免疫效果等方面开展了系列研究。就四川省肉羊主要疫病的主要流行特点、检测方法对比优选、市场化疫苗免疫效果分析等方面，为肉羊疫病疫情研判、疫病检测及疫情监测、疫苗免疫预防等肉羊防疫工作提供了重要的科学指导。

2. 肉羊呼吸道病系列研究

西南民族大学汤承、杨发龙等研究团队在肉羊呼吸道病的病原学、防控方法及疫苗研制等系统研究，特别是在溶血性曼氏杆菌的分离鉴定、分子流行病学调查、疫苗研制等方面取得了系列研究进展，为肉羊呼吸道病的控制提供了丰富的科学资料。

3. 肉羊多发性皮下脓肿病研究

四川农业大学颜其贵、西南民族大学杨发龙、四川省畜牧科学研究院魏勇及巴中市南江黄羊科研所谭玉祥等研究团队先后都注意到肉羊多发性皮下脓肿越来越扩散的危害，分别从病原分离鉴定、疫苗研制及综合防治等方面开展了研究，为该病的生产防控积累了科学素材。

4. 肉羊消化道蠕虫检测及综合防治技术研究

消化道蠕虫是危害四川肉羊生产最重要的寄生虫病大类之一。四川省畜牧科学研究院叶永刚、魏勇等建立了鉴别区分羊捻转血矛线虫虫卵与其他外观易混淆的线虫卵（奥斯特线虫卵、夏伯特线虫卵和食道口线虫卵）的方法；并针对抗寄生虫西药的超量滥用、单一应用等造成了耐药虫株的流行现状，发明了一种防治山羊寄生虫病的中药制剂，可显著降低山羊寄生虫病的发生率，无毒副作用，使用安全。

5. 肉羊主要疫病中药防治技术研究

四川肉羊创新团队主要疫病防控技术研究集成与应用岗位在肉羊呼吸道病、羊口疮、羔羊腹泻、羊饲料源霉菌病等普遍危害肉羊生产的疫病及应激综合征，开展了病原病因学、致病机理、检测方法、中药防治技术等综合防控技术研究，积累了大量病毒、细菌、霉菌等致病毒株，获得了系列阶段性知识产权研究进展，防治技术的生产示范应用显效率普遍超过95%、抗生素减量超过70%，为生产防疫提供了新的安全高效防控方法选择。

三、存在的主要问题

（一）目前肉羊规模养殖防疫水平有待提高

与生猪、家禽等大宗畜禽规模生产相比、与国内外牛羊规模养殖较发达区域相较，在规模化生产发展理念、基础设施建设、防疫管理以及环境控制等规模养殖的主要方面，目前四川省肉羊规模养殖生产水平普遍偏低。在资阳、成都这样地势较平缓、人口密度较大、农业生产地块较密集的区域，肉羊全舍饲的比重相对更高；但比如巴中、广元、凉山州等山地较多、人口分散、农耕地较分散的区域，基本采取半舍饲，但都存在着越冬草料不足的问题。而整体上因为生产设施条件差、腹泻及“瘫软病”等防疫不到位与营养不良等原因，四川省规模养殖生产中的羔羊断奶存活率仅在70%左右，在肉山羊产仔率本来就不高（平均1~2只/胎）的情况下，较差的羔羊存活率更加拉低了肉羊生产的扩大再生产能力。而肉羊从出生到出栏用时普遍在10~12个月甚至时间更长，而屠宰率不足50%、30%以上的出栏体重甚至仅仅50kg左右，很长时间以来24元/kg左右的市场价格甚至刚刚触及直接生产成本，故生产场户防疫管理的投入和效果就不高。今年9月以前能够盈利的肉羊规模场不足20%、降低群体数量的肉羊场近50%以上，明显显得产业生产水平和盈利能力的不足。

（二）疾病流行风险随规模化养殖生产发展同步增加

在党和国家推进农业供给侧改革以及各级农村产业发展政策支持等大政方针支持下，特别是乡村振兴战略的实施，给农业农村经济发展中的特色优势产业生长带来了前所未有的机遇，很多地方都把草食动物产业作为地方名优特产业，尤其在山地资源或牧草资源丰富的区域、肉羊养殖得到了广泛重视并加以综合推进发展。但随着规模化养羊业的不断发展和养殖数量的不断增加，集约化、规模化、科学化、产业化、规范化饲养成为肉羊产业发展的必然趋势。而在目前肉羊规模化发展中，简陋生硬的设施、落后的科技含量、滞后的防疫意识等等，成为疫病流行风险的重要诱因，加之市场流通的增加、生活方式的调整等等，可以预见在肉羊规模养殖大发展中，疫病流行的风险也在大幅度增加，甚至有老病新发、新病传入、旧病蔓延以及混合感染增加、防疫难度增加，疫病流行更加常态化、复杂化等等，这都是在生猪家禽等产业早起规模化发展中所证实了的——生产方式的转变导致了疫病流行规律的改变。这需要肉羊规模生产的管理、组织、经营等今早预见到风险并尽早设计和采取综合配套防疫措施。

（三）肉羊规模养殖防疫科技支撑普遍缺乏

四川省肉羊产业长期处于小产业发展状态，规模化养羊场户长期缺乏相应的体系配套的标准规范等可以遵循，面对目前肉羊规模生产的快速发展，基层兽医防疫技术力量难以应对、羊病诊断技术明显滞后。且目前公益性科研资金投入严重不足，针对羊病基础研究的科研力量极为薄弱甚至没有，除口蹄疫、小反刍等重大疫病有商品化的能进行抗原、抗体检测的试剂盒外，其他羊传染病很少或没有有抗原、抗体检快速诊断试剂盒可以大面积临床使用；即便有些疾病有试剂盒可以使用，但因技术水平或程序复杂而无法大面积临床推广应用。例如目前的羊布氏杆菌及包虫病等缺少简便、快速、敏感的抗原、抗体检测技术，更缺乏行之有效的安全疫苗及防治措施，使得疫病普查、疫情监测以及综合防治十分很困难，而在生产中则非常必要甚至迫在眉睫。而由于科技支撑严重不足，还使得肉羊疫苗种类、疫苗的更新研究等满足不了防疫需要，有的小众苗很难找到疫苗，加之病原不断变异、疫苗保护效率下降等，并且疫苗兽药的管理审批耗时耗力耗用，在生产中严重缺乏先进适用的抗原抗体检测技术、疫苗药品、科技规程等关键科技支撑，故而防疫保健的科学规范性就缺少了科学依据和素材，肉羊产业健康发展迫切需要强化科技研发的支撑。

（四）肉羊规模养殖产业资金投入明显不足

四川省目前的肉羊规模养殖产业资金投入严重不足。就规模养殖场户而言，因为肉羊繁殖率相对较低、饲养周期较长，而肉羊长期价格低迷，肉羊养殖产业盈利能力长期不足，加之受到肉羊放牧饲养传统生产方式的意识影响，肉羊规模养殖业主在圈舍建设、防疫意识、持续投资、扩大再生产等方面投资意愿严重不足、资金投入明显不足。而在政府层面，在肉羊产业长期处于低水平小产业发展状态，在建场补贴、良种补贴、死淘保险等方面的鼓励导向资金投入明显不足，相较于生猪规模养殖、鸡业规模生产而言，肉羊规模养殖产业的生产发展导向资金明显偏少。近年，随着国家鼓励草食家畜生产、农业供给侧改革、乡村振兴战略等一系列农业农村利好政策的相继实施，很多地方政府出台了一系列新的农业发展政策规划、加之一部分外部资金渐渐介入肉羊产业，在资金投入上有所改善，但对广大肉羊规模养殖地区、特别是欠发达山区，资金投入支持仍然是显著欠账的，严重制约了防疫科技产品的引入、疫情死淘扑杀支出、生物安全措施配套、疫病净化及两场创建等综合防疫管理实施。

四、对策及建议

（一）强化宣传、管理引导，提升综合防疫意识

综合防疫意识到位是搞好防疫工作的基础。采用媒体宣传、专题会议、发放资料等多渠道配合，采用编制肉羊防疫科普资料、铺开综合防疫科技培训、扩散专业防疫指导服务等多种方式结合，并完善养殖资格管理、市场流通管控、考核指标设置等管理方式引导，逐步提高养殖从业者、兽医防疫技术人员、专业部门管理人员以及消费者的综合防疫意识，特别是重大疫病防控、人兽共患病综合防疫、两场创建、疫病净化、科学用药以及动物性食品安全卫生等防疫意识，为肉羊产业的综合防疫营造良好工作氛围。

（二）前瞻规划、加大投入，促进产业转型升级

目前的肉羊产业正处在生产方式转型升级阶段，亟须在产业定位、发展布局、产能设计、政策配套等管理设计上具有前瞻性规划，并且也需要在基础建设、良种繁育、饲料营养、环境控制、科学防疫以及流通管控等防疫相关的主要环节具有前瞻性设计。当然更需要在养殖基础建设、设施设备配套、环境治理设施、生产防疫项目、无害化扑杀处理等实际生产的重要投入环节得到更多的政府配套资金导向支持，以促进肉羊规模养殖产业的顺利转型升级。

（三）鼓励科研、强化研发，储备防疫科技支撑

兽医防疫具有显著的社会公益性质，一头关乎规模养殖成败的生命线、另一头关乎餐桌食品安全卫生的源头控制。鉴于目前肉羊规模养殖生产需要，在肉羊疫病流行病学研究、病原及抗体检测方法、疫苗及防治药物产品、养殖防疫管理的科学技术程序标准等综合防疫相关的系列环节，迫切需要更多科技项目，从而在流行病学追踪分析、先进适用的科技产品以及产业科技链条的科技流程等方面形成强有力的科技储备，保护正常生产的积极性、满足市场对肉羊防疫用品的需求、为羊病预防和控制提供强大的物质支撑，制定不同区域、不同饲养模式下肉羊饲养标准、疾病综合防控技术规范等，鼓励专家学者深入生产开展科技问题采集和科学技术指导，促进肉羊综合防疫的规范化科学化现代化。从而保障肉羊产业健康发展、保障肉羊产品的安全卫生品质。

（四）提高素质、吸纳人才，强化基层兽防队伍

肉羊养殖生产线及基层兽医防疫队伍是动物防疫工作的最前沿，尤其特别是乡镇兽医防疫技术人员和养殖场户兽医技术人员是肉羊疾病防控的一线排头兵，基层防疫队伍建设关乎综合防疫工作的成败，提升基层兽防队伍的质和量为预肉羊防疫工作提供了最基础重要的人力保障和技术储备。目前在农业管理体系改革中，需要稳定并发展基层兽医防疫队伍、保障工作经费及工资收入等工作条件，并通过“送出去学习、请培训进来”等长效机制不断提高基层兽医的业务素质，为肉羊规模养殖防疫中的疫情掌握、信息反馈、疫病诊疗、管理实施等筑起长城，为减少生产损失、为人兽共患病的扎实防控、为肉羊产业的长期科学的现代化发展提供人才队伍储备和基础科技支撑。

四川肉羊加工产业发展报告

刘达玉　肖龙泉

（成都大学食品与生物工程学院，四川成都 610106）

摘　要：肉羊产业是四川边远地区、民族地区和革命老区的优势产业，出栏量位于全国前列，肉羊作为草食动物，不与人抢粮，适于三区养殖，战略意义重大。在“十四五”期间，四川肉羊屠宰加工产业、技术开发、加工模式取得了长足的发展，行业逐步呈现出良好态势，绵羊屠宰生产线建设稳步推进，黑山羊屠宰生产线建设快速发展，南江黄羊和简州大耳羊精深加工投资建设加速；创建了简州大耳羊餐饮带动加工发展模式、彭山弘丰牧业屠宰加工闯市场发展模式等典型案例，呈现出四川肉羊的特色优势与加工紧迫性。产业发展也暴露出一些存在的问题，尤其是羊肉加工缺乏价格竞争力、肉羊屠宰加工缺乏龙头企业带动、肉羊加工科技投入严重不足、缺乏适销对路市场的创新产品等具体问题。提出了引领羊肉企业抢占全国预制川菜制高点、加快推进胴体大羊肉向分割羔羊肉转变、科技赋能羊肉预制菜爆款单品的打造、创新肉羊加工企业的组织模式、创建产品加工与市场开拓相衔接的商业模式等具体措施。在发展战略层面，强调创新产品要面向一日三餐与美味方便、掌控梯度保藏与品质成本、发展智能装备与智慧制造、坚持绿色低碳与营养保健、打造品牌场景与云端商超。

关键词：肉羊；屠宰；加工；羊肉；产业

羊肉的肉质细嫩，易消化吸收，有助于提高身体免疫力，冬季进补无以伦比；过量胆固醇会导致高胆固醇血症，羊肉低胆固醇含量无以伦比；烤羊肉是全世界人民喜欢的休闲娱乐、特色项目，烤羊对于旅游业促进作用显著。肉羊产业是四川边远地区、民族地区和革命老区的优势产业，出栏量位于全国各省前列，肉羊作为草食动物，不与人抢粮，适于三区养殖，战略意义重大。肉羊深加工是开拓市场的必由之路，是提升肉羊价值的重要手段，是提高肉羊产业竞争能力的重要举措。肉羊深加工是川羊产业化的重要链节，没有深加工，羊产品利用率低，停留在初级产品上，缺乏竞争力，附加值非常低，并且销售市场很有限，使川羊产业发展到一定程度就停滞不前，甚至出现萎缩现象。肉羊加工一端连着养殖基地，一端连着餐桌消费，亟需肉羊加工业高质量发展带动两端产业链。

一、四川肉羊加工产业发展现状

（一）四川肉羊加工产业的总体现状

1. 四川肉羊屠宰加工产业发展现状

目前，四川肉羊基地县多数采用临时屠宰点宰杀、配送羊肉餐馆的模式，全年屠宰加工肉羊1 500万只以上，其中，具有全套完整屠宰资质的企业宰杀量50%左右，屠宰加工产值突破200亿元，在四川省乡村振兴中发挥了重要作用。粗略统计，肉羊主要在四川省内自产自销，销往省外不足10%；全省70%左右的肉羊屠宰后，胴体白条立即供羊肉汤或餐饮羊肉菜肴加工，无须冻结，基本均为鲜品；20%左右的肉羊用于烤羊肉消费，10%左右的肉羊用于加工腌腊肉品、羊肉干、羊肉罐头等工业产品，个体户基本用鲜品，企业加工基本用冻品。由此可见，肉羊加工效益主要在餐饮商业中体现，商超工业产品比重较小。烤羊肉消费尤其以城市为主，属于效果好、效益高的发展项目，烤全羊具有烘托旅游气氛的作用，烤羊腿无法腌制和烤制内部，风味不佳，羊肉串或薄片烤肉属于小块肉，烤制时间短，味道营销最佳，且可在火锅中烫食，是烤羊肉中的大宗品种，原料以冻品为主，鲜品正在推开。传统羊肉香肠、腌腊羊肉、羊肉干、羊肉酱、羊肉罐头、手撕羊肉、灯影羊肉等工业产品，原料肉企业多以冻品为主，主要作为产地旅游产品售卖，放入超市中缺乏价格竞争能力，多数基地也缺乏生产资质，不属于发展的主流方向，规模产量较小。

2. 四川肉羊屠宰加工技术开发现状

近年来，肉羊加工团队牵头制定四川肉品科技发展规划及路线图，构建了加工环节引领的肉羊产业发展新模式；开发加工新技术24项，开发新产品18种，为下一阶段打造羊肉新型爆款产品奠定坚实基础。产业研究提出了肉羊加工产品在近期、中期和长期的发展技术路径，分析了适应现代市场的创新产品系列及其技术需求，剖析了部分传统产品难以适应市场的原因。指明了四川肉羊加工业的发展方向、肉羊加工产品及其保藏技术发展新模式，特别强调肉羊美味方便产品的开发，如新型羊肉汤和烤羊肉系列。引导企业注重加工营销和适度规模的龙头企业发展模式，在原料基地方面，倡导了良种良法降低肉羊成本、种养结合助力绿色发展模式。这对推动肉羊产品供给侧结构性改革，提高产业的市场竞争力具有现实意义。

3. 四川肉羊屠宰加工模式发展现状

肉羊加工团队助推了加工产业转型升级，科技攻关与应用转化同步，产品开发与市场需求接轨，特别是重点科技攻关的产业化转化应用，提升了加工技术的总体水平，初步在全省形成了原料优势向加工优势的转变，在肉羊加工技术创新的支撑下，行业逐步呈现出如下十大转变的态势：①肉品企业简易设备向半机械化生产线转变；②藏区作坊加工向成都头部企业代加工转变；③肉类胴体加工向烹饪的分割肉转变；④羊肉冻制品向冰温冷鲜配送转变；⑤肉品经验调味技艺向科学配方工艺转变；⑥肉类初级产品向餐桌方便美味肉品转变；⑦羊肉的干制品向公众预制菜转变；⑧高温罐藏肉品向低温方便风味肉品转变；⑨传统腌腊肉品逐步向低硝免熏新型肉品转变；⑩肉羊开发向综合利用与“吃干榨尽”转变。

（二）四川肉羊屠宰加工基地建设现状

1. 四川肉羊屠宰生产线建设稳步推进

近年来，在四川的肉羊养殖大县，如南江、简阳、金堂、乐至、营山、富顺、若尔盖、美姑、彭山等县，基本建成了年屠宰 5 万~30 万只的半机械化生产线。在肉羊养殖基地和羊肉消费基地，分别建立了年屠宰肉羊 1 万~3 万只的简易生产线，全省预计有 80 家以上，尤其集中在羊肉消费地区，如成都西河畜产品交易市场、简阳城区周边均有这样的小型屠宰点，这对连接养殖和消费发挥了较大的桥梁作用，在地方乡村振兴事业发展中发挥了重要作用。例如，2021 年，德阳对口帮扶若尔盖重点产业扶贫专项，藏系绵羊屠宰及精深加工项目在若尔盖县建成，年可屠宰及精深加工藏绵羊 10 万只，项目不仅将完善若尔盖的畜牧产业链，增加畜产品的附加值，同时在满足标准的前提下，将优先购买贫困户饲养的藏绵羊，从而带动 18 个村牧民受益。2022 年，美姑县已建成年屠宰肉羊 3 万只的屠宰生产线，牢牢把握和壮大美姑山羊这项本土产业，为脱贫攻坚注入了强劲的产业动能，立足全县实际，在国家精准扶贫战略的引领和省州政府的政策扶持下，按照全县实际情况，把美姑山羊、凉山半细绵羊产业作为培植优势产业，以畜牧业结构战略性调整为突破口，作为发展农村经济、富裕农民的第一项目，对全县 292 个贫困村的贫困农户进行全覆盖，全力做好肉羊文章，激发贫困群众的内生发展动力，跑出脱贫攻坚加速度。

2. 四川黑山羊屠宰生产线建设快速发展

2020 年前后，恒阳公司投资 2. 3 亿元，在营山建设黑山羊加工产业园，实现年屠宰黑山羊 30 万头、年产营山黑山羊肉制品 5 400 t，并配合营山做大黑山羊产业，做响营山黑山羊品牌，并向广元等市州辐射，广元朝天 2018 年黑山羊全产业链农旅融合项目总投资 3. 8 亿元，建设标准化原种场，肉羊深加工生产线、冷库及保鲜库等冷链物流及物联网，广元朝天黑山羊科技博览园、民俗风情园等农旅融合项目，现在，广元全市范围内新增出栏黑山羊 60 万头，有效破解了广元市优质肉羊缺乏和加工销售难题，推动一二三产业融合发展，带动农户增收致富，实现企业农户互利双赢目标。乐至黑山羊产业签下 2 亿元发展项目，2020 年，乐至黑山羊发展基于地方特色产业，以打造县域经济与区块链实施全国示范县，作为一项可持续发展的系统工程，落实“绿水青山就是金山银山”的重要生态发展理念，以开创智慧农业、数字农业，并形成产业规模化、品牌化、生态环保化、销售精准化、投资零风险化的产业生态链。既解决了农业的小散乱和竞争力减弱的问题，又能够让养殖户、餐饮业结合各界社会资金，共同实现乐至县绿色发展目标。践行绿色发展理念，聚焦成都淮州新城，金堂黑山羊产加销全产业链一体化融合发展模式，四川省黑洋洋农业有限公司，年可屠宰加工羊肉 20 万只，公司在金堂县赵家镇建立黑山羊养殖基地，在竹篙镇农产品精深加工园建有金堂黑山羊精深加工厂，并规划在五凤镇建设黑山羊美食馆，延伸产业链条，实施产加销一体化发展，增加产业效益。建有肉羊屠宰加工和成品库房 1 个，肉羊屠宰生产线 1 条。

3. 四川培育肉羊品种精深加工投资建设加速

2023 年，南江黄羊屠宰加工项目，年加工肉羊 30 万只，该项目位于南江县东榆工业园区，由四川德健南江黄羊食品有限公司作为项目业主，按出口欧盟认证标准新建南江黄羊屠宰、冷冻车间和科研中心 8 200 m^2。建成年屠宰 30 万只南江黄羊屠宰场，制定了低应激屠宰、低温排酸、精细分割等产品生产技术规程，完善屠宰加工体系。精准对接国际国内高端产品准入标准，配套建设冷链、仓储等设施设备。加强与物流企业合作，提升南江黄羊产品集散处理能力。以冷鲜精品、康养菜品为主，加大南江黄羊食品研究开发力度，突破冷鲜物流、熟食保存等关键技术，提升了产业综合效益。简州大耳羊已成立专门国有平台公司，正在逐步盘活四川省澳士达屠宰分割生产线。该技术装备具有年屠宰山羊 150 万只、生产加工 3 000 余 t 羊肉系列产品的生产能力，公司严格实施 HACCP 管理体系，运用了世界上最新型的保鲜技术和排酸技术，研制生产了肉质鲜嫩、品质优良的纯天然的绿色食品。简阳天地羊公司 2022 年建立了一座地下小型冷库；大邑成都麻羊年出栏 10 万只以上，大邑 200 余家羊肉汤馆就地屠宰完成消费。

（三）四川肉羊加工产业发展典型案例

1. 简州大耳羊餐饮带动加工发展模式

简州大耳羊作为简阳特色农业产业，在消费市场拉动、政策金融推动、科技创新驱动作用下，生产水平、生产方式、经营模式等方面取得了较大的进展，种养与餐饮融合的全产业链条已具雏形，简州大耳羊、简阳羊肉、简阳羊肉汤已成为地方三张产业名片。美食与旅游深度融合发展，每年冬季，美食爱好者纷至沓来，既饱口福，又饱眼福。2021 年，简阳羊肉汤成功入选天府旅游美食、天府名菜，成为简阳不可或缺的一张城市名片。据简阳市羊肉美食产业协会统计，全市简阳羊肉汤餐馆已发展到 320 多家，可谓是“一锅羊肉汤煮沸一座城”。简州大耳羊的发展推动了简阳羊肉汤行业的发展，一三产业互为依赖和保障，博得双赢头彩。一个特产成为地理标志，就会成为代表一个地方的文化符号，凸显这座城市的特点，受到人们的高度重视和追捧，简州大耳羊熬制出别具风味的简阳羊肉汤，吸引着四面八方的朋友，也在人们心中定“胃”着简阳这座城市。简阳市马厚德羊肉汤食品厂项目是 2021 年底启动，2022 年竣工投产，生产基地位于成都空天产业功能区，该项目占地 7 385 m^2，修建 6 197 m^2 的厂房 1 栋，18m^2 配套用房，总投资 2 000 万元，环保投资 60 万元。该项目分期实施，一期年产 800t 速冻羊肉汤和 200t 羊肉香肠风干；二期年产 1 000 t 常温羊肉汤及 300t 其他羊肉深加工系列。年产值达 7 000 多万，能解决 150 个就业岗位。产品包括速冻羊肉汤、羊肉香肠和羊肉风干等一系列的羊肉深加工产品。投产后，在加工厂做中央厨房配送，把简阳羊肉汤更加标准化，使整个餐饮和食品往标准化方向发展，可让全国各地的食客吃到正宗的简阳羊肉汤。

2. 彭山弘丰牧业屠宰加工闯市场发展模式

四川弘丰牧业成立于2000年，集合作社生态养殖、现代化流水屠宰、集约型批发及直营、连锁经营销售模式为一体，属于四川大型生态生鲜羊加工销售企业。公司位于四川盆地西部，地处岷江中游的国家级生态示范区，四川彭山是世界唯一以长寿养生为特色的文化名胜区“中国长寿之乡”。公司秉承养生长寿的彭祖文化底蕴，大力倡导生态理念，不断整合生态养殖牧区的优质资源。并在新疆、内蒙古、青海、宁夏等国内优质生态牧区设立有养殖合作社。年屠宰加工生态肉羊可达10万头，在高标准保障产品质量的同时满足市场需求。四川弘丰牧业坚持以市场需求为导向，以现代化屠宰生产为标准，以更高要求产品安全质量为核心，以强力打造巴蜀知名品牌“田羊子”生态生鲜羊系列产品为发展目标。企业大力投入于生态养殖、现代化流水屠宰、标准化环保环境维护，对每一份生态羊肉实施“从基地到餐桌”的全程监控。弘丰牧业肉羊加工产品经营资质齐全，通过田羊子餐饮公司、成都白家批发市场为据点，实行线上线下、定制配送等闯市场的模式，具体经营有留圈保鲜、鲜冻融合、生熟定制、烹饪分割、涮烤一体、对接快消等灵活样式，实践证明已经取得了较好的经济效果，并实现了基于市场的全产业链协调推进，还带动简阳、仁寿等周边羊业的发展，全省地方品牌已经形成。

二、四川肉羊的特色优势与加工紧迫性

（一）羊肉的特色优势分析

1. 冬季进补

羊肉肉质细嫩，易消化吸收，有助于提高身体免疫力。随着秋冬季的到来，羊肉备受青睐，羊肉热量高，历来被当做秋冬御寒和进补的重要肉品之一。常吃羊肉可益气补虚，促进血液循环，增强御寒能力。中医认为，羊肉具有补精血，益虚劳，温中健脾，补肾壮阳，养肝等功效。尤其适合老年人、体虚男人和产后妇女。羊肉脂肪不易吸收，还含左旋肉碱，可促进脂肪代谢，有利于减肥。尤其冬至时节，顾客每天宁愿排队半小时只为喝到一碗美味羊肉汤。

2. 低胆固醇含量

胆固醇是临床生化检查的一个重要指标，胆固醇在体内有着广泛的生理作用，但当其过量时便会导致高胆固醇血症，对机体产生不利的影响。现代研究已发现，

动脉粥样硬化、静脉血栓形成与胆石症与高胆固醇血症有密切的相关性。如果是单纯的胆固醇高饮食调节是较好的办法，高胆固醇血症是导致动脉粥样硬化的一个很重要的原因，所以要引起高度注意。羊肉胆固醇的含量为 60mg/100g 左右，相对其他肉品低，很多肉品胆固醇的含量都在 100mg/100g 以上。

3. 促进旅游业发展

旅游业是脱贫致富的重要抓手，尤其是边远山区、民族地区更是如此，这些地区也正是养羊具有比较优势的地区，养羊与旅游业特色项目——篝火烤羊肉巧妙地结合在一起，这是天然的优势，其他肉品在烤制方面无法与羊肉相比。因烤羊肉老百姓喜闻乐见，既是美食，又是娱乐。农家乐、餐馆的发展进一步促进旅游业发展。

4. CLA 抗癌降脂

科学家发现在羊的体内存在着一种抗癌物质，这种被称为 CLA 的脂肪酸对治疗癌症有明显效果。瑞士一家动物研究所的科学家们经过多年研究，发现了共轭亚油酸（CLA）的独特性质。通过对老鼠和人体细胞所作的试验，科学家们发现，在 CLA 的作用下，癌细胞生长得到抑制并逐渐减少，这种作用对于治疗皮肤癌、结肠癌以及乳腺癌有着明显的效果。专家们指出，反刍动物如羊体内 CLA 的含量大大高于猪和鸡的含量。试验还证明，在草原上放养的动物体内 CLA 含量更高。

5. 补钙补铁

羊肉不仅蛋白质高于很多肉品，其所含的赖氨酸、精氨酸、组氨酸、丝氨酸等必需氨基酸均高于常用肉品，而且所含钙和铁含量也高于常用肉品，如每 100g 羊肉含钙 9. 0mg、铁 3. 9mg，每 100g 猪肉含钙 6. 0mg、铁 1. 0mg。钙和铁是人体不可缺少的微量元素，无论是老年缺钙、儿童补钙，还是妇女补血、儿童补铁，羊肉都是食补的最佳肉品选择。

（二）肉羊屠宰加工的紧迫性

1. 农村养羊业的迫切要求

近年来，四川肉羊养殖业发展迅速、势头强劲。2023 年，四川省肉羊出栏羊在 1 600 万只左右，规模养羊户出栏占 50%左右，根据各地的发展规划，“十五五”期间养殖规模将大力发展，即年出栏可达 2 000 万只以上，大型养殖户逐步发展为地方龙头企业，实际情况处于停滞稳定状态。为了确保肉羊特色产业发展，各地仍然加强了政策的引导、加大了资金的投入，繁育体系不断完善，选育技术力量不断提升，机械化程度不断提高，近年来，原种场、存栏母羊、扩繁场、养殖场，圈舍面积均有所提升。没有肉羊加工，难以解决肉羊的出路问题，肉羊养殖业难以发展。只有实施从养殖—屠宰—精深加工的全产业链，才能增加产品附加值，提升肉羊产业的竞争能力。

2. 乡村振兴的重要抓手

乡村振兴既是现实需求，又是政治任务。由于年轻人进城务工，家里主要为小孩和老人居多，农村闲置房屋、圈舍较多，具备发展养羊业的比较优势，养羊业自然成为乡村振兴的重要抓手。在实践中，已经形成了成功的发展模式，正在全省全国推广。如，“5+1”产业振兴模式：由龙头企业或合作社、银行、保险公司、县级部门、乡镇村5家共同签订协议，帮助养殖户发展畜牧产业。“借羊还羊”发展模式：由合作社与养殖户签订肉羊借养协议，农户向合作社借养一只优质种羊，次年还合作社一只同龄、健康的种羊，合作社将规还的种羊又通过该模式滚动发展新的农户，推动滚动造血式发展。“山羊代养”发展模式：由龙头公司与有养殖能力的农户签订黑山羊养殖代养协议，并提供羔羊和技术服务，待羊长大后公司负责保底回收。目前，南江县、金堂县等地方，各种模式正在因地制宜地开展，帮扶农户5 000户以上。

3. 供给侧结构性改革的必然方向

食品需求已经从“温饱型”向“营养—方便—健康”转变，人们必然对肉品提出新的需求，不断优化产品结构，开发新产品，提高产品质量，以满足人民生活质量不断提高的需求。羊肉不同于猪肉，膻味重，家庭脱膻方法缺乏，餐饮加工相对复杂，不易调味和烹饪。绝大多数是胴体肉，少量分割包装，羊肉精深加工严重不足，尤其是羊肉胴体冻品、羊腿冻品，冰箱不便存放、墩子不好砍切，解冻烹煮时间长、美味难以调制，这些都是供给侧结构需要创新的地方，亟待羊肉精深加工业进一步发展。另外，适合家庭现代炊具，微波炉、烤箱使用的各类肉品中，羊肉的需求独具特色。

4. 提升肉品安全的重要举措

逐步推行肉羊定点屠宰、集中检疫，开展精深加工，形成规模品牌，从而提升羊肉及其制品的安全性。随着人们生活水平的提高，膳食结构发生了显著改变，具有养生功能的羊肉需求量不断增加，其质量和安全受到广大消费者的广泛关注，定点屠宰与集中检疫是确保优质安全羊肉的重要抓手。一些地方已经出台了肉羊定点屠宰与集中检疫的相关法规，按照要求全面实行或逐步实行肉羊定点屠宰，严厉打击私屠乱宰行为，全面规范肉羊屠宰环节。规范羊肉进入市场入场券，减少假羊肉的泛滥。

5. 肉羊产业绿色发展的要求

四川省明确提出“稳生猪、壮牛羊”的绿色发展新方向。屠宰加工环境问题群众反映强烈，中央环保督察非常严格。肉羊产业如果长期处于个体经营、肉羊私屠乱宰的粗加工阶段，缺乏精深加工，效益难以体现；屠宰加工环节的废弃物、污水等环保设施难以建立、更不易运行。如果没有羊肉龙头企业，就没有规模的羊肉加工，就没有现代技术和装备，产品表现在低端同质化，难以营销，没有效益，缺乏竞争力。总体说来，餐饮业发展也需要经过加工的羊肉制品，逐步实施由集中加工向分散配置肉品过渡，这也是节能减排、绿色发展的要求。

三、四川肉羊加工产业的存在问题

（一）肉羊本身的问题

1. 历史的由来分析

与生猪和肉牛相比，地理环境与民族习惯造成肉羊产业发展滞后。四川人口主要集中在平原、丘陵地区，山区和草原比例不高，多为农耕民族，以耕作为主，兼养家畜。而游牧民族主要集居在西部边疆，大草原，适宜放牧。与猪、牛相比，肉羊生性好动，需要野外放牧，与农耕存在冲突。因此，四川传统养羊的环境不如内蒙古、新疆、甘肃、宁夏等地优越，川人养羊的习惯远不及上述地区。

2. 现实的原因分析

现实的经济效益与市场需求造成肉羊产业发展滞后。母羊 1 胎产羊羔 1~2 头，繁殖力不强。肉羊养殖周期长、成本高，导致羊肉价格高，另外，家庭不易调味和加工，因此，特别是在以前人们生活困难时期，价格较贵的羊肉没有进入人们的一日三餐，市场容量有限，直接反映出肉羊消费市场乏力。

3. 羊肉本身膻味原因

羊肉含有短链脂肪酸，呈现出一种特殊的膻味，故被一部分人冷落。长期以来，有关羊肉科学研究与精深加工严重滞后，比如研究人员和研究资金、产业资金的投入较少。有关从品种选育降膻、羊肉脱膻方面的研究不多，形成的实用技术推广面窄，致使羊肉消费市场不大。

（二）肉羊现实原因的问题

1. 羊肉加工缺乏价格竞争力

目前主要以羊肉汤餐饮方式营销，腌腊羊肉制品出品率低，价格贵，严重缺乏能够纳入老百姓的一日三餐的新产品。肉羊产业在长期发展中严重滞后，难以吸引大集团、大资金的投入。肉羊养殖规模小，养殖较为分散，集中屠宰难以形成规模，屠宰生产线严重闲置，无效益支撑，定点屠宰与集中检疫难以实施。肉羊发展前景被严重低估，养殖与加工相互不给力，生猪产值过亿的企业比比皆是，而肉羊企业产值过亿的企业难找一家。

2. 肉羊屠宰加工缺乏龙头企业

肉羊加工行业整体实力较弱，很多不具备完善生产资质的条件，目前亟需政府的扶持政策。食品安全要求严格，营销市场严查经营者进货查验和索证索票执行落实，严查销售使用来源不明、病死变质、未经检验检疫合格的肉类及其制品的行为等。由于肉羊目前没有实行定点屠宰，但屠宰需要资质，地方检疫报告受限于地方，屠宰后不能运到外地销售，只能本地销售，还要疫病血清学检测报告，一只羊可能需要几十元检测费，养殖户难以承受。普遍存在的小型屠宰点小本经营，合作社无法拿到屠宰资质，就不能运到成渝大城市售卖，只在本地送羊肉汤餐馆，急需龙头企业带动。

3. 羊肉汤加工烦琐不易调味问题

现阶段羊肉汤的消费模式大都是餐馆堂食消费，辐射面基本锁定在周边住宅区，传统外卖羊肉汤熬煮时间长且不方便，其电动车配送过程中易出现汤汁溢出，污染餐盒，且与其他外卖食品串味等情况，配送时间过长也会导致羊肉汤冷却，缺失鲜香味并使膻味增强等情况。

4. 适销对路市场的创新产品不足

开展全省合作，开发分割冷鲜羊肉系列产品及其配套烹饪调料，创新性地应用绿色保鲜与冷链物流技术，引领厨房市场需求。在传承羊肉汤、烤羊肉、羊肉串、腌腊羊肉、羊肉香肠的同时，利用现代食品工程高新技术，实现传统羊肉食品的现代化，尤其提升羊肉汤风味以及实现低硝、废除烟熏与炭烤，通过技术创新显著减低致癌物质，开发优质安全烤羊肉。促进羊肉餐饮食品与工业食品的融合，开展品牌连锁化的商业模式，构建社区营销门店，进入人们的一日三餐。开展全国合作，利用冷冻干燥保持生物活性的原理，开发羊胎素保健品、羊睾丸冻干保健品；开展国际合作，利用羊肉所含独特共轭亚油酸抗癌降脂的独特功能，开发羊肉抗癌降脂保健食品；通过二氧化碳超临界流体萃取等高新技术，开发羊胎素护肤品、羊胎素美容注射针剂等高端产品开发。

四、四川肉羊加工产业的发展对策

肉羊作为草食动物，不与人抢粮，适于三区养殖，有利循环经济，战略意义重大。大力发展肉羊产业，可解决四川畜牧生猪独大的结构性矛盾。市场决定加工，加工决定养殖，加工反向引领肉羊养殖业发展，形成类似“树桩”的结构模式，细小繁多的“树根”都是为“树干”提供营养原料；因此，注重加工和营销环节的肉羊产业链协同发展模式，是肉羊产业发展的主要方向，对四川乡村振兴具有不可替代的作用。

（一）引领羊肉企业抢占全国预制川菜制高点

四川农畜产品原料优势和市场优势明显，四川省羊肉预制菜产业如何树立头部思维、瞄准全国市场、抢占全国制高点，是四川省“农商文旅”协同发展的重大产业命题。下一个五年，拟从以下六个方面设置目标和任务：①引导四川省头部企业面对各省预制菜市场竞争，抢占全国预制菜安全质量标准制高点；②针对城市各类人群食物营养需求开发系列产品，抢占全国预制菜食品营养制高点；③创新川菜技艺与开发预制菜新品紧密结合，抢占全国预制菜美味方便制高点；④研发保障产品风味质构的储运流通新技术，抢占预制菜保鲜营销制高点；⑤支持头部企业技术升级与智能装备改造，抢占全国预制菜智能制造制高点；⑥创建基于安全与技术的品牌打造模式，抢占全国预制菜品牌制高点。

（二）科技赋能牛羊肉预制菜爆款单品的打造

牛羊肉加工团队聚焦头部企业培育，拓宽现代农业产业体系，注重企业发展顶层设计，以全省牛羊养殖基地为支撑，细分羊肉消费市场，立足四川省特色美食产品，打造四川预制菜爆款产品，构建基于加工引领的羊养殖模式。下一个五年重点与成都希望食品、天味食品、高金食品、饭扫光、圣恩食品、扬名食品等公司技术合作，开发羊肉梯次加工和梯度保藏技术、浓香型香辛料精准复配技术、零添加色香味调和技术、产品冷杀菌梯度保藏技术，产业化生产新型火锅牛羊肉系列、天然牛羊肉保健系列、绿色羊肉烤肉系列，推出市场即成为网红爆款的预制菜单品，预计牛羊肉预制菜单品销售额超过5亿元，建立总产值30亿元以上示范基地2家以上，其中火锅类爆款单品达到10亿元以上。

（三）加快推进胴体大羊肉向分割羔羊肉转变

冷鲜羔羊肉消费不受季节影响，一年四季均可旺季，潜在市场广阔，尤其开发基于加工特性的分割羔羊肉，是开拓羊肉消费市场的重要路径。目前，我国羊肉主要是屠宰初级加工，绝大多数是胴体肉，少量分割包装。受乡村传统的守旧观念影响，普遍看重肉羊的数量和重量，忽视羊肉的质量，没有加快周转和出栏意识，市场供应的羊肉大都是大羊肉，甚至是老弱、淘汰残羊，优质高档羔羊肉甚少。在羊肉加工发达的国家，他们对冷鲜羔羊肉的研究比较深入，如后熟排酸技术、去膻技术、精细分割技术、生物保鲜技术、充氮包装技术，冷链冰温保鲜技术。国际市场上，羔羊肉价格一般为大羊肉的1.5倍左右，由于羔羊肉的肉质鲜美细嫩、膻味低，易于加工，这就是我国舍近求远、进口羔羊肉的原因之一。由于我国城市人口收入普遍提高，一些人购买肉品不再是看价格高不高，而更多是看质量的优劣。因此，价高的羔羊肉系列分割产品，同样深受40岁以上家庭主妇和高端餐厅的青睐，尤其肉羊出栏以6~8月龄为佳。冷鲜羔羊肉保质期较短，不适于大型商超营销，容易出现下架报损情况，更适于网上下单、门店提货，线上下单、线下配送。由于羔羊前期生长较快，后期相对较慢，自贡黑山羊3月龄出栏，毛重12~15kg，经活体空运到广东等地，深受消费者喜欢，羊农对售价比较满意，获得了较好的效益，肥羔模式也值得借鉴。

（四）加工消费侧急需的方便美味肉羊产品

目前，对羊肉及其产品的深加工研究不够，缺少优质高端方便食品的生产技术，致使产品初级化，质量不高，品种单一，市场不大。没有建立和实施国际羊肉标准体系，卫生安全质量自控体系不完善，使产品出口受到重重贸易壁垒，国际市场没有竞争力。而今，城市化和互联网带来的就餐模式深刻变化，集成创新与协同创新相结合，把羊肉汤、烤羊肉、羊肉干锅等特色产品作为川菜餐饮重点产业来发展，支持企业连锁经营，实体店与互联网相互结合，形成工业企业。在餐饮连锁发展的基础上，面对年轻一代家庭不做饭的市场需求，开发产品务必与“傻瓜”厨房、“傻瓜”厨师、“傻瓜”餐馆的需求结合起来，与家庭微波炉、烤箱等结合起来，与川菜产业化、川菜全球化结合起来。如革命老区南江县，南江黄羊是国家地理标志保护品种，具有原料基地优势，一定要走出南江找市场，在商业模式方面，消费与休闲旅游业联姻，实现南江黄羊成都、重庆消费，网络带动全国甚至全球消费。产品开发方面，注重市场开拓，一定要供给侧与消费侧高度对接，迎合新一代年轻人的消费需求。初级屠宰加工点选取可临近养殖园区，精深加工可建在消费区附近，肉羊加工一定要与现代食品加工技术装备结合起来，形成中央厨房，门店配送，促进规模效益，提升加工企业竞争能力。

（五）创新肉羊加工企业的组织模式

从目前市场分析，适度规模加工和多点连锁营销是龙头企业的主要组织模式，单纯高产量羊肉加工企业不是发展方向。离开产销对接和连锁门店的龙头企业风险很大，肉羊加工寄希望于肉品加工龙头企业的加盟，肉羊养殖合作社仅可开展基于产销对接的屠宰分割加工。政府应在总体发展规划时，引导建立产品加工与市场开拓相衔接的商业模式。在肉羊养殖主产区和主消区，政府对龙头企业给予政策和资金的扶持，注重银行金融创新支持，重点抓好建设一批适度规模的肉羊养殖和加工企业，开展面向一日三餐的精深加工产品，如羊肉“肯德基”、羊肉“麦当劳”连锁店。积极采用高新技术改造羊肉加工业，提高产品的科技含量，加快各种要素向优势产区和优势企业流动，促进产业延伸，培育产业集群。龙头企业的发展离不开科技支撑，建议政府通过科技项目、产业项目的形式，推动“政产学研”紧密结合，充分发挥四川肉羊创新团队的技术优势，攻克羊肉加工技术瓶颈，开发更多满足市场、引导消费的新产品，从而带动养殖业的快速发展。当务之急是在南江、简阳、金堂、富顺、乐至、营山、盐亭等基地县，重点扶持一批有潜力的典型企业，尤其在技术、资金、营销等方面，全方位加以培育，提升其对肉羊产业的示范带动作用。

（六）创新肉羊加工企业的营销模式

市场需求决定加工产品及其营销模式，深度开发家庭即食产品、厨房方便产品、外卖方便产品、团餐方便产品、餐厅定制产品、集团定制产品等系列，大力推行网络营销模式。深入研究消费侧市场需求，根据不同人群、不同时间、不同场合消费需求进行细分，瞄准需求重点，把羊肉产品餐饮门店打造为社区食堂；转变针对人们一日三餐创新营销模式，因地制宜地采取餐饮连锁、商超零售、网络营销、无人售货、旅游消费、商家配送等营销手段，最大限度地满足方便、美味的需求。同时，全方位构建羊肉特色品牌，创新具有地方文化特色的经典羊肉菜品，传承羊肉餐饮“老字号”，如简阳马厚德羊肉汤，支持“老字号”文化和技艺的研究，支持餐饮“老字号”提升门店形象，对品牌餐饮“老字号”企业新开连锁门店，给予助推资金支持，助推羊肉知名餐饮品牌向工业食品品牌转变，实现餐饮作坊向工业企业的转型升级。挖掘羊肉特色美食旅游资源，把烤羊肉、羊肉汤作为特色旅游资源来开发，在简阳、金堂、双流等地，把建立羊肉美食乡镇作为旅游景区、作为旅游项目来开发。以简州大耳羊、金堂黑山羊、成都麻羊等品种地理标志保护为抓手，不断提升品牌效应。鼓励四川省基地县打造肉羊美食小镇，创办地方特色的肉羊美食文化节、肉羊高峰论坛等，专家学者、企业家相互交流，共谋产业发展大计。

（七）实施肉羊适度定点屠宰和集中检疫

定点屠宰是畜禽养殖和加工水平的重要标志，没有定点屠宰就没有精深加工和综合利用、没有食品安全和环境治理保障；但现阶段强调适度规模的自动化屠宰设备，比如屠宰100~200只/h，与前端和后端紧密衔接。长期以来，鉴于产业分布区域广泛，肉羊屠宰管理较为松散，屠宰检疫不规范，以往在偏远地方，随意购买未检疫的肉羊宰杀销售，严重威胁消费者的食肉安全，市场管理没有按照规定严格控制无证产品销售，有的地方在羊肉市场上实行补检交钱，检疫流程形同虚设。逐步实施肉羊定点屠宰和集中检疫，要规范肉羊产地检疫，把疫病控制在源头，产地检疫同肉羊免疫结合起来，免疫标识作为肉羊已经免疫的重要标志，如没有免疫标识的肉羊，屠宰检疫均不能进行。因此，对于规模养殖场，必须强化肉羊免疫及其标识加戴的管理，做到肉羊免疫及其标识规范。在搞好最基础的免疫和产地检疫的同时，全面加强屠宰检疫管理，全部实行定点屠宰、集中检疫，彻底取消市场补检。严格执行票证制度，对合格产品规范出证盖章，有效控制病害产品流入市场，确保消费者的食肉安全，维护消费者利益，促进肉羊产业的健康发展。四川山区或三区的肉羊养殖区域庞大，农户更加分散，由于这些实际情况和条件的限制，目前还正在全面开展实施并加快进度。

五、四川肉品预制菜高质量发展的产业思考

肉品加工产业的发展，猪牛羊、家禽、水产等种类，加工不能孤立地研究某一种类，应树立大食物观的思维，带动关联产业协同发展，预制肉品川菜就是这样一类多原料搭配的方便菜品。传统羊肉汤配方猪骨、鲫鱼等食材，味道会显著提升，销量也会大幅增加；羊肉汤配方酸菜和米粉，羊肉粉新兴产业正在形成。目前，主要问题是肉品川菜简单的包起来杀菌或者冷藏，肉品川菜原本的风味与质构严重下降，市场认可度不高。其主要原因是对菜品食材加工特性研究不够，精准调味和保藏技术缺乏造成，川菜照搬照抄、创新性严重不足。预制肉品川菜应该顺应市民消费需求，传承川菜调味秘诀，创新川菜烹饪技艺，研发利用现代高新技术和装备技术，实现传统川菜的转型升级，而不是简单的扩大规模。产品遴选设计和研发高新技术非常重要，亟待开展系统性研究，风味质构衰减和绿色保鲜等技术瓶颈亟待突破。传统牛羊肉干产品不应是主流发展方向，牛羊肉应该成为“专精特新”高效益预制菜的优先研究内容，火锅预制菜模式必将成为牛羊的高效综合加工方向，从而实现对牛羊效益的“吃干榨尽”。

（一）面向一日三餐与美味方便

传统农业种啥卖啥、养啥卖啥，初级加工，屠宰磨面，没有面向一日三餐，不讲美味方便，市场较小，效益较差，预制菜产业是牵引乡村振兴的关键。产品味道将成为消费者选择的关键因素，挖掘民间，传承川菜将成为新产品开发的源泉，目前传统肉类产品必须顺应消费侧需求，市场对餐桌美味方便肉品需求旺盛，急需新技术与新产品引领。从营销和人们购买行为分析，安全是基本要求，营养是科学需求、营养保健的要求，口味是现实要求，方便是客观需求。川菜具有卖味道的地域优势，食品离城市餐桌越近利润越高，因此，市州乡村振兴和农产品加工一定要向城市餐桌靠拢。成都推进绿色食品产业高质量发展，建议采用“科技+经营”“食品+餐饮”“专家+厨师”的综合发展模式，迎接这个预制菜产业风口的到来。

（二）掌控梯度保藏与品质成本

预制菜保质期问题，保质期越长则预制菜品质越差，保藏越久则价格越低，商场每天有特价报损等情况。越新鲜则越贵。没有保藏就没有流通、没有市场，但

是，适度保藏至关重要，它是保持预制菜高品质风味质构的关键，预制菜保质期6个月已经足够，甚至保质期1~3个月就可以了，无须一年或两年，传统罐藏行业就需要注意这个问题，只有掌握和权衡了适度的保质期，才能提高预制菜的品质，降低预制菜的成本。预制菜保藏就是产业发展的一类关键技术瓶颈，亟待技术攻关。四川“10+3”产业体系中的冷链物流建设非常重要，预制菜要有自己的物流及仓储，想方设法减少流通次数和距离，方便美味食品快速到手消费者中，快速食用，扩大市场。如今消费需求发生深刻变化，关键是对接，尽量吃新鲜，预制菜社区连锁门店，新鲜货，直接用，少浪费，低成本，每天向连锁门店配送，快消就解决了保藏难题。传统食品追求更长保质期的理念根深蒂固，预制菜产业一定和川菜调味相结合，加工厂与餐厅高度融合发展，适当缩短传统保质期，获得色香味形和安全的高品质，缩短保质期可减低预制菜成本，如营养安全成本、风味质构成本、资金仓储成本等。乡村振兴牦牛肉，肉干含水越干，越不容易长霉；但是，水分干太脆，像木材棍，可以掰断，并有大声地断裂声音，手就能弄成碎渣，无法撕成纤维状，咀嚼呈锯木渣，牛肉特点完全丢失，成本极高，这类产品亟需通过中央厨房向预制菜方向转变。

（三）发展智能装备与智慧制造

预制菜传统作坊门槛低，有的场地装备简陋，甚至存在脏乱差的情况，加工存在食品安全隐患，这是行业最担心的事情，出品率较低、合格率不高，容易造成各种麻烦，更谈不上经济效益，特别是人工成本不断攀升，各种费用增多。没有品牌，缺少装备规模就没有综合利用、更没有环保，缺少装备规模难以应对不断变化的市场竞争，凭人工感觉难以实现预制菜的标准化生产，如规定时间要求难以精准、炒制规定温度要求难以精准、规定配方要求难以精准。川菜餐饮加工是劳动密集型行业，劳动强度很大，传统方法生产腌腊肉，生产工艺要经过工人500次以上的拿起或搬运，即生产1t产品要花费劳力强度500t以上；再如火腿加工，要经过腌制、揉搓、翻缸、清洗、挂架、晾晒等工序，还要经过半年以上的等待时间；在生产旺季，夜班尤其是下半夜常存在次品和安全隐患。肉品、醪糟、饺子、抄手等太费人力，尤其热天炒菜和冬天洗菜问题，人工难以适应高温高湿和深冷等恶劣场景，预制菜产业必须搞机械智能化，传统川菜装备发展较为滞后，这也是亟需研究开发的一个重点领域，需要工艺专家和设备专家进一步联合攻关。

目前，食品行业智能装备也在逐渐完善和成熟，如智慧和智能冷链物流装备技术，超快速预冷技术、冰温保鲜装备技术、螺旋式智能速冻装备技术、液氮智能速冻装备技术，AI炒菜机器人装备技术等，已经逐步投入产业化试验与应用；尤其在智能火锅装备行业效果表现较为明显，如天味公司在智能炒锅引进和配套设备生产线改造、火锅调料灌装自动化技术及装备改造、火锅调料全自动冷却成型技术及装备改造，均已经实现产业化；漫味龙厨公司的火锅底料炒制与智能装备技术，采用“反应釜+机器人+快仓运”智慧制造模式，并且，淘汰了传统天然气直接加热方法，实现了绿色健康炒制，提升了火锅底料的安全性，大幅减少了劳动强度，这些都值得预制菜行业借鉴和创新推广，建议对于头部企业发展中的装备技术难题，采用政产学研模式，组织工艺专家与装备专家联合技术攻关。

（四）坚持绿色低碳与营养保健

现在的粮食安全是大食物观，它包括三个层次的理解，食品数量能足够满足人民的基本需求，食品中有害物质对人体不会造成危害，摄入食品所含营养物质能确保健康的需要。食品安全也是大概念，包括食品卫生、食品质量、食品营养等相关方面的内容，也包括养殖、加工、包装、贮藏、运输、销售、消费等环节。花钱买健康食品已经成为时尚潮流，营养保健是减轻医保压力国家战略，地方乡村振兴具有独特的地域竞争优势，预制菜产业的发展离不开市州丰富的绿色食物资源，四川乡村振兴的田野是预制菜产业健康发展的物质基础，如市州的土猪、肉牛、肉羊、土鸡、野生菌、中药材等；预制菜产业发展必将反哺农业种养环节，反向引领设置农业种养方案，助力种养结合和循环经济，牵引推进种养功能型高效食物原料供应市场。在加工环节，应推进营养导向型预制菜加工消费，中央厨房尤其注重节能减排和低碳设计，并与预制菜创新技术紧密衔接，如水煮牛肉这道菜品，门店现场只有原辅调料混合工序，没有油脂“煎炸炒”工序，看不到200℃滚油，闻不到油烟。再如腌腊肉品低硝免熏加工新技术、牛羊肉电烤调味新技术，从加工技术上规避了传统烟熏火烤。强调预制菜实现减油、减盐、减糖，解决生产消费不协调、品质营养不平衡、标准需求不衔接等瓶颈难题。当然，营养保健问题目前市场普遍存在信任危机，初期可建立团购诚信机制，抓住成渝地区双城经济圈的国家战略机遇，致力于市州转型升级的农畜产品与大城市对接互信。在预制菜营养保健方面，建议优先研究营养保健与风味质构的矛盾问题，力争较快解决这类行业关键技术瓶颈。

（五）打造品牌场景与云端商超

品牌代表着质量和效益，品牌预制菜代表着预制菜的科技高端、绿色高端、营养高端、市场高端，效益高端，代表着菜品色香味形的高品质。品牌打造需要实力与场景的展示，致力于四川省乡村振兴与成渝地区的对接，品牌关键是要有实力和形象，注重产品开发、市场营销的有机融合，政府主导、企业主体、多角度立体品牌打造，如预制菜安全品牌打造，展示油炸废油处理与管理机制、无过期产品售卖管理等，预制菜科技品牌打造，展示高端技术、非遗人才、科技获奖、政府荣誉等要素；在生产各个环节、营销各个环节，开展立体宣传造势活动。场景是消费者体验平台，包括预制菜生产场景、食材场景、门店场景等等，档次要高，场面要大，底气要足，由此消费者决定是否掏钱购买；预制菜品牌打造与连锁布点要提速，优先支持川菜老字号申报非遗、科普基地等，强力支持集群企业创建中国驰名商标、中国名牌、国家级龙头企业、科技创新型企业，实现农商文旅的全产业链融合发展。互联网大数据深度融合，实体助力品牌场景体验，云端商超展示绿色有机预制菜康养产业相关视频，将激发巨大购买市场，立足“品种、品质、品牌”，提高市场竞争能力，发挥品牌价值优势，凸显优质优价效应。消费者 App 官网下载，浏览云基地、云车间、云商超，强化网络营销，抢占市场先机，采用社区团购、网络对接、定点接头等方式，企业实力提升与品牌提升同步完成。预制菜品牌打造与发展厨房方便产品、外卖方便产品、家庭即食产品、团餐方便产品、餐厅定制产品、集团定制产品结合起来，线上下单，线下配送，网上下单，门店提货，快速提高预制菜的产值和效益。

参考文献

刘达玉，王卫，2014. 食品保藏原理与技术［M］. 北京：科学出版社 .

刘达玉，肖龙泉，李云成，等，2019. 羊肉的鉴别方法及其应用现状［J］. 食品工程：1-4，21.

刘达玉，肖龙泉，邹强，等，2019. 南江黄羊产业模式及其面对的问题［J］. 四川农业科技：57-59.

刘达玉，肖龙泉，王卫，等，2020. 新冠疫情下四川肉羊加工业的再认识［J］. 肉类工业：1-4.

刘达玉，肖龙泉，王卫，等，2022. 问题羊肉食品安全事件原因剖析与防控对策研究［J］. 四川农业科技：56-58.

刘达玉，王卫，王建辉，等，2022. 四川肉羊加工产品与技术需求分析［J］. 肉类工业：1-5.

刘达玉，王卫，孙杰，等，2023. 四川肉羊产业加工现状和发展趋势［J］. 肉类研究，37：58-63.

孙杰，2020. 高品质方便羊肉汤锅加工新工艺的研究［J］. 成都大学.

王卫，陈林，白婷，等，2017. 四川羊肉加工产业技术发展研究［J］. 食品与发酵科技，53：74-77.

文永平，刘达玉，杨发龙，等，2022. 四川肉羊加工产业发展模式研究［J］. 肉类工业：7-11.

肖龙泉，刘达玉，张崟，等，2021. 试论羊肉的人为食品安全事件及防治措施［J］. 肉类工业，4：1-4.

杨晶，2014. 不同月龄不同部位羊肉中共轭亚油酸的含量及脂肪酸成分的分析［D］. 呼和浩特：内蒙古农业大学.

四川羊场环境控制与粪污资源化研究报告

邱时秀[1]　许祯莹[1]　卿　静[2]　李卓昭[3]　张　军[4]
杨全德[5]　舒　刚[6]　杜成松[7]　李　江[8]　王晨轩[1]　孙　梦[1]

（1. 成都市农林科学院，四川成都 611130；2. 金堂县农业农村局，四川金堂 610400；3. 南充市农业科学院，四川南充 637000；4. 自贡市乡村振兴发展服务中心，四川自贡 643000；5. 绵阳市畜牧站，四川绵阳 621000；6. 乐至县农业农村局，四川乐至 641500；7. 剑阁县农业农村局，四川剑阁 628300；8. 盐边县农业农村局，四川盐边 617100）

摘　要：随着肉羊养殖产业集约化、规模化程度提高，养殖密度增大带来的疫病防控的压力也大幅提高，环境条件成为影响肉羊健康和生产效率的重要因素，也成为充分发挥肉羊生产潜能的制约条件。本报告主要从调查、归纳、分析四川肉羊不同规模养殖场及场内环境控制相关设施设备现状的基础上，对当前产业发展中存在的问题进行深入分析与思考，并提出相应对策建议，对提升羊场的环境控制与粪污资源化能力、加快四川肉羊产业的现代化进程、提升综合生产能力、实现产业振兴具有十分重要而深远的意义。

关键词：肉羊产业；环境控制；粪污资源化；对策建议

我国是羊产品生产、消费和进口大国，羊存栏量、出栏量、羊肉产量均居世界第一位。随着人们生活水平的持续提高，市场对多元化肉品需求也不断增长，羊肉消费逐步由少数民族群体消费为主转向全民性消费、由区域性消费转向全国性消费，羊肉的比重持续上升约占肉类消费量 7%，是食物安全和贯彻大食物观的重要一环。依据农业农村部《“十四五”全国畜牧兽医行业发展规划》要求，推进农牧结合、草畜配套，到 2025 年牛羊肉自给率保持在 85%左右，产量稳定在 500 万 t 左右。2024 年中央一号文件也明确指出，要稳定牛羊肉基础生产能力。因此在国家产业发展政策的导向下，中国肉羊产业发展迅速，肉羊养殖数量和水平不断提高，羊出栏量增速远高于存栏量，肉羊产能整体提高，2023 年其存栏量为 3.22 亿只、出栏量为 3.39 亿只。

按照《全国牛羊肉生产发展规划（2013—2020 年）》，四川省被列为我国西部肉羊生产发展的重点区域，是南方肉羊生产大省，其存、出栏量及羊肉产量常年居南方省份首位，肉羊产业在四川畜牧经济中占有重要地位。为深入贯彻落实习近平总书记系列重要指示精神，四川省先后出台了一系列发展肉羊产业政策和方案，将高质量发展肉羊产业作为推动乡村振兴、增加农牧民收入、满足羊肉消费需求的重要手段，把川牛羊作为“10+3”农业产业体系之一。四川肉羊产业历经多年发展，其饲养方式发生了巨大变化，由长期以来家庭为单位的放牧、散养形式为主，向舍饲化、规模化、商品化养殖方式转变，从而促进肉羊先进生产技术的推广应用，有利于保障羊肉产品质量，提高肉羊养殖综合效益。

随着肉羊产业舍饲化、规模化程度提高，养殖密度增大带来的疫病防控压力也大幅提高，环境因素对动物的影响通常占 20%~30%；恶劣的环境可使羊生产性能下降，增加饲养成本，还可诱发多种疾病，甚至造成羊只死亡。因此，环境条件成为影响肉羊健康和生产效率的重要因素，也成为充分发挥肉羊生产潜能的制约条件。本报告将在调查、归纳、分析四川肉羊不同规模养殖场场内环境控制和粪污资源化相关设施设备现状的基础上，对存在的问题进行分析与思考，并提出相应对策建议，对提升羊场的可持续发展能力、提升肉羊综合生产能力、实现产业振兴、推动四川由肉羊养殖大省向强省转化具有十分重要而深远的意义。

一、四川省肉羊不同养殖规模情况分析

2013 年以来，四川省羊存栏于 2013—2015 年连增 3 年，达到峰值 1 782.28 万只后，受四川省农业产业结构调整等综合因素影响，于 2016—2018 年连降 3 年至 1 462.9万只，2019 年开始小幅回升，2019—2022 年已连续 4 年肉羊存栏保持在 1 500万只以上。随着城市化水平的提高，农村剩余劳动力减少，家庭散养户数减少，加之农业资本投入越来越多，一些先进的肉羊养殖技术和方法得到推广应用，这些都促进肉羊产业向规模化发展。2022 年，全省年出栏 100 只以上的肉羊规模养殖比重从 2020 年的 16.3%，上升到 17.7%。由 2018—2022 年四川省肉羊不同规模

养殖场（户）基本情况（表1、表2）可知，由部分肉羊散养户升级的年出栏100~500只肉羊“家庭农场”小规模养殖模式的比例逐年升高。与粗放式农户散养方式不同，“家庭农场”小规模养殖模式是以农户为主体的小型规模化微观经营体，既有小农经济与集体农场的优势，相对扩大了经营规模，又解决了传统的农业经营小、低、散的问题。

表1　2018—2022年四川省羊不同规模养殖场（户）数变化　（单位：个）

年份	年出栏						
	1~29只	30~99只	100~199只	400~499只	500~999只	1 000~2 999只	3 000只以上
2018	1 648 581	76 271	7 106	2 474	568	107	15
2019	1 508 183	76 716	7 752	2 503	513	90	20
2020	1 508 390	75 261	8 194	2 579	548	104	18
2021	1 491 127	75 499	8 212	2 637	532	108	23
2022	1 474 761	72 586	8 501	2 793	581	121	26

数据来源：根据《中国畜牧业年鉴》（2019—2023）中数据整理。

表2　2018—2022年四川省羊不同规模养殖场（户）占比变化　（单位:%）

年份	年出栏						
	1~29只	30~99只	100~199只	400~499只	500~999只	1 000~2 999只	3 000只以上
2018	95.01	4.40	0.41	0.14	0.03	0.01	0.00
2019	94.51	4.81	0.49	0.16	0.03	0.01	0.00
2020	94.56	4.72	0.51	0.16	0.03	0.01	0.00
2021	94.49	4.78	0.52	0.17	0.03	0.01	0.00
2022	94.57	4.65	0.55	0.18	0.04	0.01	0.00

数据来源：根据《中国畜牧业年鉴》（2019—2023）中数据整理。

二、四川省肉羊养殖环境控制与粪污资源化情况分析

随着四川省羊场规模化程度的增加，饲养密度增大，易造成羊舍内温度、湿度、有毒有害气体浓度过高等问题，不利于肉羊生长，疫病控制困难，会造成巨大

损失。尤其是环境保护压力下，畜禽养殖污染防治的要求不断提高、监督力度加大，羊场粪污资源化利用已成为肉羊产业能否可持续发展的关键因素。为切实了解四川省肉羊养殖环境控制与粪污资源化现状，依据《四川省“十四五”牛羊禽兔蜂饲草饲料业发展推进方案》中的产业布局，成都市农林科学院对 19 个羊产业生产基地县的羊场养殖类型、养殖规模、饲养工艺、羊舍建筑、配套饮水设施等生产环节，以及羊场环境控制和粪污资源化应用等内容进行了调研。

（一）肉羊养殖规模分析

按照四川省羊产业布局优势区域划分，成都平原经济区收集调研资料 51 份，川南经济区收集调研资料 25 份，川东北经济区收集调研资料 42 份，攀西经济区收集调研资料 74 份，川西北经济区 12 份，详见表 3。

表 3　调研羊产业布局优势区域分布情况

羊产业布局优势区域	生产基地县名称	数量
成都平原经济区	金堂县	11
	乐至县	12
	大英县	2
	北川县	11
	盐亭县	15
川南经济区	荣县	10
	富顺县	10
	内江市	5
川东北经济区	剑阁县	15
	嘉陵区	12
	营山县	15
攀西经济区	盐边县	11
	布拖县	3
	会理县	19
	美姑县	11
	宁南县	10
	喜德县	10
	越西县	10
川西北经济区	若尔盖	12
合计		204

从养殖规模上看，年出栏羊300只以上规模羊场的有71家，占比34.80%，其中300~500只规模羊场36家，占比17.65%；500~1 000只的羊场21家，占比10.29%；1 000只以上的羊场14家，占比6.86%。100只以下的羊场58家，占比28.43%，100~300只的羊场75家，占比36.77%，规模以下羊场占比合计65.20%，详见表4。

表4　调查数据规模统计

规模情况	数量	占比（%）
年出栏100只以下	58	28.43
年出栏100~300只场	75	36.77
年出栏300~500只场	36	17.65
年出栏500~1 000只场	21	10.29
年出栏1 000只以上	14	6.86
合计	204	100.00

（二）肉羊养殖环境控制情况分析

1. 圈舍修建

圈舍修建是羊场内环境控制的基础条件。调研发现由于四川省地域广阔，各地自然生态环境条件和经济发展水平差异较大，导致不同地区养殖规模和养殖生产各环节发展水平不均衡。四川省内羊舍建筑及舍内配套设施关键技术参数各不相同，缺乏一致性，会给养殖各生产环节设施设备的使用造成不便。

四川省内羊舍类型以半封闭式羊舍和暖棚羊舍为主，其中暖棚羊舍主要分布在川西北牧区。舍饲规模羊场以彩钢材料建设双坡式、单坡式等半封闭羊舍为主，多数设有运动场，饲喂通道使用水泥地面，配套复合板、竹板等的漏缝地板。漏缝地板可以有效使羊粪尿从地板缝隙漏到下方承接粪便的地面，之后进行人工或机械清粪。运动场一般依据羊舍内围栏大小分成对应的小区域，每个区域对应木栅栏、铁栅栏、钢管等材质围栏。运动场地面以砖砌或沙土为宜，有利于保持干燥和便于排水。小型羊场和家庭农场式羊场设施设备较简陋，羊舍结构多样，建筑材料以砖墙为主，砖铺地面或土质地面。

羊舍屋顶夏季所接收辐射热最多，屋顶内表面与舍内空气对流换热作用较强，舍内垂直温差加剧，易造成局部热应激影响肉羊生产性能。依据调研结果，省内大部分羊舍均未配置屋顶保温层，占比达到 87.75%，部分圈舍屋顶构造时采用导热系数小的材料如岩棉双层彩钢板等进行保温隔热，占比为 12.25%，且随着养殖规模越大，屋顶保温隔热层配置的占比越高（图 1）。

2. 饲喂及饮水

节水养殖、清洁生产技术是在养殖过程的各环节采用新型节水或自动化设施设备，配合科学的饲养管理技术，通过减少、节约或循环利用的方式，以实现水和饲料资源的减量化，降低污染物排放量。

TMR 饲喂是一种清洁生产技术，具有提高增重和饲料转化率、降低饲喂成本、减少饲料浪费、提高劳动生产率、降低管理成本等优势。常用 TMR 饲料搅拌机有卧式饲料搅拌机、立式饲料搅拌机等。目前生产中常用投喂料机械主要是各种类型撒料车，有柴油动力、电池动力三轮或四轮撒料车，以及牵引式 TMR 搅拌车、自走式 TMR 撒料车等。撒料车在生产中使用方便，可降低劳动强度，减少饲料浪费。调研结果显示，采用机械化饲喂的羊场总体占比仅达到 14.22%，羊场饲喂精细化有待提高。

饮水自动化即可保证自由饮水，又可保证水质清洁卫生，做到节约用水。目前羊场生产中自动饮水器械主要有饮水碗和饮水乳头两种。调研发现（图 1）目前一些规模羊场采用了自动饮水器械，以达到节约水资源、减少饲料浪费，降低粪污后续处理量和处理难度的目的。羊场饮水自动化总体占比达到 34.80%，并随着羊场养殖规模增大，占比也随之增加，养殖规模年出栏 1 000 只以上羊场饮水自动化占比达到 92.86%。

3. 环境控制

影响羊生长的环境因素包括羊舍内部的小环境和羊舍所处地域自然形成的大环境，其中舍内小环境是基础，大环境在不同程度上影响羊舍小环境。适宜的羊舍环境是羊健康生长的重要条件，也是提高养殖效益的重要保障。因此做好羊舍环境控制工作，给羊生长、生产创造适宜的环境条件，对于充分发挥肉羊生长、生产潜力，改善提高羊肉产品质量，提高养殖综合效益非常重要。

温、湿度是影响肉羊生产性能的重要因素。在适宜的温、湿度环境中肉羊可充分发挥出最佳生产潜力。四川省规模羊场舍内温湿度调节控制设备配置较少，多以

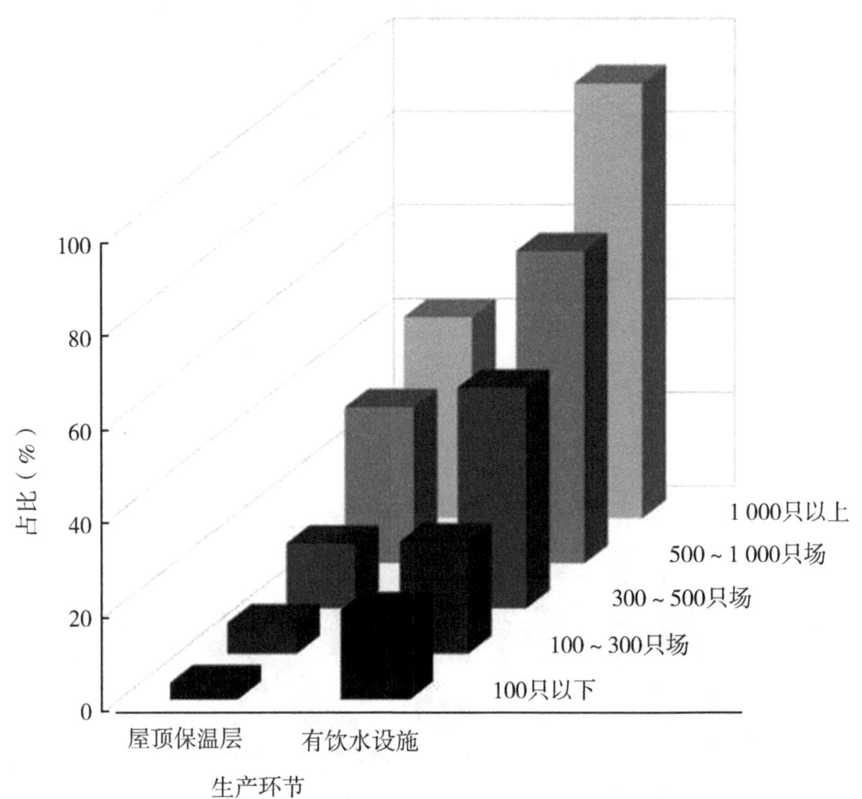

图1　不同规模肉羊养殖场屋顶保温层、自动饮水设施水平

自然气候温、湿度调节为主，如炎热季节开启门窗，通风天窗，开启风扇、风机增加通风力度等以降低舍内温湿度；严寒冬季关闭门窗，减少通风等措施增加舍内温度；冬季产羔舍增添电热暖风机等温、湿度控制设施。由图2可知，大多数羊场采用自然通风无专门通风设施，占比达65.2%；采用无动力风机、排风扇通风的羊场占比为34.8%；设有喷雾或湿帘等专用降温设施的羊场仅占7.84%；设有专用采暖设施的羊场也只有7.84%。随着羊场养殖规模增大，具有通风设施、降温设施、采暖设施的羊场占比也随之增加，养殖规模年出栏1 000只以上羊场占比分别为71.43%、35.71%、21.43%。

除了温湿度外，羊舍内有害气体也会影响肉羊养殖。舍内有害气体主要有氨气、硫化氢、二氧化硫等，浓度高将会影响肉羊生长和生产性能，甚至诱发疾病。现阶段舍内气体检测仪器主要有二氧化碳、氨气、硫化氢、二氧化硫等单一气体或多种气体联合检测仪器。但目前省内绝大多数羊场尚未进行舍内外有害气体定期定时检测工作，极少数羊场羊舍内安装温湿度及有害气体自动检测预警配套装置。依据调研结果（图2），进行有害气体检测的规模羊场比例仅为2.94%，绝大部分羊场不能实现实时收集和分析羊只和环境的数据，为羊场管理者提供预测、决策和建议。

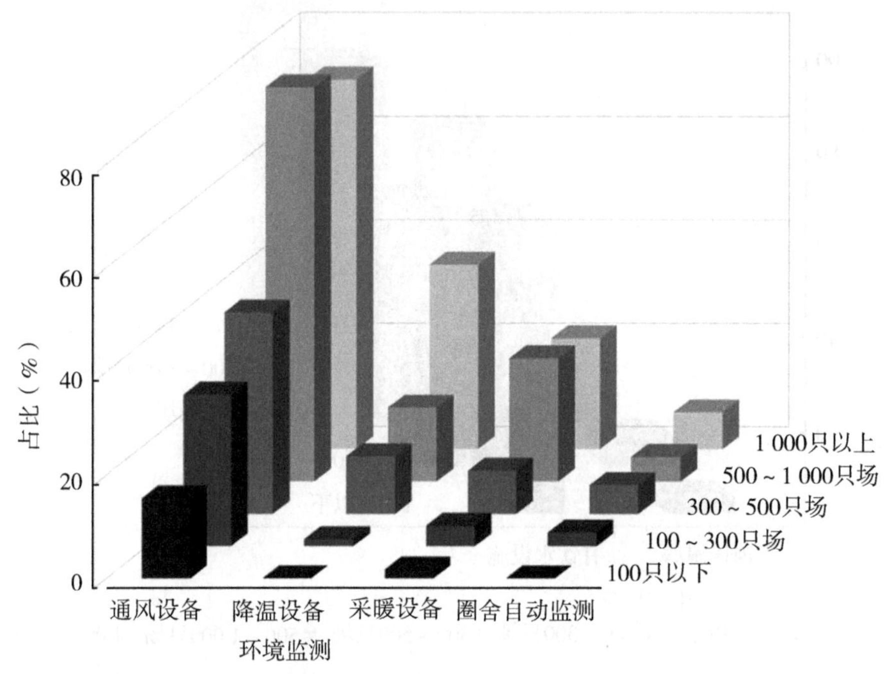

图2　不同规模肉羊养殖场环境控制设施水平

（三）羊场粪污资源化情况分析

1. 肉羊粪污产生量核算

依据《第二次全国污染源普查产排污系数手册》、农办牧〔2018〕1号《畜禽粪污土地承载力测算技术指南》文件，单位肉羊个体每日的粪便、尿液、粪污氮和粪污磷的产排污系数及饲养期见表5。

表5　肉羊粪便、尿液、粪污氮和粪污磷的产排污系数及饲养期

畜禽类别	存出栏	饲养天数（d）	每年产排污系数			
			粪便量［t/（头·年）］	尿液量［m^3/（头·年）］	粪污总氮［kg/（头·年）］	粪污总磷［kg/（头·年）］
肉羊	存栏	365	0.26	0.15	4.43	1.08

根据排污系数及养殖规模计算四川省2018—2021年肉羊养殖产生粪便、尿液、粪污总氮、粪污总磷量见表6。2021年四川省肉羊养殖粪便排放量为393.04万t，尿液排放量为226.75万m^3，即粪污排放量为619.79万t，粪污总氮排放量为6.70万t，相当于14.54万t尿素；粪污总磷排放量为1.63万t，相当于13.58万t过磷酸钙。由此可见，肉羊粪污是一种肥料资源，具有肥效和利用空间。

表6　2018—2021年四川省肉羊粪便、尿液、粪污总氮和粪污总磷产生量

年份	养殖数量（万只）	每年产污量			
		粪便量（万t）	尿液量（万m^3）	粪污总氮（万kg）	粪污总磷（万kg）
2018	1 462.86	380.34	219.43	6 480.48	1 579.89
2019	1 503.91	391.02	225.59	6 662.32	1 624.22
2020	1 524.78	396.44	228.72	6 754.81	1 646.77
2021	1 511.69	393.04	226.75	6 696.77	1 632.62

根据肉羊养殖及其污染源产生情况，核算四川省2021年肉羊养殖污染物产生量，其COD产生量为21.77t，NH_3-N产生量为1.09t。由于肉羊产业发展相对平稳，其养殖污染物的产生量也相对稳定；其次相对生猪、家禽产业而言，肉羊养殖产生的污染物小得多，发展肉羊产业不会造成较多养殖污染物产生量；反而有助于充分利用丰富的农作物秸秆和其他农副产品资源，减少资源浪费，有利于生态环境保护。

2. 羊场粪污收集与处理情况

羊粪的收集和运输是肉羊舍饲养殖过程中的重要环节，及时清粪可有效改善舍内空气环境质量，减少疾病发生，对提高动物福利和促进养羊生产具有积极促进作用。生产上规模化羊场广泛应用漏缝地板，漏缝地板可以有效使羊粪从地板缝隙漏到下方承接粪便的地面，之后进行人工或机械清粪。利用羊粪特性，根据当地地理气候情况，选择合适的粪污收集方式。规模羊场采用机械方式对粪便进行收集和运输，可有效降低劳动强度，提高舍内环境质量。目前肉羊养殖场机械化清粪有刮板式清粪或传送带清粪等方式，可根据清粪需要自定每日清粪次数，主要在高床羊场配套羊用漏缝板使用。清粪转运机械有挖掘机和运输车等。由调研结果显示（图3），清粪机械化总体占比达到8.82%，并且羊场养殖规模越大，清粪机械化占比也越高，如养殖规模1 000只以上羊场清粪机械化占比达到50.00%。规模以下养殖户粪污收集与处理设施设备水平较低，基本无粪污收集与处理设备，主要是人工清粪，无专业粪污还田机械，粪肥用简易三轮车运至自有田地消纳。

粪污处理设施设备主要有有机肥加工设备、沼气池、沉淀池等。羊粪处理目前有两种方式，一是在专用场地把羊粪堆积，经发酵成为有机肥。二是经过机械加工，进行有机肥生产。羊场污水主要通过沼气池处理后，用于周边牧草、蔬菜等大田作物种植。依据调研结果，羊粪进行有机肥加工的羊场仅占比为5.46%，86.76%的羊场配备有污水处理设施。

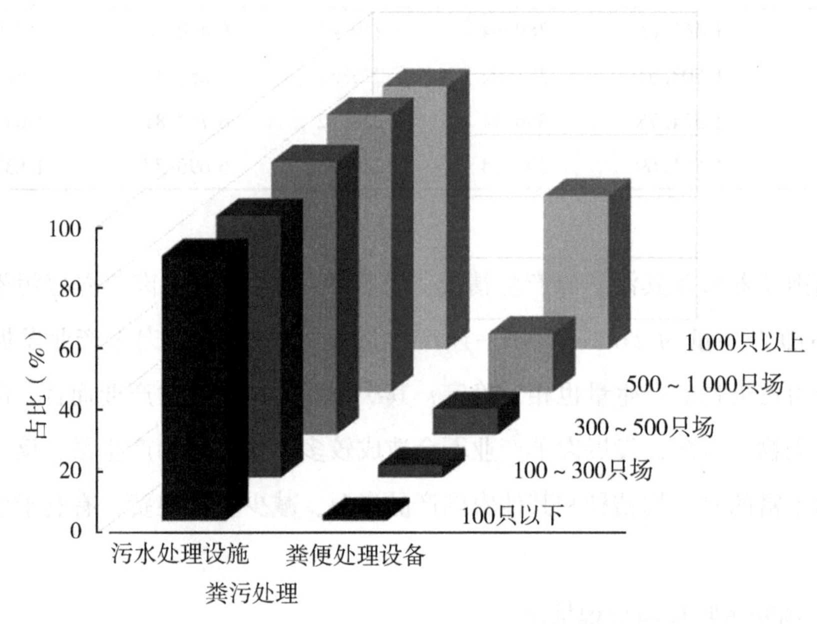

图3 不同规模肉羊养殖场粪污资源化设施水平

3. 羊场粪污资源化利用情况

羊场粪污的资源化利用实际上是实现种养结合循环农业，其利用途径就是肥料和沼液还田。羊场粪便无害化处理后形成的商品有机肥是良好的肥料，在有机肥替代化肥行动等宏观政策的推动下，可进一步促进有机肥的生产应用，不仅可降低化肥施用量，更促进畜禽废弃物的资源化利用。沼液还田是沼气工程所不可缺少的组成部分，目前羊场主要以沼液输送管网输送到田间储液池，在作物施肥季按需浇灌，实现还田消纳。

基于种养结合的本质要求、技术路径、种养平衡理论依据，根据种养结合循环农业的原理和类型，四川省内以肉羊养殖为核心，相应案例为依托，构建形成了形式多样的种养结合循环农业模式，如二元产业复合模式“肉羊—牧草”“肉羊—作物”“肉羊—果树”的，主要采用堆肥发酵和沼气工程技术对粪污进行无害化处理，然后种植牧草，果树等，如图 4 所示；由三个或三个以上的产业链接、整合而成一个结构与功能多元化的农业产业生态复合模式“羊—甜樱桃—牧草”“农（林）—牧—渔”“复合种养+乡村旅游”等，如图 5 所示。

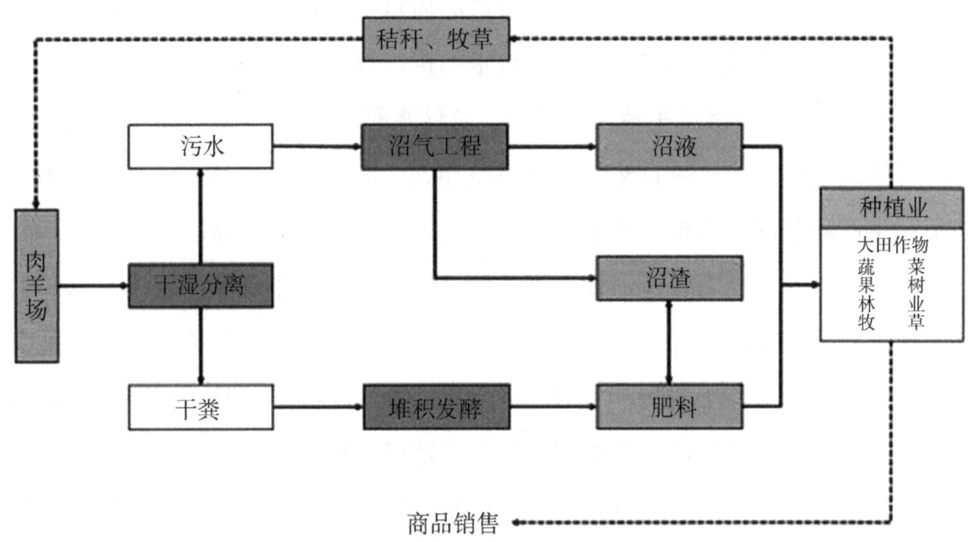

图 4　“肉羊—种植业”二元产业复合模式

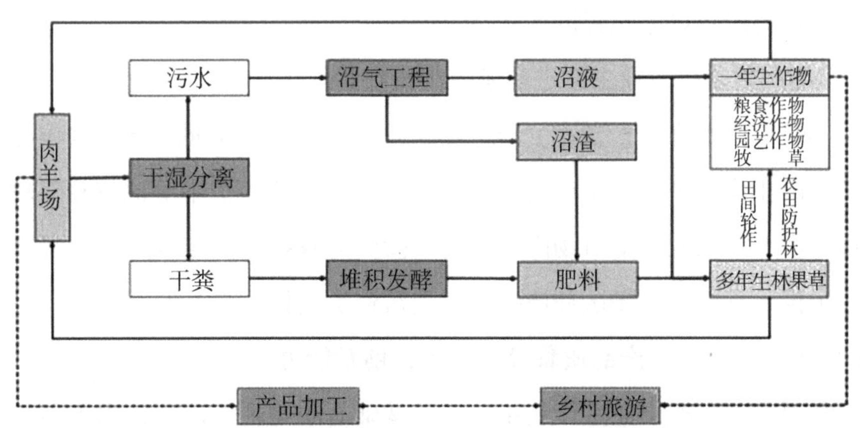

图 5　“肉羊复合种养—乡村旅游—加工”多元产业复合模式

三、四川羊场环境控制与粪污资源化利用存在问题及分析

（一）肉羊养殖规模化程度低，先进技术普及面较小

2022年，四川省年出栏100只以下的肉羊养殖场（户）为154.734 7万个，饲养规模比重占全省82.3%。可见，目前我国肉羊养殖仍然以家庭小规模经营为主，尽管分散饲养形态有其经济与现实合理性，但小规模生产所导致的小生产与大市场的矛盾突出，肉羊产业发展的规模化效益低，抵御市场风险和生产风险的能力低。并且这种生产方式既给羊场环境控制和畜产品质量安全提高带来巨大隐患，也严重影响着羊场智能化管理等先进肉羊生产技术的推广普及。

（二）羊场环境控制水平地区差异大，总体水平不高

四川省地域广阔，区域自然生态环境差异大，造成肉羊养殖不同地域、不同规模、不同生产环节的环境控制水平存在差异较大，总体水平不高。

羊舍设计与舍内配套设施建设，受各地自然生态环境条件和经济发展水平的制约，区域发展不均衡，肉羊标准化生产水平低，差距大。农区肉羊养殖环境配套设施设备总体程度普遍高于牧区。羊舍建筑及舍内配套设施关键技术参数各不相同，缺乏一致性，为养殖各生产环节设施设备配套造成不便。

肉羊养殖各生产环节设施设备水平不均衡。近年来，四川省开展粪污资源化利用整县推进和粮改饲试点工作，饮水、清粪等环节机械化水平远高于通风降温、保暖等环境控制环节。羊场在自动化饮水、粪污收集环节处于半机械化，在羊场智能环境控制和饲料投喂设施化程度不高。

（三）生产效益低，业主改进环境控制设施意愿不强

因母羊平均繁殖率（产羔率）低、生产周期长、出栏率低，导致肉羊生产商品化率不高，产业化水平低，生产效率和效益与猪、家禽、奶牛等比较相对较低，同时肉羊舍饲生产投入大，受市场因素影响，投资与收益不一定成正比，严重影响肉羊养殖业主投入资金改进场区环境控制和粪污资源化设施设备的积极性。

（四）羊场环境调控产品质量参差不齐，创新能力差

由于我国畜牧机械产业生产起步较晚、基础薄弱等现实因素，肉羊养殖设施设备基础研究薄、科技创新能力差。羊场环境调控低端产品供给充足，产品质量参差不齐，中高端产品供给不足或断档，很多成套先进的设备及部件还是依赖国外进

口，关键核心技术研发方面水平较低。如肉羊养殖环境调控、环境预警等信息化智能养殖技术与产品开发方面与发达国家仍存在较大差距，水平还处于起始阶段，还有很多短板和薄弱环节亟待突破。

为满足羊场环境调控产品市场需求，肉羊设备生产厂家只能根据养殖企业不同需要进行设计生产，同时某些产品没有制定行业生产技术标准，缺乏有效监督和指导，从而导致某些羊场环境控制的产品标准化程度低。同时未建立与之配套的维修网络，使得羊场使用过程中出现问题也得不到及时解决，给产品使用和维修带来不便，导致环境控制相关设施设备使用效率不高。

（五）环境控制设施农机补贴政策少，购置意愿不强

部分养殖户对新型设备缺乏了解和认识，对农机购置补贴政策认识不够，在生产过程中，怕投入，怕设备不稳定，不愿引入新设备、新技术，未完全意识到新设备所带来的经济效益，一定程度上影响了肉羊养殖设备的配置。同时补贴目录内有关畜禽养殖机械品种类别较少，一些产品如智能环控设备、肉羊饲喂车等未纳入农机补贴范围，影响了相关产品应用和推广。

（六）环境控制专业人才较少，技术支撑能力薄弱

基层畜牧体系多为畜牧专业人员，缺乏畜牧环境与机械化相关知识，中小规模养殖场户对适合自己养殖规模、环境设施设备了解途径较少。中大型养殖场，掌握养殖工艺和智能化操作技术的复合型人才较少，不能满足肉羊产业自动化和智能化发展的需要，制约了羊场设备普及和水平提升。

（七）粪污资源化利用存在薄弱环节，标准不完善

四川省肉羊养殖粪污无害化处理与种养循环资源化利用基础设施相对薄弱。肉羊产业粪污资源化利用第三方机构很少、覆盖面小，长效机制有待建立。同时，羊粪还田利用的标准不够完善，经常未经过完善的无害化处理就直接还田，草种和寄生虫未被完全杀灭。同时粪肥利用检测环节存在短板，不同种植用途的适宜处理模式、肥料配方、施肥量和方式尚不清楚，丘陵山区小型的还田机械等方面的研发推广指导有待加强。

四、四川羊场环境控制与粪污资源化利用对策建议

（一）建设标准羊场，提高生产效率

改变观念，重视圈舍建筑设计，制定适应当地自然生态、生产和经济条件的羊

场规划和羊舍建设技术规范（标准），以适应不同区域肉羊标准化生产发展需要，推动羊场羊舍规划建设向规范化、标准化方向发展，为后续实施肉羊养殖智能化和数字化奠定基础条件。

1. 改变观念重视设计

改变靠天养羊、粗放饲养的传统观念，不断推进标准化、规模化、精准化饲养模式，使得羊舍设计、建筑结构、材料以及羊栏等设施设备基本技术参数将更加科学合理和标准化。要改变经济效益取向，不能只关注饲养数量，还要关注改善饲养条件，提高每只羊的饲养效益。川西北牧区等寒冷地区需要有相对保温的棚舍，农区湿热则要注意圈舍降低温湿度，给羊较为适宜的生产环境，才能提高羊场和羊群饲养效益。

2. 科学合理布局羊场

重视羊场设计总体规划，选址需符合当地土地利用、环境保护、城镇建设、农牧业发展规划要求，选择地势高燥、背风向阳、排水通风良好，交通、供水供电便利、生物安全条件较好的地方，周围应配套足够的农田或果园等用以消纳粪污。按风向地势合理布局羊场生活管理区、辅助生产区、生产区、隔离区和废弃物无害化处理区等，且各区严格隔离。周围建立围墙、绿化隔离带或防疫沟，场区入口及各功能区之间设置消毒设施。隔离羊舍、无害化处理区设置在下风方向。场区内净污道及雨污排放沟分开设置。

3. 建设标准设施羊舍

羊舍设计与建设趋于简洁化、实用化和标准化。采用新型建筑材料逐步取代砖石等传统材料，应用在羊舍主体结构的建造上，例如金属铝板、钢结构（工字钢、槽钢等）以及隔热材料等；羊舍顶部材料则选用石棉瓦、金属夹芯板（金属面聚苯乙烯夹芯板、金属面岩棉夹芯板等）等。钢架结构配套彩钢保温板设计，由于跨度自由调节，施工期短，美观实用，易维护，造价合理，可广泛应用。钢结构配套PVC涂塑布卷帘的开放型羊舍通风透光好、舍内空气质量优良，符合肉羊健康养殖要求，配以钢结构封闭式产羔舍，可满足不同类型羊群生产所需，适合在攀西和川西北牧区推广。羊舍屋檐的设计要延出墙体30cm以上，窗户位置尽量离地面远离屋檐近，能够有效防止阳光直射入舍内。羊舍的敞开面及窗户部分使用遮阴帘也能够防止直射阳光进入，降低舍内温度。

4. 规范设计舍内设施

肉羊舍内设施建设基本技术参数将更加科学合理，趋于一致，为实施肉羊养殖环境控制创造基础性便利条件。饲喂通道以方便机械化设备利用为宜，单列式羊舍宽度 1.5~1.8m，双列式宽度 1.6~2.5m，其中双列式羊舍可采用道槽合一设计，饲槽沿高于羊床 30~50cm，槽底距羊床高 20cm，可避免羊跪着采食。舍内选用竹、木、钢、复合等材质的漏缝地板，孔径 1.2~1.5cm，配套机械化清粪的刮粪板或传送带，粪沟纵向降坡 1%以上，两壁及底部要求坚实平滑，需做防渗处理。复合材质漏缝板具有抗老化腐烂、易清洗消毒、防滑防夹伤等优点。人工清粪的羊舍地面横向坡度大于 25%，接粪地面水平距羊床 1.2~2m。围栏可采用镀锌管焊接制作。

（二）应用数智科技，赋能产业发展

随着全球新一轮科技革命和产业变革孕育兴起，智能化、信息化、数据化技术发展迅猛，物联网、大数据、云计算等信息技术和智能装备逐步应用到养殖生产环节，产业转型升级步伐加快，用地集约、用工减少、成本下降、安全性提升。与“互联网+”息息相关的智慧肉羊养殖是未来发展的趋势，虽然与生猪、家禽产业差距较大，但作为新质生产力的体现，亟待赋能产业发展和新兴活力。

1. 广泛应用生产辅助机械

目前饲草料加工生产趋向专业化，机械设备技术成熟。粗饲料加工机械主要有铡草机、铡切揉搓机、饲草粉碎机、粉碎揉搓机等，青贮饲料加工机械有裹包青贮机等。特别是牧区需要加大饲草加工机械使用率，提高生产效率。大中型规模羊场利用好 TMR 饲喂装备提高养殖增重和饲料转化率，降低饲喂成本，减少饲料浪费和用工，提高劳动生产率。此外，充分使用自动饲喂器、饮水、生物安全防控设施设备，提高全程养殖效率。

2. 科学使用环境控制设备

充分利用无动力风机、风机等通风换气装置，负压风机水帘降温系统，电热板、暖风机、保温箱等供暖设备，确保羊舍环境舒适度。可设舍内外物联网环境监测节点，监测空气温度、湿度、氨气等指标。相关环境控制设备可对接智慧养羊管理平台，实现环境实时感知、羊只个体监测、环境智能调控、设备远程控制、视频监控、可视化展示等一体管控。

3. 搭建智慧养羊管理平台

数智技术创新在畜牧业中应用有利于推动产业现代化和高质量发展进程，也能够很好的展示产业标准化。借助物联网、云计算、大数据、移动互联网等技术手段，结合肉羊现代生产管理要求，构建肉羊智慧养殖管理平台，覆盖工作平台、办公管理、采购管理、仓储管理、羊场管理、成本核算和基础设置，对接环境监测和智能控制系统、肉羊育种平台、TMR 精准饲喂系统、疫病监测诊断、粪污消纳土地承载力测算系统，助推肉羊养殖专业化、生产标准、经营产业化、销售品牌化、服务社会化，促进“互联网+”跨界融合创新，有利于肉羊养殖提质增效和转型升级。

（三）推广种养循环，牢筑生态本底

以地区的农业生产资源禀赋条件为依托，根据资源环境承载能力，适应市场需求的基础上合理调整肉羊产业布局，统筹考虑现代养殖基地、种植基地和生态循环农业基地建设。以肉羊养殖为中心，把种养结合作为羊场建设的要求，打造种养结合现代化羊场。

1. 合理确定种养结合发展路径

按照土地承载、草畜平衡的原理，提高种养匹配度，因地制宜科学选择工艺。以粮油、水果、蔬菜、牧草为重点推行羊粪就地就近还田利用；在消纳耕地不足的区域，固体粪污以堆沤肥处理为主，液体粪污重点推广沼气发酵、贮存发酵等技术，在非环境敏感区积极引导沼液、沼渣还田利用。鼓励推行节水生产、固体粪污高效好氧堆肥工艺、液体粪污密闭覆盖等减排措施。

2. 加大种养结合模式集成应用

围绕生态循环绿色发展方式、种养循环模式、废弃物综合利用产业业态，按照“以种定养、以养促种、种养结合、循环利用”的原则，大力推行“生态养殖业+高效种植业”养殖模式，提高养殖粪污综合利用水平和粪肥就地还田。鼓励肉羊养殖户按照“资源化、无害化、生态化、个性化”的原则，结合周边粮油、果树、蔬菜、牧草等种植，发展农户种养自循环的家庭微循环模式。

3. 大力推广草畜平衡技术措施

严格落实“以草定畜、草畜平衡”原则，鼓励引导农牧民采取优质饲草“一年两茬”高效复种模式、“舍饲圈养”绿色转型发展模式等，坚持“种养结合、精养少养”原则，提升土地利用率和单位面积饲草产量，提高优质饲草供给能力，推行适度规模化家庭牧场式，加强草原保护修复，从而合理消化超载牲畜数量。同时根据草畜平衡区草原面积和载畜量标准，逐户核算出适宜载畜量，避免草场超载过牧，从而保护草原生态，实现草原资源可持续利用。

（四）多方通力协作，强化保障支撑

1. 加大科技创新研发

加强科技创新攻关，结合四川肉羊环境控制和粪污资源化利用实际，加强肉羊养殖在饲草料生产与加工、TMR 饲喂、饮水、清粪等环节设施化水平，攻克环境控制、粪污资源化利用等环节机械装备研发，标准参数确定，环境因素数值调控，智慧管理平台开发等关键技术，集成环境控制、粪污高效处理等技术并大力推广，巩固和提升肉羊养殖规模化、设施化水平。

2. 加强政策支持保障

政府部门采取引进示范、政策引导、项目资金、融资贷款等手段，在产业扶持资金的基础上，重点向肉羊养殖机械化、设施化、智能化倾斜。同时加大对市场急需肉羊养殖环境控制设施设备研制、试验示范推广项目立项和资金支持力度，增加基础研究和创新能力建设资金投入。加强对养殖机械装备类农机补贴政策制定，重点向生产急需的机械产品倾斜。

3. 加大宣传普及力度

充分利用电视、广播、网络、新兴媒体等媒介，大力宣传肉羊环境控制和粪污资源化利用技术装备、相关法律法规和养殖场建设等有关政策规定，提高社会公众认识，增强意识努力营造良好社会氛围。同时不断探索总结肉羊养殖全程机械化、智能化的环境控制技术路径、机具配套及服务机制，形成一批可复制、可推广的生产模式和技术体系，促进肉羊养殖设施化水平提升。

第四部分

饲草产业专题报告

四川饲草资源保护与利用发展报告

黄琳凯[1]　彭　燕[1]　刘　伟[1]　邓星光[2]　聂　刚[1]　王小珊[1]
（1. 四川农业大学，四川成都 611130；2. 四川大学，四川成都 610200）

摘　要：饲草是草食畜牧业良性发展的重要物质基础，饲草产业是其发展之路上的重要组成部分，在优化农业结构有着举足轻重的作用。四川作为我国重要的畜牧业大省，丰富的草地资源为发展食草家畜创造了得天独厚的条件，但同样也是饲草料缺口大省。本报告主要从四川省饲草资源利用现状、饲草资源种类、分布范围、利用价值、资源评价、新种质创制、饲草新品种选育等方面阐述四川省饲草资源保护与利用发展概况，并提出存在的问题和相关建议。以期为四川省饲草产业高质量发展提供参考。

关键词：饲草；种质资源；保护利用；品种选育

2021 年中央一号文件指出，把解决好种子问题作为保障国家粮食安全的要害来抓，加强农业种质资源保护利用，开展种源核心关键技术攻关，坚决打好种业翻身仗。2023 年中央一号文件提出“树立大食物观，加快构建粮经饲统筹、农林牧渔结合、植物动物微生物并举的多元化食物供给体系”。文件还提出“建设优质节水高产稳产饲草料生产基地，加快苜蓿等草产业发展。大力发展青贮饲料，加快推进秸秆养畜”等重要举措。农业农村部文件也提出启动实施增草节粮行动，充分凸显了国家对发展饲草产业的重视和支持。

饲草作为“大食物观”的重要组成部分，对大食物观下保障肉蛋奶等畜产品供给安全起着重要作用。我国是世界畜牧第一大国和饲草料需求第一大国，构建多元化食物供给体系，需要在保证粮食安全的基础上提高饲草料供给保障水平。饲草是草食动物的主要饲料，其营养价值及利用情况是影响草食畜牧业发展的重要因素。只有发展国内饲草产业，提高优质饲草供给率，才能从根本上缓解饲草供给矛盾，化解粮食安全生产风险，支撑草食畜牧业健康稳定发展。

一、四川饲草资源保护利用现状

（一）四川省草种质资源保护工作现状

四川省气候多样，地形复杂，蕴藏了丰富草地资源，是草地资源丰富的省份之一。1997 年国家设立专项资金用于草种质资源保护工作，四川省作为西南片区牵头单位，在西南各单位密切配合下，初步建立起西南草种质资源保护体系，相关高校、科研院所和推广部门在基础研究、全面收集、有效保存、科学评价和创新利用等方面取得了阶段性成果。2021 年以来，四川省财政厅和四川省农业农村厅设立了饲草种业专项资金，支持四川省饲草种业保护工作。在国家财政和省财政的支持下，已建立了包括 1 个国家牧草种质资源圃，1 个短期保存库，5 个省级饲草种质资源圃，覆盖 21 个市（州）的草种质资源保存利用评价体系。初步统计共保存 12 297 份草种质材料，涉及 54 个科、296 个属、1 000多个种。完成农艺性状评价鉴定3 000 多份，完成 475 份资源材料的抗性鉴定评价。筛选出优异牧草种质材料禾本科 76 份、豆科 26 份、蓼科 7 份等 6 科 26 个属 30 个种 522 份材料，累计分发了 140 多份种质材料。为四川省草种质资源保护工作的科学化、规范化管理奠定了坚实基础。

（二）四川饲草资源的种类、分布范围及利用价值

四川草地总面积 1.45 亿亩，其中天然牧草地 943.49 万 hm^2（1.415 亿亩），栽培牧草地 5.77 万 hm^2，其他草地 19.53 万 hm^2，98.42%的草地资源分布在甘孜、阿坝、凉山三个民族自治州。据统计，四川拥有 10 000 余种高等植物，隶属于 230 科和 1 600 余属，仅次于云南省，居全国第二位。在 20 世纪 80 年代的四川草地调查中，鉴定出草地植物 184 科 1 144 属 3 627 种，具有饲用价值的 800 种左右，饲用价值较高的约 200 余种，以禾本科、豆科及莎草科类为主，是进行天然草地改良和建立人工草地的重要草种资源。此外，菊科、蓼科、百合科及蔷薇科等的部分物种在草地植物群落产量中也占有较大比例，具有一定的饲用价值（表 1）。

表 1 四川省常见饲用植物资源

植物类别	常见种类	主要分布区域
禾本科类	垂穗披碱草（*Elymus nutans*）、老芒麦（*E. sibiricus*）、披碱草（*E. dahuricus*）、草地早熟禾（*Poa pratensis*）、硬质早熟禾（*P. sphondylodes*）、高山早熟禾（*P. alpina*）、羊茅（*Festuca ovina*）、紫羊茅（*F. rubura*）、穗序剪股颖（*Agrostis hugoniana*）、发草（*Deschampsia caespitosa*）、异燕麦（*Helicototrichon schellianum*）、䅟草（*Koeleria macrantha*）、短柄草（*Brchybodium sylvaticum*）、短柄鹅观草（*Roegneria drevipes*）、糙野青茅（*Deyeuxia scabrescens*）等	川西高原、高山区
	鸭茅（*Dactylis glomerata*）、西南野古草（*Arundinella hookeri*）、矛叶荩草（*Arthraxon prionodes*）、白羊草（*Bothriochloa ischaemum*）、华北剪股颖（*A. clavata*）、华雀麦（*Bromus sinensis*）、多节雀麦（*B. plurinodis*）、野青茅（*D. pyramidalis*）、黑穗画眉草（*Eragrostis nigra*）、鹅观草（*E. kamoji*）、白草（*Pennisetum flaccidum*）、小糠草（*A. alba*）、硬杆子草（*Capillipedium assimile*）、云南裂稃草（*Schizachyrium delavayi*）	盆周山区、川西南山地及中山地带
	紫马唐（*Digitaria violascens*）、马唐（*D. sanguinalis*）、十字马唐（*D. cruciata*）、臭根子草（*Bothriochloa bladhii*）、疏花雀麦（*B. remotiflorus*）、狗牙根（*Cynodon dactylon*）、大白茅（*Imperata cylindrica* var. *major*）、光头稗（*Echinochloa colona*）、牛筋草（*Eleusine indica*）、知风草（*E. ferruginea*）、拟金茅（*Eulaliopsis binata*）、芒（*Miscanthus sinensis*）、圆果雀稗（*Paspalum scrobiculatum* var. *orbiculare*）、双穗雀稗（*P. distichum*）、莠竹（*Microstegium vimineum*）、扁穗牛鞭草（*Hemarthria compressa*）、狼尾草（*Pennisetum alopecuroides*）、早熟禾（*P. annua*）、日本看麦娘（*Alopecurus japonicus*）、棒头草（*Polypogon fugax*）、纤毛鹅观草（*E. ciliaris*）、狗尾草（*Setaria viridis*）等	盆地与低山河谷地带
豆科类	斜茎黄芪（*Astragalus laxmannii*）、锡金岩黄芪（*Hedysarum sikkimense*）、青海苜蓿（*Medicago archiducis-nicolai*）、印度草木犀（*Melilotus indicus*）	川西高原、高山区
	紫花苜蓿（*M. sativa*）、白车轴草（*Trifolium repens*）、红车轴草（*T. pratense*）、四川长柄山蚂蟥（*Hylodesmum podocarpum* subsp. *szechuenense*）、锥蚂蝗（*Sunhangia elegans*）、细叶百脉根（*Lotus tenuis*）、截叶铁扫帚（*Lespedeza cuneata*）、苦葛（*Toxicopueraria peduncularis*）、葛（*Pueraria montana* var. *lobata*）、甘葛藤（*P. thomsonii*）、天蓝苜蓿（*Medicago lupulina*）、广布野豌豆（Vicia cracca）、歪头菜（*V. unijuga*）等	盆周山区、川西南山地及中山地带
	紫云英（*A. sinicus*）、瓦子草（*Puhuaea sequax*）、野大豆（*Glycine soja*）、鸡眼草（*Kummerowia striata*）、百脉根（*L. corniculatus*）、野豌豆（*V.* sativa）、救荒野豌豆（*V. sativa*）、四籽野豌豆（*V. tetrasperma*）、小巢菜（*V hirsuta*）等	盆地与低山丘陵区

（续表）

植物类别	常见种类	主要分布区域
莎草科类	四川嵩草（*Kobresia setschwanensis*）、高山嵩草（*K. parvula*）、西藏嵩草（*K. tibetikobresia*）、甘肃嵩草（*K. pseuduncinoides*）、线叶嵩草（*K. capillifolia*）、矮生嵩草（*K. humilis*）、华扁穗草（*Blysmus sinocompressus*）、无脉薹草（Carex enervis）、沙生薹草（*C. praeclara*）、木里薹草（*C. muliensis*）、乌拉草（*C. meyeriana*）、窄果薹草（*C. angustifructus*）、青藏薹草（*C. moorcroftii*）等	川西高原、高山区
	密生薹草（*C. crebra*）、十字薹草（*C. cruciata*）、帚状薹草（*C. praelonga*）、宝兴薹草（*C. moupinensis*）、细梗薹草（*C. teinogyna*）、碎米莎草（*Cyperus iria*）、夏飘拂草（*Fimbristylis aestivalis*）、复序飘拂草（*F. bisumbellata*）等	盆周山区、川西南山地及中山地带
	香附子（*Cyperus rotundus*）、湖北薹草（*Carex henry*）、水蜈蚣（*Kyllinga brevifolia*）、砖子苗（*Mariscus umbellatus*）、球穗扁莎（*Pyereus globosus*）等	盆地与低山河谷地带
杂类草类	乳白香青（*Anaphalis lactea*）、矮火绒草（*Leontopodium nanum*）、长叶火绒草（*L. junpeianum*）、高山紫菀（*Aster alpinus*）、青藏狗娃花（*A. boweri*）、风毛菊（*Saussurea hieracioides*）、蒲公英（*Taraxacum mongolicum*），珠牙蓼（*Bistorta vivipara*）、圆穗蓼（*B. macrophylla*），蕨麻（*Argentina anserina*），太白山葱（*Allium prattii*）等	川西高原、高山区
	野菊（*Chrysanthemum indicum*）、飞蓬（*Erigeron acris*）、苦荬菜（*Ixeris polycephala*）、西南千里光（*Senecio pseudomairei*）、西南蕨麻（*A. lineata*）、泥胡菜（*Hemisteptia lyrata*）、东方草莓（*Fragaria orientalis*）、水芹（*Oenanthe javanica*）等	盆周山区、川西南山地及中山地带
	地果（*Ficus tikoua*）、糯米团（*Gonostegia hirta*）、萹蓄（*Polygonum aviculare*）、水蓼（*Persicaria hydropiper*）、蛇含委陵菜（*Potentilla kleiniana*）、黄鹌菜（*Youngia japonica*）、千里光（*S. scandus*）、一年蓬（*E. annuus*）、蔊菜（*Rorippa indica*）、艾（*Artemisia argyi*）等	盆地与低山河谷地带

四川天然草地饲用植物种类多，草质良好，大多数种类的适口性属中上等。牧草营养价值随物种类别而有差异（表2），大多数豆科牧草的粗蛋白含量超过15%。莎草科牧草的粗蛋白含量仅次于豆科牧草，介于禾草和豆科之间，平均为13.49%。杂类草的粗蛋白含量与莎草科植物相近，一般在10%以上。大多数禾草的粗蛋白含量在10%左右，有的物种为5%~7%。分布在川西高原、高山峡谷地区的禾草的粗蛋白含量一般在10%以上，而分布在四川东部、西南部的丘陵、中山区的种类，其粗蛋白含量相对较低，一般为5%~8%。

川西高原、高山峡谷地区的禾草多为温带禾草，如早熟禾、羊茅、雀麦、披碱草、鹅观草、剪股颖、异燕麦、落草等，其株从中等或偏低，叶量丰富，草质柔软，适口性好，为各类家畜喜食。而四川东部和西南部低山丘陵区的禾草多为热带、亚热带禾草，如芒、野古草、拟金茅、营草等，其茎秆粗硬植株高大，粗纤维含量高，适口性和利用率较低。总体看来，四川禾本科饲草数量多，牧草味甜，易于调制、运输、贮藏，是四川省天然草地的主要牧草。

豆科牧草在天然草地中的种类不及禾本科多，但含丰富的蛋白质、矿物质和维生素，特别是钙质较多，对家畜的生长发育有积极作用。豆科牧草不仅本身营养价值高，而且根系发达，根瘤菌能固定空气中游离氮，可促进土壤结构和肥力的改善，在草地畜牧业发展中有重要作用。

莎草科牧草，特别是嵩草属和薹草属植物具有较高的饲用价值，是川西北高寒草甸和沼泽草地的优势种，其营养成分略高于禾本科饲草。但其味淡，含一定的硅质，利用季节性较强。此外，莎草科牧草一般植株较低，在产量上不易形成优势。因此，总体上不如禾本科和豆科牧草。

杂类草种类数量丰富，包括许多可食牧草，是天然草地的重要组成成分，有的杂类草粗蛋白含量较高，具有一定的饲用价值。

表 2　常见牧草营养成分

草种	生育期	干物质含量	占干物质含量（%）				
			粗蛋白	粗脂肪	粗纤维	粗灰分	无氮浸出物
垂穗披碱草	乳熟期	89.40	10.48	3.46	31.49	5.10	49.31
老芒麦	成熟期	100	7.72	2.15	34.68	5.18	49.91
草地早熟禾	结实期	100	7.9	2.8	25.3	5.7	58.3
紫羊茅	抽穗期	100	5.06	3.39	30.85	7.03	53.04
早熟禾	盛花期	100	12.72	3.82	28.84	8.91	45.38
鸭茅	拔节期	93.31	12.10	3.40	28.10	8.20	48.20
异燕麦	抽穗期	100	10.9	1.9	25.6	10.3	49.63
细弱剪股颖	抽穗期	100	8.23	1.1	18.2	7.6	64.9
疏花雀麦	结实期	100	9.2	2.4	33.9	4.4	50.1
臭草	抽穗期	100	9.27	3.23	31.89	5.03	50.58
野青茅	营养期	100	9.89	2.31	35.26	8.9	43.16

（续表）

草种	生育期	干物质含量	占干物质含量（%）				
			粗蛋白	粗脂肪	粗纤维	粗灰分	无氮浸出物
芒	抽穗期	100	9.28	0.8	37.3	5.1	47.5
草地野豌豆	结实期	100	16.1	1.9	34.3	7.5	40.2
甘肃棘豆	开花期	95.11	14.72	1.37	20.92	6.73	56.26
高山豆	开花期	94.20	13.69	1.27	20.17	17.30	47.56
红豆草	开花期	100	16.7	1.3	31.1	7.4	43.3
黄花苜蓿	开花期	100	15.1	2.2	30.1	7.3	45.3
野豌豆	结荚期	100	18.55	1.95	27.33	5.21	46.88
四川嵩草	结实期	100	13.7	2.4	32.5	5.3	46.1
路边青	开花期	98.96	7.42	1.41	31.93	7.68	51.56
老鹳草	开花期	100	8.71	4.63	26.76	12.19	47.71
毛连菜	莲座期	96.87	8.51	2.17	35.00	9.60	44.71
野菊	开花期	100	12.17	7.79	16.55	8.28	53.56
太白山葱	抽穗期	100	10.42	1.6	37.1	7.6	40.73
苦荬菜	营养期	100	9.84	4.66	22.28	19.69	42.49

（三）饲草种质资源综合评价及新种质创制

“十三五”以来，四川省完成种质资源农艺性状评价鉴定3 000多份，完成475份资源材料的抗性鉴定评价。为四川省草种质资源保护工作的科学化、规范化管理奠定了坚实基础。

1. 饲草资源综合评价进展

（1）重要禾本科饲草资源评价、筛选。鸭茅、黑麦草属种质资源评价四川农业大学收集、保存了世界各地鸭茅种质资源600余份，黑麦草属种质资源700余份。对近400份鸭茅种质的分蘖、开花等产量性状和适应性进行了多年多点田间评价，筛选出16份适应性好且单株表现较优异种质，并对优异种质进行耐热性评价，获得4份耐热性较好的材料。对114份多花黑麦草的株高、茎粗、分蘖数、单株草产量、千粒重、种子产量等19个性状进行多样性分析及综合评价，初步筛选出20份农艺性状优良的材料；同时，对73份多花黑麦草萌发期的耐铅性进行了评价，分别获得铅高耐材料3份、耐受11份、中等耐受35份、敏感24份。此外还对多花黑麦草资源进行了抗旱、抗盐、耐重金属评价，筛选出“绿岛”“邦德”和“特高”

3 个较抗旱品种（系），获得耐盐、耐重金属的 R101-3、R102-3、R103-3 多花黑麦草 3 个杂交材料。同时该单位还对收集到的多年生黑麦草资源，进行了产量、品质、耐热性、抗病性等评价，初步筛选到一批优良材料。

狼尾草属饲草种质资源评价四川农业大学收集、保存了世界范围内的美洲狼尾草资源 1 200余份，象草资源 300 多份，分别构建了包含 400 多份核心种质的美洲狼尾草群体、300 多份核心种质的象草群体，经多年多点田间评价，初步筛选出综合性状优良的美洲狼尾草 26 份、象草 15 份。

高粱属饲草种质资源评价四川省农业科学院对收集的 300 份苏丹草的分蘖、茎粗、株高、产量等农艺性状进行了综合评价，筛选出抗病性较强且产量高的材料 5 份，分蘖力能强且叶量丰富的材料 4 份。同时，从农艺性状优良的材料中进一步筛选出低氢氰酸含量的材料。该单位亦对收集的 30 余份高粱和高丹草种质资源开展综合评价，初步获得农艺性状及产量表现较优的材料 5 份。此外，对 20 份高丹草核心种质进行了重金属镉耐受性评价，并将供试材料划分为高耐镉性、中耐镉型、低耐镉型和镉敏感型 4 类。

披碱草属种质资源评价四川省草原科学研究院收集了世界各地的老芒麦资源 2 000余份，从中筛选出具有代表性的 332 份材料，在红原、布拖开展 34 个性状多年多点田间测定，2022—2023 年测定了 30 余万条数据。并基于 SNP 分子标记进行遗传多样性评价。该单位还对来自青藏高原的 18 份野生短芒披碱草的农艺性状进行了田间评价，初步筛选到综合性状表现较好的 6 份材料。此外，还对部分老芒麦、垂穗披碱草的抗旱性进行了评价。

燕麦种质资源评价原四川省畜牧科学研究院从国家资源库以及省外引进收集了 200 余份燕麦（包括皮燕麦、裸燕麦等）种质，并开展了物候期、抗倒伏性、抗病虫害等的综合评价，筛选出 12 个具有不同优良特性的燕麦材料。

（2）重要豆科饲草资源评价、筛选。白车轴草种质资源评价：四川农业大学收集、保存了世界各地白车轴草种质资源 800 余份，对 400 余份核心种质的 15 个重要农艺性状进行了多年多点的观测，获得了近 10 万个数据；同时对 100 多份资源分别进行了抗旱性、耐热性、耐酸铝性及耐低磷胁迫综合评价，筛选出一批抗逆性优良材料。

紫花苜蓿种质资源评价：近年来，四川农业大学评价了从国外引进的 30 多个紫花苜蓿品种，重点观测它们的产量、适应性、耐酸铝性，初步筛选出了产量高、适应性好的优良品种2个，先后进入国家区域试验。

红豆草诱变材料生产性能评价：四川省草原科学研究院以“甘肃”红豆草和“奇台”红豆草两个品种为材料，进行EMS诱变，经鉴定后共获得412份突变体材料，并对其中的61份材料进行了生产性能评价，初步筛选出田间表现优良材料2份。

2. 饲草新种质创制研究进展

（1）采用杂交、回交等方法创制禾本科饲草新种质。包括鸭茅新种质创制、多花黑麦草新种质创制、狼尾草属饲草新种质创制、披碱草属饲草新种质创制、饲用燕麦新种质创制、玉米种内杂交等。

鸭茅新种质创制：在对鸭茅种质资源进行农艺性状综合评价的基础上，以株高、产量、抗性、生长速度、成熟期等性状存在显著差异的优异鸭茅种质为亲本，开展品种间、品种与近缘种、野生种与栽培种、四倍体与二倍体间杂交，经对杂交后代的不断筛选和鉴定，获得宝兴×楷模、宝兴×滇北、宝兴×02-116、滇北×楷模、滇北×02-116等多个杂交组合，得到生产性能表现较为突出的优异遗传育种新材料6个，正在西南区进行联合选种育种研究。

多花黑麦草新种质创制：以“长江2号”多花黑麦草为骨干亲本与国内主推品种开展杂交、回交，获得62份杂种后代新材料，经评价、筛选，其中5个杂交组合混合选择后代表现较优，A类为高秆宽叶型，B类为高秆多分蘖型；与此同时，还利用航天辐射诱变、自然突变等手段创制多花黑麦草新材料，目前共创制新种质2 000余份。

狼尾草属饲草新种质创制：在对美洲狼尾草农艺性状综合评价基础上，筛选出高产、早熟、分蘖多的优异亲本材料进行杂交育种，已获得CN018美洲狼尾草新品系1个；选择多个高产、抗寒象草为亲本进行杂交，现已获得优良杂交组合6个，杂交后代6 000多个，筛选出CN010象草新品系1个。

披碱草属饲草新种质创制：对青藏高原重要牧草资源披碱草属物种开展了远缘杂交研究，成功获得近12个组合的杂种 F_1 后代。对 F_1 代132份新种质材料的株高、旗叶长宽、花序长、小穗长等34个数量性状及花序形状、叶片质地等30个质量性状进行观测，对其单株产量、茎叶比等重要农艺性状进行评价，以期筛选出具有优良农艺性状的新材料。

饲用燕麦新种质创制：在饲用燕麦综合评价的基础上，筛选出株高、叶量、抗倒伏、生育期、营养品质等性状表现突出的 10 余个品种和种质作为骨干亲本，开展杂交新种质资源的创制和选育，2023 年度共配置早、晚熟生育期，高、矮秆株型组合等类型杂交组合 5 个。

玉米种内杂交：在四川温江、崇州、松潘、三亚乐东县、云南西双版纳开展抗寒玉米选育工作，收集试验材料 100 余份，开展田间鉴定和种内杂交，创制新材料 20 余份。

（2）玉米—大刍草—摩擦禾多倍体育种材料的合成创制。四倍体玉米 V182（基因组：MMMM，染色体构成：2n = 4x = 40M）与四倍体指状摩擦禾 TP209（TTTT，2n = 4x = 72T）经杂交与胚拯救获得玉米—摩擦禾异源四倍体 H278（MMTT，2n = 56 = 20M+36T）。H278 不正常减数分裂产生的 2n 雌配子（n = 20M+34T）与四倍体多年生大刍草 9475（PPPP，2n = 4x = 40P）正常减数分裂的雄配子（n = 20P）结合，创制合成异源六倍体 MTP74（2n = 74 = 20M+34T+20P）。MTP74 雌性部分可育，与 9475 杂交合成了异源八倍体 MTP94、异源五倍体 MTP58（2n = 58 = 12M+17T+29P），以 9475 为父本与 MTP94 杂交合成异源 MTP67（2n = 67 = 11M+16T+40P）。以 9475 为父本分别与 MTP74、MTP94、MTP58 以及 MTP67 杂交合成 pop79 群体、pop99 群体、pop59 群体和 pop69 群体共 277 份不同基因组剂量饲草玉米育种材料。

（3）采用辐射诱变创制饲草新种质，包括牛鞭草新种质创制、狼尾草属新材料创制、苏丹草种质资源创制等。

牛鞭草新种质创制：以“雅安”扁穗牛鞭草和草坪型“H055”扁穗牛鞭草为材料，用不同剂量 $^{60}Co-\gamma$ 射线分别照射种茎，筛选到“雅安”适宜诱变剂量为 80～100Gy，“H055”适宜诱变剂量为 70～90 Gy；获得 75%叶片变小、株高变矮、茎变细的草坪型“H055”扁穗牛鞭草优异种质和 10%植株变高的牧草型“雅安”扁穗牛鞭草突变体。

狼尾草属新材料创制：使用不同剂量 $^{60}Co-\gamma$ 射线对狼尾草属材料种茎进行辐射，随后对成熟突变体植株进行形态学测定，并利用 SSR 标记检测诱变系与对照植株分子水平上的差异，发现 30Gy 剂量的诱变效率最高，并创制了 CN004 象草新材料。

苏丹草种质资源创制：利用 $^{60}Co-\gamma$ 射线和航天搭载分别对“川苏 1 号”苏丹

草进行种质资源创制，在四川和海南加代选育，目前进行到了 M_3 代，获得有益变异植株 30 余株，进行下一代选育。

此外，针对扁穗雀麦、籽粒苋、燕麦、菊苣、苦荬菜等饲草的辐射诱变工作亦取得阶段性进展。

（4）重要豆科饲草新种质创制，包括白三叶新种质创制、多叶紫花苜蓿种质创制、红豆草新种质创制等。

白三叶新种质创制：选用晚熟、大叶和早熟、小叶、匍匐性强亲本共六对亲本进行杂交，创制 F_1 代群体，对重要农艺性状进行 QTL 定位、为后期分子育种、性状遗传解析中奠定基础。

多叶紫花苜蓿种质创制：通过杂交、选择，创制了一批多叶性状突出且遗传性状稳定的优异材料，经连续 5 代选择，选育出 SAG-Ma08-1、SAG-Ma08 和 SAG-Va08 优良品系 3 个，其中 SAG-Ma08-1 进入国家草品种区域试验，定名为川草 7 号紫花苜蓿，并于 2023 年申报了四川省草品种审定委员会审定。

红豆草新种质创制：以“甘肃”红豆草和“奇台”红豆草两品种为供试材料，开展 EMS 诱变工作，目前已完成了红豆草 EMS 诱变表型观察、变异分析和分子鉴定，建立了红豆草 EMS 诱变的适宜条件，获得 412 份 EMS 诱变红豆草突变体材料。

（四）饲草新品种选育情况

1. 我国草品种审定工作现状

我国草品种审定起步比较晚，在很多方面都借鉴了国际上一些先进的审定技术和手段。国产草种是草产业发展的物质基础，是国家生态文明建设、美丽中国建设战略实施的基本保障。我国育成草种新品种数量少、质量不高，育种技术落后，“无草可用”是目前草产业、农牧业发展的主要瓶颈。为在短期内突破发展瓶颈，在初期我国对引进品种还比较热衷。但随着品种所有权意识的加深，现在着力于育成品种的选育工作。从选育技术来看，还是以传统的杂交育种、野生驯化等为主，缺乏突破；从数量上看，我国自 1987 年开始进行草类植物新品种审定工作，截至 2024 年共审定登记 737 个新品种（包含国家林草局审定品种 52 个），年均育成 19.4 个。美国从 1993 年至 2021 年育成品种 3 234 个，年均育成 111.8 个，是同期我国育成品种的 6.5 倍。从质量上看，我国育成草品种同质化严重，抗逆性不强。缺乏优良品性突出、竞争优势强的好品种，更缺乏类似超级小麦、杂交水稻等具有世界级水平的优良草种。

2. 四川省饲草品种审定情况

2015 年四川省成立了第一届四川省草品种审定委员会，2021 年成立了第二届四川省草品种审定委员会，2024 年 4 月，四川省草品种审定委员会经调整，共设置了饲草专业委员会、生态修复草专业委员会等 4 个专业委员会（表 3，表 4）。

表 3　1987—2024 年全国草品种审定委员会品种审定情况（四川省）

年份	品种名称	审定类型	申报单位
1987	“重高”扁穗牛鞭草	野生栽培品种	四川农业大学
	“广益”扁穗牛鞭草	野生栽培品种	四川农业大学
1988	“阿伯德”多花黑麦草	引进品种	四川省草原研究所
1990	“川草 1 号”老芒麦	育成品种	四川省草原研究所
1991	“涪陵”十字马唐	地方品种	四川省武隆县畜牧局
	“勒普”多花黑麦草	引进品种	四川省畜牧兽医研究所
	“斯特泼”大麦	引进品种	四川省古蔺县畜牧局
	“川草 2 号”老芒麦	育成品种	四川省草原研究所
1994	“古蔺”鸭茅	野生栽培品种	四川省古蔺县畜牧局
	“巫溪”红三叶草	地方品种	中国科学院自然资源综合考察委员会、四川省草原工作总站、四川省巫溪县畜牧局
1995	“凉山”光叶紫花苕	地方品种	四川省凉山州草原工作站
1997	“川引拉丁诺”白车轴草	引进品种	四川雅安地区畜牧局、四川农业大学
1999	“宝兴”鸭茅	野生栽培品种	四川农业大学
2003	“川东”鸭茅	野生栽培品种	四川长江草业研究中心、四川省草原工作总站、四川省达州市饲草饲料站
	“长江 1 号”苇状羊茅（牛尾草）	育成品种	四川长江草业研究中心、四川省草原工作总站、四川省阳平种牛场
2004	“长江 2 号”多花黑麦草	育成品种	四川农业大学、四川长江草业研究中心
	“杰威”多花黑麦草	引进品种	四川省金种燎原种业科技有限责任公司
2005	“康巴”垂穗披碱草	野生栽培品种	四川省草原工作总站、四川省金种燎原种业科技有限责任公司、甘孜藏族自治州草原工作站
	“安巴”鸭茅	引进品种	四川省金种燎原种业科技有限责任公司、四川省草原工作总站
	“黔草 1 号”高羊茅	育成品种	贵州省草业研究所、贵州阳光草业科技有限责任公司、四川农业大学

（续表）

年份	品种名称	审定类型	申报单位
2007	“川草引3号”虉草（草芦）	引进品种	四川省草原科学研究院、四川省川草生态草业科技开发有限责任公司
	“将军”菊苣	引进品种	四川省畜牧科学研究院、百绿国际草业（北京）有限公司
	“川南”狗牙根	野生栽培品种	四川农业大学、四川省燎原草业科技有限责任公司
	“维加斯”高羊茅	引进品种	四川省草原科学研究院、百绿国际草业（北京）有限公司
2009	“玉草1号”杂交大刍草	育成品种	四川农业大学
	“黔南”扁穗雀麦	野生栽培	贵州省草业研究所、四川农业大学
	“雅安”扁穗牛鞭草	野生栽培品种	四川农业大学、重庆市畜牧科学院
	“阿坝”硬秆仲彬草	野生栽培品种	四川省草原科学研究院、川草生态草业科技开发有限责任公司
	“凯力”多年生黑麦草	引进品种	四川省金种燎原种业科技有限责任公司、西昌市畜牧局
	“凉山”芜菁（又名圆根）	地方品种	凉山彝族自治州畜牧兽医科学研究所、四川省金种燎原种业科技有限责任公司、西昌绿源农业科技有限责任公司
2010	“尼普顿”多年生黑麦草	引进品种	贵州省草业研究所、贵州省饲草饲料工作站、四川省金种燎原种业科技有限责任公司
	“阿坝”老芒麦	野生栽培品种	四川省阿坝大草原草业科技有限责任公司、四川省金种燎原种业科技有限责任公司、阿坝藏族羌族自治州草原工作站
	“阿坝”燕麦	地方品种	四川省草原科学研究院、四川省红原县畜牧兽医局
	“水城”高羊茅	野生栽培品种	贵州省草业研究所、贵州阳光草业科技有限公司、四川农业大学
	“阿坝”垂穗披碱草	野生栽培品种	四川省草原科学研究院
	“欧歌”菊苣	引进品种	四川省金种燎原种业科技有限责任公司、四川省川草生态草业科技开发有限责任公司、重庆格莱特牧业发展有限公司
	“润高”扁豆	引进品种	四川农业大学、百绿国际草业（北京）有限公司
2013	“泰特Ⅱ”杂交黑麦草	引进品种	四川省金种燎原种业科技有限责任公司、凉山彝族自治州畜牧兽医科学研究所、四川农业大学
	“都柳江”马蹄金	野生栽培品种	四川农业大学、贵州省草业研究所、温江区天府草坪园艺场

（续表）

年份	品种名称	审定类型	申报单位
2014	“滇北”鸭茅	野生栽培品种	四川农业大学、云南省草地动物科学研究院
2015	“川北”箭筈豌豆	地方品种	四川省农业科学院土壤肥料研究所、四川农业大学、四川省金种燎原种业科技有限责任公司
	“剑宝”多花黑麦草	引进品种	四川省畜牧科学研究院、百绿（天津）国际草业有限公司
	“图兰朵”多年生黑麦草	引进品种	凉山彝族自治州畜牧兽医研究所、四川省金种燎原种业科技有限责任公司
	“川中”鹅观草	野生栽培品种	四川农业大学小麦研究所、西南大学荣昌校区
	“康巴”变绿异燕麦	野生栽培品种	四川省草原工作总站、甘孜藏族自治州草原工作站、四川省金种燎原种业科技有限责任公司
2016	“川农 1 号”多花黑麦草	育成品种	四川农业大学/四川金种燎原种业科技有限责任公司/贵州省草业研究所
	“阿鲁巴”鸭茅	引进品种	四川农业大学/西南大学/四川省金种燎原种业科技有限责任公司
	“川西”庭菖蒲	野生栽培品种	四川省草原工作总站
2017	“升钟”紫云英	地方品种	四川省农业科学院土壤肥料研究所、四川省农业科学院
	“劳发”羊茅黑麦草	引进品种	四川农业大学、四川省林丰园林建设工程有限公司
	“康北”垂穗披碱草	野生栽培品种	四川农业大学、西南民族大学、甘孜藏族自治州畜牧业科学研究所、四川省林丰园林建设工程有限公司
	“川西”狗牙根	野生栽培品种	四川农业大学、成都时代创绿园艺有限公司
	“川引”鹅观草	野生栽培品种	四川农业大学
	“川西”猫尾草	野生栽培品种	四川省草原工作总站、甘孜藏族自治州草原工作站
2018	“蜀草 1 号”高粱—苏丹草杂交种	育成品种	四川省农业科学院土壤肥料研究所/四川省农业科学院水稻高粱研究所
	“川选 1 号”苦麦菜	育成品种	四川农业大学/四川省畜牧科学研究院/贵州省草业研究所
	“丰瑞德”红三叶草	引进品种	四川省农业科学院土壤肥料研究所/百绿（天津）国际草业有限公司
	“特沃”苇状羊茅	引进品种	云南省草山饲料工作站/四川农业大学/云南农业大学

（续表）

年份	品种名称	审定类型	申报单位
2019	“川西”肃草	野生驯化品种	四川农业大学/四川省草原科学研究院
	“川西”短芒披碱草	野生驯化品种	四川省草原科学研究院
	“英迪米特”燕麦	引进品种	四川农业大学/北京猛犸种业有限公司/西南民族大学/四川省草业技术研究推广中心
	“都脉”苇状羊茅	引进品种	四川农业大学
	“玉草5号”玉米—摩擦禾—大刍草杂交种	育成品种	四川农业大学
	“攀西”蓝花子	地方品种	四川省草业技术研究推广中心/四川省农业科学院土壤肥料研究所/凉山州畜牧兽医科学研究所/会理县农业农村局
2020	“苏特”燕麦	引进品种	四川省草原科学研究院/四川农业大学/北京正道农业股份有限公司
	“川西”扁穗雀麦	野生驯化品种	四川农业大学/四川省草原科学研究院
	“安第斯”多花黑麦草	引进品种	四川农业大学
2021	“渝东”鸭茅	野生驯化品种	四川农业大学/西南大学
2022	“舒克”白车轴草	引进品种	四川农业大学/四川省草原科学研究院/北京猛犸种业有限公司
	“川苏1号”苏丹草	育成品种	四川省农业科学院农业资源与环境研究所
	“蜀草4号”高粱—苏丹草杂交种	育成品种	四川省农业科学院农业资源与环境研究所
	“川中”牛鞭草	野生驯化品种	四川农业大学
2023	“川苏2号”苏丹草	育成品种	四川省农业科学院农业资源与环境研究所
	“天府”狗牙根	野生栽培品种	四川省草业技术研究推广中心
	“川畜1号”苦荬菜	育成品种	四川省畜牧科学研究院/四川农业大学
	“民大1号”老芒麦	育成品种	西南民族大学/青海省畜牧兽医科学院/青海大学
2024	“卡利斯托”红三叶草	引进品种	四川农业大学、四川省林业和草原发展研究中心、重庆市畜牧科学院
	“安格斯特”多花黑麦草	引进品种	四川农业大学
	“川农4号”多花黑麦草	育成品种	四川农业大学
	“川饲1号”多花黑麦草	育成品种	四川农业大学
	“川育1号”象草	育成品种	四川农业大学、四川省畜牧科学研究院、四川省草业技术研究推广中心

（续表）

年份	品种名称	审定类型	申报单位
2024	“富龙”燕麦	引进品种	西南民族大学、北京正道农业股份有限公司、云南省草地动物科学研究院
	“海威”燕麦	引进品种	克劳沃（北京）生态科技有限公司、西南科技大学
	“藏北”中华羊茅	野生驯化品种	西南民族大学、青海省畜牧兽医科学院、青海省三江集团有限责任公司

注：数据来源于全国畜牧总站。

表 4　2020—2024 年国家林草局草品种审定委员会品种审定情况（四川省）

年份	品种名称	审定类型	申报单位
2020	“雅江”老芒麦	野生驯化品种	四川农业大学、四川省草原科学研究院、西南民族大学
	“麦洼”老芒麦	野生驯化品种	四川省草原科学研究院
	“康南”垂穗披碱草	野生驯化品种	西南民族大学、四川农业大学
	“克朗德”白车轴草	引进品种	四川省草业技术研究推广中心、西南民族大学、凉山彝族自治州畜牧站、四川农业大学
	“百诺达”多年生黑麦草	引进品种	四川农业大学、百绿（天津）国际草业有限公司
2021	“武陵”假俭草	野生驯化品种	四川省草原科学研究院、四川农业大学、江苏农林职业技术学院、贵州大学
	“小哨”马蹄金	野生驯化品种	四川农业大学、云南农业大学、成都时代创绿园艺有限公司
	“川西”斑茅	野生驯化品种	四川省草原科学研究院、贵州省草业研究所
	“梦龙”燕麦	引进品种	四川省草原科学研究院、北京百斯特草业有限公司
	“福瑞至”燕麦	引进品种	四川农业大学、四川省草原科学研究院、北京正道农业股份有限公司、山东省畜牧总站
2022	“川西”虉草	野生驯化品种	四川省草原科学研究院、四川农业大学、贵州省草业研究所、四川省草原工作总站
2023	“瑞文德”白车轴草	引进品种	四川农业大学、四川省草原科学研究院、四川省草原工作总站、贵州省草业研究所、甘孜藏族自治州草原工作站
	“迈克斯”多花黑麦草	引进品种	四川农业大学、四川省草原科学研究院、四川省草业技术研究和推广中心、百绿（天津）国际草业有限公司

（续表）

年份	品种名称	审定类型	申报单位
2024	“川草 4 号”虉草	育成品种	四川省草原科学研究院、内蒙古草业技术创新中心有限公司
	“珀修斯”羊茅黑麦草	引进品种	四川农业大学、四川省林业和草原发展研究中心（四川省林业和草原信息中心）、重庆市畜牧科学院

注：数据来源于国家林业和草原局。

1987—2024 年全国草品种审定委员会及国家林业和草原局共审定通过草品种 747 个，其中，四川省共有 99 个品种，占总体的 13.4%。包括育成品种 19 个，地方栽培品种 8 个，野生驯化品种 36 个，引进品种 36 个（图 1）。

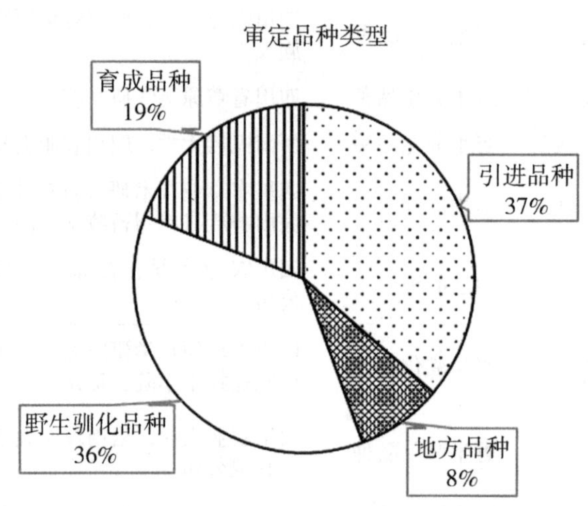

图 1　全国草品种审定委员会审定四川省草品种类型情况

依据 1987 年至 2024 年全国草品种审定委员会审定情况（图 2），2000 年以前全国草品种审定委员会共审定四川省草品种 13 个，2003 年至今（含国家林草局），四川省参与全国草品种审定数量整体呈现逐年攀升趋势。在 2024 年共有 10 个品种被全国草品种审定委员会审定登记，达到历史新高。

2024 年全国有“吉牧 1 号”紫花苜蓿等 29 个新草品种通过全国草品种审定委员会审定登记，其中四川省有“卡利斯托（Callisto）”红三叶草、“安格斯特（Angusta）”多花黑麦草、“川农 4 号”多花黑麦草、“川饲 1 号”多花黑麦草、“富龙（Furlong）”燕麦、“海威（Haywire）”燕麦、“藏北”中华羊茅、“川育 1 号”象草

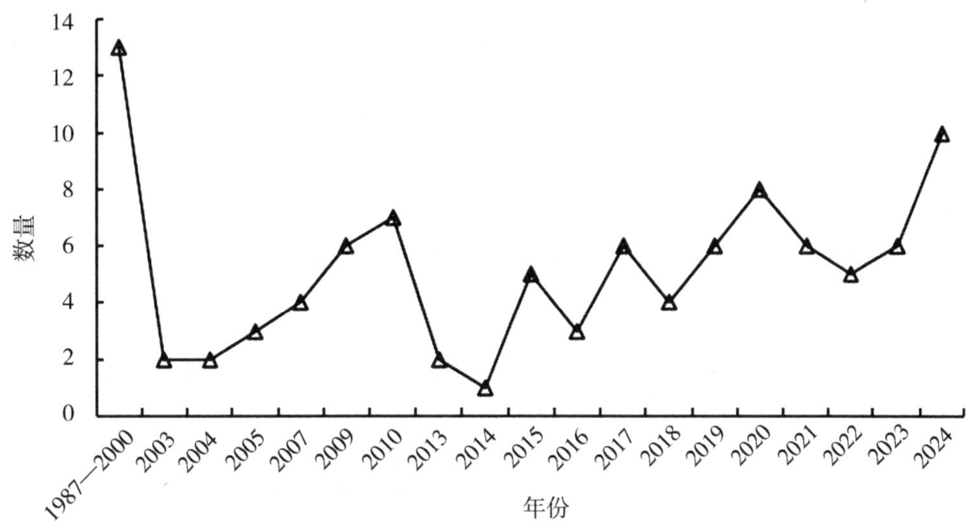

图 2　1987—2024 年全国草品种审定登记情况

等共 8 个新品种通过全国牧草审定委员会审定登记，占登记数量的 27.6%。以及有“东藜 1 号”藜麦等 14 个新草品种通过国家林业和草原局审定登记，其中，四川省有“川草 4 号”虉草和“珀修斯”羊茅黑麦草 2 个新草品种通过登记注册（表 5）。

表 5　2017—2023 年四川省草品种审定委员会和品种审定情况

年份	品种名称	品种类别	申报单位
2017	“玉草 6 号”	育种品种	四川农业大学/四川省草原工作总站/四川省农业科学院
	“川畜 1 号”苦荬菜	育成品种	四川省畜牧科学研究院/四川农业大学
	“川南”金花菜	地方品种	四川省草原科学研究院/北京助尔生物科技研究院
	“蜀草 2 号”高丹草	育成品种	四川省农业科学院土壤肥料研究所/四川省农业科学院水稻高粱研究所
	“梦龙”燕麦	引进品种	四川省草原科学研究院/北京百斯特草业有限公司
	“川西”扁穗雀麦	野生驯化品种	四川农业大学/四川省凉山州畜牧兽医科学研究所/四川省草原科学研究院
	“6010”紫花苜蓿	引进品种	四川省凉山州畜牧兽医科学研究所/北京猛犸种业有限公司/四川农业大学/四川省金种燎原种业科技有限责任公司
	“大拿”鸭茅	引进品种	四川省畜牧科学研究院/百绿（天津）国际草业有限公司

（续表）

年份	品种名称	品种类别	申报单位
2017	“饲油 36”饲用油菜	育成品种	成都大美种业有限责任公司/四川省草原科学研究院/四川省农业科学院作物研究所
	“柯鲁柯”中华羊茅	野生驯化品种	西南民族大学
	“丰牧 88”饲用薏苡	育成品种	四川农业大学/四川省草原科学研究院
2018	“川南”饲用桑	野生驯化品种	成都市农林科学院
	“福瑞至”燕麦	引进品种	四川农业大学/四川省草原科学研究院/北京正道农业股份有限公司
	“苏特”燕麦	引进品种	四川省草原科学研究院/四川农业大学/北京正道生态科技有限公司
	“上吉”白三叶草	引进品种	四川农业大学/北京猛犸种业有限公司
	“玉草 9911”	育种品种	四川农业大学
	“巫山”鸭茅	野生驯化品种	四川农业大学/西南大学动物科学学院
	“凉山”扁穗雀麦	地方品种	凉山州畜牧兽医科学研究所/四川农业大学/四川省草原科学研究院
	“民大 1 号”老芒麦	育种品种	西南民族大学
2021	“科纳”燕麦	引进品种	西南民族大学/北京猛犸种业有限公司/四川省草业技术研究推广中心
	“黑玫克”燕麦	引进品种	四川农业大学动物科技学院
	“川农 1 号”饲草麦	育成品种	四川农业大学小麦研究所
	“川畜 2 号”苦荬菜	育成品种	四川省畜牧科学研究院/四川农业大学
	“蜀草 3 号”高丹草	育成品种	四川省农业科学院土壤肥料研究所
	“玉草 9919”玉米—摩擦禾—大刍草	育成品种	四川农业大学
	“粱草 1 号”高粱	育成品种	四川农业大学/贵州省草地技术试验推广站
	“罗特”白三叶草	引进品种	四川农业大学/北京百斯特草业有限公司/四川省草业技术研究推广中心
	“川草 3 号”狗牙根	育成品种	四川农业大/成都时代创绿园艺有限公司

（续表）

年份	品种名称	品种类别	申报单位
2023	“川草 7 号”紫花苜蓿	育成品种	四川省草原科学研究院/凉山彝族自治州农业科学研究院/凉山州畜牧草业与水产技术推广中心/西南科技大学/西南科大四川天府新区创新研究院
	“玉草 7936”玉米—摩擦禾—大刍草杂交种	育成品种	四川农业大学
	“川育 1 号”象草	育成品种	四川农业大学/四川省畜牧科学研究院/四川省草业技术研究推广中心
	“川西”垂穗披碱草	野生驯化品种	四川省草原科学研究院/四川农业大学/西南科技大学/四川省林业和草原发展研究中心/甘孜藏族自治州草业技术研究推广中心
	“康巴”短芒披碱草	野生驯化品种	四川省草原科学研究院/西南科技大学/四川省草原工作总站/甘孜藏族自治州畜牧业科学研究/西南科大四川天府新区创新研究院
	“阿坝”䔉草	野生驯化品种	四川省草原科学研究院/甘孜州藏族自治州畜牧业科学研究所/成都农业科技职业学院
	“石渠”垂穗披碱草	野生驯化品种	甘孜藏族自治州草原工作站/四川农业大学/石渠县林业和草原局/四川省丰楠生态科技有限责任公司
	“康定”鸭茅	野生驯化品种	甘孜州藏族自治州畜牧业科学研究所/四川农业大学
	“泰森”燕麦	引进品种	四川省草原科学研究院/西南科技大学/北京阳光绿地生态科技有限公司/四川农业大学/凉山彝族自治州农业科学研究院

注：数据来源于四川省农业农村厅、四川省草业技术研究推广中心。

目前，通过四川省审定的饲草育成品种仍以驯化育种和常规育种方法为主，周期长、效率低等问题极大阻碍了四川省饲草新品种选育工作的进展。且饲草的多倍体、杂合体的特性和基因的多效性与连锁性使得具有较大应用价值的新性状的个体通常伴随着其他不良性状，也使得控制目的性状功能基因的挖掘变得困难。而近年来不断发展的基因工程技术弥补了饲草常规育种的缺陷，利用全基因组关联分析可能更适合从饲草中挖掘优异基因资源，将表型水平的突变与基因水平的突变相关联建立突变谱，利用转基因和基因编辑技术可以大大降低或避免不良基因的连锁，简化传统育种流程中的复杂程序，加快饲草新品种选育进程。此外，在饲草育种中通过调节光周期、培养温度和植物激素的使用等方法进行快速育种能够达到每年

3~9代，可大大提高育种效率，但相关技术在饲草育种中报道较少。因此，构建饲草现代高效育种技术体系，突破基因编辑和分子设计育种的瓶颈，才能推动四川省种业顺利进入生物育种时代，为满足我国畜牧业对饲用饲草日益增长的需求提供技术支撑。

二、四川草种质资源利用存在问题

（一）草种质资源利用方面专项经费相对短缺

近年来，国家在草种质资源利用方面的投入不足，面临多重困难。一是资源保存经费不足。优良草品种的推广缺乏专项资金。四川省地形复杂多样，涵盖成都平原、盆周山区以及三州高寒地区，气候多样且呈现明显的立体特点，有“一山分四季，十里不同天”的说法。因此，草品种的示范推广尤为重要。然而，长期以来，四川省始终未设立专门的草品种推广资金，各类示范推广试验多为其他项目的附带工作，示范点数量少、规模小，一些示范点甚至无法完成计划中的2~3年种植周期。尽管如此，这些试验在一定程度上仍推动了优良草品种的推广与应用。然而，目前可用于推广示范的资金和项目极为匮乏，导致一些本应进行示范推广的优良品种无法顺利推广，严重制约了草品种的应用和普及。

（二）资源创制创新动力不足

一是草品种选育手段落后，突破性新品种稀缺。草种企业自主研发能力严重不足，商业化育种进展缓慢，大多数品种仍以野生驯化品种或引进品种为主。二是草种质资源管理不清、保护不足、开发利用率低。现有资源尚未得到充分挖掘用于育种。四川省虽登记选育了99个新品种，但由于草种生产成本高、经济效益低，许多新品种仅停留在成果阶段，无法生产足够的种子进行推广，优良品种的潜在价值未能真正发挥。此外，尽管部分优良品种在示范试验中表现突出，但在需要进行大面积推广时，因种子数量不足，甚至没有可供推广的种子，导致这些品种难以在生产中得到广泛应用。

（三）种子生产能力亟待提升

一是适宜四川省种植的草品种虽多，但突破性、规模化品种较少。尤其在川西北牧区，目前大面积推广应用的品种仅有垂穗披碱草、老芒麦和燕麦，急需能够适应当地气候条件的优质牧草种子。二是草种子生产基地基础设施薄弱，单产水平低，生产效益不佳。种子生产抵御自然灾害的能力较差，且草种子易落粒。三是草种子质量不高、供应不足。适宜川西北牧区种植的老芒麦、披碱草等种子的年产量不足1 000 t，远不能满足需求，供种缺口依然较大。

三、典型案例

（一）四川农业大学饲草资源保护与利用

四川省草地资源丰富，种类众多，地处亚热带湿润气候，生态地理条件复杂多样。四川农业大学饲草种质资源保护与利用团队自 1985 年以来系统收集重要牧草种质资源 13 个属 78 个种 3 000 余份，重点对四川盆周山区、丘陵山区的主要草地饲草种质资源开展了广泛收集，主要包括禾本科、豆科、菊科等，种质资源分布海拔范围100~5 000m，其中国家二级重点保护植物包括金荞麦，无芒披碱草，黑紫披碱草等，合作出版《中国南方牧草志》第一卷和第二卷，建立了我国最大的鸭茅、白车轴草、黑麦草种质资源圃，建立了从遗传多样性、农艺性状、营养品质和抗逆特性的多层次综合评价技术体系，从表型组—蛋白质组—基因组水平评价了鸭茅等西南区重要草种的遗传多样性分布格局，构建遗传基础独特的核心种质。收集主为后续种质资源发掘创新与育种利用、种质资源保护奠定重要基础。在饲草种质资源创新与育种方面成果丰硕，获国家科技进步奖二等奖 1 项，四川省科技进步一等奖 2 项，二等奖 3 项等。针对该区域严重缺乏优良牧草品种的问题，利用挖掘和创制的优良基因资源，采用系统选择、混合选择、杂交等方法成功选育出 20 个适应该区域严酷生境的优质高产牧草新品种，在西南地区的良种覆盖率达 15%以上，对推动西南地区畜牧业发展和生态建设起到了重要作用。

（二）利用资源优势，选育国审牧草新品种“渝东鸭茅”

鸭茅（*Dactylis glomerata* L.），系禾本科鸭茅属多年生疏丛型草本植物，具有草质柔嫩、高产、优质、耐阴且适应性强等特点，在北美已有 200 多年的种植历史，是目前美国大面积栽培的主要牧草之一。此外，在大洋洲的新西兰、澳大利亚和欧洲的英国、法国、意大利等地其亦为重要的牧草资源。我国野生鸭茅主要分布于四川的峨眉、二郎山、邛崃山脉、凉山及岷山山脉，云贵乌蒙山、高黎贡山，新疆天山、伊犁河谷，江西庐山，湖北神农架，散见于大兴安岭等地。近年来，鸭茅在我国的四川、重庆、山西、甘肃、黑龙江、新疆等地广泛栽培应用，尤其在三峡库区中高海拔地区草地改良和草食牲畜养殖基地大量利用，为草地畜牧业和生态环境治理做出了重要贡献。国内外对鸭茅的大量研究表明，鸭茅具有丰富的遗传多样性，不同生态型鸭茅的产量及抗逆性差异较大，而我国野生鸭茅分布区域广泛，生境条件多样，蕴藏着丰富的遗传基因，具有极大的研究价值和应用前景。

四川农业大学自20世纪90年代开始对野生鸭茅种质资源展开调查、收集和研究，并于1999年成功选育了“宝兴”鸭茅。在此基础上，课题组进一步加大了对野生鸭茅收集研究的范围和力度，特别是在野生鸭茅分布的中心区域——西南和西北地区，进行了深入而广泛的收集，获得了不同海拔、不同生境的野生鸭茅近300份，同时展开资源评价与品种选育研究，发现2001年在重庆巫山采集的优异鸭茅野生群体（编号为01472）表现最优，但其部分植株一致性差。因此，以植株高大，分蘖多，成熟早且一致为驯化目标，经过连续5世代混合选择驯化，聚合优良性状基因，最终选育出综合性状表现优良的“渝东”鸭茅新品种。2013—2016年参加国家区域试验，以“川东”“安巴”为对照，在四川新津、贵州贵阳、贵州独山、云南小哨和北京5个试验点开展试验。结果表明，与对照“安巴”相比，“巫山”鸭茅在15个年点中有12个增产，平均增产26.08%。且其草质柔嫩，茎叶比低，适口性好，粗蛋白含量高（达18.3%），牧草品质综合表现较好，适宜于西南温凉湿润地区（海拔700~2 400m最为适宜）及华北地区种植。

四、四川草种质资源利用趋势

在四川，草种质资源的育种利用正逐步向精准化、高效化发展，并呈现出多元化与智能化的趋势。分子标记辅助选择（MAS）作为一种结合分子标记与性状表型的技术，已经在多个草品种育种项目中推广应用，并将在未来继续作为主要育种手段之一，为选育优良草种提供更加科学的支持。随着多组学数据（基因组、转录组、表观组等）的积累和大数据分析的广泛应用，育种单位能够更深入地挖掘草种质资源中的关键性状基因。未来，随着基因编辑技术（如CRISPR/Cas系统）的成熟，草种育种将迎来新的突破。在挖掘到的关键基因基础上，进行基因编辑，能快速培育出具备优异性状的新品种。同时，全基因组选择（Genomic Selection，GS）已成为推动草种业育种变革的核心技术。GS基于全基因组分子标记构建预测模型，从早期阶段即能评估个体的育种价值，有效解决了传统育种中耗时长、成本高的问题。与传统育种相比，GS不仅缩短了育种周期，还提高了育种的效率和准确性，使育种者能够更快速地筛选出优质候选品种。此外，智能化育种平台的建立也将整合育种流程中的数据分析与自动化管理，进一步提升育种效率。这些前沿科技手段不仅加快了新品种的培育进程，还显著提升了选育的精准性，能够满足四川草业在生态修复、畜牧业、草地农业中的多样化需求。特别是在应对气候变化带来的挑战时，精准育种将成为提升生产效益的关键路径，为四川草种质资源的高效利用提供强大支撑，推动草业的可持续发展与创新升级。

五、四川草种质资源利用建议

（一）加大草种质资源的评价和利用研究

在全省范围内对收集保存的草种质资源进行整合，评价。同时在组织发动好科研院所及相关单位专家、技术人员的基础上，进一步发挥各级事业单位的地理优势，在春、夏、秋季野生和地方栽培资源种子成熟时，组织专家，形成专业收集队伍，加大对高产、优质、特殊、珍稀和重点种类及收集空白区的考察收集。对现有的种质资源低温保存库和资源圃进行整理，积极引进形态学、细胞学、分子基因学等新型植物分类学技术体系，准确评价、科学分类草种质资源，建立系统进化树，为四川省优质高产草的选育奠定扎实的种质基础。

（二）增加优质高产新品种引进，完善新品种评价体系

加大对种质资源材料的利用程度，在相关网站定期公开和更新种质资源的收集情况，为需要相关资源的专家和学者提供便利。加强资源材料的合作交流，向需要相关资源材料的科研单位及个人提供草种子或植株，为其基础研究和推广应用奠定基础。根据四川不同区域生态特点和养殖产业发展布局，对具备育种价值的资源材料进行着重培育，加强黑麦草、三叶草、老芒麦、披碱草、狼尾草、鸭茅和苜蓿等新品种的选育和引进工作，侧重选育符合机械化、专业化、规模化生产要求，抗病性、抗虫性、再生性强和多年生草新品种，以试点示范为重要抓手，提升新旧品种替换率。在不同生态型地区建立省级草新品种区域试验站和推广示范基地，积极开展草新品种的DUS测试，完善草新品种评价测试体系，建立省级草品种推广目录制度，为四川省草业和草牧业的发展提供科学有效的数据支撑。

（三）强化草种良繁体系

收集保存草种质资源，建立省级草种质资源库。积极开展抗病性、抗虫性、再生性强、适应各区域生态特点的草新品种的引进和选育。依托现代种业创新工程，加强草种子繁育基地建设，着力扶持一批育种能力强、生产加工技术先进、技术服务到位的草种企业。创新草良种繁育推广模式，加大草新品种的成果转化力度。

（四）加强优异种质资源利用研究

以区位、资源和科技优势为依托，加强草种子繁育基地建设技术指导，加强产学研有机结合，拓宽凿深草良种繁育推广模式，促进四川省形成完整的产、供、销体系。加大四川省草种生产企业的培育力度，促进草种集约化、机械化和标准化生产，加强“川草”品牌建设，提升四川省草种产业在国内外市场竞争力。

参考文献

李新一，尹晓飞，周晓丽，等，2020. 我国饲草产业高质量发展的对策和建议［J］. 草地学报，28（4）：889-894.

杨富裕，2023. 树立“饲草就是粮食”理念，大力发展饲草产业［J］. 草地学报，31（2）：311-313.

张浩，李旭君，龙雪芬，等，2023. 中国西南地区饲草产业与草食畜牧业耦合协调关系——基于对四川、云南、贵州的实地调研［J］. 草业科学，40（7）：1932-1942.

四川草种业发展报告

游明鸿　闫利军　李达旭
（四川省草原科学研究院，四川成都 611731）

摘　要：草种是草业发展的基本生产资料，在退化草原恢复、生态环境保护、高产人工草地建设以及草坪建植等方面提供物质保障。草种业发展是现代草业的关键和基础。四川省是草资源大省，也是草种应用大省，但却是草种业弱省。本报告主要介绍了四川省主推草种、草种生产和经营管理等现状，分析了四川省草种产业发展趋势，以及存的在主要问题与挑战，并根据四川省实际提出了促进草种业发展的对策与建议，为四川省专业化种子生产与经营管理、草种自给能力提升等提供科学决策依据和参考。

关键词：四川；草种业；发展；对策；建议

草种业是草业的“芯片”，属于国家战略性、基础性核心产业，是现代农林产业体系的重要组成部分。草种业健康安全发展，既是改善我国生态建设的基础保障，也是粮食安全战略的重要保障。草种不仅是草业和畜牧业的基础，还是生态文明建设的重要载体，为人工草地建设、退化沙化草地治理、退牧还草、山水林田湖草沙统筹发展等一系列重大工程实施以及城镇景观绿化提供了物质保障。

近年来，党中央、国务院高度重视种业发展，2021 年中央一号文件强调打好种业翻身仗，2022 年和 2023 年中央一号文件均明确提出深入实施种业振兴行动。随着我国持续加大草地生态修复保护力度以及大力发展规模化的现代畜牧业，全面实施城乡人居环境改善，对优质草种的需求量快速增加。《国务院办公厅关于加强草原保护修复的若干意见》和《四川省人民政府办公厅关于加强草原保护修复和草业发展的实施意见》都明确提出大力发展草种业，加强优良草种特别是优质乡土草种选育、扩繁、储备和推广利用，不断提高草种自给率。因此，发展现代草种业，有效破解制约草种业发展的关键核心和瓶颈问题，提升草种业发展水平与供给能力，是切实落实中央及省委指示精神的重要举措，对构建长江黄河上游生态屏障，促进生态高水平保护和经济高质量发展、乡村全面振兴等具有重大意义。

本报告主要介绍了四川省主推草种、草种生产和经营管理等现状；分析了四川省草种产业发展的市场需求、价格波动及竞争格局等；剖析了四川省草种业存在结构不够合理、供给严重不足、繁育规模化专业化程度低、繁育体系不健全、政策和资金扶持力度不足等问题；并建议从构建草种科研创新基地、培育现代种业龙头企业、加快草种繁育基地建设、强化草种管理和制度建设、创新政策和机制等方面进一步补充完善四川省草种产业链的各环节，为四川省专业化种子生产、经营管理提供科学参考和决策依据。

一、四川省草种业现状

草种业是草业发展的根基和关键。四川省作为草资源大省，也是草种应用大省，虽初步建立了较完整的草种产业体系，但受气候、地理条件及相关政策的制约，四川省草种业发展比较滞后，尚未完成从草类植物种质资源大省到草类植物种业强省的转变，种业产能不能满足日益增长的需求。

（一）四川省主推草种

截至2022年底，四川省审定登记草品种146个，其中全国草品种审定委员会登记83个、国家林业和草原局草品种审定委员会登记16个、四川省草品种审定委员会登记47个，涉及8个科37个属53个种，为草产业高质量发展提供坚实的品种基础。

为提高四川省优良草品种使用率，同时加强引导科学选择草品种，2022年四川省林业和草原局印发了《四川省2022年主推草品种目录》，2023年在《四川省2022年主推草品种目录》基础上增加了2022年四川省选育的草品种，补充了目前草原生态修复上应用较好的川草引3号虉草和阿坝硬秆仲彬草，印发了《四川省2023年主推草品种目录》，共涉及7个科31个属41个种65个草品种。要求相关单位严格遵循“因地制宜选择适宜草种”的原则，引导草种生产者、经营者和使用者科学选择适合当地推广的主推草品种，避免盲目使用本生态区域外的草品种；指导各市（州）在编制规划和草原生态保护修复治理等项目实施方案时，推荐使用主推草品种，项目验收时将主推草品种使用情况列为必查内容；指导草品种育种单位围绕国土绿化重大工程建设需要开展品种选育工作。

（二）四川省草种生产现状

草种是草地生态建设和畜牧业发展的基本生产资料。2000年来，四川省政府将草种业纳入农业发展规划，加大了投入力度，四川草种业迎来了新的发展机遇，推动了科技创新和成果转化。特别是2003年以来，在农业主管部门的国家牧草种子基地建设、草牧业项目资金等的支持下，在川西北的红原、阿坝、若尔盖、道孚、甘孜、布拖等县建立了草种良种繁育基地12.3万亩。根据《中国草业统计（2022年）》数据显示，四川省草种基地面积3.42万亩，主要生产老芒麦、多年生黑麦草、饲用燕麦、毛苕子（非绿肥）及其他一年生饲草，年生产草种1 444 t，为四川省生态文明建设和草牧业高质量发展提供了重要支撑。但根据全省草原生态修复、畜牧业转型升级等重大项目建设统计，四川省草种需求6 000 t/年以上，草种自主供给率仅24%，其余主要依赖于青海、甘肃等地草种及国外进口草种。

根据《中国草业统计（2022年）》，四川省草种基地面积和种子产量居全国第4，但四川省草种子产量占青海的3.1%、甘肃的7.2%、内蒙古的81.3%，仅占全国的1.9%（图1）。全国草种生产主要集中在甘肃河西走廊及青海的同德县和贵南县，主要生产区域收种面积、产量和生产能力差距均较大。

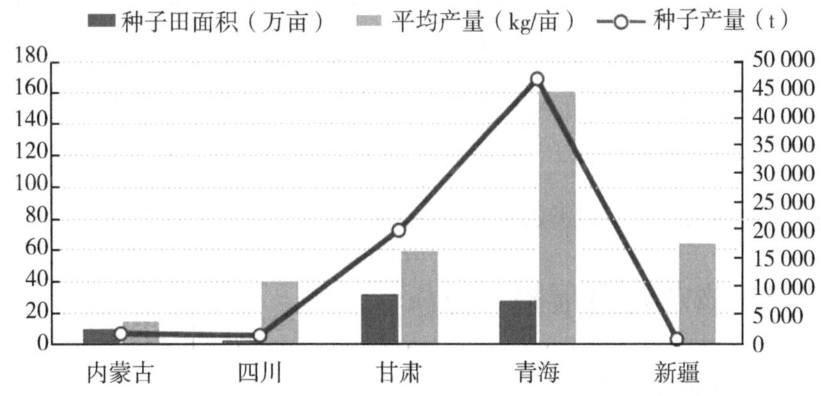

图1　2022年全国主要草种产区草种生产情况对比（数据来源：中国草业统计）

为贯彻落实《四川省人民政府办公厅关于加强草原保护修复和草业发展的实施

意见》《四川省“十四五”现代种业发展规划》等文件精神，四川省林业和草原局制定了《四川省主推草品种原种基地建设三年行动方案（2023—2025年）》，以通过原种基地建设，提升良种繁育基地草种供给能力。目前，四川省已在红原、理县、道孚、布拖、西昌等地建川西短芒披碱草、麦洼老芒麦、阿坝垂穗披碱草、川北箭筈豌豆、蜀草1号高丹草等主推草品种原种基地650亩，年供种达32.5t，缓解了主推草种良种扩繁基地建设用种的供需矛盾。

（三）四川省草种经营管理现状

通过法律、制度以及相关机构的活动等对生产和市场流通的草种进行质量管理，是保证生产者、销售者和使用者权益的重要举措。我国在农业农村部的组织领导下，陆续建成了部级草种子质量监督检验测试中心5个，分别设在内蒙古农牧厅、兰州大学、新疆畜牧兽医局、中国农业大学和全国畜牧总站；建有省级草种质量检验检测机构1个，设在农业农村厅下属单位省草业技术研究推广中心。四川省草业技术研究推广中心2014—2018年连续五年对四川省43家项目用种单位、10家项目用种合作社及15家草种生产经营企业的草种质量进行了监督抽查，依据净度、发芽率、水分和其他植物种子数四项指标，历年合格率均在72.5%以上，在种子质量管理方面发挥了重要作用。

据统计，四川省具有草种经营许可证企业43家中，有草种生产许可证企业仅17家。在草种的销售中，主要以个体商贩零售为主，具有一定规模的草种公司主要从事进口种子批发业务，尚无形成规模的草种龙头企业。省内草种采购主体主要包括政府市场和个体市场，政府市场以招投标的形式为主，个体市场以自由采购形式为主。草种采购按区域划分为川西北高原市场、凉山市场和内地市场，川西北高原市场95%以上都是招标采购。凉山市场政府采购占主体，但也有部分个体采购。内地市场个体采购很多，市场较活跃，采购的草种产品也比较丰富。

二、四川省草种发展趋势分析

（一）市场需求趋势分析

草种是生态建设、畜牧业发展和国土绿化的物质基础，随着生态环境保护意识的增强和畜牧业的快速发展，草种需求量呈现出稳步增长与多元化发展的趋势。

在市场需求方面，首先，牛、羊等养殖企业对饲用燕麦、饲用玉米、狼尾草属、披碱草属等高产优质禾本科以及高蛋白豆科牧草的需求旺盛。养殖企业为提升养殖效益，普遍选择种植加外购优质饲草，以满足其生产需求。据统计，全省大部分养殖企业饲草种植面积偏少，外购饲草比例较高，特别是优质饲草缺口较大。这一现象表明市场对高品质草种的需求持续增长，且存在较大的发展空间。其次，随着大规模草地生态建设项目的实施，藕草属、仲彬草属、早熟禾属、羊茅属、披碱草属等具有重要生态价值、抗逆性强的草种供不应求。目前项目建设 70%以上种子来源于青海、甘肃等地，甚至国外进口。大量进口不仅加剧四川省草种业发展的压力，也造成对省外草种的严重依赖。虽然说国外进口草种总体上质量较好，但存在引发生物多样性灾害和国外病原侵入的高风险。一些进口草种生态适应性相对较差、抗逆性弱、栽培管理要求高，易发生水土不服等现象。因此高品质、抗逆性强的草品种是四川省草种业的主要需求品种。

在趋势分析上，随着农业科技的进步和环保理念的深入人心，草种业正逐步向专业化、规模化、市场化方向发展。一方面，基因编辑、分子标记辅助育种等现代农业科技的应用，为草种业提供了更为精准、高效的育种手段，推动了行业的技术进步和品质提升；另一方面，环境保护政策的推动和消费者对食品安全、生态环境的关注，促使草种业向更加环保、可持续的方向发展，注重生态保护和资源利用。

因此，四川省草种业市场需求旺盛，且呈现出多元化、专业化的发展趋势。未来，随着生态环境高水平保护与经济高质量发展的深入实施，草种业市场将迎来更加广阔的发展空间和机遇。

（二）主要草种的市场价格走势

草种业市场中，主要草种的价格走势受多种因素共同影响，包括市场供需关系、气候变化、政策调控以及国际贸易环境等。近年来，随着农业结构的调整和畜牧业的发展，草种需求持续增长，但价格波动也较为明显。如四川省内主要种植的饲用玉米、狼尾草属、披碱草属和饲用燕麦等草种，其市场价格整体呈现稳中有降的趋势。这主要是因畜牧业养殖效益有所下降，加之新冠疫情等全球性因素影响，间接影响了草种的需求和价格。从具体数据来看，2023—2024 年，四川省内主要草种的价格较去年同期普遍下降了 4%～10%不等。例如饲用玉米作为重要的饲料来源，其价格降幅约为 6%，反映出市场供应的充足和消费者购买力的相对稳定。而一些进口草种如高羊茅、黑麦草等，由于国际市场价格波动和国内政策调整，其价格也出现了一定程度的下降。尽管草种整体价格有所下降，但部分优质草种如紫花苜蓿、早熟禾等，由于其独特的营养价值和市场需求，价格仍然保持相对稳定甚至略有上涨。这反映出在草种业市场中，优质草种仍然具有较强的竞争力和市场潜力。

因此，四川省草种业市场价格走势受多种因素共同影响，整体呈现稳中有降的趋势。然而，随着畜牧业的发展和消费者对高品质草产品的需求增加，优质草种的市场前景依然广阔。

（三）四川省草种业竞争格局

四川省草种业市场展现出多元化与高度竞争的格局，吸引了众多企业和科研机构的积极参与，其竞争格局主要体现在技术创新、品种优化及市场渠道拓展等方面。

在科研机构方面，四川省草原科学研究院、四川农业大学、四川省农业科学院是国家牧草产业技术体系团队成员，特别是四川省草原科学研究院还同时承担了农业农村部、国家林业和草原局及省级草品种区域试验，是省级饲草创新团体和林草创新团队的首席单位，以这些为主的科研院和高等院校选育了全省95%的草品种，是草种业发展的重要推手。它们通过产学研合作，加速科技成果的转化与应用，推动了新品种、新技术的快速普及，为草种业的发展奠定了坚实基础。

在市场竞争中，川草生态草业、四川长江草业、林丰草业等一批具有实力的企业，凭借着相对完善的市场渠道以及优质的售后服务，占据了市场的较大份额；同时随着草产业市场的不断发展，一批非专业性草业公司也通过拓展业务，转行从事草业相关业务；企业在品种创新、产品质量、市场营销等方面将展开全方位的竞争，进而促使行业间竞争日益激烈。另外，政府政策的支持与引导将为行业注入新的活力，推动草种业向更高水平发展。

因此，四川省草种业市场呈现出多元化、高度竞争的态势。主要参与者将在技术创新、品种优化及市场渠道拓展等方面持续发力，共同推动行业的繁荣发展。未来，随着市场需求的不断增长和政策的持续支持，四川省草种业市场有望迎来更加广阔的发展前景。

（四）市场营销策略与渠道分析

在四川省草种业的市场营销策略与渠道分析中，多元化和精准化成为关键。首先，针对市场需求旺盛的优质饲草品种，采取品牌化营销策略，通过提升产品质量和品牌形象，增强市场竞争力。利用现代传媒手段及农业技术论坛等进行广泛宣传，提高市场知名度和美誉度。其次，建立多元化的销售渠道。一方面，加强与大型养殖企业、合作社及专业户的合作，建立长期稳定的供应关系，实现“订单农业”模式，确保产销对接顺畅。另一方面，积极拓展线上销售渠道，利用电商平台和自建网站，扩大市场覆盖面，满足不同地区、不同规模客户的需求。

同时，注重服务营销，提供从种植到销售的一站式服务。加强对客户的技术指导和培训，帮助他们提高饲草种植和管理水平，降低生产成本，提高经济效益。此外，建立完善的售后服务体系，及时解决客户在使用过程中遇到的问题，提升客户满意度和忠诚度。

在渠道拓展方面，积极寻求与国内外优质草种子生产企业的合作，引进新品种、新技术，提升本地草种业的竞争力。同时，加强与政府部门的沟通与合作，争取更多的政策支持和资金扶持，推动草种业的高质量发展。

因此，四川省草种业在市场营销策略与渠道分析上，通过品牌化、多元化、精准化的营销策略和建立完善的销售渠道，不断提升市场竞争力和市场占有率，为草种业的持续健康发展奠定了坚实基础。

三、问题挑战

（一）草种结构不够合理

截至2023年，全国审定登记701个草新品种（农业农村部审定656个，国家林草局审定45个），其中四川省占114个，占全国总数的16.3%，四川省新品种培育处于全国前列。但由于生产条件、繁种措施及气候条件的变化，很多主推牧草品种退化和混杂严重，抗性丧失快，产量、质量、适应性均有所下降，并且审定和推广牧草品种大部分为禾本科，缺乏高产优质持续性强的当家品种。据四川省2023年主推草品种目录显示，四川省主推草品种共涉及7个科31个属41个种65个品种，其中禾本科高达51个品种，占总数的78.5%，而豆科仅有6个品种，占总数的0.9%。高品质豆科牧草的缺乏，严重制约了四川省草业发展步伐。

（二）草种供给严重不足

随着国家草原保护修复、大规模国土绿化和退耕还林还草等重大工程的实施及草牧业高质量发展，对草种的需求量急剧增加。据统计四川省草种需求6 000 t/年以上，自主供给率不足30%，其余主要依赖于青海、甘肃等地草种及国外进口草种。优质草种子供需矛盾突出，亟需加强草种产业科技创新能力建设和自主产品的研发，科学规划布局草种繁育基地，打造草种专业化集中生产区，提升自主创新草种的市场占有率。

（三）草种繁育规模化、专业化程度低

四川省专业化的草种生产起步晚，草种生产的规模小，机械化程度不高，草种产量低、质量差，造成单位面积的比较效益明显低于其他农作物和经济作物。尽管2003年以来国家投资建设了一定数量的规模化草种生产基地，但受投入资金、承建单位体制和草种生产比较效益的制约，只能选择偏远、贫瘠的弃耕地、撂荒地或低产田作为草种繁种田，虽然配备了一定的机械设备，但基本没有与不同草种类型配套的播种、收获以及加工机械，很多生产环节还是以人工为主，生产管理成本高，落粒等损失严重，影响了种子的产量和质量。

（四）草种繁育体系不健全

目前，承担育种任务的以科研和教学单位为主，推广则主要是政府和相关推广机构负责，生产者则较多是在国家项目的支持下生产草种。育种家、生产者、经营者、使用者相互分割，育种家只注重品种选育，不注重生产和推广，而草种企业普遍存在“重贸易、轻生产、忽视育种”问题，未形成以企业为主体的良种繁育机制，即使草种企业和育种单位合作，种子生产规模小，草种生产机械化、规模化及标准化程度较低，使得生产成本高，缺乏市场竞争力。产学研结合、育繁推一体化的现代草种业繁育体系尚未形成。

（五）政策和资金扶持力度不足

目前对草种业发展没有特别的扶持政策，资金投入较少，没有草种业发展专项投入，仅在草原生态修复项目中列支一小部分资金用于草种生产。缺乏对草种企业相关的激励政策，导致专业化种子生产企业规模小，尤其是种业龙头企业缺乏。另外，受投融资难、市场监管不到位等影响，草种子生产企业抵御各类风险能力不足，难以做强做大。

（六）草种生产机械化水平较低

由于草种涉及种类繁多，主要的常用草种至少也有十几种，各有不同生长习性，不像农作物种子单一。许多草种繁殖场大都位于边远贫困地区，土地贫瘠、专业技术人员匮乏，同时也缺乏草种子收获、清选和加工机械。另外，草种子专业化生产要求的机械化水平较高，从播种、病虫杂草防治、施肥、收获、清选、加工和贮运等各环节都需要相应的配套机械，尤其是收获加工机械设备对于种子产量和质量的影响更大。目前，专业化、规模化和标准化的草种子收获与加工清选等机械设备的研发和规模应用严重缺乏，加之缺乏专业农机服务队伍，造成种子收获过程中落粒损失严重，平均田间种子损失率高达20%~50%，种子质量差，生产成本高。

四、发展对策

（一）构建草种科研创新基地

一是构建草种质资源利用创新体系，建立草种业技术创新中心，发挥四川省科研院校所的优势，加强草种质资源基础性研究。建立重要草品种基因图谱，通过生物育种技术对育种材料进行改良和创制，应用转基因和基因编辑育种技术，开展特异基因发掘及利用；整合育种创新资源和产业资源，构建以企业为主体的商业化育种体系，促进要素聚集、高端研发和先导技术集成，实现从传统育种向生物育种转变、从经验育种向精确育种转变、从科研育种向商业育种转变。二是建设种业创新基地和创新平台。坚持科学布局，优化种业资源要素配置，加快种业科技成果转化。以种业创新基地和创新平台建设为重点，汇聚国内外种业创新成果，聚焦转移转化、试验示范、交流交易等环节，推动创新成果转化，推进草种全产业链高质量发展。发挥各级技术推广服务体系优势、队伍优势，加快先进技术的推广应用，在优质品种普及利用的实践创新上取得突破，加快成果转化落地。发挥科研人才集聚优势，积极吸纳有品种权的科研院所、育种家入驻科研基地，建设成新品种创新创制基地，新品种繁育基地。

（二）培育现代种业龙头企业

鼓励企业与科研院所联合协作，推行良种良法，建立相对集中、稳定的种子生产基地，发挥品种的经济效益和生态效益。构建完善的商业种子生产体系，培育育种创新能力强、市场占有率高、经营规模大、产业链长的草种企业，突出企业的市场主体作用，提升种业企业在育种、成果转化、市场开发等方面的能力，打造“育繁推一体化”现代化种业龙头企业。

（三）加快草种繁育基地建设

自产草种种源不足，供给能力低是制约当前草牧业发展、草原生态修复和国土绿化的主要瓶颈，特别是适宜生态发展需求的乡土草种种子繁育几乎处在停滞状态，一些优良的草品种仅停在原种保种状态，有的已开始遗失。要把草种基地建设作为提升草种业工程的重点，采取项目推进的方式，是解决当前草种供给能力低的有效途径。一是在查清四川省草品种资源的基础上，确定一批适宜不同生态区域种植或修复的草品种，充分利用已有的草品种选育成果。二是对产种率高、比较效益高、市场利用率高的草品种，科学划定草种生产适宜区域、区域布局、标准化规模生产、集约化产业推进，形成草种生产优势区，草种产业聚集区。三是对产种率较低、适宜特定区域，选定生产单位，适度规模繁育，定品种、定地域、定规模、定单位专业化推进。四是根据不同草品种确定不同的建设规模和建设标准，有差别的据实划定建设内容和标准，以生态为主的草种繁育，应体现植物多样性的草种繁育，一个建设标准，一个生产指标难以满足实际需求。五是强化草种基地建设的技术支撑。目前草种繁育的技术尚未成熟，每个草品种均存在种子生产的难点和未知的特性调控技术，应把草品种繁育的技术支撑作为基地建设的一项重要内容。

（四）强化草种管理和制度建设

制定新时期的草种管理办法，规定草种质资源保护、选育、扩繁、利用等行为，强化草种质量监管力度。建立草种质量追溯认证体系，实行草种认证制度，规范草种生产与经营管理，保护知识产权，维护育种者、生产者和经营者的合法权益，依法促进草种业健康持续发展。建立草种应急储备与调配机制，以应对突发灾害后的草牧业发展和生态修复需求。统筹科研，教学等技术力量，加大各项技术的研发，创新育种新原理，新技术和新方法，加快草种驯化、选育，尽快培育出一批抗逆性强、性状良好的生态修复草新品种。

（五）创新政策和机制

草种是具有公益性、生态性、经济性等多重属性的战略资源，不是普通的商品性产品，在政策和发展机制方面应有特殊性，在政策、机制等方面创新是难点，痛点和关键点，事关草种发展的成功与否。一是实行草种发展专项计划，或草种发展行动计划。目前草种发展上没有专项投入，仅在草原修复项目中列支一小部分，在一小部分地区开展。应有国家专项投入才可以发展起来。二是突出草种生态公益属性，市场化与公益化双拥发展。对已进入市场化产业化发展的草种，采取项目推进，区域布局，企业主导，产业化发展；对公益性、生态性需求强烈的草种（包括野生草种和乡土草种），应以生态公益的方式推进，建立省级生态公益草种基地，主要由公益类单位承担，包括科研、事业和国有林场，既承担繁种，又承担品种保种任务。三是科学制定草种基地建设标准和补贴政策，不应一次性投而无后续支持，应向生态修复项目那样，持续支持几年。四是积极推行草种审定、认定、认证和溯源管理制度。凡列入草种基地建设的草种都纳入认证管理内，对认证的草种基地达到建设标准、产量和质量指标要求的才可享受草种繁育补贴政策。根据市场和生产实际状况，在供大于求时，国家采取保护性收贮，调控规模、保证种源，纳入国家草种储备调控机制，切实强化国家对草种的调控能力。

五、典型案例

（一）国家牧草种子基地建设的长效机制

由于土地、资金、市场等因素的限制，牧草种子基地的建设难以维持较长时间，往往项目验收之日就是种子基地结束之日。为了避免这种现象的再次发生，四川省草原科学研究院在实施国家牧草种子基地建设时，项目组与地方政府和企业联合成立省、州、县共建，利益共享、风险共担的种子基地经营实体，具体实施和经营牧草种子生产、加工和销售。再通过共同推广利用，使种子基地生产的优良牧草种子在国家天然草原恢复治理、退牧还草等生态建设工程中大面积使用，由此获得的经费支撑维持种子基地的可持续发展。川草 2 号老芒麦国家牧草种子基地具体经营模式见图 2。

（二）突破性草新品种——阿坝垂穗披碱草推广模式

阿坝垂穗披碱草是从川西北高原采集的野生垂穗披碱草资源中，通过单株选择法经历 10 年时间，选育具有自主知识产权的优良国审牧草新品种（登记号：407）。该品种因聚合了牧草产量高、品质优良、抗寒性强、适应性好、性能稳定等优点，畜牧业生产和生态建设中需求量大，被省政府确定为首个突破性牧草品种。

为了走出科研单位“品种育成难、良种扩繁难、大面积推广难”的困境，借鉴国外农畜品种推广先进经验，在四川省政府、省财政厅、省科技厅、省农业农村厅等部门的支持下，结合我国实际，建立了以“科研院所+地方政府+技术推广部门”

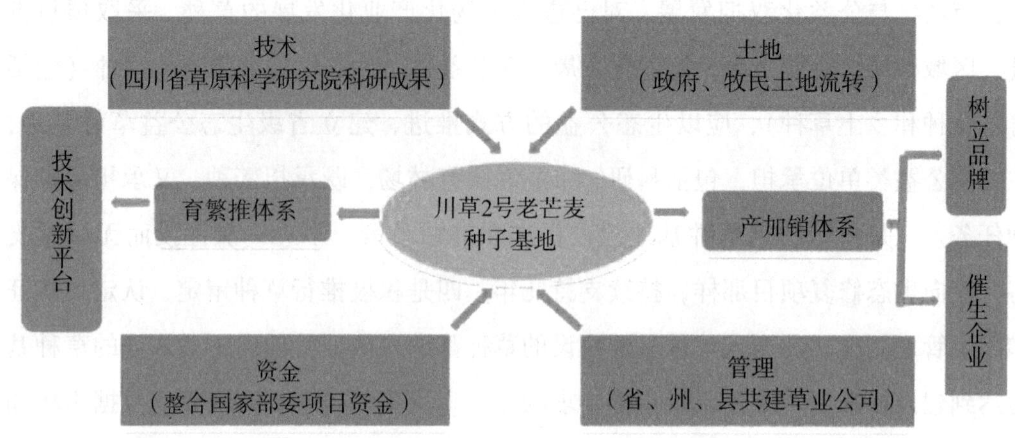

图 2 川草 2 号老芒麦国家种子基地经营模式

相结合的技术推广机制，按照国家购买品种权、企业集中繁种、品种出让单位负责技术指导培训、项目配套转化的新模式联合推进新品种大面积快速推广，即“国家购买品种、企业集中繁种、项目配套转化”的推广机制。这种机制的建立既调动了育种家的积极性，又保证了种源的优良性，还保障了品种的大面积推广。阿坝垂穗披碱草新品种四年累计推广达 120 万亩，促进了科技成果转化，实现了牧业增产、农牧民增收和生态建设增效。

参考文献

南志标，王彦荣，贺金生，等，2022. 我国草种业的成就、挑战与展望［J］. 草业学报，31（6）：1-10.

农业农村部畜牧兽医局，2022. 全国畜牧总站《中国草业统计（2022 年）》［M］. 北京：中国农业出版社.

杨春桃，陈艳宇，王龙，等，2021. 四川省草种质量现状及分析［J］. 草学，258（1）：84-86.

杨梦然，贺超，2023. 加快发展模式转型着力提升乡土草种自给率——我国草种业发展的问题及对策［J］. 中国种业（8）：1-6.

种聪，郭雨溪，岳希明，2023. 中国种业振兴：发展历程、关键问题与机制构建［J］. 农业现代化研究，44（2）：205-213.

四川农区饲草生产技术报告

朱永群[1]　刘秋旭[1]　程碧真[1]　张晓晖[2]

（1. 四川省农业科学院农业资源与环境研究所，四川成都 610066；

2. 绵阳市农业科学研究院，四川绵阳 621023）

摘　要：饲草是天然的优质饲料，营养价值高，适合牛、羊、猪、兔、鱼等多种食草动物。优良饲草是畜牧业发展的核心，也是四川省农村经济的重要支柱。然而四川农区饲草生产仍然存在着饲草缺口大、新品种成果转化率低、草产品加工技术水平低、地块碎片化机械化程度低、项目扶持少支撑力度弱等关键核心问题；建议加强统筹规划、出台产业扶持政策、加强科技创新，以期推动四川农区饲草产业的高质量发展。

关键词：四川省农区；饲草生产；发展；对策研究

四川位于中国西南部，地处长江上游，素有“天府之国”的美誉。全省面积48.6万 km^2，占全国国土总面积的5.1%，居全国第五位，常住人口约8 400万人，人均土地面积低于全国平均水平，人多地少的矛盾突出。同时，随着农业生产水平的提高和农村经济的发展，现有农业结构已严重限制了农村经济的进一步发展。通过种植饲草，发展畜牧业，将现有的粮经二元种植结构发展为粮经饲三元种植结构，能够有效促进农业结构的调整，为农村经济发展注入新的动力。饲草是天然的优质饲料，营养价值高，适合牛、羊、猪、兔、鱼等多种食草动物。畜牧业是现代农业的重要组成部分，优质饲草是畜牧业发展的基础，也是畜牧业高质量发展的物质保障。本报告概述了四川农区饲草生产情况，剖析了当前农区饲草生产存在的主要问题，通过案例分析提出了相对应的发展对策建议。

一、四川农区饲草生产概况

（一）四川农区饲草生产的发展历史

1. 起步与探索期

1980 年以前，四川农区饲草生产处于起步阶段，主要依赖天然草地资源。随着畜牧业的逐渐发展，饲草对于畜牧业的重要性逐步提高，开始引进种植黑麦草、燕麦等饲草作物。然而，由于技术水平和种植经验的限制，这一时期的饲草生产规模较小，产量相对较低。

2. 快速发展期

1980—2000 年，随着农业技术的不断进步和畜牧业的快速发展，四川农区饲草生产进入快速发展期。政府加大了对饲草产业的扶持力度，推广了一系列先进的种植技术和管理模式，并加大了对新品种的引入力度，不仅提高了饲草的产量和品质，同时丰富了饲草的数量和种类。

3. 优化调整期

2000—2015 年，四川农区饲草生产进入了优化调整期。这一时期着重优化饲草种植结构、提高饲草生产效益和可持续发展能力。具体来说，政府和企业开始注重饲草生产的区域布局和品种搭配，根据不同地区的气候条件和土壤环境选择合适的饲草品种进行种植。同时，政府加强了对饲草生产的科技支撑和服务体系建设，于 2011 年启动了国家牧草产业技术体系资阳综合试验站，着力解决优质饲草料供应不足或季节性不平衡、饲草高产栽培及加工技术匮乏等问题，有力地推动了四川农区饲草的高质量发展。

4. 稳步提升期

当前，四川农区饲草生产已经形成了较为完善的产业体系和技术体系。全省天然草地面积广阔，人工饲草种植面积不断扩大，饲草种类也呈现出多样化的特点。同时，四川还积极引进和培育优质饲草新品种，提高了饲草的产量和品质。此外，政府着力加强饲草产业团队建设，于 2018 年 12 月成立了国家现代农业产业技术体系四川饲草创新团队，以饲草种质资源保护与利用、新材料创制、新品种培育、技术集成、成果转化、技术培训、示范基地建设等为主要内容，集聚优质科技资源，解决制约当前四川饲草产业发展的关键技术问题，提高饲草产业科技含量和综合效益，促进四川粮改饲、供给侧结构性改革和农业产业结构调整，实现饲草产业安全高效、可持续健康发展。

（二）四川农区饲草生产的主栽品种

2023年，全省人工种草面积31.95万hm^2，其中农闲田种草14万hm^2，耕地种草17万hm^2。一年生饲草面积28.5万hm^2，主要包括黑麦草、燕麦、饲用玉米和高粱属饲草等；多年生饲草面积3.45万hm^2，主要包括狼尾草属饲草等。全省人工饲草干草总产量698.1万t，其中一年生444.8万t，多年生253.3万t。四川农区主要栽种饲用玉米、高粱属饲草、狼尾草属饲草、黑麦草、燕麦和箭筈豌豆等优质饲草。

1. 饲用玉米

饲用玉米为禾本科玉蜀黍属，被业内人士誉为“饲料之王”，是国内外种植面积最大，应用最为广泛的饲用作物。分为一年生饲用玉米，多年生饲用玉米，其中一年生饲用玉米年亩产鲜草2 500~7 000kg，多年生饲用玉米年亩产鲜草8 000~10 000kg，盛产期粗蛋白质含量达到11.10%，粗纤维含量仅为27.40%，酸性洗涤纤维木质素含量2.00%。具有生物产量高、营养丰富、适口性佳、消化率高等特点，适于青饲和调制青贮饲料。

近年来，随着国家对饲草产业发展的大力支持和畜牧产业高质量发展对优质饲草产品需求的增加，饲用玉米种植面积逐年加大，仅四川种植面积就高达20万hm^2以上，为四川省农区饲草生产打下了坚实的基础，也极大提升了人工草地饲草产量和质量，这对于缓解天然草地放牧压力、解决冬春季节缺草造成的草畜不平衡问题具有重大意义。

在四川农区，饲用玉米一般在春季3—4月播种，部分地区可以实现玉米两季播种，其中第一季播种时间为3—4月，第二季播种时间为7—8月。种植时，选择晴朗天气，避免连续阴雨造成种子发芽率低等问题。

2. 高粱属饲草

高粱属饲草为禾本科高粱属草本植物，包括饲用高粱、苏丹草和高丹草等草种，亩产鲜草7~10t。3—4月播种至9月收割，用地6个月可刈割3~4次，到秋季可轮作多花黑麦草或燕麦。株高1.5m时粗蛋白质含量可达11.10%、酸性洗涤纤维含量为27.40%、木质素含量2.00%。高粱属饲草叶片大、叶量多，蛋白质含量高，茎秆含糖量高，营养价值高，适口性特别好，各种家畜均喜食，尤其钙、磷含量高于饲用玉米。

高粱属饲草分蘖力强，再生性好，它的抗旱性能、耐盐碱、耐瘠薄和耐涝的特性明显高于饲用玉米，既可以在有灌溉条件的干旱区广泛种植，也能适应南方高温多雨的气候条件。由于其广泛的适应性，对干旱和盐碱土壤的显著抗性及耐水涝，被称为“作物中的骆驼”。

3. 狼尾草属饲草

狼尾草属隶属禾本科黍亚科，为一年生或多年生禾本科牧草，主要分布于热带、亚热带和温带地区，全世界约 140 种，多数原产于非洲。我国人工栽培利用的品种主要有多年生的象草、一年生的美洲狼尾草及二者之间的杂交种。其中以象草为父本，美洲狼尾草为母本的杂交种俗称为杂交狼尾草；以美洲狼尾草为父本，象草为母本的杂交种俗称为皇草（皇竹草）、王草。

目前，四川省主推狼尾草属牧草主要为象草、杂交象草、紫色象草、王草、菌草、杂交狼尾草，包含俗称的皇竹草等。该类牧草属于多年生疏丛型高大禾本科牧草，其亩产鲜草高达 12 000～18 000kg，盛产期（株高 1. 5～2. 0m 时）粗蛋白质含量达到 6%～8%，幼嫩期（株高 0. 5m 左右时）粗蛋白质可达 10%～12%。狼尾草产量高，适口性好，使用年限长，用途广泛，牛、马、羊等家畜均喜食，幼嫩时期也是猪、家禽和鱼的饲料。除四季提供青饲料外，也可制成青贮饲料利用，具有很高的经济价值，是热带和亚热带地区良好饲用植物。

狼尾草应在春季开始种植，在生产中以种茎无性繁殖为主，年降水量大于 900mm的湿热地区均可种植，一般在气温 12～14 ℃时开始生长，25～35 ℃生长迅速，10 ℃以下生长缓慢，5 ℃以下则停止生长，连续受冻则会影响其越冬率。

4. 黑麦草

黑麦草是禾本科黑麦草属优质饲草，分为多花黑麦草和多年生黑麦草。在四川农区生产中，多以冬闲田利用多花黑麦草与夏季饲用玉米/高丹草轮作。多花黑麦亩产鲜草 8 000～12 000kg，拔节期干物质中含粗蛋白 14%，粗脂肪 9. 46%、粗纤维 20. 50%、粗灰分 14. 57%、无氮浸出物 38. 19%、钙 0. 57%和磷 0. 54%，其生长速度快，营养丰富，为畜牧业提供了大量优质的饲料来源。

在四川农区一般 10 月播种，种植时，选择晴朗天气，避免连续阴雨造成种子发芽率低等问题。

5. 燕麦

燕麦是禾本科燕麦属的一年生草本植物，根据种子特征分为皮燕麦和裸燕麦，其中，皮燕麦多用作饲草，简称饲用燕麦。饲用燕麦年亩产鲜草 2 500~3 000kg，晒制成干草 600~800kg（用地仅 6 个月），盛产期（株高 1.2m 时）粗蛋白质含量达到 11.10%，粗纤维含量仅为 27.40%，酸性洗涤纤维木质素含量 2.00%。具有生物产量高、营养丰富、适口性佳、消化率高等特点，适于调制青干草和青贮饲料。

近年来，随着国家对饲草产业发展的大力支持和畜牧产业高质量发展对优质饲草产品需求的增加，燕麦已发展成为重要的饲用作物。添加燕麦草可以有效提高家畜采食量，维护家畜健康，提升家畜的生产性能。饲用燕麦的种植对增加我国畜牧业优质草产品供应能力、缓解天然草地放牧压力具有重要作用，尤其对解决高寒牧区冬春季节缺草造成的草畜不平衡问题具有重大意义。

在四川，饲用燕麦一般在春、秋均可播种，由于四川农区夏季气温过高，一般选择在秋季播种，适宜播种期为 10 月上旬，种植时，选择晴朗天气，避免连续阴雨造成种子发芽率低等问题。

（三）四川农区饲草生产的主要技术模式

1. 高丹草—多花黑麦草轮作模式

（1）春季种植高丹草，其生长期为 5 月初至 9 月中下旬，可以收割 3 次左右，亩量在 7 000~8 000kg；秋季种植多花黑麦草，其生长期为 9 月底至翌年 5 月，可以收割 3 次，亩产在 8 000~9 000kg。

（2）该种模式全年生产优质饲草亩产在 15 000~17 000kg；两种草均为喜肥植物，可以大量消纳畜禽粪污废弃物，实现绿色种养循环。

（3）高丹草和多花黑麦草为一年生禾本科饲草，需要每年购种；另外，在播种的时候进行翻耕，利于土壤疏松，改善土壤结构，提高土壤保肥保水能力。

2. 杂交狼尾草栽培关键技术

杂交狼尾草作为暖季型牧草受生长地理气候制约，在一些相对寒冷的地方不能自然越冬，造成来年牧草产量降低。提高其越冬率是核心关键技术。

（1）深播。相对寒冷的地区，播种深度增加至 30~40cm，有利于提高狼尾草越冬率。方式有斜插和平放两种方式。斜插方式优点：根扎得深，抗寒越冬能力更强，适合冬春气温低的寒冷地区；缺点：费工。平放方式优点：省工；缺点：根扎的浅，抗寒越冬能力差，适合冬春气温高的地区。

（2）覆粪。年底最后一次刈割完成后，有条件的地区可在留茬上覆盖完全发酵后的牛粪、猪粪等，既能提高狼尾草越冬性，又可消纳粪污增加土壤肥力；也可以选择在根部覆盖土壤，提高其越冬性能。

（3）覆膜。比较严寒的地区入冬前用枯草覆盖，并覆盖薄膜有利于狼尾草越冬。

（4）良种。选择耐寒性较好的品种，目前狼尾草国审品种中，相对耐寒的品种为桂牧1号杂交象草和桂闽引象草。

3. 饲用燕麦—箭筈豌豆混播模式

（1）播种时气温宜≥10 ℃，四川农区秋播宜为10中旬到11月中旬。

（2）饲用燕麦与箭筈豌豆的种子粒数比例宜为1：1，饲用燕麦每亩播种量为6~8kg；种子混匀后可撒播或条播

（3）初次种植箭筈豌豆时宜接种根瘤菌，接种量为8~10g/kg，接种后应在7d内播种。拌种期间须避免太阳暴晒，避免与农药、化肥、生石灰等接触。

二、四川饲草生产发展存在的主要问题

（一）优质饲草缺口大

牧草产业作为畜牧业的重要支撑，其发展现状却面临着严峻的挑战。依据四川省2021年牛羊存栏量、出栏量计算，饲草料缺口1 209万t，缺口比例达到35.6%。每年四川省需从省外或国外购买大量饲草、青贮料，饲草产业发展严重滞后，饲草料总量不足是四川省草牧业发展最大的短板，也是制约草食牲畜高质量发展的重要因素。四川省草地资源丰富，但由于气候条件和地形限制，天然牧草的单位面积产量相对较低，无法充分满足日益增长的畜牧业需求。尽管人工种草面积逐年增加，但受限于技术与成本，产量提升缓慢，无法填补饲草市场的空缺。

由于生产规模小、生产效率低下以及政策限制，四川省农区的饲草生产能力严重不足。草种选择的局限性和缺乏现代化的生产技术导致了单位面积产草量低。缺乏集约化、规模化的草业生产，使得优质饲草的市场供应始终无法跟上畜牧业的发

展步伐。此外，草料的收集、加工和储存技术落后。原料的损失率高、储存期短、营养价值流失严重，这些问题加剧了饲草的供需矛盾。再者，“重畜轻草”“重粮轻草”的传统观念在基层普遍存在，导致政策倾斜和资金支持不足，影响了饲草产业的优先发展。缺乏长远的草业发展规划，使得优质饲草的生产、推广与应用得不到应有的保障。

（二）优质牧草新品种丰硕但转化率低

四川省牧草起步虽晚，但近十年来，在牧草新品种、新技术、新产品等技术的研发和创新等方面取得了突破性进展，全省近 10 年通过国家或省上审定的牧草新品种 70 余个，覆盖农区、半农半牧区、牧区生产的优质高产饲草品种。这些新品种在适应性、产量、品质等方面均表现出色，为牧草产业的发展注入了新的活力，如饲用燕麦、狼尾草属饲草等，这些新品种的选育为优化饲草结构、提升草料品质提供了有力支撑。然而，尽管新品种丰硕，但其在实际生产中的转化率却并不高。存在实际生产中的转化应用却相对滞后，草地资源开发利用面临草品种选育推广不足的问题，这表明了从实验室走向田间的转化过程中的还有很多技术瓶颈亟待突破。在田间生产过程中，农民缺乏有效的技术指导与服务，使得新品种的种植方法、管理措施未能及时普及，优良品种的实际生产效能未能充分发挥。并且，市场推广机制的不成熟阻碍了新品种的广泛应用。尽管专业化生产在饲草产量中占比超过 6 成，草畜一体化种养企业生产比例较高，但这并未显著提高新品种的市场占有率。农民对新品种的认知度不高，加之传统种植习惯的固化，使得新品种的接受程度受限，从而影响了转化率的提升。优质牧草新品种的转化率低是四川省草业发展中亟待解决的问题，通过完善技术转化体系，强化市场推广机制，以及政策与科技的双重支持，有望打破这一瓶颈，推动四川省农区牧草产业的稳步升级。

（三）草产品加工技术缺乏及水平低

草产品加工技术的落后和加工水平的低下是四川省农区牧草产业发展的一大制约因素，严重影响了草产业的附加值提升在当前的产业环境下，草产品多以原始形态（如干草、青贮、青干草等）供给市场，技术含量不高，且加工效率低下，导致草料的经济价值未能充分挖掘。这种状况不仅阻碍了草产品向高附加值方向转变，也降低了草业的经济效益，制约了整个牧草产业的升级。对“大食物观”理解不足，反映在草产品加工技术上，即对草料精细化、功能化和高值化加工的重视程度不足。草产品加工技术的落后，体现在加工设备陈旧，自动化、智能化水平不高，使得草料的转化效率低下，产品质量不稳定，从而限制了草产品在饲料行业中的应用范围和价值。此外，缺乏草产品加工相关的技术研究和推广，加工工艺的创新不足，导致草产品种类单一，市场竞争力弱。

草畜一体化技术的滞后进一步加剧了草产品加工的问题。在农区，尽管新型种植模式有所推广，但在草产品加工环节，还未能实现与畜牧业的无缝对接，导致草料的利用效率不高。缺乏草产品加工与草食动物营养需求的紧密结合，使得草料的营养价值未能最大化，限制了草食动物生产性能的提升。资源开发、技术研发、市场推广等环节各自为政，缺乏有效的协调机制，造成了草产品加工链条的断裂。这不仅阻碍了先进加工技术的快速应用，也在一定程度上影响了政策的连贯性和支持力度。政策扶持力度的不足同样影响了草产品加工技术的提升。加强草山草坡资源开发规划，出台产业扶持政策，这些措施对于推动草产品加工技术的进步至关重要。然而，现实中，草产品加工方面的投入和政策倾斜明显不足，导致加工技术的创新和发展动力不足。

（四）地块碎片机械化程度低

在四川省农区牧草产业发展过程中，地块碎片化问题显著制约了机械化作业的实施，进而影响了生产效率的提升。当前，农区的草地资源分布分散，且受到家庭联产承包责任制的影响，土地权属细分，导致田块规模小且分散，不利于大规模、集约化的草业生产。并且，全省牧草产业分布从海拔400~2 000m，地形地貌复杂，山地丘陵众多，适宜不同区域的牧草生产轻简化机械较少，包括播种、施肥、收获、加工等轻简化农机具，导致牧草生产成本高、产量和品质低等问题。此外，这种地块碎片化现象使得机械化草料种植、收割、加工等环节难以实现，从而增加了人工成本，降低了生产效率，且限制了草业的现代化进程。

地块碎片化问题的根源在于农村土地制度的历史遗留问题。长期以来，土地小块化经营模式使得农户难以承担大型农机具的购买和维护费用，且单一农户的草场面积无法支撑起规模化生产的经济效益。此外，农业补贴政策往往倾向于小农户，未能有效引导土地流转和规模经营，从而加剧了地块碎片化现象。技术层面，尽管现代草业生产技术如播种机、收割机、打捆机等已相对成熟，但在小规模分散的田块上应用这些机械的经济效益不高，且操作困难。因此，尽管市场上有先进的草业机械，但农户在实际应用中往往因成本高、操作难度大而望而却步。

（五）项目扶持少支撑力度弱

四川省农区牧草产业在面对诸多挑战时，政策扶持的不足使其在发展过程中举步维艰。尽管国家和地方层面都认识到草业对于畜牧业和农业现代化的重要性，但在实际操作中，草业项目获得的扶持力度仍然相对较弱。《关于促进畜牧业高质量发展的意见》虽提出明确目标，但在四川省的落地执行中，草业项目所获得的资金、技术、政策方面的支持仍然不够充分。

财政投入不足。与粮食作物生产相比，草业生产在项目资金支持上存在明显差距。政府的农业补贴政策往往倾向于粮食作物，导致草业项目在申请资金支持时面临困难，限制了草业基础设施建设、新品种研发、加工技术升级等关键环节的发展。此外，草业项目的投资回收期较长，商业金融机构的贷款支持也相对保守，进一步制约了企业或农户的投入意愿。

政策环境不优。四川省在推动草业发展上的政策环境有待改善。缺乏针对性的草业发展规划，导致草业发展缺乏明确的指导和目标。政策支持分散，没有形成系统性，影响了草业项目的整体推进。以土地流转为例，虽然政策鼓励土地向种养大户和农业企业集中，但在实际操作中，土地流转的障碍仍然较多，影响了草业规模化生产的推进。

技术创新体系不健全。草业的科技进步需要政府、科研机构和企业之间的紧密合作，然而目前四川省在这方面的合作机制尚未成熟。缺乏有效的产学研结合，使得新品种的快速推广和加工技术的创新受到阻碍。政府应推动建立草业科技创新中心，吸引企业、大学和研究机构共同参与，加强基础研究与应用研究的结合，加速成果转化。

服务体系建设滞后。当前，四川省的草业服务体系尚不完善，基层农业技术推广队伍在草种选择、种植技术、草料加工等方面的服务能力不足，导致草业项目实施效果打折。应加强基层农技人员的培训，提升其服务草业项目的专业水平，同时构建草业信息服务平台，提供草业市场的实时信息，帮助农户和企业更好地决策。

三、案例研究

（一）广元市昭化区“人工草地建植”

福寿生态家庭农场改良天然草山草坡，建植了“多年生黑麦草+白三叶草+鸭茅+羊茅”的多年生人工草地 10hm^2，每亩鲜草产量可达 2 000kg 以上，在人工草地上栓养轮牧 40 头西杂母牛和 1 头种公牛，4 年来已累计繁育犊牛 54 头（出栏育肥牛 25 头）。每头牛养殖效益达到 1. 65 万元，比舍饲养殖的利润提高 45%以上。该模式有效破解了南方地区饲养母牛周期长、成本高、亏损大、母牛群体持续下降的难题，探索出了一条适合山区低成本放牧母牛，实现母牛扩群增量的新路子。

（二）宣汉县“草畜一体”种养循环发展模式

宣汉县利用荒山荒坡改良成高产人工草地种植饲草，规模养殖场与周边农户签订饲草种植收购协议，大力发展饲用玉米、杂交狼尾草等优质高产饲草，既促进草产业发展，增加了农户饲草种植收益，又为肉牛产业发展提供饲草保障。同时，利用养殖场畜禽粪污管网，将畜禽粪污分级用于农作物或饲草种植，实现种养结合、农牧互动、绿色发展。以峰城镇为例，全镇年销售秸秆青贮产品 7 000 t，实现青贮饲料产值近 400 万元；年出栏肉牛 3 800 头，实现肉牛产值 6 900 余万元；实现种草养牛总产值达 7 300 余万元。

（三）筠连县肉牛“山繁川育”养殖模式

筠连县农户根据自身劳动力、土地资源、资金等多方因素来确定自身能够承受的最大肉牛喂养数量，开创“山繁川育”适度规模养殖模式，充分利用本地草山草坡的天然草地资源适度放牧，然后在门前屋后种植饲用玉米、皇竹草等优质高产牧草刈割补饲，实现青绿饲草料常年均衡供应。

（四）峨眉山市集约化商品草生产模式

峨眉山市敬业种植贸易有限公司采用连片承包土地、进行宜机化土地改造、机械化播种和收获等手段标准化生产青贮玉米等优质饲草，并进行裹包青贮和订单式销售，探索出了产供销一体化发展的集约化商品草生产模式。该公司在峨眉山、西昌、云南大理等地，以 600 元/（亩・年）左右的价格流转承包土地近 2 万亩，主要种植燕麦、玉米和大豆等饲用作物，同时轮作、套种中药材、蔬菜等，并与新希望集团、伊利等多家国内养牛企业签订合同。公司年种植青贮玉米333hm²，年销售额达900万元。同时带动周边农户发展青贮玉米种植近333hm²，年销售额达800余万元。

四、四川饲草生产发展趋势与对策建议

（一）产业发展的趋势研判

四川饲草生产发展的趋势是政策支持与产业推动相结合、技术创新与模式创新并重、市场需求与供应能力提升同步推进、生态环保与可持续发展兼顾。未来，随着畜牧业的发展和市场需求的变化，四川饲草生产将继续保持快速发展的态势。

1. 政策支持与产业推动

四川省政府及相关部门对饲草生产给予了高度重视，出台了一系列政策措施，以推动饲草产业的快速发展。这些政策涵盖了饲草种植、加工、销售等各个环节，为饲草生产提供了有力的政策保障。同时，随着肉牛、肉羊等畜牧业的不断发展，对优质饲草的需求也在不断增加，这进一步推动了饲草生产的发展。

2. 技术创新与模式创新

四川省在饲草生产中积极引进和推广新技术、新模式，以提高饲草生产效率和品质。例如，通过引进高产优质的饲草品种，推广科学的种植和管理技术，实现了饲草产量的显著提升。同时，还探索出了一批适合当地实际情况的饲草生产模式，如集约化商品草生产模式、草畜一体化发展模式等，这些模式在推动饲草生产发展的同时，也带动了畜牧业的转型升级。

3. 市场需求与供应能力提升

随着畜牧业的发展和市场对优质畜产品的需求增加，对优质饲草的需求也在不断增加。四川省通过加大饲草种植力度，提高饲草供应能力，逐步缓解了饲草供需矛盾。同时，还积极引进和培育饲草加工企业，提升饲草加工能力和品质，以满足市场对优质饲草的需求。

4. 生态环保与可持续发展

在饲草生产中，四川省注重生态环保和可持续发展。通过推广科学的种植和管理技术，减少化肥和农药的使用量，降低对环境的污染。同时，还加强了对天然草地的保护和管理，防止过度放牧和草原退化，维护了草原生态平衡。这些措施的实

施不仅有利于保护生态环境，也为饲草产业的可持续发展提供了有力保障。

（二）产业发展的对策建议

1. 加强统筹规划，因地制宜开发利用草山草坡资源

四川省内地草山草坡资源丰富，饲草种类多，饲草生产周期长，以山地草甸、暖性草丛、暖性灌草丛、热性草丛、热性灌草丛为主，大多可开发利用发展草牧业，潜力巨大。但目前草山草坡大多处于严重灌木化、退化荒芜状态，且地形地貌复杂、交通不便，优质饲草比例小，饲草品质差。建议根据草山草坡不同生态区域的自然资源禀赋和生产条件，加强机耕道等基础设施建设，实施草山草坡改良技术，建植豆禾混播四季常绿放牧场和优质高产人工饲草地，因地制宜推广种养结合、生态循环发展模式，积极探索产出高效、产品安全、资源节约、环境友好的南方现代化草牧业发展新路径。

2. 出台产业扶持政策，积极促进联农带农增收致富

研究出台扶持草牧产业发展政策，加强财政和信贷支持。加强优质草畜品种研发、丰产栽培、草畜产品加工、经营主体培育环节的支持力度。重点支持饲草良种补贴、能繁母牛养殖补贴，扩大母牛群体。完善利益联结机制，注重将企业、基地、农民结成利益共同体，带动农民生产和就业增收，推动小农户与现代草牧业发展有机衔接，让农民分享乡村产业振兴发展红利，推动实现产业发展、企业增效、农民增收、财政增税的多赢目标。

3. 加强科技创新，提升草牧业竞争力

加大草牧产业科技攻关和良种推广应用力度，积极支持科研院校针对优质草畜品种选育、山地机械、丰产栽培、智慧草牧业等关键技术和装备研发创新，集中力量开展技术攻关。科研院校和各级技术支撑部门加强对种养企业（场、合作社）开展畜群结构优化、饲草种植、精准饲喂、草畜产品加工、疫病防控等技术指导工作，最大程度降低养殖成本，提高草畜转化效率，提升种养效益。

四川牧区饲草生产技术报告

张建波　李达旭　常　丹　游明鸿　雷　雄

（四川省草原科学研究院，四川成都 611731）

摘　要：饲草生产四川牧区草牧业和草食畜牧业发展、草原高质量保护的基础，对构建长江黄河上游生态屏障，推动畜牧业转型升级，实现乡村振兴具有重要意义。本报告重点就四川牧区饲草生产现状、饲草新品种育种与推广情况、主要饲草栽培管理的关键技术等进行了介绍，分享了 2 个饲草生产的典型案例，剖析了当前饲草生产存在的主要问题，提出了相对应的发展对策建议，以期为推动牧区饲草高质量发展提供参考。

关键词：四川省牧区；饲草生产；问题与建议；产业报告

四川省牧区主要在川西高原和攀西地区的高海拔区域，主要依靠草原进行放牧生产，饲草主要来也是天然草原生产。四川省草原面积大，草资源丰富，草原类型多样，其中四川省牧区的草地类型主要是高寒草甸和山地草甸。根据国土三调数据，四川省草原面积 1.45 亿亩，其中天然牧草地 1.42 亿亩，占 97.39%；人工牧草地 86.56 万亩，占 0.60%；其他草地 292.91 万亩，占 2.01%。全省草原有 1.43 亿亩集中连片分布在甘孜、阿坝、凉山三个民族自治州，是四川省的主要牧区，该区域处于长江、黄河上游，在水土保持、水源涵养、防风固沙、气候调节、环境美化、生物多样性保护方面发挥重要作用，在国家生态安全战略格局中占据重要位置。同时，该区域是全国六大牧区之一，也是全国第二大涉藏地区，第一大彝区和唯一的羌族聚居区，具有承载畜牧业发展、稳定农牧民增收、传承草原文化、维护民族团结等多种功能。而四川省草原保护与利用之间的矛盾仍然突出，川西北地区地理环境特殊，极端天气频发，受高海拔、低温环境影响，草原生态系统退化问题仍然存在，草原退化面积达 6 721.2 万亩，占总面积的 47.2%，加之草原超载和鼠虫害导致退化趋势进一步加剧。本报告概述了四川牧区饲草生产概况，分享了 2 个牧区饲草生产的典型案例，剖析了当前饲草生产存在的主要问题，提出了相对应的发展对策建议。

一、四川牧区饲草生产概况

（一）四川牧区饲草的分布和特点

四川牧区主要分布在川西北高原地区和攀西的高海拔区域，分属四川省天然草原区划的川西北高原区和川西南山地区，主要包括甘孜州、阿坝州、凉山和攀枝花等地，这些地区是长江、黄河上游重要的生态屏障，具有重要的生态战略地位。

川西北高原区：草原面积13 552.62万亩，是四川省草原的主要分布区域，面积占四川省草原面积的93.27%，包括阿坝州和甘孜州所辖的全部区域，以及凉山州的木里县和盐源县，共33个县。该区地处青藏高原东南缘，是长江、黄河重要水源地。该区域绝大部分地区在海拔3 000 m以上，气候寒冷，人口稀少，区域内70%的地区为高寒草原，是我国主要牧区之一。土壤类型以沼泽土、亚高山草甸土为主，植被类型主要为沼泽灌丛和草甸。主要包括披碱草属、早熟禾属、羊茅属、藨草属等饲草资源。该区域的牧区主要牧草有老芒麦、垂穗披碱草、短芒披碱草、藨草、紫羊茅、中华羊茅、冷地早熟禾、硬秆仲彬草等多年生饲草，燕麦、小黑麦、箭筈豌豆、多花黑麦草等一年生饲草。该区原自然生态系统脆弱，生态系统自然恢复困难，牧草生长期短，产草量低，优质牧草资源挖掘不够。

川西南山地区：草原面积816.9万亩，面积占四川省草原面积的5.63%，包括攀枝花市、凉山州（不含木里县和盐源县）、雅安市的汉源县和石棉县等22个县（市、区）。属亚热带半湿润气候区，区内分布有金沙江、雅砻江和大渡河，地貌以中山峡谷为主，光、热、水、土资源丰富；年均温12~20℃，四季不分明，日照时间长，年日照时间为2 000~2 600h。全年有7个月为旱季，年降水量900~1 200 mm，90%集中在5—10月。河谷地区受焚风影响形成典型的干热河谷气候，山地形成显著的立体气候。该区域草地多为森林破坏或退耕后的次生草地，处于正反两方面的演替过程中，草地类型和群落结构不稳定，草地生态环境脆弱。大多分布于低中山地区，坡度大，土壤基质条件差，草地不易形成深厚结实的草皮层，在高降雨条件下，易造成雨水侵蚀和水土流失。主要包括黑麦草属、芒属、白茅属、黄茅属、羊茅属等禾本科植物。该区域的牧区主要有紫花苜蓿、老芒麦、虉草、鸭茅、紫羊茅、多年生黑麦草、苇状羊茅、白三叶等多年生饲草，光叶紫花苕、芫根、扁穗雀麦、早熟禾、燕麦、多花黑麦草、青贮玉米等一年生饲草。该区多数野生草资源产量较高但是品质较差。

（二）四川牧区饲草生产能力

2022 年，全省草原综合植被盖度达 82.57%，综合植被高度为 16.01cm；全省草原有害生物危害面积4 946.7万亩，严重危害面积1 435.9万亩，草原有害生物成灾率为 9.88%。2022 年，全省认划定基本草原 21 325 万亩，占草原总面积的 86.7%；草原禁牧面积7 000万亩，草畜平衡面积14 200万亩。2022 年，甘孜、阿坝和凉山州鲜草产量为 474.87 亿 kg，折合干草 159.33 亿 kg。

2022 年，四川省主要牧区中甘孜州、阿坝州、凉山州 3 个州的草原综合植被盖度分别为 85.79%、86.08%、86.16%。其中泸定、康定综合植被盖度位居前列，分别为 96.84%和 92.78%，得荣县最低，为 73.33%，其余县（市）均位于 80%～90%（表 1）。

表 1　三州各县市草原综合植被盖度　　单位:%

甘孜州	植被盖度	凉山州	植被盖度	阿坝州	植被盖度
泸定县	96.84	木里县	87.35	小金县	88.81
康定市	92.78	喜德县	87.29	九寨沟县	88.11
炉霍县	89.37	宁南县	87.25	汶川县	87.81
新龙县	87.05	德昌县	87.13	马尔康市	86.90
乡城县	86.91	西昌市	86.86	金川县	86.15
稻城县	86.64	昭觉县	86.48	壤塘县	86.01
白玉县	86.35	金阳县	86.39	松潘县	85.70
雅江县	86.32	会东县	86.27	理县	85.65
九龙县	86.14	布拖县	86.15	黑水县	85.60
甘孜县	85.88	普格县	86.10	红原县	85.18
色达县	85.22	会理县	86.00	茂县	84.61

（续表）

甘孜州	植被盖度	凉山州	植被盖度	阿坝州	植被盖度
道孚县	85.10	冕宁县	85.98	若尔盖县	84.33
丹巴县	85.02	美姑县	85.93	阿坝县	84.20
德格县	84.32	越西县	85.72		
理塘县	83.03	雷波县	85.17		
石渠县	82.62	盐源县	84.78		
巴塘县	81.31	甘洛县	83.81		
得荣县	73.33				

注：数据来源于各州县的统计数据。

2022 年，全省草原综合植被高度为 16.01cm。甘孜州、阿坝州、凉山州草原综合植被高度分别为 16.42cm、17.06cm、14.54cm。其中，新龙县、红原县、德昌县综合植被高度位居前三位，分别达 33.54cm、30.60cm 和 29.38cm，而得荣县、木里县、美姑县、喜德县、普格县、小金县、若尔盖县草原综合植被高度较低，均小于 10cm（表 2）。

表 2　三州各县市草原综合植被高度

甘孜州	植被高度（cm）	凉山州	植被高度（cm）	阿坝州	植被高度（cm）
新龙县	33.54	德昌县	29.38	红原县	30.60
炉霍县	26.01	冕宁县	22.47	茂县	27.31
道孚县	22.51	西昌市	21.74	理县	25.83
甘孜县	21.35	甘洛县	21.23	马尔康市	22.28
康定市	19.18	会理县	19.86	汶川县	21.93
白玉县	18.82	盐源县	14.76	黑水县	14.81
雅江县	15.78	会东县	14.61	九寨沟县	13.42
稻城县	15.69	宁南县	14.38	壤塘县	13.09
泸定县	15.00	布拖县	14.04	阿坝县	11.94
色达县	14.71	雷波县	13.69	松潘县	11.89

（续表）

甘孜州	植被高度（cm）	凉山州	植被高度（cm）	阿坝州	植被高度（cm）
乡城县	13.81	金阳县	13.19	金川县	10.56
德格县	13.78	昭觉县	10.5	若尔盖县	9.75
九龙县	12.43	越西县	10.35	小金县	8.39
石渠县	11.33	普格县	7.41		
理塘县	11.09	喜德县	7.36		
丹巴县	10.96	美姑县	6.34		
巴塘县	10.47	木里县	5.86		
得荣县	9.02				

注：数据来源于各州县的统计数据。

全省主要人工饲草禾本科饲草占主导地位，豆科饲草较少，冬春季节饲草生产与供应偏紧。四川省主要牧区2022年鲜草产量为474.87亿kg，折合干草159.33亿kg；其中甘孜州综合鲜草产量243.69亿kg，折合干草产量80.42亿kg；阿坝州综合鲜草产量187.29亿kg，折合干草产量61.99亿kg；凉山州综合鲜草产量43.89亿kg，折合干草产量16.92亿kg（表3）。

表3　2022年三州草原生产力

地区	可利用草原面积（万亩）	鲜草平均产量（kg/亩）	综合鲜草产量（亿kg）	综合干草产量（亿kg）
甘孜州	12 501.77	194.92	243.69	80.42
阿坝州	4 728.37	396.10	187.29	61.99
凉山州	1 193.96	367.58	43.89	16.92

注：数据来源于各州县的统计数据。

天然草地理论载畜量：2022年，三州地区的草原理论载畜量为1 010.26万羊单位。其中阿坝州理论载畜量为462.36万羊单位、甘孜州为438.98万羊单位、凉山州为108.92万羊单位。三州中，红原县草原理论载畜量最高，达到111.07万羊单位，其次为石渠县、阿坝县和若尔盖县（表4）。

表 4　2022 年四川省各县草原理论载畜量

阿坝州	理论载畜量（万羊单位）	甘孜州	理论载畜量（万羊单位）	凉山州	理论载畜量（万羊单位）
壤塘县	35.65	石渠县	82.46	西昌市	3.80
茂县	15.33	色达县	46.16	木里县	27.66
红原县	111.07	德格县	55.51	盐源县	8.10
黑水县	11.99	白玉县	31.49	德昌县	1.73
若尔盖县	66.73	甘孜县	25.28	会理县	5.38
九寨沟县	13.87	新龙县	25.21	会东县	3.52
阿坝县	82.02	炉霍县	17.05	宁南县	3.59
马尔康市	25.32	道孚县	20.59	普格县	9.32
金川县	21.81	理塘县	28.85	冕宁县	2.34
理县	15.81	雅江县	13.60	喜德县	8.28
松潘县	32.96	乡城县	4.94	越西县	4.83
汶川县	7.09	稻城县	6.00	甘洛县	5.26
小金县	22.69	得荣县	3.91	昭觉县	8.51
合计	462.36	巴塘县	22.43	布拖县	4.96
		康定市	20.86	金阳县	4.20
		泸定县	2.72	美姑县	3.62
		丹巴县	9.32	雷波县	3.82
		九龙县	22.62	合计	108.92
		合计	438.98		

注：数据来源于各州县的统计数据。

第三轮草原生态保护补助奖励政策实施情况：2022 年，根据四川省第三轮草原生态保护补助奖励政策实施方案，四川省开展草原禁牧的区域包括甘孜、阿坝、凉山三州的 48 个县（市）、768 个乡镇、5 663个村、598 245 户牧户，面积达到7 000万亩，其中阿坝州2 000万亩，甘孜州4 500万亩，凉山州 500 万亩；全省投入的草原禁牧补助资金达53 723.1万元，其中阿坝州 15 386.3 万元，甘孜州 34 511.76 万元，凉山州3 825万元；从各县的禁牧区面积来看，石渠县面积最大，远高于其他县，达到1 446万亩，其次为色达县 627 万亩、红原县 476 万亩和若尔盖县 458 万亩。四川省开展草畜平衡的区域包括甘孜、阿坝、凉山三州 48 个县（市）、768 个乡镇、5 663个村、1 050 635户牧户，实施面积达到14 200万亩，其中甘孜州7 963万亩、阿坝州3 765万亩、凉山州2 472万亩；全省投入的草畜平衡奖励资金达35 500万元，其中阿坝州9 412.5万元，甘孜州19 907.5万元，凉山州6 180万元（表5、表6）。

表5　2022年四川省禁牧区面积及补助资金

阿坝州	面积（万亩）	资金（万元）	甘孜州	面积（万亩）	资金（万元）	凉山州	面积（万亩）	资金（万元）
阿坝县	355	2 737.05	康定市	113	864.45	西昌市	5.2	39.78
若尔盖县	458	3 531.18	泸定县	18	137.7	会理市	35	267.75
红原县	476	3 669.96	丹巴县	47	359.55	木里县	186.2	1 424.43
壤塘县	193	1 476.45	九龙县	76	581.4	盐源县	110.8	847.62
松潘县	150	1 156.5	雅江县	108	826.2	德昌县	3	22.95
九寨沟县	34	260.1	道孚县	139	1 063.35	会东县	20	153
黑水县	49	374.85	炉霍县	124	948.6	宁南县	2	15.3
金川县	62	474.3	甘孜县	217	1 660.05	普格县	8.6	65.79
小金县	62	474.3	新龙县	94	719.1	布拖县	10.6	81.09
马尔康市	80	612	德格县	400	3 060	金阳县	10.3	78.795
汶川县	22	168.3	白玉县	380	2 907	昭觉县	28	214.2
理县	30	229.5	石渠县	1 446	11 148.66	喜德县	3.8	29.07
茂县	29	221.85	色达县	627	4 796.55	冕宁县	16.3	124.695
合计	2 000	15 386.3	理塘县	428	3 274.2	越西县	10	76.5
			巴塘县	88	673.2	甘洛县	9.2	70.38
			乡城县	72	550.8	美姑县	30.5	233.325
			稻城县	84	642.6	雷波县	10.5	80.325
			得荣县	39	298.35	合计	500	3 825
			合计	4 500	34 511.76			

表6　2022年四川省草畜平衡区面积及奖励资金

阿坝州	面积（万亩）	资金（万元）	甘孜州	面积（万亩）	资金（万元）	凉山州	面积（万亩）	资金（万元）
阿坝县	717.8	1 794.5	康定市	607	1 517.5	西昌市	100.054	250.135

（续表）

阿坝州	面积（万亩）	资金（万元）	甘孜州	面积（万亩）	资金（万元）	凉山州	面积（万亩）	资金（万元）
若尔盖县	518.35	1 295.875	泸定县	60	150	会理市	223	557.5
红原县	643.15	1 607.875	丹巴县	258	645	木里县	266	665
壤塘县	314.75	786.875	九龙县	339	847.5	盐源县	273	682.5
松潘县	288.65	721.625	雅江县	393	982.5	德昌县	73	182.5
九寨沟县	127.85	319.625	道孚县	422	1 055	会东县	264	660
黑水县	162.4	406	炉霍县	317	792.5	宁南县	129	322.5
金川县	219.5	548.75	甘孜县	464	1 160	普格县	105	262.5
小金县	218.15	545.375	新龙县	551	1 377.5	布拖县	88	220
马尔康市	290.4	726	德格县	356	890	金阳县	59	147.5
汶川县	84.9	212.25	白玉县	418	1 045	昭觉县	151.76	379.4
理县	80.5	201.25	石渠县	1 305	3 262.5	喜德县	89.186	222.965
茂县	98.6	246.5	色达县	603	1 507.5	冕宁县	163	407.5
合计	3 765	9 412.5	理塘县	632	1 580	越西县	162	405
			巴塘县	333	832.5	甘洛县	65	162.5
			乡城县	186	465	美姑县	131	327.5
			稻城县	572	1 430	雷波县	130	325
			得荣县	147	367.5	合计	2 472	6 180
			合计	7 963	19 907.5			

（三）饲草新品种的引进、选育及推广情况

四川省牧区既是草食畜牧业发展的核心区域，更是长江黄河上游生态屏障建设的核心区域，因此该区域的饲草选育以野生驯化和育成为主，同时对紫花苜蓿、燕麦、红豆草等部分饲草进行了引种评价。截至 2023 年，适应四川省牧区的饲草品种有 79 个，其中国家审定品种有 70 个，省级审定品种 14 个（有 6 个品种同时通过国家和省级审定），详见表 7。

表 7　四川省草品种登记统计

科	品种类型	品种名称
禾本科	野生栽培品种	古蔺鸭茅、宝兴鸭茅、川东鸭茅、滇北鸭茅、渝东鸭茅、巫山鸭茅、康巴垂穗披碱草、阿坝垂穗披碱草、康北垂穗披碱草、康南垂穗披碱草、阿坝硬秆仲彬草、阿坝老芒麦、雅江老芒麦、麦洼老芒麦、雅砻江老芒麦、水城高羊茅、柯鲁柯中华羊茅、康巴变绿异燕麦、川西猫尾草、川西肃草、川西短芒披碱草、川西扁穗雀麦、川西虉草、民大 1 号老芒麦、川西垂穗披碱草、阿坝虉草、石渠垂穗披碱草、康定鸭茅
	引进品种	阿伯德多花黑麦草、纳瓦拉黑麦草、勒普多花黑麦草、杰威多花黑麦草、安第斯多花黑麦草、斯特泼大麦、安巴鸭茅、大拿鸭茅、川草引 3 号虉草、维加斯高羊茅、凯力多年生黑麦草、尼普顿多年生黑麦草、图兰朵多年生黑麦草、百诺达多年生黑麦草、泰特Ⅱ杂交黑麦草、剑宝多花黑麦草、阿鲁巴鸭茅、劳发羊茅黑麦草、英迪米特燕麦、都脉苇状羊茅、萨沃瑞苇状羊茅、苏特燕麦、梦龙燕麦、福瑞至燕麦、科纳燕麦、黑玫克燕麦、舒克（Sulky）燕麦、‘迈克斯’多花黑麦草、泰森燕麦
	地方品种	阿坝燕麦
	育成品种	川草 1 号老芒麦、川草 2 号老芒麦、民大 1 号老芒麦、长江 1 号苇状羊茅、黔草 1 号高羊茅、长江 2 号多花黑麦草、川农 1 号多花黑麦草、川草 7 号紫花苜蓿
豆科	引进品种	川引拉丁诺白三叶草、丰瑞德红三叶草、克朗德白三叶草、艾丽斯白三叶草、上吉白三叶草、6010 紫花苜蓿、罗特白三叶草
	地方品种	凉山光叶紫花苕、川北箭筈豌豆、凉山扁穗雀
	育成品种	凉苜 1 号紫花苜蓿
十字花科	地方品种	凉山芜菁（又名圆根）、攀西蓝花子

为充分发挥审定饲草品种的作用，四川省从 2022—2023 年连续印发了主推草品种目录，制定了《四川省主推草品种原种基地建设三年行动方案（2023—2025 年）》，并于 2024 年开始建立一批省级草种质资源圃、草品种区域试验站和草种良种基地。在四川省牧区建设的省级草种质资源圃有红原县老芒麦种质资源圃、红原县披碱草属种质资源圃、色达县披碱草属种质资源圃、布拖县雀麦属和苜蓿属种质资源圃，省级草品种区域试验站有阿坝区试站、布拖区试站、色达区试站、道孚区试站、红原区试站、西昌区试站和米易区试站，省级草种良种基地有红原县虉草良种基地、色达县垂穗披碱草等良种基地、布拖县燕麦和扁穗雀麦良种基地。突破创新优良乡土草种使用的体制和机制，扩大乡土草种在草原生态修复工程中的应用率。完善草品种区域试验站网建设，加强草新品种审定。严格草种业市场准入条件

和标准，依法核发林草种子生产经营许可证，强化品种认证、产地认证和质量认证，强化行政许可后续监管。依法打击未审先推、虚假宣传和坑农害农行为。健全良种质量监督检查机制和草种知识产权保护制度，开展草种追溯认证体系建设试点。

（四）饲草栽培管理的关键技术

1. 免耕补播技术

退化草原植被修复是当前我国草原生态治理最紧迫的任务，免耕补播是退化草原植被修复关键技术，其意义是在不破坏或少破坏草原植被的条件下，通过补播适宜的优良草种，提高退化草原生产力和物种多样性。根据张英俊等人在“退化草原植被免耕补播修复理论与实践”中的论述，该技术与其他补播改良方式的不同之处在于免耕，难点也在于如何在不扰动或少扰动原生植被的前提下成功补播修复草原，其关键技术主要包括补播物种的选择、补播技术和补播后草原管理（详见图1）。

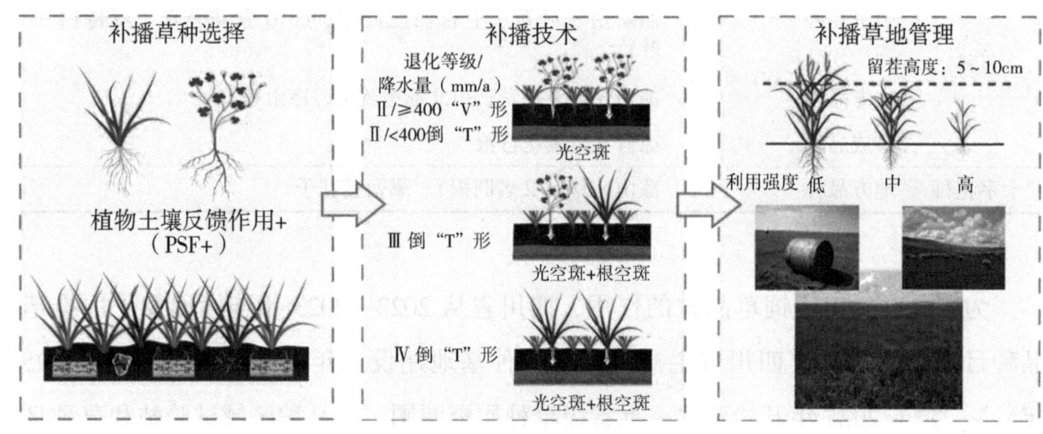

图1　退化草原植被免耕补播修复框架模型

注：图中单子叶植物代表禾本科，双子叶植物代表豆科；PSF+代表植物土壤反馈作用为中性反馈和正反馈；罗马数字编号Ⅱ～Ⅳ代表轻度、中度、重度退化等级；向下箭头代表补播机倒“T”形开沟器；“V”代表补播机双圆盘开沟器；利用强度指割草或放牧利用的强度。

2. 禾豆混播技术

禾豆混播技术是四川省牧区重要的饲草栽培管理技术之一，它涉及将禾本科和豆科植物按一定比例混合播种，以提高草地的生产力和可持续性，主要有以下关键点。

草种选择：选择适应当地气候和土壤条件的禾本科和豆科草种，如禾本科饲草有燕麦、小黑麦、扁穗雀麦等，豆科牧草有箭筈豌豆、光叶紫花苕、毛苕子等。

混播比例：试验表明，较低的豆禾播种比例（如 3 ：7 的豆科 ：禾本科比例）结合适度的养分管理措施，可以提高人工草地的饲草料生产和土壤质量。

播种与施肥：适当的播种深度和密度，以及合理的施肥量是保证牧草生长的关键。施肥时需考虑土壤养分状况和牧草需求。合理的氮磷配施模式可以有效提高混播草地的生产性能。例如，适当的氮肥和磷肥配合使用可以提高牧草的粗蛋白含量和相对饲用价值。

田间管理：包括适时灌溉、除草和病虫害防治，以及合理的刈割管理，如留茬高度和刈割频率。

刈割管理：合理的刈割高度对牧草再生和草地生产力有重要影响。研究表明，适当的留茬高度可以提高草地的持续生产能力。

3. 卧圈种草技术

卧圈种草技术是四川省牧区重要的饲草栽培管理技术之一，它涉及在高寒牧区家畜远离圈舍到夏草场期间，利用空闲卧圈种植速生、优质、高产牧草的草地建植方式，主要有以下关键点。

地面处理：首先要清除酸模、大蓟、莨菪等毒杂草以及石块等杂物，使圈内牛羊粪厚度均匀保持在 1~2cm。

草种选择：选择速生、优质、高产牧草，如燕麦、多花黑麦草、箭筈豌豆、芜根等，箭筈豌豆最好与燕麦或多花黑麦草种按 4：6 比例进行混播。

播种：选择在家畜离开卧圈前 1~2d 播种或转场后立即播种；燕麦、多花黑麦草和箭筈豌豆可撒播或条播，芜根最好穴播；不论选择哪种播种方式，种子需要均匀播于土中，让牛羊践踏盖种或用钉耙适当覆盖。

收获贮存：8—9 月燕麦、多花黑麦草等禾本科草进入乳熟期，随时关注天气预报，当有连续四五天晴朗天气时，在露水干后刈割就地摊晒，当含水量降到 20%左右时，可运至棚圈顶或者草架上堆垛保存；或含水量达 17%左右打捆入库贮藏。

4. 高产人工草地建植技术

四川省牧区可利用土层厚、土壤肥力较好、地势相对平坦的土地进行翻耕和精细化、机械化的高产人工草地建植，可建植老芒麦、垂穗披碱草、短芒披碱草、虉草等高产多年生人工草地，也可建植燕麦、青贮玉米、小黑麦、箭筈豌豆等一年生高产人工草地。在建植过程中需要注意农机农艺配套，以提供建植的效率与效果。

5. 种子包衣技术

饲草种子包衣技术是一种通过在种子表面包裹一层特定材料，以提高种子的发芽率、增强幼苗的抗逆性、减少病虫害侵害并促进植物生长的技术。这项技术对于提高牧草种子在逆境胁迫下的抵抗能力、打破种子休眠以及实现精量播种等方面具有重要作用，在四川省牧区高寒退化草地恢复中，种子包衣技术可以提高乡土草种免耕补播建植成功率，有助于恢复草地的生物量、盖度和高度，关键技术要点如下。

种衣剂的选择：种衣剂通常包含杀虫剂、杀菌剂、复合肥料、微量元素、生长调节剂和微生物菌剂等，以满足种子发芽和幼苗生长的需求。

包衣方法：可以采用机械包衣法和人工包衣法。机械包衣法适合大规模种子公司使用，而人工包衣法则包括塑料袋包衣法、大瓶或小铁桶包衣法以及圆底大锅包衣法等。

种子处理：在包衣之前，种子可能需要经过精选、晒种、浸种、消毒和根瘤菌接种等预处理步骤。

6. 围栏封育技术

天然草地围栏封育技术是一种常用的草地恢复手段，特别是在川西高原牧区地区，它对于控制草地退化和促进草地自然恢复具有重要作用。研究表明，短期围栏封育后再适度利用是当前生态治理工程中使用较多的草地恢复措施，明确其实施效果对后续生态工程的优化调整具有重要意义。同时，围栏封育显著提高了牧草的高度和地上生物量，盖度略有提高但不显著。然而，需要注意的是，长期的围栏封育并不一定能带来更高的生态效益，甚至可能会对草地生态系统产生负面影响，如物种多样性下降、毒杂草增加等。天然草地围栏封育技术是一个有效的草地恢复方法，但需要结合草地具体情况进行科学管理和合理利用，尤其是重度退化草地需要与补播草种、合理施肥等措施项结合。以下是实施天然草地围栏封育技术的关键步骤和注意事项。

围栏建设：首先要在退化草地周围建立起坚固的围栏，以防止牲畜进入和破坏草地。围栏材料可以是铁丝网、木栅栏或其他适当的材料。

草地评估：在封育之前，应对草地的退化程度、土壤状况、现存植被等进行详细评估，以确定封育的年限和可能需要的额外恢复措施。

封育时间：封育的时间可以根据草地的退化程度和恢复目标来确定，一般轻度退化草地封育 1~3 年，中度退化可能需要 3~5 年，而重度退化的草地可能需要 5 年以上。

植被监测：在封育期间，定期监测草地植被的生长情况，包括草种多样性、植被覆盖度、高度和生物量等。

管理措施：在围栏封育期间，应定期清除杂草和有害植物，防止它们在无牲畜干扰的情况下占据优势。

重新利用策略：在封育期结束后，应制定合理的放牧管理策略，如实行轮牧制度、控制放牧密度等，以避免草地再次退化。

7. 计划烧除技术

草原计划烧除技术是一种通过有控制地在特定时间和条件下点燃草场，以达到减少可燃物、预防大规模野火、促进牧草更新和提高草地生产力目的的管理方法。这项技术在川西高原牧区尤其重要，因为该区域草原容易因气候变化和人类活动而退化。以下是实施草原计划烧除技术的关键步骤和注意事项。

目标确定：明确烧除目标，如预防火灾、控制病虫害、促进牧草生长、改善草地质量等。

环境评估：在烧除前，对草场的地形、植被、气候条件等进行详细评估，以确定烧除的最佳时间和方法。

气象条件：选择在气象条件稳定、风速低、温度适宜的条件下进行烧除，通常在干燥季节初期。

隔离带设置：在草场周围建立防火隔离带，防止火势失控蔓延。

点火和控制：由专业人员使用点火设备在预定区域点燃，同时控制火势，确保其按计划燃烧。

安全措施：确保所有参与人员都经过专业培训，并准备好灭火设备和应急预案。

监测和评估：烧除期间和之后，密切监测火势和草地反应，评估烧除效果，并为未来的管理提供数据支持。

生态影响考虑：考虑烧除对当地生态系统和生物多样性的影响，采取措施减少负面影响。

法规遵守：遵循当地的环境保护法规和火灾管理政策，获取必要的许可和批准。

（五）饲草生产的主要模式

集约化商品草生产模式：由龙头企业牵头，利用全程机械化的方式，通过建立规模化的老芒麦、虉草等多年生饲草获燕麦、小黑麦等一年生饲草种植示范区等，提高饲草的产量和质量。

草畜一体化发展模式：通过建立“龙头企业+合作社+牧户”的三方合作机制，进行人工草地建植或天然草地改良，推广冬季圈养牦牛增肥出模式，实现牧业增效、牧民增收。

生态循环养殖模式：通过种植良种牧草，为冬季育肥的牦牛、绵羊提供丰富的饲草，减轻冬季牧场的负担，同时利用牛羊粪便还田，实现草畜平衡、草地质量提升和生态保护。

草光互补模式：草光互补模式是一种在草原地区发展太阳能光伏发电的同时，保护和恢复草原生态的创新模式。这种模式充分利用了草原地区丰富的光热资源，同时通过合理的设计和实施，确保了草原生态系统的稳定和恢复。

二、存在的主要问题

（一）天然草地饲草生产能力低，放牧压力大

四川省牧区地处高海拔地区，气候条件严酷，草地生态系统非常脆弱。区域植被生长季节短，加之气候变化和人为原因，大量草原存在退化、沙化问题，鼠虫害突出，过度放牧现象时有发生，导致四川省牧区天然草地饲草生产能力低，放牧压力大，实现草畜平衡仍需时间。

（二）科技创新能力建设薄弱，牧区饲草生产技术落后

四川省牧区饲草生产技术还较为落后，突破性重大新品种缺乏，饲草新品种转

化效率不高，产良种普及率低；无法从根本上满足草地生产建设对草种多样化的需求。种业企业尚未成为良种科技投资和创新主体，没有健全的研发体系和商业化育种能力，再加之基础性、公益性育种研究比较薄弱且分散，一些育种项目以完成任务为目标，科研与市场脱节，产学研各方未形成有效合力，限制了重大品种的研发和产业化发展。

（三）饲草生产规模化、集约化、机械化程度低

良种繁育基地、人工饲草基地面积普遍较小，土地经营管理创新不够，种植牧草的土地流转经营成本高，制约了饲草产业的规模化、集约化发展。另外，多数草业生产经营主体还处于起步发展阶段，龙头企业、专业合作社数量少、实力弱、带动产业发展能力不足。

（四）草产业供销体系不健全，草产品流通成本高

四川省还没有一个完善的草产品供销信息平台，饲草生产基地、饲草加工、物流企业、种养户与市场之间信息不畅通，造成“有草的卖不出去，需草的买不到草”的尴尬局面。目前，草产品还没有纳入鲜活农产品运输绿色通道政策范畴，这进一步阻碍了草产品的流通，增加了畜牧业饲养成本，严重限制了草产业和畜牧业健康发展。

（五）政府投入不足，缺乏扶持优惠政策

与其他行业相比，四川省饲草产业发展扶持力度不够，资金投入偏少；所需的用地、资金、人才等生产要素缺口大，在设施、设备、产业支撑上投入不足。同时，缺乏发展饲草产业的优惠政策、激励机制，基本没有优质草种、基地运营、土地流转、农机购置补贴等。导致难以吸引社会资本投入草产业，即使有少量投资，也主要集中于产后阶段和营销领域，草牧业全产业链发展难以有效推动。

三、典型案例

（一）阿坝县三级饲草供应体系

人工饲草基地的牧草生产能力达天然草地的5倍以上。为了逐步减少全县养殖牧户对天然草原的依赖，阿坝县建立了三级饲草生产及供应体系。一级体系是自给自足的保障型饲草生产供应，满足牧民在遭遇极端天气灾害时的保障性草料需求。该县通过政策和项目引导，为牧户发放种子、提供肥料，并鼓励利用牲畜卧窝进行种草。二级体系是灵活调剂型的饲草生产供应。由集体经济、合作社等经营主体种植优良牧草，主要生产青干草。一方面保证全县的抗灾保畜需要，另一方面以低于市场价的价格供给养殖基地、养殖大户等进行牦牛或贾洛羊的饲养和育肥。三级体系是优质高产商品型的饲草生产。通过公司化运作，采用机械化耕作、市场化管理，大面积种植燕麦为主料的高产牧草，利用该县的青稞、油菜秸秆等为辅料，添加相应的精料等，专业生产青贮饲料、青干草、草颗粒等产品。

（二）家庭牧场先行者——泽郎夺尔基

泽郎夺尔基是红原县的一位牧民，他通过建立家庭牧草，进行种养结合生产，成功实现了牧民的致富增收。多年前，泽郎夺尔基是一名专门养殖牦牛的牧民。由于红原气候条件艰苦，牦牛过冬的草料问题一直是牧民们的心病。后来，泽郎夺尔基有机会去到德国和法国等畜牧业发达的国家和地区学习，发现国外既养牲口又种牧草的做法非常适合红原的环境。回国后，他从单一养殖向种养结合发展，形成了养殖和经营草业相结合的多元化发展格局，探索出牧草种植、管理、收贮、销售为一体的“产—加—销”经营模式，实现了牧草标准化、规模化生产。

四、发展趋势与对策建议

（一）发展趋势

四川省牧区饲草生产既是为了解决牛羊产业发展，也是为了促进草畜平衡，实现草地高质量保护。其发展趋势将是与草原生态保护协调发展，与山水林田湖沙综合治理融合发展。

（二）对策建议

1. 创新发展机制

一是加快草种基地和草产品生产、市场监测和草业地理信息共享服务平台体系建设，建设“天空地人”一体化监测体系，推动多领域合作，鼓励企业在重点区域建设科技示范园。二是大力培育发展种草大户、龙头企业、专业合作社等新型经营主体，建立完善新型经营机制，同时充分发挥草原文化，推进草牧业与旅游、扶贫、文化、康养等深度融合，促进一二三产业融合发展。三是加强草产业政策支持，建立草产业专项资金，鼓励金融机构对从事草产业、专业合作组织及种草大户给予项目建设贷款支持，建立草牧业保险体系，增强经营主体风险防范能力。

2. 立草为业，构建现代草产业体系

一是大力发展人工种草，因地制宜利用严重退化草地、鼠荒地、黑土滩等土地资源，建植高效优质的饲草料基地，加快草牧业规模化、标准化、集约化发展，构建省、市（州）、县、乡四级饲草供给体系，提高优质饲草供给能力。二是合理利用天然草场。三是提高物质装备水平，加大草产业农机具购置的补贴力度，加快推广使用天然草原区改良复壮机械、人工草场生态种植及精密播种机械、高质饲料收获干燥及制备机械，提高饲草料生产能力和生产效率。四是加大对饲草丰产栽培、收贮加工、运输营销各个环节的扶持力度，延伸产业链，健全草产品生产加工销售体系。

3. 加强核心技术研发，提升科技支撑服务能力

一是加强突破性草品种选育、提升良种覆盖率、加大饲草料种植与加工、全产业链监测等科技攻关核心技术研发与推广应用。二是建立各级草业科技研发推广机构，健全草业科技服务体系，加快培养科技领军人才和创新团队，提高科技服务能力。

参考文献

张英俊，周冀琼，杨高文，等，2020. 退化草原植被免耕补播修复理论与实践［J］. 科学通报，65（16）：1546-1555.

四川草山草坡开发利用技术报告

程明军　王建文　李洪泉　唐川江　伍文丹　刘　超　唐玮琦　杨春桃
（四川省草业技术研究推广中心，四川成都 610030）

摘　要：报告详细阐述了四川草山草坡资源的现状，包括地理分布、面积、生态特征、资源状况以及开发利用方式。通过对相关数据的分析，指出了存在的问题，如开发利用率低、开发难度大、选育推广弱以及基础设施薄弱等，并针对这些问题提出了相应的技术对策和发展建议，包括完善现有项目、推进品种选育和种养标准化、培育主体与推广新模式等，以促进四川草山草坡资源的合理开发利用和草牧业的可持续发展。

关键词：四川；草山草坡；开发利用；技术；典型案例

四川是草地资源大省，是全国五大牧区之一。广泛分布于四川省攀西、川东北、川南、成都平原及盆周等地区的草山草坡是四川省农区草食畜牧业赖以发展的基础资源。据行业部门统计，四川草山草坡草地面积1 136.4万亩，居南方草地资源省份第二位。

近年来，国家和省对川内草山草坡资源的开发利用愈发重视，2014—2018年，国家在四川启动南方现代草地畜牧业推进行动，投入中省资金8 992.01万元资金在安州等48个县开发利用草山草坡资源，开展天然草地改良、优质稳产人工饲草地建植、标准化集约化养殖基础设施建设和草畜品加工设施设备建设等工作。2021年起，国家在四川启动肉牛肉羊增量提质行动，到2024年累计投入中央资金21 165万元，在巴中、威远等地开展人工种草、改良草山草坡以实现提供更多优质饲草，扩大牛羊养殖规模。2021—2023年，四川成功创建山地肉牛产业集群，依托川东北地区草山草坡资源和肉牛产业基础，投入中央资金5 000万元打造种养加一体、一二三产业融合、上下游紧密协作的肉牛优势特色产业集群。同时，持续实施奶业振兴苜蓿发展行动项目，投入中央资金1 218万元到乐山、江油、西充等38县14市推进优质多年生牧草紫花苜蓿建植，进一步改良草山草坡；2023年，首次争取到粮改饲项目，落实中央资金5 652万元到洪雅、阆中、朝天等25县12市，加强饲草收贮，进一步提高了各地草山草坡利用效率。

虽然对草山草坡资源的重视程度逐渐提高，但是省内部分地区因土地开发、过度放牧等原因致使草山草坡面积减少，质量下降，优质饲草比例降低的问题仍旧十分突出。加快草山草坡资源开发利用，既是筑牢国家粮食安全根基的迫切需要，也是加快补齐草食畜产品供给短板的迫切需要，更是促进饲草产业高质量发展的迫切需要。鉴于其重要性及现状变化，本报告深入分析现状、开发利用方式与技术，剖析问题挑战，提出发展对策，以促进其可持续发展，实现生态与经济协调共进，为四川草牧业等相关产业发展提供支撑。

一、四川草山草坡资源现状

根据2014年国家草地资源调查报告，四川草山草坡面积约有6 800万亩，但由于2021年第三次全国国土调查中采纳了不同的标准，3类疏林草地：禾草、杂类草、针叶树疏林草丛草地；禾草、杂类草、阔叶疏林草丛草地；杂类草、阔叶树疏林草丛草地，3类灌丛、草地交错分布草地：禾草、杂类草、矮竹类、灌木草丛草地；禾草、杂类草、阔叶灌木草丛草地；杂类草、禾草、阔叶杂灌木草丛草地，全省3类疏林草地和3类灌丛、草地交错分布草地均被划为林地。目前四川草山草坡面积为1 136.4万亩。根据国家标准《土地利用现状分类》（GB/T 21010—2017），四川草山草坡主要类型有天然牧草地、人工牧草地和其他草地等3种，面积分别为854.1万亩、78.9万亩和203.4万亩，大部分集中分布在攀西地区，其中凉山州（不含木里县）有890.1万亩，占全省草山草坡面积的78.33%。

二、四川草山草坡开发利用方式

（一）已开发利用类型及现状

1. 天然牧草地

面积与生产情况：开发利用方式主要为天然草地放牧利用和刈割鲜饲，实际利用面积约265万亩[①]，开发利用占比31.02%。每亩生产干草0.3t，合计产生干草79.5万t，可供给136.1万羊单位草食牲畜。尚有约589.1万亩天然牧草地未开发。

2. 人工牧草地

面积与生产情况：开发利用方式主要为刈割鲜饲、青贮加工和制备干草，人工牧草地面积78.9万亩，每亩生产干草1.3t，合计产生干草102.57万t，可供给175.59万羊单位草食牲畜。

3. 其他草地

利用方式与占比：已开发利用约20万亩[②]，开发利用占比9.83%，主要用于发展草食畜牧业，开发利用方式主要为放牧利用和刈割鲜饲，每亩生产干草0.3t，合计产生干草6万t，可供给10.27万羊单位草食牲畜[③]。

（二）已开发草山草坡模式布局

1. 攀西地区

攀西地区即安宁河流域，包括凉山州大部分地区、攀枝花市主要区（县）。在充分依靠该地区的日照充足、水热丰富的自然优势，在解决和克服冬春干旱的条件下，攀西地区因地制宜，利用海拔较高、坡度较大的草山草坡、撂荒地，按一定比例混播多年生黑麦草、白三叶草、红三叶草、鸭茅、苇状羊茅、苜蓿等多年生牧草混播，建立高标准轮牧草地；利用大小凉山和攀西河谷地区撂荒地、轮闲地等闲置土地，采用烟草轮作、粮草轮作等方式，成片成规模种植光叶紫花苕、紫花苜蓿、燕麦、饲用大麦以及饲用玉米等优质牧草，逐步建设省内优质商品草生产供应基地，为发展本地特色草食畜牧业奠定了坚实基础，大力推广了草牧一体化绿色循环种养模式。

2. 成都平原及盆周中浅丘区

成都平原及盆周中浅丘区包括成都、绵阳、德阳、资阳、眉山、内江、遂宁、南充、资阳、自贡。该区域充分利用平原和中浅丘山区的弃耕地、撂荒地，季节性闲置、经果林间隙及林下的土地，因地制宜，通过粮草轮作、果草套作等方式，成片成规模种植多花黑麦草、适生饲用大麦、燕麦、青贮玉米、高丹草、白三叶草、

① 四川省21个地市（州）畜牧兽医部门上报。

② 四川省21个地市（州）畜牧兽医部门上报。

③ 根据《草原载畜量及草畜平衡计算规范》（DB 51/ T 1480—2012）测算。

紫云英、金花菜（南苜蓿）、箭筈豌豆以及高大禾草杂交狼尾草等优质高产饲草，充分开发利用农作物秸秆资源，大力推广全日粮青贮饲喂技术，为大型养殖企业和合作社提供优质饲草料。

3. 川东北深丘区

川东北深丘区包括达州、巴中、广安、广元。该区域在合理调整种植结构，适度退耕还草基础上，因地制宜，利用坡度较大的撂荒地、草山草坡播种鸭茅、多年生黑麦草、苇状羊茅、白三叶草、红三叶草、紫花苜蓿混播建立优质放牧草地；利用季节性闲置及经济林木间隙的土地，通过粮草轮作、果草套作等方式，成片成规模种植多花黑麦草、饲用大麦、燕麦、饲用玉米、高丹草以及高大禾草杂交狼尾草等优质高产饲草，推广全日粮青贮饲喂技术，推进以蜀宣花牛为主的草食畜牧业和奶产业发展，推行“饲用资源种养+综合利用模式和天然草地+人工草场半舍饲”模式。

4. 川南山地区

川南山地区包括宜宾、泸州、乐山、雅安。该区域合理利用和改良草山草坡，推行粮草轮作、果草间套作，成片成规模发展青贮玉米、象草等优质牧草，推广青贮饲喂技术，立足川南黄牛等地方特色畜种，走特色发展之路，推广“草牧一体化绿色循环种养”模式和“天然草地+人工草场半舍饲”模式。

（三）典型案例

1. 广元市昭化区模式

福寿生态家庭农场改良天然草山草坡，建植了“多年生黑麦草+白三叶草+鸭茅+羊茅”的多年生人工草地 150 亩，每亩鲜草产量可达 2t 以上，在人工草地上栓养轮牧 40 头西杂母牛和 1 头种公牛，4 年来已累计繁育犊牛 54 头（出栏育肥牛 25 头）。每头牛养殖效益达到 1.65 万元，比舍饲养殖的利润提高 45%以上。该模式有效破解了南方地区饲养母牛周期长、成本高、亏损大、母牛群体持续下降的难题，探索出了一条适合山区低成本放牧母牛，实现母牛扩群增量的新路子。

2. 筠连县模式

农户根据自身劳动力、土地资源、资金等多方因素来确定自身能够承受的最大肉牛喂养数量，开创“山繁川育”适度规模养殖模式。充分利用本地草山草坡的天然草地资源适度放牧，然后在门前屋后种植饲用玉米、皇竹草等优质高产牧草刈割补饲，实现青绿饲草料常年均衡供应；平均 1 人养殖 9～10 头肉牛，确保劳动力能覆盖种养全过程；县级推出“好牛贷”“养牛贷”和养殖保险等金融产品为种草养牛提供初始启动资金，解决养殖户的后顾之忧。

3. 宣汉县模式

利用荒山荒坡改良成高产人工草地种植饲草，规模养殖场与周边农户签订饲草种植收购协议，大力发展饲用玉米、杂交狼尾草等优质高产饲草，既促进草产业发展，增加了农户饲草种植收益，又为肉牛产业发展提供饲草保障。同时，利用养殖场畜禽粪污管网，将畜禽粪污分级用于农作物或饲草种植，实现种养结合、农牧互动、绿色发展。以峰城镇为例，全镇年销售秸秆青贮产品 7 000 t，实现青贮饲料产值近 400 万元；年出栏肉牛 3 800 头，实现肉牛产值 6 900 余万元；实现种草养牛总产值达 7 300 余万元。

三、草山草坡开发利用技术

（一）多年生人工草地建植技术（海拔 800～2 500m）

（1）地块准备。首先人工砍除高大灌木，清除石块、杂物。翻耕前 7d 可喷施除草剂，灭除毒杂草。

（2）杂草枯萎后，将腐熟的牛羊粪，按羊粪 1 500 kg/亩或牛粪 2 000 kg/亩，运送到地块，并均匀摊到地里。如无牛羊粪的地方，每亩施用 20～40kg 复合肥。

（3）用旋耕机进行旋耕 2～3 次，再用耙耱平打细，平整地面和排水沟（间隔 3～5m）。

特别注意：杂草侵占能力强，要安排专人把杂草根、树根尽量捡净，集中晒干，用于生火或煮饭。

（4）在 9 月下旬至 10 月初，按一亩种：多年生黑麦草 1. 0kg+鸭茅 0. 3kg +苇状羊茅 0. 2kg +白三叶草 0. 3kg +长叶车前 0. 1kg +一年生黑麦草 0. 5kg（先锋草种，抑制杂草，提高第一年草产量）。

由于草种的比重不同，不好拌匀。因此，每亩为单位，把草种分别称出来，然后将多年生黑麦草、鸭茅、苇状羊茅、一年生黑麦草四种禾本科草种混匀，分 3 次人工均匀撒播。再把细小的白三叶、长叶车前种子，混合适量干河沙拌匀，均匀撒播。播种后适当镇压，或人工拖树枝来回走动，让种子与土壤充分接触，提高发芽率。

(5) 草长到15cm以上时，进行轻度放牧。草地长成后再采取拴养的方式放牧，绳子控制在5m左右。

(二) 果（茶）园种草技术要点（刈割利用，海拔800~2 500 m）

(1) 地块准备。首先人工砍除高大灌木，清除石块、杂物。翻耕前7d可喷施除草剂，灭除毒杂草。

(2) 杂草枯萎后，将腐熟的牛羊粪，按羊粪1 500kg/亩或牛粪2 000kg/亩，运送到地块，并均匀摊到地里。如无牛羊粪的地方，每亩施用20~40kg复合肥。

(3) 用旋耕机进行旋耕2~3次，再用耙耱平打细，平整地面和排水沟（间隔3~5m）。

特别注意：杂草侵占能力强，要安排专人把杂草根、树根尽量捡净，集中晒干，用于生火或煮饭。

(4) 在9月下旬至10月初，模式1：一亩：多年生黑麦草0.8kg+鸭茅0.3kg+白三叶草0.3kg+一年生黑麦草0.5kg，或者按模式2：一亩：紫花苜蓿（休眠级6~7级）1.5kg+一年生黑麦草0.5kg，两种模式，准备草种。每个区域只用一种草种组合。

由于草种的比重不同，不好拌匀。因此，每亩为单位，把草种分别称出来，然后将多年生黑麦草、鸭茅、苇状羊茅、一年生黑麦草四种禾本科草种混匀，分3次人工均匀撒播。再把细小的白三叶、长叶车前种子，混合适量干河沙拌匀，均匀撒播。播种后适当镇压，或人工拖树枝来回走动，让种子与土壤充分接触，提高发芽率。

(5) 翌年等待草长到一定高度时，进行刈割，晒干或鲜喂。

(三) 高产饲草基地建设技术要点（冬春补饲用，确保全年不断青绿饲料）

1. 秋季优质饲草种植计划

秋季在田地种植高产的一年生多花黑麦草、箭筈豌豆、燕麦，满足冬春缺草季节的优质饲草需求.

播种时间：秋季播种，秋季9月中旬至10月上旬。

播种方式：条播或撒播，条播行距为30cm。

播种量：按照各牧草的理论播种量播种，土壤条件差或采用撒播时，可适当加大播种量，在理论播种量基础上增大20%~30%。

2. 春季优质饲草种植计划

每年4—5月，提早种植饲用玉米、高丹草或甜高粱等高大禾草，9月初完成收获，制作青贮饲料，供冬春季节补饲。

玉米收割后，接茬种植一年生多花黑麦草或扁穗雀麦，达到有效利用土地资源，实现“粮—草”高效轮作。

（四）田间管理

1. 水肥管理

播种后前7d要保持土壤湿润，以利于种子萌发，遇到长期干旱的季节应进行灌溉作业。

追肥主要用家畜粪尿、氮肥。牧草生长到15cm左右时，每亩施5~10kg尿素，禾本科牧草可施家畜粪尿和氮肥，豆科牧草可施家畜粪尿和磷钾肥。每次放牧或刈割后施肥，可与除草、灌溉等作业配合进行。

放牧草地最佳的禾本科：豆科比例为80：20。因此，当豆科牧草占比较大时，应追施氮肥，加快禾本科牧草生长。

2. 病虫草害管理

草地病虫草害一般无需重点防除，但发生较为严重，不能通过放牧管理有效控制时，需进行化学防除。

病害：禾本科主要预防锈病，发病期内每7~10d喷施一次农药，主要有三唑酮、萎锈灵、多菌灵、叶锈敌、吡锈灵、代森锌、甲基硫菌灵等。豆科牧草主要预防白粉病，发病时可用甲基硫菌灵、苯来特喷施或硫磺粉（每亩2.5kg）撒施。

虫害：草地黏虫可用辛硫磷、敌杀死等农药喷施，也可用诱捕灯、糖醋液、草把等措施提前捕杀成虫或虫卵。蚜虫可用马拉硫磷、辛硫磷、西维因可湿性粉剂等药物单独或配合喷施。

草害：播种前可用灭生性除草剂、人工清除、火烧等方式清除杂草，播种后可用选择性除草剂、人工清除、机械刈割、增大放牧频率等方式除杂。

3. 刈割利用

当4—6月牧草生长过快，家畜不能完全利用时，可在5—6月进行刈割，制作青贮或干草。

（五）科学放牧和利用

1. 放牧

牧草生长至 15cm 左右时，可进行初次放牧以促进牧草分蘖和生长。之后牧草每次生长至 40cm 左右时即可放牧。放牧时应采取划区轮牧措施进行。采取拴养方式，绳子控制长度在 3~5m，每天早上 8：30，定时更换临近地方。特别注意：

一是在豆科牧草占比较大或者纯豆科牧草草地上放牧时，应注意观察牛臌胀病发生，开始要少吃一点，以适宜草地放牧。

二是按照牧草生长情况，严格按照栓牧和轮牧制度执行。

三是要定期进行蛔虫、焦虫等寄生虫病的防治（一般 2~3 个月 1 次），预防蛔虫可采用伊维菌素，按照 0. 3mg/kg 体重的剂量皮下注射，或阿苯达唑（丙硫咪唑），内服剂量每千克体重 5~20mg，一次内服。焦虫可采用三氮脒，按照 3. 5~3. 8mg/kg 体重的剂量肌内注射。

四是为预防牛臌胀病的发生，放牧前可以先饲喂一定量的干草再行放牧；或每户可配置 5 根长的放气针。如果发生臌胀病，即从最膨胀的地方刺入，并按住针出气口，缓慢放气。

五是在春秋季节进行口蹄疫、牛结节性皮肤病、牛流行热、牛病毒性腹泻等传染病的预防接种工作。

2. 能繁母牛和肉牛补饲

冬至到立春期间，因天气寒冷，饲草缺乏，草地营养无法满足牛的生产需要，因此，可将牛赶回圈舍进行补饲，每天每头牛补饲草料组成为 5kg 青贮玉米+2kg 干草+1. 5kg 精料。具体可根据牛群实际情况进行增减。

（六）电围栏建设

1. 围栏材料选择

主要有 220V 交流电、脉冲器、高压绝缘导线、电围栏丝、绝缘子、紧线器、中间柱（铁桩）、承重柱（Φ200mm 防腐木桩）、警示牌。

2. 桩柱安装

一是路线清理。根据围栏线路规划，对作业线路上的植物、土丘、石块等杂物进行清理，尽可能使地面平整。

二是承重柱的设置。采用防腐木桩。若承重柱作为门柱的，可设置较粗的木桩。围栏比较直的路段，两根承重柱间距离可为 30～50m；若 50m 内遇拐角、沟、丘等，在拐角处、沟底、丘顶增设承重柱。

三是中间柱的设置。采用防锈和打孔处理的铁桩。两根承重柱间，每隔 5m 设立一根中间柱，并与两端承重柱成直线；若 5m 内遇沟、丘、大石块等障碍物，在沟底、丘顶、大石块左右增设中间柱。

四是承重柱和中间柱的埋设。挖坑：可用人工或机械挖坑，埋设承重柱的坑长<50cm，宽<30cm，坑壁垂直。埋设深度与角度：承重柱和中间柱的埋设深度为 70～80cm，与地面成直角。埋设方法：承重柱埋设时，在直径较小的一端捆扎一截原木（直径 10～15cm，长 40～45cm），然后放入坑中，回填土夯实；中间柱直接夯进土中。特殊地段埋设：土质松软地段，可适当加塞石头、原木等使桩柱稳固；土层浅薄地段，可采用混凝土固定。地锚和支撑柱的设置：角柱和门柱在其受力方向埋设支撑柱或在反方向埋设地锚。

3. 围栏丝架设

第一步：围栏架设应以两承重柱为施工单元，围栏线应固定在承重柱上。自上而下，逐条安装，松紧有度，下密上疏。

第二步：承重柱和围栏丝之间用绝缘张紧器连接，中间柱与围栏丝之间用绝缘子固定。

第三步：从上到下，逐根将围栏丝安装、固定、张紧；围栏丝间距为 15～30cm，共 5~7 根，其中可设 2~4 根火线。

第四步：将脉冲器安装在干燥、避雨、易操控处；以绝缘高压导线为地线，将地线接出室外，埋入地下 1m 以上，使接地良好。火线由绝缘高压导线引出至围栏丝，并用高压导线串联各火线围栏丝。

第五步：避免火线围栏丝与地面、杂草、树枝及外界导体接触，以防漏电造成脉冲电压降低和电损耗。

其他围栏建设可参照国家相关标准执行。

（七）粪肥还地还田

放牧期间，草地粪便短期内较难分解消失，会形成草地粪斑，将严重影响肉牛采食和牧草生长。因此，在放牧结束后可使用钉耙等农具将粪便均匀摊开。

补饲期间产生的粪尿集中收集到集粪池中，进行 10～15d 发酵后，用罐车或粪污喷灌系统灌溉至刚刚结束放牧的草地中。

四、存在问题

（一）对"大食物观"认识不到位，耕地种草受阻

一些部门和领导对习近平总书记关于"大食物观"的重要论述认识不到位，没有认识到优质饲草不仅是动物的优质口粮，而且具有优化种植结构、提升耕地质量、维护生态安全等功能。有些地方出台政策限制耕地种植饲草，导致饲草供需矛盾突出，养殖业主高价从外省购置秸秆等饲草料，提高了养殖成本，降低了养殖效益。

（二）草地资源开发利用率低难度大

一是四川省草地资源边远、分散，大部分草山草坡交通不便、地形复杂，山地丘陵机械配套率低，不利于规模化机械化利用。二是四川省高温高湿气候不利于干草生产加工，饲草易霉变难保存，制约了草地资源开发利用。同时，由于缺乏合理开发利用，全省草山草坡退化严重，约 70%的草山草坡存在灌木化、林地化趋势，优质饲草生长比例降低，制约草地资源发展潜力。

（三）部门职能和现有政策限制了草地资源开发利用

新一轮机构改革后，林草部门负责草地资源管理，过多强调草地生态保护，忽视草地的生产功能。现阶段，四川省农业部门对饲草品种的审定审批处于冻结状态，仅靠林草部门对相关品种的审定无法满足全省饲草品种发展的需求，林草部门审定的草品种偏向生态草为主，严重制约了草牧业高质量发展。同时草山草坡饲草产业发展现有部分政策项目设计不合理，如肉牛肉羊增量提质项目中央财政资金补贴比例仅为 15%。

（四）草畜一体化高效发展技术模式缺乏，草品种选育推广力度弱

长期以来，草牧业科技推广应用不足，草畜产品加工利用技术滞后，草畜结合不紧密，存在"草、畜"两张皮现象，草畜一体化高效发展技术模式较少，草畜转化效率低。草品种主推品种少，近 5 年主推草种仅 2 个，无法满足不同生态型地区草地需求。饲草良繁体系建设滞后，优良饲草种子供应能力严重不足，年提供饲草种子只能满足实际需要的 20%，人工草地优良饲草品种推广面仅 60%左右。

（五）饲草产业化强度不高

四川省饲草资源丰富，但规模化优质人工饲草基地面积小，人工草地面积不足天然草地的5%，远低于发达国家平均水平。优质饲草产品严重不足，每年需从甘肃、黑龙江、山东省等地购买大量苜蓿、燕麦等草产品。土地经营管理创新不够，种植牧草的土地流转经营成本高。人工混播牧草地天然放牧必要的围栏、半舍饲轮牧标准化棚圈和适用山地丘陵地区牧草种植利用的小中机械缺乏，大部分草山草坡等区域交通不便，缺乏生产便道和必要的灌溉设施设备。草牧业社会化服务体系不健全，制约了饲草产业的集约化经营，草业生产经营主体还处于起步发展阶段，企业、专业合作社数量少、实力弱、四川省没有一家有影响力的草产业龙头企业，草产品深加工率低，无草产品品牌，经济效益低。全省发展草食畜牧业的养殖企业（农户）、种畜场、饲草料加工企业、肉食品加工企业等缺乏统一的组织协调，没有形成有效的产业利益链接机制，开发利用草地资源能力不足。

（六）草业发展前瞻性研究不够，科技支撑体系不健全

一是草业发展前瞻性研究不够。长期以来，四川省畜牧业的重点是生猪养殖，对草业发展的前瞻性研究重视不够，种草养畜科学规划、生产经营模式、运行机制等理论积累不够，草业发展中的突破性新型饲用品种、农业机械、收储加工、全产业链监测预警等关键技术储备不足，草业科技贡献率不足50%。二是科技支撑和技术服务体系不健全。四川省机构改革后，原草原处、草原监理站和草科院机构人员整体转隶林草部门，行政管理仅在畜牧兽医局加挂草原牧业处的名字，无熟悉草牧业工作人员。省级仅有一个草业技术研究推广机构（原四川省草原工作总站）。各市（州）、县基本没有专门草业管理机构和技术推广队伍，科技人员严重缺乏。同时全省涉草科研单位多集中在省级，地方科研院所参与度较低，难以形成具有产业化推广潜力的技术服务体系。导致草业新品种、新技术落地见效慢，草畜结合不紧密，草肉转化效率低，单位面积天然草地畜产品生产水平不足新西兰的1/80、美国的1/20。

五、发展建议

（一）出台系统性草山草坡利用规划与政策，强化“大食物观”认识

系统谋划、高位推进，结合二十届三中全会切实搞好“十五五”规划前期谋划

的要求，以全面落实习近平总书记“大食物观”为主线，以高质量高水平保障全省粮食安全为目标，出台对利用全省草山草坡资源的长期规划，并配套落实相关政策，树立“优质饲草不仅是动物的优质口粮，而且具有优化种植结构、提升耕地质量、维护生态安全等功能”的科学理念。为个别地方限制耕地种植饲草进行政策松绑，缓解饲草供需矛盾，切实降低养殖业主本地种植或购买饲草料的成本，提高养殖效益。

（二）完善优化扩大现有项目并优化部门职能分工

国家在四川省实施的南方种草养畜（肉牛肉羊增量提质行动）、山地肉牛产业集群、粮改饲和苜蓿发展行动项目成效显著，有力促进四川省草牧业补短板转方式调结构，带动农牧民致富增收明显，在广大基层受到热烈欢迎。四川省草地资源大县，草食畜牧业已成为全面推进乡村振兴的支柱产业、重要产业。建议国家进一步结合南方草地资源边远分散的特点，适当调整现有项目的补贴力度、准入门槛，如适当提高肉牛肉羊增量提质行动项目中央财政资金补贴比例，降低苜蓿发展行动集中连片土地要求，扩大产业集群实施县数量等。同时，解冻四川省农业部门对饲草品种的审定审批权限，提高农业部门对草山草坡饲草品种的审定和监管能力，成立省级草品种工作委员会，由省林草部门和农业农村部门共同参与，规范全省饲草品种审定流程，加强饲草品种审定的权威性，形成简洁高效、客观公正的饲草品种审定体系，助推饲草品种尤其是四川本土饲草品种进一步推广，满足全省饲草牧业发展的需求。

（三）大力推进草畜一体化发展

遵循草畜一体原则，推动中小养殖场（户）发展标准化适度规模养殖与优质高产饲草配套种植，大力创建川畜禽饲草品牌，实现由草食牲畜品牌与草产品品牌有机结合。根据四川不同生态区域资源禀赋和市场需求，合理规划草山草坡四大区域（攀西地区、成都平原及盆周中浅丘区、川东北深丘区区、川南山地区）草畜一体化产业布局，形成区域化、规模化、专业化的生产格局。加大调整畜牧业结构，鼓励发展草食性畜牧业，减少对传统粮食型畜牧业如生猪产业的依赖，提高草资源的利用效率。提升收割机、裹包机、TMR 搅拌机等饲草生产利用设施设备配套率，做大做强饲草产业。

（四）大力推进品种选育推广

一是加大优质高产草种质资源的收集保护力度。发挥各级草业（饲草饲料、畜牧）站系统地理优势，加大对高产、优质、特殊、珍稀及“乡土草种”的考察收集。对现有的种质资源低温保存库和资源圃中收集的草种质资源进行整理，建立草种质资源共享平台，为四川省高产优质饲草的选育奠定扎实的种质基础。二是增加优质高产新品种的引进培育力度，完善新品种评价测试体系。根据四川不同区域生态特点和养殖产业发展布局，以及果草套作、粮草轮作、禾豆混播等栽培模式要求，对具备育种价值的资源材料着重培育，加强饲用玉米、饲用燕麦、甜高粱、苜蓿等新品种的选育和引进工作，以试点示范为抓手，提升新旧品种替换率。在5大区域建立试验站，积极开展饲草新品种VCU测试，为饲草生产者提供饲草适应性、抗病性、加工特性与利用途径及适宜的栽培方法与技术。三是强化草种生产扶持力度和市场监管力度，不断提升良种覆盖率。按照草牧业布局规划，加强产学研有机结合，加大四川省饲草品种转化应用和扶持力度，因地制宜地选择光照充裕的地区建立草种子繁育基地，提升全省饲草种子供应能力。强化草种市场监管和执法力度，杜绝违法销售草种情况。

（五）培育新型经营主体，加强新模式新机制扶持推广

一是建议国家支持培育发展一批带动能力强的专业化草业龙头企业、合作社和草食畜产品产业化龙头企业，构建以企业为龙头，合作社为纽带，农牧户为主体的现代草业生产经营体系。二是建议国家支持四川省进一步推广已经形成的草地资源开发利用好经验好做法，创新利益联结机制和利益兜底的寄养托养合作生产模式，构建多方资源优势互补、利益共享、风险共担、合作共赢的产业发展合作机制。三是建特色基地推进产业化经营。规划建设优势特色草业基地，推动草产品多元化、多品种开发，标准化生产，增加草产业附加值。推动一批草产业加工企业进农业园区。

（六）依靠科技，着力提升草业技术支撑服务能力

一是建立草业科技研发推广体系，提高科技服务能力。建立各级尤其是市（州）草业科技研发推广机构，健全草业科技服务体系，加快培养草业科技领军人才和创新团队，完善激励机制，鼓励科研人员深入生产一线从事科技研发，促进科技成果转化。二是强化科技攻关，推广种草实用技术。集聚现代农业产业技术体系、科研院所和企业力量，增加资金投入，加强突破性饲草品种选育、良种繁育、区域试验、标准化规模化饲草料种植加工、全产业链监测等核心技术、设施装备的联合攻关研发，突破关键领域的技术瓶颈。加大技术培训，培养新型职业农民。三是推进草业标准化数字化生产。组织开展饲草生产加工和产业融合发展等方面相关标准的制修订和推广应用，提高四川省草业标准化生产能力和水平。加快数字草业建设。摸清四川省饲草生产的空间分布家底和各地市场需求，构建草业“数字底图”。推进饲草产品和草食畜禽产品大数据建设，科学调控草产品生产、加工、流通。充分利用物联网、互联网技术，建设数字牧场，实现草业精细化生产与智能化管理。

参考文献

程明军，2017. 从多年生饲草入手四川推动农业供给侧结构性改革［J］. 四川畜牧兽医，44（6）：8-9.

程明军，侯众，杨世荣，等，2019. 浅析高原藏区建立青贮饲料生产基地的意义［J］. 四川畜牧兽医，46（5）：13-15.

邓榆川，王建文，陈艳宇，等，2024. 四川饲草产业发展的几点思考［J］. 四川畜牧兽医，51（1）：1-3.

付建勇，2021. 四川主要优质饲草种植生产指南［M］. 成都：四川科学技术出版社：9.

甘佳，王巍，方东辉，等，2021. 四川农区牛粗饲料资源开发利用现状分析［J］. 四川畜牧兽医，48（3）：43.

伍文丹，张德龙，崔阔澍，等，2022. 四川青绿饲料常年轮供技术的研究进展［J］. 中国农技推广，38（3）：12-14.

严东海，程明军，伍文旦，等，2021. 高质量推进四川草业振兴的路径探讨［J］. 四川畜牧兽医（7）：14-16.

Zhang Y，Gao Q，Xu L，et al.，2014. Shrubs proliferated within a six-year exclosure in a temperate grassland—Spatiotemporal relationships between vegetation and soil variables［J］. Sciences in Cold and Arid Regions，6（2）：139-149.

饲草及农作物秸秆加工利用技术报告

季　杨　田浩琦　梁小玉　胡远彬　张　靓　刘亚男
（四川省畜牧科学研究院，四川成都 610066）

摘　要：四川是农业大省，饲草及农作物秸秆资源丰富，秸秆综合利用率已稳定在90%以上，处于全国中等偏上水平。四川省秸秆加工以农作物秸秆为主要对象，其中，水稻、玉米秸秆占所有秸秆产量的60%以上，饲草类秸秆以直接饲用、调制干草、青贮为主。在秸秆“五化”利用水平中，秸秆肥料化处理占比最高，达68.28%，其次为饲料化处理，占比13.09%。限制农作物秸秆饲料化的主要原因在于秸秆季节性、区域性利用与发展不平衡，相关技术研发推广不健全及政策扶持不足等原因。因此，未来还需要继续发展秸秆饲料加工技术，完善秸秆收储运体系，增加政府支持和资金投入等方式来推进秸秆饲料化的高质量发展。

关键词：饲草；作物秸秆；加工利用；对策研究

四川是全国13个粮食主产省之一，总产量位居全国第九位，随着粮食作物生产的扩大，农作物秸秆资源也更加丰富。农作物秸秆是农业生态系统中宝贵的生物质资源，其合理利用有利于耕地资源保护及生态循环农业发展。2022年四川省秸秆产量达3 686.55万t，综合利用率达93.7%。四川省农作物秸秆资源有产量大、分布广、种类多等特点。为了充分利用农作物秸秆资源，四川从政策、技术等入手提高秸秆的综合利用水平，为农业绿色可持续发展、乡村生态宜居、农业农村减排固碳提供了重要支持。本报告概述了四川饲草及农作物秸秆的基本情况及利用现状，并剖析了当前秸秆饲料化过程中存在的问题，并提出了相应的对策建议。

一、四川省饲草及农作物秸秆基本概况

四川作为农业大省，秸秆资源非常丰富。2022年四川省农作物秸秆产量以玉米（31.34%）、水稻（30.96%）、油菜（17.74%）、小麦（7.79%）为主，其他秸秆

类别占总产量的 1.81%。随着党中央、国务院推进秸秆综合利用的决策部署，四川省高度重视并扎实推进农作物秸秆综合利用，自 2019 年以来，年秸秆综合利用率已达到 90%以上，其中秸秆肥料化利用达 68.28%，秸秆饲料化利用占 16.65%。由于四川省丘陵山地众多，季节性干旱突出，优质饲草季节性供应不平衡，牛羊冬春缺草问题显著，饲料缺口较大。充分利用饲草及农作物秸秆资源对提高秸秆饲料产量和品质，促进草食畜牧业高质量发展具有积极意义。

（一）四川省主要饲草种类及特性

由于四川省多样的气候和地形条件，饲草分布具有明显的季节性差异。表 1 为四川主要种植的人工饲草，不同种类饲草具有特定的生长周期并存在季节性分布，多数一年生饲草的生长周期为 3~8 个月，多年生饲草利用年限多为 5~6 年。饲草播种时间主要分春播和秋播两种，川西高原、川南及攀西等区域以春播饲草为主，四川盆地及其周边地区春播、秋播均可。多数饲草的适口性、消化率较高，可直接饲用，苏丹草、高丹草和饲用高粱等常被用于青贮。高丹草、老芒麦等再生能力强，可多次刈割，能显著提升草产量和经济效益。饲用玉米、饲用燕麦、黑麦草、披碱草、狼尾草属等为四川主要种植的人工饲草，各地区养殖场对优质饲草的需求旺盛，因此饲草缺口较大，外购饲草占比达 52.9%（表 1）。

表 1　四川省主要饲草种类及特点

饲草种类	生长周期	季节性区域分布	生长特性
饲用玉米	3~4 个月	春播为主，成都平原、川东丘陵区和川西北高原	生长迅速，产量高，营养丰富，适应性强，水肥需求较高，抗倒伏性较强，可青贮
饲用燕麦	4~5 个月 5~6 个月	春播：川西冷凉高寒地区 秋播：集中在四川盆地	营养价值高，适口性好，耐寒、抗旱性较好，耐贫瘠，低于 25℃下生长良好，可青贮
狼尾草属	多年生，5~6 年	根据不同品种特性，可广泛种植于成都平原及川南，攀西地区	喜温暖湿润气候，营养丰富，其适应性强，产量高，病虫害少，抗倒伏，生育期长，可青贮
披碱草属	多年生，5~6 年	川西高原、川北及凉山	利用周期长，耐寒及抗旱能力好，再生能力强，营养丰富，粗蛋白含量高、适口性好，可刈割 1~2 次/年
饲用高粱	5~6 个月	春播：川西、川北及盆地边缘的丘陵地区	适应性广，较抗旱、耐热、抗倒伏，具备高产潜力，可用于青贮

（续表）

饲草种类	生长周期	季节性区域分布	生长特性
高丹草	5~6个月	成都平原，川南、川东北、川西高原地区	适应性较强，生长迅速，具有良好的再生能力，可青贮
苏丹草	5~6个月	春播，川南和攀西地区种植	生长迅速、产量高，可用于青贮
墨西哥玉米	7~8个月	春播，四川盆地，川南及川西高原河谷地带	高产，营养丰富，适口性好，耐热耐湿，刈割次数多，可青贮
黑麦草	6~8个月	秋播，种植面积广，川西和川南地区广泛种植	适应性强，耐寒、耐湿，对高温耐受性差，生长迅速，再生性强，为高产优质牧草
老芒麦	多年生，3~6年	川西高原、攀西及川北地区的气候干燥、冷凉区域	耐寒性强，耐贫瘠，营养丰富，再生能力强，可刈割2~3次/年
中华羊茅	多年生，4~5年	根据品种差异可在川西高原、川南地区、成都平原及周边种植	适应性强，耐寒性好，再生能力强，草质柔软，适口性好
鸭茅	多年生，6~8年	春播或秋播，川西高原、川北地区及成都平原及川南地区	适应性强，耐盐碱，再生能力好，根系发达，是优质牧草，可多次刈割
紫花苜蓿	5~6年	适合在四川的高原地区种植	适应性强，耐旱，具有固氮能力，营养价值高，可青贮
三叶草	5~6年	春播：成都平原及川南地区；秋播：川西高原边缘地区、川北、攀西地区	适应性强，耐寒，再生能力强，生长迅速，营养价值高，可做绿肥
光叶紫花苕	7~8个月	秋播为主，川西平原及丘陵地区、川南地区、攀西地区	适应性强，耐寒性好，具有固氮能力，再生能力强，营养价值高，可做绿肥

总体而言，这些饲草具备较强的适应性和抗逆性，具有营养价值高、再生能力强等特点。饲用玉米、狼尾草属草种、燕麦等饲草的秸秆是饲草秸秆资源开发的重点对象。

（二）四川省主要饲草及农作物秸秆资源潜力及分布

1. 秸秆资源种类分布

老芒麦、披碱草、紫花苜蓿等饲草秸秆资源主要分布在川西高原、川北地区，秋季收获作为牛羊等牲畜的过冬饲料。狼尾草、青贮玉米、饲用高粱和苏丹草等饲草秸秆资源在成都平原川东北、川南地区广泛分布，此区域气候温暖湿润，秸秆产量较高，因此这些饲草秸秆可作为青贮饲料的原料。攀西地区以苏丹草、甜高粱等高产饲草种类为主，秸秆主要用于青贮或直接饲喂反刍牲畜。四川丘陵和盆地地区种植的饲草种类较为多样化，饲用玉米、黑麦草，燕麦、苜蓿、墨西哥玉米等秸秆资源丰富，多用于畜牧业青贮及饲草储备（表1）。

四川省农作物秸秆资源以水稻、玉米、小麦、油菜、薯类秸秆为主，此外还有少量甘蔗豆类、花生、棉花等，近年来，油料作物种植面积增长明显，油菜、马铃薯、甘薯等作物产量长期保持在全国首位。2022年四川省秸秆种类中，水稻秸秆占总量的30.96%，玉米秸秆占总量的31.34%；小麦秸秆占总量的7.79%；薯类占总量的4.39%；油菜秸秆占总量的17.74%；其他谷物占总量的1.81%；大豆占总量的2.99%；花生占总量的2.98%；棉花占总量的0.20%（表2）。

表2　四川省主要农作物秸秆情况

种类	2022年产量（万t）	特点	用途	季节性分布区域
水稻	1 141.35	纤维较细，富含硅，易腐烂	用于制作饲料、绿肥和土壤改良剂	秋季收获，广泛分布于四川南部和东部，四川盆地及沿江地区
小麦	4 287.18	较坚韧，纤维含量高，耐腐烂，营养价值相对较低	用于制作覆盖物、建筑材料或作为饲料	夏初收获，在四川北部的丘陵和山区，尤其是在德阳、绵阳和广元等地区
玉米	1 155.36	纤维较粗，含有丰富的营养	用于饲料和青贮，在土壤改良、覆盖材料制作方面也有较好的效果	夏季收获，广泛种植在四川的中部、东部、南部等地区
油菜	653.99	相对较软，富含营养	可用作饲料，也能为土壤提供有机质，可进行堆肥化处理	春季收获，四川中部和南部地区种植广泛
豆类	110.23	蛋白质和氮含有较高的	用作优质饲料，且有助于增加土壤肥力	秋季收获，广泛分布于整个四川，特别是在川西和川北地区
花生	109.86	富含粗纤维、粗蛋白等营养，产量高	可青贮，做有机肥料、燃料、食用菌基质及纤维制品	秋季收获，广泛分布于川南、川中丘陵及川东地区
薯类	161.84	粗纤维含量高，柔软，营养丰富，易腐烂	可做饲料，可青贮或堆肥，用于土壤改良	秋季收获，分布范围广，在成都平原，攀西地区等地均有分布
棉花	—	纤维素含量高，营养价值较低，产量有限，硬度大	可做粗饲料、生物质能原料	秋季，主要集中在攀西地区

（续表）

种类	2022年产量（万t）	特点	用途	季节性分布区域
甘蔗	—	纤维粗糙，耐腐烂	用于饲料或制浆造纸，可作有机肥料	冬季收获，四川东、南部及盆地，西部高原地区的沿河谷地带

数据来源：根据《四川秸秆综合利用发展报告》整理而得。

2. 秸秆资源区域分布

四川省主要秸秆资源集中在成都平原、川东北和川南丘陵区域，攀西地区和川西高原区域秸秆资源较少，川西高原地区秸秆产量仅有48.40万t，而秸秆饲料化利用水平为全省最高（图1）。

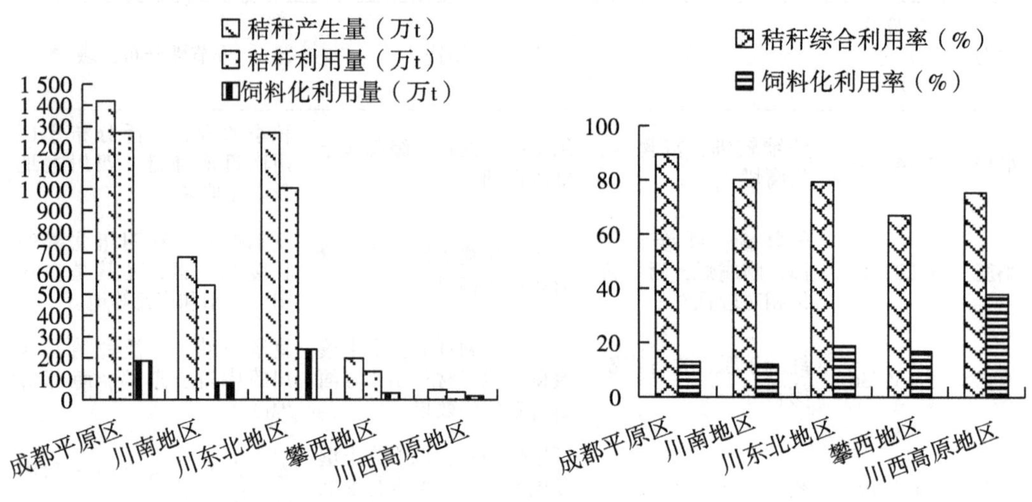

图1　2021年四川省五大片区秸秆资源利用情况

成都平原（成都市、德阳市、绵阳市、遂宁市、资阳市、眉山市、乐山市、雅安市）为全省秸秆资源最丰富的区域，据统计，2021年该区域年秸秆资源总量达1 419.45万t，主要以水稻、玉米、油菜秸秆为主，总秸秆产量占全省资源总量的39.3%。川南地区（内江市、自贡市、宜宾市、泸州市）年秸秆资源总量达677.9万t，占全省秸秆资源总量的18%，秸秆种类以玉米、小麦、水稻、油菜、薯类为主。川东北地区（南充市、达州市、巴中市、广元市、广安市）年秸秆资源产量达1 268.89万t，占全省秸秆资源总量35.13%，秸秆种类以玉米、小麦、水稻、薯类、油菜、花生为主。攀西地区（攀枝花市、凉山州）年产秸秆资源总量达

197.21 万 t，占全省秸秆资源总量的 5.46%，秸秆种类以玉米、大豆、薯类为主。川西高原地区（甘孜州、阿坝州）年秸秆资源总量达 36.52 万 t，占全省年秸秆资源总量的 1.4%，秸秆种类以油菜、小麦、薯类为主。

3. 秸秆资源潜力

四川省的秸秆资源丰富，在农业生产和生态保护中具有重要价值。由于川西高原地区牛羊产业规模大，优质饲草需求量高，因此饲草类秸秆除了直接饲用外，还用于青贮和干草调制，因此，四川省饲草秸秆的主要利用目标以满足畜牧业发展为主。四川省主要农作物秸秆种类多、量大，分布广，农作物秸秆资源可转化为饲料、肥料、基料、土壤改良剂等，从而促进秸秆资源的循环利用和农业的可持续发展。

（三）饲草及农作物秸秆资源开发及利用

四川省作为全国粮食主产省之一，近年来，随着四川省畜牧业的发展及粮食作物的扩大生产，饲草及农作物秸秆资源越加丰富。2022 年四川省农作物秸秆总利用量为 2 925.75 万 t，综合利用率达 93.17%，秸秆“五化”（肥料化、饲料化、燃料化、基料化、原料化）为秸秆资源的主要利用方式，利用比例分别为 68.28%、16.65%、13.09%、1.35%、0.65%，主要以肥料化、饲料化和燃料化为主。

1. 秸秆肥料化利用

（1）秸秆粉碎翻埋还田技术。该技术将秸秆直接粉碎翻旋混埋还田，实现了农作物秸秆的就地还田肥料化利用，机械化粉碎还田一般能达到均匀的还田质量。

（2）秸秆覆盖、异位覆盖还田技术。川中丘陵、盆周山地等田块破碎、机械化程度低的地区可采用覆盖还田，但在实际操作中，覆盖还田的随意性较大，缺乏相关技术要求，养分归还土壤效率低，容易造成下茬作物病虫害增加。

（3）秸秆就地就近+膜式快腐堆肥还田技术。该技术集成了秸秆就地就近小型智能快腐堆肥技术，解决了四川省丘陵、山地区域秸秆收集难、运输不便，秸秆还田成本高、秸秆腐熟缓慢，以及国内堆肥技术成本高、周期长，建设投入较大，丘陵山地区难以推广和大面积应用等问题。堆肥形成的有机肥就地还田满足了农业生产有机肥的需求，降低了化肥使用量。

（4）山地丘陵区秸秆小型智能堆肥技术。该技术针对农村特别是丘陵地区，利用现有物联网技术、软件技术与网络技术，设计制造适合本地区乡村小规模、分散应用与推广的中小型智能堆肥发酵系统，结合特有的高温好氧发酵菌剂，能有效利用秸秆进行堆沤发酵生产，有效提高发酵效率，快速解决秸秆焚烧和直接还田带来的污染与病害等问题，同时实现种植废弃物绿色循环。

2. 秸秆饲料化利用及加工技术

四川省秸秆产能大，饲料化利用率不高，畜禽饲草需求大，但自给率不高，加上四川丘陵山地众多、季节性干旱突出、优质饲草供应不足或季节性不平衡，饲料资源短缺问题日益显现，人畜争粮矛盾日渐突出。开发秸秆的饲料价值，实现资源的循环综合利用，可有效补充饲料短板。作物秸秆一般含粗脂肪1%~2%、粗蛋白3%~7%、粗纤维30%~40%，无氮浸出物30%~50%，钙、磷等元素丰富，通过饲料化加工可改变秸秆生物质结构，分离原料中纤维素、半纤维素、木质素，使碳水化合物以更快、更高的效率转化成单糖，从而提高家畜采食及消化吸收效率。秸秆饲料化利用技术能有效拓宽秸秆无害化利用途径，降低秸秆饲料化利用成本。通过"秸—饲—肥"种养结合循环利用模式，有利于形成种养业耦合发展模式，实现种养结合、节本增效、绿色高效发展。

（1）秸秆饲料化储藏关键技术。该技术主要有秸秆青贮，秸秆黄贮，秸秆微贮，秸秆氨化等类别。上述加工方式针对不同类型秸秆特性开展，其中秸秆青（黄）贮是将经过揉丝的秸秆填入密闭设施，经过微生物发酵后达到长期保存其营养成分的一种加工技术，该技术能提高饲料转化率、营养成分及适口性，便于长期保存。秸秆微贮需要加入足量的微生物活性菌种，需要将秸秆放入密闭设施并经过大于3周的发酵后使用。秸秆氨化技术，是利用尿素、碳氨、氨水、液氨等碱性物质，改善秸秆饲料的适口性、提高秸秆饲料消化率的方法。该技术较为经济、方便且实用。

（2）秸秆压块饲料加工技术，是将秸秆经机器铡切或揉搓粉碎，混合必要的其他营养物质，经过高温高压轧制而成的高密度块状或颗粒饲料。秸秆压块饲料体积小、比重大，方便运输、饲料不易变质、便于长期保存，可作为商品饲料弥补饲草的缺乏。适用于该技术的秸秆主要有玉米秸、麦秸、稻秆以及豆秸、薯类藤蔓等。

3. 秸秆燃料化利用及加工技术

四川省是农业大省，农作物秸秆具有产量大、分布广、种类多的特点，产生的秸秆资源丰富且产量趋于稳定。受地域条件限制，秸秆收储运体系不完善，收集成本高，储存困难。而秸秆的能源化利用技术适宜于四川省丘陵地区的分散型秸秆处理，有利于推动四川省秸秆综合利用持续发展。

（1）固化成型燃料技术。该技术利用木质素充当黏合剂，能将秸秆挤压成质地致密、形状规则的燃料。该技术适用于各类秸秆，且每吨成本仅是天然煤的 1/3。秸秆固化燃料比重大、体积小、热值高、燃烧性能好，可代替煤、天然气等，是适用于生活炉灶、工业锅炉、秸秆发电厂的理想燃料。该燃料的有害物质排放量远低于石油、煤炭，有利于提高大气环境质量，燃烧后的灰渣富含钙、镁、磷等元素，是上好的有机肥。

（2）秸秆热解制备生物炭技术。该技术通过将秸秆高温热解，形成比表面积大、孔容大的生物炭。生物炭对氯霉素和洛克沙胂等代表性兽药具有良好的吸附效果，可有效改善农村人居环境，提高农民居住品质；生物炭也是有机碳肥的主原料，可以优化土壤中微量元素和有益菌群生存环境，也可固氮、固碳，助力碳减排。秸秆热解制备生物炭在川东北地区的应用不仅解决农村土地污染问题，还可有效改善水体环境的污染情况。

（3）秸秆沼气技术。秸秆沼气技术是在厌氧环境和一定的温度、水分、酸碱度等条件下，秸秆经过微生物的厌氧发酵产生沼气的技术。

（4）秸秆“燃料乙醇—沼气—有机肥”多联产关键技术与模式。我国生物燃料乙醇产业规模位居世界第三，在应对能源危机和环境治理方面发挥了重要作用。然而，秸秆乙醇生产中毒性物质对微生物的抑制问题亟待解决。“醇—气—肥”多联产技术通过无需脱毒水解液、开放式发酵、广泛的原料适应性等优势，降低了水耗、能耗和废水处理成本，同时生产沼气和有机肥，延长了秸秆综合利用产业链。该模式包括蒸汽爆破预处理和抗逆工程菌发酵乙醇、废渣厌氧发酵生产沼气、残渣制备生物有机肥等关键技术，具有显著的经济和社会效益。

4. 秸秆基料化利用及加工技术

作物秸秆直接堆腐还田的降解速度较慢，容易发生腐解不充分的现象，导致腐解产物碳氮比仍然较高，这些问题是秸秆还田的技术瓶颈所在。并且，秸秆分解过程中产生较多的碳排放，不利于我国实现“双碳”目标。

（1）秸秆发酵栽培双孢菇基质化利用及菌渣还田技术。该技术可大量消纳主粮作物的秸秆，让农民通过栽培双孢蘑菇实现增产增收，栽培双孢蘑菇后的基质可以作为有机肥还田，减少了农田化肥投入和商用有机肥购买量，降低了生产成本，改善了土壤质量和环境。对循环农业高质量发展、打造更高水平“天府粮仓”具有重要的支撑作用，应用前景广阔。

（2）玉米芯秸秆基质化栽培侧耳类食用菌技术。玉米芯是农业生产中重要的秸秆类废弃物，体积较大、碳氮比高、容易霉变，不适合直接还田或直接堆腐后还田。另外，玉米芯是食用菌生产的重要原料，栽培食用菌之后的菌渣，其碳氮比显著下降，木质素、纤维素和半纤维素被大量消耗，非常适合作为有机肥的原料进行发酵腐殖化。出菇后的菌渣经堆腐后作为有机肥施入田间，是高效利用秸秆类农业废弃物的优良模式。

（3）秸秆聚乳酸制备技术。乳酸作为一种天然有机酸，广泛用于食品、医药、饲料、化工等行业领域，是合成聚乳酸的原料，聚乳酸作为生物可降解材料，应用前景广阔。但当前乳酸的生产主要使用淀粉类原料，存在与民争粮的问题。使用秸秆作为原料生产乳酸进而制备聚乳酸对减轻农业环境污染和保障粮食安全等具有重要意义。

（4）真菌基秸秆生物质材料的关键技术。该技术利用我国丰富的真菌资源，筛选出具有强扭结能力和纤维素、木质素分解能力的真菌，通过其菌丝体生长时的天然“胶水”特性，将农作物秸秆包裹，形成可循环降解的新型环保包装材料。该材料无毒，适用于安全种植领域，解决塑料污染问题，并可用于沙漠治理。其制作过程低能耗、低排放，且可在180d内完全分解，增加土壤肥力，实现污染减排与秸秆资源高值化再利用，具备显著的经济和社会效益。

二、制约秸秆饲料化利用的主要因素

秸秆资源作为一种可再生的农业副产品，其在四川省甚至全国农业和畜牧业的综合利用中具有重要的地位。然而，秸秆饲料化在推广过程中遭遇多种制约因素，如四川省不同农区受地形地貌等自然条件限制，农业机械化水平参差不齐，关键技术不足及推广不到位，秸秆收集、储存及转运环节体系不完善等导致秸秆综合利用不平衡。

（一）秸秆季节性、区域性利用与发展不平衡

1. 收储运体系的不完善

秸秆的收集、运输和储存是秸秆资源综合利用中的三大关键环节。目前，四川

省尚未建立起一套完善的秸秆收储运体系。具体问题包括：秸秆产生时间的季节性集中导致收集窗口短暂；秸秆的大体积和收集半径大导致运输成本高；收储点分布不合理，未形成有效的区域性网络；此外，秸秆的易燃、易湿、易腐特性使得其长期储存成本高，储存过程中的损耗大。这些因素共同制约了秸秆的有效收集、运输和储存，进而影响了秸秆资源的综合利用效率。

2. 区域发展不平衡导致秸秆利用受限

根据四川省不同地域自然地理条件，可划分为：成都平原区、川中丘陵区、盆周山区、川西南山地区、川西北高原山地区。由于不同生态区在经济发展水平、种植制度、文化认知、技术装备及政策支持等方面差异较大，同时受限于秸秆产期集中，收储运体系不完备，导致不同地区秸秆资源的综合利用发展不平衡。成都平原城市群得益于较为发达的农业机械化和较高的农业科技水平，秸秆综合利用率高，应用技术多样，如秸秆压块、颗粒化等。相对而言，盆周山区和偏远区受地势地貌影响，基础设施落后、技术输入不足以及信息获取渠道有限，秸秆的综合利用率显著较低，大部分秸秆仍被焚烧或废弃，未能得到有效利用。

3. 秸秆高值化利用能力不足，利用结构待优化

“十三五”期间，四川省秸秆综合利用率保持稳定增长趋势，但秸秆“五化”利用结构不合理，主要以简单还田、低质燃料和农户直接饲喂等附加值与转化率低的内容为主，而转化效率及附加值高的饲料化、有机肥料、成型燃料、发电、工业化原料等秸秆深加工利用率低，综合利用产品附加值低。有机肥料、粗饲料加工、成型固体燃料、生物碳等秸秆深加工利用企业规模较小、数量偏少且未形成规模，总体效益不高，离商业化发展距离较远。

（二）相关技术研发推广不健全及政策扶持不足

1. 关键技术突破不足

技术是推动秸秆饲料化的关键因素。当前，四川省在秸秆饲料转化率、消化率方面仍存在较大的提升空间。高效的秸秆饲料化技术如酶解技术、微生物发酵技术和改良的青贮技术等，尚未广泛应用。秸秆的纤维素成分较高，直接作为饲料使用时动物难以消化吸收，这限制了其作为饲料的更广泛应用。此外，秸秆处理和转化设备在小型化、成本效益和操作便利性方面仍需进一步研发和优化。

2. 政策扶持不足，项目资金支持有待提升

国家层面的政策支持体系对秸秆综合利用至关重要，秸秆产业化投入产出效率低，难以形成完整的产业链。当前，政策支持主要针对收储运、生产企业设施设备购置、秸秆利用量等环节进行补助，而产品使用消费终端没有补助。秸秆肥料化利用技术研发阶段和专项规划方面的政策支持落地明显不足，对大中型秸秆企业的扶持和鼓励政策落地不够，国家专项资金效益没有充分显现出来。

三、推进秸秆饲料化进程的对策和建议

（一）发展秸秆饲料加工技术

加大对秸秆饲料化关键技术的研发投入，尤其是在提高秸秆消化率和营养价值方面。发展适合不同区域和不同类型秸秆的定制化处理技术，如生物酶处理、微生物发酵和营养强化等。在成都平原地区推广成熟的秸秆加工技术，如秸秆颗粒化和压块技术；在偏远农区和牧区，依托当地养殖业需求，推广秸秆青贮和氨化等适宜的低成本技术。

（二）完善秸秆收储运体系

（1）根据地区农业生产特点，优化秸秆收集时间和方法，减少秸秆收集过程中的损耗。推广使用秸秆粉碎还田或捡拾打捆设备，以提高收集效率和降低运输成本。

（2）在各主要秸秆产区建立秸秆收储中心，形成有效的区域性收储网络。这些中心应配备必要的秸秆处理设施，以减少运输和储存过程中的损耗。

（3）建立高效的秸秆运输网络，支持多种运输方式的结合使用，如直接从田间到收储中心的大规模运输与小规模、多频次的农户自运模式的结合。

（4）培育秸秆饲料化市场和企业。支持和扶持秸秆饲料加工企业的发展，尤其是在技术创新和市场扩展方面。鼓励企业与农户建立稳定的合作关系，通过合理的利益分配机制，激发农户的秸秆供应积极性。

（5）政策支持和资金投入。政府应提供必要的政策和资金支持，特别是在秸秆饲料加工技术研发、秸秆收储基础设施建设及相关企业的市场推广等方面提供支持。

参考文献

陈炀，王丽霞，杨毅，等，2020. 四川省秸秆资源肥料化与能源化利用潜力及生态足迹分析［J］. 山东农业科学，52（8）：5.

廖凤先，2024. 农作物秸秆饲料化综合利用存在的问题及对策［J］. 畜牧业环境（1）：19-20.

四川省农业农村厅，2024. 四川秸秆综合利用发展报告［M］. 北京：中国农业出版社：2-3.

唐川江，刘伟，杨春桃，等，2024. 四川省 2023 年上半年饲草生产形势分析报告［J］. 四川畜牧兽医，（5）：01-03.

王义鹏，赵帮泰，梅林森，等，2022. 四川省秸秆“五化”利用情况及分析［J］. 四川农业科技（9）：83-85.

钟丽媛，孙会增，吴冠中，等，2023. 农作物秸秆饲料化利用的制约因素及其解决对策［J］. 中国畜牧杂志，59（12）：61-66.

第五部分

经验交流

蜀宣花牛的选育模式

——四川省畜牧科学研究院蜀宣花牛新品种培育经验交流

王 巍[1] 易 军[1] 甘 佳[1] 方东辉[1] 廖志敏[2] 赵益元[2] 付茂忠[1]

（1. 四川省畜牧科学院研究院，四川成都 610066；

2. 宣汉县农业农村局，四川宣汉 636150）

摘　要：中国地方牛遗传资源丰富，普遍具有肉质鲜美浓郁，性情温顺，易管理，耐粗饲，抗逆性好等特性，为国外品种本土化杂交、牛新品种培育提供了重要的育种素材。蜀宣花牛以巴山牛（宣汉黄牛类群）为母本，引进西门塔尔牛、荷斯坦牛为父本进行三元杂交，定向选育而成。新品种乳肉性能优良，应用范围广泛，有效支撑了四川省优质牛肉和牛奶的供给。蜀宣花牛的育成填补了南方牛新品种培育的空白、丰富了我国牛种资源。创新了以地方牛品种资源有效保护和有序开发为目标，因地制宜，根据特定生态类型和地域经济条件，有计划地进行杂交改良或本品种选育的新模式。

关键词：蜀宣花牛；遗传资源；杂交选育；育种目标

新中国成立以来，政府十分重视牛遗传资源的保护和利用，针对不同时期国计民生的需求，提出了一系列促进牛业发展的方针政策和奖励措施，使中国牛种资源得到了发展壮大。各地以地方牛遗传资源为育种素材，相继培育了 11 个国家审定牛种，蜀宣花牛作为黄河以南第一个育成的乳肉兼用型牛种，有效支撑了国家种业振兴。

一、利用本土资源，育成蜀宣花牛新品种

四川现有地方黄牛品种 8 个，普遍具有环境适应性强、抗逆性好、肉质风味佳、性情温驯等特点，是作为国外品种本土化杂交、培育牛新品种的重要素材。其中巴山牛（宣汉黄牛类群）肉用性能和抗热应激特性尤为突出。

蜀宣花牛以巴山牛（宣汉黄牛类群）为育种素材，引进西门塔尔牛、荷斯坦牛为父本进行三元杂交，历经三个阶段，即1978—1985年的杂交阶段，1986—1992年的引种导血和级进杂交选育阶段，1993—2011年的横交和世代选育阶段，历时30多年定向选育培育而成。2012年获得国家畜禽新品种证书［证书编号：（农02）新品种证字第6号］，并纳入国家牛良种补贴。蜀宣花牛的血缘组成为宣汉黄牛6.25%，荷斯坦牛12.5%，西门塔尔牛81.25%，杂交育种方案见图1。

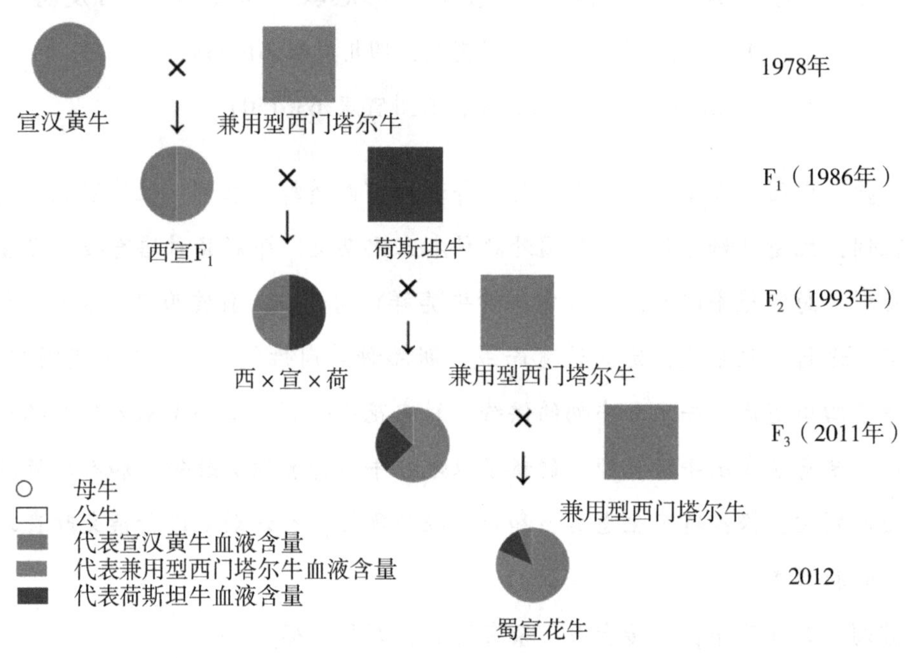

图1　蜀宣花牛的杂交育种方案

蜀宣花牛的育种目标包括乳用、肉用和繁殖3大类9个性状，针对多个育种目标性状，建立了耐湿热性选择指标、体型外貌线性评定方法、经济性状综合选择指数、开放式核心群选育技术，解决了多性状间协同选育的技术难题。目前，已通过全基因组SNP分型检测，建立了蜀宣花牛遗传评估模型，优化了育种方案，根据基因流动法搭建了蜀宣花牛数字化育种平台，进一步加快了蜀宣花牛的遗传进展。目前，育种区四川省宣汉县存栏核心群母牛4 851头，扩繁群4.5万头，总群体8.3万头，建成蜀宣花牛核心原种场1个，存栏蜀宣花牛917头。按照《蜀宣花牛》行业标准（NY/T 2828—2015）标准进行性能测定和体况评定的蜀宣花牛数量为3 848头。通过近年来的选育，成年公牛、母牛体重和18月龄平均体重分别较品种育成时体高 44.0kg、8.1kg 和 17.8kg。

二、运用杂交选育，提升牛遗传资源生产性能

蜀宣花牛成年公牛体重 782.2kg，母牛体重 522.1kg；平均胎次产奶量 4 495.4kg，乳脂率 4.2%；育肥牛 18 月龄平均体重 509.1kg，育肥期平均日增重 1.14kg，屠宰率 58.1%，净肉率 48.2%；牛肉氨基酸总量 21.1%（其中 EAA 6.79%，鲜味氨基酸 37.90%，甜味氨基酸 33.01%），肌苷酸平均 3.79mg/g；30 月龄阉割牛眼肌剪切力 3.38kg/cm^2，眼肌大理石花纹中国标准 5 级，胴体等级特级。与亲本品种相比，公、母牛成年体重分别较母本（宣汉黄牛）提高 82.6%和 54.2%，屠宰率、净肉率分别提高 11.7%和 17.4%；平均乳脂率较荷斯坦牛高 23.53%；经济性状整体水平接近我国应用最广的兼用型中国西门塔尔牛。年产乳脂量、年产乳蛋白量、屠宰率和净肉率较三河牛分别高 0.4%、5.2%、6.4%和 17.0%，较新疆褐牛分别高 102.9%、78.1%、35.4%和 53.0%（表 1）。蜀宣花牛能够较好适应我国南方夏季高温高湿自然气候条件，夏季蜀宣花牛的产奶量下降幅度平均 8.5%，明显低于中国荷斯坦牛和西门塔尔牛。抗病力强，历时 10 年基于 69 256 头次蜀宣花牛的疾病发生情况统计，蜀宣花牛正常年份各种常见疾病发病率平均仅为 8.9%，明显低于荷斯坦牛（常见疾病的发病率 19.8%）。

表 1　蜀宣花牛与地方牛和同类型品种牛的性能比较

指标	蜀宣花牛	宣汉黄牛	三河牛	新疆褐牛
年产乳脂量（kg）	208.1	—	207.3	102.6
年产乳蛋白量（kg）	171.3	—	162.9	96.2
屠宰率（%）	58.1	52.02	54.6 （阉割牛）	42.9 （阉割牛）
净肉率（%）	48.2	41.04	41.2 （阉割牛）	31.5 （阉割牛）

三、强化开发利用，保供优质“肉盘子”和“奶罐子”

随着中国人民生活水平的日益提高和国际间交往合作的不断扩大，牛肉的需求量正在不断增加，牛肉的品质也受到了前所未有的重视。蜀宣花牛的成功培育与示

范应用，有效支撑了四川省优质牛肉和牛奶的供给。在育种地宣汉县蜀宣花牛已形成产业化发展格局，培育并扶持省级龙头企业 1 家、市级龙头企业 10 家，乳、肉制品加工企业 9 家，创建了国家农业科技示范展示基地、四川省 5 星级现代农业园区（蜀宣花牛 & 优质牧草园区）、国家农村产业融合示范园，宣汉县已经发展成为四川农区第一养牛大县。

自 2012 年通过国家新品种审定以来，蜀宣花牛已应用到全国 13 个省（市）和省内 21 个市（州），累计推广种牛 18.76 万头，犊牛 33.54 万头，肉牛 283.36 万头，冻精 245.50 万剂，改良地方黄牛 216.39 万头；技术覆盖肉牛 192.55 万头；生产鲜奶 20.27 万 t，生产牛肉制品 14.57 万 t。为推进成渝双城经济圈肉牛产业快速发展提供了重要科技支撑，对四川省由畜牧大省向畜禽种业大省转变、养牛大省向养牛强省转变具有突破性意义。

四、创新选育模式，为牛遗传资源利用开创了新格局

蜀宣花牛的育成，填补了南方牛新品种培育的空白、丰富了我国牛种资源。创新了以地方牛品种资源有效保护和有序开发为目标，因地制宜，根据特定生态类型和地域经济条件，有计划地进行杂交改良或本品种选育的新模式；建立了完善了省、县、乡镇、村四级良种繁育体系，加速了优良种牛的扩繁和应用；创新“合作牧场+基地+农户”的产业化生产经营模式，推进形成了产业链条相对完整、市场主体利益共享、抗市场风险能力强的特色优势产业，为我国畜禽产业化发展提供了良好示范。

中国的地方牛遗传资源具有肉质鲜美浓郁，耐寒冷，耐湿热，耐粗饲，抗逆性好等特性，为开展牛遗传改良奠定了良好的群体基础。未来牛遗传资源开发利用的主要方向是因地制宜，有计划地进行品种培优、品质提升，努力开创保护与利用相结合、资源优势和产业优势相融合的新格局，为我国现代畜牧业可持续健康发展提供有力支撑。

高位打造肉牛强市　强力推进乡村振兴

——巴中市肉牛产业发展经验交流

李林祥[1]　陈玉慧[1]　易治鑫[1]　李　倩[2]

江　淮[1]　吴长凤[1]　刘恩建[3]　闵星星[1]

（1. 巴中市农林科学研究院，四川巴中 636000；2. 巴中市动物疫病预防控制中心，四川巴中 636000；3. 巴中市通江县空山镇农业技术服务站，四川巴中 636000）

摘　要：习近平总书记强调，乡村振兴的关键是产业要振兴，畜牧业是乡村振兴战略的支柱产业之一，肉牛产业是畜牧业的重要组成部分。肉牛产业市场前景好、养殖效益高，是建设现代山地特色农业的有力抓手，是全面推进乡村振兴的有效途径。巴中市五县（区）是全省肉牛羊生产基地县，是四川省肉牛产业高质量发展的引领示范区，巴中市委、市政府从政策、措施、种源、科技、人才等多方面发力，助推巴中市从肉牛大市向肉牛强市跨越。本报告以巴中市为例，提出高位推动优环境、政策激励强引导、科技先行提质效、金融助力防风险等发展肉牛的对策建议，以期为加快推进巴中市及四川省肉牛养殖高质量发展提供参考。

关键词：乡村振兴；肉牛产业；高质量发展；巴中市

巴中市五县（区）均是全省肉牛羊生产基地县，2022 年以来，巴中市将肉牛产业作为特色生态农业的重中之重，制定了一系列行之有效的政策、措施、项目，市、县、乡、村四级联动发展，肉牛饲养量快速增加、肉牛产业聚环成链。2023 年，巴中市肉牛饲养量 62.2 万头，居全省市州第五、全省农区市州第二。2024 年 7 月 11 日，全省牛羊产业发展现场推进会在巴中市平昌县召开，高度肯定了巴中肉牛产业发展成绩。

一、高位推动优环境

2022年2月，市委、市政府决定，启动实施“2+1”种养业优势大品种计划，要求高质量发展巴山肉牛、南江黄羊和茶叶特色种养业。2024年6月，中共巴中市委五届八次全会提出创新布局农业高新技术产业园区，将肉牛产业作为六大支撑产业之一。

市政府印发了《关于加快推进实施种养业优势大品种计划的意见》，同步印发《巴山肉牛产业发展五年行动方案（2022—2026年）》，计划到2026年，全市肉牛综合产值达到100亿元，全面建成全国山区肉牛产业发展示范区。市政府办公室先后印发《巴中市肉制品产业发展五年行动方案（2022—2026年）》《巴中市巴山肉牛产业发展规划（2023—2027年）》，明确“藏牛于户、以草换肉、百镇千村万户、全域布局”的发展思路及“用5年时间坐上四川肉牛产业头把交椅，到2027年肉牛产业综合产值达到120亿元”的发展目标；细化“种子”自给、饲草料振兴、标准增效、种养循环、龙头联农带农、科技赋能、农机装备、延链补链、品牌培育、财政金融助力等“十大工程”任务与内容。

建立以市、县（区）政府分管领导为链长的肉制品产业链长制，成立乡镇党政主要领导双组长推进专班，建立了“六个一”（一个工作专班、一套推进机制、一份“作战计划”、一个项目和企业库、一批特殊支持政策、一次产业发展大会）专项考核办法，把牛羊产业纳入市对县（区）乡村振兴战略实绩考核，实行每月调度、季度考评、年终排位。市领导亲自组建了一个包含市、县（区）相关部门分管领导、县（区）政府分管领导、全市所有乡镇党委或政府主要领导在内的微信工作群，引导各县（区）、乡（镇）随时上图比拼、交流特色亮点工作，每周带队赴乡（镇）督导、调研肉牛产业发展情况1次。

二、政策激励强引导

2021年8月底，市政府办公室印发《巴中市支持肉牛产业发展十条措施的通知》，在产业集群发展、母牛扩群增量、良种繁育体系、饲草料成本控制、动物疫病防控、现代装备配置、追溯平台搭建、发展用地保障、金融服务机制创新等9个方面明确具体支持措施，建立了巴中市推进肉牛产业发展工作部门联席会议制度，对肉牛产业发展建立“责任清单+任务清单”。自2022年以来，全市累计争取国省肉牛项目投入7 000余万元；市政府每年在本级财政安排500万元肉牛产业专项发展资金；计划每年在市本级乡村振兴衔接资金中对每个肉牛重点乡镇给予100万元项目支持，到2024年累计投入7 000万元建设肉牛重点乡镇53个。

各县（区）分别出台了激励措施，平昌县对乡镇实行肉牛产业发展一票评优的年度绩效目标考核机制，自2022年以来累计在肉牛产业上投入2.8亿元。截至2023年，全市现有肉牛规模养殖场达400个。

三、科技先行提质效

2022年以来，四川省畜牧科学研究院组织巴中市农业农村局、四川农业大学、通江县农业农村局、巴中市农林科学研究院等单位完成空山牛来源论证、生产性能测定、遗传结构与进化关系分析、国家畜禽遗传资源申报，于2024年3月空山牛成功申报为我国第57个地方黄牛资源，开发了独立自主的种源“芯片”。

巴中市政府支持巴中市农林科学研究院牵头在全市筛选了一批专业技术人员，组建了巴中市肉牛创新团队。巴中市农林科学研究院联合四川省畜牧科学研究院加快建设厅市共建秦巴地区牛羊遗传资源挖掘与利用四川省重点实验室（筹、暂定名），持续推进空山牛遗传特性挖掘与本品种选育、杂交组合筛选及专门化肉用新品种培育、高品质牛肉生产、优质饲草评价利用等重点课题，授权发明专利3件、实用新型专利5件、软件著作权3件，编制地方标准6项，集成玉米、大麦机械化精量播种、山区饲草病虫害无人机绿色防控、肉牛健康养殖等技术8项。持续加强与中国农业科学院、四川农业大学、西北农林科技大学、西南大学、四川省农业科学院、四川省草业技术研究推广中心等单位交流、合作，2024年成功加入国家现代农业产业技术体系四川肉牛创新团队。先后与25家肉牛养殖企业签订合作协议，实现生产与科研两结合、双促进。

巴中市农业农村局每年牵头组织肉牛技术培训1~2次，各县（区）分别组织至少2次，2022年以来累计培训1万余人次，基本实现场场有技术负责人、户户有技术明白人。

四、金融助力防风险

2022年4月，巴中市金融工作局、巴中市国有资产监督管理委员会、中国银保监会巴中监管分局等7部门联合印发《金融支持巴山肉牛、南江黄羊全产业链发展的指导意见》，推动银行机构不断创新金融产品、加大金融资源倾斜力度，鼓励融资担保机构为巴山肉牛、南江黄羊规模化养殖加工主体提供政策性担保服务。截至2024年8月底，巴中市13家银行机构共发放巴山肉牛贷款6 177笔，贷款余额12.49亿元。

2022年，市财政局、农业农村局，国家金融监督管理总局巴中监管分局印发《全市保险业务支持巴山肉牛产业链发展的指导意见》，于2024年7月修订后再次印发，引导保险机构开发了犊牛、育肥牛、能繁母牛保险等产品，保险费率4%，最高保险金额达1.5万元，建立了政户"64"保费分担机制（即：财政补贴60%、养殖户承担40%）。2022—2024年，全市巴山肉牛保费由42.7万元增长至163.9万元，持续提高了巴山肉牛产业防风险能力。

五、招大培优育链主

引进雅拉德荣农牧科技集团在平昌县投资5亿元实施巴中优质肉牛全产业链项目，存栏5 000头的繁育场已投产运营。巴中市产业投资集团投资1.85亿元，在巴州区鼎山镇首市村建肉牛育肥场1个、在通江县民胜镇长兴村建保种繁育场1个，建成牛舍13.2万m^2，设计存栏1.5万头。通江县产业投资集团投资1 200万元，建成空山牛保种场，存栏种牛近200头。

培育空山草业、五丰农业、犇牛草业等专业化饲草料生产加工企业5家，年产销优质青贮饲料10万t。培育巴中永续饲草贸易有限公司投资3 500万元建成南方饲草料交易中心，设计年交易量10万t。

市供销投资集团控制子公司空山牛业建成标准化屠宰厂1家，设计年屠宰分割能力3万头。规划"1+20+200"成都销售门店体系，培育巴中市巴山鲜食品有限公司从事牛肉销售工作，在成都开设直营店12家。

巴中市已初步构建成保种、育种、扩繁、养殖、屠宰分割、加工、销售的肉牛全产业链。

“山繁川育·藏牛于户”，助推筠连肉牛产业发展

——筠连县肉牛养殖模式经验交流

王　成[1]　李　俊[2]　王殿均[2]　罗永灵[1]

（1. 筠连县肉牛产业发展中心，四川筠连 645250；

2. 筠连县畜牧水产业发展服务中心，四川筠连 645250）

摘　要：“山繁川育·藏牛于户”筠连肉牛养殖模式，由国家肉牛牦牛产业技术体系首席科学家、中国农业大学动物科学技术学院曹兵海教授总结提出。在该模式的引领下，推动了筠连县肉牛产业发展，全县肉牛存栏达到 13.31 万头，出栏 6.32 万头，其中，能繁母牛 62 010 头，牛业综合产值 78.25 亿元，居全省农业区县第二位、川南第一位。“筠连黄牛”于 2016 年 7 月被批准为国家地理标志保护产品，2019 年 11 月获地理标志证明商标注册证，2020 年 11 月被授予全国乡村特色养殖产品，2024 年 1 月被授予四川省农业区域公用品牌，筠连县于 2017 年 11 月被授予“中国黄牛之乡”称号，筠连县筠连镇五凤村于 2018 年 7 月 3 日被授予第八批全国一村一品（筠连黄牛）示范村镇。

关键词：肉牛；山繁川育；藏牛于户；养殖模式

筠连县位于四川盆地南缘、云贵高原北麓川滇二省接合部，面积 1 256.35 km^2，其中耕地面积 36 911.71 hm^2，常住人口 32.8 万人。2023 年，全县实现地区生产总值 200.70 亿元，其中：第一产业增加值 35.94 亿元，第二产业增加值 75.18 亿元，第三产业增加值 89.58 亿元，农业产业对经济增长的贡献率达到了 12.1%，三次产业结构比为 17.9∶37.5∶44.6。全县农林牧渔业总产值 55.04 亿元，其中畜牧业产值 19.61 亿元，占比 35.63%。

以筠连黄牛为主的肉牛产业是筠连县三大支柱产业，国家肉牛牦牛产业技术体

系首席科学家、中国农业大学动物科学技术学院曹兵海教授总结的“山繁川育·藏牛于户”筠连肉牛养殖模式，持续推进了筠连县肉牛业一二三产业稳步发展。

一、“山繁川育·藏牛于户”

“山繁川育·藏牛于户”，由国家肉牛牦牛产业技术体系首席科学家、中国农业大学动物科学技术学院教授曹兵海博士总结筠连县“千家万户搞繁育，新型经营主体做育肥”生产特点所提出的肉牛养殖模式。

“山繁川育”指山区农户搞繁育，养殖母牛繁育犊牛，坝区新型经营主体做育肥，生产优质商品牛，为三产融合发展提供优质牛源保障；“藏牛于户”指千家万户养牛，小规模、大群体、种养循环。千家万户养牛，虽属小规模，实为大群体。

“山繁川育·藏牛于户”筠连肉牛养殖模式，既可节约人力和资源，又可处理好养殖和环境的关系。其技术关键，就是重点利用光热条件充足的自然条件，充分利用房前屋后的边角地种植高产饲草，将母牛分散到千家万户进行养殖，节约饲养成本、“零存整取”，通过“公司+农户”等模式繁育犊牛实现变现。

二、五丰村做法

筠连镇丰收村位于县城以北，2019 年 11 月由原来的前丰村、海丰村、五丰村合并而成，全村以肉牛为主导产业。

原筠连镇五丰村党支部书记、筠连县筠连镇五丰黄牛养殖专业合作社理事长赵阳均，是“山繁川育·藏牛于户”筠连肉牛养殖模式的创始人、推广者。他所在的五丰村云丰组，因建制调整更名为筠连镇丰收村 7 组，是“山繁川育·藏牛于户”发源地。

“山繁川育·藏牛于户”八字，是曹兵海教授 2015 年 3 月调研筠连镇五丰村、五凤村、旗隆村、腾达镇水茨村养牛户、养牛公司、加工企业后总结提炼的筠连肉牛养殖模式，并以国家肉牛牦牛产业技术体系名义于 2015 年 6 月 28—30 日组织在筠连县召开中国南方肉牛产业发展研讨会予以全面推广。

筠连镇五丰村从 2009 年 1 565 人（养牛 6 户）45 头牛起步，短短 6 年时间变成了 2015 年 12 月的 2 300 多头（养牛 268 户），其中能繁母牛 826 头；2014 年全村销售肉牛、犊牛1 200头，产值1 400万元，实现人均纯收入13 500元。涌现了邱永兴、赵友常、赵扬全、母绪香（赵扬忠）等庭院养牛典型，每户常年存栏10头左右。

2017年4月14日，曹兵海教授、国家肉牛牦牛产业技术体系岗位科学家王之盛教授（四川农业大学）、孙宝忠研究员（中国农业科学院北京畜牧兽医研究所）、左之才教授（四川农业大学）等在时任副市长、县委书记王萍等领导陪同下，深入双腾镇德胜村（2019年11月并入筠连镇云胜村），实地调研了“山繁川育·藏牛于户”庭院养牛模式推行情况：全村164户768人（其中贫困户2016年38户177人、2017年40户188人），2016年95户出栏肉牛248头，户平增收7 800元，其中贫困户户平增收4 780元。

2020年12月，筠连镇丰收村有农户386户，稳定的养牛户就有281户，占到了全村农户的73%，肉牛存栏量达3 632头，其中能繁母牛1 123头。当年，全村销售肉牛、犊牛4 210头，产值6 481万元，实现户均收入230 640元。

邱永兴，接近80岁，独自在家养牛，同时还要照顾3个孙儿。靠着勤劳和多年积累下来养牛经验，把自家的14头牛养的膘肥体壮。他说，五个牛犊可以卖7万元左右，自己年岁已高，有些农活会力不从心。而居家养牛只要规模适度，加上地里种有牧草，养牛这活一个人还能干，一年下来收入还可观。

邱永兴老人的邻居母绪香，也是采用居家养牛的方式，丈夫赵扬忠在园区帮人喂牛，她就一个人负责饲养家里的4头牛。靠着自繁自养，在增加经济收入的同时，还把家务照顾到了。她卖了四头牛，收入十一万多一点，圈存3头，都是母牛。

2021年5月5日晚8点，CCTV-4《国家记忆》栏目推出了10集大型纪录片《大国粮仓》第三集《牛羊繁盛》，筠连县“山繁川育·藏牛于户”肉牛养殖模式，被重点推崇。

自此之后，不时有来自河南、山东、湖北、贵州、云南、陕西、重庆市、宁夏等省市区和四川本地管理部门前来学习，筠连县肉牛养殖模式的经验被得到进一步推广。凉山彝族自治州宁南县，全县推广筠连县“山繁川育·藏牛于户”肉牛养殖模式。

2023年12月，筠连镇丰收村从事养牛的养牛户290户（成立农民专业合作社

1个、家庭农场3个、农业公司1个)，肉牛存栏量4 140头，其中能繁母牛1 120头。全年销售肉牛、犊牛5 180头，产值4 765.6万元，实现户均收入164 331元。

三、全县生产情况

“山繁川育·藏牛于户”筠连肉牛养殖模式，被曹兵海教授认为是目前中国最先进、实用、高效的养牛模式，在四川盆周山区极具推广价值和市场价值。“山繁川育·藏牛于户；小群体·大规模”14个字，是中国肉牛尤其是南方肉牛产业未来发展的希望。

这种“用自家种的玉米和草料喂牛，有多大地养多少牛，粪便还田，绝不多喂，也不伤地”，就是以筠连县为代表的南方山区农户适度规模母牛养殖模式，筠连县实践认为，一般农户养牛规模控制在10~50头比较适宜，可根据家庭劳力多少、种草面积大小等确定。

发展畜牧业，最大的瓶颈是环境保护，继续推广筠连县“山繁川育·藏牛于户”肉牛养殖模式，无疑是解决“瓶颈”最快最好的选择，适度规模就是环境保护的基本要求。对养牛户来说，能够承受养牛所需资金投入、饲养管理能力和劳动力强度，以及由此能带来比较满意的收益，就是适度规模。适合自己的养殖规模，就是适度规模。

全县养牛户多、规模适度，经济效益仍能凸显。2022年初至今，全国牛价低迷，实施这种模式的地方，基本上没有影响养牛业：不从外地购牛，避免了疫病风险；自己种草自给自足，不会增加购买草料成本。

全县2023年从事肉牛一二三产业的农民专业合作社106个、家庭牧场91个，存栏500头以上的重点专业村85个，存栏10头以上的适度规模养牛大户3 050户；肉牛生产加工企业10个，肉牛屠宰加工企业5个，牛粪有机肥生产企业3个。

筠连县肉牛存栏13.31万头、出栏6.32万头，其中能繁母牛62 010头，综合产值78.25亿元（其中一产14.09亿元)，居全省农业区县第二位、川南第一位。

参考文献

林胜华，李明，2015. 筠连县肉牛养殖“五丰模式”调研报告［J］. 四川畜牧兽医，42（6）：9-11.

刘朝平，2019. 筠连县肉牛产业发展现状及对策［J］. 四川畜牧兽医，46（12）：15-18.

四川省社会科学院著，2017. 天府智库报告：2016 重要决策咨询成果精粹［M］. 成都：四川人民出版社，09，162.

王成，罗勇，杨勇，2015. 中国南方肉牛产业发展研讨会在四川筠连召开［J］. 四川畜牧兽医，42（7）：10.

王义鹏，叶江红，赵帮泰，等，2021. 四川丘陵山区肉牛适度规模养殖设施设备配置情况调研［J］. 四川畜牧兽医，48（8）：17-18.

《宜宾市年鉴》编纂委员会编（于滨主编），2016. 宜宾市年鉴 2016［M］. 成都：电子科技大学出版社，11，29.

易宗容，冯堂超，李雪梅，等，2020. 宜宾筠连肉牛产业发展的启示［J］. 今日畜牧兽医，36（9）：78-79.

中共宜宾市委党史研究室，宜宾市地方志办公室，2018. 宜宾市乡镇概览下［M］. 成都：四川科学技术出版社，11，745.

周淼葭，潘兴扬，2015. 筠连镇—肉牛产业村带村［J］. 当代县域经济（12）：50-53.

“联农带农，户繁企育”，肉牛养殖谱新篇
——四川雅拉德荣农牧科技集团有限公司肉牛产业发展经验交流

罗　林　蒲启建

（四川雅拉德荣农牧科技集团有限公司，四川成都 610221）

摘　要：平昌县作为全国肉牛优势区域重点县，2023 年全县存出栏肉牛 17 万头，综合产值约 20 亿元，位居巴中市首位、四川省前列。但平昌县肉牛产业发展还存在一定的短板：①能繁母牛存栏占比仅 26%，其中 55%为本地母牛，优质母牛存栏少，优质犊牛、架子牛主要依靠外购；②养殖 50 头以上的规模化场（户）占比低，养殖技术较落后；③抗风险能力差，市场价格波动导致肉牛养殖户收益不稳定，养殖积极性受挫，这些短板制约了平昌县肉牛产业的进一步发展。针对平昌县肉牛养殖现状并结合企业自身资源优势，四川雅拉德荣农牧科技集团有限公司推出了“联农带农、售母收犊、户繁企育、分段经营”的肉牛全产业链发展模式，为养殖户提供优质海福特能繁母牛的同时保证了养殖户在逆行情下的养殖收益。经过近两年时间发展平昌县第一批海福特母牛已顺利产犊，目前全县已存栏优质海福特种母牛约 8 000 余头，发展优质海福特种母牛已成为平昌县农业领域的支柱产业之一。

关键词：肉牛；海福特牛；联农带农；户繁企育

一、“联农带农、售母收犊、户繁企育、分段经营”模式产生背景

2022 年中央一号文件提出要“加快扩大牛羊肉生产”后，国务院办公厅印发《关于促进畜牧业高质量发展的意见》，要求加快牛羊产业发展，牛羊肉自给率保持

在85%左右。2024年2月《中共中央国务院关于学习运用“千村示范、万村整治”工程经验有力有效推进乡村全面振兴的意见》中着重强调利用创新强化改革，把推进“乡村全面振兴”作为新时代新征程“三农”工作的总抓手，而肉牛产业作为可以通过“联农带农实现产业振兴”的产业，有巨大发展空间。

传统肉牛养殖模式中从种牛到育肥牛出栏的全流程周期太长，导致从业企业需要过长的周期才能见到投资效益，降低了企业进入并发展肉牛养殖行业的积极性，阻碍了肉牛养殖标准化、高效化、规模化发展。长此以往形成了国内肉牛养殖“北繁南育”“牧繁农养”的这种“快进快出”局面，使得产业链各个环节对育种、选育工作不够重视，最终导致国内各地肉牛品种杂、生产效率低、养殖成本高、牛肉产品不稳定、附加值低等问题。

为响应国家号召、推进乡村全面振兴，充分利用南方农区丰富的秸秆资源，雅拉德荣农牧科技集团通过整合新加坡雅拉集团在全球优质肉牛育种资源的优势，结合特驱集团在中国农业领域的投资经验及管理能力，以“联农带农、售母收犊、户繁企育、分段经营”的模式，按照分段经营的方式，打造联农带农的肉牛全产业链闭环集群。

二、“联农带农、售母收犊、户繁企育、分段经营”模式内涵及应用效果

（一）模式内涵

“联农带农、售母收犊、户繁企育、分段经营”模式的核心在于通过企业与养殖户的紧密合作，实现资源的优化配置和效益的最大化。充分发挥雅拉德荣集团在资金、技术、市场等方面和养殖户在秸秆资源丰富、成本低的优势，引导和支持养殖户参与到肉牛养殖的环节中，共同推动肉牛全产业链的发展。

结合地方发展需求，在相对集中的肉牛产业发展区域内科学的制定肉牛产业发展规划、统一的稳定的配套政策、统筹调配优质资源、合理布局养殖区域，通过在区域内实现闭环发展，降低全程养殖及生产成本、实现生态友好与可持续发展。肉牛产业闭环合作模式按照本地繁育、本地育肥、本地屠宰的模式，可最终实现“牛不外来、牛不外出、屠宰出肉、全程可控”的肉牛全产业链经营。

1. 模式发展第一阶段——实现种源集群

打造种源集群是发展肉牛闭环集群的第一阶段，从而解决“良种分散”“引种退化”的问题，实现品种一致性，为打造标准化种群铸牢根基。

国内牛肉牛产业存在“良种分散”“引种退化”的问题：一方面由于养殖环境、管理水平和饲料营养等方面的差异，导致优质的肉牛品种不能得到集中和有效的利用。这种情况下，即使拥有好的肉牛品种，也可能因为分散养殖、无序杂交而难以开展集中、持续的跟踪选育；另一方面因为引种过程中缺乏科学的跟踪和筛选机制，导致引进的品种出现近亲繁殖等问题，触发“引种、退化、再引种、再退化”的死循环。为了避免这种情况的发生，应该在引种前进行充分的调研和评估，选择优质品种后，按照国家要求进行系谱管理和配种记录，对每头牛进行编号，实现每头牛及其后代的数字化管理，确保引进的优良品种的优秀品质能够持续提高且能准确溯源。

为降低养殖户养殖技术门槛、提高养殖效率和养殖收益，雅拉德荣配备专业的养殖技术团队，在平昌当地为合作养殖户提供了保姆式服务，一是根据当地气候、地产原料特点，帮助养殖户合理调整饲料配方，充分利用当地高粱秸秆、玉米秸秆、人工种植牧草、稻草、酒糟等秸秆和农副产品，保障生产的同时，降低了养殖户养殖成本；二是协助养殖户改善饲养环境，通过提高动物福利保障群体健康；三是定期和不定期地开展培训，让养殖户及时掌握必要和前沿的养殖技术；四是根据养殖户技术能力，安排专业技术人员开展定时和不定时的针对性驻场服务，为养殖户提供及时、准确的技术支持；五是联合地方防疫部门定期进行疫苗接种和驱虫工作，加强疾病防控。这些措施都是为了确保合作养殖户的牛只健康和安全，从而促进肉牛繁殖阶段的健康发展。

2. 模式发展第二阶段——集中育肥

在相对集中的区域内有了稳定的犊牛来源，肉牛高效集中育肥就有了实现的基础。集中育肥可以有效提高肉牛养殖的生产效率，雅拉德荣按照统一规划和管理，可实现资源的最大化和最有效利用，一是通过科学的分群管理，使不同生长阶段的育肥牛能获得更符合生长需求的营养，从而加快生长速度，缩短养殖周期；二是饲料供应得到了统一的管理和调配，降低了饲料采购成本的同时更满足不同阶段牛只营养需要，降低了育肥成本；三是统一饲料供应还有助于减少饲料污染和疾病传播的风险，确保肉牛的健康和安全。

3. 模式发展第三阶段——屠宰及深加工

通过相对集中的区域繁殖、统一集中的规模化育肥，解决了国内牛肉生产加工环节面临的优质牛源不足、品种不一致、分割不标准的问题。雅拉德荣通过建立从种源到育肥牛再到牛肉加工的全程可追溯体系，对肉牛的饲养、屠宰、加工、运输等全过程进行记录和监控，确保每一个环节都符合食品安全标准和卫生要求，通过屠宰品种一致、个体均匀、全程可追溯的肉牛实现生产加工安全健康牛肉标品化，打通进入连锁型、中高端牛肉需求渠道，还能为牛源生物制品、深加工制品供应优质原材料。

（二）模式应用效果

雅拉德荣采取“售母收犊，户繁企育”的方式。集团通过联合金融机构、保险公司为产业提供赋能后，向养殖户销售经过精心选育，具备良好的遗传性状和生产性能的海福特怀孕保胎母牛；养殖户在饲养过程中，按照集团的指导进行管理和疾病防控，确保母牛的健康和繁殖效率。待母牛产下牛犊后，雅拉德荣以优于市场的价格回收符合条件的犊牛，进行集中育肥和进一步选育。

传统养牛模式中，养殖户往往面临着资金短缺、技术落后、市场不稳定等多重问题，导致养殖效益低下。而雅拉德荣集团通过提供优质母牛、技术指导以及稳定的回收机制，使得养殖户能够在公司帮扶和托底回收犊牛的政策下，专注母牛养殖环节，使养殖户养殖收入持续、稳定。经一年发展，目前已有400余户养殖户参与到该模式中来，适度规模的养殖户平均每头母牛盈利4 000元；散户平均每头母牛可盈利近6 000元。在此过程中，平昌当地海福特母牛存栏量实现了从无到有的突破，目前总存栏约8 000余头，距离稳定的牛源供应更近了一步。“售母收犊，户繁企育”模式给养殖户和企业都带来了显著的经济效益。对于养殖户而言，通过购买企业的优质母牛，获得了更好的生产资料和养殖技术支持，提高了养殖效益和收入水平、降低了养殖风险。对于企业而言，售母收犊模式确保了企业拥有稳定、安全且优质的犊牛来源，降低了牛只采购成本和母牛养殖成本，为生产标准化、高质量的牛肉产品打下了基础，提高企业的竞争力和盈利能力。这种模式不仅促进了肉牛养殖的规模化、集约化和专业化，也带动了农村经济的发展和农民的收入增长。

三、“联农带农、售母收犊、户繁企育、分段经营”模式优点和局限性

（一）模式优点

1. 降低养殖户养殖风险

企业通过提供优质母牛和稳定的犊牛回购机制，降低了养殖户因资金短缺、技术不足、市场不稳定等因素带来的养殖风险。养殖户能够专注于繁殖环节，确保稳定收入。

2. 提高养殖效益

通过“售母收犊”模式，养殖户不仅获得了优质的繁殖母牛，还享有企业提供的技术支持，从而提升了养殖效益。并且企业通过保底回收的方式，保证了养殖户高收入的稳定性。企业则能够通过稳定的犊牛供应，降低采购成本和市场风险，提升竞争力。

3. 全产业链控制

从种源培育、犊牛育肥到屠宰加工的分段经营模式，实现了肉牛生产的全程可控性，确保了肉牛品种一致性和标准化管理，为生产高质量牛肉打下基础。

4. 生态友好与可持续发展

通过科学规划养殖区域，合理分配资源，充分利用本地饲料饲草资源，实现闭环产业链的发展，减少养殖成本的同时促进生态友好和可持续的肉牛产业发展。

（二）模式存在的局限性

1. 依赖企业与养殖户的密切合作

该模式要求企业与养殖户之间的高度信任和合作，任何一方的偏差都会影响整体效益。如果养殖户缺乏合作积极性或企业支持不足，都会阻碍模式的有效运行。

2. 资金与技术门槛

模式的实施依赖企业的资金、技术投入，养殖户在没有企业支持的情况下，难以独立进行高质量养殖。为了保证模式的稳定运行，雅拉德荣在肉牛养殖、繁育、疾病防控与治疗上不断投入资金和技术力量，雅拉德荣联合四川省畜牧科学研究院及其专家团队在四川开展“育、繁、推”一体化项目已经得到合作养殖户、各级专家和领导的高度认同和支持，特别是与四川省畜科院开展的“海福特”分散式育种

体系，已经初具规模。由于肉牛育种资金回报周期长、投入大、活畜抵押难度大等原因，雅拉德荣在贷款方面存在一定的困难。

除此之外，养殖户也普遍存在自身抵押物不足等原因造成的贷款难度大的困难，限制了“联农带农、售母收犊、户繁企育、分段经营”模式在一般养殖户中的推广和发展。

3. 区域限制与政策依赖

该模式在特定区域内实行，依赖于地方政府的支持和政策保障。如果政策变化或市场环境发生重大波动，模式的可持续性会受到挑战。

经过一年半在巴中地区试点，在雅拉德荣技术人员培训下，平昌地区海福特母牛养殖户已经可以做到简单的疾病治疗、母牛揭发情观测；雅拉德荣下一步计划培训养殖户配种技术，提高母牛配种的实效性。

4. 养殖户观念改变难度

四川地区传统本地肉牛养殖模式中，养殖户对母牛营养和体况不关注，母牛通常 2 年甚至 3 年 1 胎，生产效率低；母牛体况差、奶水不足，犊牛采用母带犊的方式饲养往往生长潜力得不到发挥，降低了犊牛生长速度。雅拉德荣在“户繁企育、分段经营”的模式中为了保证养殖户收益和企业效益，要求母牛 1 年 1 胎并对回收犊牛体重做了要求，大部分养殖户采用雅拉德荣推荐的饲养方案均达到了犊牛回收标准并获得可观的回报；但仍有小部分养殖户观念未转变，导致犊牛达不到雅拉德荣回收标准。

四、应用前景展望

“联农带农、售母收犊、户繁企育、分段经营”模式在肉牛产业中的应用前景十分广阔。首先，随着农业产业化、规模化的推进，肉牛产业闭环模式有望在更大范围内推广，实现产业链的高效协作与资源优化。其次，该模式在保障养殖户收入和企业效益的同时，也促进了农村经济发展与农民增收。未来，随着技术的不断创新与推广，特别是精准养殖、基因改良和疫病防控技术的应用，肉牛产业的效率和效益将进一步提升。

此外，随着消费者对高质量牛肉需求的增加，肉牛产业标准化、可追溯体系的建立也将带动国内外市场对优质牛肉的需求增长。该模式通过整合肉牛产业链资源，实现从种源到屠宰加工的全程监控，能够保障牛肉的安全和健康，推动牛肉产业向高端市场迈进。

总的来看，“联农带农、售母收犊、户繁企育、分段经营”模式为肉牛产业的发展提供了可持续的方向，虽然存在一定的局限性，但其优点明显且应用潜力巨大。在政府政策的支持和技术创新的推动下，该模式有望为我国乃至全球的肉牛产业提供有力的借鉴与推动力。雅拉德荣计划通过5~8年时间在平昌县实现15万头海福特母牛存栏，并逐步辐射到巴中市，将巴中市发展成为西南优质肉牛聚集区，达到年出栏10万~15万头优质肉牛的规模，彻底规避肉牛养殖“引种、退化、再引种、再退化”的恶性循环。

牦牛高效养殖模式探索

——青藏高原牦牛高效养殖模式经验交流

黄艳玲[1]　罗晓林[2]

（1. 西南民族大学畜牧兽医学院，四川成都 610041；

2. 四川省草原科学研究院，四川成都 611731）

摘　要：为保护草原生态环境、推进牦牛产业可持续发展和改善牧民生活，高原草地畜牧业转型升级是四川省牦牛产业发展战略的重要路径。近年来，西南民族大学、四川省畜牧科学研究院联合牦牛养殖企业开展了一系列牦牛高效养殖模式探索研究，在结合放牧牦牛全年生长规律的基础上，提出了“3362”“三结合顺势养殖”及“4218”等牦牛高效养殖和肥育模式，打破了牦牛年复一年“夏壮秋肥冬瘦春死亡”的魔咒，改变了牦牛季节性集中出栏、低价销售的被动局面，实现了牦牛全年均衡饲养均衡出栏，为市场牦牛肉的均衡供应奠定了基础，为牦牛产品的精深加工、品牌化经营、互联网+营销奠定了基础。

关键词：牦牛；养殖模式；肥育模式

牦牛在自然放牧状态下，长年处于“夏壮、秋肥、冬瘦、春死”的恶性循环之中。每年 10 月牦牛活重达到当年的峰值，然而在漫长的冷季（10 月至翌年 4 月），由于气候寒冷和牧草缺乏，放牧牦牛生长停滞，掉膘率达到 22.9%～30.1%，年体重增重仅为 27.7～40.6kg，冷季牦牛死亡率达 10%～30%。牦牛的这种“锯齿型”生长，一般要 6~8 岁才能达到出栏体重，期间要经过 6 个严寒的冬天，总掉膘体重远大于牦牛出栏时的体重，其消耗的草料是直线生长的 2～3 倍。当前牦牛养殖仍然是以传统放牧养殖方式为主，牲畜超载严重，草原保护压力大，草地饲草资源利用效率低，牦牛产业生产效益差。随着草原生态保护、畜牧业转型升级，促进牧区可持续发展的要求，牦牛集约化养殖规模不断扩大，牦牛短期育肥和全舍饲养殖模式相继出现，“放牧+补饲”理念也逐渐被广大牧民广泛接受。为指导牦牛生产，目前总结出的全阶段的牦牛特色和标准化养殖和高效肥育模式有“3362”养殖模式“三结合顺势”养殖模式以及“4218”肥育模式。

西南民族大学提出的“3362”模式是在充分利用天然牧草资源的情况下，提出的牦牛全阶段高效养殖模式，即为6—8月的3个月牧草青草期牦牛放牧，9—11月的3个月牧草枯萎期牦牛放牧+补饲精料，12月至年5月的6个月牧草干草期牦牛舍饲养殖，使2~5岁任意年龄的牦牛12个月后均可到达增重200kg以上的养殖模式（青草期放牧+枯萎期补饲+干草期舍饲）。

四川省畜牧科学研究院联合若尔盖草原曙光牧业有限公司提出的三结合顺势养殖模式是指顺应牦牛放牧的生活习性、草原饲草生长特性和牦牛的生长潜力的情况下，将放牧、圈养、补饲相结合的一种养殖模式。采用“轮牧+补饲（健康调理）+圈养”三结合顺势养殖法可使放牧牦牛提前到3.5~4.0岁出栏，且出栏体重明显高于传统放牧养殖方式。

西南民族大学提出的牦牛短期育肥“4218”模式是将青藏高原牧区放牧生长到4岁左右、体重达200kg的牦牛，转移到半农半牧区育肥100d、增重80kg后出栏。牧区和农区生产互动，相互促进，经济协调发展。牧区为农区提供育肥牛源，农区利用农作物秸秆和农副产品作为饲料，通过短期育肥，快速出栏，提高牦牛肉品质和安全性，缩短牦牛生长期，全年均衡出栏，减少牧区载畜量，增加牦牛附加值，保护生态环境。

三种牦牛高效养殖和肥育模式的比较见表1。

表1　牦牛高效养殖模式比较

模式	类型	适用范围	适用季节	饲养模式	饲喂效果	存在问题	展望
3362	养殖模式	各年龄放牧牦牛，指导牧民或合作社生产	全年	青草期（6—8月）放牧+枯萎期（9—11月）补饲+干草期（12月至翌年5月）舍饲	2~5岁任意年龄的牦牛12个月后均可达增重200kg以上	干草期（12月至翌年5月）集中舍饲存在困难	12月至翌年5月的牦牛冷季饲养是关键，关键点在于牦牛的保暖和营养供给。保暖圈舍修建，合作社统一饲养管理，可能是未来可考虑的一种模式

（续表）

模式	类型	适用范围	适用季节	饲养模式	饲喂效果	存在问题	展望
三结合顺势	养殖模式	各年龄放牧牦牛指导牧民或合作社生产	全年	放牧＋圈养＋补饲	放牧牦牛提前到3.5～4.0岁出栏	饲喂步骤复杂，牧民实际操作困难	简化操作步骤，提高牧民可操作性
4218	短期肥育模式	4岁以上放牧架子牛，指导牦牛肥育企业生产	9—11月	舍饲	利用放牧牦牛的补偿生长，育肥100d、增重80kg	肥育牛年龄偏大，需从农区转移到半农半牧区，对养殖管理水平的要求较高	目前肥育牦牛年龄偏大，肉品质差，今后可考虑利用小年龄牦牛生长快，肉质好的特点，进行1～2岁小年龄牦牛肥育（1～2岁牦牛生长速度快，冷季12月将1～2岁牦牛进行低营养浓度舍饲保膘养殖至翌年5月，6—12月进行较高营养浓度肥育，可使牦牛在2～3岁体重达到350～400kg，达到出栏体重，同时获得较好的肉品质）

传统牛肉制品加工智能化绿色化的成功探索

——四川张飞牛肉有限公司牛肉精深加工产业发展经验交流

程 杰[1] 文 平[2] 王 卫[3]

（1. 成都大学四川肉类产业技术研究院/牛肉加工技术研究所，四川成都 610106；
2. 四川张飞牛肉有限公司，四川南充 637400；3. 成都大学四川
肉类产业技术研究院/肉类加工四川省重点实验室，四川成都 610106）

摘 要：推动企业数字化转型，聚焦重点产业领域分类打造一批工业互联网标杆工厂，是四川省各市实施制造强市发展战略的重要路径。近年来，四川张飞牛肉有限公司创新“互联网+明厨亮灶”理念的跨界嫁接，成功打造食品业智能中央厨房，实现了生产全过程的自动化、智能化，成为四川省肉类行业“工业互联网工厂”中的典范，在牛肉制品加工智能化绿色化领域进行了成功的探索，是四川省工业旅游景点以及消费者体验中心、记录食品安全变迁史的“博物馆”和食品安全知识宣传教育普及基地。

关键词：张飞牛肉；制造强市；智能中央厨房；标杆工厂

四川张飞牛肉有限公司（简称“张飞牛肉”），创建于2002年，企业类型为有限责任公司，总部位于四川省南充市阆中市，注册资本为4 000万元，占地近200亩。张飞牛肉经过近20年的不断发展，已发展成为拥有总资产数亿元、生产基地占地面积近200亩、生产经营用房近10万m^2、员工千余名，集肉制品、调味品、粮食食品加工、生态养殖、新零售、文化旅游、产品销售等产业服务于一体的综合性集团公司。截至2022年底，公司总资产为41 307万元，净资产28 635万元，资产负债12 673万元，实现产值26 601万元，销售收入23 541万元，利润总额1 990万元。公司先后荣获亚洲品牌500强、中国驰名商标、四川老字号、四川名牌产品、四川省著名商标、绿色食品认证等荣誉，荣获农业农村部“全国农产品加工业示范企业”、科技部“国家星火计划项目单位”、四川省

农业产业化经营重点龙头企业、四川省质量管理先进企业、四川省食品安全生产示范单位、四川省省级环保良好企业、四川省建设新农村省级示范企业、四川省省级绿色工厂等称号。

四川张飞牛肉有限公司已拥有张飞牛肉、印象三国、阆州醋业三大生产型子公司，出产牛肉制品、豆制品、预制菜、调味品四个大类400多个小品种，其中生产的腱子牛肉、休闲食品等多个产品广受消费者喜爱。公司先后被授予全国农产品加工示范企业、四川省农业产业化经营重点龙头企业等，荣获2011年亚洲品牌500强、中国驰名商标等称号，产品远销国内外。

张飞牛肉坚持硬软实力“两手抓”，构建了一支由经验丰富、研发能力突出的40余位从事食品研发的专业技术人员组成的产品研发团队，研发实力强大。企业在不断自我强化的同时，积极向外部学习行业最新先进技术，与食品加工领域取得突出成效的高等科研院所保持密切的战略合作关系，开展产学研合作攻关。企业与成都大学四川肉类产业研究院和肉类加工四川省重点实验室共同成立“成都大学四川肉类产业研究院张飞牛肉分院”和“肉类加工四川省重点实验室张飞牛肉研发分中心”，与四川大学共建张飞牛肉技术研究中心，助力企业做好产品研究与开发工作，提升企业科技软实力，以科技助力提升企业在行业中的竞争优势。

在牛肉制品加工智能化绿色化领域，公司投产世界一流的“智能中央厨房”，工厂建筑面积30 000多平方米，生产操控实现自动化、智能化、可视化管理，生产效率和优品产出率得到极大提高。智能化中央厨房各个视觉及工作接触界面全部采用不锈钢无缝焊接。所有生产设备均由国际顶尖供应商定制提供，进口美国安捷伦、伯乐等公司检测设备；国奥特赛姆公司低温高湿解冻库；霍式智能电磁锅；日本三浦真空预冷机；日本石田公司生产的多头秤；德国莫迪维克公司制造的气调包装生产线及美国毕玛时公司制造的包装型材（9层共挤技术，高度阻氧抑菌）。与传统设备相比较，智能化中央厨房利用硬件优势在食材检控、原料解冻、食材煮制、煮制冷却、熟食包装及入厨严控等六大环节实施变革，让互联网智能技术对食品生产全过程实施大数据监控、解析和把关，让消费者“吃得放心”。

在新产品开发上，公司侧重于工业化菜肴、预制菜、保鲜产品的开发与产业化、规模化生产。推出了“飞常鲜”系列保鲜产品、传统川菜即食菜肴、自热食品等数十个新品种。在品控端引入专业的检验人员，从源头到终端对产品进行全方位的质量监管，在行业内率先推行可视化透明工厂，实现网络视频实时直播生产场景。工厂不只是生产产品的车间，还是消费者体验中心，同时也是记录食品安全变迁史的博物馆、食品安全知识的教育普及基地。

张飞牛肉高度重视产品质量建设，一直以“制造健康美味、便利百姓餐桌、成就行业榜样”为企业使命，公司先后通过了HACCP体系认证、ISO22000食品安全管理体系认证、工信部两化融合管理体系认证。公司成立专门的品控中心，建立了一整套严格的品控制度和由董事长和总经理直接领导的品控管理体系。张飞牛肉系列产品从原料采购、原料运输、新品研发、生产加工、产品包装等环节层层把关，以匠心铸造张飞牛肉的卓越品质，获得了行业内外的高度认可，并成为军品供应商之一。

2016年12月，四川张飞牛肉智能中央厨房正式开工建设，工厂建筑面积3万多平方米。以建设世界一流智能中央厨房为目标，各个视觉及工作接触界面全部采用不锈钢无缝焊接，所有生产设备均由国际顶尖供应商定制提供，生产操控基本实现自动化、智能化，生产效率和优品产出率得到极大提高。实现了从肉品分选、蒸煮、冷却、包装的全程智能化。这片厂区，也是国内目前最大的智能中央厨房。目前建成的中央厨房内，共有六条生产线，每年可以加工3 800t牛肉制品。智能中央厨房与传统设备及工艺相比较，在食材检控、原料解冻、食材煮制、煮制冷却、熟食包装、入厨严控六条生产线实现了极为重要的变革。从美国安捷伦、伯乐等公司引进的检测设备，从德国奥特赛姆公司低温高湿解冻技术，从日本引进的三浦真空预冷机，这些先进技术和智能化的烹制、检测、包装手段，确保每一批次的产品100%达到国家规定标准。

张飞牛肉中央厨房引进日本三浦真空预冷机，将出锅后的高温产品推入设备，在15min内将高温产品降温至工艺所需的要求后，再进入8~10℃的万级净化车间，缩短了在自然状态下的冷却时间，有效抑制微生物繁殖，使产品品质得到更好保障。智能中央厨房与传统设备及工艺相比较，实现了六大创新：

一是食材检控技术创新，投资数百万引进美国安捷伦、伯乐等公司检测设备，对牛肉等原料及相关辅料的农残指标、重金属、添加剂、动物源（DNA）等进行检测；专业检测人员对公司的原辅料入场、生产过程、产品出厂进行全方位质量检监管，确保每一批次的产品100%达到国家规定标准。

二是原料解冻技术创新，采用低温高湿空气解冻技术，引进德国奥特赛姆公司低温高湿解冻库，让原料冻肉在低温环境下通过高湿度空气循环，最大限度把原料冻肉还原成冷冻之前的状态，保证原料的安全性和肉品营养。

三是食材煮制技术创新，该中央厨房熟食品煮制车间，采用霍式智能电磁锅，自动控温、自动起锅、并配有汤料供回系统和90℃恒温汤罐，达到产品所需工艺需求。电磁锅均匀加热，避免了传统夹层锅热源不稳定，智能电磁锅同时具有存储记忆功能，保证了每批次产品口感的统一性。

四是预制冷却技术创新，引进日本三浦真空预冷机，将出锅后的高温产品推入设备，在15min内将高温产品降温至工艺所需的要求后，再进入8～10℃的万级净化车间，缩短了在自然状态下的冷却时间，有效抑制微生物繁殖，使产品品质得到更好保障。

五是包装技术创新，采用日本石田公司生产的多头秤，进行自动集中分装，高精度、大容量，快速完成产品分装，还避免了人工接触二次污染的可能，显著提高了产品的安全性。同时使用芬兰威派克和美国毕玛时公司制造的高阻隔性包装材料，引进德国莫迪维克公司的气调保鲜包装线，采用先进的气调保鲜技术，改变包装盒内食品环境，抑制微生物生长繁殖，保证产品的新鲜和美味。

六是质量控制技术创新，中央厨房保鲜熟食车间通过技术和设备调控保持恒温8～10℃、GMP洁净度1万级。员工进入中央厨房，须按照质量控制体系严格实施卫生控制，例如先进的洗手、烘干、风淋室消毒等方式进行灰尘及细菌净化等。

在智能化绿色化中央厨房工厂内，高科技产品博得人的眼球——人工智能机器人小曼，白色机身，蓝色花纹，富有曲线的身形。在“厨房”里，她为游客“导游”，游览整个中央厨房。像小曼这样的美女机器人，“厨房”里共有五个，成为张飞牛肉公司在园区科技化展示上的一大亮点。

为保护张飞牛肉品牌，公司先后注册了以三国文化为主的各类注册商标400余件，申请著作权50余件，外观设计专利60余件，张飞牌商标先后获得了四川老字号、中国驰名商标、亚洲品牌500强等殊荣。公司引进七个国家领先的自动化、智能化的食品加工生产线，生产的产品有家庭佐餐类、休闲旅游类、保鲜食品、生鲜牛肉制品、调味品、酱类产品、豆腐制品、醋保健品、醋饮料等9大系列300余个单品，畅销全国及海外10多个国家。公司还利用“公司+基地+农户”，每年带动农户养殖肉牛3万多头，增加养牛就业近3 000人，实现养牛增收5 000万元以上。直接参与阆中市西山乡岳林垭村精准扶贫，使50户贫困户民走上脱贫致富路子，智能化绿色化工程实现节支增收和节能减排1亿元以上，带动相关产业增效近2亿元，取得了极为显著的经济、社会和生态效益。

牛粪变成资源助力产业发展降本增效

——渠县清山汉子家庭农场肉牛养殖经验交流

缪　凯[1]　甘　伟[1]　任小春[1]　马彬荣[1]

余　行[1]　任小松[1]　江晓波[1]　余长寿[2]

（1. 达州市农业科学研究院，四川达州 635000；

2. 渠县清山汉子家庭农场，四川达州 635208）

摘　要：清山汉子家庭农场在四川肉牛创新团队的指导下，以绿色发展为核心，通过科技创新和循环利用理念，成功将牛粪转化为资源，助力产业发展降本增效。农场采用环保喂养技术、创新粪污处理及有机肥生产，并结合蚯蚓养殖形成生态循环链。产学研合作推动农场技术升级，联合体模式带动农户增收。农场在肉牛养殖、有机肥生产、生态循环农业方面取得显著成果，未来将继续深化合作，加大科技投入，加强品牌建设，为推动乡村振兴持续实践和提供经验。

关键词：家庭农场；绿色发展；科技创新；乡村振兴

在四川盆地东北部，群山环抱之中，达州市渠县三汇镇菜家山如同一颗璀璨的绿宝石，静静地镶嵌在这片丰饶的土地上。这里，不仅自然风光旖旎，更孕育着一家充满创新活力与绿色梦想的家庭农场——清山汉子家庭农场。自 2019 年成立以来，该农场以国家乡村振兴战略为指引，在国家现代农业产业技术体系四川肉牛创新团队的指导下，深度融合科技创新与绿色发展理念，走出了一条独具特色的“牛粪变成资源助力产业发展降本增效”的可持续发展之路。5 年来，团队的专家们作为强大的技术后盾，与清山汉子家庭农场携手并进，共同探索农业循环经济与生态环保的深度融合，不仅为当地农业转型升级树立了标杆，也为全省的农业现代化发展提供了宝贵的经验。

一、背景与初衷：绿色农业梦想的萌芽与绽放

（一）农场概况：巴山賨谷的绿色明珠

清山汉子家庭农场，坐落于渠县三汇镇菜家山这片风景如画的土地上，主要从事肉牛养殖、生物有机肥生产以及谷物、牧草种植。农场流转土地面积500余亩，其中肉牛养殖区及生物有机肥生产区占地面积100余亩、种植面积400余亩；总投资约7 500余万元，其中固定资产投入约3 500万元、流动资金投入约4 000万元；建设标准化圈舍18栋建筑面积10 000余 m^2，粪污处理及有机肥生产等建设面积9 500 m^2；企业养殖场现有员工20人，畜牧专业本科1人、兽医专业专科4人，其中管理人员3人、饲养人员15人、兽医2人；肉牛养殖场设计存栏1 500头，现存栏肉牛1 156头。农场四周绿树成荫，空气清新，为牛提供了得天独厚的优越生长环境。

（二）发展初衷：绿色转型是必然选择

面对传统养殖业普遍存在的环境污染、资源浪费等瓶颈问题，清山汉子家庭农场在专家的指导下深刻认识到，只有转变发展模式，走绿色发展之路，才能实现农业的可持续发展。专家向农场提出了利用牛粪生产有机肥的思路，将养殖过程中产生的废弃物转化为有价值的资源，既能解决环境污染问题，又能促进产值的提升，实现经济效益、生态效益和社会效益的和谐统一。这一理念的提出，不仅为清山汉子家庭农场指明了发展方向，也为当地乃至全省的农业绿色发展提供借鉴。

二、科技引领，变废为宝的绿色实践

（一）循环利用，科学喂养的绿色探索

清山汉子家庭农场5年来始终坚持绿色养殖模式，将循环利用的理念贯穿于整个生产过程。在饲料选择上，专家结合“地方特色饲料资源评价与高效利用技术研究”的研究和推广，逐步引导农场摒弃了传统的化学饲料，转而采用更加环保、健康的“酒糟+特色饲草”喂养技术。这一创新举措不仅有效利用了大巴山特色饲草资源和酿酒工业产生的废弃资源，降低了饲料成本，还解决了酒糟处理不当可能带来的环境污染问题。通过科学配比，酒糟和本地特色饲草成为了肉牛生长的重要营

养来源，肉质也得到了显著提升。同时，农场还积极推广农作物秸秆青贮、黄贮等发酵技术，将秸秆转化为优质的饲料资源，进一步拓宽了饲料来源渠道，降低了养殖成本。

（二）技术创新，专利加持的粪污处理

粪污处理一直是养殖业面临的难题之一。在专家指导下，清山汉子家庭农场在粪污处理方面进行了大胆尝试和创新。针对传统养殖中粪污收集成本高、固液分离难的问题，农场结合实际生产研发了养牛场粪便收集装置，并成功获得国家专利证书。这一创新装置采用机械化、自动化的收集方式，大大提高了粪污收集效率，降低了人力成本。同时，在专家的支持鼓励下，农场还引进了先进的有机肥生产线，将收集到的牛粪进行无害化处理和资源化利用，转化为高品质的无味有机肥料。目前，农场生产的有机肥料经过农业农村部肥料质量监督检验测试中心的严格检测，各项指标均达到国家标准要求，配套成立了渠县长农有机肥料有限公司，获得了有机肥料证书，并将其产品注册为“地禾喜”商标。农场年产有机肥3 000余t，年创收近30余万元，成为农场新的经济增长点。

（三）生态循环，蚯蚓养殖的巧妙融合

为了进一步实现粪污的循环利用和资源的最大化利用，农场和专家团队还创新性地开展了牛粪养蚯蚓项目。蚯蚓作为自然界的“清道夫”，能够高效分解牛粪中的有机物并转化为自身所需的营养物质。农场再将养殖的蚯蚓加入到牛饲料中，形成了“牛粪—蚯蚓—牛饲料—牛”的生态循环链。农场利用牛粪养殖蚯蚓不仅解决了粪污处理难题，还能提升牛日粮的营养价值，创造出了新的经济价值。

三、产学研合作，共谋绿色发展的新篇章

（一）科研支撑，技术赋能的强强联合

在清山汉子家庭农场的发展过程中四川省畜牧科学研究院、四川农业大学、达州市农业科学研究院等省市专家团队始终扮演着不可或缺的角色。作为农业科研的“智囊团”，省市专家联合不仅为家庭农场提供了全方位的技术支持和咨询服务，还积极参与了多项关键技术的研发与推广。通过产学研深度融合，专家团队与农场共同攻克了粪污处理、有机肥生产、生态循环养殖等一系列技术难题，为农场的绿色发展提供了强有力的科技支撑，特别是四川省畜牧科学研究院还定期派遣岗位专家

团队驻点农场进行实地指导帮助解决生产中的技术难题，推动农场不断向更高水平发展。

（二）模式创新，带动增收的联合体模式

在专家的指导下清山汉子家庭农场还探索出了“农业科研+企业+家庭农场”的联合体发展模式。这一模式通过创办家庭农场集中区实现了农业资源链接科研和市场的有效整合与高效利用。农场统一开展技术指导、物资配送、经营管理、订单收购、品牌销售等社会化服务为周边农户提供了全方位的支持和帮助。同时农场还积极与农民合作社合作建立利益联结机制，通过订单农业、股份合作等方式带动农户增收致富。目前农场已带动 200 余户农户脱贫并投入到乡村振兴中来，农场集中区常年雇用超过百名农民工人，人均年均务工收入达到 3.5 万元以上，实现了经济效益与社会效益的双赢。

四、成果与展望：绿色发展的辉煌成就与美好未来

（一）显著成果：绿色发展的累累硕果

经过多年的不懈努力，清山汉子家庭农场已经发展成为集肉牛养殖、有机肥生产、生态循环农业于一体的综合性示范农场。农场在肉牛养殖方面取得了显著成效，优质牛肉供不应求；在有机肥生产方面农场生产的高品质有机肥料得到了市场的广泛认可；在生态循环农业方面，农场形成了完整的生态循环链，实现了资源的最大化利用和生态的良性循环。同时农场还积极参与农业标准化建设和品牌建设，余长寿被评为“2020 年度四川省优秀职业农民”和“第五批全国农村创业创新优秀带头人”称号，清山汉子家庭农场也被评为“全国家庭农场典型案例”，成功经验在全省范围内得到了广泛推广和赞誉。

（二）未来展望：绿色发展的美好愿景

今后，清山汉子家庭农场将继续秉承“绿色发展、科技引领”的理念不断深化与省市专家团队的合作，探索更多农业循环经济与生态环保相结合的新模式。家庭农场计划进一步加大科技投入，提升有机肥产品的市场竞争力；同时加强品牌建设和市场营销工作，将清山汉子农场的优质农产品推向更广阔的市场。此外，农场还将积极履行社会责任，带动更多农户参与到农业循环经济的发展中来，共同推动乡村振兴战略的深入实施，为构建美丽中国贡献更多力量。清山汉子家庭农场的发展

历程是四川肉牛创新团队“以科技促发展”的实绩，是农业转型升级、绿色发展的一个生动缩影。在省市专家的鼎力支持下，农场通过科技创新和模式创新，成功将牛粪转化为宝贵的资源，实现了降本增效和生态环保的双重目标。这一成功经验不仅为当地农业发展提供了有益借鉴，也为全省农业转型升级和乡村振兴树立了新的标杆。今后，清山汉子家庭农场将继续以绿色发展为引领，以科技创新为动力，书写出更加辉煌的篇章。我们相信在不久的将来清山汉子家庭农场将成为一颗璀璨的绿色明珠在四川盆地东北部的大地上熠熠生辉。

育好领头羊　共筑振兴路

——南江县南江黄羊产业发展经验交流

张国俊　蒋　康

（巴中市南江黄羊科学研究所，四川南江 636600）

摘　要：南江黄羊是我国第一个人工培育的肉用山羊新品种，近年来，南江县精准把握南江黄羊产业发展细分赛道和主攻方向、全面落实补链延链强链协同推进机制、建立完善专业管用量力而行的政策支持体系，聚智聚力实施南江黄羊“倍增计划”，全面建成集种羊繁育、肉羊生产、屠宰加工、品牌营销于一体的南江黄羊全产业链，形成了南江黄羊产业加快升级、关键技术加快集成、新型主体加速孵化、生产要素加速集聚、一二三产业加速融合的高质量发展新格局。

关键词：南江黄羊；产业链；产业融合

一、发展成效

（一）守住种业创新“生命线”，塑造肉羊育种新优势

1. 持续选育品种，提升品种生产性能

南江黄羊品种命名后，为完善南江黄羊品种结构，持续开展南江黄羊新品系选育，先后获省部级成果奖励 5 项，其中：以南江黄羊科研所为第一完成单位取得的《南江黄羊高繁品系选育》《南江黄羊快长品系选育》相继获省政府科技进步奖，获得授权专利 22 个，制定地方标准 8 项，出版专著 3 部，发表论文 36 篇。

（1）新品系选育取得新进展。按照“三系配套”的思路，突出高产肉力的南江黄羊父系公羊 6 月龄和周岁的体重分别达到 33. 35kg、44. 04kg，比品种一级标准提高 33. 40%和 25. 83%；母羊 6 月龄和周岁体重分别达到 26. 34kg、35. 38kg，比品种一级标准提高 19. 73%和 17. 93%，其生长速度达到国内领先水平。突出繁殖力的两个母系在生长速度比品种标准有提高的情况下，其经产羊胎平产羔率分别达到

224.15%、经产 212.50%，分别比品种标准提高了 26.15%、14.5%。

（2）关键核心技术取得新突破。集成了南江黄羊冻精制作关键技术，制作的冻精解冻活力平均达到 0.496 4，达到国内领先水平。集成了南江黄羊高频高效繁殖技术，该技术通过示范应用，人工授精配准率、生殖成活率、经产羊胎平产羔率、断奶成活率分别达到 92.93%、94.88%、213.52%、92.27%，比应用该技术前分别提高了 9.6 个百分点、9.98 个百分点，产羔间隔 212d，比应用该技术前缩短了 31d，即由原来 1 年 1.5 胎，变为 1 年 1.7 胎。集成了南江黄羊优质基因资源保存技术，建立了南江黄羊“活体+基因库”的保种技术体系，目前活体保种群体达到 3 000余只，保存优秀种公羊冻精 721 支、优秀母羊血液 211 份。集成了在舍饲条件下，养殖场设计与建设、繁殖、饲养管理、主要疫病防治、疫病综合防治等舍饲养殖技术，并通过示范应用、效果良好。

（3）创新平台取得新成效。建成了四川省南江黄羊工程技术研究中心、四川省科技小院、四川省博士后创新实践基地、巴中市院士（专家）工作站、四川省星创天地等创新平台，四川南江黄羊原种场被评为国家肉羊核心育种场。

2. 完善育种设施，提升选种育种水平

采购了种羊测定设施设备 5 套，建成了 1 200 余平方米的南江黄羊科创中心及南江黄羊育种数据中心，中心包括南江黄羊基因库 1 个，繁殖、疫病、育种等研究室 3 个，采购精子自动分析仪、精子自动罐装机、PCR 仪等实验室仪器设备 200 余台套，价值 800 余万元，建成了区域领先的肉山羊实验室。

3. 加速种羊扩繁，提升种羊供给能力

攥紧种业芯片，实行原种场承担原种选育保种、国有企业承担一级扩繁、民营企业承担二级扩繁的机制，形成了以原种场核心群为龙头、国有企业一级扩繁选育群为枢纽、民营企业二级扩繁品种群为基础的三级三层育种体系。改扩建了南江黄羊原种场，原种场存栏量新增 1 000 余只。建成了一批标准化、智能化、集约化种羊扩繁场。目前今年已建成一级扩繁场 4 个，其中：存栏能繁母羊 1 000 只以上的 2 个。二级扩繁场 3 个，其中：存栏能繁母羊 1 000 只以上的 1 个，全县种羊生产能力达到 1.5 万余只。

（二）牵住扩面增量“牛鼻子”，创新基地建设新模式

1. 示范推广关键技术，推动基地建设标准化

通过召开养羊现场会、培训会、院户会等方式，大力推广以品种良种化、养殖设施化、管理规范化、防疫制度化等为主要内容的标准化养殖技术。通过南江黄羊倍增计划的实施，全县饲养南江黄羊占总养羊量的99.2%，改造标准化羊舍15万余平方米，年出栏1 000只以上的规模养殖场基本实现了饮水自动化，拌料、投料、除粪机械化。常态化开展羊口蹄疫、羊小反刍疫、羊布病等普查及监测，强制免疫病种免疫密度达90%以上，计划免疫病种免疫密度达85%以上。大力推广牧草种贮加工利用新型实用技术，建成年产青贮料10万余吨，草料自给率达到70%以上。

2. 发展适度规模养殖，推动基地建设规模化

按照“宜大则大、规模适度、大中小并举”原则，以招引培育新型经营主体为抓手，发动小（散）户养殖，纵深推进南江黄羊倍增计划，龙头企业、专业合作社、家庭农场、种养大户达到2 500家，其中：农民返乡创业创新新型经营主体达到1 200余个，新型经营主体养殖南江黄羊占总规模的67.1%，农户加入合作社比例达到71.2%。建成国家级肉羊标准化示范场1个，省级肉羊标准化示范场2个，南江黄羊专合组织28个，其中：国家级示范社1个、省级示范社3个，省级龙头企业1个。带动全县2023年出栏南江黄羊46.3万只。

3. 大力实施种养循环，推动基地建设绿色化

大力推广“雨污分流、干湿分离、净污分道、高床养殖”的羊场设计技术，每场（户）根据规模建设干粪发酵棚和沼气池，粪污处理设施设备基本齐全建成以羊粪为主要原料的年生产5 000t有机肥的肥料厂1个，重点对1 000只以上的养殖场羊污进行收集处理，粪污处理率达到95%以上。采取“羊粪+牧草”“羊粪+金银花”种养循环模式，种植牧草5 000余亩、金银花5万余亩，羊粪资源化利用率达到90%以上。以“南江黄羊+南江金银花”种养循环成功创建为国家现代农业产业园。

（三）突破产品加工“硬堵点”，催生就地增值新动能

1. 培育壮大链主企业，增强龙头带动力

通过招商引进四川德健南江黄羊食品有限公司，在南江县东榆工业园区投资5.5亿元，按出口标准建设南江黄羊加工厂1个，形成年屠宰加工南江黄羊30万只的生产能力，并建成休闲食品、冷鲜肉等生产线建成投产。通过加工增值平均达到30%以上，南江黄羊就地收购价比周边县市高出近20%，解决了养殖户销售后顾之忧。

2. 开展羊肉梯次开发，增加产品附加值

与成都大学等高校合作，开展南江黄羊精深加工与冷链物流关键技术集成与示范。全面突破羊肉梯次加工增值、瞬时减菌和高阻隔包装成套调理调质、冷冻羊肉低温高湿变频解冻、风干羊肉等关键技术。开展南江黄羊精细分割，开发出适合中高端消费群体的南江黄羊冷鲜产品 12 个。现已开发休闲、方便、佐餐、冷鲜、方便羊肉等系列产品 30 种，产品远销北京、西安、广州、香港、台湾等地，供不应求。南江黄羊加工业产值与其总产值比达到 2.4∶1。

3. 健全冷链物流体系，增强产品竞争力

鼓励企业自建冷链设施，建立羊产品物流网络，建成南江黄羊仓储物流配送中心，建有气调库2 000 m^3，高温、低温冷库3 000 m^3，购置冷链车 5 台等，南江黄羊肉产品预冷率和冷链运输率均达到 100%。

（四）精耕品牌价值“影响力”，培育市场营销新业态

1. 突出品牌创建

南江黄羊先后取得国家证明商标、国家地理标志保护产品、中国驰名商标、四川省著名商标、欧盟有机食品、中国有机产品等相关认证，入选国家地标区域品牌百强、中国农产品百强标志性品牌、中国农产品区域公共品牌目录、农业农村部农业品精品培育计划，南江黄羊品牌价值达到 41.85 亿元。

2. 突出品牌宣传

近年来，每年在中央电视台等主流媒体和各种新媒体宣传南江黄羊品牌 50 次以上，在火车站、机场、高速公路等设立大型广告牌。举办了以“游光雾仙山、品南江黄羊”为主题的南江黄羊美食节，每年接待食客 5 万余人次，好评如潮。持续深化川浙、川港东西部协作，主动融入“一带一路”“蓉欧+”。持续借助西博会、农博会、秦巴农洽会、光雾山国际红叶节等节会活动，每年推广南江黄羊产品和品牌 10 次以上。

3. 突出品牌营销

创新方式打造南江黄羊大酒店餐饮品牌，在成都、重庆等地建成南江黄羊大酒店和南江黄羊体验店 17 家。不断完善线上线下营销网络，开启南江黄羊线上预售的新模式，在天猫、京东、融 e 购、拼多多等 8 个电商平台建南江黄羊电商旗舰店，实现知名网络平台全覆盖。许多养殖户通过抖音、直播带货等方式进行销售。

线上线下品牌销售额占总销售额的22%。绿色有机南江黄羊养殖量占比达30%，国家地理标志保护产品认证比例86%；入驻省级追溯管理信息平台的经营主体52家，产品质量可追溯比例达88%，产品质量安全抽检合格率100%。

（五）激活助农增收“主引擎”，开辟乡村振兴新途径

1. 打造融合高地，挖掘增值空间

依托国家现代农业产业园，以北极牧场为核心，以南江黄羊为主题，建设以南江黄羊为主题的公园1个，打造了集学术科研、农事放牧、观光体验、黄羊美食于一体的农旅融合4A级景区1个，开发出黄羊玩偶、吉祥物、纪念品等文创产品5个，培育南江黄羊美食老店1个、主营南江黄羊的星级农家乐121家，年接待游客10万余人次。

2. 完善发展机制，带动农民增收

引导企业通过土地流转、订单收购等方式，与农户形成利益联结纽带，带动基地农户实现增收。推行“125”借羊还羊产业扶贫模式（龙头企业借给农户1只公羊、20只能繁母羊，两年实现纯收入5万元）和“三保一补”带动模式：保底价收购（龙头企业按不低于35元/kg的保护价收购商品羊）、养殖保险（政府对养殖户保险按50%给予保费补贴）、价格保险（建立了500万元的价格保险基金，市场价低于保护价时对龙头企业给予补助）、销售补助（销售商品羊给龙头加工企业的养殖户，给予100元/只补助）。“125”借羊还羊产业扶贫模式被联合国粮农组织评为全球减贫优秀案例。

3. 产村共生共荣，引领乡村振兴

在县域乡村振兴战略的总体规划下，实行南江黄羊产业发展与美丽宜居乡村同步规划、同步建设、同步建成、同步发展，促进产业和乡村基础设施同步改善，实现产村融合发展。探索建立了龙头企业与相邻社区（村）建立区域联合党委，提升乡村治理能力和产业发展水平。通过南江黄羊产业发展，带动全县建成乡村振兴示范村16个，宜居聚居点56个。

二、主要做法

（一）明晰目标定位，一张蓝图绘到底

在实施乡村振兴战略的大格局、农业高质量发展的新阶段、城乡融合发展大背

景下，围绕打造“三基地一中心”（中国南江黄羊种羊繁育基地、标准化养殖基地、现代化加工基地，中国南江黄羊交易中心）目标，合理规划了南江黄羊产业的现代养殖、加工物流、休闲观光、科技研发、创新孵化、综合服务等功能空间布局和壮大一产、振兴二产、做强三产，实现“三产”深度融合发展的总体建设思路，编制了县域南江黄羊产业发展发展规划，规划与县域现代农业发展、乡村振兴、经济社会发展等规划相衔接，并经县人民政府批复，把南江黄羊产业作为一项事业、一个系统工程来抓，一张蓝图绘到底，常抓不懈、久久为功，为实现南江黄羊产业发展和乡村全面振兴提供有力支撑。

（二）强化配套支撑，一套政策扶到底

1. 科技要素向产业集聚

近年来，黄羊产业引进本科以上专业人才 5 名，组建了南江黄羊科研所和南江县南江黄羊产业发展中心，在中高级岗位职称的设置上向其倾斜，中高级比例达到60%。每个乡镇农业综合服务中心安排了 1 名专门从事南江黄羊产业技术服务的技术员。强化专技人员考核，将科研课题、技术推广、技术服务、抓点示范等工作成效作为职称晋升的重要参考和年度考核的重要内容，构建科学合理的考评体系。

2. 土地要素向产业集聚

加强用地保障，推进农村土地经营权依法流转和有效利用，优化配置南江黄羊产业发展所需土地资源。在不占基本农田、城镇规划边界、生态红线的前提下，发展南江黄羊养殖实行设施农业备案制，引导加工企业入驻工业园区，在园区供地提供优惠用地政策。

3. 资本要素向产业集聚

出台了《关于南江黄羊倍增计划和加快南江黄羊全产业链发展的实施意见》《南江黄羊高质量发展二十条措施》政策文件，从加快补栏、基地建设、屠宰加工、品牌营销等方面给予奖补，县财政每年统筹涉农资金 1 000 万元支持南江黄羊产业发展。落实“金融+保险”双向发力，优化保险政策，引导信贷资金扶持。南江黄羊种羊、肉羊保额分别提升至 2 000 元、1 500 元，政府按保费的 80%给予补贴，规模养殖场保险覆盖面达到 100%，理赔率达到 100%；中国农业银行推出“黄羊贷”，支持业主 2 年不超过 50%贴息补助。推行由龙头企业、合作社、农户、银行、保险、担保公司等组成信用共同体的联合增信贷款模式，促进产业资本快速向南江黄羊产业集聚。每年带动银行和社会资金投入南江黄羊产业8 000万元以上。

（三）加强组织领导，一套班子抓到底

强化链条长负责制，明确县长为总链长，6个实职县领导分别担任原料供应链、产品加工链、市场营销链、羊旅融合链、项目招商链、资金保障链分链长，完善县、乡、村三级抓南江黄羊产业发展的组织体系，建立“月调度、季通报、年考评”工作机制，县目标办定期督办问效，高位推动，强力推进，确保目标任务稳步推进。

三、下一步打算

下一步，我们将以习近平总书记关于“三农”工作的重要论述为指引，深入贯彻落实中央、省、市农村工作会议精神，强化农业科技支撑，加强种质资源保护，以工业化思维推动南江黄羊传统养殖业态向“三产”融合业态转型，奋力实施“五大工程”，实现南江黄羊产业高质量发展。

（一）实施种源保护工程

聚焦南江黄羊配套系选育，采用基因组选择技术，研发出南江黄羊液相芯片，选育出高繁殖力更高、产肉力更强、生长速度更快的南江黄羊配套系。持续完善基因库，确保优质遗传资源稳定留存。巩固提升国家级核心育种场（原种场）选育保种能力，按数字化标准新建南江黄羊原种备份场1个，新增出栏优质种羊1 000只以上。新建一批南江黄羊一级扩繁场，到2026年全县一级扩繁场达10个以上，年生产种羊能力提升3万只以上。

（二）实施规模壮大工程

坚持“外招内育、标准引领、调优结构、政策奖补”原则，吸纳一批新型业主、稳定一批现有业主，每年培育专合社、规模场、家庭羊场、养殖大户等新型经营主体130家以上。纵深示范推广标准化养殖技术，进一步提高标准化养殖水平。建成2 000亩以上牧草种植加工基地3~5个，有机肥加工厂扩能，种养循环面达到95%以上。

（三）实施精深加工工程

按照“定标准、育龙头、优产品”思路，做优产品，提升附加值。鼓励、引导企业与国内一流科研院校合作，制定南江黄羊相关加工产品标准、对接消费市场，研发具有市场核心竞争力的拳头产品。建立健全“集中屠宰、冷链运输、冰鲜上市”的南江黄羊冷鲜肉生产、流通和配送体系，提高南江黄羊冷鲜肉消费比重和市场占有率。

（四）实施营销创富工程

高度整合供应链、销售链、价值链，引导龙头企业组建现代化营销管理团队，积极开展南江黄羊产品市场分析、营销策划、产品定位和开拓县域外市场。鼓励、引导龙新型经营主体建立“五统一”利益链接机制，通过统一技术、统一生产、统一服务、统一营销、统一品牌，形成订单式“产销联合体”，实现“农户+企业”双增收。

（五）实施品牌响亮工程

坚持“双轮驱动”（区域公共品牌+企业产品品牌）双品牌发展战略，按照“高层次宣传、高品质体验、高频次推介”思路，构建全方位立体化宣传网络，全面打响南江黄羊“金字招牌”，提升品牌影响力和美誉度。

厚植品牌优势 做强山羊产业

——简州大耳羊产业发展经验交流

王定国[1] 薛 佳[1] 周立新[1] 苏中海[1] 徐 岚[1] 唐显秀[1] 李悦波[1] 包俊梅[2]

（1. 成都市动物疫病预防控制中心，四川成都 610041；

2. 简阳市农业农村局，四川成都 641400）

摘 要：简州大耳羊是我国培育的第二个国家级肉用山羊新品种，已经成为简阳市乃至四川省农业的一张靓丽名片。本报告旨在总结简州大耳羊产业发展的典型经验，探讨其在品牌建设、产业链完善、科技创新、政策扶持、市场开拓等方面的做法，以期能为农业产业的发展提供借鉴。

关键词：简州大耳羊；产业发展；经验做法

一、简州大耳羊简介

简州大耳羊（俗称简阳大耳羊）是由努比山羊与简阳本地山羊杂交培育形成的我国第二个国家级肉用山羊新品种。新品种培育工作历经 60 余年。20 世纪 40 年代，努比山羊与本地山羊杂交后代生产性能优良，深受当地养羊户和消费者的欢迎，逐步形成较大数量的群体。1981 年开展畜禽品种资源普查，由四川农业大学著名养羊专家刘相模教授组成的鉴定小组将该群体认定为“全国少有的山羊新类群”，由于耳大下垂是群体标志性特征，因此将其取名为“简阳大耳羊”。之后，为进一步加快改良步伐，提高养羊生产水平，又从国外引进纯种努比山羊，对原有杂交群体进行血缘更新和级进杂交，以提高其生产性能。1998 年以来，开展了简州大耳羊形成的历史沿革、生长发育规律、繁殖性能、产肉性能、分子遗传特性、抗病力试验、放牧与补饲的饲养管理技术、简州大耳羊角、耳遗传性能等 8 项专题研究，形成了近 20 个专题研究报告。2004 年，四川省人民政府正式将简州大耳羊命名为四川省地方山羊新品种；2009 年，“简州大耳羊品种选育及产业化关键技术集成示范”项目成果获四川省人民政府科技进步奖三等奖；2013 年，“简州大耳羊新品种培育及关键技术研究与示范”获四川省人民政府科技进步奖一等奖；2011 年 10 月至 2012 年 1 月，国家性能测定站对简州大耳羊生产性能进行了现场测定。到 2012 年 9 月 30 日，完成了简州大耳羊 4 个世代的世代选育工作。2012 年 10 月，简州大耳羊通过了国家畜禽遗传资源委员会羊专业委员会现场审定。2013 年 2 月 27 日，《中华人民共和国农业部公告》第 1907 号正式公告简州大耳羊为我国肉用山羊新品种。

简州大耳羊以其独特的优势在国内肉羊产业中占据了重要地位。其种质资源优良、体型高大、被毛以黄褐色为主、耳大下垂、大部分有角；具有生长速度快、产肉性能优良、肉质好、繁殖率高、抗逆性强、耐粗饲等特点。周岁公羊体重 47. 6kg、母羊 36kg，成年公羊（2. 5 岁）体重 68kg、母羊（2 岁）45kg。母羊年均产羔 1. 7 胎，初产母羊每窝平均产羔 1. 53 只、经产母羊为 2. 42 只。

近年来，受山羊疫情、羊肉价格走低、环保等多重因素的影响，简州大耳羊产业发展面临巨大的挑战，简州大耳羊呈现存栏量、出栏量下降的趋势。截至 2023 年末，全市山羊存栏量为 12. 57 万只，出栏量为 35. 97 万只。2019—2023 年简州大耳羊生产情况如表 1 所示。

表 1　2019—2023 年简州大耳羊生产情况

年份	年末存栏（万只）	年出栏量（万只）	肉产量（t）
2019	22. 03	48. 52	7 528
2020	22. 53	51. 15	7 633
2021	16. 99	39. 53	5 999
2022	14. 23	37. 15	5 321
2023	12. 57	35. 97	5 160

注：2019 年和 2020 年数据包含东部新区，其余年份为仅简阳市数据。

二、发展成效

近年来，省市县以提升简州大耳羊种质资源和羊肉品质为抓手，全方位打造简州大耳羊区域公共品牌、企业品牌和产品品牌，形成了以品牌为核心的竞争优势，促进了简州大耳羊产业高质量发展。

（一）品牌建设成效显著

2011 年 2 月 24 日，国家质检总局第 14 号公告，“简阳羊肉”获国家地理标志保护产品称号；2013 年 2 月 27 日，农业部第 1907 号公告，简州大耳羊为国家级肉羊新品种，是新中国培育的第二个国家级肉用山羊新品种；2015 年 6 月 28 日，“简阳羊肉汤”获国家地理标志保护产品证明商标称号；2016 年，“简阳羊肉汤”被成都市政府公布为第五批成都市级非遗代表性项目；2022 年，“简阳羊肉”入围“2022 我最喜爱的四川十大地理标志品牌 50 强”榜单；2023 年以来，简阳市开展了“简州大耳羊活动物地理标志保护产品”申报工作。“简州大耳羊新品种”“简阳羊肉”“简阳羊肉汤”成为简阳市的三张肉羊产业名片。这些品牌的成功创建，不仅提升了简州大耳羊的市场认知度，更全面提升了产业品牌知名度、品牌美誉度和品牌价值，促进了简州大耳羊走向全国、走出国门。

（二）产业发展势头良好

从农户散养到规模化、集约化、标准化和智能化养殖，简州大耳羊产业实现了跨越式发展。目前，简阳市已形成了以施家镇、禾丰镇和平泉街道为核心的羊产业优势区域，通过优势区域的辐射带动，三合镇利木村、施家镇信义村和四益村、射洪坝街道裕民村、云龙镇清风村等 5 个简州大耳羊基地村建设初具规模。2023 年末，全市存栏 1 000 只及以上规模羊场 5 个，300~1 000 只规模羊场 5 个，200~300 只规模羊场 10 个，100~200 只规模羊场 23 个。2021 年 12 月，四川天地羊生物工程有限责任公司获农业农村部“畜禽养殖标准化示范场”称号。2019—2023 年，创建部级、省级和市级肉羊标准化示范场分别为 1 个、4 个和 4 个。

（三）产业标准体系健全

简阳市积极推动简州大耳羊标准体系建设，加快行业标准、地方标准、团体标准的制定和颁布工作，以标准引领产业发展。2015 年，发布了农业标准 NY/T 2827—2015《简州大耳羊》；2023 年，简阳市简州大耳羊联合会发布了团体标准《100 只母羊羊舍建设》（T/JZDEY001—2023）《2000 只简州大耳羊规模羊场建设》（T/JZDEY002—2023）；成都市发布了地方标准《地理标志产品 简阳羊肉》（DB5101/T 152—2023）。通过建立简州大耳羊种羊、羊场（舍）建设以及羊肉产品生产标准、基地标准、质量标准及溯源标准，构建了完善的品牌保障体系，为简州大耳羊产业的健康发展提供了坚实的基础。

（四）产业融合发展加快

围绕简州大耳羊产业建圈强链、延链补链、壮链优链，形成了羊产业研发、生产、加工、储运、销售、品牌等环节和主体紧密关联、有效衔接、耦合配套、协同发展的有机整体，实现一二三产业融合，促进简州大耳羊产业高质量发展。以天地羊、大哥大为龙头的简州大耳羊原种企业，积极开展本品种选育，提升品种的生产性能，不断扩大种羊市场。通过建立“产业协会+平台公司+龙头企业+专业合作社（家庭农场）+养殖大户+散户”的发展模式，带动了全新、沐风、林沣、大耳朵羊等规模化羊场的快速发展。以马厚德、廖氏羊肉为主体的羊肉深加工企业，通过深化加工、强化品牌推广，不仅在本地市场畅销，还将速冻羊肉、速冻羊肉汤、羊肉汤罐头等产品销往全国各地。2003 年以来，简阳市连续举办了二十届羊肉美食文化旅游节，通过“美食+旅游”的深度融合，吸引了大量游客，进一步提升了简州大耳羊品牌的市场影响力。

三、主要举措

（一）强化政策保障

近年来，省市县各级政府高度重视发展简州大耳羊产业，给予了强有力的要素保障，在财政资金、项目经费等方面给予大力支持（表 2）。先后实施了肉羊高效生产配套技术推广、畜禽粪污资源化利用、简州大耳羊产业发展等项目，极大地促进了简州大耳羊产业的发展，提高了产业的整体竞争力。

表 2　2019—2023 年简州大耳羊产业发展项目（部分）

年份	项目	内容	经费/补贴资金/效果
2019	简阳市肉羊高效生产配套技术推广项目	集成推广公羊、养殖防控技术等	总经费 10 万元
2020	畜禽粪污资源化利用项目	对 8 家羊场畜禽粪污设施装备进行提升改造	总补助资金 211.6 万元
2021	简州大耳羊产业发展发展项目	对新建简州大耳羊标准化规模场和简州大耳羊的保种进行补贴	总补助资金 599.96 万元

（续表）

年份	项目	内容	经费/补贴资金/效果
2022	实施十条激励政策支持生猪、简州大耳羊产业发展项目	对全市年出栏 50 只及以上简州大耳羊的经营主体给予 100 元/只的资金补贴，对新评为国家级、省级、成都市级农业产业化重点龙头企业的生产经营主体，分别给予 80 万元、30 万元、20 万元的一次性奖励	总补助资金 81.63 万元
2023	建设现代化简州大耳羊羊场	支持施家镇龙河村、平泉街道太阳村等村集体经济和农发集团建设羊场	投产后可增加简州大耳羊存栏 9 000 余只

在育种保种方面，为进一步巩固和提高简州大耳羊生产性能，提高种群质量，确保简州大耳羊选育科学化、合理化，多项专项补助与经费用于支持保种场性能测定、产业发展项目和遗传资源普查等方面（表 3）。

表 3　简州大耳羊保种育种补助项目

年份	项目	内容	补助及经费
2019	开展简州大耳羊性能测定	核心羊群测定数量 600 只以上	性能测定补助 10 万元
2020			
2021			性能测定补助 15 万元
2022			
2021	简州大耳羊产业发展项目	简州大耳羊核心羊群保种	保种经费 157.2 万元
2022	成都市实施遗传资源普查项目	简州大耳羊性能测定、系统调查和影像采集	经费 10 万元

（二）加强品牌打造

重视简州大耳羊品牌打造和保护工作。通过举办和参加各类农业展会、产销对接、贸易洽谈会等，推动与批发市场、电商平台、大型商超等流通销售渠道的合作，促进产品与市场紧密对接，打响“简州大耳羊”品牌，提高了品牌知名度和美誉度。同时，统一设计标识、产品包装，应用于生产、销售、推广等各环节；完善产品的生产标准、基地标准、质量标准及溯源标准，构建品牌保障体系；建立“简州大耳羊”区域公用品牌培育、发展和保护体系；有序开展商标授权管理工作，凝聚品牌合力，实现抱团发展，形成规模效应。推荐“简州大耳羊”进入中国农产品品牌索引名录、农耕农品记忆索引名录、省级和市级农业品牌目录，进一步打造成“天府粮仓”“天府源”精品品牌。

（三）加强科技赋能

组建科技小院，依托大专院校、科研院所、技术推广机构、行业学会、投资企业和肉羊产业体系专家等科技力量，为简州大耳羊产业插上了科技翅膀，促进产业进入发展的快车道。2023 年 10 月，成立了“四川简州大耳羊科技小院”，为产业发展提供了一个集科技创新、示范推广和人才培养于一体的综合平台。同时，各类科技单位和力量介入，共同推进简州大耳羊的科研试验、保种育种、推广饲养，以及通过科技手段，提高了简州大耳羊的生产性能，同时也为产业的规模化生产、加工、品牌推介推广等提供了强有力的技术保障。行业学会通过组织开展交流与合作、科研项目、技术攻关和成果转化，促进了行业内的技术创新；聚焦关键核心技术，开展技术成果评价、验证，扩大技术标准研制认证规模，推动了科技与经济的深度融合；积极参与团体标准、行业标准和国家标准等的制定，推动简州大耳羊行业的规范化和高质量发展。

（四）加强人才培养

积极开展人才培养和储备工作，为简州大耳羊产业发展提供了强有力的人才支撑。通过政府培养计划、科技小院、民办农校、行业学会等培养了一批懂技术、善经营的新型职业从业者。简阳市创新实施的“青年骨干农民培养计划”“三向递进培养”，通过建立市镇村三级班子成员联系指导和市级领导小组成员单位、科技人才双结对的“3+2 成长导师”联系帮扶机制，为乡土人才创业提供了坚实的支持；简阳市在市镇村成立“新青年·学习社”，开展“乡村振兴青年说”等主题活动，强化基层农技推广，提升培育效能，增强了养殖户的理论知识、提高了实践技能，使从业者能够更好地适应现代农业的发展需求。通过科技小院进行的人才培养，以研究生培养模式的创新，使得研究生能够在农业生产一线长期扎根，研究解决实际问题，实现了教书与育人、田间与课堂、理论与实践的紧密结合，为农业农村现代化提供了人才支撑。“指月农校”是简阳当地一个专业的技术培训、人才培养机构，它在培养乡村人才方面发挥了关键作用，通过“碰头会”交流实践技术和养殖心得，培养产生了一批懂技术、善经营的新型职业农民。

（五）加强技术培训

围绕简州大耳羊高质量发展，“科技下乡万里行”“指月农校”常年开展的技术培训和指导活动，涵盖了疫病防控、遗传育种、饲料营养、饲养管理、环境控制等多个方面。聚焦疫苗接种、驱虫、消毒等措施，以及疾病的及时发现和治疗，提高养殖户对简州大耳羊疫病防控的认识和技能；聚焦选择品种纯正、生长快、繁殖力强、抗病力强的简州大耳羊作为种羊，确保种群的优良遗传特征得以传承；聚焦饲料种类的合理搭配和饲喂量的控制，保证简州大耳羊在不同生长阶段获得均衡的营养，提高羊只的生长速度和肉质，节约饲养成本；聚焦圈舍的建设、温度、光照和饮水管理，确保简州大耳羊的饲养环境达到最优状态，减少疫病的发生，提高羊只的舒适度和生产性能等。

（六）加强文化挖掘

简州大耳羊作为简阳市的特色农产品，承载着当地的农耕文化和历史传统。通过一系列活动和措施，深入挖掘简州大耳羊的文化价值，弘扬简阳羊文化，拓展市场、提升品牌的文化价值。简阳市通过举办各种节庆活动来弘扬简阳羊文化，如美食节、赛羊节和羊肉汤节等。举办的羊肉美食文化旅游季活动，不仅推广了简阳羊肉汤，还通过发放消费大礼包、优惠券等吸引游客，促进了当地餐饮商家和酒店民宿等的发展。此外，简阳市还与重庆武隆签署了“成渝羊肉汤美食联盟”，以羊为媒，共谋羊业发展；注重羊肉加工销售企业的常年运营，进一步拓展了市场。简州大耳羊作为简阳市特色农业产业，在消费市场拉动、政策金融推动、科技创新驱动作用下，形成了“种—养—繁—加—销—餐饮”的全产业链条，提升了品牌的文化价值；大力推进简州大耳羊现代农业园区建设，成功创建成都市三星级现代农业园区，并被列入省级园区培育，有助于提升简州大耳羊的品牌影响力。

（七）加强产业创新

为发展羊产业新质生产力，提升羊肉产品品质和品牌价值，成都市与“世界硒都”恩施展开合作，共同挖掘富硒资源、发展富硒肉羊产业，以促进成都市养羊业转型升级高质量发展。简州大耳羊是杂交培育形成的肉用山羊新品种，在一定程度上具有较高的经济价值，在人民日益增长的对食用肉类的高质量要求前提下，发展富硒羊无疑是很好的切入点，也将成为简州大耳羊名片上新的特质，对推进现代畜牧业发展十分关键。在前期研究基础上，与拥有成熟硒产品的恩施方面合作，各自发挥所长，实现双赢，更加丰富了简州大耳羊的科技和文化内涵。2023 年 10 月，2024 年 4 月，四川天地羊生物工程有限责任公司开发的高品质富硒羊肉产品分别获第八届世界硒都（恩施）硒产品博览交易会暨硒科技创新发展大会“最具发展潜力名优硒产品”奖和“第五届中国慢病防治大会重点推荐产品”称号。当前，已逐步完善并形成了“百亿富硒简州大耳羊产业链”，各相关产业链和环节正逐步凝聚于此。

四、下一步发展方向

（一）着力提升品牌影响力

继续加强品牌建设，通过提升产品质量、加大宣传推广力度、完善品牌保障体系等措施，进一步提升简州大耳羊品牌的影响力。

1. 提升产品质量

通过实施严格的质量控制标准和溯源体系，确保简州大耳羊产品的品质和安全，满足消费者对高品质羊肉的需求。

2. 加大宣传推广力度

利用各种媒体渠道和平台，包括社交媒体、传统媒体、农业展会等，宣传简州大耳羊的独特优势和品牌价值，提高品牌的知名度和美誉度。

3. 完善品牌保障体系

建立和完善品牌保护机制，包括地理标志证明商标的保护，以及打击假冒伪劣产品的行动，确保品牌的合法权益。

（二）健全产业链

进一步完善简州大耳羊产业链，通过加强育种、养殖、加工、销售等各环节的衔接，提高产业的整体效益。

1. 加强育种

通过科技研发和持续的品种改良，提高简州大耳羊的遗传品质和生产性能，为产业提供优良的种源。

2. 优化养殖

推广先进的养殖技术和管理模式，提高养殖效率和羊肉品质，同时注重环保和可持续发展。

3. 加工升级

创新发展羊肉深加工产业，提高产品附加值，满足市场的多样化需求。

4. 营销拓展

建立多元化的销售渠道，包括线上电商平台和线下专卖店，扩大市场覆盖范围。

（三）强化人才技术支撑

继续加强人才培养和技术支撑，通过培养更多的新型职业农民、推广先进的养殖技术、加强科技创新等措施，为产业发展提供强有力的人才和技术保障。

1. 培养新型职业农民

持续通过科技小院、农校等机构，培养懂技术、善经营的新型职业农民，提高专业技能和管理能力。

2. 推广先进养殖技术

加强技术培训和现场指导，将先进的养殖技术传授给养殖户，提高养殖效率和产品质量。

3. 加强科技创新

加大力度与科研机构合作，开展羊肉生产、加工、品牌建设等方面的科技创新，为产业发展提供技术支持。

强化种业体系建设，创新产业发展模式
——川中黑山羊产业发展经验交流

王小强[1]　杨舒慧[1]　袁　蓉[2]　古维刚[3]　刘华东[4]　舒　刚[5]

（1. 四川省畜牧总站，四川成都 610041；2. 成都市农业农村局，四川成都 610031；3. 资阳市农业农村局，四川贤阳 641300；4. 金堂县农业农村局，四川金堂 610400；5. 乐至县农业农村局，四川乐至 641500）

摘　要：川中黑山羊是我国优良的地方山羊品种之一，2010 年国家畜禽遗传资源委员会将金堂黑山羊和乐至黑山羊合并命名为川中黑山羊，金堂黑山羊被称为川中黑山羊（金堂型），乐至黑山羊被称为川中黑山羊（乐至型）。川中黑山羊具有适应性强、耐粗饲、繁殖力高、肉质鲜美等特点。近年来，随着人们生活水平的提高和对高品质羊肉需求的不断增加，川中黑山羊产业得到了快速发展。

关键词：川中黑山羊；种业体系；发展模式

一、川中黑山羊特征特性

川中黑山羊全身被毛黑色，毛短富有光泽，被毛内层着身绒毛。乐至型少数头顶部有“栀子花”样白毛。川中黑山羊体质结实，结构匀称，体型高大。头大小适中，有角或无角，公羊角粗大，向后弯曲并向两侧扭转，母羊角较小，呈外“八”字形。耳有垂耳、半垂耳和立耳。公羊鼻梁微拱，母羊鼻梁平直。成年公羊颌下有毛髯，少数母羊颌下有毛髯。少数羊颌下有肉髯。颈长短适中，前胸深广，肋骨开张，背腰平直，四肢粗壮，肢势端正，蹄质结实。公羊体态雄壮、前躯发达，睾丸发育良好，雄性特征明显；母羊体态清秀，后躯发达，肌肉丰满，乳房发育良好。

川中黑山羊公羊、母羊六月龄体重分别为 30～31kg、26～27kg，公羊、母羊周岁体重分别为 41～42kg、35～36kg，公羊、母羊成年体重分别为 65～68kg、48～

50kg。川中黑山羊 12 月龄公羊胴体重达 20kg 以上，屠宰率 49%以上，净肉率 37%以上；母羊胴体重达 18kg 以上，屠宰率 47%以上，净肉率 35%以上。

母羊的初情期 5~6 月龄，公羊性成熟期 6~7 月龄。初配年龄公羊 10~12 月龄，母羊 8~10 月龄。母羊常年发情，发情周期 20d±2d，发情持续期 48h±6h，妊娠期 149d±3d，产羔率：初产 190%，经产 240%。

二、川中黑山羊产业发展现状

（一）川中黑山羊种业发展现状

1. 川中黑山羊评价及分布

川中黑山羊是经过长期自然选择和人工选育而成的优良地方品种，川中黑山羊具有生长发育快、繁殖力高、产肉性能好、肉质细嫩、膻味轻、板皮面积大、耐粗饲、抗病力强、适应性强、适应范围广、遗传性能稳定等特点，适宜于山区和丘陵地区养殖。深受养殖户和消费者的喜爱，作为肉用山羊的三个重要指标即繁殖力、早熟性和体重在国内山羊品种中位居前列，原产地和中心产区位于成都市金堂县和资阳市乐至县。在成都市，德阳市，内江市，南充市、眉山市、凉山彝族自治州、自贡市、广元市部分县（市区有分布）。

2. 良种繁育体系建设

川中黑山羊繁育体系主要包括以下几个方面。

（1）建立资源保护体系。2021 年开展了川中黑山羊遗传资源的普查工作，全面了解该品种的分布、数量、群体结构等基本情况，准确掌握川中黑山羊的存栏量、血缘关系等信息，为后续的保种和选育工作提供基础数据。在川中黑山羊的核心产区，建立了川中黑山羊（乐至型）保种场，承担着川中黑山羊（乐至型）种种任务，建立了川中黑山羊（金堂型）种畜场，川中黑山羊得到保护；2022 年四川省畜牧总站开展了川中黑山羊（乐至型）的保种效果评估工作，重新梳理保种场血缘关系；在四川省畜禽遗传资源基因库保存有川中黑山羊的遗传物质，做到遗传活体保存与物质保存相结合，使川中黑山羊得到有效保护。

（2）创建核心选育体系。运用现代育种技术和传统的选育方法相结合，从生长速度、繁殖性能、肉质品质等多个方面对川中黑山羊进行选育。例如，通过测量体重、体尺等指标，筛选出生长速度快的个体；观察母羊的产羔率、羔羊的成活率等，挑选繁殖性能高的个体。同时，还要注重对羊只的抗病能力、适应能力等性状的选育，提高种群的整体质量。

（3）良种繁育体系建设。川中黑山羊的繁育体系主要包括原种场、扩繁场和养殖户三个层次。原种场负责品种的选育和保种工作，扩繁场负责品种的繁殖和推广工作，养殖户则负责商品羊的养殖工作。

一是繁殖技术应用。在川中黑山羊的扩繁过程中，会采用多种繁殖技术。自然交配是最传统的繁殖方式，但为了提高繁殖效率和质量，人工授精技术也得到了广泛应用。人工授精可以更好地控制种羊的配种过程，选择优秀的种公羊精液进行输精，提高受孕率和后代的品质。此外，胚胎移植技术等先进的繁殖技术也在不断地探索和应用中，为川中黑山羊的快速扩繁提供了新的途径。

二是种群管理。对种羊扩繁过程中的种群进行科学管理，包括制定合理的繁殖计划、控制种群的近亲繁殖、建立完善的谱系档案等。通过系谱档案，可以清楚地了解每只羊的血缘关系，避免近亲交配，保证种群的遗传多样性。同时，根据市场需求和种群的发展情况，及时调整繁殖计划，确保种羊的供应能够满足市场的需求。

（4）技术支撑与科研合作。一是科研机构参与。四川省内的畜牧科研机构，拥有专业的科研人员和先进的实验设备，能够开展川中黑山羊的遗传分析、育种技术研发、饲料营养研究、羔羊早期断奶等方面的工作，为繁育体系的建立和完善提供技术支持。如四川省畜牧科学研究院、成都市农林科学院等，积极参与川中黑山羊的繁育研究工作，西南民族大学积极开展川中黑山羊的资源保护与利用、饲料开发、羔羊早期断奶等研究工作。

二是产学研合作。企业、高校和科研机构之间开展产学研合作，形成优势互补的合作模式。企业为高校和科研机构提供实践基地和研究资金，高校和科研机构则为企业提供技术支持和人才培养。企业与高校合作开展川中黑山羊的新品系培育、养殖技术创新等项目，共同推动产业的发展。

四川农业大学与成都蜀新黑山羊产业发展有限责任公司合作，采用传统育种与分子育种相结合的方法，进一步开展群体继代选育，重点选育指标为初产母羊产羔率、经产母羊产羔率和羔羊断奶成活率。突出母羊产羔数多、羔羊成活率高的特性，提升群体品质，稳定群体遗传结构，扩大群体规模。初产母羊产羔率达到

205.1%，经产母羊平均产羔率达到245.23%，其中三羔率为61%，羔羊断奶成活率达到93.44%。通过分子生物学技术，进行亲子和血缘鉴定。

西南民族大学与乐至县相关部门和企业合作，成立了乐至黑山羊科技特派员工作站和科技小院，在营养调控领域取得的代表性成果，创建了利用食品工业废弃物生产微生态功能饲料的好氧与厌氧相结合的立体式节能发酵模式，形成了在对肉羊瘤胃代谢、饲料营养价值评定、饲料资源开发三方面系统研究，研发了羔羊早期断奶技术、含发酵饲料的全混合日粮饲喂技术、肉羊用系列饲料配方、高效节能型山羊圈舍建设参数和含有饲料配方功能的羊场高效管理软件，形成1套肉羊高效养殖技术体系。

（5）种羊质量监管与标准制定。一是建立质量监测体系。建立健全川中黑山羊的质量监测体系，对种羊的质量进行严格的监测和评估。包括对种羊的生长性能、繁殖性能、健康状况等进行定期检测，确保种羊符合相关的质量标准。同时，加强对种羊交易市场的监管，防止劣质种羊流入市场。

二是标准制定与执行。制定川中黑山羊的养殖标准、种羊质量标准、疫病防控标准等一系列标准和规范，并严格监督执行。这些标准和规范涵盖了川中黑山羊养殖的各个环节，为养殖户提供了科学的操作指南，也为产业的健康发展提供了保障。

（二）川中黑山羊产业发展现状

1. 养殖规模不断扩大

近年来，川中黑山羊养殖规模不断扩大。各地政府积极出台扶持政策，鼓励养殖户发展川中黑山羊养殖。同时，随着市场需求的增加，越来越多的养殖户开始涉足川中黑山羊养殖领域。目前，川中黑山羊的养殖数量逐年增加，养殖区域不断扩大。如乐至县高度重视黑山羊产业发展，打捆整合各类资金投入山羊产业，在政策上支持适度规模养殖农户标准化圈舍改扩建、良种引进及相关配套设施建设等，为产业发展提供了有力支撑。近年来，全县已建成规模养殖场21个，年出栏黑山羊100只以上的养殖户达500余户，黑山羊原种场、扩繁场（育种场）、选育户“三级保种繁育”体系初步形成，总体呈现出繁育体系不断巩固、养殖基地不断扩大、生产总量持续增长的态势。

2. 养殖模式的转变

川中黑山羊的养殖模式从传统的散养模式逐渐向规模化、合作社化、生态化和智能化养殖模式转变，这些变化不仅提高了养殖效率和产品质量，也为川中黑山羊产业的可持续发展提供了有力支撑。

在过去，川中黑山羊的养殖主要以传统散养模式为主。农户利用自家的庭院、周边的荒地或山坡等进行小规模养殖。一般养殖数量较少，通常在几只到十几只不等。缺点是养殖管理较为粗放，羊的生长速度和繁殖效率相对较低。由于缺乏科学的饲养管理和疫病防控措施，羊容易生病，成活率难以保证。同时，散养模式下羊的品质参差不齐，难以形成统一的品牌和市场竞争力。

随着市场需求的增加和科技的进步，现代养殖模式逐渐兴起，由散养户逐渐向规模化养殖、合作社养殖转变。

规模养殖场通常配备有现代化的养殖设施，通过科学的饲养管理和疫病防控措施，可以提高羊的生长速度、繁殖效率和成活率。同时，规模化养殖有利于形成统一的品牌和市场竞争力，提高产品附加值。如一些大型养殖企业通过引进先进的养殖技术和管理经验，实现了川中黑山羊的规模化养殖。他们采用科学的饲料配方，根据羊的不同生长阶段提供营养均衡的饲料，提高了羊的生长速度和肉质品质。同时，建立了完善的疫病防控体系，定期对羊进行疫苗接种和疫病检测，确保羊的健康。

合作社养殖可以实现资源共享、风险共担。通过合作社的平台，养殖户可以获得更多的技术支持和市场信息，统一采购饲料、兽药等生产资料，降低生产成本，统一进行疫病防控，提高养殖效益。同时，合作社可以与企业或市场建立稳定的合作关系，拓宽销售渠道，提高产品的市场竞争力。如川中黑山羊养殖户成立了合作社，通过合作社与加工企业签订订单合同，按照企业的要求进行标准化养殖，确保产品质量。企业则以高于市场价格收购合作社的产品，实现了养殖户与企业的双赢。

生态养殖模式的兴起。生态养殖模式不仅可以减少饲料投入，还可以生产出绿色、无污染的优质羊肉产品，满足消费者对食品安全和健康的需求。同时，生态养殖模式有利于保护生态环境，实现可持续发展。

3. 智能化养殖模式的探索

随着信息技术的发展，智能化养殖模式也开始在川中黑山羊养殖中进行探索。

（1）物联网技术应用。通过在羊舍安装传感器、摄像头等设备，实时监测羊的生长环境、健康状况和活动情况。养殖户可以通过手机或电脑远程监控羊舍的情况，及时发现问题并采取措施。例如，传感器可以监测羊舍的温度、湿度、氨气浓度等环境参数，当环境参数超出设定范围时，系统会自动报警并启动通风、降温等设备，为羊提供舒适的生长环境。摄像头可以实时监控羊的活动情况，养殖户可以随时观察羊的采食、饮水、休息等行为，及时发现羊的异常情况。

（2）大数据分析。利用大数据分析技术，对羊的生长数据、疫病数据、饲料消耗数据等进行分析，为养殖户提供科学的养殖建议。例如，通过分析羊的生长数据，可以了解羊的生长速度和发育情况，及时调整饲料配方和饲养管理措施；通过分析疫病数据，可以预测疫病的发生风险，提前采取预防措施。

（3）智能化设备应用。引进智能化的养殖设备，如自动喂料机、自动清粪机、智能饮水器等，提高养殖效率和管理水平。例如，自动喂料机可以根据羊的生长阶段和体重自动调整饲料的投喂量，减少饲料浪费；自动清粪机可以及时清理羊舍的粪便，保持羊舍的清洁卫生。

（三）产业化程度逐步提高

1. 龙头企业带动

各地积极培育和引进龙头企业，发挥龙头企业的带动作用。龙头企业通过建立养殖基地、加工企业、销售网络等，实现了川中黑山羊产业的产加销一体化金堂龙头企业为：成都蜀新黑山羊产业发展有限责任公司，蜀新公司是国家级核心育种场。

2. 品牌建设

加强川中黑山羊品牌建设，提高品牌知名度和美誉度。通过打造品牌，提高了川中黑山羊的市场竞争力，促进了产业的发展。成都康贝奥公司注册了“巴蜀村”商标。2021 年乐至黑山羊（第 31 类活山羊、第 29 类羊肉）两类产品成功注册地理标志证明商标。建立健全了乐至黑山羊农产品地理标志使用授权相关制度并严格管理。鼓励县内乐至黑山羊规模养殖企业、专合组织、家庭农场申请使用“农产品地理标志”和地理标志证明商标，规范“乐至黑山羊”地理标志使用授权，推进证书持有人和标志使用人签订标志使用协议，实行统一编号管理，并报省级工作机构备案。获得授权乐至黑山羊企业全部纳入国家农产品质量安全追溯管理信息平台和省级农产品质量安全追溯平台进行管理；制作一批带地标 logo 的专用耳标，指导授权企业按要求佩戴使用，鼓励县内授权生产经营业主活体销售采用戴地标 logo 耳标销售，截至目前，全县规模养殖企业、专合组织、家庭农场 4 家获得授权并按要求进行使用。定期开展对公共标识使用的检查，推动标志使用人 100%规范使用公共标识。在高速、国省道路、核心养殖基地制作设立了“乐至黑山羊”户外宣传牌，宣传视频短片通过“帅乡乐至”“乐至融媒”等官方媒体对外进行宣传。组织企业参加 2020 年第 45 届迪拜世博会中国馆“四川活动日”、第十九届中国国际农产品交易会（成都）、近几年参加了历届四川农业博览会。

3. 产业链延伸

不断延伸川中黑山羊产业链，发展羊肉加工、羊皮加工、羊粪有机肥生产等产业，提高了产业附加值。金堂羊屠宰及加工企业已拆，现在没有加工企业，原来有四川黑洋洋公司在竹篙镇农产品精深加工园区建有年屠宰 20 万只的肉羊屠宰厂 1 个。

（四）科技支撑不断增强

创新团队和育种攻关团队在乐至县建立了定期合作。金堂县邀请中国农业科学院、四川农业大学、西南民族大学、四川省畜牧科学研究院等专家到金堂县开展技术指导，围绕川中黑山羊良种扩繁、品种改良、疫病防治等关键技术，提高川中黑山羊产业发展技术和装备水平。建有金堂黑山羊工程研究中心和专家工作站，与大专院校和科研院所合作，开展川中黑山羊产学研工作。与世界顶级的基因公司——深圳华大基因公司签订技术合作协议，从分子生物学开展选育攻关，为固定川中黑山羊优良基因做出科学分析，为川中黑山羊选育提供科学依据。

乐至县与四川省畜牧科学研究院、西南民族大学建立院县合作、校企合作，联合攻关山羊饲养、疫病防控、饲草饲料开发等难题。目前解决了母羊精细化管理技术、羔羊补饲技术、育肥羊商品颗粒饲料开发与推广应用技术等。组建技术服务团队，建立健全县、乡、村三级技术推广服务体系，组织编印实用养殖技术资料，从饲养、管理、防疫、营销多方位的开展技术咨询服务，提升养殖户的生产管理水平，近年服务养殖农户达 2 000 余人次。

乐至县人民政府与四川省畜牧科学研究院联合共建了四川（乐至）现代畜禽种

业园区，其中肉羊现代种业育种创新基地圈舍、实验楼等主体设施已建成，设计存栏能繁母羊2 000只，种公羊50只，成为川中黑山羊乐至型的基因交流中心，制作冻精100万只以上，为四川省优势特色黑山羊种业与产业提供种业芯片，擦亮川羊金字招牌；全力打造产业发展平台，基地建成乐至黑山羊繁殖实验室、细胞实验室、生化实验室等，为乐至黑山羊资源的基础研究、产业技术研发熟化、技能人才培养提供重要平台，完善乐至黑山羊的产业链研究。

（五）市场需求旺盛

1. 品种优势明显，市场认可度较高

（1）肉质优良。川中黑山羊具有肉质细嫩、膻味小的特点，符合消费者对于高品质羊肉的需求，因此在市场上颇受欢迎。无论是鲜食还是加工成羊肉制品，都具有较高的市场价值。

（2）适应能力强。该品种能适应四川及周边地区较为湿热的气候和复杂的地形环境，在这些地区养殖具有天然的优势，也使得其在当地市场的供应相对稳定。

（3）生产性能好。川中黑山羊相比于南方其他地方黑山羊，具有体型大、生长速度快、繁殖率高等特点，是作为四川改良本地黑山羊的优良父本，可提高本地山羊生产性能、繁殖性能等这为养殖户提供了较高的生产效益，也有助于保障市场的供应量。乐至县与四川省畜牧科学研究院、西南民族大学建立院县合作、校企合作，联合攻关山羊饲养、疫病防控、饲草饲料开发等难题。目前解决了母羊精细化管理技术、羔羊补饲技术、育肥羊商品颗粒饲料开发与推广应用技术等。组建技术服务团队，建立健全县、乡、村三级技术推广服务体系，组织编印实用养殖技术资料，从饲养、管理、防疫、营销多方位的开展技术咨询服务，提升养殖户的生产管理水平，近年服务养殖农户达2 000余人次。

乐至县人民政府与省畜牧科学研究院联合共建了四川（乐至）现代畜禽种业园区，其中肉羊现代种业育种创新基地圈舍、实验楼等主体设施已建成，设计存栏能繁母羊2 000只，种公羊50只，成为川中黑山羊乐至型的基因交流中心，提升制种供种能力，基地年培育种羊3 000只以上，制作冻精100万只以上，为四川省优势特色黑山羊种业与产业提供种业芯片，擦亮川羊金字招牌；全力打造产业发展平台，基地建成乐至黑山羊繁殖实验室、细胞实验室、生化实验室等，为乐至黑山羊资源的基础研究、产业技术研发熟化、技能人才培养提供重要平台，完善乐至黑山羊的产业链研究。

2. 消费观念转变，市场需求增加

随着人们生活水平的提高和健康意识的增强，对羊肉的营养价值认可度不断提升，羊肉消费在居民肉类消费中的比重逐渐增加。川中黑山羊作为优质的山羊品种，其市场需求也随之增长。火锅、烧烤等餐饮业态在四川及周边地区广受欢迎，而羊肉是这些餐饮中的重要食材。川中黑山羊的肉质特点使其成为餐饮企业的首选，在餐饮市场的需求持续旺盛。

三、川中黑山羊产业发展创新

川中黑山羊产业发展创新需要从品种选育、养殖技术、产业模式、品牌建设和金融服务等方面入手，不断探索和实践新的发展模式和方法，提高产业的整体效益和竞争力，促进产业的可持续发展。川中黑山羊产业发展创新可以从以下几个方面入手。

（一）品种选育创新

1. 目标性状精准选育

利用现代生物技术，如基因组选择、分子标记辅助选择等，对川中黑山羊的重要经济性状进行精准选育。四川农业大学针对生长速度、繁殖性能、肉质品质等目标性状，筛选出相关的基因标记或遗传变异，提高选育的准确性和效率。

建立川中黑山羊的基因组数据库，通过对大量个体的基因组测序和分析，挖掘与目标性状相关的基因和遗传变异，为精准选育提供科学依据。

2. 多性状综合选育

改变传统的单一性状选育模式，注重多性状的综合选育。除了生长速度和繁殖性能等传统经济性状外，还应考虑抗病力、适应性、肉品质等性状，培育出具有综合优良性状的川中黑山羊品种。

采用多性状指数选择法，根据各性状的经济重要性和遗传参数，确定综合选择指数，对羊只进行综合评估和选择，提高选育的全面性和可持续性。

（二）养殖技术创新

1. 智能化养殖管理

利用物联网技术，安装传感器和监控设备，实时监测羊舍的温度、湿度、空气质量等环境参数，以及羊只的活动、饮食和健康状况。养殖户可以通过手机或电脑远程监控和管理羊舍，提高养殖效率和管理水平。

采用自动化喂料、饮水和清粪系统，减少人工操作，降低劳动强度，提高养殖效率。同时，自动化系统可以精确控制饲料和水的供应量，避免浪费，提高饲料利用率。

精准饲养技术。根据川中黑山羊不同生长阶段的营养需求，制定科学合理的饲料配方，采用精准饲养技术，确保羊只获得充足的营养。例如，在羔羊期，提供富含蛋白质和能量的饲料，促进羔羊的生长发育；在育肥期，适当增加饲料的能量含量，提高育肥效果。

利用饲料添加剂和益生菌等，改善羊只的肠道健康，提高饲料消化率和免疫力。例如，添加益生菌可以调节羊只肠道菌群平衡，促进有益菌的生长，抑制有害菌的繁殖，减少肠道疾病的发生。

2. 疫病防控创新

建立完善的疫病监测和预警体系，定期对羊只进行疫病检测，及时发现和处理疫病隐患。利用大数据和人工智能技术，分析疫病流行趋势，提前采取预防措施，降低疫病发生的风险。

推广疫苗免疫和生物安全措施，提高羊只的免疫力和抗病能力。例如，加强羊舍的消毒和通风，控制人员和车辆的进出，避免疫病的传入和传播。同时，根据当地疫病流行情况，制定科学合理的疫苗免疫程序，确保羊只获得有效的免疫保护。

（三）产业模式创新

1. 全产业链发展模式

整合川中黑山羊产业的上下游资源，打造全产业链发展模式。从种羊繁育、肉羊养殖、饲料生产、屠宰加工到销售和品牌建设，实现产业链的一体化发展。通过全产业链的协同运作，可以提高产业的整体效益和竞争力。如：建立种羊繁育基地，为养殖户提供优质的种羊；发展饲料生产企业，为养殖户提供安全、高效的饲料；建设屠宰加工厂，提高羊肉的加工水平和附加值；建立销售渠道和品牌，拓展市场，提高产品的知名度和美誉度。

2. “互联网 +”产业模式

利用互联网技术，搭建川中黑山羊产业的电商平台和信息服务平台。通过电商平台，养殖户可以直接将羊肉产品销售给消费者，减少中间环节，提高销售价格和效益。同时，消费者也可以通过电商平台购买到优质、安全的羊肉产品，满足消费需求。

信息服务平台可以为养殖户提供市场信息、技术咨询、金融服务等，帮助养殖户解决生产和销售中的问题。例如，养殖户可以通过信息服务平台了解市场价格动态，合理安排生产和销售；获取养殖技术和疫病防控知识，提高养殖水平；申请金融贷款，解决资金短缺问题。

3. 产业融合发展模式

推动川中黑山羊产业与旅游、文化、教育等产业的融合发展，拓展产业发展空间。例如，发展黑山羊养殖观光旅游，让游客参观羊舍、了解养殖过程、品尝羊肉美食，增加产业的附加值和吸引力。

挖掘川中黑山羊的文化内涵，举办黑山羊文化节等活动，提高产业的知名度和美誉度。同时，将黑山羊养殖与教育相结合，开展科普教育和实践活动，培养青少年的农业意识和环保意识。

（四）品牌建设创新

1. 品牌定位与塑造

根据川中黑山羊的品质特点和市场需求，进行品牌定位和塑造。突出川中黑山羊的绿色、生态、优质等特点，打造具有地域特色和文化内涵的品牌形象。如：制定品牌标准和规范，加强品牌宣传和推广，提高品牌的知名度和美誉度。通过品牌建设，可以提高川中黑山羊的市场竞争力和附加值，促进产业的可持续发展。

2. 品牌营销创新

采用多元化的品牌营销手段，拓展市场渠道，提高产品的销售量和市场占有率。例如，利用社交媒体、直播平台等新兴媒体进行品牌宣传和产品推广；参加农产品展销会、美食节等活动，展示川中黑山羊的品质和特色；与餐饮企业、超市等合作，建立稳定的销售渠道。开展品牌体验活动，让消费者亲身体验川中黑山羊的养殖过程和产品品质，提高消费者的认知度和信任度。例如，举办羊肉美食烹饪比赛、亲子农场体验活动等，增强消费者与品牌的互动和情感连接。

（五）金融服务创新

1. 金融产品创新

针对川中黑山羊产业的特点和需求，创新金融产品和服务。例如，推出养殖贷款、保险+期货等金融产品，为养殖户提供资金支持和风险保障。养殖贷款可以解决养殖户在扩大养殖规模、改善养殖设施等方面的资金需求；保险+期货可以帮助养殖户规避市场价格波动风险，保障养殖户的收益。

2. 金融服务模式创新

建立金融服务平台，整合银行、保险、担保等金融机构的资源，为川中黑山羊产业提供一站式金融服务。养殖户可以通过平台申请贷款、购买保险、办理担保等业务，提高金融服务的效率和便捷性。如：开展银企对接活动，加强金融机构与养殖户的沟通和合作；建立风险补偿机制，降低金融机构的风险，提高金融机构对产业的支持力度。

四、川中黑山羊产业发展存在的问题

（一）品种保护和选育工作有待加强

1. 品种保护力度不够

川中黑山羊是我国优良的地方山羊品种，但目前品种保护力度不够。部分养殖户为了追求短期经济效益，随意引进外来品种进行杂交，导致川中黑山羊品种纯度下降。

2. 选育工作滞后

川中黑山羊的选育工作滞后，缺乏系统的选育方案和技术手段。目前，川中黑山羊的选育主要依靠养殖户的经验，选育效果不明显。

（二）养殖技术水平有待提高

1. 饲养管理粗放

部分养殖户饲养管理粗放，饲料搭配不合理，养殖环境差，影响了川中黑山羊的生长发育和生产性能。

2. 疫病防控能力薄弱

川中黑山羊的疫病防控能力薄弱，部分养殖户缺乏疫病防控意识，防疫措施不到位，容易导致疫情的发生和传播。

3. 养殖设施落后

部分养殖户的养殖设施落后，缺乏现代化的养殖设备和技术，养殖效率低下。

（三）产业化程度不高

1. 龙头企业带动作用不强

虽然各地培育了一些龙头企业，但龙头企业的带动作用不强。龙头企业与养殖户之间的利益联结机制不健全，难以形成产业发展的合力。

2. 产业链不完善

川中黑山羊产业链不完善，主要以养殖和销售为主，缺乏羊肉加工、羊皮加工、羊粪有机肥生产等产业，产业附加值不高。

3. 品牌建设滞后

川中黑山羊品牌建设滞后，缺乏知名品牌，市场竞争力不强。

（四）市场流通体系不健全

1. 销售渠道单一

川中黑山羊的销售渠道单一，主要依靠传统的中间商销售，缺乏现代营销手段和渠道，影响了产品的销售和市场占有率。

2. 市场信息不畅

川中黑山羊产业的市场信息不畅，养殖户难以准确掌握市场需求和价格变化情况，容易导致生产的盲目性。

3. 物流配送体系不完善

川中黑山羊产业的物流配送体系不完善，产品运输成本高，影响了产品的市场竞争力。

（五）政策支持力度有待加大

1. 资金投入不足

川中黑山羊产业的发展需要大量的资金投入，但目前资金投入不足。政府对川中黑山羊产业的扶持力度不够，难以满足产业发展的需求。

2. 土地制约

川中黑山羊养殖需要一定的土地资源，但目前土地制约问题较为突出。部分地区由于土地资源紧张，难以满足川中黑山羊养殖的需求。

3. 政策落实不到位

部分地区对川中黑山羊产业的扶持政策落实不到位，影响了养殖户的积极性和产业的发展。

五、川中黑山羊产业发展对策

（一）加强品种保护和选育工作

（1）加大品种保护力度。建立健全川中黑山羊品种保护机制，加强对品种资源的保护。严格控制外来品种的引进，防止品种混杂。加大对保种场和保护区的投入力度，改善保种条件，提高保种效果。

（2）加强选育工作：制订科学的选育方案，采用现代生物技术和传统选育方法相结合的方式，加强川中黑山羊的选育工作。培育出适应市场需求的优良品种，提高品种质量和生产性能。

（二）提高养殖技术水平

（1）推广标准化养殖技术。制定川中黑山羊标准化养殖技术规范，推广科学饲养管理、疫病防控、环境保护等方面的技术。加强对养殖户的技术培训，提高养殖户的科技素质和养殖水平。

（2）加强疫病防控。构建和完善川中黑山羊疫病防控体系，强化疫病监测与预警机制，提升疫病防控的效能。同时，加大防疫知识的宣传力度，增强养殖户的防疫意识，并确保防疫措施得到有效执行。

（3）改善养殖设施。加大对养殖设施的投入力度，改善养殖环境，提高养殖效率。推广现代化的养殖设备和技术，实现养殖的自动化和智能化。

（三）推进产业化发展

（1）培育龙头企业。加大对龙头企业的扶持力度，培育一批具有较强竞争力的龙头企业。发挥龙头企业的带动作用，建立健全龙头企业与养殖户之间的利益联结机制，形成产业发展的合力。

（2）完善产业链。延伸川中黑山羊产业链，发展羊肉加工、羊皮加工、羊粪有机肥生产等产业，提高产业附加值。加强产业配套设施建设，提高产业发展的支撑能力。

（3）加强品牌建设。加大川中黑山羊品牌建设力度，打造知名品牌。加强品牌宣传和推广，提高品牌知名度和美誉度。通过品牌建设，提高川中黑山羊的市场竞争力。

（四）健全市场流通体系

（1）拓宽销售渠道。创新营销方式，拓宽销售渠道。利用电子商务、农超对接、直供直销等现代营销手段，提高产品的销售和市场占有率。加强与外地市场的对接，拓展销售市场。

（2）加强市场信息服务。建立健全川中黑山羊产业市场信息服务体系，及时发布市场需求和价格变化情况，为养殖户提供准确的市场信息。加强市场调研和分析，为产业发展提供决策依据。

（3）完善物流配送体系。加强川中黑山羊产业物流配送体系建设，降低产品运输成本。建立冷链物流体系，保证产品质量。加强物流企业与养殖户、加工企业的合作，提高物流配送效率。

（五）加大政策支持力度

（1）加大资金投入。加大对川中黑山羊产业的资金投入力度，设立产业发展专项资金。支持品种保护、选育、养殖技术推广、产业化发展等方面的工作。鼓励金融机构加大对川中黑山羊产业的信贷支持。

（2）解决土地制约问题。合理规划川中黑山羊养殖用地，解决土地制约问题。鼓励利用荒山、荒地、闲置土地等发展川中黑山羊养殖。加强对养殖用地的审批和管理，保障养殖用地的合法权益。

（3）落实扶持政策。认真落实国家和地方对川中黑山羊产业的扶持政策，确保政策落实到位。加强对政策执行情况的监督和检查，及时解决政策执行中出现的问题。

六、结论

川中黑山羊产业是一项具有广阔发展前景的特色产业。通过加强品种保护和选育工作、提高养殖技术水平、推进产业化发展、健全市场流通体系和加大政策支持力度等措施，可以推动川中黑山羊产业的可持续发展。同时，需要政府、企业、养殖户等各方共同努力，形成合力，共同推动川中黑山羊产业的发展，为促进农业增效、农民增收和农村经济发展做出积极贡献。

饲草料均衡供给，助力红原草原畜牧业转型升级

游明鸿

（四川省草原科学研究院，阿坝红原 624400）

红原县地处青藏高原东部边缘，位于四川省西北部、阿坝藏族羌族自治州北部，是长江、黄河上游重要的水源涵养地和生态屏障，是阿坝州唯一的纯畜牧业县。草原畜牧业是红原县支柱产业和农牧民收入的主要来源，也是全国畜牧业的重要组成部分。2022 年 4 月红原县成功申报国家草原畜牧业转型升级试点项目，相继建成乡土牧草种子扩繁基地 3 000 亩、牦牛优良种畜扩繁基地 2 个、优质饲草生产基地 1.7 万亩、防灾减灾饲草供给保障基地 2 个、牦牛适度规模标准化养殖基地 9 个、现代化家庭生态牧场 220 个，引进现代化牦牛肉、奶加工生产线各 1 条，提档升级畜产品精深加工生产线 2 条。另外结合“山水”项目等建饲草基地 3.4 万亩、窝圈种草 1.6 万亩。

通过以点带面、试点示范，辐射带动全县草原畜牧业生产方式由“四季放牧+冷季抗灾补饲”向“暖季适度放牧、冷季舍饲”转型，经营方式由“千家万户分散、粗放养殖”向“家庭生态牧场+适度规模标准化养殖场”转型，管理方式由“线下粗放管理”向“线上+线下一体化精准管理”转型；构建了龙头企业+村集体经济+牧户的联合运营模式，形成上联行业、下联牧户的新格局。农牧民窝圈种草覆盖度达到 90%以上，项目区草原综合植被覆盖度增加至 86.36%，全县优质牧草年供给量达 2.85 万 t，形成了畜牧业现代化发展的“红原模式”，在青藏高原牧区中产生了较强的可借鉴、可复制、可推广的引领示范带动效应，助推了草原畜牧业转型升级和高质量发展。

一、推行草场分区、牦牛分群、人员分工的“联牧联营”生产模式

以瓦切镇雅卓阳合作社为试点，采用整合5户草场8 000余亩，科学划分5个草场利用功能区，草地资源利用率由25亩/头降至10亩/头，大幅降低了天然草地承载压力。同时，将犊牛、能繁母牛、公牛等分群管理，配套差异化日粮分类饲养，实现牦牛一年一胎，犊牛死亡率降至2%以内，出栏年龄提前到3岁，出栏周期缩短1年，初步形成了暖季顺势育肥、冷季错峰出栏、全年平稳产乳的格局，使牧户年均增收达到10万元以上。

二、实施企业经营、集体统筹、牧民参与的“以企带农”经营模式

推动小牧户向大市场融入、促进了畜产品向畜商品转化。先后引进“省国投”“川发展”等畜牧业龙头企业4家，配置生产示范基地以及全要素设施功能的现代化家庭生态牧场200个，建立了“龙头企业+村集体经济组织+家庭生态牧场”的订单型合作模式。由企业负责全产业链定标、技术服务、产品加工、品牌打造、市场营销；村集体经济组织负责资产运营、协调对接、收益分配；牧户负责按标种养、初级畜产品提供，形成了各司其职、多级联动、利益共享、风险共担的生产组织体系，户均实现奶产品、牦牛良种、牧草等增收达12 000元。

乡土草种育繁推一体化发展，打造高原草种业芯片

雷　雄[1]　敏　伟[1]　马永翔[2]

（1. 四川省草原科学研究院，四川成都 610061；

2. 阿坝县科学技术和农业畜牧水务局，四川阿坝 624600）

摘　要：阿坝县政府抢抓现代畜牧业转型升级、草原四库建设、山水林田湖草沙综合治理等有利机遇，针对现阶段草产业实际问题，与四川省草原科学研究院深度合作，以共建“川西北高原草牧业科技创新基地”为契机，开展以种源控制为基础，良种繁育为核心，品种选育与配套栽培技术研究为主线，集成示范优质饲草“种、收、贮、用”实用技术、生态修复与高原畜牧业融合发展为目的的乡土草种“源—繁—研—推”一体化发展模式。在各级政府的共同努力下，阿坝县乡土草种繁育和饲草供应能力显著提升，为全县现代草牧业可持续发展打下了坚实基础。

关键词：草种选育；乡土草种；科技创新；种业芯片；饲草供应

草种是国家战略性、基础性资源，是草原生态修复和现代草牧业发展的基础支撑。国产草种种源不足，特别是抗旱、耐湿等草种缺乏，已成为当前草原生态修复和国土绿化的瓶颈问题。统计表明，2020 年全国草种进口量为 7.69 万 t，是自产量的 2.5 倍，生态修复用草和饲草草种对外依存度超过 70%。加强草种选育和良种扩繁，提高国产草种生产能力和自给水平，有效破解制约草种业发展的关键核心和瓶颈问题，是深入贯彻落实习近平生态文明思想的具体举措，对构建我国重要生态安全屏障，促进生态文明建设和绿色高质量发展具有重大意义。

阿坝县作为黄河上游生态屏障的重要组成部分，承载着维护国家生态安全、推动地方经济繁荣及提升社会福祉的重大责任。草牧业是阿坝县重要支柱产业之一，

也是实现乡村振兴、农牧民增收致富的主要途径。近年来，阿坝县政府抢抓现代畜牧业转型升级、草原四库建设、山水林田湖草沙综合治理等有利机遇，逐步加大对退化草地生态修复和高产人工饲草基地建设力度，对具有不同生产、生态功能和利用价值的乡土草种需求与日俱增。

为解决乡土草种关键核心问题，在中央、省级财政资金的支持下，该县目前建有种子繁育基地10 000亩、种子仓库1 000 m^2、机具房350m^2、晒坝5 400 m^2、晾棚2 200m^2、种子加工房320m^2，农机设备30台（套），种子加工设备1套，基础设施已趋于完善。2007年8，在县委县政府的批准下，成立了阿坝龙达草业开发有限公司，专门从事乡土草种生产及加工，一定程度上缓解了阿坝县用种难题。

然而，草种生产是一项投入成本大、持续时间长的事业，没有政府的持续支持和投入，光靠企业自身难以实现乡土草种生产的可持续发展。就目前而言，该县乡土草种基地因多年持续经营、资金缺乏等原因，导致基地内老芒麦、披碱草等良种退化严重，生产能力急剧下降，良种繁育、种子加工及销售体系尚未形成，严重阻碍了该县乡土草种产业的健康发展。

为进一步提升川西高原草种业生产技术水平，以新质生产力助推黄河流域草原生态保护和牧区经济高质量发展。阿坝县邀请国家牧草产业技术体系阿坝综合试验站、四川省草原科学研究院专家为该县草产业科技支撑出谋划策，针对现阶段草产业实际问题，以共建“川西北高原草牧业科技创新基地”为契机，开展乡土草种质资源保存评价、品种选育与配套栽培技术研究为主线的生态修复与高原畜牧业融合发展“源—繁—研—推”一体化技术体系，集成示范优质饲草“种、收、贮、用”实用技术，推广产业发展典型模式。在各级政府和农牧民的共同努力下，该县乡土草种繁育和饲草供应能力显著提升，为全县畜牧业的可持续发展打下了坚实基础。

一、主要做法及效益

（一）构建开放式的种质资源平台，打造川西北高原乡土草种科研高地

川西北高原草牧业科技创新基地是科学研究和教育的重要平台，科研人员可以在此深入开展遗传学、生态学、育种技术研究，形成多学科、多领域的协同创新体系，并将先进的育种技术、种质资源保护方法和生态修复技术应用于阿坝州乃至整

个川西北高原黄河上游生态保护与高质量发展和现代畜牧业转型升级，为草业科技的发展提供理论支持和实践指导。

（二）提高自主供种能力，保障生态、生产用种“内循环”

通过建设乡土草种质资源圃和种质资源评价圃，不断完善种质资源收集、保存和评价体系，选育出适应性强、产量高、品质优的牧草新品系和新品种，增加了草原生态修复和草牧业生产用种选择，降低了外来物种入侵风险。原种生产基地的建设运营可满足该县 8 000~10 000 亩良种生产基地建设用种需求，年可实现 480~600t 商品草种生产能力。这将显著提升阿坝县乃至阿坝州的优良乡土草种供种能力，为当地草种生产企业品种更新、种子生产能力的提高起到积极的推动作用，基本实现阿坝县生态、生产用种“内循环”。

（三）增强饲草供应能力，实现畜牧生产和保障性饲草供应“外循环”

通过对现有和引进品种进行小面积展示，可以直观地了解各品种在本区域的适应性和生产性能，饲草生产企业和农牧民可根据生产目的选择最适品种，为推进阿坝县规模化饲草基地建设、卧圈种草、提升“三级饲草供应体系”质量提供品种支撑。

另外，良种需要配套相应的生产管理技术才能达到更高的经济效益，通过相关科学试验总结凝练饲草高产、稳产栽培技术，进一步优化提升饲草基地和卧圈种草的产量与品质，在满足阿坝县域饲草供给的同时，多余的饲草产品还可以交易给周边县市，实现畜牧生产和保障性饲草供应“外循环”，积极推进现代畜牧业转型升级高质量发展。

（四）落实人员“传—帮—带”，培养本县牧草种植能手和技术骨干

针对牧民群体，定期组织科普讲座和技术培训，内容涵盖牧草种子生产、品种的选择、科学种植技术等方面。每年开展技术培训 3~5 次，5 年累计培训 100~300 人次，通过这些活动，牧民们可以掌握最新的牧草种植和管理技术，成为新一代的“种草能手”和“产种大户”。另外，通过技术“传—帮—带”，预期培养中级职称农业科技干部和技术骨干，这些具有实操和落地能力的农业科技干部和技术骨干，为阿坝县草牧业高质量发展提供有力的人才保障。

二、存在的问题

（一）野生乡土草种保护与利用重视程度不高

野生乡土草种是乡土草种资源的重要组成部分，具有适应性强、生态价值高等特点。然而，当前对野生乡土草种的保护和利用意识不足，忽视了野生乡土草种的重要性，过度依赖外来草种，导致野生乡土草种资源流失和破坏。

（二）草种业研发资金投入不稳定且薄弱

当前，我国草品种的科研资金主要依赖政府投入，而这些资金往往只能持续3~5年，缺乏长期性和稳定性，导致科研项目难以持续进行，无法形成系统的研发体系。此外，由于资金有限，人才流失和断层的问题日益凸显，导致乡土草种育繁推体系在技术创新、品种改良和产业化发展等方面进展缓慢。

（三）草种基地建设不足

草种基地建设是保障草种生产稳定性和质量的关键。一方面，草种基地数量不足，分布不均衡，难以满足生态建设对草种的需求。另一方面，草种基地建设标准不高，缺乏科学规划和管理，导致草种生产效益低下，资源浪费严重。

三、对策建议

（一）重视野生乡土草种引种驯化与繁育

建立野生乡土草种资源库和保护区，加强乡土草种质资源的收集、鉴定和评价工作。掌握乡土草种质资源的种类、分布和生态特性等信息，筛选出具有优良性状和生态价值的乡土草种质资源，为乡土草种的引种驯化和繁育提供科学依据。

（二）加大研发投入并稳定资金来源

政府和社会各界加大对乡土草种研发的投入，建立长期稳定的乡土草种质资源繁育基地，确保科研工作的连续性和系统性。同时还应加强乡土草种研发成果的转化和应用，通过产学研合作、技术转移等方式，推动乡土草种科研成果的商业化进程，形成良性循环的资金投入机制。

（三）加强草种基地建设

根据生态建设的需求和草种生产的特点，合理规划草种基地的布局和规模，制定草种基地建设的技术标准和操作规范，确保草种基地建设的质量和效益。政府可以加大对草种基地建设的投入力度，提供必要的资金和技术支持。此外，还应加强对草种基地的评估和监测工作，及时发现和解决存在的问题，提高草种基地的建设和管理水平。

创新发展“草畜+”模式，助力洪雅县奶业振兴

朱永群[1]　刘秋旭[1]　徐娅玲[1]　王　涛[2]

（1. 四川省农业科学院农业资源与环境研究所，四川成都 610066；

2. 洪雅县农业农村局，四川洪雅 620371）

摘　要：洪雅县作为农业绿色发展先行区，通过实施“种养循环”模式，有效提升了畜牧业和种植业的效益，实现了畜禽粪污的全消纳和资源化利用。通过建立种养循环示范区和铺设沼液输送管道，洪雅县实现了畜禽粪污的高比例综合利用，促进了绿色、有机农产品的生产，并通过政府政策支持，提高了农业效益。洪雅县采用新技术和创新模式，如固液分离、厌氧发酵和水肥一体化系统，进一步提升了粪污资源化利用效率，降低了化肥施用量，提高了土壤肥力。为确保种养循环系统的有效运行，洪雅县建立了政府引导、市场运作的管理机制，通过第三方服务组织负责管网运行，实现了多方共赢。尽管取得了一定成效，洪雅县在利益链接机制和管网覆盖面方面仍存在不足，建议进一步完善利益链接机制和扩大管网覆盖面积。

关键词：种养循环；畜禽粪污；奶业

洪雅县是国家农产品质量安全县、国家农业绿色发展先行区创建县、全国牛奶生产强县、全省现代畜牧业建设重点县。全县生猪年出栏 20 万头，奶牛常年存栏 2 万头。洪雅县认真践行“绿水青山就是金山银山”理念，积极建设“两山转化示范县、绿色发展先行区”，建立健全“六结合”畜禽粪污资源化有效利用处置体系，逐步探索出一条种养循环绿色发展的新路子。

一、主要做法及效益

（一）种植与养殖相结合，实现布局合理化效益再提升

按照“以种定养，以养促种、种养循环”思路，全县建成10万亩种养循环示范区，实现了畜牧业区域布局与资源环境承载力相匹配，形成“粮饲统筹、农牧结合、养防并重、种养一体”的绿色发展格局。沼液管网输送异地还田模式的推广应用为养殖场的选址提供了更大的空间和便利，以种定养、以养促种，使种植业和养殖业相互补充、相互促进，养殖业粪污全消纳，种植业沼肥有保障，种养业效益实现双提升。在解决畜禽污染的同时也为创建绿色、有机农产品提供了有力保障，县委县政府出台扶持政策，对新型经营主体新认证粮油类绿色食品、有机农产品分别给予每个产品2万元、3万元的奖励。

（二）大网与小网相结合，实现建设阶段化管网再延伸

近年来，洪雅县累计投入6 500余万元，铺设沼液输送管道700余千米，覆盖种植面积达10万亩，建成以现代牧场为核心的“东岳—槽渔滩—中保”片区，以新希望示范牧场为核心的“止戈—将军”片区和以雅河养猪专业合作社、新禾猪场为核心的“余坪—洪川”三大种养循环示范区，47家规模以上养殖场、养殖专业户全部接入管网，以龙头带片编织了一张“区域大网”。片区外养殖场按照就近消纳原则，实行“1+1”小网循环，实现一个畜禽养殖场配套一片种植基地，以点面结合形成了一批局域小网。全县畜禽粪污综合利用率达94. 5%。

（三）液态和固态相结合，实现粪污资源化循环再利用

洪雅县大力推广畜粪干湿分离、固液分离、厌氧发酵等新技术，粪水经过收集发酵形成沼液，每年约60万 m^3 沼液通过管道还田利用形成了农作物的营养液；粪渣经过发酵腐熟，每年约10万t通过加工生产形成了有机肥。洪雅县青衣江流域现代农业园区农事服务中心创新提出“精量灌溉、一管多用”理念，建成水肥一体化自动调肥站，以区域内2个规模养殖场为沼液肥源，依托全县种养循环体系，以车辆运输调度为补充，水肥供应能力≥600m^3/h，服务面积2 000亩，实现水肥智能化精量灌溉。采用灌溉用水供给、水—化肥比例供给、水—化肥—沼液比例供给、水—沼液比例供给等4种模式，年可消纳粪污1. 2万t、节水1万t，实现节水节肥、节本增效。

（四）重力与动力相结合，实现沼液全域化输送再扩面

因地制宜布局了沼液存储池 27 口，容量 7 万 m^3，通过重力自流和动力加压将沼液输送到田间地头，田间池通过管网连通，实现了沼液输送灌溉立体化全域化。在凤凰顶生猪养殖场茶叶基地、华茂猪场猕猴桃基地等小循环区域，将沼液施用和水肥一体化系统有效结合，在茶园、果园安装滴灌系统 60 余千米，实现了沼液“无人化”精准高效施用。洪雅县采用管网输送新模式，缩短了施肥时段、降低了劳动强度、减少了劳务成本、增加了种植效益。

（五）测土与测液相结合，实现还田科学化风险再降低

洪雅县建立了耕地质量长期定位监测点 5 个，定期开展土壤监测。与四川省农业科学院合作，针对主要农作物开展粪肥还田效果试验，建立“5 个 1”体系：选择 1 个产业，建立 1 个长期定位监测点，开展 1 项田间试验，取得 1 个效果评估，指导形成 1 个示范片。试验结果表明沼液沼渣总养分、有机质等养分指标均达标，样品蛔虫卵死亡率、粪大肠菌群数及重金属残留等控制指标均在安全范围内，可安全定量施用。全县每年管网输送 60 万 m^3 沼液到田间，相当于输送了 1 080t 氮、420t 磷、660t 钾到田间，有效提升土壤有机质和氮磷钾含量，促进了地力提升，全县化肥施用量降低 4%以上。种养循环田间试验区范围内土壤有机质含量提升 4 个百分点，耕地地力持续向好，年亩均节本增效 300 元左右。

（六）政府与市场相结合，实现运维市场化机制再提效

按照“政府引导、市场运作”模式，全县建立了“社会化管理，有偿化使用，链条化监管”的种养循环管理工作机制，依托项目培育壮大第三方农业社会化服务专业组织负责管网运行，管护费用通过项目补贴和养殖企业、种植业主有偿施用解决，实现养殖企业得便利，种植业主增效益，管护公司有收益的多赢格局。各方主体责任明确，确保了全县种养循环系统的有效运行，取得了良好的经济和社会效益，以现代牧场为例，沼液处理费用从原来的 30 元/m^3 降低到 8.5 元/m^3，大大降低了粪污处置成本。

二、存在问题

（一）利益联结机制不完善

目前全县种养循环系统主要是通过养殖户缴费、项目补贴的形式运行。沼渣需

要种植户购买，但沼液施用尚未对种植户收费。

（二）管网覆盖面不足

全县种养循环沼液管网覆盖面积还未能满足种植需求，部分种植区域还需布置管网。

三、对策建议

（一）完善利益联结机制

继续抓好绿色种养循环农业试点县项目实施，进一步培强第三方服务机构，提升社会化服务水平，探索种植户施用沼液收费机制，确保全县种养循环系统健康稳定运行。

（二）管网系统升级

争取上级专项资金，建立沼液综合处理中心，整合相关项目进一步扩大全县沼液管网覆盖面积，升级沼液管网，全力满足种植需求。

构建果草畜绿色立体发展模式，提升果园综合效益

朱永群　程碧真　刘秋旭

（四川省农业科学院农业资源与环境研究所，四川成都 610066）

摘　要：四川省在果园综合效益提升方面探索出一条果草畜绿色立体发展模式。通过合理配置果园空间，实现水果生产与畜牧业的有机结合，既丰富了农业产业结构，又提高了资源利用效率。该模式下，果园成为多元化生态系统的承载地，果树、牧草与家畜形成了和谐共生的生态网络。实践证明，这种模式有效提高了土壤肥力，增强了果园抵御自然灾害的能力，同时通过畜产品销售增加了农民收入，促进了农村经济的可持续发展；果园产量和品质得到提升，农民经济收入明显增加，生态效益和经济效益并重。具体做法包括科学规划果园结构，引入适宜的草种和畜种，建立完善的种养循环系统，以及强化技术指导与服务。政府在政策扶持、资金投入和推广培训方面给予有力保障，推动了该模式的广泛应用。然而，推广过程中也暴露出一些问题，如农户对技术掌握不足、市场对接不畅、政策持续性需加强等。这些问题需要通过持续的技术培训、市场拓展和政策引导来解决，以确保果草畜绿色立体发展模式的长期稳定发展。未来，应进一步研究优化种养结构，提升系统运行效率，探索更完善的生态补偿机制，以实现农业绿色发展和农村经济转型升级的双重目标。

关键词：立体农业；果草畜模式；绿色发展；农业效益；四川省

一、基本情况

四川省作为农业大省，拥有丰富的自然资源和独特的生态环境，但传统农业发展模式面临诸多挑战，如资源利用效率低、环境污染严重、农产品品质不高等问

题。随着社会对绿色、健康、可持续发展的需求日益增长，四川省积极探索农业转型升级之路，果草畜绿色立体发展模式应运而生。该模式旨在通过优化资源配置，构建生态循环系统，实现农业经济效益、生态效益和社会效益的和谐统一。

果草畜绿色立体发展模式是一种集果树种植、牧草间作、畜禽生态养殖于一体的综合性农业生产模式。该模式通过充分利用果园内的水、热、光、土资源，实现资源的高效循环利用，既提高了果园的经济效益，又兼顾了生态效益和社会效益。通过“果、草、畜、沼”生态链的有机结合，有效降低果园杂草，减少化肥农药使用；草刈割后经腐熟为天然绿肥，能提高土壤有机质含量，极大改善果园表面土壤物理性状，土壤密度变小，孔隙率增大，提高土壤通气透水性以及蓄水保肥能力和土壤团聚体稳定性，有效减少水土流失；还能调整果园的温度以及湿度，影响园区环境小气候，利于果树生长发育，提升果品品质，增加农民收入；可降低人为除草、灌溉等人工成本投入，实现现代果园绿色高效和可持续发展。近年来，四川省在果草畜绿色立体发展模式上取得了显著成效。各级政府高度重视，出台了一系列政策措施，加大资金投入，推动该模式的示范推广。各地纷纷建立试点项目，通过实践探索和完善技术模式，取得了丰富的经验和成果。同时，农业科技创新为该模式的发展提供了有力支撑，新品种、新技术的引进和应用进一步提高了生产效率和产品品质。

果草畜绿色立体发展模式在四川省的应用范围广泛，涵盖了水果、茶叶、蔬菜等多个领域。特别是在水果种植方面，该模式已成为提升果园综合效益的重要途径。例如，在新垦或幼龄果园套种箭筈豌豆，增加产值 1.02 万元/hm^2。此外，果草间作实现了牧草饲料、肥料和水保功能的综合效益，使得果园土壤有机质含量提高 20%，减少化肥施用量 30%~40%；同时调节果园、林园小气候环境，提高土壤肥力，改善土壤结构、提升果品品质、抑制杂草生长，减少管理用工，达到以草促果、以短养长的目的，实现了经济效益和生态效益的双赢。此外，该模式还可应用于林下经济、生态农业等多个领域，为农业多元化发展提供了新思路和新模式。

二、发展成效

四川省的果草畜绿色立体发展模式构建了一个完整的生态循环系统，实现了资源的高效利用和循环利用。通过在果园内种植牧草，牧草作为畜禽的饲料来源，不仅降低了饲料成本，缓解了四川省饲草缺口大的问题，还提升了土地利用率。该模式显著提高了经济效益。果园内的牧草为畜禽提供了丰富的饲料来源，促进了畜禽健康成长，提高了畜禽产品的产量和品质。畜禽粪便作为有机肥料回施果园，改善土壤结构，提高了果树产量和品质。通过减少化肥和农药的使用，降低了农业生产成本。此外，该模式显著提升了生态效益。保护了生物多样性，维护了生态平衡，保障了生态修复，为农业可持续发展提供了有力支撑。

（一）资源高效利用与循环利用

果草畜绿色立体发展模式构建了一个完整的生态循环系统，实现了资源的循环利用。这一系统内部各要素相互依存、相互促进，形成了一个良性循环的生态系统，有效解决了传统农业中资源浪费和环境污染的问题。通过果园种草、牧草养畜、畜粪肥田等环节的有机结合，四川省实现了农业资源的高效利用。牧草作为畜禽的饲料来源，不仅降低了饲料成本，还提高了土地利用率。果园种植豆科等牧草既可提供大量的绿肥用于果园覆盖又可提供大量的优质牧草饲料；豆科牧草每年每亩固氮3 000g，增磷1 000g以上，起到固氮增磷等作用。耐碱牧草可显著降低土壤中10%~25%的盐碱含量，增加土壤有益微生物数量和提高酶活性，提升土壤地力。畜禽粪便经过无害化处理后成为优质的有机肥料，回施于果园，减少了化肥的使用量达到30%~40%，提高土壤机质含量20%以上。依据四川省2021年牛羊存栏量、出栏量计算，饲草料缺口1 209万t，缺口比例达到35. 6%。每年四川省需从省外或国外购买大量饲草、青贮料。2019年，四川果园面积达1 164. 8万亩，按照每亩饲草平均产量2t，每年可新增饲草产量2 329. 6万t，这将极大缓解四川省饲草短缺的问题。

（二）经济效益提升

通过科学的将种植业和养殖业相结合，降低了种养业过程中的风险，提高市场竞争能力，是当代农业可持续发展的方向。四川省果草畜绿色立体发展模式显著提高了农产品的产量和品质。果园内的牧草为畜禽提供了丰富的饲料来源，促进了畜禽的健康成长，从而提高了畜禽产品的产量和品质。同时，畜禽粪便作为有机肥料回施于果园，改善了土壤结构，提高了果树的产量和果品的品质。该模式通过减少化肥和农药的使用量，降低了农业生产成本。有机肥料的使用不仅减少了化肥的投入，还减少了因化肥过量使用导致的土壤污染和生态破坏。此外，生物防治和物理防治等绿色防控技术的应用也降低了农药的使用量和管理成本。据统计，建立果草畜绿色立体发展模式，减少除草剂使用，每亩果园每年节约除草剂费用100~150元；种植的牧草可以喂养草食家畜，可新增经济效益1 000元以上；家畜的粪便用沼气进行无害化处理，沼液可用于种草和灌溉果树，每亩节约肥料20%~30%，减少化肥费用200元以上；沼气用于作为清洁能源，可让种植户减少使用其他能源。果草畜绿色立体发展模式应用以后每年每亩果园可增加纯收益1 400元以上。

（三）生态效益显著

四川省盆地中部丘陵地区多为中、低丘陵地形。雨量较充沛，年降水量达到900~1 100mm，但每年雨水分布不均，夏季常有洪涝灾害，频率高达70%甚至90%以上，据四川卫星遥感监测，属极强度土壤流失区，平均侵蚀模数超过8 000 t/hm^2，相当于每年平均流失表土层约6mm，造成严重的水土流失和土地贫瘠。在低山丘陵坡地的果园、地坎边和灌排水沟种植牧草能够起到护坡护沟的作用，形成稳固的防护植被系统，减少四川省丘陵地区极强的水土流失。据测定，草丛可减少地面径流50%以上，土壤流失减少75%以上。果草畜绿色立体发展模式通过构建生态循环系统，有效改善了果园的生态环境，保护了生物多样性，生态平衡得到维护，生态修复得到保障。

三、工作做法

四川省在推动果草畜绿色立体发展模式上采取了政策引导、技术创新、资源循环利用、市场培育以及社会化服务等多方面的做法并取得了显著成效。这些做法不仅促进了农业资源的高效利用和生态环境的保护还提升了农业的综合效益和竞争力为四川省农业的可持续发展奠定了坚实基础。

（一）政策引导与规划先行

农业主管部门在《加速西部地区农业与农村经济发展指导性意见》中明确提出，针对坡度超过25°的耕地，需规划实施全面退耕还林还草工程；而对于坡度介于15°~25°的坡耕地，则应采取综合治理措施，根据当地条件灵活发展经济林果或牧草种植。响应国家退耕还林政策及农业经济可持续发展的号召，此坡度范围内的丘陵坡地被有效利用，建立起果园生态系统，同时在果园内种植牧草以饲养家畜（包括禽类与鱼类），从而构建了一个集果树种植、牧草培育与畜牧养殖于一体的

“果—草—畜”综合生产模式。此模式不仅作为农民增收的重要途径，确保了退耕还林政策的顺利实施与长期稳定，避免了复垦现象，助力农户实现致富目标，还是推动农业与农林经济向更加健康、可持续方向发展的有效措施。四川省政府及相关部门出台了多项政策文件，如《关于推进畜牧业转型升级绿色发展的意见》等，明确了果草畜绿色立体发展的方向和目标，为模式的推广提供了政策保障。根据土地承载消纳能力和种植业对畜禽粪肥的需求，科学规划了畜禽养殖用地和果园牧草种植区域。这一规划确保了资源的合理配置和生态环境的可持续发展。

（二）技术创新与示范带动

通过引进和研发先进的农业技术，如绿色防控技术、生态循环技术等，并在示范基地进行试验和推广。据统计，四川省已建立多个果草畜绿色立体发展模式的示范基地，截至2024年，总面积超过737万亩。这些示范基地通过实践探索，形成了“养殖户+综合处理中心+种植基地”“养殖户+第三方服务机构+种植基地”等多种粪肥还田运行模式，有效提高了资源利用效率，减少了环境污染。这些示范基地通过实践探索，形成了一系列可复制、可推广的经验做法，为全省乃至全国的绿色农业发展提供了宝贵经验。西充天马山生态农业有限公司设立的果草套种试验示范项目，在南充市农业科学院土肥与资源环境所的技术支持下，2017年起探索果草套种的创新模式。该项目园区内套植了包括山黧豆、菜豌豆、大豆等在内的超过20种草种，至今已成功推广至超过1 000亩。历经五年的实践验证，橘园内实施种草策略在多个方面展现出卓越的生态效益与经济效益：有效提升了土壤的保水保墒能力，显著抑制了杂草的生长，为果园提供了丰富的有机肥料来源，进一步优化了土壤结构，并极大地改善了区域的生态环境。据精准估算，这一模式平均每年可减少人工除草次数4～6次，化肥使用量降低20%～30%，每亩地经济成本因此节约约200元。

（三）社会化服务与体系建设

四川省在推动果草畜绿色立体发展模式的进程中，高度重视社会化服务与体系建设，这在提升果园综合效益中发挥着不可或缺的作用。四川省积极培育粪肥还田社会化服务组织，为农民提供全方位的技术指导和服务支持。截至目前，已遴选培育出140多家粪肥还田社会化服务组织，服务养殖场9 000多家、种植户12.8万户，年服务面积达250余万亩。

技术推广与服务网络的建立是社会化服务的重要基石。四川省各级农业技术推广机构与科研单位紧密合作，建立起覆盖全省的科技服务网络，通过实地培训、在线课程、技术手册等方式，将最新的科研成果和技术知识快速传递给农户。这些服务不仅包括种植和养殖技术的培训，还延伸到病虫害防治、有机肥料制作、废弃物资源化利用等各个环节，确保农户能够熟练掌握并应用新理念和新技术，提升果园管理的科学性和效率。

信息服务的提升同样是社会化服务的重要组成部分。政府和相关部门通过设立农业信息服务平台，提供市场动态、价格走势、政策法规等多方面的信息，帮助农户了解行业趋势，做出更优的生产决策。此外，还通过建立农产品电子商务平台，拓宽销售渠道，减少农户与市场的信息不对称，提高产品的市场竞争力，增加农民收入。

四、存在问题

四川省果草畜绿色立体发展模式在资源利用与循环效率、技术创新与推广应用、市场开发与品牌建设以及政策支持与资金投入等方面均存在一定的问题和挑战。为了推动该模式的持续健康发展，需要政府、企业和社会各界的共同努力和支持。

（一）资源利用与循环效率问题

尽管四川省在畜禽粪污资源化利用方面取得了显著成效，如畜禽粪污综合利用率达到94%以上，但这一数据可能存在地区间的不均衡。部分偏远或经济条件较差的地区可能由于技术和资金限制，难以实现高效的资源化利用。果园种草作为果草畜绿色立体发展模式的重要组成部分，其覆盖率和草种质量直接影响生态效果和经济效益。然而，不同果园的种草情况可能因地理位置、土壤条件、管理水平等因素而存在较大差异。

（二）技术创新与推广应用问题

尽管四川省在绿色农业技术创新方面有所进展，但整体而言，技术创新的动力仍然不足。部分农户和企业由于技术门槛高、投入大、风险高等原因，对新技术、新模式的接受度较低。技术推广体系的不完善也是制约果草畜绿色立体发展模式发展的重要因素。部分地区由于技术推广机构不健全、人员不足、经费短缺等原因，导致新技术、新模式的推广力度和效果有限。

（三）市场开发与品牌建设问题

四川省绿色农产品市场开发相对滞后，部分绿色农产品由于品牌知名度低、市场销售渠道有限等原因，难以打入高端市场或实现规模化销售。在品牌建设方面，四川省虽然注重品牌培育和宣传，但整体上仍存在品牌数量少、影响力小等问题。缺乏具有全国乃至国际影响力的绿色农产品品牌，难以满足市场多元化和高端化的需求。

（四）政策支持与资金投入问题

尽管四川省出台了一系列支持绿色农业和畜牧业发展的政策措施，但在实际操作中仍存在政策落实不到位、支持力度不够等问题。部分农户和企业难以享受到政策带来的实惠。资金投入是果草畜绿色立体发展模式发展的关键因素之一。然而，目前四川省在绿色农业和畜牧业方面的资金投入仍然有限，难以满足技术创新、市场推广、品牌建设等方面的需求。

五、对策及建议

（一）优化物种结构与多层次果园生态系统构建

构建果草畜绿色立体发展模式的第一步是优化果园物种结构，以实现多层次的生态系统。首先，引入适宜的牧草，如多年生黑麦草、紫花苜蓿，作为果园覆盖作物，它们可以有效降低土壤水分蒸发，减少灌溉需求，同时通过根系固定氮元素，降低化学肥料的使用。其次，牧草还能为果园提供良好的土壤覆盖，减少水土流失，维持土壤结构，增强土壤生物活性。

选择经济作物如豆科植物、草本药材等与果树混种，它们可以与果树形成共生关系，提高土壤有机质含量，改善土壤肥力，同时为果园增加额外的经济收益。通过这种方式，果园不仅成为水果生产的主体，还成为生态服务和多种经济收益的来源，从而提高果园的综合效益。

（二）种养结合与养分循环利用

发展果园附带养殖业是果草畜模式的关键环节。选择适宜的家畜，如牛、羊等，其粪便富含有机质，是优质的有机肥料。通过科学的粪便收集和处理技术，将家畜粪便转化为有机肥，施用于果园，实现养分的内部循环。这不仅能降低对化学肥料的依赖，减少环境污染，还能提高土壤肥力，促进果树生长，提升果品质量。同时，通过家畜的采食行为，可以控制果园内杂草，减少除草剂使用。

（三）技术培训与农户参与

为了推广果草畜绿色立体发展模式，必须加强农户的技术培训。通过组织现场教学、示范园展示、技术讲座等方式，让农户理解并掌握新模式的种植和养殖技术，包括果树管理、牧草种植、家畜饲养以及有机肥的制作与施用。同时，鼓励农户参与果草畜模式的实施，建立合作社等组织形式，以提高果园管理的组织化程度，增强农户的参与感和果园管理效率。

（四）政策支持与市场导向

政策的引导和支持是果草畜模式成功的关键。政府应提供资金补贴，支持果园进行物种结构调整和基础设施改造，如建设粪便处理设施、灌溉系统等。此外，通过实施绿色采购政策，优先采购果草畜模式下的绿色果品，以市场导向推动模式的推广。同时，加强市场监管，确保果品质量，维护消费者权益，提高果品的市场竞争力。

（五）绿色种养循环农业的示范与推广

借鉴绿色种养循环农业的成功经验，如大邑县的粪肥还田模式，四川省可设立果草畜绿色立体发展模式的示范区，通过示范点的建立，展示模式的实践效果，积累经验，为全省乃至全国的果园提供参考。同时，通过媒体宣传、技术交流会等活动，广泛传播果草畜模式的优势和实施方法，推动模式的普及。

（六）环境影响评估与持续优化

实施果草畜模式的过程中，应进行定期的环境影响评估，包括土壤质量、水源质量、生物多样性等指标，以监测和调整模式的运行效果。通过环境监测数据，不断优化种植和养殖的配置，确保模式的环境效益。同时，鼓励科研机构进行果草畜模式的持续研发，以适应不断变化的环境条件和技术需求。

构建果草畜绿色立体发展模式，需要从优化物种结构、实施种养结合、农户技术培训、政策支持、市场导向到示范推广，以及环境影响评估等多方面进行策略设计与实施。这一系列举措旨在提升四川省果园的综合效益，实现农业的可持续发展，为我国农业绿色转型提供有力的实践案例。

发挥秸秆饲料优势，助力草牧业绿色发展

——绵阳市九森农业科技有限公司

张晓晖[1]　黄文明[2]

（1. 绵阳市农业科学研究院，四川绵阳 621000；

2. 绵阳市九森农业科技有限公司，四川绵阳 621000）

绵阳市九森农业科技有限公司紧紧围绕和贯彻落实国家生态文明思想以及省、市各级战略部署，坚持绿色发展理念，走农业可持续发展之路，积极响应并深度开展秸秆利用工作。通过科技创新、产业布局、辐射带动、宣传培训等，挖掘和开发了秸秆饲料、秸秆肥料、秸秆燃料等各类秸秆产品，做优做强拳头产品—秸秆饲料，助力草牧业绿色发展。公司积极发挥龙头企业作用，推进农作物秸秆综合利用，为有效促进企业增效、农民增收、产业增值和环境保护贡献力量！

一、基本情况

绵阳市九森农业科技有限公司位于四川省绵阳市安州区河清镇皇龙村，于2015年11月注册成立，注册资本6 000万元。是主要从事秸秆综合利用、青贮饲料加工、销售、农业新能源利用及农业科技研发利用的科技中小型企业。公司生产厂房占地50亩，现有种植土地3 200余亩、带动饲草种植15 000余亩，年秸秆综合利用10万t。发展形成了“六点一体”产业布局，实现了“六地融合、协同发展”发展格局。2020年被评为绵阳市龙头企业，与四川省畜牧科学研究院、西南民族大学、绵阳市农业科学研究院等开展科技合作和示范，共建了专家工作站、菌菇种植示范基地和饲草示范基地。

公司形成了以秸秆饲料为主，秸秆有机肥、秸秆基质、秸秆生物炭等产品为辅的产品格局。现具备年秸秆综合利用能力10万t，其中饲料化利用能力6万t、能源化利用能力2万t、基料化利用能力0.5万t、肥料化利用能力1.5万t。年产值达5 000

万元，年利润 450 万元，创税 110 万元。为 5 个省（自治区、直辖市）、8 个市（州）、60 余个县（区）的 1 200余家种植合作社和养殖场（户）提供秸秆饲料和秸秆有机肥。其中，生产的秸秆系列产品取得了较高的市场认可度，备受用户欢迎。

二、发展成效

1. 科技赋能，生产优质秸秆饲料

公司坚持“三提高一创新”的工作目标，既“提高秸秆利用技术水平、提高生产设备水平、提高秸秆饲料化处理技术，创新秸秆收储、加工、利用的产供销市场化运转机制”。紧抓秸秆饲料化利用等关键环节，不断提升研发水平、优化生产工艺流程、提高装备水平，同时构建了秸秆收储运体系。加强与科研院所合作，不断提升秸秆饲料生产技术和质量水平，培育秸秆综合利用研发人才，从而提升秸秆饲料的产品竞争力，集成可复制、可推广、可持续的技术和模式，为公司发展提供强大技术支撑。目前，公司总秸秆产生量和可收集量分别达到了 273. 07 万 t 和 239. 45 万 t，秸秆存量大，原料资源充足；对秸秆精细化利用率达 100%，年产秸秆饲料 6 万 t 以上，产品质量优良，销售至全省、重庆、西藏等地，广受好评。过硬的产品质量为公司建立了稳定的销售网络，增加了生产效益。

2. 辐射带动，助推农户脱贫增收

公司在秸秆饲料化利用过程中，积极发挥辐射带动作用。探索“公司+贫困户”扶贫模式，推动贫困户以“两带”方式参与公司经营，实现了脱贫增收；助力劳力就业，每年设定 60 个固定岗位、265 个临时岗位，鼓励农户就近务工，现在公司生产岗位务工的农户人均年收入达 3 万余元；鼓励农户带资源入股，如农户以土地入股保底分红，公司免费发放种子、肥料等农业生产资料，统一管理、统一分配，并以高于市场价进行秸秆回收，助推农户通过土地流转、出售秸秆和保底分红等多渠道增收。公司还积极承担社会效益，吸收 45 名半劳力人员在公司、基地及附近村委会做杂工，人均年收入可达 5 000 余元。目前，已累计带动农户 523 户 1 500余人，实现增收 410 余万元，户均增收近 8 000 元。

3. 统一管理，发挥龙头企业作用

公司推行“统一管理新模式”，既“统一产品标准、统一生产技术、统一土壤监测、统一管理措施、统一供药供肥、统一按标准采收、统一加工场所、统一销售

渠道”，有效促进当地饲草种植、秸秆饲料生产技术水平，提高了农户对秸秆利用的积极性，促进了秸秆产业化发展。构建了秸秆收储运体系，创新建立“企业+收储点”集约型和“经纪人+农户”分散型收储运模式以及“企业+农户”直营模式，把分散农户组织起来为企业常年提供秸秆原料，稳定秸秆来源。同时，加强督促检查、落实标准，强化技术指导和服务，帮助企业和农户建立秸秆加工机制，严格按照标准进行收割、运输、加工、储藏。现已形成“六点一体、六位融合”的产业格局，包括安州区（绵阳市九森农业科技有限公司—公司本部），游仙区（绵阳建章农业科技有限公司）、江油市（江油市盛久种养殖专业合作社）、三台县（三台县花园钰呈种植专业合作社）、盐亭县（四川盛兴丰农业科技有限公司）、梓潼县（梓潼县任宝家庭农场），充分发挥了企业龙头带动作用。

4. 宣传培训，提升环境保护意识

公司长期从事秸秆利用工作，认识到秸秆是农业生态系统中十分宝贵的生物质能资源，秸秆资源的综合利用对于环境保护、资源节约，对改变随意焚烧秸秆陋习，改善农村人居环境，发展新型绿色能源，推动绿色发展意义重大。公司科学谋划，注重秸秆利用的宣传和培训工作，为增强当地农户秸秆综合利用意识，持续开展对当地及周边农户秸秆综合利用的宣传培训，针对秸秆分类、利用方式、生产价值等进行知识普及，引导农民摒弃焚烧陋习，激发秸秆利用积极性，提升秸秆收储和加工能力，有效推动了当地秸秆禁烧工作，助力农村绿色发展、农业生态发展。目前，公司累计开展秸秆综合利用培训 50 场次/900 人次，当地秸秆综合利用率达到 98%以上，有力助推区域秸秆综合利用工作。

三、工作举措

1. 坚持深度融入，政府主导，企业实施

紧紧围绕国家生态文明思想，响应落实秸秆利用决策和部署，积极按照省、市、县各级政府的秸秆利用规划和工作要求，调整公司发展战略，契合政府发展布局，合理投入公司产业资源，增强公司秸秆综合利用能力、提高秸秆综合利用水平，做大做强公司规模，助力绵阳市、四川省实现秸秆全域、全程、全量化综合利用目标。

2. 坚持发展导向，政策引领，企业运作

充分发挥公司在秸秆综合利用资源配置中的重要作用，坚持“六点一体”产业布局、“六地融合、协同发展”发展格局，积极与公司各分支机构及所在县（市、区）政府部门进行衔接，加强扩展甘孜州泸定县、资阳市乐至县、内蒙古呼和浩特市等地联建分厂工作，在政府政策引领下不断做大做强，最终实现辐射全省生产和辐射全国销售的企业战略布局。

3. 坚持需求导向，解决问题，协同推进

坚持以政府项目实施需求为导向，在实现公司“六地融合、协同发展”的基础上，积极将公司资源投入有需求的地区，并着力研发适合各地不同区域环境、不同作物种类的秸秆综合利用关键技术并加强使用技术推广，形成一批适合绵阳市及全省推广的主推技术和利用模式，为企业谋发展、为政府解难题。

4. 坚持科技导向，增强能力，提升水平

不断开展覆盖全省的秸秆“五化”利用市场调研，科学研判适合四川省和企业实际情况的秸秆综合利用方式，并通过科技研发、技术引进等方式应用先进生产线、先进利用模式、先进利用技术，不断增强公司科技实力，重点在秸秆离田高值高效利用方向发力，提高秸秆饲料等产品附加值，以秸秆综合利用碳减排为契机，稳步提升公司秸秆综合利用生产力和市场竞争力。

优质饲草料本地化保供 助力草牧业降本增效

黄 涛

（南充市涛哥哥农业有限公司，四川南充 637000）

近两年，受市场影响，奶价和肉价都在低位运行。南充市涛哥哥农业有限公司在眉山市青神县通过饲草料本地化和种养结合模式，形成了牧草种植有利润，种养结合更稳定的良性循环。通过优质饲草料本地化保供，公司养殖了1 000多头奶牛和肉牛，千克奶成本从原来的约2.6元降到了现在的1.9元，肉牛养殖成本从以前16元/kg降到了现在约12元/kg，达到了降本增效目标，其主要做法如下。

一、选择合适品种，提高种植综合效益

公司选择适合不同季节种植的青贮玉米品种，3月至4月种植春玉米，5月至6月种植夏玉米（小麦、玉米轮作），7月种植秋玉米（主要是春玉米收割青贮后的地）。通过抓墒播种促全苗、合理密植攻高产、科学施肥降成本、病虫害生物防治保质量等措施，种植的青贮玉米获得了丰收。春玉米全株青贮产量从以前的2.5t/亩提升到了现在约3.6t/亩，青贮料淀粉、干物质含量分别从25%、27%提高到了30%、31%。通过春秋两季青贮玉米种植加一季冬菜的种植模式，实现了一年三熟，充分利用了地、光、水、气、热等自然资源，显著提高了农业种植效益。

二、严把技术关，实现饲草料高效收贮

要生产高质量青贮产品，除了密切关注青贮玉米的物候期和天气情况，更重要的是选择适宜的收获加工设备和青贮生产技术。公司在青贮生产的各个环节严格把关，特别要求青贮料的籽粒破碎率达95%以上、切割长度1.2~1.7cm、奶牛留茬高度25cm以上（肉牛可放宽至15cm以上）、干物质含量在29%~34%、压实标准850kg/m^3，从而实现青贮玉米的高效收贮。

三、注重细节把控，确保饲草料生产安全高效

一粒粒玉米种子通过种植、收贮等环节后成为一吨高质量的全株青贮玉米，是一项伟大的工程，需要一套健全的管理制度来作保障。公司建立了适宜品种筛选、农用物资储备保障、设施设备定期维修保养、新技术引进安全试验、田间巡查管理、极端天气应急、安全生产管理、员工绩效考核等管理制度，把靠天吃饭的农业种植模式，逐步转变成程序化的露天工厂。

依靠新思路、新技术、新设备，公司从开始的几百亩扩大到了目前的6 000亩左右，单产和质量也都得到了显著提升，即使在近两年市场较低迷的情况下，公司也获得了一定的利润。下一步公司将在扩大核心种植区的同时，创新发展联农带农合作种植及适度规模托管种植模式，逐步有序通过联农带农发展饲草产业，助力乡村草牧业振兴。

第六部分

科技成果及重要文件

“十二五”以来四川牛羊饲草产业科技成果

表 1　“十二五”以来四川牛羊饲草产业科技成果统计

序号	成果名称	获奖年度	奖励类别及等级	第一完成单位	第一完成人
1	奶牛重大疾病防控新技术的研究与应用	2011	甘肃省科学技术进步奖二等奖	中国农业科学院兰州兽医研究所	杨国林
2	奶牛、牦牛病毒性腹泻/黏膜病防治研究	2012	四川省科技进步奖三等奖	西南民族大学	刘亚刚
3	湿热应激条件下奶牛高效健康养殖技术研究与应用	2012	四川省科技进步奖二等奖	四川农业大学	王之盛
4	蜀宣花牛新品种培育及配套技术研究与应用	2012	四川省科技进步奖一等奖	四川省畜牧科学研究院	王淮
5	麦洼牦牛种质资源保护与利用	2013	四川省科技进步奖三等奖	四川省农日种畜场	罗光荣
6	我国西南地区奶牛疾病综合防控关键技术研究与应用	2013	四川省科技进步奖二等奖	四川省畜牧科学研究院	廖党金
7	牦牛与犏牛胚胎体外生产技术体系的创建及应用基础研究	2014	四川省科技进步奖三等奖	西南民族大学	字向东
8	牦牛健康养殖及肉产品加工关键技术研究与应用	2015	四川省科技进步奖二等奖	四川省草原科学研究院	罗晓林
9	牦牛种间杂交生产及配套技术研究集成与示范	2015	四川省科技进步奖三等奖	四川省草原科学研究院	罗晓林
10	牦牛依普菌素透皮驱虫涂擦剂的研制及应用	2016	西藏自治区科学技术奖二等奖	四川省草原科学研究院	李家奎
11	牦牛种间杂交生产及配套技术研究集成与示范推广	2016	农业部农牧渔业丰收成果奖三等奖	四川省草原科学研究院	罗晓林
12	奶牛乳房炎综合诊治技术研究与应用	2016	四川省科技进步奖三等奖	四川农业大学	左之才
13	牛高效健康养殖关键技术研究与集成推广	2016	农业农村部农牧渔业丰收一等奖	四川农业大学	王之盛
14	青藏高原牦牛高效生产配套技术及应用	2017	中华农业科技奖二等奖	四川省草原科学研究院	罗晓林

（续表）

序号	成果名称	获奖年度	奖励类别及等级	第一完成单位	第一完成人
15	蜀宣花牛新品种培育及配套生产技术	2017	神农中华农业科技奖一等奖	四川省畜牧科学研究院	王淮
16	四川肉牛高效繁殖关键技术创新与应用	2018	四川省科技进步奖二等奖	四川农业大学	陈仕毅
17	攀西地区奶牛乳品安全生产及疾病防控关键技术研究与示范	2019	四川省科技进步奖三等奖	西昌新希望三牧乳业有限公司	张明国
18	青藏高原牦牛种质资源挖掘与创新利用	2019	四川省科技进步奖一等奖	西南民族大学	钟金城
19	西南地区奶牛健康养殖关键技术创新集成与示范推广	2019	全国农牧渔业丰收奖农业技术推广成果奖二等奖	四川省畜牧科学研究院	谢晶
20	青藏高原社区牦牛乳肉产品加工技术体系与产业模式构建	2019	四川省科技进步奖二等奖	西南民族大学	李键
21	青藏高原社区畜牧业模式创新与技术集成示范	2020	四川省科技进步奖二等奖	四川省草原科学研究院	泽柏
22	西南地区肉牛高效生产信息化关键技术及应用	2021	中华农业科技奖三等奖	四川省畜牧科学研究院	王巍
23	西南地区肉牛高效生产信息化关键技术及应用	2022	四川省科技进步奖三等奖	四川省畜牧科学研究院	王巍
24	地方特色牛种提质增效关键技术创新与应用	2023	中国发明协会发明创业奖创新奖一等奖	四川睿尔琪科技有限公司	李纯锦
25	牦牛高效繁殖技术体系研究与集成示范	2023	四川省科技进步奖三等奖	西南民族大学	兰道亮
26	南江黄羊快长系选育及产业化示范	2012	四川省科技进步奖三等奖	南江县南江黄羊科学研究所	张国俊
27	简州大耳羊新品种培育及配套技术研究与推广应用	2014	四川省科技进步奖一等奖	西南民族大学	王永
28	澳洲白萨福克羊在川西北牧区的引种及杂交利用研究	2014	四川省科技进步奖三等奖	四川省草原科学研究院	周明亮
29	肉用山羊舍饲养殖综合技术研究集成与推广应用	2016	全国农牧渔业丰收奖农业技术推广成果二等奖	四川省畜牧科学研究院	熊朝瑞
30	凉山半细毛羊新品种培育及推广应用	2017	四川省科技进步奖二等奖	凉山彝族自治州畜牧站	木乃尔什
31	肉用山羊养殖综合配套技术示范	2017	四川省科技进步奖三等奖	四川省畜牧总站	周光明

（续表）

序号	成果名称	获奖年度	奖励类别及等级	第一完成单位	第一完成人
32	肉用羊营养调控关键技术研究与应用	2017	四川省科技进步奖二等奖	四川农业大学	王立志
33	肉用山羊重要经济性状关键功能基因的发掘与应用	2018	四川省科技进步奖二等奖	四川农业大学	李强
34	凉山半细毛羊新品种培育及配套技术集成与推广应用	2019	全国农牧渔业丰收奖农业技术推广成果奖一等奖	凉山彝族自治州畜牧站	骆佳锐
35	美姑山羊种质特性研究与示范应用	2019	四川省科技进步奖三等奖	凉山彝族自治州畜牧兽医科学研究所	杨世忠
36	特色资源北川白山羊生产关键技术研究与应用	2019	四川省科技进步奖三等奖	绵阳市农业科学研究院	李廷见
37	川藏地区肉羊瘤胃营养调控和高效养殖技术集成创新与应用	2019	四川省科技进步奖三等奖	西南民族大学	郭春华
38	牛羊脑多头蚴病病原学及高效防控技术研究与应用	2020	四川省科技进步奖三等奖	四川农业大学	杨光友
39	西藏山羊遗传进化研究及重要经济性状基因挖掘	2021	西藏自治区科技进步奖二等奖	西藏自治区农牧科学院畜牧兽医研究所	宋天增
40	肉用山羊高效生产技术集成与推广应用	2022	全国农牧渔业丰收奖农业技术推广成果奖 二等奖	四川农业大学	李强
41	山羊肥羔生产关键技术研究集成与推广应用	2022	四川省科技进步奖三等奖	四川省畜牧科学研究院	张林
42	肉用山羊选育技术和养殖模式创新与应用	2023	四川省科技进步奖二等奖	西南民族大学	朱江江
43	山羊肥羔生产关键技术研究集成与推广应用	2024	神农中华农业科技奖三等奖	四川省畜牧科学研究院	张林
44	四川不同区域牧草品种选育与丰产栽培技术研究和应用	2011	四川省科技进步奖三等奖	四川省草业技术研究推广中心（原四川省草原工作总站）	张新跃
45	喀斯特地区草地畜牧业发展配套技术研究与应用	2012	贵州省科技进步奖二等奖	贵州省草业研究所	蔡一鸣
46	若尔盖退化草地治理与湿地植被恢复关键技术及示范	2012	四川省科技进步奖三等奖	四川大学	杨志荣
47	突破性牧草新品种阿坝垂穗披碱草选育及利用	2012	四川省科技进步奖三等奖	四川省草原科学研究院	游明鸿

（续表）

序号	成果名称	获奖年度	奖励类别及等级	第一完成单位	第一完成人
48	川草 1、2 号老芒麦产业化技术集成及推广应用	2013	全国农牧渔业丰收奖二等奖	四川省草原科学研究院	游明鸿
49	治沙牧草新品种阿坝硬杆仲彬草选育及配套技术研究	2013	四川省科技进步奖三等奖	四川省草原科学研究院	杨满业
50	“将军”菊苣新品种选育及配套技术研究与推广应用	2014	四川省科技进步奖三等奖	四川省畜牧科学研究	梁小玉
51	狗牙根种质资源评价、新品种选育与利用	2014	省级科技进步奖三等奖	四川农业大学	刘伟
52	青藏高原东部牧草种质资源收集评价、新品种选育及产业化示范	2015	中华农业科技奖二等奖	四川省草原科学研究院	白史且
53	北方草原合理利用技术体系创建与应用	2015	教育部科学技术进步奖一等奖	中国农业大学	张英俊
54	草地机械化破土切根复壮促生技术及机具研发应用	2015	中华农业科技奖二等奖	中国农业大学	王德成
55	川西北高寒沙地林草植被恢复技术研究与示范	2015	四川省科技进步奖一等奖	四川省林业科学研究院	鄢武先
56	基于 3S 技术的草原监测技术创新与应用	2015	四川省科技进步奖二等奖	四川省草业技术研究推广中心（原四川省草原工作总站）	唐川江
57	菊苣种质资源创新、品种选育及应用	2015	四川省科技进步奖三等奖	四川省草原科学研究院	张玉
58	四川坡耕地水土养分流失及防治技术研究与应用	2015	中华农业科技奖三等奖	四川省农业科学院土壤肥料研究所	林超文
59	退化草原恢复及适应性利用关键技术研究与示范	2015	2014—2015 年度中华农业科技奖二等奖	中国农业大学	张英俊
60	川西北高寒草地生态恢复综合技术研究与示范	2016	四川省科技进步奖二等奖	四川省草原科学研究院	郑群英
61	基于 3S 技术的草原监测关键技术创新与推广应用	2016	农业部农业技术推广成果奖三等奖	四川省草业技术研究推广中心（原四川省草原工作总站）	唐川江
62	特色蔬菜腌制加工新技术及其复合肉品开发的研究	2016	四川省科技进步奖二等奖	成都大学	刘达玉
63	西南区饲草种质资源发掘创新与育种应用	2016	四川省科技进步奖二等奖	四川农业大学	张新全

（续表）

序号	成果名称	获奖年度	奖励类别及等级	第一完成单位	第一完成人
64	青藏高原特色牧草种质资源挖掘与育种应用	2017	国家科技进步奖二等奖	四川省草原科学研究院	白史且
65	青藏高原特色牧草种质资源挖掘与育种应用	2017	中华人民共和国科技进步二等奖	四川省草原科学研究院	白史且
66	饲草玉米种质资源的发掘、创新与育种利用	2017	四川省科技进步奖二等奖	四川农业大学	唐祈林
67	凉山光叶紫花苕配套技术研究与集成应用	2018	四川省科技进步奖三等奖	四川省草原科学研究院	苟文龙
68	多花黑麦草新品种培育及配套技术研究与推广应用	2019	四川省科技进步奖三等奖	四川省畜牧科学研究院	梁小玉
69	国审牧草品种凉山光叶紫花苕选育与产业化推广应用	2019	2016—2018 全国农牧渔业丰收奖三等奖	四川省草原工作总站	苟文龙
70	青藏高原草种质资源与育种创新团队	2019	神农中华农业科技创优秀新团队奖	四川省草原科学研究院	白史且
71	青藏高原社区饲草增产增效关键技术集成与示范	2019	青海省科技进步奖二等奖	青海大学畜牧兽医科学院（青海省畜牧兽医科学院）	德科佳
72	特色资源北川白山羊生产关键技术研究与应用	2019	四川省科技进步奖三等奖	绵阳市农业科学研究院	李廷见
73	优质高产饲草新品种选育及绿色增效生产技术应用	2019	四川省科技进步奖二等奖	四川省农业科学院土壤肥料研究所	朱永群
74	青藏高原社区草—畜高效转化关键技术	2019	西藏自治区科学技术奖三等奖	西藏自治区农牧科学院畜牧兽医研究所	姬秋梅
75	林草特色资源——石斛产业化关键技术开发及应用	2020	四川省科技进步奖二等奖	四川农业大学	王刚
76	扁穗雀麦种质资源的收集评价、品种选育及推广应用	2021	四川省科技进步奖三等奖	四川农业大学	马啸
77	小麦族多年生种质资源收集保存及评价利用	2021	四川省科技进步奖二等奖	四川农业大学	张海琴
78	青藏高原东缘牧区生态保护与经济发展耦合研究	2021	四川省社科奖二等奖	青藏高原研究所	杨丽雪
79	四川省秸秆高效利用技术集成与推广应用	2022	2019—2021 全国农牧渔业丰收奖二等奖	四川省农村能源发展中心	陈琨

（续表）

序号	成果名称	获奖年度	奖励类别及等级	第一完成单位	第一完成人
80	西南地区乡土草坪地被植物新品种选育及创新应用	2022	四川省科技进步奖二等奖	四川农业大学	彭燕
81	基于“天—空—地”一体化的四川省草地资源调查关键技术创建与应用	2023	四川省科技进步奖二等奖	四川省草业技术研究推广中心	唐川江
82	四川盆地低山丘陵区林草模式构建及水土保持功能提升关键技术	2023	四川省科技进步奖三等奖	四川农业大学	郑江坤
83	优质高产菊苣新品种选育及草畜配套技术创新利用	2023	贵州省科技进步奖三等奖	贵州省草业研究所	韩永芬
84	适宜农区冬闲田种植的优良牧草新品种选育与应用推广	2023	四川省科技进步奖三等奖	四川省草原科学研究院	张建波
85	全球首个牧草领域图形泛基因组研究	2024	四川十大科学进展	四川农业大学	黄琳凯
86	西南区饲草基因资源发掘与新品种选育及应用	2024	四川省科技进步奖一等奖	四川农业大学	张新全
87	阿坝草原地区畜牧业可持续发展调查研究	2012	全国民委系统优秀调研报告二等奖	西南民族大学	恩佳
88	牛羊高效生产及肉品精深加工关键技术研究与示范	2011	四川省科技进步奖三等奖	西南民族大学	李键
89	优质安全乳制品加工关键技术创新与智能化集成应用	2020	四川省科技进步奖二等奖	西南民族大学	唐善虎
90	病死动物无害化处理关键技术研究与应用	2021	四川省科技进步奖三等奖	四川省畜牧科学研究院	康润敏
91	传统特色肉制品标准化加工关键技术与装备研发及应用	2021	四川省科技进步奖二等奖	成都大学	张佳敏
92	畜禽细菌耐药性监测与防控技术体系建立及推广应用	2022	全国农牧渔业丰收奖农业技术推广成果奖三等奖	凉山州动物疫病预防控制中心	邹立扣
93	牛羊种质资源保护关键技术创新与应用	2022	中国商业联合会科学技术奖全国商业科技进步奖一等奖	吉林大学	李纯锦
94	高效低碳畜禽养殖环境控制与管理关键技术研究及应用	2024	神农中华农业科技奖二等奖	四川省畜牧科学研究院	陈天宝
95	中兽药现代化制剂工艺提升与高效中兽药产品研发及应用	2024	四川省科技进步奖三等奖	四川省畜牧科学研究院	李旭廷

“十二五”以来四川牛羊饲草产业审定的品种和鉴定的遗传资源

表 2　“十二五”以来四川牛羊饲草产业的审定品种和鉴定遗传资源统计

序号	品种或资源名称	类别	审定或鉴定年度	登记号	第一完成单位	第一完成人
1	蜀宣花牛	审定新品种	2012	农 02 新品种证字第 6 号	四川省畜牧科学研究院	王淮
2	昌台牦牛	鉴定遗传资源	2018	农业部第 2637 号公告	甘孜藏族自治州畜牧站	钟金城
3	亚丁牦牛	鉴定遗传资源	2022	农业农村部第 635 号公告	甘孜藏族自治州畜牧站	钟金城
4	空山牛	鉴定遗传资源	2023	国家农业农村部公告 762 号	通江县农业农村局	易军
5	简州大耳羊	审定新品种	2013	农 03 新品种证字第 11 号	简阳市畜牧食品局	王永
6	凉山黑绵羊	鉴定遗传资源	2021	农业农村部公告 498 号	凉山州畜牧草业与水产技术推广中心	—
7	玛格绵羊	鉴定遗传资源	2021	农业农村部公告 498 号	甘孜藏族自治州畜牧站	代舜尧
8	南充黑山羊	鉴定遗传资源	2021	农业农村部公告 498 号	南充市农业农村局	—
9	色瓦绵羊	鉴定遗传资源	2021	农业农村部公告 498 号	西藏自治区农牧科学院畜牧兽医研究所	—
10	勒通绵羊遗传资源	鉴定遗传资源	2021	农业农村部公告 498 号	甘孜藏族自治州畜牧站	毛进彬
11	将军菊苣	全国草品种审定委员会	2007	351	四川省畜牧科学研究院	梁小玉
12	都柳江马蹄金	全国草品种审定委员会	2013	462	四川农业大学	干友民
13	滇北鸭茅	全国草品种审定委员会	2014	464	四川农业大学	张新全

（续表）

序号	品种或资源名称	类别	审定或鉴定年度	登记号	第一完成单位	第一完成人
14	川北箭筈豌豆	全国草品种审定委员会	2015	483	四川省农业科学院土壤肥料研究所	林超文
15	剑宝多花黑麦草	全国草品种审定委员会	2015	487	四川省畜牧科学研究	梁小玉
16	康巴变绿异燕麦	全国草品种审定委员会	2015	493	四川省草业技术研究推广中心（原四川省草原工作总站）	何光武
17	阿鲁巴	全国草品种审定委员会	2016	500	四川农业大学	黄琳凯
18	艾丽斯白三叶	四川省草品种审定委员会	2016	2016008	四川省农业科学院土壤肥料研究所	朱永群
19	川草 6 号菊苣	四川省草品种审定委员会	2016	2016006	四川省草原科学研究院	张玉
20	川农 1 号多花黑麦草	全国草品种审定委员会	2016	508	四川农业大学	张新全
21	川西庭菖蒲	全国草品种审定委员会	2016	509	四川省草业技术研究推广中心（原四川省草原工作总站）	张瑞珍
22	康北垂穗披碱草	四川省草品种审定委员会	2016	2016001	四川农业大学	张新全
23	麦洼老芒麦	四川省草品种审定委员会	2016	2016002	四川省草原科学研究院	白史且
24	纳瓦拉	四川省草品种审定委员会	2016	2016010	四川农业大学	黄琳凯
25	武陵假俭草	四川省草品种审定委员会	2016	2016004	四川省草原科学研究院	白史且
26	雅砻江老芒麦	四川省草品种审定委员会	2016	2016005	四川农业大学	马啸
27	川畜 1 号苦荬菜	四川省草品种审定委员会	2017	2017002	四川省畜牧科学研究	梁小玉
28	川南金花菜	四川省草品种审定委员会	2017	2017003	四川省草原科学研究院	张玉
29	川西扁穗雀麦	四川省草品种审定委员会	2017	2017004	四川农业大学	马啸

（续表）

序号	品种或资源名称	类别	审定或鉴定年度	登记号	第一完成单位	第一完成人
30	川西狗牙根	全国草品种审定委员会	2017	529	四川农业大学	彭燕
31	川西猫尾草	全国草品种审定委员会	2017	533	四川省草原工作总站	张瑞珍
32	川引鹅观草	全国草品种审定委员会	2017	532	四川农业大学	张海琴
33	大拿鸭茅	四川省草品种审定委员会	2017	2017008	四川省畜牧科学研究	季杨
34	丰牧 88 饲用薏苡	四川省草品种审定委员会	2017	2017011	四川农业大学	周树峰
35	康北垂穗披碱草	全国草品种审定委员会	2017	527	四川农业大学	张新全
36	劳发羊茅黑麦草	全国草品种审定委员会	2017	525	四川农业大学	黄琳凯
37	梦龙燕麦	四川省草品种审定委员会	2017	2017005	四川省草原科学研究院	游明鸿
38	升钟紫云英	全国草品种审定委员会	2017	522	四川省农业科学院土壤肥料研究所	朱永群
39	饲油 36 饲用油菜	四川省草品种审定委员会	2017	2017010	四川省农业科学院作物研究所	闫利军
40	川选 1 号苦荬菜	全国草品种审定委员会	2018	557	四川农业大学	张新全
41	丰瑞德红三叶	全国草品种审定委员会	2018	546	四川省农业科学院土壤肥料研究所	朱永群
42	福瑞至燕麦	四川省草品种审定委员会	2018	2018002	四川农业大学	马啸
43	福瑞至燕麦	四川省草品种审定委员会	2018	2018002	四川农业大学	马啸
44	凉山扁穗雀麦	四川省草品种审定委员会	2018	2018007	凉山州畜牧兽医科学研究所	刘晓波
45	上吉白三叶	四川省草品种审定委员会	2018	2018004	四川农业大学	马啸
46	蜀草 1 号高粱－苏丹草杂交种	全国草品种审定委员会	2018	551	四川省农业科学院土壤肥料研究所	朱永群

（续表）

序号	品种或资源名称	类别	审定或鉴定年度	登记号	第一完成单位	第一完成人
47	蜀草2号高丹草	四川省草品种审定委员会	2018	2017006	四川省农业科学院土壤肥料研究所	朱永群
48	苏特燕麦	四川省草品种审定委员会	2018	2018003	四川省草原科学研究院	张建波
49	巫山鸭茅	四川省草品种审定委员会	2018	2018006	四川农业大学	黄琳凯
50	川西短芒披碱草	全国草品种审定委员会	2019	571	四川省草原科学研究院	张昌兵
51	川西肃草	全国草品种审定委员会	2019	565	四川农业大学	张昌兵
52	川西肃草	全国草品种审定委员会	2019	565	四川农业大学	张海琴
53	都脉苇状羊茅	全国草品种审定委员会	2019	576	四川农业大学	张新全
54	攀西蓝花子	全国草品种审定委员会	2019	584	四川省草业技术研究推广中心	朱永群
55	英迪米特燕麦	全国草品种审定委员会	2019	573	四川农业大学	黄琳凯
56	安第斯多花黑麦草	全国草品种审定委员会	2020	595	四川农业大学	张新全
57	川西扁穗雀麦	全国草品种审定委员会	2020	592	四川农业大学	马啸
58	苏特（Shooter）燕麦	全国草品种审定委员会	2020	589	四川省草原科学研究院	张建波
59	“武陵”假俭草	国家林业和草原局草品种审定委员会	2021	国S-WDV-E0-008-2021	四川省草原科学研究院	苟文龙
60	“川西”斑茅	国家林业和草原局草品种审定委员会	2021	国S-WDV-EA-010-2021	四川省草原科学研究院	鄢家俊
61	“福瑞至”燕麦	国家林业和草原局草品种审定委员会	2021	国S-IV-AS-014-2021	四川农业大学	马啸
62	“罗特”白三叶草	四川省草品种审定委员会	2021	2021008	四川农业大学	聂刚
63	“麦洼”老芒麦	国家林业和草原局草品种审定委员会	2021	国S-WDV-ES-012-2020	四川省草原科学研究院	白史且

（续表）

序号	品种或资源名称	类别	审定或鉴定年度	登记号	第一完成单位	第一完成人
64	“雅江”老芒麦	国家林业和草原局草品种审定委员会	2021	国S-WDV-ES-011-2020	四川农业大学	马啸
65	“梦龙”燕麦	国家林业和草原局草品种审定委员会	2021	国S-IV-AS-013-2021	四川省草原科学研究院	游明鸿
66	百诺达多年生黑麦草	全国草品种审定委员会	2021	国S-IV-LP-018-2020	四川农业大学	黄琳凯
67	川畜2号苦荬菜	四川省草品种审定委员会	2021	2021004	四川省畜牧科学研究	梁小玉
68	川农3号狗牙根	四川省草品种审定委员会	2021	2021009	四川农业大学	彭燕
69	黑玫克燕麦	四川省草品种审定委员会	2021	2021002	四川农业大学	刘伟
70	“克朗德”白三叶草	国家林业和草原局草品种审定委员会	2021	国S-IV-TR-017-2020	四川省草业技术研究推广中心	姚明久
71	康南垂穗披碱草	国家林业和草原局草品种审定委员会	2021	国S-WDV-EN-013-2020	西南民族大学	陈仕勇
72	蜀草3号高粱—苏丹草杂交种	四川省草品种审定委员会	2021	2021005	四川省农业科学院农业资源与环境研究所	朱永群
73	小哨马蹄金	全国草品种审定委员会	2021	国S-WDV-DR-009-2021	四川农业大学	彭燕
74	渝东鸭茅	全国草品种审定委员会	2021	608	四川农业大学	黄琳凯
75	科纳燕麦	四川省草品种审定委员会	2021	2021001	西南民族大学	陈仕勇
76	川苏1号苏丹草	全国草品种审定委员会	2022	628	四川省农业科学院农业资源与环境研究所	朱永群
77	川西藨草	国家林业和草原局草品种审定委员会	2022	国S-WDV-PA-006-2022	四川省草原科学研究院	张建波
78	川中牛鞭草	全国草品种审定委员会	2022	633	四川农业大学	黄琳凯
79	舒克白三叶草	全国草品种审定委员会	2022	624	四川农业大学	马啸

（续表）

序号	品种或资源名称	类别	审定或鉴定年度	登记号	第一完成单位	第一完成人
80	蜀草 4 号高粱－苏丹草杂交种	全国草品种审定委员会	2022	629	四川省农业科学院农业资源与环境研究所	朱永群
81	“迈克斯”多花黑麦草	国家林业和草原局草品种审定委员会	2023	国 S－IV－LM－007－2023	四川农业大学	马啸
82	川畜 1 号苦荬菜	全国草品种审定委员会	2023	655	四川省畜牧科学研究	梁小玉
83	川苏 2 号苏丹草	全国草品种审定委员会	2023	641	四川省农业科学院农业资源与环境研究所	徐娅玲
84	瑞文德白三叶草	国家林业和草原局草品种审定委员会	2023	国 S－IV－TR－006－2023	四川农业大学	聂刚
85	天府狗牙根	全国草品种审定委员会	2023	645	四川省草业技术研究推广中心	张瑞珍
86	川育 1 号象草	四川省草品种审定委员会	2024	川 S－BV－PP－003－2023	四川农业大学	黄琳凯
87	绵单 905	四川省农作物品种审定委员会	2023 年	川审玉 20232024	绵阳市农业科学研究院	何丹
88	绵单 925	四川省农作物品种审定委员会	2023 年	川审玉 20230022	绵阳市农业科学研究院	何丹
89	民大 1 号老芒麦	四川省草品种审定委员会	2023	643	西南民族大学	陈有军

“十二五”以来四川牛羊饲草产业主推品种和技术

表 3　“十二五”以来四川牛羊饲草产业主推品种和主推技术统计

序号	推广年度	品种或技术名称	技术依托单位
1	2016	蜀宣花牛	四川省畜牧科学研究院
2	2016	奶牛主要疾病防控技术	四川省畜牧科学研究院
3	2017	蜀宣花牛配套生产技术	四川省畜牧科学研究院
4	2018	蜀宣花牛配套生产技术	四川省畜牧科学研究院
5	2023	西南地区肉牛高效生产信息化关键技术	四川省畜牧科学研究院
6	2018—2021	基于手机微信平台的肉牛饲料自动配方系统	四川省畜牧科学研究院
7	2019—2020	蜀宣花牛防热应激综合技术	四川省畜牧科学研究院
8	2019—2020	西南地区奶牛主要疫病防控技术	四川省畜牧科学研究院
9	2020—2021	蜀宣花牛高效繁育技术	四川省畜牧科学研究院
10	2022—2024	蜀宣花牛配套生产技术	四川省畜牧科学研究院
11	2016	简州大耳羊	简阳市畜牧食品局
12	2016	南江黄羊	南江县畜牧食品局
13	2015—2017	肉用山羊养殖综合配套技术	四川省畜牧总站、四川省畜牧科学研究院
14	2017	攀西地区肉用绵羊健康养殖技术	四川省畜牧科学研究院
15	2023	肉羊肥羔生产技术	四川省畜牧科学研究院
16	2019—2020	肉羊传染性胸膜肺炎中药减抗防治技术	四川省畜牧科学研究院
17	2019—2020	优秀种公羊选择与培育技术	四川省畜牧科学研究院
18	2016	“将军”菊苣	四川省畜牧科学研究院
19	2022	川畜 2 号苦荬菜	四川农业大学
20	2022	川北箭筈豌豆	四川农业大学

（续表）

序号	推广年度	品种或技术名称	技术依托单位
21	2022	渝东鸭茅	四川农业大学
22	2022	巫山鸭茅	四川农业大学
23	2022	英迪米特燕麦	四川农业大学
24	2023	劳发羊茅黑麦草	四川农业大学
25	2023	川中牛鞭草	四川农业大学
26	2023	罗特白三叶草	四川农业大学
27	2024	梦龙燕麦	四川省草原科学研究院
28	2016	全株玉米袋装青贮技术	四川省畜牧科学研究院
29	2018	四川青贮玉米丰产栽培技术	四川省草业技术研究推广中心（原四川省草原工作总站）
30	2018	四川青贮玉米与青贮燕麦轮作种植技术	四川省草业技术研究推广中心（原四川省草原工作总站）
31	2020	玉米秸秆—杂交狼尾草混合青贮技术	四川省畜牧科学研究院
32	2021	四川高原牧区青贮玉米丰产栽培技术	四川省草业技术研究推广中心
33	2022	阿坝垂穗披碱草牧草生产技术	四川省草原科学研究院
34	2022	养殖场青贮饲料生产技术导则	四川农业大学
35	2022	四川高原牧区青贮玉米丰产栽培技术	四川省草业技术研究推广中心
36	2022	柑橘园间作豆科作物提质增效关键技术	四川省草业技术研究推广中心
37	2022	肉牛饲草料周年保障供给技术	四川省农业科学院农业资源与环境研究所
38	2022	沼液还田高丹草多花黑麦草轮作技术	四川省农业科学院农业资源与环境研究所
39	2023	多花黑麦草青贮加工关键技术	四川农业大学
40	2023	牛羊青黄贮制作技术（绵阳市农业主推技术）	绵阳市农业科学研究院
41	2023	狼尾草高水分青贮技术	四川省畜牧科学研究院、四川农业大学、西南民族大学
42	2023	秸秆饲料化贮藏关键技术	四川省农业科学院农业资源与环境研究所
43	2024	川西高原阿坝垂穗披碱草牧草丰产栽培技术	四川省草原科学研究院

（续表）

序号	推广年度	品种或技术名称	技术依托单位
44	2024	饲用燕麦和箭筈豌豆混播及青贮技术	四川省草业技术研究推广中心、四川农业大学、西南民族大学
45	2024	高原饲用玉米丰产栽培及青贮技术	四川省草业技术研究推广中心、四川农业大学
46	2024	四川农区饲用燕麦草地水肥一体化灌溉技术应用	四川省畜牧科学研究院、四川楠水农牧科技有限公司
47	2024	苦荬菜种子生产技术	四川省畜牧科学研究院
48	2024	狼尾草越冬栽培关键技术	四川农业大学、四川省畜牧科学研究院
49	2019—2020	农作物秸秆饲料化利用技术	四川省农业科学院土壤肥料研究所
50	2020—2021	青贮玉米多花黑麦草轮作种养循环模式技术	四川省农业科学院土壤肥料研究所
51	2020—2021	苏丹草高产生产技术	四川省农业科学院土壤肥料研究所
52	2020—2021	果树套种箭筈豌豆绿色高效栽培技术	四川省农业科学院土壤肥料研究所
53	2020—2021	高丹草高效生产技术	四川省农业科学院土壤肥料研究所
54	2020—2021	基于耕地畜禽承载力的农牧循环种养平衡技术	四川省畜牧科学研究院
55	2024	病死动物无害化处理关键技术	四川省畜牧科学研究院

“十二五”以来四川牛羊饲草产业重要文件

推动川牛羊产业高质量发展11条措施

四川是农业大省，是全国重要牛羊生产基地，牛羊存栏量常年位居全国前列，在保障全国肉食品有效供给等方面发挥了重要作用。为深入贯彻落实党中央、国务院和省委、省政府决策部署，全面提升畜禽产品供应安全保障能力，促进川牛羊产业高质量发展，现提出如下措施。

一、推进牛羊及饲草种业建设

加大地方牛羊及饲草遗传资源保护、开发、利用力度，加快健全牛羊及饲草良种繁育体系，坚持自主培育与国外引进相结合，加强牛、羊及饲草品种选育。创建一批国家级和省级肉牛、肉羊核心育种场，建设完善生产性能测定配套设施设备。实施肉牛、牦牛、羊良种补贴项目，加快牛羊品种改良进程。推进国家西南区畜禽基因库、种牛种羊场、饲草试验站（示范园）、饲草种质资源库（圃）建设，建成一批优势牛、羊、草核心种源基地。

二、推进适度规模标准化养殖

推动牛羊养殖相关标准制定修订，建立健全牛羊标准化生产体系。在创建一批部、省、市级示范牧场基础上，全面开展牛羊养殖场（牧场）标准化建设，加快养殖场装备提档升级，提升牛羊标准化养殖水平。大力支持“公司+农户”牛羊养殖模式，支持发展以家庭农场和农民合作社为主的中小规模养殖场（户），鼓励中小养殖场（户）采取资金入股、共建联建等方式发展适度规模牛羊养殖。依托集体牧场、联户牧场、合作社等支持牦牛适度规模养殖，推动牦牛由分散粗放养殖向标准化适度规模养殖转变，提高养殖效益。

三、促进能繁母畜扩群增量

根据自然资源禀赋、产业发展基础和环境承载能力，科学规划全省牛羊产业布局，储备一批有牛羊产业发展基础的基地县（市、区）。大力推广“公司+农户”能繁母畜扩群增量模式。大力实施牛人工授精，建立相对完善的牛人工授精服务网络。加强能繁母牛、母羊培育力度，积极开展牛羊产业园区建设，探索能繁母牛母羊扩群增量试点，实施牛羊增量提质项目。

四、推动饲草业发展

在农区以牛羊生产基地县（市、区）为重点，大力推广青贮玉米、高丹草等优质饲草种植，推广“鲜饲+青贮”利用模式，加强饲草料生产、加工、贮藏、流通、配送体系建设，促进饲草产业集聚发展，提升优质饲草料常年供给保障能力。在牧区和半农半牧区，根据草原资源禀赋和区域环境承载能力，坚持草畜平衡，以草定畜、划区轮牧。推进饲草良种繁育和打贮草基地建设，因地制宜建设优质高产人工饲草地。落实草原生态保护补助奖励政策，持续开展草原围栏建设，引导农牧民科学利用草原。

五、提升全产业链水平

以市（州）为单位，优化牛羊屠宰行业布局，推动牛羊定点屠宰，引导屠宰加工产业向养殖集中区域转移。支持屠宰加工企业与牛羊生产基地紧密合作，发展订单生产；支持企业配套完善屠宰、精深加工、冷链物流等设施设备，全面提升牛羊肉及相关产品商品化处理能力。支持有关企业、科研单位等加强牛羊肉、奶、皮等特色产品研发，加快推进商标注册和品牌建设，积极创建区域公用品牌，引领带动企业品牌和产品品牌协同发展。鼓励开展线上线下多种形式融合销售，完善牛羊产品供应链。支持企业参加四川省农特产品展、“天府里·悦生活”“中国（四川）国际熊猫消费节”等市场拓展活动。

六、做好牛羊重大疫病防控

严格落实口蹄疫、小反刍兽疫、布鲁氏菌病、结核病、结节性皮肤病等牛羊疫病和人畜共患病防控机制，扎实做好春秋两季牛羊强制免疫，进一步完善免疫、扑杀及无害化处理措施。加大监测和流行病学调查力度，严格落实牛羊跨区域调运监管和检疫制度。加强对牛羊屠宰环节和市场销售环节牛羊肉的检验检疫，确保牛羊生产及产品安全。建设一批动物疫病净化场、无规定动物疫病区和无疫小区。

七、推进牛羊粪肥综合利用

支持牛羊养殖场（户）科学配置机械化自动清粪、粪肥堆积贮存处理等设施设备，大力推进“三沼”（沼液、沼气、沼渣）综合利用。支持并推进牛羊养殖场（户）和第三方专业机构开发生产牛羊粪复合有机肥，推动种植业扩大有机肥施用。支持社会组织完善基础设施开展粪肥运输、加工、施用等社会服务，提高牛羊粪肥社会化处理能力。实施畜禽产业绿色发展相关项目，推动建立绿色、循环、低碳的牛羊产业绿色发展新格局。

八、强化科技支撑能力

积极推进牛羊及饲草种业科技创新，研究编制并整理推广一批实用牛羊养殖、饲草种植技术规范。发挥畜牧兽医技术推广机构、行业协会优势，加大职业农民培训力度，大力开展节本增效实用技术培训与现场指导，提高农牧户饲养管理技术水平。加强牛羊饲养、饲草种植、疫病防控与治疗、粪肥利用等技术研究，加大对关键核心技术联合攻关支持力度。支持牛羊肉加工及相关产品研发，提高牛羊肉及相关产品科技水平。

九、强化金融保险政策支持

全面落实中省金融支持政策，在企业增信和信贷资金投向、投量、期限、利率等方面给予牛羊产业链有关企业适当倾斜。鼓励开展牛羊圈舍、大型种养殖机械、土地经营权等抵押贷款；支持有条件地区按照市场化和风险可控原则，积极稳妥开展牛羊活体抵押贷款试点。充分发挥政策性农业信贷担保机构增信作用，鼓励担保机构降低融资担保门槛和担保费用，支持牛羊产业发展。有条件的市县加大财政保费补贴政策支持力度，降低养殖场（户）自缴比例，鼓励支持中小养殖场（户）投保。鼓励各地探索和推广各类牛羊保险，不断创新农业保险品种，采取政策性保险与商业保险相结合等方式，全面提高牛羊保险保障水平。

十、强化牛羊产业用地保障支撑

依法保障牛羊等畜禽养殖场合理用地需求，向养殖用地不足的地区适度倾斜使用林地定额，用好设施农用地政策，有效保障养殖生产及直接关联的粪污处置、检疫检验等设施用地。加大优质饲草料种植用地支持，充分利用草山、草坡、林下、田间、农闲田、草原牧场等种植各类优质饲草，支持条件适宜地区开展规模化饲草种植。

十一、压实属地责任

严格落实“菜篮子”市长负责制，将牛羊肉生产情况作为“菜篮子”考核重要考核内容。各市（州）人民政府要加强组织领导，明确责任分工，强化政策协同配套，按规定统筹用好财政涉农资金，多渠道加大对牛羊产业发展的支持力度，相关工作进展情况于 2022 年 12 月底前报送农业农村厅，农业农村厅汇总报告省政府。农业农村厅要会同有关部门，充分发挥现代农业“10+3”产业体系推进机制作用，加强统筹协调，强化协同配合，合力推动工作落实。

四川省“十四五”牛羊禽兔蜂饲草饲料业发展推进方案

一、“十三五”产业发展回顾

（一）主要成效

1. 产业大省地位得到巩固

“十三五”期间，四川牛羊禽兔蜂饲草饲料（以下简称牛羊等）产业生产总量保持稳步提升的势头。2020 年，全省牛出栏 296.4 万头，年末存栏 880.3 万头，牛肉产量 37.0 万 t，分别占全国总量的 6.0%、9.0%、5.0%；羊出栏 1 792.1 万只，年末存栏 1 524.8 万只，羊肉产量 27.3 万 t，分别占全国总量的 5.8%、4.7%、5.6%；肉禽出栏 77 444.5 万羽，禽肉产量 115.8 万 t，禽蛋产量 167.9 万 t，分别占全国总量的 5%、4.8%；兔出栏 16 760 万只，兔肉产量 21.2 万 t；生鲜奶产量 68.0 万 t；蜜蜂存栏 165 万箱，占全国总量的 16.5%；猪饲料产量 659.5 万 t，牛羊禽兔饲料产量 390 万 t；草原面积 3.13 亿亩（其中甘孜、阿坝、凉山三州天然草原面积 2.46 亿亩，盆周山区和盆地丘陵区分布 0.67 亿亩），全省人工种草面积 1 376 万亩。全省牛存栏保持全国第一位，兔与蜜蜂养殖量均居全国第一位。

2. 饲料兽药生产研发能力显著提升

2020 年，全省饲料和饲料添加剂生产企业 496 家，比 2015 年减少 37 家。其中，年产 1 万 t、5 万 t、10 万 t 以上企业分别为 193 家、78 家、34 家，企业数量分别占总数的 55.8%、22.5%、9.8%，产量占总产量的 96.4%、72.7%、44.3%。全省维生素、氨基酸、有机微量元素、微生物制剂、酶制剂等添加剂生产企业 22 家，获批有机微量元素新产品证书 3 个。2020 年，全省兽药生产企业 115 家，中型以上兽药生产企业达到 80%以上，兽药生产企业年产值达 38 亿元；全省兽药经营企业达3 682家。全省共建院士（专家）工作站10余个、博士工作站10余个、协同创新中心6个、专家服务站20多个，获得国家级企业技术中心及其他研发平台20余个。

3. 动物疫病防控能力不断提高

受非洲猪瘟、口蹄疫、高致病性禽流感等动物疫情的影响，四川省加大各级动物疫病预防控制机构兽医实验室的基础设施建设力度，21个市（州）建成市级兽医实验室，70%以上的县（市、区）建立了兽医实验室，乡镇防疫条件逐步改善。全省基本形成了省、市、县、乡四级防疫网络，基本建成集动物疫病诊断检测、疫情风险分析预警、技术咨询培训和动物疫病科研为一体的防疫科技支撑平台。

4. 畜禽养殖废弃物资源化利用水平不断提升

开展以畜禽养殖标准化建设、实施畜禽粪污资源化利用整县推进项目、创建果菜茶有机肥代替化肥示范县、推进畜禽养殖污染防治等为重点，在全省大力推进畜禽养殖废弃物资源化利工作。"十三五"期间，在全省85个县实施畜禽粪污资源化利用整县推进项目，全省畜禽粪污综合利用率达到75%，规模养殖场粪污处理设施装备配套率达到95%，大型规模场粪污处理设施装备配套率达到100%。

5. 新品种选育取得新突破

" 十三五"期间，"天府肉鸡""大恒肉鸡799""蜀兴1号肉兔"配套系通过国家级新品种审定，"广元灰鸡"通过国家畜禽遗传资源鉴定；育成"川农1号"多花黑麦草、"玉草系列"饲草玉米等新品种65个（其中：国审品种35个、省审品种30个），自主选育的"长江2号"多花黑麦草成为国内首个在美国农业部登记注册的饲草品种，康巴变绿异燕麦为国内第一个异燕麦属的优质饲草；开展盆地高产中蜂选育与育种材料创新项目，新发掘了得荣中蜂、巴塘中蜂等2个中蜂遗传资源，开展了保护和杂交改良利用工作。

6. 科技成果转化成效显著

畜牧科技创新和成果转化得到加强，"十三五"期间，共获得省部级及以上奖励67项，其中国家科技奖3项，科技支撑产业能力得到提升，初步形成了高校和科研院所领头、产学研协同创新的新局面。

（二）现状及问题

1. 遗传资源丰富，但供种能力不足

四川畜禽遗传资源丰富，位居全国第二。至2020年，国家认定的四川畜禽品种 64 个，地方遗传资源 54 个，列入省级畜禽遗传资源保护名录的地方品种有 38 个。牛品种主要有宣汉黄牛等 15 个地方品种和蜀宣花牛 1 个培育品种，肉羊品种主要有川中黑山羊等 13 个地方品种和南江黄羊 4 个培育品种，家禽品种主要有旧院黑鸡等 15 个地方特色品种和大恒肉鸡等 3 个培育品种，还有四川白兔、阿坝中蜂等一批兔蜂品种。全省牛羊禽兔蜂省级原种畜禽场 56 家，建有国家级和省级核心育种场 21 家。有国家饲草种质资源圃 1 个、省级饲草种质资源圃 3 个、省级草种基地 3 个，牧草品种主要有阿坝燕麦等 89 个地方选育草品种。但是，我国自主培育的牛羊禽兔蜂专用品种少，选育不足。一批地方品种和培育品种科技创新投入不够、开发利用不充分。全省种公牛培育滞后，良种牛细管冻精仍有缺口，能繁母牛存栏已呈连年持续下降趋势，蛋鸡祖代、父母代鸡苗一半以上靠引进，兔品种退化严重，品种资源优势未能转变为产业优势，畜禽种业缺乏核心竞争力。饲草种子质量不高、数量不足，适合在川西北牧区种植的老芒麦、披碱草等种子产量缺口大。

2. 牛羊等畜禽养殖总量大，但产业化水平低

长期以来，四川省牛羊等畜禽生产总量大，居全国前列，但规模化标准化养殖水平和产业化经营水平低。全省牛羊等畜禽标准化良种化水平远低于其他畜禽品种。大部分牛羊兔蜂养殖场生产设施差、饲养管理粗放，养殖成本高、市场竞争力弱。如四川省牛存栏长期居全国第一，但出栏第六、产肉量第九。种养结合不紧密、饲草发展滞后、秸秆饲料化利用率低、规模养殖场和规模种植园布局不合理、粪污处理基础设施不配套等问题依然突出，畜禽生产绿色发展和畜牧业结构调整难度大。2020 年牛羊规模化屠宰厂（场）43 家，禽类 18 家，草食牲畜产品深加工率低，缺少名、特、优、新的畜产品品牌。

3. 饲料原料短缺，养殖成本竞争力不足

四川土地资源紧缺，本地饲料资源不足。玉米、豆粕等大宗饲料原料基本依赖省外调入，甚至从国外进口，成本平均比我国北方高 0. 1~0. 2 元/kg，苜蓿等优质饲草完全依赖省外和国外调入，受物流成本等因素影响，四川省畜禽养殖成本竞争力不足，随着规模养殖的发展，四川省传统以散养为主的生产优势正逐渐丧失，以量取胜的畜牧产业面临严峻挑战。

4. 饲草生产面积大，但生产水平不高

全省有可利用天然草地面积 2. 65 亿亩，平均亩产仅 300kg，生产效率和机械化率远低于发达地区水平。草业生产经营主体还处于起步发展阶段，龙头企业、专业合作社数量少、实力弱，2020 年全省草产品加工企业 28 家、草种生产经营企业 50 余家，种、收、加和绿色防控一体化专业服务机构缺乏。

5. 农作物秸秆资源丰富，但秸秆饲料化利用率低

2020 年全省农作物秸秆资源总量约3 600万 t，秸秆饲料化利用率占 14%。秸秆收集、运输、储存难等问题尚未得到根本解决，严重制约全省秸秆综合化利用；秸秆收集处理基础设施还有待提升，秸秆生物处理设施、秸秆专用农机设备不能满足现实需要；全省缺乏有影响力的秸秆商品饲料生产龙头企业，秸秆商品饲料缺乏统一的标准，质量参差不齐，产业发展能力不足，秸秆饲料化利用远远不能满足养殖需求。

二、机遇和挑战

（一）发展机遇

1. 农业农村发展空间更加广阔

国家大力推进乡村振兴战略和成渝地区双城经济圈建设，高层次高标准谋划成德眉资都市现代高效特色农业示范区、成渝现代高效特色农业带、农业科技创新中心、西部现代农业种业发展高地“四区一中心一高地”建设，加快建设四川现代农业“10+3”产业体系，着力构建现代农业产业体系，为实现四川由农业大省向农业强省跨越提供了良好的战略机遇。

2. 强农惠农政策力度持续加大

党中央始终高度重视农业、农村、农民问题，坚持把解决好“三农”问题作为全党工作重中之重，省委省政府连续多年出台一号文件，深化供给侧结构改革，坚持“稳猪禽、兴牛羊”战略，为四川省牛、羊、禽、兔、蜂等产业发展提供了政策保证。

3. 地理环境位置优越

四川省地处西南、西北、华中三大区域的连接部位，是“西南、华南部分省区经济区”和“长江三角洲及沿江地区经济区“的接合部，也是“成渝地区双城经济圈”的建设主体，优越的地理位置为川牛羊等产业发展提供了独特的发展环境。

4. 食品多元化消费需求旺盛

随着城乡居民消费能力的不断提高，对特色、高端等多元化肉食品的消费需求与日俱增，但四川省相关产品生产能力不足，市场供应偏紧。

（二）面临挑战

1. 农业资源环境压力加大

受环保压力、禁养限养区划定等环保政策的管制，加上土地、水源、防疫等建设条件的约束，现代畜牧业转型发展压力增大。

2. 市场风险依然较大

畜禽养殖信息化程度低，牛羊等畜禽种源、饲料原料、劳动力成本等生产资料价格不断上涨，供给短缺，冷链物流体系不健全，畜产品物联网发展滞后，缺乏有效的市场价格、疫病防控等预警机制，养殖户的风险增加。

3. 省内外动物疫病威胁大

口蹄疫、布病、高致病性禽流感等重大动物疫病仍在部分地方呈流行态势，四川省引进国外种畜禽数量逐年增加，国内商品畜禽跨省调运频繁，动物疫情传入四川省潜在威胁加大。

4. 畜牧品牌建设滞后

在全国叫得响的畜禽产品名牌少，畜产品市场竞争力不突出。

三、发展思路、原则和目标

（一）发展思路

以习近平新时代中国特色社会主义思想为指导，深入贯彻新发展理念，落实省委省政府发展农村经济、推动乡村振兴、促进农牧民增收的决策部署，推动农业生产要素高效集聚，保障粮食等主要农产品有效供给，推进四川省牛羊禽兔蜂饲料饲草业高质量发展。

（二）基本原则

调整结构，保障供给。坚持“稳猪禽、兴牛羊”战略，不断优化资源配置，完善产业扶持政策，优化畜禽饲料饲草产业结构，发挥市场在资源配置中的决定性作用。坚持数量和质量并重，保障肉蛋奶的有效供给，不断满足市场多元化消费需求。

优化布局，绿色发展。坚持畜禽生产与区域资源禀赋相匹配，科学规划生产布局。农区坚持种养结合，大力提高畜禽粪污资源化利用水平，实现种养良性循环发展。牧区坚持以草定畜、草畜平衡，实现畜牧发展与生态环境保护相统一。

转变方式，提质增效。推动适度规模标准化养殖，提升优质饲料饲草供给保障能力，加强农作物秸秆饲料化利用，大力培育高素质职业农民，实现由数量型向质量型转变。

龙头带动，融合发展。做大做优产业化龙头企业，推广“龙头企业+合作社+养殖户（家庭农场）”等模式，建立稳定的利益联结机制，引领广大中小养殖场（户）融入现代畜牧产业发展体系，带动农牧户增收致富。大力创建区域品牌、品种品牌及产品品牌，推进一二三产业融合发展。

夯实基础，保障安全。优化行业体系建设，加强行业监管，提升生物安全水平、保障养殖投入品质量安全、畜禽产品质量安全，夯实产业发展基础。

（三）主要目标

生产总量保持稳定。到 2025 年，全省牛、羊、兔出栏量年均增长 1.0%、1.0%、1.0%以上，肉禽出栏、蛋禽存栏总量基本保持稳定，肉类产量增加 40 万 t；蜂群数量稳定在 170 万群以上；牛羊禽兔饲料产量达到 400 万 t；人工种草面积 600 万亩，草产品和秸秆加工利用能力达到 700 万 t；秸秆饲料化利用达到 500 万 t。

发展质量显著提高。到 2025 年，每年创建一批牛羊禽兔蜂标准化养殖示范场，肉牛规模养殖比重达到 35%以上，奶牛规模养殖比重达到 80%以上，畜禽粪污资源化利用率达到 80%以上、规模养殖场粪污处理设施装备配套率稳定在 97%以上。规模化、标准化、产业化和组织化程度大幅提高，综合生产能力显著增强。

产业发展更加安全。到 2025 年，畜禽遗传资源得到有效保护，饲料兽药产品质量合格率稳定在 98%以上，“瘦肉精”等违禁添加物检出率保持为零，疫病防控体系和疫病可追溯制度更加完善，产品质量检验检测体系和产品质量追溯体系全面建立。

产业链进一步完善。到 2025 年，牛羊禽兔蜂养殖、饲料饲草生产、秸秆饲料化利用、种养殖设施装备制造、牛羊禽兔屠宰、肉品精深加工、副产物加工、冷链物流全产业链建设水平进一步提高，产业发展短板得到弥补，全产业链融合更加紧密。

四、区域布局

按照区域内环境承载能力和市场消费需求，调整优化牛、羊、禽、兔、蜂、饲草等生产布局，建设43个肉牛产业基地县、27个牦牛产业基地县、15个奶牛产业基地县、55个羊产业基地县、69个鸡产业基地县、52个水禽产业基地县、60个兔产业基地县、40个蜂产业基地县、136个草业基地县、10个省级现代畜牧产业（种业）园区、42个“秸秆换肉奶”工程基地县，全面提升基地县的现代种业发展、标准化生产、农作物秸秆及畜禽养殖废弃物处理利用、产业化经营、品牌创建等水平。

（一）牛产业布局

1. 全省布局发展43个肉牛基地

专栏1　肉牛生产基地县（市、区）布局（43个）	
成都平原经济区 （9个）	绵阳市：三台县、盐亭县、梓潼县、江油市 德阳市：中江县 资阳市：乐至县、安岳县 雅安市：汉源县、宝兴县
川南经济区 （4个）	泸州市：叙永县、古蔺县 宜宾市：筠连县、兴文县
川东北经济区 （18个）	广元市：苍溪县、剑阁县、旺苍县 南充市：仪陇县、营山县、阆中市、南部县 达州市：宣汉县、达川区、大竹县、渠　县、万源县、开江县 巴中市：通江县、南江县、平昌县、巴州区、恩阳区
攀西经济区 （12个）	攀枝花市：米易县 凉山州：昭觉县、盐源县、会理县、会东县、宁南县、布拖县、甘洛县、美姑县、冕宁县、越西县、西昌县

2. 全省布局发展 27 个牦牛基地

专栏 2　牦牛生产基地县（市、区）布局（27 个）	
川西北经济区（27）	阿坝州：马尔康市、金川县、小金县、阿坝县、若尔盖县、红原县、壤塘县、松潘县、九寨沟县、黑水县 甘孜州：康定市、九龙县、雅江县、道孚县、炉霍县、甘孜县、新龙县、德格县、白玉县、石渠县、色达县、理塘县、巴塘县、乡城县、稻城县、得荣县 凉山州：木里县

3. 全省布局发展 15 个奶牛基地

专栏 3　奶牛生产基地县（市、区）布局（15 个）	
成都平原经济区（11 个）	成都市：邛崃市、青白江区、彭州市、金堂县 绵阳市：安州区 眉山市：洪雅县、青神县、东坡区、仁寿县 资阳市：安岳县 雅安市：汉源县
川东北经济区（1 个）	达州市：宣汉县
攀西经济区（3 个）	攀枝花市：米易县、盐边县 凉山州：西昌市

（二）羊产业布局

全省布局发展 55 个羊产业基地

专栏 4　羊产业生产基地县（市、区）布局（55 个）	
成都平原经济区（14 个）	成都市：简阳市、金堂县、大邑县 德阳市：中江县、罗江县 绵阳市：北川县、盐亭县 遂宁市：大英县、蓬溪县 资阳市：乐至县、安岳县、雁江区 眉山市：仁寿县 乐山市：马边县
川南经济区（9 个）	自贡市：富顺县、荣 县、大安区 泸州市：合江县、泸 县、古蔺县 内江市：威远县 宜宾市：江安县、屏山县

（续表）

川东北经济区（13个）	广元市：旺苍县、剑阁县、昭化区、朝天区 广安市：邻水县 南充市：营山县、嘉陵区、蓬安县 巴中市：南江县、通江县、平昌县、巴州区、恩阳区
攀西经济区（10个）	攀枝花市：盐边县、米易县 凉山州：会东县、会理县、德昌县、昭觉县、布拖县、美姑县、越西县、盐源县
川西北经济区（9个）	阿坝州：阿坝县、若尔盖县、壤塘县、松潘县、小金县 甘孜州：石渠县、理塘县、丹巴县、雅江县

（三）家禽产业布局

全省布局69个县（市、区）大力发展蛋鸡肉鸡产业，52个县（市、区）发展以肉鹅、肉鸭为主的水禽产业。

专栏5　家禽产业县（市、区）布局（121个）		
蛋鸡肉鸡产业（69个）	成都平原经济区（17个）	眉山市：东坡区、丹棱县、青神县 成都市：金堂县、崇州市、大邑县 德阳市：旌阳区、中江县 绵阳市：梓潼县、安州区 乐山市：金口河区、犍为县、沐川县、峨边县、马边县 雅安市：石棉县、芦山县
	川南经济区（21个）	内江市：东兴区、威远县、资中县、隆昌县、内江市中区 宜宾市：江安县、长宁县、高　县、珙　县、筠连县、兴文县、屏山县 泸州市：古蔺县、叙永县、合江县、泸　县、江阳区、纳溪区、龙马潭区 自贡市：大安区、荣　县
	川东北经济区（22个）	广元市：剑阁县、朝天区、昭化区、利州区、苍溪县、旺苍县、青川县 巴中市：巴州区、恩阳区、平昌县、通江县、南江县 达州市：万源市、通川区、达川区、大竹县、渠　县 南充市：西充县、蓬安县、南部县、顺庆区、仪陇县
	川西北经济区（9个）	阿坝州：汶川县、茂　县、理　县 甘孜州：雅江县、乡城县、泸定县 凉山州：金阳县、美姑县、喜德县

（续表）

专栏 5　家禽产业县（市、区）布局（121 个）		
水禽产业（52 个）	成都平原经济区（18 个）	成都市：金堂县、邛崃县 德阳市：中江县、旌阳区、广汉市、绵竹市 绵阳市：安州区、涪城区、三台县 遂宁市：大英县、蓬溪县 雅安市：名山县、雨城区 乐山市：市中区、五通桥区、犍为县 眉山市：东坡区、仁寿县
	川南经济区（12 个）	宜宾市：南溪区、叙州区、江安县、长宁县、翠屏区、高县 泸州市：泸 县、江阳区、合江县 自贡市：富顺县、荣 县 内江市：隆昌县
	川东北经济区（13 个）	达州市：开江县、大竹县、渠　县、达川区、通川区 南充市：南部县、西充县、营山县、高坪区 广安市：邻水县、广安区、岳池县、华鉴市
	攀西经济区（9 个）	凉山州：西昌市、德昌县、盐源县、冕宁县、昭觉县、越西县、甘洛县、金阳县、布拖县

（四）兔产业布局

全省布局发展 60 个兔产业基地。

专栏 6　兔产业生产基地县（市、区）布局（60 个）	
成都平原经济区（32 个）	成都市：大邑县、金堂县、新津县、蒲江县、简阳市、彭州市 绵阳市：江油市、安州区 德阳市：广汉市、罗江区、中江县、什邡市 眉山市：仁寿县、洪雅县、青神县、丹棱县、彭山区、东坡区 资阳市：安岳县、乐至县、雁江区 乐山市：井研县、犍为县、五通桥区、乐山市市中区、夹江县、沐川县 雅安市：荥经县、名山区 遂宁市：蓬溪县、安居区、大英县
川南经济区（17 个）	自贡市：荣　县、富顺县、大安区、自流井区 泸州市：纳溪区、叙永县、合江县、泸 县 内江市：资中县、内江市市中区、威远县、隆昌市 宜宾市：屏山县、叙州区、江安县、翠屏区、高　县
川东北经济区（11 个）	南充市：阆中市、南部县、仪陇县、蓬安县 达州市：通川区、达川区、大竹县 广元市：苍溪县、青川县 巴中市：通江县、平昌县

（五）蜂产业布局

全省布局发展40个蜂产业基地

专栏7　蜜蜂产业发展县（市、区）布局（40个）	
盆地西蜂发展区（9个）	成都市：邛崃市、彭州市 德阳市：什邡市 眉山市：东坡区、仁寿县 自贡市：富顺县 内江市：威远县 遂宁市：蓬溪县 资阳市：安岳县
川北中蜂发展区（9个）	广元市：青川县、昭化区、剑阁县 绵阳市：平武县、北川县、江油市 南充市：蓬安县、仪陇县、阆中市
川东中蜂发展区（6个）	广安市：邻水县、广安区 达州市：万源市、达川区、宣汉县 巴中市：通江县
川南中蜂发展区（6个）	泸州市：合江县、古蔺县 宜宾市：高县 乐山市：沐川县 雅安市：雨城区、宝兴县
攀西中蜂发展区（3个）	攀枝花市：米易县 凉山州：德昌县、雷波县
川西北中蜂发展区（7个）	阿坝州：马尔康市、黑水县、九寨沟县、茂　县 甘孜州：得荣县、泸定县、九龙县

（六）草产业布局

在全省布局136个县（市、区）大力发展草产业。

专栏8　草产业基地县（市、区）布局（136个）	
成都平原及盆周中浅丘区（35个）	成都市：邛崃市、崇州市、金堂县、青白江区、大邑县、蒲江县、彭州市 绵阳市：安州区、盐亭县、梓潼县、三台县、江油市 德阳市：中江县、广汉市、罗江县 眉山市：洪雅县、东坡区、青神县、仁寿县、丹棱县 遂宁市：射洪县、蓬溪县、安居区、船山区、大英县 资阳市：乐至县、雁江区、安岳县 乐山市：峨边县、马边县、犍为县 雅安市：汉源县、宝兴县、天全县、石棉县

（续表）

专栏 8 草产业基地县（市、区）布局（136 个）	
川南山地区（17 个）	泸州市：泸　县、合江县、叙永县、古蔺县 自贡市：荣　县、富顺县、大安区 宜宾市：翠屏区、南溪区、叙州区、江安县、长宁县、高县、筠连县、珙　县、兴文县、屏山县
川东北深丘区（34 个）	广安市：广安区、前锋区、岳池县、武胜县、邻水县、华蓥市 广元市：利州区、昭化区、朝天区、青川县、旺苍县、剑阁县、苍溪县 南充市：顺庆区、高坪区、嘉陵区、阆中市、西充县、南部县、蓬安县、营山县、仪陇县 达州市：宣汉县、通川区、达川区、大竹县、渠　县、万源市、开江县 巴中市：通江县、南江县、平昌县、巴州区、恩阳区
攀西地区（18 个）	攀枝花市：米易县、盐边县 凉山州：西昌市、盐源县、德昌县、会理县、会东县、宁南县、普格县、布拖县、金阳县、昭觉县、喜德县、冕宁县、越西县、甘洛县、美姑县、雷波县
川西北高原牧区（32 个）	甘孜州：康定市、泸定县、丹巴县、九龙县、雅江县、道孚县、炉霍县、甘孜县、新龙县、德格县、白玉县、石渠县、色达县、理塘县、巴塘县、乡城县、稻城县、得荣县 阿坝州：马尔康市、金川县、小金县、阿坝县、若尔盖县、红原县、壤塘县、汶川县、理　县、茂　县、松潘县、九寨沟县、黑水县 凉山州：木里县

（七）“以秸秆换肉奶”工程基地县布局

以提高秸秆饲料化利用率为目的，布局“以秸秆换肉奶”工程基地 42 个，技术研发及服务平台 1 个。

专栏 9 “以秸秆换肉奶”工程基地县（市、区）布局（42 个）	
成都平原（平坝）发展区（13 个）	成都市：简阳市、金堂县 绵阳市：安州区、盐亭县 德阳市：中江县 眉山市：洪雅县、仁寿县 遂宁市：射洪县、蓬溪县 资阳市：乐至县、安岳县 乐山市：峨边县 雅安市：汉源县
川南丘陵山区循环发展区（11 个）	泸州市：合江县、叙永县、古蔺县、纳溪区、泸　县 自贡市：荣　县、富顺县 宜宾市：长宁县、筠连县、江安县 内江市：资中县

（续表）

专栏 9 “以秸秆换肉奶”工程基地县（市、区）布局（42 个）	
川东北丘陵山区循环发展区（12 个）	广安市：邻水县 广元市：剑阁县、苍溪县 南充市：阆中市、营山县 达州市：宣汉县、达川区、渠 县、万源市 巴中市：南江县、平昌县、恩阳区
攀西地区（6 个）	攀枝花市：米易县、盐边县 凉山州：西昌市、会东县、布拖县、昭觉县

五、重点工作举措

（一）提升种业发展水平

以提高四川省畜禽品种资源保护能力、科研育种能力和良种生产能力为目标，加强和完善良种繁育基础设施建设，构建与生产相适应的育、繁、推一体化生产供应体系。依托国家牧区畜牧良种推广、畜禽遗传资源保护、蜂业质量提升和应用基础研究、农业农村领域重点研发、省院省校科技合作研发、农业科技成果转移转化资金、科技基础条件平台等项目，加强畜禽地方品种的保护与利用和品种选育，引进国内外优良品种，推动产学研结合，增强自主育种水平。充分发挥科研院所和大专院校作用，加强地方资源优良基因挖掘、先进育种技术等技术研发，改善科研条件，提高科技支撑能力。建设省级畜禽遗传资源基因库，培育育繁推一体化龙头企业，支持核心育种场开展性能测定，支持核心育种场、扩繁场引种和改扩建，支持规模场扩大养殖规模，完善肉牛（奶牛）基地县种畜配种网点，建设省肉牛遗传改良与生物技术育种中心、省级奶牛 DHI 测定中心和省级蜜蜂品种测定中心。建设饲草种质资源鉴定评价中心 3 个，饲草品种区域试验站 10 个。加强饲草种质资源开发利用，积极引进和选育适宜不同区域和不同种植模式需要的优良品种，加大优良牧草种子繁育基地建设，着力扶持一批育种能力强、生产加工技术先进、技术服务到位的草种企业，推进饲草新品种选育、引进、筛选、示范、推广工作，全面提升牛羊等种业发展水平。

专栏 10　提升牛羊等种业发展水平
1. 畜禽蜂草种质资源库（场、圃）建设。建设省级畜禽遗传资源基因库和饲草种质资源中长期保存库。建设除生猪外的畜禽遗传资源保种场（区）32 个、中蜂遗传资源保种区 6 个、饲草种质资源圃 4 个。 2. 良种扩繁场（基地）建设。改扩建良种扩繁场（基地）72 个（其中牛羊禽兔 60 个，蜂 12 个）。 3. 种畜禽育繁推一体化龙头企业和核心育种场培育。重点培育育繁推一体化龙头企业 17 个（牛 2 个、羊 4 个、禽 7 个、兔 2 个、蜂 2 个），支持 30 个核心育种场开展性能测定（牛 3 个、羊 7 个、禽 10 个、兔 5 个、蜂 5 个）。 4. 肉牛育种技术平台建设。改扩建四川省肉牛遗传改良与生物技术育种中心 1 个。 5. 建设草种生产基地。在川西北、攀西、川南、川东北、成都平原建设草种生产基地 6 个。 6. 饲草品种区域性试验站建设。在兴文、开江、苍溪、南江、红原、松潘、道孚等县及西昌市、新津区、内江市中区建设 10 个饲草品种区域性试验站，开展饲草新品种选育、引种评价和种、收、贮、用技术研发示范。 7. 饲草种子质量检测体系建设。建设省级饲草种子质量检测中心 1 个和区域性饲草种子质量检测站 5 个。 8. 实施肉牛、牦牛、羊良种补贴项目。

（二）提升畜禽标准化健康养殖水平

以“畜禽良种化、养殖设施化、生产规范化、防疫制度化和粪污减量化排放、无害化处理、资源化利用、常态化监管”为主要内容，全面开展畜禽标准化养殖场建设，支持中小养殖场（户）调整分散养殖用地集中联建共建标准化规模养殖场，支持规模养殖场新改扩建高标准圈舍，配套环境控制、疫病防控、粪污处理利用、秸秆饲料化处理等相关设施，配置常用牧业机具，全面提升牛羊禽兔蜂饲料饲草生产机械化、信息化、精细化水平。支持牧区因地制宜开展牦牛绵羊标准化养殖场建设，推进牧区草原畜牧业生产方式从高度依赖天然草原的“逐水草而牧”向“夏秋天然放牧+冬春舍饲半舍饲”和“牧繁农育”转变，提高牦牛出栏率，降低死亡率，草畜平衡发展。到 2025 年，在主要牛羊养殖基地县实施牛羊增量提质行动，创建国家级、省级牛、羊、禽、兔、蜂标准化养殖场 200 个以上。

专栏 11　提升牛羊规模养殖水平
1. 实施牛羊增量提质行动。在肉牛、肉羊基地县实施牛羊增量提质项目，推动牛羊养殖规模与标准化水平提升。 2. 推动牦牛标准化养殖。在牦牛基地县推广集中育肥等技术。

（三）推动奶业高质量发展

优化生产布局，建立完善以奶农规模化养殖为基础的生产经营体系，密切产业链各环节利益联结，重点在眉山、成都、绵阳、德阳、凉山等市（州）发展奶源基地。依托乳制品精深加工龙头企业，推动四川省奶牛养殖、乳制品精深加工、冷链物流、乳制品消费等各环节全产业链高质量发展。力争到2025年，奶源基地更加稳固，创建全国奶业强县1个以上，全省奶牛规模养殖比重80%以上，规模养殖场设施装备配套率达到100%，创建一批乳品品牌。

（四）提升优质饲料兽药供给保障能力

强化优质饲料兽药生产保障能力建设，支持饲料兽药生产企业进行技术改造升级，提升优质饲料兽药供给保障能力，促进饲料兽药行业高质量发展。深入贯彻实施促生长类抗菌药物退出计划，加快绿色、安全、高效的新型饲料和兽药产品研发、推广和应用，稳步推进兽用抗菌药使用减量化行动，积极推进饲料用玉米和豆粕减量替代。强化饲料兽药监管能力建设，健全完善事前、事中、事后全程监管体系和质量安全监测体系，加强安全风险预警检测能力建设。到2025年，全省饲料兽药生产经营与使用更加规范，饲料兽药市场更加健康有序；养殖人员安全用药意识明显增强；生猪优质饲料生产能力达到600万t以上，牛、羊、禽、兔饲料产量达到400万t；饲料兽药产品质量稳定，产品抽检合格率保持在98%以上，为生产安全健康畜禽产品提供支持保障。

专栏12　饲料兽药保障能力提升
1. 优质饲料兽药生产保障能力建设。支持20个基础较好的饲料兽药生产企业进行技术改造升级，提升优质饲料兽药供给保障能力，促进饲料兽药行业高质量发展。 2. 饲料兽药监管能力建设。完善省级饲料兽药质量安全监测能力建设；组织开展全省市、县基层饲料兽药监管人员培训，提升监管能力和水平。

（五）提升产业化发展水平

以市场为主导，“种养加”结合，推行“育、繁、养、宰、加、销”一体化融合发展，着力培育新型经营主体，促进一二三产业融合发展。支持龙头企业、养殖合作社、集体牧场、养殖家庭农场等新型经营主体发展。积极发挥龙头企业带动作用，建立健全利益联结机制，构建优势互补、利益共享、风险共担、合作共赢的合作机制。实施“创品牌”战略，支持打造一批区域公共品牌、企业品牌、饲料兽药品牌、川系种畜禽品牌、川字号畜禽产品品牌。到2025年，一二三产业融合发展水平进一步提升，牛羊禽兔蜂精深加工龙头企业进一步壮大，打造知名牛羊等畜禽产品品牌 30 个以上。

专栏 13　产业化发展水平提升
1. 新型经营主体培育。培育或引进年产值亿元级牛羊等产业化龙头企业 6 家以上。 2. 品牌建设。支持牛羊禽兔蜂精深加工龙头企业发展，打造知名产品品牌 30 个以上。 3. 肉牛产业集群建设。在 5 个以上（含）肉牛养殖基地县实施肉牛产业集群建设项目。 4. 牦牛产业集群建设。在 5 个以上（含）牦牛养殖基地县实施牦牛产业集群建设项目。

（六）推动饲草产业高质量发展

统筹开发利用天然牧草、人工种草，大力推行粮改饲，推广青贮和黄贮，提高秸秆资源化利用率。结合牛羊兔鹅等草食畜禽发展布局，配套发展规模化标准化集约化产业化的饲草产业，培育发展一批带动能力强的专业化草业龙头企业、合作社和草食畜产品产业化龙头企业，加快形成现代饲草产业体系。强化人工种草作用，综合运用“五良融合”原理，针对种草品种，推进草业生产宜机化改造，大力推广高性能、高效率先进农业机械装备，补短板强弱项，强力推进饲草生产全程机械化，促进饲草提质增效，保障饲草供给。加强牧区防灾饲草储备，缓解牧区冬春季牛羊饲草料供应不足、死亡率高的问题。通过推进草种基地、人工种草、草产品加工、市场营销和品牌创建，提升饲草产业发展水平。

专栏 14　推动饲草产业高质量发展
1. 川西北高原牧区。在甘孜州、阿坝州和凉山州木里县推广披碱草、老芒麦、饲用燕麦等禾本科牧草种植。 2. 攀西地区。在即安宁河流域，包括凉山州大部分地区、攀枝花市主要区县推广青贮玉米、墨西哥玉米等优质牧草种植。 3. 川东北深丘区。在达州、巴中、广安、广元等市推广青贮玉米、黑麦草、饲用燕麦、高丹草、墨西哥玉米等一年生饲草，在坡耕地和山地发展玉草、杂交狼尾草、象草、川东鸭茅等多年生优质饲草种植。 4. 川南山地区。在宜宾、泸州、乐山、雅安等市推广青贮玉米、黑麦草、饲用燕麦等一年生饲草，在坡耕地和山地发展玉草、杂交狼尾草、象草等多年生优质饲草种植。 5. 成都平原及盆周中浅丘区。在成都、绵阳、德阳、资阳、眉山、内江、遂宁、南充、资阳、自贡等市推广青贮玉米、饲用燕麦、高丹草、黑麦草等优质饲草种植。

（七）着力提升农作物秸秆饲料化利用水平

在省内秸秆资源丰富，秸秆青贮、商品化生产等饲料化利用技术相对成熟、牛羊养殖基础好的区域实施“以秸秆换肉奶”工程，依托农业社会化服务示范县建设、农机购置补贴等项目实施和有关配套政策，打造秸秆收储运、饲料化利用及相关技术研发等为一体的“以秸秆换肉奶”示范工程，建立起符合四川省实际的秸秆饲料资源开发利用产业化发展格局，提升牛羊等畜禽养殖综合竞争力，实现资源节约、环境保护、农民增收、企业增效和产业增值。到2025年，全省累计建设“以秸秆换肉奶”工程基地县42个，扶持300~500个适度规模牛羊养殖场（户）进行秸秆加工设施设备升级改造。

专栏 15　提升农作物秸秆资源饲料化利用水平
依托农业社会化服务示范县建设等项目及相关政策支持，建立政府引导、企业主体、农民参与的秸秆饲料化利用运营机制，实施“以秸秆换肉奶”工程，积极推进农作物秸秆资源饲料化利用。

（八）提升动物疫病防控能力

加强动物防疫技术支撑、动物卫生监督、动物疫病预防控制、兽药质量监察、农业综合执法等体系建设，建立形成高效运转、保障有力的动物防疫体系，保障养殖业健康发展和公共卫生安全。改进规模养殖场（户）动物防疫条件，提高生物安全防护水平。到2025年，各市、县、乡动物疫病防控能力显著提升，病死畜禽基本实现集中无害化处理，牛口蹄疫、奶牛布病、结核病、羊小反刍兽疫、高致病性禽流感和新城疫等重大动物疫病得到有效防控。

专栏 16　提升牛羊等疫病防控能力
1. 动物防疫管理体系建设。建立全省动物防疫信息、应急物资和疫情应急处置指挥的省、市、县三级管理平台和乡、村两级的数据采集终端。对1个省级、21个市级、146个县级兽医实验室开展检测能力提升，改扩建1个省级、21个市级重大动物疫病应急物资储备库。 2. 开展牛羊规模养殖场布病、结核病区域净化试点。将布病、结核病区域净化纳入中央和省级财政动物防疫补助经费绩效分配因素范畴，提升规模养殖场疫病区域净化水平。 3. 动物卫生监督执法能力提升。改扩建34个动物运输指定通道。 4. 加强农业综合执法能力建设。加强183个县级农业综合执法基础设施建设，配备执法办案取证设备、证据保全设施。 5. 动物疫病预防控制基础设施建设。配套牧区32个县动物防疫专用设施500套（每个县约15套）；支持新建病死畜禽无害化处理中心4个。 6. 牛羊等养殖生物安全水平提升。支持中小养殖户动物防疫条件进行改造升级。

（九）着力提升养殖废弃物资源化利用水平

根据资源环境承载能力，优化牛羊禽兔蜂养殖区域布局。依托畜禽粪污资源化利用整县推进、高标准农田建设、果菜茶有机肥替代化肥试点等项目和省级有关配套政策，支持养殖场配置节水养殖设施设备，改造刮粪板、自动清粪等清理收集设施设备，完善粪肥堆积贮存处理、田间贮存、运输与施用等设施设备。支持社会化服务组织提升粪肥运输、堆积贮存等基础设施设备，提高养殖废弃物综合利用率。到 2025 年，牛羊等畜禽生产基地县全面建立农牧结合、种养循环的良性发展机制，养殖废弃物综合利用率达到 80%以上。

专栏 17　提升畜禽粪污资源化利用水平
1. 在 63 个畜牧大县全面实施畜禽粪污资源化利用整县推进项目。 2. 在 20 个以上非畜牧大县实施畜禽粪污资源化利用整县推进项目。 3. 在全省全面推进畜牧业绿色发展。

（十）建设现代智慧畜牧业

充分利用 5G、人工智能等技术，推动建立畜禽生产大数据平台。建立或完善畜禽生产、重大动物疫病防控、动物检疫、饲草生产等相关信息数字化平台，科学指导畜牧产业发展。到 2025 年，初步建成以信息服务为核心的全省智慧畜（草）牧业。

专栏 18　建设现代智慧畜牧业
1. 畜禽生产大数据平台建设。依托三农信息化建设，在全省建立畜禽生产大数据平台。 2. 动物疫病监测预警体系建设。改扩建 1 个省级、21 个市级和 181 个县级疫病监测诊疗点，通过大数据平台反映疫病流行和走势情况，开展动物疾病远程诊疗。 3. “四川智慧动监”信息平台建设。将检疫出证信息、相对人备案信息互联互通，检疫出证与养殖、贩运、屠宰环节的备案信息相关联，推进规模化屠宰场等关键监管环节的可视化监管。

六、保障措施

（一）强化组织领导

省委省政府把川牛羊（畜禽饲草）产业振兴作为重要工作内容统筹部署。压实

“菜篮子”市长负责制，进一步完善对发展牛羊等畜禽生产的考核办法。建立省级部门联动机制，加强部门协调配合。各级地方政府不断完善动物疫病预防、动物卫生监督、农业综合执法机构，强化防疫机构队伍建设和设备设施建设，夯实疫病防控工作基础。

（二）强化用地保障

在编制国土空间规划时，合理规划养殖用地。养殖生产及其直接关联的检验检疫、清洗消毒、畜禽粪污处理、病死畜禽无害化处理等农业设施用地，可以使用一般耕地，不需占补平衡。合理利用林草地资源，发展林下养殖，养殖及配套设施用地可以使用Ⅲ级及以下保护林地。鼓励利用“四荒地”（荒山、荒沟、荒丘、荒滩）和农村集体建设用地安排畜禽养殖。

（三）强化资金扶持

统筹安排农业生产发展、农业资源及生态保护补助、乡村振兴产业发展等相关资金，抓好农机购置补贴等政策落实，支持牛羊等产业高质量发展。支持县级人民政府按规定统筹整合涉农资金，加强对牛羊禽兔蜂饲料饲草业发展的支持。

（四）强化金融保险扶持

探索开展养殖设施、设备、资源、产品等抵质押贷款，股权量化、参股持股等合作经营模式创新。鼓励采取政府贴息、保单订单抵押等方式，支持畜牧产业龙头企业发行债券、上市融资，有效满足不同畜禽产业发展融资需求。根据不同畜禽生产特点，创新金融产品和服务方式，合理确定贷款规模、利率和期限，简化贷款流程，提高服务效率，加强信贷支持。积极推动养殖企业在天府股交中心“天府农业板”挂牌融资，帮助挂牌企业规范发展，做大做强。积极创新农业保险产品，开发畜禽养殖类新产品，通过“基础保险+补充保险”的形式提高保险保障水平。积极探索牛羊禽蛋等价格指数保险试点，鼓励保险机构降低保险费率。

（五）强化科技支撑

加大科技支持力度，大力推进产学研融合，依托科研院所、大专院校、技术服务推广单位和龙头企业科研力量，共同开展产业技术创新与成果转化，开展以分子育种和生物技术为重点的良种选育研发、以地方品种资源为基础的杂交优势利用研发、以提高饲料转化率为核心的动物营养技术研发、以非粮资源为重点的饲草饲料资源利用研发等，加强人畜共患病防控技术、环境控制与养殖设施、牛羊禽兔肉精深加工、副产物综合利用和现代物流等技术研发，加强牛羊重点实验室、工程技术研究中心和产业技术研究院等创新转化平台建设。提升各级畜牧兽医技术推广机构的服务能力，支持农牧民合作社、专业服务公司、专业技术协会、涉农企业和科研教学单位开展技术推广服务，鼓励科技示范场和养殖大户开展技术示范，加快推广优质饲草生产、舍饲半舍饲、品种改良、疫病防控等适用技术，提高产业科技水平。加强对养殖户技术培训力度，提高养殖者生产管理水平。

关于推进奶业振兴保障乳品质量安全的实施意见

各市（州）、县（市、区）人民政府，省政府有关部门、有关直属机构，有关单位：

为贯彻落实《国务院办公厅关于推进奶业振兴保障乳品质量安全的意见》精神，推动四川省奶业高质量发展，保障乳品质量安全，提升奶业综合竞争力，经省政府同意，现提出如下实施意见。

一、总体要求

（一）指导思想。坚持以习近平新时代中国特色社会主义思想为指导，全面贯彻党的十九大和十九届二中、三中全会精神，深入学习贯彻习近平总书记对四川工作系列重要指示精神，认真落实省委十一届三次、四次全会部署，以实施乡村振兴战略为引领，以优质安全、绿色发展为目标，以推进农业供给侧结构性改革为主线，以降成本、优结构、提质量、创品牌、增活力为着力点，强化标准规范、科技创新、政策扶持、执法监督和消费培育，加快构建现代奶业产业体系、生产体系、经营体系和质量安全体系，不断提高奶业发展质量效益和竞争力，大力推进四川省奶业现代化，为决胜全面建成小康社会提供有力支撑。

（二）基本原则。创新驱动，绿色发展。强化科技创新，推动管理制度改革，推进节本增效，提高奶业综合生产能力。因地制宜，合理布局，种养结合，草畜配套，促进养殖废弃物资源化利用，推动奶业生产与生态协同发展。

利益联结，共享共赢。坚持产业一体化发展方向，延伸产业链，建立奶农和乳品企业之间稳定的利益联结机制，推进形成风险共担、利益共享的产业格局，增强奶农抵御市场风险的能力，实现一二三产业协调发展。

问题导向，重点攻关。针对当前奶业发展不平衡不充分的问题，以关键环节和重点难点为突破口，着力提高奶业供给体系的质量和效率，提升乳品质量安全水平，更好适应消费需求总量和结构变化。

市场主导，政府支持。处理好政府与市场的关系，充分发挥市场在资源配置中的决定性作用，强化乳品企业市场主体作用，优化资源配置，增强发展活力。更好发挥政府在宏观调控、政策引导、支持保护、监督管理等方面的作用，维护公平有序的市场环境。

（三）主要目标。到2020年，全省奶牛100头以上规模养殖比重超过65%，乳品监督抽检合格率达到99%以上，规模养殖场设施装备配套率达到100%，养殖废弃物资源化利用率达到75%以上。到2025年奶业基本实现现代化，奶源基地、产品加工、乳品质量和产业竞争力整体水平进入世界先进行列。

二、加强优质奶源基地建设

（四）优化奶业基地布局。根据全省乡村振兴战略部署，按照耕地及永久基本农田保护和农村土地利用管理有关规定，推动奶牛场建设用地与种植业发展相协调，进一步完善配套机制，不断优化奶牛养殖与乳品加工布局。重点在眉山市、成都市、德阳市、绵阳市、安宁河流域等区域建设乳品加工基地，规范发展奶源基地，鼓励安宁河流域和川西高原的河谷地带发展奶牛养殖，支持藏区发展牦牛奶生产。（责任单位：农业农村厅，省发展改革委、财政厅、自然资源厅、经济和信息化厅、生态环境厅、商务厅、省市场监管局。列首位的为牵头单位，下同）

（五）提升标准化养殖水平。支持家庭牧场、奶牛专业合作社适度扩大养殖规模，推动奶牛养殖存量整合，支持奶牛养殖场（家庭牧场）开展标准化建设。重点发展存栏100头以上规模养殖，兼顾发展存栏50头以上的家庭牧场，引导大型奶牛场控制存栏规模在3 000头以下。创建一批环境友好、种养匹配、技术规范、效益良好的标准化奶牛养殖场。（责任单位：农业农村厅，财政厅、自然资源厅、生态环境厅）

（六）促进优质饲草料生产。持续推进粮改饲，将主要奶牛饲养集中区域纳入支持区域，重点发展青贮玉米等奶牛优质饲草，支持优质饲草料生产，推广人工种草、草场改良。围绕草食畜牧业就近布局、成片成规模建设优质牧草种植基地，提升优质牧草专业化生产、产业化经营水平，促进种植业、养殖业效益双提升，降低

奶牛饲养成本，筑牢四川省奶业高质量发展基础。（责任单位：农业农村厅，省林草局）

（七）推进奶牛品种改良和数字化建设。因地制宜发展荷斯坦牛、牦牛、西门塔尔杂交牛、蜀宣花牛、奶水牛、娟姗牛等品种，支持培育、引进适宜四川自然资源及气候条件的奶用牛品种。支持奶牛生产性能测定工作，增加奶牛生产性能测定数量，推进全省奶牛群体改良工作，加快奶牛良种化进程。开展奶业数字化平台建设，健全牧场现代化管理体系和生鲜乳质量可追溯体系，提升奶业现代化水平。（责任单位：农业农村厅，科技厅）

（八）加强粪污资源化利用。因地制宜推广种养结合、深度处理和集中处理等奶牛粪污处理模式。支持规模养殖场建设粪污处理利用设施，提高设施设备配套率。支持社会化服务组织和专业机构在奶牛养殖密集区建设粪污集中处理中心或有机肥加工厂，推进奶牛粪污收运、贮存、处理、综合利用全链条发展，建立健全长期稳定的奶牛粪污资源化利用模式。（责任单位：农业农村厅，省发展改革委、财政厅、自然资源厅、生态环境厅）

三、完善乳品加工和流通体系

（九）做强做优乳品企业。支持乳品加工企业积极参与奶源基地建设，鼓励自建、收购养殖场，提高自有奶源比例，促进养殖加工一体化发展。支持乳制品加工企业开发特色乳制品。支持骨干乳品企业发挥引领作用，促进企业大联合、大协作，培育形成一批竞争力强、带动能力强的大型龙头企业，不断提升四川奶业品牌影响力。顺应奶业国际化趋势，实现“引进来”和“走出去”相结合，促进资本、资源和技术等优势互补，增强全省乳品企业自我发展能力。（责任单位：农业农村厅，省发展改革委、财政厅、自然资源厅、经济和信息化厅、生态环境厅、商务厅、省市场监管局）

（十）强化利益联结机制。支持探索建立由县级以上地方人民政府引导，乳品企业、奶农和行业协会广泛参与的生鲜乳价格协商机制，乳品企业与奶农签订长期稳定的购销合同，形成相对稳固的购销关系，建立更加公平合理的生鲜乳购销秩序。支持乳品加工企业、奶牛养殖场主等产业链各主体以相互参股等多种方式强化利益联结，协同规划产业布局，增强全产业抵御市场风险能力。规范生鲜乳购销行为，依法查处和公布不履行生鲜乳购销合同以及凭借购销关系强推强卖兽药、饲料和养殖设备等行为。（责任单位：农业农村厅，省发展改革委、商务厅、省市场监管局）

四、加大乳制品消费引导

（十一）树立奶业良好形象。积极发挥行业内各组织的协同作用，推介产品质量好、美誉度高的品牌，扩大消费市场。开展公益宣传，加大公益广告投放力度，强化乳制品消费正面引导。普及灭菌乳、巴氏杀菌乳、奶酪等乳制品营养知识，倡导科学饮奶，培养国民食用乳制品的习惯。加强舆情监测，及时回应社会关注问题，营造良好的舆论氛围。引导各类经营主体自觉维护和规范市场竞争秩序。（责任单位：农业农村厅，商务厅、民政厅、经济和信息化厅、省市场监管局、文化和旅游厅、省广播电视局）

（十二）支持“学生饮用奶”推广。根据农村义务教育学生营养改善计划试点工作的相关要求，持续开展与推广“学生饮用奶推广计划”，增加学生饮用奶种类，保障质量安全、优化配送服务，扩大覆盖范围。加强“学生饮用奶”奶源基地建设，强化各环节质量安全与监管。（责任单位：农业农村厅，教育厅、省市场监管局）

五、强化乳品质量安全监管

（十三）健全乳品质量监管体系。落实乳品企业质量安全第一责任，建立健全养殖、加工、流通等全过程乳品质量安全可追溯体系。加强源头管理，严格奶牛养殖环节饲料、兽药等投入品使用和监管。引导奶牛散养户将生鲜乳交售到合法的生鲜乳收购站，任何单位和个人不得擅自加工生鲜乳对外销售。实施乳品质量安全监测计划，严厉打击非法收购生鲜乳行为及各类违法添加非食用物质等行为。对生鲜乳收购站、运输车、乳品企业实施精准化、全时段管理，依法取缔不合格生产经营主体。建立健全乳品质量安全风险评估制度，及时发现并消除风险隐患。依法严格控制包括奶牛在内的活畜从疫病高风险地区向四川省流动，防控疫病传播。加强奶牛口蹄疫防控和布病、结核病监测净化工作，做好奶牛常见病防治。（责任单位：农业农村厅，交通运输厅、科技厅、省市场监管局）

六、完善保障措施

（十四）加强组织领导。各地各有关部门（单位）要高度重视，加强领导，明确责任，加大工作力度，抓紧制定和完善具体政策措施。农业农村厅要会同省直有关部门（单位）指导帮助各地各部门抓好对本实施意见的落实，并向省政府报告。（责任单位：农业农村厅，省发展改革委、财政厅、自然资源厅、经济和信息化厅、生态环境厅、商务厅、省市场监管局）

（十五）强化科技支撑和服务。推动奶业科技创新，加强先进工艺、先进技术和智能装备在饲草饲料生产、奶畜养殖、乳制品加工和质量检测方面的推广应用。加强乳制品新产品研发，满足消费者多元化需求。加大技术推广和人才培训力度，提高从业者素质，提高生产经营管理水平，助推奶牛产业可持续健康发展。（责任单位：农业农村厅，科技厅、省发展改革委、财政厅、自然资源厅、经济和信息化厅、生态环境厅）

（十六）加大财税金融支持。进一步健全财政扶持、税收优惠、金融保险等奶业发展保障体系。鼓励社会资本按照市场需求设立奶业产业基金，放大资金支持效应。强化金融保险支持，鼓励金融机构开展奶畜活体抵押贷款和养殖场抵押贷款等信贷产品创新，推进奶业保险扩面、提标，合理厘定保险费率，探索开展生鲜乳目标价格保险试点。（责任单位：财政厅，农业农村厅、省地方金融监管局）。

四川省农业农村厅关于加快畜牧业机械化发展的实施意见

各市（州）农业（农牧）农村局：

为贯彻落实《农业农村部关于加快畜牧业机械化发展的意见》《四川省人民政府关于加快推进农业机械化和农机装备产业转型升级的实施意见》文件精神，加快全省畜牧业机械化发展转型升级，结合四川省实际，制定本实施意见。

一、总体要求

（一）指导思想。以习近平新时代中国特色社会主义思想为指导，以服务乡村振兴战略、加快构建现代农业“10+3”产业体系、满足畜牧业机械化需求为目标，以机械装备与养殖工艺相融合、畜禽养殖机械化与信息化相融合、设施装备配置与养殖场建设相适应、机械化生产与适度规模养殖相适应为路径，推动畜牧业机械化向全程全面高质高效转型升级，为加快四川省畜牧业现代化提供有力支撑。

（二）发展目标。到 2025 年，全省畜牧业机械化率总体达到 50%以上，主要畜禽养殖进入全程全面高质高效发展时期。其中，奶牛规模化养殖机械化率达到 80%以上，生猪、蛋鸡、肉鸡规模化养殖机械化率达到 70%以上，肉牛、肉羊规模化养殖机械化率达到 50%以上，蜜蜂规模化养殖机械化率达到 10%以上，大型规模养殖场基本实现全程机械化。标准化规模养殖与机械化协调并进的畜牧业发展新格局基本形成，主要畜种规模化养殖率先基本实现全程机械化。

二、主要任务

（三）突出抓好规模化养殖全程机械化。以生猪、奶牛、肉牛、肉羊、蛋鸡、肉鸡等养殖为主要对象，探索规模化养殖设施装备配套技术规范，推进畜种、养殖工艺、设施装备集成配套，加强养殖全过程机械化技术指导，大力促进川猪、川牛羊的规模化养殖全程机械化。聚焦畜牧业主产区规模养殖场，巩固提高饲草料生产与加工、饲草料投喂、环境控制、粪污收集处理与利用等环节机械化水平，形成种养循环、环境友好、绿色可持续的生态养殖方式，着力构建区域化、规模化、标准化、信息化的全程机械化高质高效生产模式。遴选推介一批率先基本实现养殖全程机械化的标准化示范养殖场，加强典型示范引导。

（四）夯实畜牧机械化科技创新平台。注重畜禽健康养殖与疫病防控工艺、畜禽生理与环境控制机理、畜禽行为与养殖装备关系、新材料和信息化技术等基础性研究，为突破畜牧业机械化薄弱环节奠定基础。健全完善畜牧工程与装备重点实验室和科研基地，加强生猪、奶牛、肉牛、肉羊、蛋鸡、肉鸡、兔、蜜蜂等产业技术体系相关岗位专家队伍和综合试验站建设，充实四川省农业科技创新团队中畜牧机械化专家力量，推动建设一批产业技术创新联盟，为实现畜牧机械装备的科技创新提供平台和智力支撑。支持引进畜牧业国际先进技术和机械装备，支持畜牧机械化技术及装备“走出去”。

（五）加快畜牧机械装备研发推广。推进产学研推结合，开展畜牧业机械化技术与装备需求调查，充分发挥大型骨干设施装备企业作用，引导科研单位和生产企业研发适合养殖场（户）需要、先进适用的畜牧机械装备。通过遴选重大项目、主推技术等方式，支持研发高效饲草料收获加工、精准饲喂、智能环控、养殖信息监测、疫病防控、畜产品智能化采集加工、高效粪污资源化利用、病死畜禽无害化处理和种畜禽生产性能测定等先进机械装备。支持推广优质饲草青贮、农作物秸秆制备饲料、工程防疫、智能饲喂、精准环控、畜产品自动化采集加工、废弃物肥料化利用等健康养殖和绿色高效机械装备。支持研发畜牧机械检验检测设备。支持农机试验鉴定机构改善检验检测条件，开展畜牧机械专项鉴定，提升畜牧机械装备试验鉴定能力。

（六）推进机械化信息化融合。支持鼓励养殖企业进行物联化、智能化设施与装备升级改造建设，促进畜牧机械设施装备使用、管理与信息化技术深度融合。推进智能畜牧机械装备与智慧牧场建设融合发展，支持在养殖各环节重点装备上应用实时信息采集与智能管控系统，建立养殖机械化信息化融合示范场，应用畜产品全程可追溯系统。推动畜牧业机械化大数据开发应用，为畜牧机械装备研发、试验鉴定、推广应用和社会化服务提供支持。

（七）发挥好畜牧机械化专业服务组织作用。大力培育发展新型畜牧机械化服务组织，不断提高服务能力水平，积极推进畜牧机械装备社会化服务机制创新，支持专业服务组织以市场化、专业化为导向，开展优质饲草料“种、收、贮、加、送”、粪污资源化利用、病死畜禽无害化处理、畜产品贮运、安全净化防疫等环节的社会化服务，鼓励地方政府对畜牧养殖关键薄弱环节的专业服务给予财政补贴。探索建立“龙头企业+养殖合作社+养殖场（户）”的畜牧机械装备租赁体系，大力发展订单式作业、生产托管、承包服务等新模式、新业态。鼓励中小规模养殖场（户）集中区域，建设畜禽养殖废弃物集中收集、无害化处理和资源化利用中心，促进畜牧机械装备共享共用，提高畜牧机械装备的利用效率和效益。支持引导中小养殖场（户）向标准化、规模化养殖转型升级发展。

三、保障措施

（八）加强组织领导。各级农业农村部门要把畜牧业机械化发展纳入畜牧业、农机化发展规划，加强重大事项的会商和协调，组织调动畜牧、农机化技术推广和农机试验鉴定等系统力量，协同推进畜牧业机械化发展。加强与财政、科技、工业和信息化、环境保护等相关部门的沟通协调，积极争取支持，形成工作合力。要支持行业协会发挥行业自律、信息交流、教育培训等方面的作用，助力畜牧业机械化发展。加强舆论引导，推介宣传发展典型和经验，努力营造加快推进畜牧业机械化的良好氛围。

（九）完善支持政策。积极争取投入，支持畜牧机械装备基础研究和创新能力建设，加快科技成果转化应用。加大农机购置补贴对畜牧机械装备的支持力度，重点向规模化养殖场倾斜，实行应补尽补。完善养殖场设施用地标准，支持养殖场“宜机化”改造建设。支持大型成套畜牧机械融资租赁试点。鼓励金融机构开展权属清晰大型畜牧机械装备抵押贷款。鼓励各地畜牧机械、畜牧养殖科研推广人员与畜牧设施装备生产企业、新型畜牧养殖主体联合建设试验示范基地，开展技术试验、人才培训和推广服务。

（十）壮大人才队伍。鼓励大专院校培养创新型、应用型、复合型畜牧业机械化人才。支持相关高校面向畜牧设施装备产业转型升级开展新工科研究与实践，推动实施产教融合、校企合作，构建产学合作协同育人体系。加大高素质农民培育工作对养殖场（户）、养殖合作社带头人的扶持力度，强化畜牧设施装备知识培训。支持设施装备生产企业和养殖企业等培养畜牧机械安装、操作、维修等技能型实用人才。加强对农机化、畜牧业管理及技术人员相关知识培训，壮大畜牧业机械化人才队伍。

四川省农业农村厅

2020 年 3 月 13 日